U0424028

西北大学名师大家学术文库

彭树智 著

人类文明交往的历史观念

西北大学出版社
·西安·

《西北大学名师大家学术文库》
编辑出版委员会

主　　任　王亚杰　郭立宏
副 主 任　常　江　赖绍聪
编　　委　（按姓氏笔画排序）
　　　　　　马　来　马　健　马　锋　马朝琦
　　　　　　王旭州　王思锋　田明纲　付爱根
　　　　　　吕建荣　李　军　杨　涛　杨文力
　　　　　　吴振磊　谷鹏飞　宋进喜　张志飞
　　　　　　张学广　范代娣　岳田利　周　超
　　　　　　赵　钢　胡宗锋　徐哲峰　栾新军
　　　　　　郭　琳　郭真华　彭进业　雷晓康

序　言

西北大学是一所具有丰厚文化底蕴和卓越学术声望的综合性大学。在近120年的发展历程中，学校始终秉承"公诚勤朴"的校训，形成了"发扬民族精神，融合世界思想，肩负建设西北之重任"的办学理念，致力于传承中华灿烂文明，融汇中外优秀文化，追踪世界科学前沿。学校在人才培养、科学研究、文化传承创新等方面成绩卓著，特别是在中国大陆构造、早期生命起源、西部生物资源、理论物理、中国思想文化、周秦汉唐文明、考古与文化遗产保护、中东历史，以及西部大开发中的经济发展、资源环境与社会管理等专业领域，形成了雄厚的学术积累，产生了中国思想史学派、"地壳波浪状镶嵌构造学说""侯氏变换""王氏定理"等重大理论创新，涌现出了一批蜚声中外的学术巨匠，如民国最大水利模范灌溉区的创建者李仪祉，第一座钢筋混凝土连拱坝的设计者汪胡桢，第一部探讨古代方言音系著作的著者罗常培，中国函数论的主要开拓者熊庆来，五四著名诗人吴芳吉，中国病理学的创立者徐诵明，第一个将数理逻辑及西方数学基础研究引入中国的傅种孙，"曾定理"和"曾层次"的创立者并将我国抽象代数推向国际前沿的曾炯，我国"汉语拼音之父"黎锦熙，丝路考古和我国西北考古的开启者黄文弼，第一部清史著者萧一山，甲骨文概念的提出者陆懋德，我国最早系统和科学地研究"迷信"的民俗学家江绍原，《辩证唯物主义和历史唯物主义》的最早译者、第一部马克思主义哲学辞典编著者沈志远，首部《中国国民经济史》的著者罗章龙，我国现代地理学的奠基者黄国璋，接收南海诸岛和划定十一段海疆国界的郑资约、傅角今，我国古脊椎动物学的开拓者和奠基人杨钟健，我国秦汉史学的开拓者陈直，我国西北民族学的开拓者马长寿，《资本论》的首译者侯外庐，"地壳波浪状镶嵌构造学说"的创立者张伯声，"侯氏变换"的创立者侯伯宇等。这些活跃在西北大学百余年发展历程中的前辈先贤们,深刻彰显着西北大学"艰苦创业、自强不息"的精神光辉和"士以弘道、立德立言"的价值追求,筑铸了学术研究的高度和厚度,为推动人类文明进步、国家发展和民族复兴作出了不可磨灭的贡献。

在长期的发展历程中,西北大学秉持严谨求实、团结创新的校风,致力于培养有文化理想、善于融会贯通、敢于创新的综合型人才,构建了文理并重、学科交叉、特色鲜明的专业布局,培养了数十万优秀学子,涌现出大批的精英才俊,赢得了"中华石油英才之母""经济学家的摇篮""作家摇篮"等美誉。

2022年,西北大学甲子逢双,组织编纂出版《西北大学名师大家学术文库》,以汇聚百余年来作出重大贡献、产生重要影响的名师大家的学术力作,充分展示因之构筑的学术面貌与学人精神风骨。这不仅是对学校悠久历史传承的整理和再现,也是对学校深厚文化传统的发掘与弘扬。

文化的未来取决于思想的高度。渐渐远去的学者们留给我们的不只是一叠叠尘封已久的文字、符号或图表,更是弥足珍贵的学术遗产和精神瑰宝。温故才能知新,站在巨人的肩膀上才能领略更美的风景。认真体悟这些学术成果的魅力和价值,进而将其转化成直面现实、走向未来的"新能源""新动力"和"新航向",是我们后辈学人应当肩负的使命和追求。编辑出版《西北大学名师大家学术文库》正是西北大学新一代学人践行"不忘本来、面向未来"的文化价值观,坚定文化自信、铸就新辉煌的具体体现。

编辑出版《西北大学名师大家学术文库》,不仅有助于挖掘历史文化资源、把握学术延展脉动、推动文明交流互动,为西北大学综合改革和"双一流"建设提供强大的精神动力,也必将为推动整个高等教育事业发展提供有益借鉴。

是为序。

《西北大学名师大家学术文库》
编辑出版委员会

增订新版弁言

《人类文明交往的历史观念》是《我的文明观》的增订新版，也是我献给母校西北大学一百二十周年校庆的一份薄礼。

我是1950年考入西北大学文学院历史学系的。当我戴上了带有象征文、理、师、财、医五根圆柱图样的"国立西北大学"校徽时，心中为能在此历史悠久名校读书而兴奋和自豪，并且对未来充满着憧憬。尤其是新任校长、马克思主义史学家侯外庐先生关于大学生一入学就应确定一个"科学研究生长点"的讲话，给我留下了终生难忘的印象。他说，有了这个"生长点"，就可以在此生根、生长、开花、结果，作出有益社会、无愧人生的应有贡献。正因为如此，我每有些许成绩，便想起母校对我的培养。

2002年，我的《文明交往论》出第一版时，封内即印有通贯全页的十四个大字："谨以此书献给西北大学百年华诞。"

2013年，由彭卫、杨振红合编的《我的文明观》，是以《文明交往论》和《烛照文明集（稿本）》为基础的第二版。它被陕西省人民政府文史研究馆《崇文丛书》主编徐晔列为第一卷出版，而出版社是西北大学出版社，并且是以精装本和平装本两种形式问世。

2022年，为迎接母校校庆，我对《我的文明观》进行了增订。它是《文明交往论》的第三版。新版有以下变动：

第一，书名改用《人类文明交往的历史观念》。这是《我的文明观》的主题，也是我2015年6月11日在《人民日报》的《大家手笔》栏目发表文章的篇名。

第二，在《总论》编中增加了近作一篇：即第六篇《以信代序：人类文明交往中的历史自觉》。此文是我为王泰教授《近代以来埃及宗教与政治关系的历史考察》一书所写的序言（书信文体的序言）。

第三，在《世界史综合编》中，增加《从陕西走向世界史研究——彭树智先生访谈录》，作为该编的终编文章，这是《陕西地方志》主编张世民的采访记。

第四，《丝绸之路是世界性文明交往之路》原来在《文明交往问题随笔》中，这次调整至《世界史综合编》中，作为第四篇文章。这是我1998年9月13日在西北大学举行的"国际丝绸之路学术讨论会"上的开幕词，体现着"历史转变为世界史"的中国学术话语，以及东西方文明交往的历史感与现实感。

第五，将《附录：主编〈中东史〉时给作者们的信件》作为附录一，另增加以下内容作为附录二：

《文明交往论》封面；

《自序：文明交往是关于全球文明和谐问题的科学课题》（《文明交往论》序言）；

《后记：忙悠交集人生路》（《文明交往论》跋语）；

《我的文明观》封面；

《崇文丛书》编委会（《我的文明观》扉页后）；

《代序：世界历史：人类文明交往的新自觉时期》（《我的文明观》序言）；

《我的文明观》编后记。

经过以上对《文明交往论》《我的文明观》和《文明交往的历史观念》三版增订情况的综述，本书的变迁轨迹，反映比较完整，作为礼物的脉络理路也较为清晰了。这样，我向母校校庆的献礼中，《人类文明交往的历史观念》一本自然就成为首选了。

今年是我和中东研究所的丰收年。要不是疫情严重干扰，至少还有四本学术著作，献给校庆：

第一本，是人民出版社重版的、作为"人民丛志"之一的《中东史》。这是该社将其作为"地区史系列"在2010年出版的，由我主编，王铁铮、黄民兴、韩志斌、邵丽英参加的集体著作。它用史论结合、融论于历史思维，将文明交往自觉问题具体到学科研究中国气派化中，可称之为中东史"学术生命的自觉"性产品。如果说，《中东国家通史》（13卷）是地区国家史的综合性著作，而《中东史》就是地区性的专题性著作了。此次重版增加了新近内容，由王铁铮教授主持完成。

第二本，是《20世纪以来中东史》（教育部推荐的"研究生教学用书"），是继2001年之后的第三版。这是"世纪史"体例的中东地区当代史。以此新体例写当代中东地区史，是一个原创性的尝试。这本书在第一版时，就定位于综合性、稳定性和学术性的目标。第二版强化了它的学术品位，因为学术品位是学科、话语体系的中心。第三版由黄民兴教授主持完成，增加了21世纪至今的内容，书名加上了"以来"二字，延续了本书"世纪史"的体例特点。

第三本，是我主编的《阿拉伯国家史》，由王铁铮、黄运发、郭宝华编写。它同样是"研究生教学用书"，第二版为2002年。它是一部阐述22个阿拉伯国家从远古到20世纪末的通史性著作。它在唯物史观指导下，以人类文明交往论为理论视角和脉络，使之成为纵向为阿拉伯半岛—阿拉伯帝国—阿拉伯民族独立国家体系三个发展时期；横向为经济、政治、社会、宗教、民族、思想、军事和国际关系等诸多领域演变的交织，综合组成了整体形态结构。今年出版第三版，由王铁铮教授主持，增补了21世纪20年代的内容。

第四本是正在一校的、将由中国社会科学出版社出版的《印度史存稿》。它是40多年前出版社编辑丢失的，现在又由中东研究所所长韩志斌教授从网上购回的一部手稿，是我的学术"生长点"由南亚向中东转移时期的路标性文集。其中值得一提的，还有我1954年西北大学历史学系的毕业论文《印度近代的民族解放斗争》手稿，共20多万字。这部失而复得的手稿，是我大学四年确立学术"生长点"的学步初心成果，弥足珍贵。在母校校庆之际，回忆过去的往事初心，我脑际萦绕着如云似烟的学术史上的思路轨迹，怀念母校之情油然而生。我在想，这本学步初作，有故事和历史档案性的书，最好能赶上母校校庆，与新版的《人类文明交往的历史观念》一起，作为聊表心意的礼品。

当然，我期望这四本再版书和初版的《印度史存稿》共五本，都能在校庆节日如愿面世。现在看来，可能性太小了。不过，我还是希望：人民出版社这本重版的《中东史》，能作为中东研究所集体的代表作，列入校庆的献礼名单中。因为它是继《中东国家通史》（13 卷）之后，一部以文明交往视角观察中东地区的、史论结合的集体协作的综合著作，也是我用力最多的学科、学术、话语体系性著作之一。

在校庆之前，根据学校要求，由西北大学出版社具体承担的学术大家著述出版项目，统一命名为"西北大学名师大家学术文库"，我被忝列论著选集作者之一。如前所述，我首选了《人类文明交往的历史观念》一书，作为治学后期的代表性作品，进入学术文库。然而，我深知，学术思想史是连续性的交往过程，是不能割断的。这里要强调说明的是，在我前期的学术思想发展阶段中，有必要提出以下三个系列的路标性书、文：

第一，《百年前印度人民起义的历史意义》（《人民日报》1957 年 5 月 10 日）、《1857—1859 年印度反英大起义略论》（《北京大学学报》1957 年第 4 期）和《1857—1859 年印度反英大起义前夜的社会经济和阶级关系》（《西北大学学报》1957 年第 2 期）。这三篇研究生毕业论文组成的系列，是我大学生时代毕业论文《印度近代的民族解放斗争》的续曲，又是我步入世界史、亚洲史研究领域的三步学术学步曲。我用初步学到的马克思主义唯物史观为指导，对印度这个东方文明大国与英国这个西方文明大国之间的历史交往关系，开始了探索研析的学术生活历程。

第二，《无政府主义之父巴枯宁》（1982 年写成，陕西人民出版社 1985 年出版）和《第一国际和无政府主义》（收入《书路鸿踪录》，三秦出版社 2004 年出版）。《无政府主义之父巴枯宁》一书是我在"文革"期间被迫闯入"国际共运史"领地的游击队三部曲之一，其他两部曲是《修正主义的鼻祖——伯恩施坦》和《叛徒考茨基》，其中后者出版于 1973 年，1975 年出版了增订版，是配合学习列宁《无产阶级革命和叛徒考茨基》的辅助读物。我在《书路鸿踪录·序》中说："收入本书的文章，均系'留踪'之作。以'鸿飞'国际共运史领域年代的著作而言,保留了《第一国际与无政府主义》一文。"这实际上是我与"游击队"生活告别性的长歌。我认为,继《无政府主义之父巴枯宁》一书之后,该文是对"极端主义"的社会历史与思想根源的个案分析,"因为这种政治、思想极端主义,对人类文明的负面影响太大了"。"文革"期间,把"宁左勿右"的"极左"思想推向顶峰,对文明交往发展造成严重危害,历史教训深刻。这也令人想起巴枯宁派"立即废除国家"的无政府主义思潮和马克思对它的批判。

第三,《现代民族主义运动史》(西北大学出版社1987年版)和《东方民族主义思潮》(西北大学出版社1992年第一版、人民出版社2013年再版)。这是民族主义运动和思潮在现代东方文明交往的合奏曲,它的历史结果是发展中亚洲、非洲和拉丁美洲民族独立国家世界新格局的形成。这个新国家体系与发达资本主义、发展中社会主义国家体系形成三足鼎立的人类文明交往历史图景。这是"历史转变为世界史"之后新的国家地区史的巨变。我在《现代民族主义运动史》的结束语中写道:"我把本书奉献给读者,并愿和同行们就有关问题共同探讨,使这门学科更具科学性和有益于世界历史学科的新体系的建设。"我在《东方民族主义思潮》再版序言中又写道:"我仍然坚持我20年前的观点:在主导的热爱民族国家的普遍性与合理性之外,还要站在更高的历史观点上和更深入的人类文明交往自觉性的思考点上,冷静客观而全面分析其进步与落后、自由与集权、民主与专制、适度与极端、现实与空想、狭隘与霸权等复杂因素的交织与变化。"

总之,前期这些学术思想和后期学术思想是有内在的联系性。古语说:"学者,觉也。"作为一个以世界史、中东史为志业的老学人,改革开放以后,我参加了高等教育出版社出版的《世界史》6卷本中3卷本的编纂工作,主编了当代卷,同时在南亚中东史学科建设中不断学习实践,从中逐渐形成了人类文明交往自觉的历史观念。2021年此种历史观念的学术讨论会在西北大学举行。当时正值我90岁生日,为此写过下述六行七言诗《京隐》:

京隐日近长安远,松榆悠悠忆史坛。

> 吴老八十驾鹤去，老齐近九离世憾。
> 我本林海一老树，乐见文明火炬传。

诗中的"吴老"和"老齐"，是我对二老的习惯称呼。吴老与我的亚洲史导师周一良先生是美国哈佛大学同学，是长辈。老齐常说，自己是周一良先生的学生而以师事之，我们是同辈。同二老相比，我是幸运者，能看到今日史坛传承传播的兴盛发达，这就是我写此诗的由衷之言。

我是诗意治学的实践者。人类劳动生产着，诗意栖息在大地上，这犹如鸟栖于林那样，人是大自然存物的意境。诗歌是人类本真存在的审美艺术创造形态，是人类自由而全面发展的趣味情怀艺术形式。诗意治学并不是说：人人都成为诗歌艺术家，而是认为每个人都可以保持在当下生存实践中的审美观念和审美意境。从人类文明交往历史观念角度观察人生，审美视角是哲学之为哲学、历史之为历史所不可或缺的生活内容。审美不仅是哲学逻辑的推断和价值理论的批判，而且是历史逻辑与现实逻辑的互动与统一。对审美的追求，有助于回归历史、关注现实、提升当下，从而在指引未来的征程中持续升华人类文明交往的自主力、能动力与自觉性的程度。

人是自然的存在物，更重要的，人还是社会的、思想的、有意识的文明交往存在物。马克思在《1844年经济学哲学手稿》中说过，有意识的生命活动，把人与其他动物的生命活动区分开来。由于有观念意识形态的不同，因而人的生产和其他动物的生产就有不同的规律性。马克思特别指出："人也是按照美的规律来建造的。"人创造历史的生命活动，也正依照这规律发挥主观能动性，其交往自觉尺度，存在于"有为有不为、知足知不足"运动过程之中。对此，我在自己的座右铭中有如下表述：

> 有为：为真求知，为善从事，为美养心。
> 有不为：不为名缰，不为利锁，不为位囚。
> 知足：尽力知足，尽责知足，尽心知足。
> 知不足：学习知不足，学问知不足，学思知不足。

历史是记忆，
学习历史是让人们多长点记性，
以免重蹈覆辙而在浴火中重生。
诗人把记忆写成史曲，
这中间有弦上的歌声，
还有弦外绕梁的余音。
有人把历史比做老师，
自应时时请教受益。
也有人把老师比作燃烧自己、照亮别人的红烛，
但对历史老师这个比喻却不太合适。
历史老师应当是手中暂时高举的火炬，
把它燃烧得光辉灿烂，照亮文明交往大道，
然后交给后来人，
一代又一代传递下去！

彭树智

2022 年 6 月 3 日端午节写于北京松榆斋

对立统一规律是人类文明史的根本规律。真善美和假丑恶是相对立而存在、相较量而发展。文明的生命在交往，交往的价值在文明，文明交往的真谛在人文精神的本质。人文精神是人在认识、掌握、运用客观规律而发挥主观能动性的"文而化之""文而明之"的创造精神。人文精神体现在认识自我、认识社会、认识事物的文明交往自觉性。对此，与美己之美、美人之美、美美与共的"世界大同"交往理想认知的同时，不要忘记全面理解世界矛盾对立统一的客观规律。文明对立面是野蛮，是贫穷，是愚昧；有交而通，也存在交而恶。这里面有异与同，有一与多，有常与变，有合、和、分、斗等复杂交往的联系，这里面需要大智慧、大勇气、大韧性的"文而化之"，尤其是"文而明之"的文明自觉。全面认识矛盾的对立统一，要同时看到理想的真善美，也要关注理性的假丑恶。理想是追求美好生活的思想动力，但生活却是在现实世界之中。文明交往既要心怀美好理想，同时也要面对残酷现实。文明交往的历史观念启示人们要明白，不能糊涂，要关注理想的对立与现实的转化，要清醒认知自己、认知社会、认知自我身心等人文精神的实质。对此，我有"文明交往自觉"五句言，旨在防止片面、极端化，把认知定位于提高自觉性，通过学习而知之，达到觉悟而明之。这五句言是：

　　知物之明，知人之明，自知之明，交往自觉，全球文明。

　　这"三知之明"的关键是"自知之明"。《荀子》讲："智者自知，仁者自爱。"《老子》说："知人者智，自知者明。"这个"明"实质上是明白规律性，首先要明于律己，正确认识自己，从自己做起。"厚德载物""自强不息"，这是中华文明中自我超越的基本思维概念。

　　我的专业不是诗歌艺术，只是因为有诗意治学的思维方式，在探研人类文明交往问题时，经常也凑几句不大守诗规的诗。我觉得诗歌艺术言情说志，有其独特的魅力，可以补充理论逻辑思维之不足而引起对文明交往的审美遐思。例如谈论上述矛盾对立统一规律问题时，我凑了一首与英国诗人吉卜林《东西谣》相对应的《西东谣》，现录于下：

> 西潮涌起东潮动，西方东方异中同。
> 水流河东与河西，气变东风又西风。
> 西园载酒东园醉，东茶咖啡西洋醒。
> 世界熙然为权利，环球那复计西东。
> 历史统一于多样，事物万变归常恒。
> 人类关注生产力，人文良知大化成。
> 分斗合和皆智慧，交往自觉共文明。

这首《西东谣》，是我为《东方民族主义思潮》在人民出版社2013年再版序言中寄托所思而写的。我在序言中写道："萦绕脑际的东方政治文化概念由史入论汇入了自然史、人类史、世界史，特别是中东史研究之中，从而进入了人类文明交往理论，尤其是文明交往自觉的新的理论思维过程之中了。"在收入中国社会科学出版社2015年出版的《老学日历》一书，它又作为该书封面题诗时，增添了"人文良知大化成""分斗合和均智慧"两句，表述文明交往中分、斗、合、和的辩证思维和人文精神的"文而化之"的意义。这里的"良知"，是前面讲"三知"之明的文明交往自觉，是对物、对人、对自我身心运行规律之"知"，认知客观规律方可成为知事明理的良知之人。良知是人文精神的内在核心，它和物质的生产与再生产交织互动，促进了文明自觉化的进程。可见，这首《西东谣》是我诗意治学的具有哲理意境的歌谣体诗作，与吉卜林"东方就是东方，西方就是西方"的东西诗是有很大区别的。

对我说来，行年91岁，已经到了"夕阳无限好，只是近黄昏"的暮年时期。我想，时光是不会厌老人的。"夕阳无限好，唯其近黄昏"，更值得自觉珍惜，更要珍爱有限的光阴。我是个"三不停翁"：学习不停，思考不停，写作不停。作为历史学界老学人，我引用2021年出版的《京隐述作集·史以明道》一书中"卷终跋语"之二，以结束本弁言：

目　录

序　言 ………………………………………………………………… /1
增订新版弁言 ………………………………………………… 彭树智 /3

第一编　总　论

论人类的文明交往 ………………………………………………… /3
文明的真谛 ………………………………………………………… /35
战争、政治交往及其他
　　——关于克劳塞维茨《战争论》的摘评 ………………… /48
民族主义问题研究的路径 ………………………………………… /65
文明交往的历史观念 ……………………………………………… /71
以信代序：人类文明交往中的历史自觉 ………………………… /79

第二编　塞人编

一个游牧民族的兴亡
　　——古代塞人在亚洲的文明交往 ………………………… /97
塞人游牧文明与南亚中东农耕文明的交融 …………………… /115

第三编　阿富汗编

丝路枢纽地区的文物考古和人类文明
　　——阿富汗与古代东西方文明交往 …………………… /123
近代以前阿富汗和中国的历史交往 ………………………… /150
论阿富汗的远古文明 ………………………………………… /167
阿富汗的古代城市文明 ……………………………………… /178
前伊斯兰时期阿富汗的文化形态 …………………………… /189
文明交往的丰厚馈赠
　　——论阿富汗地区的犍陀罗艺术 ……………………… /204

第四编　伊朗编

伊朗和中国古代物质文明的西传 …………………………… /225
伊朗古代祆教的文化内涵 …………………………………… /236
唐代长安与祆教文明的交往 ………………………………… /242
伊朗史中的文明交往与文明对话问题 ……………………… /257

第五编　中东地区编

巨变的世纪和变革的中东 …………………………………… /267
20世纪中东文明的百年流变 ………………………………… /289
论文明交往的国家史例个案研究 …………………………… /292
中东文明交往的两大历史个案 ……………………………… /304
土耳其研究的几个问题 ……………………………………… /319
当代中东地区性研究的几个问题 …………………………… /329

第六编　阿拉伯伊斯兰编

阿拉伯史研究的几个问题 …………………………………… /339

从文明交往看阿拉伯经济思想的西传 …………………………… /353
《伊斯兰教与中东现代化进程》一书中的文明交往线索 ………… /369
回族的文明交往特征 ……………………………………………… /391
巴勒斯坦阿拉伯人与犹太人的冲突 ……………………………… /395

第七编　世界史综合编

论帝国的历史、文明和文明交往 ………………………………… /409
在普遍交往中并存的世界文明 …………………………………… /425
文化学和文化交往 ………………………………………………… /427
丝绸之路是世界性文明交往之路 ………………………………… /436
序说文明交往与犹太学研究 ……………………………………… /439
拿破仑军事失利、政治失策与经济政策失误的内在联系 ……… /445
从陕西走向世界史研究
　　——彭树智先生访谈录 ……………………………………… /448

第八编　世界当代编

论世界经济贸易中心的转移
　　——《太平洋问题之过去、现在与将来》读后 …………… /467
第二次世界大战与第三次技术革命 ……………………………… /474
用文明交往论的观点叙说第三世界 ……………………………… /487
现代南亚两位伟人的政治交往 …………………………………… /506
日本在中东的"文化外交" ……………………………………… /512
冷战是政治交往以独特形式的继续 ……………………………… /517
研究现状应当有历史观点
　　——置身需向高远处，回首细微觅真知 …………………… /521
文明交往铸造城市风貌 …………………………………………… /526

第九编 文明交往问题随笔（二十四则）

伊朗与阿拉伯国家之间的交往 …………………………………… /539
土耳其的文明交往 …………………………………………………… /542
土耳其：山和水、东方和西方 ……………………………………… /544
杜威在1919—1921年来中国的交往互动 ………………………… /546
90年前罗素的中西文明交往观 …………………………………… /548
尼赫鲁的中印两国文明交往观 …………………………………… /552
西方和东方五位哲人的沉思 ……………………………………… /554
阿拉伯知识分子的忧虑 …………………………………………… /558
理解和反思的人类文明史 ………………………………………… /563
"东方"概念的历史演变和民族意义
　　——《东方民族主义思潮》书前补言 ……………………… /566
为什么是中东史？ ………………………………………………… /568
走向学科、学术自觉的《中东史》编写工作手记 ………………… /570
由托尼·朱特的国家观和历史观所想起的 ……………………… /575
"互文性"隐喻交往互动律 ………………………………………… /579
交往的多元文化与文化间性研究 ………………………………… /580
民族主义和民族性 ………………………………………………… /582
时间、空间和人间的间际交往 …………………………………… /586
生产和交往的互动作用 …………………………………………… /589
"化"说城市未来 …………………………………………………… /592
实用主义"分三向一"的交往观 …………………………………… /597
王国维的能动与受动的互动交往观 ……………………………… /600
巴赫金交往理论的再思考 ………………………………………… /602
法农的《黑皮肤，白面具》 ………………………………………… /606
加里·斯奈德与生态文明交往的自觉 …………………………… /608

附录一 主编《中东史》时给作者们的信件 ·················· /615
附录二 书影 序 跋 ·················· /633

第一编 总 论

文明的生命在交往,交往的价值在文明。

文明的真谛在于文明所包含的人文精神本质。

论人类的文明交往

一

文明交往是人类跨入文明门槛之后，直到现在，而且还将持续发展的基本实践活动。

人类历史是生生不已的变动过程。从茹毛饮血的蒙昧时期，进步到今天这样的文明世界，在很大程度上，是在于总结过去的历史，尤其是在于总结文明交往的历史。

人类的交往是伴随着生产力同步发展的历史过程，因而是历史交往的过程。交往是人类不同于动物的社会本性。在逐步克服野蛮状态的历史过程中，交往使人类不断走上更高文明层次的社会。

人类社会历史，不仅仅是社会因素相互作用所推动的物质运动，而且是人们世代积累所创造出来的、有内在联系的文明形态及其交往的序列，其本质，是以人文价值关系为媒介的主客体辩证的文明交往过程。

因此，文明的真谛在于文明所包含的人文精神本质及其价值。《易·贲》："文明以止，人文也。"这就是把人同自然的关系和人与人的关系，分别概括为"观乎天文，以察时变"和"观乎人文，以化成天下"。只有人以自己的主观能动性、洞察力和理论思维能力，观察自然、认识自然、改造自然、保护自然，文明才得以产生和发展；也正是这种主观能动性、洞察力和理论思维能力，化成人与人的社会关系，使人类交往日益文明化。

人的主观能动性和理论思维能力，就是和生产力相伴随的交往力。这种交往力物化为人工石器之始，人和自然交往的人文精神，便人文化而"经天纬地"，明耀而"照临四方"①，使人与猿相揖别，而步入一个"人类革命"的文明时代。

人类在生产劳动中，表现了双重的交往关系：自然关系和社会关系。在这双重关系基础上建立起来的人类社会，是人同自然交往过程中完成的本质统一。

语言的使用、文字的产生、城市的出现、国家和法律秩序的建立，既是人类文明交往中的肇端，又是人类进一步创造物质文明、精神文明、制度文明和生态文明的依托。人类、自然和社会之间的关系，在文明交往的基础上更为密切了。

但是，文明交往经常伴随着野蛮和残暴，人类身上的人性和动物性，总是交织在一起。交往的总趋势是从野蛮到文明的演进。然而，历史交往有时也出现从文明到野蛮的倒退。历史上，即有如皮埃尔·艾索贝里在《第三帝国》中所揭示的，1933—1945年纳粹统治时期攻击民主、抛弃传统、以知识为耻、以无知为荣、人人自危的德国社会的退化和堕落；中国现实中也不乏破坏生态文明和社会规范，滥捕乱吃野生动物的公害和国耻（吃）。其他如温室气体过量排放而导致全球变暖，已对世界稳定造成巨大威胁。气候变化主要通过激化现存冲突而导致政治危机。此类愚昧、疯狂的事，在当今文明交往中总是层出不穷。这些事实在总的文明交往史上尽管还只是冰山一角，但仍不失为观照人类自身弱点的一面镜子。

文明交往和生产力发展，虽然同为人类的基本实践，然而文明交往使生产力的潜在可能性变为实际的现实性，使生产力得以继承、发展，并从偶然的个别发展成为社会的共同财富。马克思和恩格斯在《德意志意识形态》一书中指出："某一地方创造出来的生产力，特别是发明，在往后的发展中

---

① 《书·舜典》，孔颖达疏，中华书局《十三经注疏》1980年影印本，第125页。

是否失传，取决于交往的扩展情况。只有交往具有世界性质，并以大工业为基础的时候，只有一切民族都卷入竞争的时候，保存住已创造出来的生产力才有了保障。"这是文明交往全球化的新阶段。

文明交往形成的交往力，同生产力相互作用，分别组成了人类社会发展进程中的横线和纵线，彼此交叉璧联，织成了色彩斑斓的多样性历史画卷。不同国家、不同民族、不同文明之间的交往，不同性质的文明与野蛮之间的矛盾交往运动，与不同国家、不同民族、不同水平的生产力和生产关系之间的矛盾一起，推动着历史的前进。

生产关系，从本质上说，是人们在生产和交换过程中形成的人与人之间的交往关系。社会成员在社会分工体系中形成的不同地位和结合方式，只有通过彼此交往，才能得到维系和实现。在生产过程中，人们对生产资料的占有、对产品的交换和分配，都辩证统一于交往实践活动之中。交往是生产关系的"黏合剂"。此外，生产关系是社会关系的重要方面，也是人类交往的一个重要组成部分。马克思把生产关系从整个社会关系中抽出来加以研究，旨在重视经济在物质交往中的基础作用。然而，交往不仅是物质交往，它还包括人与人之间的感性和精神变换活动。这就是人们精神生产活动及其能力、精神产品等交换和交流的交往力。交往力和生产力一样，同社会关系和社会生活的总体密不可分。

精神交往改变着人们的主观世界和人与人的精神关系，并且使精神生产的理论成果，凝结成政治、法律、宗教、文艺、道德、科学、教育、哲学等意识形态上层建筑。精神交往虽是上层建筑意识形态得以建立的前提条件，但其基础是物质交往。正如马克思和恩格斯在《德意志意识形态》所说："观念、思维、人们的精神交往在这里还是人们物质关系的直接产物。"

总之，生产力、生产关系、上层建筑意识形态的形成和发展，既离不开物质交往，也离不开精神交往。交往在整个历史发展过程中构成了一个有联系的交往形式的序列，这种序列在不断实行新旧更替，但其内容总归于交往的直接产物——物质文明、精神文明、制度文明和生态文明。

文明交往史观，既立足于物质生产实践，注重人与自然的物质交往过程中形成的人与人之间的生产关系、经济关系以及其他的社会关系；同时，也关注人们之间的精神世界、情感生活、平等原则和群体社会化政治本质。发展和平等，是文明交往的原则，又是文明交往的目标。总之，是一个民族、一个国家兴旺发达、文明昌盛的标志。在文明交往中，人类只有把物质性、历史性、经验性、现实性和精神性、道德性、相关性、对话性有机地结合起来，才能走向健康化、和谐化的美好境界。

文明交往的意义，不但表现于交往的内容和形式在新陈代谢中由低级向高级演进、由野蛮状态向文明化上升；而且，也使历史交往由地域的、民族的交往，走向世界性的普遍交往，使历史逐步转变为整体性的全世界历史。所谓"世界历史"，是指人类在交往中不断跨越空间的自然障碍和政治制度、文化传统等方面的社会障碍，在全球范围内逐渐实现充分沟通和达成共识与共同的结果。这是人类历史上一个意味深长的巨变。文明交往的每一进展，都包含着全球性的发展趋势。这种趋势是人类活动范围随着交往扩大的表现。这种趋势在16世纪加快了发展步伐，逐渐形成为当今的全球化交往。

文明交往是人类历史发展的动力，是人类历史变革和社会进步的标尺，是人类文明发展的里程碑。

二

人类文明交往的基础，是人类的生产实践活动，而生产实践活动的前提，是人类的社会交往，即社会关系或联系。

人类文明交往的基本内容是：物质文明、精神文明、制度文明和生态文明。只讲物质文明和精神文明，不讲制度文明，是对人类文明由物质生产开始而伴随的文化观念进步过程中人和人关系的疏略。同样，只讲物质、精神、制度文明，而不讲生态文明，也就疏忽了人类社会与自然环境的综合性和整体性交往关系；其结果，便忽视了生态文明系统对人类文明交往的制约作用。人与自然是统一的，人起源、依靠、发展、归结于自然。

文明的生态观是人、土壤、水、植物、动物处在一个共同体之中，共生共荣、同衰同灭、休戚与共。世界各地众多古文化遗址，实际上都是生态文明毁灭的见证，值得我们鉴戒。

贯穿于物质、精神、制度和生态文明四大交往的主线，是人与人、人与自然之间的"主体—客体—主体"的多种关系和普遍的社会联系。

物质交往，提高了人们富裕的文明生活的水平；精神交往，升华了人们的思想文明境界；制度交往，推动着人们社会文明规范的完善；而生态文明交往，则增进了人类社会与自然环境的和谐与统一，保证了社会的可持续发展。

文明交往的形态，是以社会经济形态为基础的。史前的原始蒙昧社会，其经济基础是采集渔猎经济，其交往是前文明的原始交往。从人与人之间的关系上看，这一段人类文明的前史基本是长达数百万年积淀的血缘关系史。血缘性是原始交往的主要特点。母系和氏族是交往的主要组织形式。交往范围处于狭小地域的点线空间状态。原始人对世界的反应方式是本能的、独特的、富有诗意的神话。的确，古代各民族是在幻想中、神话中经历了自己的史前时期。

文明交往使人类与动物之间完成了庄严的告别仪式。原始交往遗传给文明交往的许多基因，如家庭、种族等，它本身虽不在文明交往史的参照系之中，却给文明交往留下了许多印记，影响了不同文明的形成和特征。只有法律关系高于血缘关系的时候，人类文明交往才进入了更高的阶段。

人类文明交往史肇端于农耕畜牧的自然经济初期，这个时期是由血缘关系发展而来的人的地缘关系。地缘性表现在两个先后联系的过程：先是按地区组成的农村公社和畜牧业部落，取代了"包括许多世代的成员"的血缘家庭公社；继而建立起有人口、领土和文化联系的国家。尽管农村公社和畜牧部落作为基层，仍存在于社会组织之中，而呈封闭、孤立状态；但国家（由城邦国到帝国）中的人与人的关系，在相互交往中，却逐步扩大着陆上和海上的交往范围。

地缘性交往，在农耕畜牧的自然经济时期，由原始狭小地域的点线空间交往，发展为区域空间的文明中心之间的面上交往。农耕世界与游牧世界之间不同形式的交往特别频繁。交往主体随地缘的扩大而表现为种族、民族、国家，乃至宗教共同体，而等级制、宗法制成为关系文明交往的纽带。这是以后被称为"传统文明交往"的一大特征。

地缘性交往的频繁，使血缘性交往日渐淡化，交往的主体随之强化，以国家、民族、地区为单位的自我中心主义，在交往过程中膨胀起来。自居为天下之中的"中华"以及自古的"华夷之分"，古希腊文明及西方诸国的视其他外族为"蛮族"、称游牧世界为"野蛮世界"，都是自我中心主义的表现。

这种表现还同一些大帝国统治者的"世界之主"的霸权有关。地跨亚、非两大洲的亚述帝国的君主们，即自称为"王中之王"，甚至自称为"宇宙之王"。地跨亚、非、欧三大洲的波斯帝国的君主们，也有称为"天下四方之王""世界之王"。总之，自诩为世界的主宰。此种自我中心主义不是这些统治者的专利，也不是传统交往所独有，它成为地缘性特征而积淀于大众社会心理深处，并长期影响后世的政治文化交往过程。欧洲中心论、霸权主义、种族歧视、地区偏见等当代的交往之垢，皆源于此。

地缘性交往对文明发展的影响，与时俱进。俄罗斯地处东西方结合部，横跨欧亚大陆。这种帝国疆域，使俄国与近代东西方文明相互交错，表现于政治交往的扩张性质。这种结合部的地缘文明，也孕育着20世纪苏联演变的缘由。美国地处大洋彼岸的新大陆，它是西方文明发展的一部分，但又自成体系，虽源于欧洲文明，但又没有历史包袱，一切在新土地上从"零"开始。这种地缘交往特征，是美国在原有政体和人文传统框架内不断更新，并在20世纪成为超过"旧大陆"欧洲的重要条件。

人类文明交往史转折于工商业经济时期，其特点是由地缘性的区域交往发展为全球化的现代交往。这个转折始于西欧的农本向重商发展，并在此基础上，实现了以大机器生产为特征的工业革命和以全世界为市场的外向型商品经济。工业的历史，是一本打开了的关于人本质力量的书，它蕴藏着人同自然界之间的历史关系。商品不仅仅是经济学意义上的一种人类生产的特殊产品，而且是代表着人类的一种特殊文化，它是人类发展到商品经济时代的文明交往的凝结物，并深刻反映着人同自然交往的普遍性的价值观。

这种价值观的特点是全球化，如马克思和恩格斯在《共产党宣言》中所说："不断扩大产品销路的需要，驱使资产阶级奔走于全球各地。它必须到处落户，到处创业，到处建立联系。"

全球化这个词出现于20世纪80年代，但其原本概念可以追溯到近代葡萄牙、西班牙、荷兰、法国、英国的国际商业贸易战时期。全球化是人类近现代文明交往发展的结果。15至16世纪的哥伦布发现美洲、达·伽马的非洲航行和麦哲伦环绕地球，打开了人类全球交往之路。海路大通之后，殖民帝国之间的长期商战以及瓜分土地的争霸战，使交往由西方文明摇篮的沿海地区，深入各洲大陆腹地。17、18世纪，特别是19世纪，全球已经联结为一体，一个由世界市场力量推动的开放的全球性格局已经形成。20世纪是全球化交往发展的一个关键性世纪。它经过两次世界大战这种人类社会空前规模的历史交往，用这种热战的交往形式，把全球化推向一个新阶段。热战过后，政治家们希望营造一个新秩序，防止类似的全球性冲突的重演，成立了一些国际性机构，尤其是第二次世界大战后，先后成立了联合国和十几个国际组织。

但热战过后的半个世纪，世界在冷战的全球交往形势下度过了40多年。随着冷战的结束，全球化成了一股势不可当的潮流，对各国经济、文化和政治交往带来了巨大影响。在经济交往中，世界贸易如滚雪球般地不断扩大，各公司竞相通过兼并或收购其他公司，以满足全球化市场的需要。联合国人权事务高级专员玛丽·鲁滨逊统计：1999年，500家公司操纵着33%的全球国民生产总值及75%的全球贸易。互联网促进了经济交往的步伐。但"电子货币"是全球经济交往的真正动力。在全球货币市场上，现在每天交易额超过1万亿美元。伦敦经济学院院长安东尼·吉登斯形象地说："在新的全球电子经济中，基金管理人、银行、公司以及数以百万计的投资商，只需要按一下鼠标，就可以把大笔大笔的资金，从世界一端传到另一端。"同时，西方文化的广泛传播，使文化全球化失去平衡，呈现出从富国向穷国一边倒的状态。面对这种文化全球化交往对文化多样性构成的威胁，许多国家的有识之士发出了下列呼吁：必须扶持本土文化和民族文化，使之同西方文化并驾齐驱。政治全球化交往需要建立国际政治经济新秩序,文化全球化也同样需要有一个新的文化交往秩序。

信息网络化和知识经济文明,是冷战后全球交往的总特点。其交往速度之迅猛为前所未有。交往的距离感已被消除。不同肤色、不同民族、不同文化背景的人,都被卷入这个势不可当的大潮之中。在交往中,突出地表现为以市场和企业国际化为主导的经济全球化。经济全球化通过高科技管理形式与手段,使商品、服务、生产要素跨国界流动。

世界各国经济互相依赖和高度融合,成为必然的发展趋势。但是,全球化是一柄锋利的双刃剑。全球化与反全球化、超越与反超越民族国家、生产社会化的普遍性与特殊性,都同时并存于现实世界中。文明交往仍然伴随着野蛮交往。纷争、冲突迭起,令人忧虑的问题丛生,新情况层出不穷。创造新技术的国家人口不到全球近60亿人口的15%,但他们的国内生产总值却占全球生产总值的55%。这种不成比例的情况,反映了世界秩序中全球化的现实。如何取利而去弊,需要对文明交往内涵及作用做一些深入的认识。

文明交往对社会进步具有重大作用。不仅各民族、各国家之间的相互关系,取决于每一个民族、每一个国家的文明交往的发展程度;而且每一个民族、每一个国家本身的整个内部结构,也都取决于它的生产,以及内部和外部文明交往的发展程度。

文明交往既表现在民族、国家之间,也表现在人群、集团之间,还有地区之间。文明交往是世界走向普遍联系的桥梁和纽带。

文明交往中的各个文明群体的主客体地位,是多类型和多变动性的。基本的类型是同为主客的对等性的交往、主客转化性交往和主客不平等交往。

文明交往不限于非日常交往。它大量地表现为日常生活中的交往,如上下级之间、不同辈分之间、师生之间、医生和患者之间等等。在现代化的进程中,开拓精神的道德人格和消费主义生活人格的转变与矛盾,日常生活世界的多样性、有序性和可持续发展性,都围绕着以人的发展为中心向前演进。因此,文明交往,既是历史哲学概念,也是人生哲学概念,从根本上讲,它是文明的交往史观。

历史上形成的不同文明，常常是不同国家、民族之间关系矛盾的潜在根源。不同文明之间的冲突和融合，构成了文明交往史上的诸多绚丽篇章。不同文明之间的冲突，同时在更深刻层面上预示着不同国家、不同地区和不同民族之间更多的融合。中华文明是人类历史上有数的独立起源的古文明之一，自古以来，绵延流传，未曾中断，举世罕见。这种连续性文明的主要根源在于，它在包容和弹性结构之下持平衡状态。中华文明没有陷入极端宗教主义，外来宗教传入之后，都不那么狂热，而是变得温和，很少带有攻击性。

这种包容和弹性结构，导致很多宗教观点共存。与中华文明这种连续性类型的文明不同的是，源于希腊、罗马的西方文明。后者属于断裂类型的文明。按照张光直的说法，这种断裂型文明的发展道路并不是人类社会的常态，建立在这种类型文明基础之上的历史规则，有必要接受连续性类型文明经验的检验。然而，断裂型文明，以及那些中断了的古文明和新兴起来的各种文明，都应在交往系统中找出兴衰存亡的缘由。

文明交往是一个双向的或多向的相互作用的过程。各个文明之间既相互影响、相互渗透，又相互冲突、相互抗争，其常态是相对的静态平衡和动态平衡。在不同文明的交往过程中，能否使一系列看似完全矛盾对立的关系保持平衡状态，是包容和弹性结构成功的原因所在。平衡状态是善于接受不同文明中互相矛盾事物的结果，是善于利用矛盾的力量，并使之化为已有的表现。美国的约翰·亚当斯、本杰明·富兰克林和托马斯·杰斐逊曾经倡议：在第一枚美国国徽上印上"E PLURIBURS UNUM"（拉丁语，意为"合众为一"）。

这种 one out of many（合众为一）的昔日美国之国训，道出了多样性统一这种包容和弹性结构的真谛。想想看，尽管在北美洲这块土地上，文化和观念千差万别，犹如联合国，但它却是一个统一的美利坚合众国。难怪美国诗人惠特曼说："我们自相矛盾吗？好吧，我们自相矛盾。我们是巨大的，包容万物。"的确，包容和弹性，利用矛盾和平衡矛盾，是文明不断更新的力量源泉。

三

文明交往因社会历史状况错综复杂，而在形式上表现为多种多样。大致而言，和平与暴力是两种基本的交往形式。

文明交往的和平形式是经常的、大量的和主要的交往形式。无论是古代的各文明中心之间的联系，还是跨大陆为各帝国之间的关系，或者是民间的商旅、教旅、学旅之行程往来，和平形式的交往，一般占有主导地位。

商业贸易最能表现人类文明交往的开放性、合作性、物质性和全球性，它同时又是人类政治交往、社会交往、文化交往的先导、中介和沟通的渠道。商业贸易维系着古代东西方"丝绸之路"的交通大道。商业贸易在新航路开通之后的西方列强争夺殖民霸权的长期商战中，又同战争的暴力交往形式结合在一起。基于共同利益的公平贸易，常常主导着民族与民族、国家与国家之间良好而富有成效的关系，甚至在存在严重分歧的情况下，还能保持坦诚而全面的对话。贸易还主导着共同利益的扩大，在一定程度上，缓和政治上的分歧而进行彼此合作。卡尔·克劳塞维茨在《战争论》中，把战争比作"贸易"。他看出了商贸同政治的相似和交叉。

马克思则从更广义上看待商业贸易。他用德文 Verkehr 和英文 Commerce 来表示"交往"一词，就是赋予了广义性交往概念以历史性物质基础和辩证的动态内容，表明交往的历史联系，从而把交往看成是同生产力发展相伴随、以商业贸易为交换手段而建立起来的社会关系。事实说明，商业贸易不但是随着分工扩大而从生产中分离出来的经济交往形态，而且就其开放本性而论，最能反映文明交往在人类社会发展中的作用，和表达交往与生产力关系发展的程序。

文化交往，特别是文化艺术交往，是各民族、各国家最容易接触和接受的和平交往方式。文化交往最能表现人类文明交往的交流性、互谅性、精神性和世界性。文化艺术交往是沟通人们心灵、加强了解和增进友谊感情的重要渠道。

文艺之于人类文明生活，宛如沙漠中的一块绿洲、暑天的一阵清风、大旱中的一缕云霓。文艺交往属精神文明方面的文化交流，它赋有提高世界人民精神境界，并使民族文学汇流成全人类共同精神财富的"世界文学"，如歌德所说的 Weltciteratur。如果说，思想交往要靠理性、靠逻辑，艺术则靠感触、靠感情交流。艺术之桥是心灵之桥。世界各族人民，无论语言和习俗多么歧异，肤色和种族多么不同，音乐、绘画、歌舞、雕塑、工艺美术等艺术，都可以听，可以欣赏，可以在审美情趣方面进行交流。人与人的感情是相通的，人类有共同的善良愿望。正义、和平、安定，为人心所向；邪恶、战争、混乱，是人心所恶。不同文明的人们，可以在真善美的艺术世界中交流感情。文化交往的涓涓细流，滋润着人类的心田，成为推动人类社会走向文明化的重要力量。

但是，暴力交往形式，在人类历史上赫然在目，挥之不去，占有颇多篇章。征服、掠夺、抢劫、破坏、凶杀，特别是战争，从人类社会一开始，就因为种种缘由而大量存在着。战争是暴力交往的最高形式。战争是残酷的、触目惊心的，但在不得不进行和已经发生的战争背后，总是蕴藏着无比丰富的、永远值得后人倾听的政治文化声音。战争不仅仅是战争本身，这种政治现象需要有文明交往论的穿透、沉思和感悟。马克思、恩格斯在《德意志意识形态》一书中曾指出："对野蛮的征服者民族说来……战争本身还是一种经常的交往形式；在传统的、对该民族来说唯一可能的原始生产方式下，人口的增长需要有愈来愈多的生产资料，因而这种形式也就被愈来愈广泛地利用着。"马克思、恩格斯所讲的战争，距我们十分遥远，但它永远不会消逝。人类从历史交往中一步一步走到了今天，可今天书写的同样是一种人类文明交往史。对战争历史交往形式的思考，总是曲曲折折、隐隐约约地通向现实，我们实在需要历史精神的不断滋养、提醒，以至于警示了。

奴隶社会和封建社会的残暴面，突出地表现在暴力交往形式的普遍性上。开拓疆土、移植人口、掠夺资源、控制商路等动因，使游牧世界与农耕世界之间、农耕世界之间的暴力交往层出不穷。前者如3至6世纪以日耳曼人和匈奴人为主体的游牧民族入侵浪潮，7至13世纪阿拉伯半岛游牧民族的东征西伐，13至15世纪蒙古草原民族的纵横驰骋；后者如亚述帝国的扩张，波斯帝国的攻战，亚历山大帝国的远征，罗马帝国的征讨，奥斯曼帝国的征伐。这些战争其实也是"双刃剑"的性质，战争过程的破坏性、野蛮性与战争后果客观上的进步性与文明性并存。游牧世界与农耕世界之间的暴力交往，实质上是游牧文明和农耕文明之间的冲突与交融，最终导致了游牧民族的农耕化。农耕民族之间的暴力交往，也使得文化的沟通和融合过程加快了。暴力交往是一种急风暴雨式的残酷交往形式，它具有和平交往所不具备的冲击力量，其结果是交往范围的迅速扩大和交往程度的空前扩展，并常常导致社会形态的更替。

暴力交往在农耕世界和工业世界之间，以及在工业世界之内，也是频繁进行的交往形式，而且规模越来越大。西方工业文明的扩展，是在炮舰政策之下进行的，它是建立在政治、文化甚至宗教基础之上的强权对弱小民族的交往关系，其本质是不平等的交往。列强之间的战争，也有由地区而演变为世界范围的战争。还有其他诸多形式的暴力交往，如国内战争、武装起义、民族解放战争、恐怖活动等形式的暴力交往。战争在暴力交往形式中具有普遍性。人类五千多年文明史中，记录在案的大型战争有1.4万多次，平均每年近3次。中国自古以来发生的大小战争不下3万次。20世纪的100年间，硝烟蜂起，两次世界大战，震撼全球。尤其是第二次世界大战，是人类社会空前规模的历史交往，全世界80%的人口和84个国家及地区卷入了战争，世界上每个领域和各个角落都感受到它的影响。这次全球性"热战"之后的"冷战"，也是一种交往形式，它把交往范围延伸到宇宙太空。

世界大战改变着世界的政治地图。第一次世界大战使帝国皇帝的王冠纷纷落地，并引发了俄国的社会主义革命和亚非民族民主运动的持续发展。第二次世界大战使第一次世界大战的战胜国英国和法国陷于沉沦，并促使殖民主义体系解体和民族独立国家体系的形成，而且出现了社会主义国家体系。第二次世界大战后，人们担心的第三次世界大战并没有发生，但却演变成世界范围的"冷战"，从而把世界一分为三。苏联解体标志着"冷战"的结束，新的经济全球化和网络信息化交往，正在改变着21世纪的世界。

但人们不能总说战争惨剧带来的教训。《西线无战事》的作者雷马克针对战争的灾难说:"死者的遗嘱不是说要报仇,而是说不再有!"一种文明若是不尊重生命,摆脱不了迷武好斗之风,必然会走上战争之路。对于雷马克这种超越国界的人性思想,不仅为上世纪纳粹所不容,本世纪很多国家也许至今仍断然拒绝。《带星条纹的地狱囚服》的作者让·皮埃尔·勒努阿尔申诉战争带给人性的摧残和对尊严的践踏时说:"希望年轻人不要忘记战争给人类带来的灾难,不是为了使仇恨永远存在下去。"虽然和平与发展是当今世界两大主题,但战争并未消失。在一个不能彻底废止战争的世界,怎能抹去人类对暴力、死亡与恐惧的记忆呢?但愿人类文明交往的理智钟声,鉴往知来,警示世人。

人类文明交往史,主要是和平和暴力两种形式的交织史,尤其是和平交往日益深入人心的历史。发展为本,和平为贵,是人类文明交往的准则。文明交往的任务是消灭暴力交往的根源,把和平和发展结合起来,把历史交往引向法制秩序和道德规范的轨道上来。

四

在文明交往的诸多因素中,以下几点最为重要:

主体和客体 社会历史上的所有现实的人,都是交往的主体。交往是作为主体的人的多向实践活动过程,因而交往的客体不仅包括人,还包括自然物,但归根结底是人与人的交往。所以,交往的主体与交往的客体,是两个相辅相成的最基本的因素。辩证法的核心,是对主客体对立统一关系的认识。人总是在对象中反思自己的。在我、你、他关系中,因为有你和他的存在,我才成为主体,反之亦然。我、你、他三者是统一的。因而,在交往的辩证人文情怀上,体现为"己欲立而立人,己欲达而达人"。主客体关系是以主体间性为其依赖,而主体间的关系又是以主客关系为条件、为背景的。人、自然、他人三者构成了一个"主体—客体—主体"交互对称和稳定的哲学三角形对称的整体文明系统。人类文明中的发展过程,就是人类不断征服自然和社会世界，而造成人类与世界的对立与疏远，再不断从这个对立和疏远中解放出来，恢复人类与世界的亲密无间的交往过程。唯其如此，人类文明史在"主体—客体—主体"系统运行中，呈现出文明与野蛮交织而成的悲欢离合的交响曲，它既不失为对种种美好理想与圆融的憧憬，而实际又是永远的缺憾和烦恼。人类社会文明正是在这种大分大合的否定之否定的交往中，为自己开辟前进的道路。

交通和科技 "主体—客体—主体"的交往进程中，离不开交通和科技要素。交通是文明交往洪流奔腾向前的大动脉。交通因交往而凿通，其结果可以通俗化为"路"，而"路"是人类为了生存和发展、为文明进步而"走"出来的。文明交往因"路"而通畅，而扩大活动范围。人类文明交往史有各种各样的"路"，大致上都是以物质和精神交往媒介为内容的，如毛皮之路、香料之路，尤其是贯通三大洲的丝绸之路、环绕地球的新航路，在历史上最为突出。交通因素之所以能发挥作用，与运输、通信、传媒中的科技进步紧密相关。车船的改进，指南针的运用，现代蒸汽、电动交通和通信的日新月异，都是科技因素作用的具体表现。1901年12月12日，意大利发明家古列尔莫·马西尼从加拿大收到了英国的信号，兴奋地写道："现在，我第一次感到人类无须线路就可以传递信息的日子，必然要到来，那时不仅能横穿大西洋，且世界上最遥远的地方也能互通信息。"今日的信息网络之路，全球化的超时空交往，是交往方式的革命和信息传播方式的革命。信息网络之路，是人类生产力和交往力发展到当代的必然结果，是人类文明交往行将跨入一个崭新阶段的标志。在信息网络之路上，交往的主体是中心和平等的，个人实现了对其交往关系的自由占领。人们由信息网络之路上所结的机缘，组成了新型的共同体，正在对实践交往的单一取向——"利益共同体"的形成，产生强有力的冲击。由此可见，科技拓宽和深化了人们的世界视野，极大影响了人们的思维、生活、劳动和社会结构，使文明交往在正确解决人的物化和物的人化关系的基础上，再上升到一个新的层次。

民族和国家 民族是文明的基本单位。国家是获得了国家形态而拥有主权的民族。但民族并不是和国家的发展处于同步状态。在当今世界上共有

3000多个民族，民族国家约有200个。民族和国家的关系有三种基本情况：一个民族只分布于一国；一个民族分布于数国；众多民族共同相处于一国。民族和国家都有自己独特的传承文明和文明交往，失去了自身文明的民族和国家，便失去了民族和国家的独立性。在文明交往中，一个民族或国家只有坚持本位文明，又善于吸取外来文明，方能立足于世界文明之林。在多民族国家中，能处理好主体民族文明与亚体文明关系，是保持民族多样性统一的关键。全球化并不能消除民族国家作为独立交往的主体性，虽然民族国家在交往中面临着全球网络经济等诸多方面的挑战。地区集团化趋向在全球交往中日益炽烈，民族国家纷纷在地区集团化中寻找自己的地位。欧洲联盟、非洲统一组织、东南亚联盟、阿拉伯国家联盟、美洲国家联盟、七十七国集团、亚太经济合作组织，以及联合国和其所属的诸多国际组织，都表现了现代交往的新特征。参与全球化本身，就意味着在一定程度上超越民族国家的界限。笔者并不否认国际组织的发展和信息化的进步为文明全球化交往带来的深刻变化，特别是以"地球环境问题"为转折的文明交往的巨变，已经带来了政治、经济、科学技术、伦理、哲学方面的巨变。民族和国家由单纯的对抗和防卫，转向地球环境的防卫。然而，民族国家仍然是全球化交往中的基本政治经济安全利益的独立因素，民族国家的主权是不能超越的。别的不说，试问，哪个国家会因全球化放弃自己的安全利益呢？

地缘和环境 地缘和环境是一个地区内人群的生活方式、文化传统、群体性格、体质形态等种族或民族异质性指数的根源。不同文明民族的差异，同各自地缘和环境有着极密切的关系。人类对生物生态环境和社会生态环境的适应性交往，是物质财富和精神财富赖以创造的文化实践。环境的多样化，决定了文化的多样化。地缘，在自然环境问题上，与环境是一致的；在社会环境问题上，又是不一致的。文明交往，就是某一地缘文化对环境的社会生态的适应性交往，其内容包括地缘、时间，特别是人类三个方面，其特征如金克木所说的地域文化的四种（分布、轨迹、定点、传播）交往途径。地缘环境是文明起源和发展的支撑性条件，它与血缘文明相互依存。人类对环境的文化适应性交往的概念，必须从单纯的、外在的物质内容，深化到内在的、精神的内容，以协调物质和精神文明的和谐交往。面对当前发生的种种生态危机，人类必须重视地缘环境因素的重大作用，处理好人类文化与文明和地缘环境的关系。人类同自然的交往，有三种历史模式：人是自然的奴隶，人是自然的征服者，人是自然的一部分。现在是平等对待自然的时候了。人类必须用新的交往，即文明交往来对待地缘环境因素。保护生物的多样性，有助于保护文明的多样性。世界自然保护基金会在2000年11月23日以本土文化和语言消失为例，说明过去100年中，有600种语言已不复存在。随着语言的消失，人类积累了几个甚至几十个世纪并一代代口传的生态知识也随之消失。合理开发利用和保护自然资源，发展清洁生产技术和绿色产品，尤其是实行文明的适度消费方式，做文明人，所有这些，都是生态交往文明化的方向。

宗教和文化 宗教是文化基因的价值核心和内在精神，所有民族文化的各门类，都体现了该民族文化的宗教精神。同时，宗教的具体表现形式，又与文化的各种表现形式并列，从而成为文化的一部分。宗教与文化的密切联系，使之成为文明交往的基本要素。宗教和科学不总是对立的，宗教对科学是有贡献的。文明与宗教的主题是：多样性的发展观与共通性根底的联系。宗教与文学、宗教与艺术、神性与诗性，交织着不同文化的"异相"和"共相"。文明交往离不开宗教或近似宗教的价值系统带来的强烈文化政治归属性。起源于西亚，融合希腊、希伯来文化的基督教西传欧洲，其后又辗转远播于各大陆，发展成为全球性的宗教。晚起的伊斯兰教，以西亚为中心，扩散至亚洲，分布于欧美，成为与基督教世界相并立的伊斯兰世界。古老的佛教和近似宗教的儒家伦理文明体系，光耀古今，对全球文明交往带来深远影响。中华文化曾深深受惠于印度佛教。后者自汉代传入，后经三国译经，南北朝和唐代对文化交流的深化，一直到宋、元、明时期，对哲学、文学、艺术、建筑等带来很大影响。佛教也由于传入中国而得到延续光大。隋唐以来，佛教与中国文化融合而成诸多教派，并以禅宗为代表完成了外来宗教的本土化，进而传至朝鲜半岛、日本、越南等地。宗教的传播靠翻译，佛经中译如此，圣经英译也是如此。交往中的翻译，甚至可以改变整个文化。概括而言，宗教文化的意义，在于搜寻人类自身心灵深处的奥秘。宗教与人类同步并生，也不会先于人类而消亡。一个人不必是宗教徒，但宗教研究已经成为现代人深层文化修养的一部分。宗教与文化的关系，在似乎无宗教传统的中国，表现为各种形态和精神文化元素而渗透在人们的意识之中。宗教和文化因素之重要，由此可见一斑。世界宗教文明之间，虽然存在冲突，但绝不像亨廷顿所说，是彼此互不相容、互为排斥异质文明的绝对对立状态。亨廷顿的"文明冲突论"是冷战时期两极对立模式的继续。它的前提是：西方基督教文明、儒家和伊斯兰文明的支持者们，从本性上说是互相对立的，除了冲突之外，别无其他交往。这不符合文明交往的历史，也不会是未来文明交往的发展轨迹。

语言与文字 语言因素在人类文明交往史上的作用，与制造工具和火的使用一样巨大。文字是语言的进一步发展，是记录和传达语言的书写符号，是文明的重要标志，是文明交往的基础媒介和思维手段。语言文字是文明的载体和形式，是文明交往的工具。语言文字，不但使人类交流感情、互换知识和使用知识系统化，使知识代代相传，使文化世世传承；而且使人与人之间变得更易理解和被理解。语言文字在文明交往中的作用，可以形象地喻为心灵的窗口、个性的外壳，是通往一个民族、一种文明灵魂的门户。语言是民族性的表现形态之一，而语言中间主要是文字，各种方言只有通过文字才有民族认同感。汉字及用汉字所表达出来的传统文化精华，是中华民族的核心凝聚力。正如洪堡所言："在每一种语言中都包含着其特有的世界观。"在政治交往中，每一个大宗教、每一个大帝国，都有自己的语言文字，并通过这种语言文字，把宗教和帝国的独特文明传播开来，形成自己的文明圈。帝国在推广自己的文明同化政策时，语言文字成为同化的首要标志。现在，世界上还有6000多种语言，估计百年之后，将有一大半永远消失。语言的自然融合，满文可以说是突出例证。今日会讲满族话的人，只剩下黑龙江省100多位老人，会读、会写完全满文的，只有8个人了。语言文字在殖民帝国时期发挥传播西方文明的作用，既表现于葡萄牙文、西班牙文、荷兰文、法文、德文、俄文之于诸国的势力范围，更突出地表现于不列颠帝国的文明交往活动上。英语不但通用于包括昔日殖民地美国在内的不列颠帝国范围，而且事实上成为今日国际上的通用语言。英语攻势在学术界和经济界最为强烈。英语成为网络世界的母语。网络对英语普及的推动力，超过了昔日不列颠帝国的任何行动。尽管法国为保持法语纯洁化而作了种种努力，但在日常生活中，英语化潮流仍迅速向前推进。处于此种困境的不只是法国一国，普京宣布，将通过净化俄语以扳正俄罗斯民族的脊梁。有些中国学者也提出治理汉字污染，并呼吁：20 世纪中国文化的根本变革在于建立了西方话语的合法性，而 21 世纪中国文化的开篇，就应该从恢复汉语的尊严和纯洁性开始。不过，世界上没有百分之百纯净的语言。有生命力的语言，从来不怕异物的"入侵"。根据语言交往规律，任何语言都不是自给自足的，而是经常要掺杂一些异物，才能丰富和发展自己。一些媒体公司已经注意到汉语、阿拉伯语、印地语、西班牙语、日语在全球市场的重要地位。十几亿用汉语交往对话的中国人，在互联网上占了那么多位置。正如德国哲学家伽达默尔所言："如果不懂汉语，网上将近一半东西，对于西方人就犹如一本未开启的书。"他还预言，由于汉语的形象性和全面掌握人类科学的需要，200 年内，人们会像现在学习英语一样，都要学习汉语。随着互联网日益深入欧美以外地区，英语的使用率将大大下降。

利益和正义 利益是文明交往的驱动因素。利益可以激发人们的进取意识和创造热情，给社会发展注入发展活力；利益又可以驱动一些人私欲膨胀，为交往带来诸多负面影响。在文明交往中，几乎出现的所有问题，都可以从利益因素中找到答案。只要把利益物化为经济利益、政治利益、文化利益，如此种种的利害关系，使我们会立刻觉察到文明冲突与融合的症结所在。经济利益是根本的利益，但单纯片面强调经济利益，在经济发展中必然出现危机。金钱价值仅仅是一种非人格价值，如果只注重物质价值，就会导致精神文明的荒废。生产越发展，分配越不平等，就会在交往中出现冲突。经济发展与道德贫困成为孪生兄弟。人类交往固然以利益为先，所谓"天下熙熙，皆为利来；天下攘攘，皆为利往"。所谓"没有永恒的敌人，也没有永恒的朋友，只有永恒的利益"。但是，利益因素必须和正义相结合，特别是在法律前提下的道德与整体长远利益的有机结合。正义，包括诚实信用，是在法律面前人人平等的原则，是竞争的正当原则，是公平的道德原则，是交往的文明化原则。利中有义，义中求利，方能使文明交往有深厚的根基。以纯利交者，利尽交绝，其交脆弱而短暂；以纯义交者，义固高洁，曲高和寡，其交者鲜。唯有义利之交，义利相融，其交不断。如果说，在一个封闭的、一元的社会中，一种价值取向高度纯洁的道德体系，尚能显示其作用；而在一个开放的、多元的社会中，就必须吸纳市场行为道德等各种合理价值的道德，使之在主导价值的导向下，进入社会大众生活。义利如何结合？其结合的起点，在于人们相互交往的起码、基本和普遍能接受的理解、关心和同情上。这就是全社会、全人类共同的利益，这就是体现"与人为善"的"善良"。这种在人们交往中的道德行为，来自于以己度人和以人度己的设身处地、将心比心的最普通的情感支持。墨子的"兼相爱，交相利"，是交往文明化利益相关论方面很好的概括。在人类社会生活中，人们的利益追求方式和实现利益的途径各不相同，但人们各自的利益始终处于相互关联和相互的交往之中。墨子生动地论说这种交往："夫爱人者，人必从而爱之；利人者，人必从而利之；恶人者，人必从而恶之；害人者，人必从而害之。"我们也可以用"己所不欲，勿施于人"这种儒家的恕道原则来表达这种结合的起点。这个起点排除了损人利己和高尚自我主义的普遍性，为现实生活中人与人之间通过正当手段实现自我利益，确立了基本道德权利。当然，道德并不停留于起点，而应当在起点上走向理想的精神和物质文明相得益彰的崇高境界。让阿斯特利亚（Astraea）这位希腊神话中主管正义的女神，君临尘世，实现义利的更高层次的结合。

五

文明交往是由一系列的属性所组成的有机整体。它包括以下几种基本属性：

实践性 文明交往的本质属性是实践性。人类生存和发展的基本实践活动，是生产实践和交往实践。精神文化和物质文化的生产实践，总是伴随着文明的社会交往实践。物质文化的生产是精神文化的基础，而文明的社会交往，则是物质生产和精神生产的前提。人类之所以成为人类，就在于从事这些实践活动来创造社会文明与社会进步，从而与野蛮的动物世界划清界限。人类也正是在文明交往实践中，不断克服自身的动物野蛮性，不断加强人的文化性，从而建立发展文明社会有序的人与人、人与自然的和谐关系。文明交往的实践过程，也就是人类审视自身成败得失、改变自己命运的过程。文明交往是人的社会行为。这种行为见之于实践，既受情感的支配，也受理性的支配。亚当·斯密在分析人类的经济活动时，设定了理性经济人的前提。在分析人的道德行为时，又诉诸人的同情心。文明交往不能忽视情感在人们行为中的作用，因为情感决定了大多数人的行为，而且情感是人的生命的自然表露。然而，文明交往更重视行为中的理性选择，因为理性交往是实践的升华。理性交往的实践，是不囿于传统的固有模式，而从事创造性的实验活动。这是一种不断探求、不断更新的文明交往的实验性和体验性。这是生产实践、政治实践和科学实践中的创新精神，是文明交往的新陈代谢、扬弃和自我调适过程，是人类文明交往的生命力所在。

互动性 这是同实践性直接相关的基本属性。文明交往，是一个人与人、人与自然关系的互动系统。唯其有互动，才有交往；唯其有不同文明的互动，才能有文明用之不尽的源头活水。交往就是有"交"有"往"，互相依赖，彼此互动，或者多向互动。文明交往是动态的，而动态的最大特征是互相依存性和互动性。文明交往过程，就是一个双向的或多向互动的奔流不息的过程。人类在这个复杂多变的交往网络中，既互相接触、彼此发现、相互沟通、相互理解、互为条件、互为目的、互为动力、相互促进而又相互摩擦、碰撞、矛盾和冲突，也不乏对立、对抗、分裂、压迫、侵略和反抗。互动性是人们在社会生活中的普遍联系的表现。在社会生活中，每个人的利益和需要，都同他人有普遍的联系，因而个人的行为总是关系到他人，涉及社会。人与人在现实交往过程中，是互为主客体的关系。不文明的行为如损人利己者，不可能永远处于主体地位。若遇到同样行为主体的客体，他的利己不文明行为就会落空或成为受害者。个人之间如此，群体之间、民族和国家之间、人与自然之间，无不受互动性的制约。至于不同文明之间，互动性则表现为互相冲突、互相融合、互相渗透等彼此交往的复杂形态。

开放性 同互动性直接相关的属性是开放性。互动性的强弱，不但决定着文明交往的发展程度及一个文明的兴衰存亡，而且也决定着开放的态势和秩序。文明交往的开放性，是任何一种文明昌盛的标志。一个有生命活力的文明，总是敞开大门，欢迎其他文明，并在交往的涵化基线上，广为吸收消化自己发展所需要的外来文明成分。这种涵化基线是对自己本土传统的扬弃、转化和创造性，是对外来文明在感情可以接受、理性能够升华的主动性。开放性表现在文明交往过程中，态度是积极的，基本的涵化原则是"化外"，而不是"外化"。只有开放中的"化外"，才能保持本土文明的基线，吸取人类文明的优秀成果，使之成为自己文明的有机组成部分，从而创造出自己独特的新的文明。而且只有保持主动的、积极的开放性，文明才能发展。面对先进的外来文明，理性的选择，只能主动接受先进文明，积极面对会伴随先进文明带来的邪恶，并在涵化基线上加以整合；开放性是全面的，包括外部的、内部的，尤其是外部的新知识、新思想、新方法、新技术、新管理技能等。开放性，首先是与世界交往，是对外开放。这种开放性如同物理学、化学和生物学为我们提供的，关于开放系统下与外界"交换能量"才能发挥作用的科学原理那样，人类的文明史发展过程也表明，保持外部环境的开放性、扩大文明交往的范围，是发展生产力和文明成果传承的保证。如果说，"能量交换"使火山岩在高温高压环境下，产生了瑰丽的宝石；那么，在广开国际交往、实行面向世界的开放环境下，古老的文明必将在本土文化基线上实行创造转化中获得新生，重现其世界辉煌。

多样性 文明交往的开放性，必然导致文明交往的多样性。文明交往作为人类的社会实践活动，反映着纷繁的人生现实，因而其变迁轨迹呈现出复杂性和多变性，在演进形态上蕴涵着普遍性和特殊性的并存，在联系形式上表现为多样性。文明的多样性特点，源于文明的杂生性。人类社会文明的多样性，如同生物界的多样性一样，是社会进步的常态，是世界存在的基础。世界文明统一于世界文明的多样性。文明的多样性决定了文明交往的多样性。文明交往的多样性，是世界丰富多彩多姿的反映，也是人类历史发展绚丽变幻多端的内在表现。各种文明本身和各种文明之间，都经历着不同的文明交往之路，具有不同的历史发展背景、社会制度和价值观念，传承着不同的思想文化和生活方式。文明交往多样性正像文明的多样性一样，是世界充满活力、竞争和创新的动力和源泉。这两种多样性是对非此即彼的两极思维的否定，是对异质性思维的肯定。不能把这两种多样性视为一种异己的状态，也不能追求一种单一的文明结构和交往方式，因为这是同文明和文明交往多样性的基本属性相抵牾的。

迁徙性 迁徙性是人类群体在文明交往过程中的空间位移变迁。从公元前第二千纪中期到公元14世纪，这种迁徙性集中表现在游牧世界诸民族对农业世界，进行历时长久、规模巨大和地域广阔的三次空间位移浪潮。印欧人、闪米特人、匈奴人、突厥人、鲜卑人和拓跋人、阿拉伯人、蒙古人的迁徙浪潮，对亚、欧、非大陆的农业世界，进行了猛烈的冲击。在游牧马背文明与农业牛耕文明的长期交往中，一方面，游牧世界范围不断缩小，农业世界范围逐渐扩大；另一方面，王冠纷纷落地，许多帝国走向衰落，而在民族关系上，出现了民族的产生、发展、吸收、扩展、聚合、分解，乃至消亡的文明深化现象。这种现象在近现代工业文明与农业文明交往中，随着殖民帝国的争夺，势力范围更加扩大了。西方列强信奉"主客"式的交往观，即把自己一方视为统治的主体，把被征服的他方视为顺从和受支配的客体，进行对外扩张和殖民统治。他们残酷剿杀当地居民，贩卖黑人和华工，强迫进行迁徙。他们把被征服者视为"野蛮人"，把西方文明视为唯一文明，把西方现代化视为唯一现代化模式，把自己视为时代的唯一主宰。这种西方中心论式的"全球交往观"，盛行了几百年，至今余孽犹存。这是同全球化、多样化的人群位移潮流足以相左的。随着越来越多移民流、出国热、难民潮在世界各地流动（国际劳工组织统计，1999年在国外工作的约为1.3亿人；彼得·斯托克在《工人无国界》一书中认为，无记录的流动人口估计为1500

万，联合国难民事务高级专员办事处 2000 年统计，全世界有 2200 万难民），将形成一些独特的文化社群。国际移民组织 2000 年 9 月发表的《世界移民报告》说，从来没有如此多的人选择或被迫移居他国，或者在别国游历。移民的两大趋势是：由新兴经济体国家向发达国家转移的"人才交流"和非法人口倒卖。导致移民潮的原因是：出生地贫困和失业；发达国家许多农民不愿从事某些基础工作而加大了对廉价劳动力的需求；各种"移民组织"，以及"边境控制和国家政策"等社会和政治因素；难民危机（如 1999 年科索沃战争）。移民改变了当地伦理文化结构。迁徙性带来了混乱、苦难、饥荒、流行病；同时，也带来民族之间在文化方面的理解和被理解。发达国家需要移民，特别是高科技移民。在美国，当今经济繁荣背后，是一支移民组成的推动力量。迁徙性交往的两刃性表现在日益加剧的难民危机上。伦敦国际战略研究所《2000—2001 年战略报告》中说：永无休止的难民潮和经济移民潮，将成为威胁全球安全的重要因素，"回顾 20 世纪中期的历史就能明白：这对已经大为拥挤的世界会是多么危险"。

人和人的关系，构成了人类文明交往进程的总链条。

人们生活在与自己发生关系的世界里。人们是从其相互关系中改造自然、感受社会、品味人生的。

从哲学意义上讲，市场经济是人类社会发展到一定阶段必然产生的经济形态，它要求个人的独立性充分发展，并且与其他个体构成互动的关系链条。

从社会学意义上说，人的社会化寓于个性化之中。人类文明史也证明，没有个性的解放，就没有社会的繁荣。文明交往的链条的建构，应当是个人社会角色化和个性化协调的合理化，是人的社会化基础上的个性化，是有利于人的全面自由健康的社会结构网络化。

人和人的关系，可称之为关系文明或制度文明，它决定着文明交往的协调与和谐。由这种文明形成的规范性关系，随着物质文明和精神文明的发展，制度文明越来越成为社会进步和文明评判的基本参照。

文明交往的链条，是文明制度和文明秩序之链。制度和秩序的好坏，对文明交往至为重要。好的制度和秩序，会使坏人不敢做坏事。不好的制度和秩序，会使好人不敢做好事。文明交往的链条是文明程度的表现，它可以避免野蛮、杀戮等血腥及阴谋的权力和利害交往，从而使人类交往走向文明化的道路。

文明交往的链条，又是人的伦理普遍性为基准的文明道德之链。高尚的道德不可能由制度规定，也不能用强制的制度来推行。强制只能使高尚的事情变味。必须用人的广泛性、普遍性的基线，以内在的道德来约束人的行为。道德可以为制度中的人提供一个追求自己理想、幸福和完善人格的"制度场"。

文明交往之链，正是制度、秩序和伦理、道德之间的有机结合的人文精神之链。有了好的制度和秩序环境，又有了人的道德自律人文精神之链，人类的交往文明化，便可以达到逐步由广泛性进入先进性的目标。

挑战和应战 历史学家汤因比说过，文明的生长在于不断对于新出现的挑战进行胜利的应战。挑战和应战，在实质上是不同文明之间交往链条上的一对环节。社会学家布莱克把挑战与应战这对不同文明之间的交往环节，应用到现代化的过程中。他归纳的公式为：现代化的挑战→现代化领导的稳固→经济与社会的转型→社会的整合。现在，挑战与应战已成为大众的用语。人们已经认识到，文明正是在这种胜利的应战中前进的；同时，也体会到，现代化进程中，文明交往的要义，正在于以回应挑战为基础的社会文明结构的转型，即以胜利回应挑战。不过，在这方面，人们多注意把挑战和机遇联系在一起，而忽视了文明交往中新旧社会生活范式转换中，两种生产方式、两种价值观念更替的艰巨性和长期性。冷战后的世界，形势日益变化，不但西方和东方，而且在欧美之间的价值观念差别，也更加明显。价值观念的分歧，将变得非常棘手。国家与国家之间的交往，可以就利益达成妥协。但是，在文化内涵的价值观念方面达成妥协，是难上加难，如不加注意，最终将派生政治影响。在一个全球化的世界里,几乎所有的政治都是全球性的。媒体、因特网和非政府组织涉及全球范围,它意味着,每一个国内问题都有可能成为国际冲突的根源。挑战和应战,在内部交往中,决定着一个国家社会文明结构的转型;在外部交往中,决定国际秩序的重建。归根结底,文明是不可战胜的。

冲突与整合 文明的冲突与整合,是一对长期互随的矛盾统一的交往环节。冲突的英文 Conflict,包括斗牛、战争等内容,尤其是指长期性的,用于不同文明之间更为合适。整合的英文 Integration,是指综合集成为和谐之整体,并有融合的含义,因而被现代社会学和文化学确定为重要理论范畴。冲突与整合,是文明发展和社会进步过程中,矛盾与协调的不同侧面。无冲突便无整合,无整合难以化解冲突。陈寅恪以降的魏晋南北朝史学家的主流意见,证明了中国历史上的危机和转机,与不同文明民族的冲突和融合有很大关系。从不同文明交往角度研究世界历史,也同样会得出这一结论。冲突与整合,表面上是政治文化方面的矛盾或统一,实际上是不同文化传统的人们之间的碰撞或选择,核心问题在于如何对待不同文化观点的人,而根源是政治和经济的利害关系。如持续百年的阿以冲突,就是以宗教冲突为具体表现的政治和经济权益之争。人是文化的化身,不同社会生活习惯也会发生冲突。"异习生猜","猜随疑生",许多民族、宗教之间的冲突由此而来。冲突虽然是文明交往过程中严重的病痛症状,但也会表现出人们从困扰和损失中挣脱困境的努力。冲突作为一个过程,也有促进社会变革和协调整合的作用。冲突与整合是交替存在和相互转化的。只有在特定的条件下,持续的冲突才会存在。抗拒→碰撞→渗透→冲突→渗透,是常见的交往过程。在文明交往的冲突中,常常也有适应性的互动过程。文明的进步,相互依存意识随之增强。不同文明之间的冲突,是可以解决的。其基本途径是在本土文化基线之上的交融整合,即取长补短、转化集成、宏观继承、综合创新。

有序与无序 关系文明或制度文明的特点是秩序。人类从前文明时代走向文明时代的关键,不是技术或贸易秩序,而是政治秩序。人类进入文明时代以后,弱化、转化冲突,缓和社会矛盾,在很大程度上取决于基本的秩序环境。但无序化在历史交往中是经常存在的。文明交往史告诉我们，任何一种内外秩序的建立与发展，都取决于制度化的安排。历史交往的文明化，凭借着制度化安排，克服无序化，从而一步步由远古走到现在，并且将一步步走向未来。制度化安排的实践，为建立不同文明相处的合理秩序，提供了有益的经验。这就是在国家内部的社会公德秩序、职业道德秩序、市场理性秩序，以及基本公民意识的法制秩序，在国际交往中的平等、和平、对话、协商、合作和共处的交往原则。冷战结束后，世界进入了一个国际秩序转换的过渡时期。这是一个多变的和长时期的过程。人们虽有多种预测和理论，但都不能成为定论。但正如各国力图建立国内秩序的文明化一样，国际上也朝着文明化秩序发展。公正、合理是人类对文明化交往的追求。无序与有序环节的相互转化，构成了人和人关系链条上的制度中介。文明交往的良好制度的有序化，是人类超越对物的依赖，进而走向自由全面发展的必由之路。

外化和内化 不同文明之间的交往，具有复杂化的特征，特别需要具体的个案分析。一般地说，总是先进文明对后进文明的融化，即使是后进文明的民族，征服了先进文明的民族，也会逐渐被先进文明所融化。但实际过程要复杂得多，而且在内化和外化方面，表现出多向化和多样性特点。历史上的希腊化、罗马化、儒学化、基督教化、伊斯兰化、西方化以及汉化、胡化等，都含有丰富的内容，并充满着互斥、互动、互容和互相渗透的交往关系。在文明的同异关系上，经常是同异并存、求同存异、异中求同、同中化异。内化的基本形态是"涵化"（Acculturation）。涵化在传入和接受外来文化方面，表现在民族涵化基线上的吸收。它有种种实用的观点，如"中体西用""西体中用""中西互为体用""西化""化西"等观点。此外，尚有"消极模仿"和"积极融合"两个过程，贯穿于涵化基线之上。外化与内化确实是文明交往中最关键的环节，它与时俱进，如果调适处理得当，运筹得法，完全能够使"内圣"化出一个新"外王"来。与外化和内化相关，还有不同文明的差异性和同一性，以及由此产生的同化与异化问题。根据古今中外不同文明之间的辩证联系规律，差异性并非必然导致冲突，同一性并非必然导致融合，而且，经济一体化和全球化也不会导致文明一体化。在多元文明时代，不同文明之间通过交往的必由之路，是寻找彼此之间的交会点，而不是一方化掉另一方，更不是一方消灭另一方。每个民族都要实现结构的同化与异化，从而对本土文明传统有发扬、有抛弃；实行深化和变化，对外来文明有选择、有鉴别，进行融化和跨越。在创新的基础上，达到多元文明之间的互动互补，推动人类文明的交往进程。

现代与传统 现代与传统这一对矛盾统一的交往环节，是历史交往过程中，过去各时代发展的当代表现。每一历史时代的时代与传统，都有自己的独特内容和形式。从原始采集渔猎文明到古代农牧业文明，尤其是近代工商业文明到当代信息网络文明，时代与传统这对环节愈来愈凸现出其重要地位。如何调节好现代与传统这对环节的积极运行，成为发展中国家的老、大、难问题，因为这些国家的现代化革新必定是"传统中的变革"。但是，现代化不应以抛弃传统为代价。事实上，有些国家为此付出了沉重的代价，也有的国家在调节这对环节方面找到了结合点和平衡度，实现了传统与现代的磨合途径，从而软化和消解了现代化的阻力。无论是失败或成功的实践，其教训和经验，都集中于现代性与传统性的相互契合与选择的适度问题上。适度有三：渐进性的改革速度；传统性中精华与现代性的相通或相似度；传统性中保守内容的群体性思维行为定势与现代性的沟通转化度。所谓适度，是指谨慎寻觅传统性与现代性的深层联系，使之适应市场经济的发展。从交往角度看，二者不是绝对枘凿不相合，水火不相容，而是有联有交，今从昨日来，又将向明天去，不能断绝割裂。现代性在融化传统的同时，又在不断重建传统。传统性在工业化、都市化、普遍参与及世俗化中向现代性转换。传统性是活在现代大众之中的过去的文化，通过这些活文化来发现现代人的生活内涵，使之成为与现代性接轨的宝贵财富。趋新与回归传统，是当前现实生活中不断出现的共生现象；可是，一些西方政论家如亨廷顿等人的聚焦点，却往往关注在现代文明与传统文明之间的对立和冲突上。

全球与本土 传统不仅是本土的，它还包括外来文化与本土文化相互作用而产生的新成果。在中外文明交往史上，争论不休的"老子化胡"、道教的"承负说"、佛教的"轮回说",以及佛道两教的"出世""入世"之争,都是外来文化与本土影响的表现。禅宗则是佛教本土化的表现。在世界进入全球化的普遍的历史交往时代,地域性的文化传统,如果不能行之有效地适应交往的开放扩展趋势,就可能失传而不再成其为传统。当今的全球化影响着全球60亿人的生活。它是技术,特别是信息技术所推动的国际金融资本流动和思想文化的渗透,它已经触及世界的穷乡僻壤和采集渔猎部落。文明交往的全球化阶段,与以往人的血缘关系、地域的不同之处,从表面上看,是交往范围的空前扩大,地球变为"村庄";实质上,是交往借助于跨国公司、资本市场和信息技术等新的方式,在民族国家之间形成了一些新的联系。这些新联系的特点,是经济交往的国际性引起的经济全球化,人口流动带来的文化-政治层面的一元与多元化,以及高科技发展导致的生态环境国际化。这些特点表现为交往的世界化、复杂化和无序化。商品世界、政治世界、文化世界、生活世界互相交叉,推动着全球化与本土化的新结合,并以本土化为基本形式,绘制着体现传统性底色的千姿百态的民族国家现代化图景。全球化对文明交往而言,意味着各民族文化通过交往,而在人类的评判中获得文化认同和文化资源共享。但这并不意味着普世的全球文化的出现。本土化,是各民族在全球化中,要对自己的历史传统、习惯、生活方式、符号、信仰、价值观这一整套认知系统的尊重。多元文明程度不同的、层次不同的共存和交往,是人类文明史的大趋势。全球与本土的关系是辩证的。既不能用全球化代替本土化,因为这只能导致本土化特征的丧失;也不能过分强调本土化,因为它容易滋长狭隘的民族主义。特别要看到本土文化的复兴,反映了各民族在全球化浪潮中对自身文化的关爱和重视,成为抵抗文化霸权主义的方式。它并不代表保守主义的文化观。不过,一些民族文化的消极落后因素,确有可能在复兴过程中得以滋生,如一些原教旨主义盛行的国家就是这样。日本军国主义分子狂热夸大本土文化的反动因素,导致法西斯主义的膨胀,也是一个实例。这都是值得警惕的。正确的态度是顺应国际潮流,在经济全球化时代,积极参加全球范围的竞争,以革故鼎新的人文精神,获得发展自身文明的生命力。

人类和自然 人类与自然的关系，实际上是人与人的关系。这是因为人类对自然的影响是社会性的，而不是生物意义上的。社会是人类同自然界完成了本质的统一的产物。同时，人类同自然的关系，是通过人与人的关系来实现的。此外，人类对自然关系的评价，也是以人的价值观为尺度的。因此，把人类定义为社会关系的总和时，人类与自然的关系就是人与人的关系，这就是问题的实质。早在两千多年前，老子从对宇宙自身和谐的认识出发，提出了"人法地，地法天，天法道，道法自然"[①]的理论。比老子晚一时期的庄子，提出了"太和万物"的命题，主张天地万物的和谐。他主张"顺之以天理，行之以五德，应之以自然"[②]，提出了人类对待自然的"顺""行""应"的"崇尚自然"的生存环境思想。人类文明交往的总链条是人类的人文精神，它表现于人类和自然这一对交往环节，包括多维关系，基本凭借的是人的知、意、情、行四种基本社会心理功能，以及由此产生的认识关系、欲求关系、情感关系和行为关系。认识关系是科学之维，欲求关系是实用之维，情感关系是审美之维，行为关系是实践之维。认识与欲求之维，过去大都建立在主体与客体二分的对象思维方式之上，结果导致了人类和自然的双重分离。人类本是自然界的一部分，却被定义为"万物之灵"，于是，人类与自然的关系，就变为支配与被支配的关系。悲剧和灾难，也就在以造物主自居者的超限度索取情况下发生了。唯有情感之维是打破主客二分的对象思维方式，通向行为之维，使万物相通、万物一体，实现人类与自然的双重拯救，即马克思所说的"人的实现了的自然主义和自然界的实现了的人道主义"。绿色文明，是人类与自然和谐相处的理想环境，是以仁爱之情对待自然界的人文精神。这是自然主义与人文主义的有机结合。发展高尚的绿色文明，包括绿色消费、绿色科技、绿色产业，使新绿的生命之色、和平之色，遍布于人间。只有用情感之维，统合认识、欲求和行为之维，改变人类中心主义基础，方能从根本上维护人的自由、尊严、人格及人的中心地位。

人类应当敬畏地球环境中的自然律，敬畏社会公认的法律，敬畏自己

[①] 《老子》第二十五章。郭店楚简《老子》甲本也有同样的内容。
[②] 《庄子·天运》。

心中的道德律。唯其如此，方能使人类文明交往的链条和环节有序运行。

除了以上围绕人与人关系的诸交往环节之外，人们在日常生活世界交往行为中的需要、感受、语言、习惯，及社会价值理念的协调与互动关系，消费休闲生活、审美情趣和对艺术的追求，都应纳入以人为中心的多样性和有序性的可持续发展之中。民族性、传统性、现代性，都会在全球化的文明交往中，逐步获得和谐的发展。

七

文明交往是人类智慧、善良和爱心的持续不断积累的结晶。它在发展的总轨迹线上所呈现的，是逐步摆脱人类的野蛮性而日渐文明化。

文明交往的发展总特点，是由自发性向自觉性的演进，是由自在走向自为，是由情绪化走向理智化，是由必然走向自由，是由对立、对抗走向对话、合作。

文明交往所追求的目标，是人与人之间的和睦相处，是人与自然之间的平衡和谐，是民族之间、国家之间的平等互利，是对自己文明的自尊、欣赏和对异己文明的尊重、宽容乃至欣赏，是抱着爱其所同、敬其所异的广阔胸怀和对人类共同美好理想的追求。

对自己文明和异己文明的认识，欧洲中世纪神学家圣维克多·雨果的话值得一提。他在《世俗百科》中写道："发现世上只有家乡好的人，只是一个未曾长大的雏儿；发现所有地方都像自己家乡一样好的人，表明他已经长大；但是只有当认识到整个世界都不属于他自己时，一个人才最终走向成熟。"文明交往的逻辑，是保持疏远与亲近之间的平衡状态，只有这样，才能对自己文明和异己文明做出合理的判断。

亚洲第一位诺贝尔文学奖获得者、印度一代文化伟人泰戈尔，1923年在北京欢迎他的集会上，也有一段名言："不管真理从哪里来，我们都应该接受它，毫不迟疑地赞扬它。如果我们不接受它，我们的文化将是片面的、停滞的。科学给我们理智力量，它使我们具有能够获得自己理想价值积极意识的能力。"

我国社会学家费孝通的下列概括，则体现了中华文明对其他文明的包容性和文明的自觉："美己之美，美人之美，美美与共，天下大同。"

和睦与和谐，是人类的理想境界；自尊和尊他，是人类的文明愿望。但是，不和睦、不和谐、自卑和排他，始终是这种理想与愿望的伴随者。这种对立面的统一状况，集中表现为文明交往与野蛮交往互存于人类历史交往的长河洪流之中，并分别体现为"和""斗"的交往哲学上，而又归总于"合"与"分"之争。"和"是根源于人类心灵深处的思想，"斗"是现实境遇中的存在状态。"和"与"斗"都是有生命力的、深刻的，具有全人类意义的思考和智慧。和谐、平衡与不和谐、不平衡，"和"与"斗"、"合"与"分"确是互为依存，而且同为人类和自然发展前进和文明交往动力的核心。

文明交往所倡导的是不同文明的共存、共处和在平等公平的基础上共同发展，是对不同文明的感性同情、理性探索和深刻理解。理解是打开文明交往门户的钥匙。深刻的理解，可以解开文明交往的深层次之谜。但深刻理解，源于感性同情和理性探索。因此，深入研究历史上和现实中文明交往的问题，十分重要。当然，"和"与"斗"、"合"与"分"的哲学问题是总的理论问题，需要窥其总貌。不过，研究文明交往领域的专门理论，更为关键，因为哲学总问题不能代替专门问题。或者说，文明交往需要自己的哲学，需要自己本领域的文明交往史观。

文明交往论所研究的基本课题，是对人类文明及其交往规律的认识。例如，文明交往中出现的不平衡性问题，其中包括在静态上表现为现实文明的差距，在动态上表现为发展速度的变动性与暂时性，在进程中表现为文明的交替超越性、先进与落后的互变性。例如，人类的生存和发展、人的价值和命运问题在文明交往中的地位和作用，以及文明交往中的冲突与融合等问题。特别是全球化、信息化、多样化与文明交往的特征及规律性问题的研究，可以提高对交往理性的认识，有助于深化研究文明问题和文化战略问题，为建立健全国际新秩序，提供历史和理论上的参照。

研究文明交往论的基本课题，不能从理论到理论做纯抽象的探讨。以马克思主义的交往史观为指导，注重对诸多具体的史例个案做具体分析，从而得出具体的理论，是科学的研究途径。只有以科学的精神，以丰富的历史和现实事实为依据，对各种典型个案进行实事求是的研讨，才能客观全面地回答文明交往中的问题。

概括地说，文明交往就是不同文明之间和相同文明之内的人与人的社会联系。这种联系又涉及人与自然的关系。文明交往就是人与人、人与自然之间联系的文明化问题。研究文明交往的历史、现实、内容、形式、因素、属性、环节、特征和规律，可以了解人类文明交往进程的不同侧面。现在流行的"文明冲突论""历史终结论""文明融合论""文明整合论""文明危机论""文明异化论"等理论，都应当在各个历史和现实的文明交往过程中接受验证。

21世纪将是人类文明交往的新阶段。人们对文明交往的未来，理应持冷静与乐观的态度。因为文明交往已经达到了一个新的水平，虽面临种种挑战，但它的总趋势是现实主义与理想主义的互换和提高，总的特点是多样性的统一，是文明程度的提高和社会的不断进步。文明交往既是人类追求的理想目标，又是对现实创造的积极肯定。人类已经并必然继续沿着社会进步的阶梯，永不停止地拾级而上，步入一个又一个文明交往的崇高境界。

文明的真谛

一

"文明"是当今世界出现频率最高的关键词之一。但是,人们对"文明"的理解却各不相同。

从现象上看,分歧主要在物质文明与精神文明的关系问题上。在一些人谈论精神文明与物质文明关系时,心目中往往把"精神"与"物质"对立起来。在更多人的心目中,"文明"主要是物质文明,特别是经济发展和科技进步。

后一种看法,在西方学者中间颇为多见。这种对文明的偏颇理解,可能同他们国家拥有庞大的物质财富和高度发展的科技有直接关系。

美国文化人类学家雷兹利·怀特(Leslie Alvin White,1900—1975)的论点,就是一个典型例子。他著有《文化的进步》(1959)和《文化的概念》(1973)。他认为,衡量文明进步程度的决定性指标,应当是人均的能源消费量的大小。但是,实践证明,能源消费的急速增长,是不正常的,它恰恰构成了对生态文明的破坏和成为日益严重的地球环境问题的根源。

文明本身包括精神内涵和物质外延两个方面。但近代以来,精神内涵不断丧失,人们一味追求的是那些物质方面外在的东西。时代发展到今天,我们必须抑制这种外延方面的扩大,从而赋予文明概念以内在的充实意义。

菲律宾《世界日报》社社长陈华岳指出了问题的实质。他在为《光明日报》2001年元旦版撰写的"新世纪献词"中写道:"经济基础的发展,必须有相应的上层建筑。没有文化内蕴的快速经济发展,只是暴发户的经济,是最不稳固的泡沫经济,对国家、人民的长远利益是不利的。因此,国家的文化建设和精神建设,也应该与经济建设同样快速发展。"

1998年,联合国教科文组织提出的《文化政策促进发展行动计划》中指出:"发展可以最终以文化概念来下定义,文化繁荣是发展的最高目标","文化的创造性是人类进步的源泉"。

事实正是这样,人性的提高,社会的进步,都有赖于物质文明与精神文明的和谐发展。

对"文明"概念的理解,同样必须从单纯的物质舒适尺度中解放出来,必须把"文明"的概念,从外在的物质方面,转换成内在的精神内涵。

二

由以上思路,自然要归结到必须明确文明的真谛,否则,对文明概念难以有正确的理解。

笔者认为,文明的真谛是精神的,而不是物质的。这种精神就是人文精神。人文精神是文明的本质内涵,是文明发生的内在逻辑,是人类各种文明形态的真正核心,是不同文明交往的涵化基线。研究人类文明的任务,应着重研究不同文明所包含的独特人文精神,揭示出各自人文精神的本质和价值,把握诸多人文精神的特点和规律。

一切文明存在和发展,都是以物质作为基础和载体的。但是,一切物质东西并不能自然而然地成为文明。在人类诞生之前,世界上根本没有文明,万事万物都是以自然状态而存在的。

只有人类赋予了物质以人文因素之后,这些物质东西才脱离了自然状态而成为文明形态。在第一件人工石器诞生之前,世界完全处于自然状态。在第一件人工石器诞生之后,人类在制造这件工具的时候,就赋予它以人文精神，这件石器便属于"文化"范畴了。

德国哲学家卡西尔（Ernst Cassirer，1874—1945）把这种人文精神的"物化"称为"人的劳作"。他认为，"人的劳作"是"人性"的圆心，并由此构成了一个人类活动体系的"圆周"。用他在《人论》一书中的话说："人的突出特征，既不是他的形而上学的本性，也不是他的物理本性，而是人的劳作。正是这种劳作，正是这种人类活动体系，规定了和划定了'人性'的圆周。语言、神话、宗教、科学、历史，都是这个圆的组成部分和各个扇面。"

"人的劳作"可以理解为人用手劳动之作。手，无疑是具有伟大力量和具有高度智慧的象征，是四百万年人类进化史中大自然所创造的最完美的工具。但"人"之所以为"人"，不仅是用手，更重要的是用脑。科学家认为，人之所以有高度智慧，有三大重要器官。除了手以外，其余两个器官是可以感受到三维空间的眼睛和能够处理手眼传来信息的大脑。人之所以区别于其他一切动物乃至整个自然界，从根本上讲，在于人具有洞察力、思维能力和主观能动性，在于人具有认识自然、改造自然和保护自然的能力。因此，"人的劳作"是人类手、脑并用而改造自然的人文之作，这是人类文明之源。人文即人事，是对自然而言的。文明是自然物的人文化形态。

当然，文明还包括人与人的关系和人对自身的认识。人既要摆脱自然的困扰，也要摆脱他人的压迫和正确认识自身。人与自然、人与人、人类自身这三者之间的矛盾，是永远同人类相伴随的矛盾。人的独立性、自主意志，驱使人需要成为自然界的主人、社会的主人和自身的主人。这三种矛盾的解决和三个主人的形成，是人的自由的自觉历史活动过程，而中心线索是人文精神的升华。全面总结人类实践经验，深刻理解文明真谛，是深究人和自然关系的关键。

《易·贲》有言："文明以止，人文也。观乎天文，以察时变；观乎人文，以化成天下。"这种用"人文"来解释"文明"，用人的"观、察"和"观、化"来说明人与人、人与自然和人类自身三种关系，从而揭示了人类文明的真谛。

自然风物丰饶，不只是天地造化，更由于人文的开化。文明生成于人文，栖息于人文，发展于人文。古人用"人文初祖"来称谓伏羲、神农和黄帝，"人文"二字，可谓一语中的，道出了中华文明的真谛。

三

如果把文物和文明两者联系起来，探究它们之间的内在价值关联，人文精神这一文明的真谛，可以从中获得进一步认识。

文物是什么？它是遗存于社会上或者埋葬于地下的历史文化遗物。尽管它的种类繁多，一般而言，包括有古遗址、古建筑、古墓葬、古石窟，以及石器、玉器、铜器、铁器、石刻、各种艺术品、古旧图书和文献资料等各类古代实物。这些文物的价值体现在哪里？是它的物质性吗？不是！它的真正价值体现在它蕴藏的人文精神上。如果从单纯的物质性价值的观点看，许多古文物在外行人的眼中，可能是无用的"废品"，但从它们的人文价值含量看，却可能是无价之宝。这种人文价值体现在文物所反映的各时代社会制度、社会生产、社会生活状况，以及其历史、科学和艺术价值上。

我在1988年陕西考古研究所成立30周年的祝词和1996年西北大学考古专业成立40周年的贺文中，曾对文物的内涵提出如下看法：①对文物不但要见物，而且要见人，并且要通过思考文物和它的制作者的劳动，进而洞察其思想；②文物属于过去时代，要透过物质层面，做历史、科学和艺术审美的探索，进而步入人类精神生活的深奥殿堂；③"文物"由"古物"而来，而一切转化为文物的"古物"，都应当视为实物性的"文献"；④"文物"之所以为"文物"，是因为随着时光的流逝，古物的"物品"属性、"物质"功能性，以及由此而来的"装饰"功能性，将逐渐隐去，而其精神性、文化性功能，必将日益显示出来；⑤由以上分析，笔者的结论是："文物"是供人们进行综合研究的"人文之物"。①

"文物"即"人文之物"这个命题，现在看来，正是对"文明"的人文

---

① 《考古学研究》，三秦出版社1993年版，第18页；《考古文物研究》，三秦出版社1996年版，第33页。

精神、人文价值的具体注释。

为说明人文价值是文明的真谛,下面再举两个例子。

人们都知道,在西方文明史上,米诺斯文明的发现,把希腊文明提前了1000年左右。但是,克里特岛上的古文字样品,最初不过是被作为"护身符"戴在希腊妇女身上。1893年,英国考古学家在雅典大街上发现此物后,引起了1895—1900年的米诺斯迷宫的大发掘,最后才被确定为古希腊文明遗留下来的珍贵文物。正是它的人文价值,才使人们找到了欧洲文明的源头——克里特青铜时代。

这也使人想起了我国的甲骨文。它最初的人文价值也被人们认识,只不过是被当作中药铺药柜中的一味中药——"龙骨"。只是在清光绪二十五年(1899年)被发现后,并在1928年开始的多次殷墟遗址发掘和考释后,才知道是研究商代社会历史的宝贵文物。甲骨文的发现,不但使中国考古学从古代的"金石学"破门而出,逐步发展成为一门现代科学,而且这种最古老的文字体系也成为中华文明最重要的标志之一。

由此可见,文物里面闪现着文明的辉煌。人类文明史告诉我们,某些乍看起来似乎不重要的古物,由于它蕴藏着人文精神内涵,就具有文明的真谛而熠熠生辉。

四

如果我们再深究文明与文化的关系,对文明的人文精神真谛,会有更深层次的理解。

池田大作把"文化"比作"树木"。他说:"文化就像树木一样,以过去的历史作土壤,从那里吸取养分,输送给未来伸展的枝条,使其叶茂、花开、结果。"

他所说的"土壤",其实是一个民族文化赖以生存和发展的文化生态环境。这种环境,包括自然环境、人文环境和历史环境。人文环境因素,主要有最早的劳动,即上述所说的"人的劳作",有狩猎、采集、农耕等经济因素，还有人文社会意识形态，如神话、宗教、哲学、科学、技术、文学、艺术、建筑、雕塑等等。文化要有成果，出成果要有人才，出人才要有适合创新人才成长的土壤和环境；而文化生态环境之中，人文环境可说是处于主导地位。

根据文化的自身属性，它包括衣食住行的物质层面文化和人文意识形态的基础与上层两个方面，而哲学观念文化则渗透于二者之中。有人认为，哲学是文化树之根。这里所说的哲学，是民族哲学观念文化，而不是哲学家所归纳和概括的哲学体系。这种民族哲学观念，更多地渗透在各民族的形而下的种种文化状态中。这是一棵人类人文精神培养的生生不息的参天"文化树"。

这里的"文化树"和前面的"人类活动体系圆周"，有许多相似之处。尤其是以人文环境为主的"文化生态环境"和以人为圆心的"人的劳作"，都把人文精神放在根本和中心的位置。树的分支和圆的扇形，也大致相当，只不过使"文化树"更细密了。

人类的创造，是"文化树"和"人类活动体系圆周"的主线。文化就是相对于自然存在之物，系指人为创造之物。自从有了人，就有了文化。制作石器的奥杜威（Oldowan）文化和阿舍利（Acheulian）文化，就是明证。随着以更高技术对自然加工的农耕、栽培，文化进一步发展，出现了诸如前王朝时期埃及的格尔津（Gerzeen）文化。

文明是特定的文化阶段，是文化的发达阶段。文明大都与城市的出现，特别是与国家和王权的形成，阶级的分化，商业的发达，非经济的专业人群集团作用的加强等社会状态密切相关。文明不但在表层上与蒙昧、野蛮时期的文化不同，而且在内涵上是广泛化、组织化、统一化、系统化和精密化为特征的社会状态。文明是更高一级的文化存在方式。

可见，文明和文化是连续性的，而不是对立的。文化在人类进入文明阶段后，作为人文精神的具体体现者，成为文明的核心而发挥着重要作用。

文化在以下三点具体体现着人文精神：第一，民族性；第二，观念形态；第三，价值情感。三者缺一不可，而三者又是相互联系，彼此互为依存的。

文化存在于某一地区的人类集团的生活方式之中，起着稳定的"内核"作用。文明通过这种文化、运用这种文化，并在这种"内核"的基础上，形成具体的社会状态"外壳"。

这种外壳具体的社会因素是：第一，社会制度；第二，社会组织；第三，社会设施。

这样，正如伊东俊太郎所说的，文化和文明就形成了一个以民族性、观念形态、价值情感的文化内核和以社会制度、社会组织、社会设施的文明外壳所构成的人类活动"同心圆"。这个"同心圆"一旦形成，其文化内核便浑然一体而难于分解，其社会外壳便坚硬得难以突破。在历史与现实交往中，只有经过"适应性变迁""边际性变迁"方能到"总体性变迁"。这个复杂交往过程，是"外烁"与"内源"并存，"外来性"与"内生性"相激的漫长过程。

文化和文明这种紧密联系和互动作用的关系，可概括如下：

1. 文明（社会制度、组织、设施）是文化（民族性、观念形态、价值情感）的外在反映；

2. 文明一旦形成，就表现为相对独立的社会状态；

3. 通常意义上的文明，包括政治、经济、法律、科技等组成的社会制度、组织、设施；

4. 与文明相区别的是，文化以哲学、宗教、艺术等构成的民族性、观念形态、价值感情为载体；

5. 文明一般具有向外扩展的离心倾向，文化一般具有凝聚的向心倾向；

6. 文明是以文化为核心组成的人类生活圈的外层，这种文明外层，是同其文明交往的首先和直接的联系点；

7. 不同文明之间的接触总是和文化交流联系在一起的，文明之间的摩擦、冲突、适应、转移、挑战、应战、整合、创造，均由此而来；

8. 文明和文化有时并用互通，其关键之处，正在于文明与文化具有共同的人文精神内涵，而先进的文化总是人类文明的结晶。

五

　　文明的真谛是人文精神及其价值,它贯穿于文明内容的各个方面。

　　产生环境　人类不同文明具有不同的特征,这些不同特征产生的重要条件,是以人文精神为主导的气候、风土、地缘相联系的文化生态环境。无独特的人文精神,不同的文化便不会产生,不同的文明便不会出现。

　　历史传统　人类不同文明有不同的历史文化性传统,这些历史文化性传统是以人文精神为主轴而形成和延续的。无人文精神为主轴的历史文化性传统,就难以有较长时间的跨度和经历多种社会变动的考验。

　　生活体系　人类不同文明是以人文精神为支柱的精神道德修养生活体系。正如中、外语言表达"文明"含义中是与"野蛮"相对的"文雅""礼节""端庄"一样,"文明"意味着高尚的生活体系。无人文精神的支柱,那只是单纯的衣、食、住、行的粗俗化生活方式。

　　社会关系　人类不同文明,是以人文精神为经纬线的高度发达的社会组织关系网络,人的社会关系通过文明交往的选择而凝聚和沉淀在人的本质之中。无人文精神的社会、政治体制和社会结构,是无序的或变异的社会状态。

　　经济组织　人类不同文明,是以人文精神为底蕴的高度发达的经济组织。文化相对于经济、政治而言,精神文明相对于物质文明而言,只有经济、政治、文化协调发展,以货币为媒介的交换网络和以此为依据的财富积极储备才有可能。

　　科学技术　人类不同文明,重要的一方面,是人文精神观照下的科学技术。21世纪,人类将利用生物信息技术革命的成果来审视我们所深信的价值观,用自觉的心智活动考虑最终存在的目的和意义。在今天,科学技术更多地转移为制度与设施,建筑、交通、工业、信息等大规模文明设施更加依赖于技术。改造自然,如若离开人文精神的观照,科学技术将难于造福于人类和难以解决好地球环境问题。

制度化 人类不同文明,是智慧的、精神的、美的制度化组织化的文明,也就是以人文精神为内涵的物质东西的人文化。如果科学、宗教、艺术等没有形成组织并被制度化,如果不具备人文精神使之精练化,也不能发挥文明的职能。

以上七个方面,是相互区别又彼此联系的。人类不同文明的内容,虽然各自相异,但在这七个方面的统一,则是相同的。这七个方面统一于人文精神。这种人文精神就是文明的真谛。

六

人类的现代文明,正在走向普遍的全球化。用人文精神观照人类生存与地球生存的环境问题,日益尖锐地提上日程。政治、经济、科学技术、哲学、伦理等等,都因此而有重大变化。

人文精神作为文明真谛,首先,要求重新审视科学知识与生活总体之间的关系。人文精神是以人为本,强调科学技术是造福人类,而不是给人类和地球带来整体上的破坏。自17世纪科学革命以来,科学从其他人类文化中分离出来,成为单纯追求"为知识而知识",致使人文精神日益淡漠。实际上,现在人们越来越领悟到科学技术与人类生活更为直接的关系,"以生存为目标的科学技术"已成为公认的目标。应当提高科学技术中的人文精神——由"知识"出发向对人类与地球生存关系的"智慧"理解上来。

其次,作为文明真谛的人文精神,要求改变科学技术基础的"机械论"世界观。笛卡儿和培根把世界看成单纯几何学意义的"延长",机械地从世界中抽去"质""生命""心"等人文精神因素,目的是为了支配和掠夺自然。这种世界观在自然之上建立了"人类王国",但却破坏了自然。从人文精神观察文明世界,今天,人类应当改变把世界作为"机械"为人类所利用的工具的"支配自然"的理念,树立起把人类作为"生物世界"(Bio-world)体系一部分而同地球共存的理念。

再次,作为文明真谛的人文精神,人类必须从根本上改变思维方式和行为方式。人类与地球,本不处于对立关系。对立源于人类对资源的过度开采和自身私欲的不断膨胀。美国研究人类与技术交互作用的学者艾伦·韦克塞尔布拉特说:"人类建立一个技术体系,然后过度利用自然环境,大自然社会实行报复。"达米安·布罗德里克在《尖峰》和雷吉·莫里森在《基因的幽灵》中,都讲到技术的发展和人口的增长,加上能源的消耗,似乎人类注定要在21世纪下半叶迎来"环境上的致命一击"。对这种技术决定论和生物决定论的提法,笔者认为,应当用人文精神加以纠正。为了对人类处境和命运进行深刻思考,必须有更丰富的人文精神的哲学、历史和科学的洞察,树立全球意识、环境意识和内在和谐。

最后,文明真谛问题,实质上是一个文明概念的变革问题。从17世纪以来,历经"科学革命""启蒙思想"和"产业革命",到今日全球化和信息化发展起来的文明概念,正面临着变革。人类文明,百类千种,总括而言,其基本内涵是它的人文精神,而物质东西则是它的外延。把握内涵和外延之间的辩证关系,关注物质生活与精神文化生活这两大人生需要的谐调,是研究人类文明问题的重要任务。当前,最应注意的问题,不仅是文明存在和表达形式、不同文明在历史和现实中的发展和文明的动力,尤为重要的是,对各种文明所蕴藏的不同人文精神真谛的把握,从而克服重物质轻精神、重外延轻内涵的偏向。

七

文明的真谛同全球化和信息化两大趋势都有密切联系。全球化和信息化,都是自然资源和环境危机日益加深时代的重要趋势。

信息化是17世纪从西欧开始的科学革命发展的结果。科学革命经历了18、19世纪的工业革命和20世纪前半期的理论和科技创新,到了20世纪后半期发生了信息化。科学革命这一系列的连续发展,在本质上是相同的。这个本质涉及文明的人文精神内涵问题。

当下,大家都在讲科学精神,其实,作为文明的组成部分,科学的真谛也在人文精神。现在，"科学"一词在中国的使用频率也绝不会输于世界上任何国家，正像文明一词使用率正站在世界前列一样。但是，反科学、反文明的怪事层出不穷，而且往往还打着"科学""文明"的旗号。问题在于是否真正理解科学和文明的真谛。

理解科学的真谛之路，在于理解人类文明史，尤其是科学本身的历史。文明的概念和科学的概念，其精神都溶解在历史之中。文明史和科学史，都是人类思想灵魂的外化。

从清代开始，官方派遣的出国留学生起初是去学技术的，后来才学了科学，但是，都不提倡学习科学的人文文化和体味科学的人文精神。学习科学也没有重视科学对人类文明的影响。这是因为在狭义的科学教育中，科学和其他知识体系和信仰体系（如哲学、宗教、政治、文学等）的关系，很少得到探讨。

西方的科学哲学家很重视科学的人文精神，他们把科学史的个案研究作为立足的根本。例如，库恩和拉卡托斯都研究过哥白尼，而科恩则研究过牛顿。这是因为科学哲学的背景是科学史，而科学史本身洋溢着人文精神。

深入研究科学问题的学者，莫不感到研究历史的重要。戴维·林德伯格在为其名著《西方科学的起源》（中文版）的序言中强调："倘若我们希望理解科学事业的本质、科学与周围更广大文化背景的关系、人类对科学所涉内容的认知程度，那么历史研究就是必不可少的。""犹如人类所有的创造，科学理论也是文化的产物；而文化在形成科学方法和科学理论的内容方面所发挥的作用，历史研究揭示得格外清晰。"

仔细钻研人类文明史，特别是科学史，不但可以培养理智能力和行为能力，而且能够具体体会到科学传统所积淀的人文内涵。科学史昭示人们：要关注人类命运，改善人类生存环境，追求人类幸福，促使社会进步，并为求索真理而献身。这既是科学精神之光，也是人类文明之魂。

文明视角下的科学精神，可分三个递进层次：第一，认识层次的客观性、逻辑一致性和实践性等可检验性规范，这是科学本质特征和科学精神的基础；第二，社会关系层次的责任性、公有性、无私利性和有条理的怀疑性等现代科学气质,它是有感情情调的约束科学家的价值和规范的综合;第三,人文精神层次上的真理性、伦理性和对真善美的最高价值准则。科学精神只有从社会关系层次上升到人文精神层次,才能完整地构成科学文化的核心结构。

试想,如果从石器、铜器、铁器,以及近现代的各种机器中抽掉人文精神,这些人类文明之器物,不就失去了内涵的灵魂而只剩下外在的空壳了吗?人类劳作的人文精神及其价值,就在于人的睿智、人的创造、人的理想、人的道德、人的审美情趣。

事实上,人类一开始就是用精神和物质两条文化腿来走路的。只是在物质发展到一定的程度之后,精神、心理等社会需求,才更加显得重要了。人类不但需要培育理性,而且需要培育德行,使人性达到真善美和知情意的和谐统一。

信息科学技术,深化了人对自身的认识。有的学者认为,互联网为人类活动提供了一个新的思维空间——虚拟世界。从文明交往角度看,它为人类提供了新的中介系统和符号化的世界,增强了人类认识和改造世界中的预见性和选择能力。与实践思维方式把问题作为出发点不同,虚拟思维方式的出发点是目标。它试图用符号化手段来解决人类面临的现实问题。这对人类自身认识有深化意义,虽然还很不成熟。与此相类似的,是生命科学技术的人类基因图谱的绘制,这将会出现人的人工进化,涉及人的现在本质和未来本质的问题。还有克隆技术,把科技发展的道德和价值问题尖锐地摆到人们的面前。如此种种问题,呈现出科学技术发展中的新特点——人文内涵更为明显地表现于外延,凸现出工业革命以来现代文明价值观对科学技术本质理解的片面性。因此,这都是需要追踪研究的问题。

如果说,21世纪是开创生物技术革命的时代,那么,这个革命要揭开的是人类心智之谜。比利时细胞学家克里斯蒂安·德迪克在《生机勃勃的尘埃》一书中,从新的进化角度指出:"生物不断预见未来,然后选择如何进行反应,这是心智活动。"克里米·里夫金在《生物技术世纪》中则从生物学角度指出:"心智是多种神经性功能的产物。"但是,从系统科学的角度看，心智同大脑神经网络的涌现特性有关，是物质变精神多次飞跃过程的产物。心智实质是人文精神的结晶。心智时代的开端是石器时代，原始时代的人类利用石器生活和劳作，利用火的能量取暖、照明，以至于后来制造铁器，进而利用风能、水能、电能从事现代生活，一直到核能的开发和利用。所有这些人文精神促进的文明交往活动，随着生物技术时代的来临，人类将利用生物（遗传）信息这一新语言来解释生命进化之谜。

目前正在方兴未艾的信息化潮流，和历史上的历次科学技术革命一样，在本质上是以人文精神为内涵的革命。它更加关注地球环境和人类生存，更加趋向人之间、民族之间、国家之间的交往文明化问题。科学首先为文化而存在；文化存在于人类的传统中；文化的科学通向人的心灵深处；人的精神世界理应进入科学视野之内。如果把科学当作一种人类的理性、逻辑和实证的创造性活动来理解，思考科学精神中的人文内涵，我们将更能深刻体会到科学精神的真谛，进而更深入理解文明的真谛。

战争、政治交往及其他

——关于克劳塞维茨《战争论》的摘评

这篇读书摘评是笔者1986年开始思考文明交往问题时作的。为了作理论上的准备，当时，笔者已从哲学的交往问题转入历史学的交往问题的思考，而战争问题就成为一个焦点。马克思和恩格斯在《德意志意识形态》中关于"战争本身还是一种经常的交往形式"的提法，促使笔者考虑"战争"与"交往"的关系，于是再一次系统研读克劳塞维茨《战争论》这部经典名著。

为保持当时的思考点，除个别字句变动外，基本上不作增删。篇中所摘原文见中国人民解放军军事科学院译、商务印书馆1982年版本。以下引文均注页码，不再出现书名及译本。我的按语用"[ ]"号写在引文下面。

一、政治、联系和交往

（一）"战争无非是政治通过另一种手段的继续。"作者强调战争与政治的关系，在1827年的"说明"中着重指出，"这是必不可少的观点"。（第11页）

（二）"本书（指《战争论》）的科学性就在于要探讨战争现象的实质，指出它们与构成它们那些事物之间的联系。"（第17页）

[按：政治是战争现象的本质，是战争的内在联系，是人类历史上种种战争的根本交往形式。政治包含着广泛的内容，不能只理解为阶级斗争、阶级关系。列宁1917年1月9日《给印涅萨·阿尔曼德》中写道："政治是民族之间、阶级之间的等等的关系。"仅以民族之间的关系而论，至少包括三个内容：①国内或跨国民族之间的关系；②民族国家之间的关系；③宗主国民族与藩属国民族之间的关系。民族因素与阶级因素，既互相交织又互相区别。民族因素影响着各国社会关系和政治关系，影响着经济发展和社会进步。第一次世界大战是由塞尔维亚与奥地利的民族冲突而引起的。这说明，在某些情况下，个别国家的民族冲突，一旦有外部势力插手，就可能转化为国际性事件，成为政治交往的继续。]

（三）"战争是迫使敌人服从我们意志的一种暴力行为。""暴力用技术和科学的成果装备自己来对付暴力。"（第23页）

[按：克劳塞维茨（Karl Clausewitz，1780—1831）的《战争论》成书于1818—1830年之间。在160至170多年前，他已注意到技术和科学成果与战争形态的关系。现代战争形态，由一般技术条件下的局部战争向高技术条件下的局部战争的改变，其标准就是"信息化战争"。以核技术和火箭技术为基础的核武器及其远程运载工具的发展，对第二次世界大战后的战争形态产生了重要影响，也是现在和未来局部战争的最重要的军事技术因素。如果没有核威慑，局部战争就可能升级为世界大战。]

（四）"火药的发明、火器的不断改进，已经充分地表明，文明程度的提高，丝毫也没有妨碍或改变战争概念所固有的消灭敌人的倾向。"（第26页）

[按：军事技术的改进，人类文明程度的提高，虽未改变战争的固有概念，但作为交往形式的战争，却随着战争社会形态的变化而变化。由于两极世界格局的形成、核武器的出现、经济关系的变化、和平力量的增长，世界大战转变为局部战争。这是第二次世界大战以后冷战的基本特征。]

（五）"战争中是确实不会缺少偶然性的。在人类的活动中，再没有像战争这样经常而又普遍地同偶然性接触的活动了。而且，随着偶然性而来的机遇以及随着机遇而来的幸运，在战争中也占有重要地位。"（第40页）

[按：人类的交往活动，充满了偶然性。战争这种交往活动，更是瞬息万变，更加充满了偶然性。但并非无必然性可言。必然性是通过无数偶然性的相互作用而出现的。偶然性在交往中和机遇相伴随，是人类选择性的前提条件。这里所说的随着机遇而来的幸运，则是必然性出现的前奏。战争一方的幸运儿，正在于把握住了偶然性带来的机遇。]

（六）战争"加上偶然性这个要素，……就成为赌博了"。（第40页）"由此可见，在军事艺术中，数学上所谓的绝对值根本没有存在的基础，这里只有各种可能性、概然性、幸运和不幸的活动，它们像织物的经纬线一样交织在战争中，使战争在人类各种活动中近似赌博。"（第41页）

[按：人类文明"交往"活动，类似经纬交错的织物。清代学者孙星衍对《尚书·舜典》中"文明"一词的疏语是"经天纬地曰文，照临四方曰明"。克劳塞维茨用织物的"经纬线"来形容战争交往中的变数，十分形象；用"近似赌博"来比喻战争交往中的变局，颇为贴切。但战争交往活动的复杂"织物"上，经纬线的无序

性，有别于织工或机器上的有序性经纬线；而战争交往活动中的变局，绝非一般游戏规则所能制约的。因为战争是人群与人群的智慧和实力的较量，而非人与物或个人与个人之间的关系。]

（七）"虽然人的理智总是喜欢追求明确和肯定，可是人的感情却往往向往不肯定。"（第41页）

[按：理智和感情往往不一致，理智与感情的轨迹往往不易重合。克劳塞维茨用明确和不肯定来区别理智和感情的不同取向，在战争交往的复杂变化中，找到了定位点。]

（八）"军事艺术同活的对象和精神力量打交道，因此，在任何地方都达不到绝对和肯定。战争中到处都有偶然性活动的天地，无论在大事和小事中，它活动的天地都同样宽广。有了偶然性，就必须有勇气和自信心来利用它。勇气和自信心越大，偶然性发挥的作用就越大。所以，勇气和自信是战争中十分重要的东西，理论确立的定则，应该使这些不可缺少的最宝贵的武德，能够自由地以各种不同形式充分发挥出来。"（第42页）

[按：两强相遇勇者胜，有志者事竟成。勇气和信心能使偶然性发挥作用，这不仅是"武德"，而且是"人德"。在人生哲学上，过去讲，必然性与偶然性是处世的最重要的范畴。现在，克劳塞维茨用战争交往理论加以印证，可从精神力量、活的对象打交道中，悟出偶然性变为必然性的关键在于勇气和自信。]

二、政治、工具和交往

（一）克劳塞维茨在《战争论》第一篇第一章第二十四节用了这样一个

题目:《战争无非是政治通过另一种手段的继续》(第 43 页)。在此前写道:"战争无非是国家政治通过另一种手段的继续。"(作者在1827年《说明》中强调这是"必不可少的观点",第 11 页)后来又多次指出,这个观点是整个战略的基础。只有使用这一基本观点,全部战争史才是可以理解的。

过去一般认为,战争是政治通过另一种手段的继续,是《战争论》的基本观点。实际上是不准确的。克劳塞维茨在第二十四节下面,写了一段重要的话:"战争不仅是一种政治行为,而且是真正的政治工具,是政治交往的继续,是政治交往通过另一种手段的实现。如果说战争有特殊的地方,那只是它的手段特殊而已。"(第 43—44 页)准确地说,战争是"政治交往"通过另一种手段的继续。这个观点最集中表现在《战争论》第六章《战争是政治的一种工具》一节,其中强调"政治交往"之处,尤其值得思索:

1. 第一处——战争是"矛盾着的因素在实际生活中由部分地相互抵触而结成的统一体","这种统一体是这样一个概念:战争只不过是**政治交往的一部分**,而绝不是什么独立的东西。"(黑体字为作者强调而用的,下同)

2. 第二处——"战争仅仅是由政府与政府、人民与人民之间的**政治交往引起的。**"(第 894 页)

3. 第三处——"战争无非是政治交往用另一种手段的继续。"(第 894 页)

4. 第四处——这种政治交往"并不因战争而中断,也不因战争而变成某种完全不同的东西,无论使用什么手段,**政治交往总是继续存在的**"。(第 894 页)

5. 第五处——"战争事件所遵循并受其约束的主要路线,只能是贯穿整个战争直到媾和为止的**政治交往的轮廓。**"(第 894 页)

6. 第六处——"难道战争不正是表达它们的另一种文字和语言吗?当然,战争有它自己的语法,但它都没有自己的逻辑。因此,**绝不能使战争离开政治交往**。如果离开政治交往来考察战争,那么,就会割断构成关系的一切线索,而且会得到一种毫无意义和毫无目的的东西。"(第 894 页)

7. 第七处——"自己的力量、敌人的力量、双方的同盟者,双方的人民和政府的特点等,不是都带有政治的性质吗?它们不是都同**整个政治交往**

紧密结合而不可分吗？"（第865页）

[按：这些地方，克劳塞维茨把"政治""政治工具""政治关系"具体化为"政治交往"，更加准确地表达了"政治"的内容和战争与政治的关系。"政治交往"被作为"战争统一体"的基本内涵，被作为战争的动因、被作为战争的实质、被作为贯穿整个战争直到媾和为止的主要路线和线索。他还说，战争是表达"政治交往"思想的另一种文字和语言，军事艺术是战争的语法，而政治逻辑则是"政治交往"。克氏把基于"利益"之上的"政治交往"作为处理国家政治与战争之间关系的整体规律，把"政治交往"作为决定战争具体形态的整体形态，这些都看到了"政治交往"的作用。他在这里实际上是说明"政治交往"有各种各样的手段，其中主要的有和平手段和暴力手段，而战争正是暴力手段。这同马克思和恩格斯关于战争是一种经常的"交往形式"的提法，是相同的意思。由此可以扩展思路，从哲学和历史学上看，交往是人类的基本社会实践活动，绝不能离开交往去考察人类文明的演进。人类的文明交往是社会前进的动力。]

三、政治、战争和利益

（一）"必须把它（战争）看作是另一个整体的一部分，而这个整体就是政治。"（第865页）

（二）"这样一来，政治就把摧毁一切的要素变成一种单纯的工具，把要用双手和全身力气才能举起作致命一击的可怕战刀，变成一把轻便的剑，有时甚至变成比赛用的剑，政治这把剑可以交替地进行冲刺、虚刺和防刺。"（第895页）

[按：这段形象的比喻，说明政治如何使用战争。当军事行动出现了大量不确定的动因，以致变成一种赌博，每个政府的政治交往要求，就是在这场赌博中，用机智和敏锐的眼力胜过对手。战争不仅是交往工具，而且是一把全力以赴的战刀，战刀可能变成轻便的剑，甚至变成比赛的剑（政治的剑），以战胜怯懦者。这就是以暴力手段出现的政治交往，它要求以宏伟的政治使战争变得宏伟有力。]

（三）"当然，政治因素并不能深入地渗透到战争的各个细节部分，配置骑哨和派遣巡逻哨，是不需要以政治上的考虑为依据的。但是，政治因素对制订整个战争计划和战局计划，甚至对制订会战计划，却是有决定影响的。"（第896页）

（四）"我们探讨问题的前提是：政治在它本身中协调内政的一切利益，也集中协调个人的一切利益及哲学思考所能提出的一切利益；因为政治本身不是别的，它无非是一切利益的代表（对其他国家而言）。"（第897页）

[按：利益因素是一切交往中最根本的因素。战争爆发的根本原因是种种利益冲突。人生熙熙攘攘，干戈玉帛，皆为利而来，皆为利而往。来往就是交往。政治也不例外，政治是经济的集中表现，其集中就在于集中和协调各种经济利益。克劳塞维茨认为，政治是一切利益的代表，自然首要的是经济利益。这里对政治本身和它的作用的解释，超越了狭隘的范围，不仅对政治与战争的关系，而且对其他各种关系，都有启发性。]

（五）"现实战争无非是政治本身的表现。使政治观点从属于军事观点，那是荒谬的。因为战争是由政治产生的。政治是头脑，战争只不过是工具，不可能是相反。因此，只能是军事观点从属于政治观点。"（第897页）

［按：这段话可视为结论性语言。］

四、战争和贸易

（一）"战斗同一切大小军事行动的关系，就像现金支付同期票交易的关系一样，不管兑现的期限多么远，不管兑现的机会多么少，但最后总还是要兑现的。"（第一卷，第60页）

［按：现金支付与期票交易的比喻，开始我只觉得有趣，但又不明白其中的含义。但仔细思考冷战时期以核武器为基础的"可能的核战争"，一下子就"顿悟"了。军事学术界曾讨论过"核战争还是不是政治的继续"的命题。从核武器这种战争手段在冷战中的作用看，核战争便分为"可能的核战争"和"现实的核战争"。由于一直没有发生现实的核战争，因而核战争是不是政治的继续，还无从得到证明。但有一点可以肯定：只要世界上存在着庞大的核武库，存在着核威慑政策，"可能的核战争"就会存在。这种"可能的核战争"，便成了现实政治的继续。用克劳塞维茨的比喻来说，"可能的核战争"可能是一种"期票交易"而非"现金支付"，然而在核武器得到全面禁止和彻底销毁之前，它就存在着期票"兑现"的现实可能性。］

（二）"战争是一种人类交往的行为"。（第三章小标题，第135页）

［按：这是一种从宏观视角观察战争的结论。从人类交往行为角度看战争史，可以说体现了战争的整体动态观。］

（三）"战争与其说像某种技术，还不如说像贸易，贸易也是人类利害关系和活动的冲突。然而更接近战争的是政治，政治也可以看成是一种更大规模的贸易。不仅如此，战争的轮廓在政治中已经隐隐形成，就好像生物的属性在胚胎中就已形成一样。"（第135页）

[按：这是克劳塞维茨总结了作为政治交往的、以暴力流血手段继续的战争史而得出的结论。把商贸的经济交往和其他类型交往相比较的，在德国至少还有两位哲人。一位哲人是歌德，他的交往名言是："理念与感情的自由交往，同工业产品和农业产品的互换一样，扩大着人类的财富和满足人们普遍的富裕需求。"这里讲的是精神文明交往中的理念与感情的交往和物质文明交往中的工业产品与农业产品，同属文明交往的范围，在扩大人类财富和增加富裕上有共同点。德国学者扬·赫伯曼结合歌德的交往名言，为思想和产品的交往的全球化，在《商报》上发表了题为《为世界和平的世界贸易》的文章。另一位哲人是马克思，他用 Commerce 一词，而不是用 Contact 等词来表达"交往"。我们知道，Commerce 就有商业、贸易、交易等含意。马克思在1846年12月28日致安年柯夫的信中，认为用 Commerce 是就它的"最广泛的意义而言"。战争－贸易、思想－贸易以及其他交往都是广泛的贸易。这三种提法是层层递进的，但中心线索是交往，是人类的文明交往把人的各种关系联系在一起了。]

五、战争和技艺（技术、艺术）

（一）"凡以创作和制造为目的的，都属于技术领域，凡以研究和求知为目的的，都属于科学领域。由此可见，使用军事艺术这个术语，比使用军事科学这个术语更恰当一些。"（第134页）

（二）"战争既不是真正的技术，也不是真正的科学，人们正由于看不

到这一点,才走上错误的道路,不知不觉把战争同其他各种技术或科学等同起来,并进行了许多不正确的类比推理。"(第134页)

[按:克劳塞维茨不同意用形式逻辑中使用的三段论方法,即先写大前提,再写小前提,然后画一条线,写出结论。他说:"任何思维都是一种能力。当逻辑学者画一横线,表示前提(即认识的结果)已经结束,判断从此开始时,能力即开始起作用。不仅如此,甚至通过智力的认识也是判断,因而也是一种能力。同样,通过感觉的认识也是如此。总之,一个人只有判断力而没有认识力,或者只有认识力而没有判断力,都是不可想象的。因此,能力和认识是不能截然分开的。能力和认识越是具体地体现在世界的外部形态上,它的区分就越明显。"(第134页)这些有思辨力的话,所指的其实是一种交往力。]

(三)"战争不属于技术或科学领域,而属于社会生活领域。战争是一种巨大的利害关系的冲突,这种冲突是用流血方式进行的,它与其他冲突不同之处也正在于此。"(第135页)

[按:这段话实际上是《战争论》的点睛之谈。第一,把战争列入社会生活领域,就赋予战争以广泛的性质;第二,把战争列入巨大的利害关系的冲突之中,以利害为核心而在冲突范围之内来思考战争,是把社会生活问题深入了一步;第三,从冲突的流血方式来研究战争,是真正抓住了战争的特点。战争是流血的政治,是冲突的最高形态,是社会生活领域中最具震荡性的变动。一句话,战争是人类文明交往过程中暴力形式的最集中表现。]

(四)"战争同技术或艺术的根本区别在于:战争这种意志活动既不像技术那样,只处理死的对象,也不像艺术那样,处理的是人的精神和感情这一类活的、但却是被动的、任人摆布的对象，它处理的既是活的、又是有反应的对象。因此，很容易看出，技术和科学所使用的机械的思维方法是很少适用于战争的……以艺术做榜样也行不通，因为艺术本身还非常缺乏法则和规则。"（第135页）

[按：克劳塞维茨还认为，战争不是手工艺。在他看来，手工艺只不过是"一种比较初级的技术，它只服从于较固定和较狭隘的规律"。欧洲14至15世纪城市兴起后，军队成分发生变化，新军由以军事为专业的职业雇佣兵组成。如意大利雇佣兵的"佣兵队长"就以战争为职业，他拥有武器装备、给养和薪饷，军事艺术好像他的手艺。因此这时期的军事艺术具有手工艺性质。克劳塞维茨认为，这种军队是害多利少的。此外，在区分了战争同技术、艺术和科学之间的区别后，克劳塞维茨强调它的"活的、又是有反应的对象"。这一点对了解战争这种交往形式的具体特点，是有所裨益的。]

六、批判地论述历史

克劳塞维茨在《战争论》中除专门论述战争与交往等问题之外，还研究了历史的理论和方法问题。后者其实与前者有内在联系，因此值得作为结尾加以摘评。

（一）"批判就是把理论上的真理应用于实际事件，因此，它不仅使理论上的真理更接近实际，而且通过经常反复的应用，会使人们更加习惯于这些真理。"（第144页）

[按：什么是"批判"，在1949年以后的中国大陆，常常被曲解了。中文的"批"和"判"都成了贬义字，甚至和"打倒在地，再踏上一只脚"成为同义语，加上"政治冲击一切"浪潮所及，"批

判"就同"政治上被判处死刑"画等号了。结果被批判者便"永世不得翻身"了！克劳塞维茨把"批判"和"真理"联系在一起，又把"真理"和"实际"联系在一起，并强调反复应用"理论上的真理"，最后归结于真理。这样理解"批判"，就为学术个性化开辟了走向真理的途径。在学术上，"真"是第一位的、基本的要求，是学术的生命。为使学术上的真理生命常青，最需要的便是求真；而求真的关键在于批判精神。如果唯权、唯利、唯上、唯风、唯书，必然导致批判精神泯灭，不仅学术个性消失，学术生命也就名存实亡了。]

（二）"我们把批判地论述历史事件同简单地叙述历史事件区别开来。简单地叙述历史事件仅仅是罗列一些事实，至多不过叙述一些最直接的因果关系。"（第144页）

[按：区别批判地论述历史事件与简单地叙述历史事件，绝对需要。否则，历史学距真理将相去甚远。"论述"历史，贯穿着追求真理的批判精神，蕴藏着学术独立的个性化原则。法国哲学家库辛说："批判是科学的生命。"没有批判的理性和悟性，就会全盘接受前人或别人的知识和经验，也会失去纠正他们的理论视野，最终人云亦云，难以有所创新。这是研究历史的大忌。]

（三）"批判地论述历史事件，则有三种不同的智力活动。"
"第一是考证历史上可疑的事实。这是纯粹的历史研究，同理论是两回事。"

[按：历史离不开考证史实，考据是史学的基础。但考证清楚史实，绝不是史学的终极目的。如果不重视史学理论建设，以为考证史学才是学问的观点，以为只有考证功力是评价史学和史学成果

的唯一标准,就会使史学脱离社会实际。]

"第二是从原因推论结果。这是纯粹的批判研究。这种原因对理论研究是不可缺少的,因为理论中需要用经验来确定、证实,甚至需要加以说明的一切,都只能用这种方法来解决。"

[按:根据逻辑顺序,是"由因求果";按现实顺序,是"由果求因"。但历史反思的是二者的结合,互求因果,出发点在现实,而目标在未来。]

"第三是对使用的手段进行检验。这是既有赞扬又有指责的真正的批判。在这里,理论是用来研究历史的,或者更多的是用来从历史中吸取教训的。"
"在后两种考察历史的纯粹的批判活动中,极为重要的是探寻事物的根源,一切要弄清毫无疑义的真理为止,而不能像常见的那样半途而废,也就是不能满足于某种随意作出的论断或设想。"(第144—145页)

[按:"批判",在中文的本意上,是评论是非。《朱子语类·太极天地》中说:"而今说天下有个人在那里批判罪恶,固不可;说道全无主之者,又不可。"《八琼室金石补正》载金牛本寂的《少林寺西法和塔铭》中说:"评论先代是非,批判未了公案。"批判,就是对是非的评论,而是非正是指真理与谬误,评论是非的目的在于揭示谬误而追求真理。这与克劳塞维茨上述的"批判地论述历史"意义相同。考证事实,从原因推论结果和检验是非,特别是推论、检验的智力活动,要穷根追源,"一直要弄清毫无疑义的真理为止"。从克劳塞维茨的批判三论中可见批判的彻底性、确定性和现实借鉴性特征。]

(四)"从原因推论结果时,往往有一种不易克服的外在困难,那就是

完全不了解真正的原因。"（第145页）

　　[按：因果关系是文明交往中的大课题，文明的兴衰更替需从原因与结果的内外联系中仔细寻觅。作为交往形式的战争，第一印象总是结果，而战争动机缘起或因各种客观条件，或主观上的复杂原因，常常使真相难明。从容研究每个未确定的东西，尽量从多方面考察战争的因果问题，才会减少随意性。]

七、批判的常见弊病

　　（一）运用（遵循）已确定的真理时，"只是深刻领会这些真理的精神，而不是把它看作外在的僵硬的法则"，"批判时就能避免用隐晦不明的语言，……而用简洁的语言和清楚明确的观念。"（第164页）

　　（二）"在批判中常见的第一种弊病是，把某种片面体系当作金科玉律，把它滥用到令人难以容忍的地步。"（第164页）

　　[按：批判是一种创造性活动，它要杜绝几种心态：迷信、盲从、生搬硬套、因虚荣心而出现的炫耀动作和耍小聪明等等。批判是一种平等善意的对话，切忌居高临下、以势压人、冷讽热嘲、唯我独尊。批判其实是文明交往的一种形式，交往的工具首先是简洁的语言，而语言后面是清楚明确的思维方式，思维方式后面，则是学术个性化的独立历史观念。历史观念不仅表现为人们记忆和追寻历史的意识，而且表现为人们观察社会问题的方法论。历史观念包括：第一，把历史看成发展变化，看成过去、现在和未来相互联系的观点；第二，把历史看成为现实提供借鉴的、用历史经验为现实社会服务的观点。]

（三）"另一种较大的弊病是滥用名词、术语和比喻，它们就像众多的宫廷侍卫一样尾随于各种体系之后，又像不法暴徒和散兵游勇一样，到处横冲直撞。"（第164—165页）

（四）"在批判中常见的第三种弊病是滥举史例……一个史实如果未经深入研究便加以引用，那么也可能被人用来证明完全相反的观点。如果从相隔很远的时代和国家中，从极不同的情况中抽出三四个史例拼凑在一起，往往只能引起判断上的模糊和混乱……"（第165页）

[按："滥用名词、术语和比喻""滥举史例"这两种弊病，直接影响批判地研究历史的科学性。]

（五）"如果能像弗基埃尔想做的那样，完全用史例教别人学习战争，那确实是巨大的功绩。如果考虑到，必须先有长期的作战经验才能做到这一点，那么就会明白，这是需要花费毕生精力的事业。"（第166页）

[按：弗基埃尔（Feuqaieres Antonine Manasses de pas，1648—1711），法国名将，曾参加路易十四对德意志的战争。克劳塞维茨在这里所指的，是弗基埃尔在回忆录中的告诫。该回忆录出版于1725年。]

（六）"如果有谁甘愿从事这样的事业，那么，但愿他像远方朝圣一样，为这一虔诚的计划做好准备。但愿他不惜时间，不怕困苦，不畏权贵，克服自己的虚荣心和自卑心，像法国法典上所说的那样：讲真理，只讲真理，完全讲真理。"（第167页）

[按：有位专攻兵书的学者认为："研究高深兵学的人，无不感到研究历史的重要。"这大概是克劳塞维茨在《战争论》中特别重视研究历史的原因。克劳塞维茨关于批判地研究历史的突出特色在

于：从真理始，又从真理终，通篇表明了他追求真理的一贯精神。尤其是这段摘要，可以看作是他关于批判地研究历史论述的结论。归结起来，有以下诸要点：第一，要从史例中学习前人的间接经验；第二，从自己毕生经历中总结直接经验；第三，批判地研究历史是毕生事业，要舍得花力气；第四，追求真理是批判地研究历史的唯一目的，要实现此目的，必须做到：有一条真诚心，做到三个不（不惜时间、不怕困苦、不畏权贵）和两个克服（克服自己的虚荣心、客服自己的自卑心）；第五，"讲真理，只讲真理，完全讲真理"，这既是治学，又是为人的起点、过程和归宿。实际上，这也是人类文明交往实践活动所凝结、升华的智慧结晶。文明交往需要讲真理，而不是懦弱的生存哲学。懦弱的生存哲学排除纯粹的精神活动，特别是独立的思想活动和追求真理的批判精神。讲真理，不讲懦弱的生存哲学，永远是批判者，这是一个独立的、自由的和有创造性的知识分子的宝贵品质。环顾有些人，不是把学术视为谋生的手段，就是把它当作投机取巧的不二法门的现象，令人心酸。更可怕的是，当学术事业被玷污的时候，许多人为了保住饭碗，不是装聋作哑就是同流合污，真是可悲可叹。文德尔班说："为真理而死，难！为真理而生，更难！"诚哉斯言！]

八、跋语

回首这篇笔记，战争这种政治交往形式，可以说贯穿了整个迄今为止的人类文明史。远的姑且不论，仅以20世纪而论，就发生了三次世界性的前所未有的大战：第一次世界大战、第二次世界大战和持续几十年的世界"冷战"。由此可见，研究历史不可不研究文明史，研究文明史不可不研究文明交往史，而研究文明交往史岂可不研究战争史！正如20世纪战略受克劳塞维茨的《战争论》影响一样，《孙子兵法》这部2500多年前的"慎战"和

"不战而屈人之兵"的思想,理应成为21世纪战略的重要原则。应当用中国的"柔武"思想,超越单纯的"尚武"思想。根据文明交往的规律,大国之间应当实行合作和竞争的良性互动,应当互相尊重,并通过对话谋求战略利益的共同点,以达到国际交往中的双赢局面。

1986 年 4 月 5 日

民族主义问题研究的路径①

一

为这本 20 年前的作品写前言，使我的思路回到了当时的书路历程。这本书的成书，可以说是一个由史入论和史论结合的过程。它的前奏是战争史和人物史，其代表作是《阿富汗三次抗英战争》《印度革命活动家提拉克》和《无政府主义之父巴枯宁》②。其后续的成果是《现代民族主义运动史》③。此后续成果虽是史论结合的体例，但主要是历史，其特点是用类型分析的方法，探讨了两次世界大战之间的亚洲、非洲和拉丁美洲的民族主义思想、政治和社会经济改革运动。当然也涉及该地区的一些民族主义代表人物（如孙中山、甘地、凯末尔、柴鲁尔、卡德纳斯等）的思想的叙述，但重点在运动史。

《东方民族主义思潮》是由史入论和史论结合过程的结果。书中着重研

---

① 本文是《东方民族主义思潮》再版前言，选编时做了删节。
② 《阿富汗三次抗英战争》和《印度革命活动家提拉克》分别由商务印书馆于 1982 年 3 月和 8 月出版。这里应当感谢陈翰笙老师，两本书的书名都是由他最后定名的。《无政府主义之父巴枯宁》于 1985 年已印成书，由于客观原因，陕西人民出版社推迟于 1988 年出版。
③ 《现代民族主义运动史》和《东方民族主义思潮》是姊妹篇。二书分别由西北大学出版社于 1987 年 2 月和 1992 年 4 月出版。《现代民族主义运动史》的主要内容已缩写入吴于廑、齐世荣主编的《世界史·现代编》上册第七章，见高等教育出版社 1994 年版，第 211—258 页。

究了东方民族主义思潮的主要代表人物的理论与实践,是对《现代民族主义运动史》的发展和深化,是史论结合之后的论从史出。这里的史,是自然史、人类史、世界史,尤其是文明交往的历史,其中心是思想文化的历史,突出表现为民族主义思潮的代表人物的理论与实践活动。人类历史从自然史分离出来,而真正发展为世界史,是从16世纪以后的生产和交往普遍化开始的。由史入论和史论结合的学术史规律,这时也具体化为人类在全世界范围的全球性活动史。历史转变为世界史,是我研究东方民族主义思潮的枢纽、脉络、背景和思路,而代表人物的思想、理论、实践,则是内在的核心、精神和灵魂。这种世界潮流和东方民族主义思潮之间的互动,是以主要代表人物的社会活动为主轴而互为因果,并且是在东西方文明交往中互为依存的。恩格斯说过:"主要人物是一定阶级和倾向的代表,他们的动机不是从琐碎的个人欲望中,而正是从他们所处的时代潮流中得来的。"[①]本书中许多代表人物都有东西方文明交往联系这一世界性的时代显著特点,尤其是孙中山那句"世界潮流,浩浩荡荡,顺之则昌,逆之则亡"[②]的名言,很好地概括了东方民族主义思潮与世界潮流与时俱进的文明交往的自觉性。

我在《东方民族主义思潮》一书中,提出了"政治文化"概念,这是我由史入论和史论结合的一个理论性思考。我在本书卷首叙意中是这样概括这个概念的:"民族主义思潮是20世纪东方国家和地区的主要政治倾向,又是盛行的政治信仰、情感、思维方式和伦理价值观,也就是说,它是一种政治文化。它在共性上集中表现于政治文化的核心——国家观上,共同的任务表现于反帝反殖和发展民族经济方面;同时,在内容和形式这方面又表现为个性各异、绚丽多彩。"关于"政治文化"问题,在此之前,我已多次思考它与民族感情、民族主义、民族主义思潮、民族主义运动之间的关系。我在《现代民族主义运动史》出版的第二年,即1988年12月22日在该书的封面

[①]《马克思恩格斯全集》(第29卷),人民出版社1972年版,第583页。
[②]孙中山的名言,见《东方民族主义思潮》第一章第一部分。时代潮流的大背景,并不排除个人的主观因素,其顺昌逆亡是通过实践活动的拓展而体现出来的。两者是结合在一起,并且是相互作用的。

内侧，写下了一段感言，其中谈道："作为一个民族主义问题的研究者，应从政治哲学和文化视野的角度出发来看待民族主义。民族主义者总有自己的政治哲学和文化观，而二者的核心思想是民族国家的思想。""民族国家的观点常受到世界主义、联邦主义的批评，也遇到全球化和跨国公司资本利益的挑战。然而在国际关系中，民族国家的主权观念，仍然是不可动摇的。""民族主义""民族国家"这些概念，最早产生于近代欧洲，有法兰西民族主义、盎格鲁-撒克逊民族主义、日耳曼民族主义、意大利民族主义、斯拉夫民族主义等等，其中心是"民族"观念。"民族主义有政治层次和文化层次，这是民族主义的两个交叉层次，而作为民族国家则是最高的政治目标。民族命运首先是民族独立，是建立主权的民族国家，平等地与其他国家交往。东方的民族主义呢？列宁讲了一些。20世纪的东方也许民族主义成为最重要的政治文化现象。"这是当时思考的真实记录。

在《东方民族主义思潮》出版之后的 20 年间，随着亚非民族独立国家体系的形成与发展，政治文化已成为这些民族国家和民主政治的依托和价值目标，是体现各国自身民族精神和改革发展方向的核心问题。这些民族国家与发达国家不同，它处于建构过程之中。这些民族国家面临的问题，主要是对核心价值观的确立，也就是建立新的政治文化，或者广义上的政治文明，更具体地体现，是与物质、精神、生态文明相并列的制度文明。它既是政治制度的，又是精神文化的，还有民族、宗教和地区的特点。对主权国家在文化上、政治上的普遍认同，是民族国家的本质。民族主义是各国公民"对国家认同的最有效工具"[①]。它的复杂性反映了脱胎于殖民体系废墟上建立的亚非民族国家体系的多样化面貌。这种情况与欧洲民族主义有相似之处："在其初始之际，民族主义打碎了传统的、陈腐过时而束缚人的社会秩序，并以人类的尊严感、以参与历史为骄傲的满足感，填充着追随者的心灵。这种使人类获得解放的感情，正是 19 世纪欧洲早期民族主义的特征，正如今天的

[①] C. E. 布莱克：《现代化的动力———一个比较史的研究》，社会科学文献出版社 2002 年版，第 222 页。

亚洲和非洲一样。"① 20世纪亚非民族主义和欧洲民族主义，是不同时代、不同地区发生，又有着人类文明交往规律表现的共同感情和理念。在政治文化上，有法国的政治民族主义和德国的文化民族主义②，以及"在对民族界定的历史上，常常对典型的法国观念（土地与公民）与德国观念（血统与文化）进行概括性对比。"③东方民族主义同样也具有使人获得解放的民族感情和民族自尊、自信和自强的精神。正因为如此，我经过了编写《世界史》《20世纪中东史》《阿拉伯国家史》《中东国家通史》和《中东史》的史论结合的漫长过程之后，再度反复思考酝酿，从而进入人类文明交往理论领域。这是一个新的世界历史与理论结合的思考过程。萦绕脑际的东方政治文化概念就汇入了自然史、人类史、世界史，特别是中东史研究之中，并且进入人类文明交往理论，尤其是与文明交往自觉的新的由史入论的思维过程之中了。④

走笔至此，我用一首小诗《西东谣》以寄托所思：西潮涌起东潮动，东方西方异中同。水流河东与河西，气变东风又西风。西园洋酒东园醉，东茶咖啡西洋醒。世界熙攘为权利，环球那复计西东。历史统一于多样，事物变化归常恒。人类关注生产力，交往自觉共文明。

二

民族主义是以血缘、地域、经济、政治、文化为基础的社会思想观念形态。它是"历史转变为世界历史"时期的政治文化现象。它具有人类性、世界性和时代性的文明交往特征。现代民族主义必然有全球性的世界意识层次和时代性的人类意识层次，这是时代特征的表现。过去说"越是民族的才

---

① Hans Kohn：The Age of Nationalism, New York, 1968, p12.
② 李宏图：《西欧近代民族主义思潮》，上海社会科学出版社1997年版。
③ 吉尔·德拉瓦诺：《民族与民族主义》，三联书店2005年版，第101页。
④ 彭树智：《两斋文明自觉论随笔》，中国社会科学出版社2012年版，第655—736页。其中第一编"现代全球"、第二编"民族主义"、第三编"中东民族主义国家"中，多次提到《东方民族主义思潮》一书。

越是世界的",后来又说"越是世界的才越是民族的"。其实,民族的和世界的,二者是互相联系又彼此区别的。在全球化交往时代,人类新的文明创造把两者更普遍、更紧密地联系在一起,成为你中有我、我中有你的互动统一体。它昭示人们关注文明交往规律,时刻把发展自身利益与发展人类文明进步,把维护民族国家利益同维护世界和平有机地结合在一起。

在这里,我想起了美国和英国两位学者在2000年以来的观点。一位是罗伯特·赖克2000年11月24日,以《民族主义应突出其积极方面》为题发表在《洛杉矶时报》上的文章。这位美国学者认为:民族主义具有积极的一面和消极的一面;一个国家如果不能选择积极的民族主义,就会助长消极的民族主义;积极的民族主义可以缓和经济变革带来的负担,而消极的民族主义则不愿意承担全球的责任。他的结论是:"民族主义不是危险。真正的危险在于允许消极民族主义者为了自己的目的而披上爱国主义的外衣。"

罗伯特·赖克谈论的是世界各国的民族主义,而不仅仅是东方民族主义,更不仅仅是20世纪的东方民族主义。这使我想到一些西方学者笼统地把民族主义做负面意义理解的倾向。这种倾向如此强势,以致英国学者戴维·米勒为避嫌,从而用"民族性"代替了民族主义。他写的《论民族性》一书,已由刘曙辉译,译林出版社2010年出版。和罗伯特·赖克不同,戴维·米勒把民族主义分为"可辩护版本的民族性原则"和"不可辩护版本的民族性原则"。他对"可辩护版本的民族性原则"的解释是:①主张民族认同是个人认同的合法性源泉;②承认同胞之间的特殊义务是正当的;③民族在政治上的自决有充分的自由。他所说的"民族性",实际上就是民族主义的政治文化性内容。作为一个学者,其民族主义情绪肯定会影响其研究问题的科学性,其学术成果肯定会减弱研究的客观性。对此,我认为,既要用同情和理解的心态对待民族主义,也要超越民族主义,用人类文明交往和世界历史眼光来探研它演进的全过程和各种思想文化理论的变迁,并且在其中增强学术研究的自觉性。

我在最近几年的思考中,越来越感到东方民族主义是一个多义的复数概念和动态的变数概念,也是一个多元的和复杂的民族民主的政治信仰和价值观。我在最近完成的书稿《烛照文明集》的第十八节《民族主义和民族性》和第三十五节《"东方"概念的演变和民族主义》中,对《东方民族主义思潮》中的一些问题,又作了新的思考。我发现,与研究任何学术问题一样,对民族主义问题,既不能把简单的问题复杂化,也不能把复杂的问题简单化,尤其不能像开特快列车一样,匆忙作出结论。在主导的热爱民族国家的普遍性与合理性之外,还要站在更高的历史观点上,和更深的人类文明交往自觉的思考点上,冷静客观而全面地分析其进步与落后、自由与集权、民主与专制、适度与极端、现实与空想、狭隘与霸权等复杂因素的交织与变化。有的学者把民族主义与种族主义、民粹主义甚至于同纳粹主义相混淆①,其原因多在于把复杂的问题简单化,或者对诸家说法未能深思,或者在政治浪潮面前缺乏清醒态度。记得列宁说过,在政治喧闹和理论纷争不清的时候,要追问一下"对谁有利"的问题。此外,还要审查科学性问题。科学研究的要义是对具体问题作具体分析和对不同问题区别对待。研究民族主义问题,理应持同样态度,自觉地掌握事物交往的适度和基线。

---

① 国内学界也受国外影响,有的哲学家为此混淆而忧虑;有的文化学者谈德、日法西斯之鉴时,也加上民粹主义、民族主义,与某些国外潮流合流。

文明交往的历史观念[1]

《商务印书馆2012日历》今日在作者"名言录"栏中,收入了我在《中东国家通史·卷首叙意》下述一段有关文明交往历史观念的话:

> 人类文明交往是一个历史过程,因此,从广义上讲,它是一种历史交往。它充满着冲突和斗争,也经历着传承和吸收,还交织着融会和综合。

《中东国家通史》是商务印书馆出版的,包括18个中东国家,共13卷本,300万字的地区国家通史。它对于我的人类文明交往的历史观念进行了一次历史性检验。这种历史检验可以说系统而具体、完整而深入。它既有地区性,也有国家性,更有世界性和人类性。我除了在"卷首叙意"中有总体上的旨趣统观之外,在每卷后都有一篇"后记",分别论述各国文明交往的特殊状态,以与地区的共同性相互联系。每篇"后记"都是我思考文明交往的历史观念的论文。只有《阿富汗卷》因有《阿富汗与东西方文明交往》专论而在"后记"中只有简短叙说外,其他均为较长篇幅。商务印书馆编辑称这些"后记"不仅是"卷首叙意"的"分论",而且这13篇"后记"是自成文体("后记式")的中东各国文明历史观念的系列专题论文,可成为专题中

---

[1] 此文是我的《老学日志(2012)》(手稿)中的第218节,写于2012年10月31日,时为2012年的第305日的日志。

东史论集。

关于文明的历史观念,《商务印务馆 2012 日历》前面摘录我在该出版社出版的《中东国家通史》中的关于"历史交往"一段话,是很有敏锐眼力的。人类历史本身就是人类文明交往的历史,由此形成了我的历史观念:人类的历史交往、文明交往和文明交往自觉的逻辑思维路线。人类的历史交往是一个广阔的视野,它是以人类历史中的文明前史着眼的,是以自然史为开端的。人类源于自然界,人类自然而然地从自然界中产生;人类又从动物界演进变化,脱离动物界而从人猿揖别之后成为"万物之灵"。然而,人始终生活在自然界中,即使发展到今天,也还是与生态文明息息相关,共存并进。因此,"历史交往"是以自然史作为历史科学的肇始,又将自然史与人类史有机统一的人类社会历史观念。

事实上,在此之前,在 2008 年由广西师范大学出版社出版的《中国高校哲学社会科学发展报告(1978—2008)·历史学》一书中,已经对"历史交往"的观念作过宏观的论述。该书由教育部组织编写,由李学勤、王斯德二先生主编。它以我国世界史学科建设为审视点,从史学理论学术史的高度,总结了改革开放 30 年的主要历史观念成果。其要点如下:

一、三种世界史研究的理论体系

"长期主导我国世界史研究的苏联范式较为单一,在许多问题上缺乏解释力,由此导致学术上的僵化和停滞不前。苏联范式最基本的特征是以五种社会形态作为人类社会的进化图式,无视各国家和地区发展道路的多样性;以阶级斗争作为解释社会发展的唯一动力,将人类社会复杂性简化为'二元对立'。西方史学理论的传入与应用给世界史研究带来了方法上的革新,由此呈现出百花齐放的景观并逐步形成了几种有影响力的世界史研究体系:现代化史观、文明史观和整体史观。"[①](第 246 页)

---

① 王泰:《中国世界史学科体系的三大学术理论及其探索》,《史学理论研究》2006 年第 2 期。

二、"文明史观"的探索和实践

"人类文明的冲突与交融,是世界历史的重要内容。学者们认为世界历史演进的单位是文明,而不是国家和民族,主张各文明的发展与变化、接触与交流、冲突与融合构成世界历史的主要内容。在中国,'文明史观'的构建是与彭树智和马克垚的学术探索分不开的。"(第271页)

三、"历史交往论的形成"

"从1986年起,西北大学的彭树智就开始对人类文明交往这一课题进行连续性的研究,他在各种刊物、专著、教材中阐述文明交往文章近40篇,达40万字。先后撰写了《论人类的文明交往》、多卷本《中东国家通史》及《20世纪中东史》《阿拉伯国家史》等。2002年,其代表作《文明交往论》出版,标志着其'历史交往论'的形成。"(第271页)

四、"历史交往论"的主要内容

"彭树智认为,历史交往是指'在历史上形成的、具有重大影响和意义的个人、团体、民族、国家和地区间相互联系相互作用的物质文明交往和精神文明交往、制度文明交往和生态文明交往。''人类文明交往是人类历史的核心问题。文明交往是人类历史发展的动力,是人类变革和社会进步的标尺,是人类文明发展的中轴线'。文明交往作为人类存在与发展的方式,它不断消灭人类的孤立和封闭状态,不断强化人类社会的联系和世界的整体化进程。彭树智把人类历史上的文明交往活动划分为五个时期:第一时期为古代社会的原始交往和自然农业文明的传统交往,也可称之为广义上的丝绸之路时期;第二时期为交往与世界市场的急剧扩大的地理大发现时期和海路大发现时期;第三时期为'首次开创了世界历史'(马克思、恩格斯)的工业革命时期;第四时期为 19 世纪末 20 世纪初的科学技术革命和世界被列强分割时期;第五时期始于 20 世纪末期,人类交往进入了'一体化和多样化空前复杂交织的新时期'。彭树智还把'文明交往论'归结为'文明自觉论',即由自发性向自觉性的演变,在趋向上日益摆脱野蛮而逐步文明化,在发展上从封闭走向开放,在活动程度上从自在走向自为,在活动范围上由民族、国家、地区走向世界,在交往基础上从情绪化走向理性化,在人际关系、族际关系和国际关系领域中,由对立、对抗走向合作与对话。"(第271—272 页)

五、"换一个角度看世界史"

"根据'历史交往论'这一历史哲学概念,彭先生提出'换一个角度看世界史',即把人类的交往活动作为世界史横向发展的纬线,使之与生产活动的纵向经线结合起来,进行综合考察,就会更全面地反映人类社会的客观面貌。具体思路为,一方面,运用这一理论来开阔史学研究的视野,寻求世界历史演变的规律。'历史交往论'是一种以'历史个案史例研究'为基础,将历史学和哲学结合起来的世界史观学术构建基本完成,并且已经在学术界产生一定的影响,它必将对我国世界史学科体系建设产生更大的影响。"[1]（第 272 页）

六、结 论

"这三大世界史观的提出,是中国世界史学界 20 多年来的进步和成熟的标志,体现了中国世界史学界与世界史学的交流和融合,以及史学理论和方法本来应有的丰富性和多样性。世界史多元观的出现,冲破了以往苏联世界体系单一范式占统治地位的局面,这是改革开放后我国世界史学术发展的一大进步,它反映了百家争鸣、自由讨论的良好学术环境已开始形成,反映

---

[1] 关于《文明交往论》的具体内容,详见张倩红:《从文明交往关注世界历史》,《史学理论研究》2004 年第 4 期;巨永明:《文明交往:解析全球化的新路》,《世界历史》2003 年第 3 期。

了广大史学工作者高昂的理论创新精神状态,同时也产生了一批体现有关世界史体系理论创新的学术成果,是可喜的现象。"(第273页)

七、该书在"历史交往"这一"文明的历史观念"下,有一个长注

"从文明交往角度解读典型的历史个案是《文明交往论》一书的主要特点。全书分为总论与分论两个部分。总论部分汇集了作者对于文明交往论的理论思考;分论则从'塞人篇''阿富汗篇''伊朗篇''中东地区篇''阿拉伯伊斯兰篇''世界史综合篇''世界当代篇'共七个方面选择世界历史中的一些典型个案进行研究,所涉及的专题共35个。这些成果体现了20世纪我国世界史研究的学术水平,对学术视野的进一步扩展、学术框架的重新建构都有极其重要的借鉴意义。"[1](第272页)

我之所以详细引述《中国高校哲学社会科学发展报告(1978—2008)·历史学》中世界史有关文明交往的历史观念部分论述,旨在倾听他人,以理解自己。兼听则明,关键在认真倾听,这有助于提高自知之明的自觉性[2]。这个报告早在2008年已经出版,我看到它的时候,已经是3年多后的2012年,知道得实在太晚了。报告中对世界史学科发展的两个"30年"(新中国建立后的前30年和改革开放30年)的特点的总结,尤其是对广大世界史研究工作者关注国家现代化建设、为本学科建设而割不断的"中国情结"的总结,使我感同身受、深有体悟。改革开放之初,我同《光明日报》《中国教育报》记者的谈论中,都表示应该写出"中国人自己的中东史、世界史来",这就是"中国情结"。正如报告中所言:"在经过了'文革'十年的沉寂之后,改革开放政策的制定和实施,再一次给世界史学科的发展提供了新的机

---

[1] 罗婧:《近十年来中国史学界对交往问题的研究综合》,《广西师范大学学报》2004年第10期。
[2] 我在《当代中东地区性研究的几个问题》一文中说:"科学研究者所追求的是理解,是对各种文明之间相互交往的理解,以及在此基础上的科学分析。中东研究者将通过科学分析,进一步加深对研究对象的理解。"见《西亚非洲》1997年第4期。

遇，推动其在各方面不断取得进步和发展。如果说新中国建立后的前30年是世界史学科从无到有的阶段，那么改革开放以来的这30年，则是它从引进与借鉴国外研究体系，向更独立开展研究和参与国际对话的阶段。这体现在研究理论和方法日益更新、研究领域不断拓展以及割舍不断的'中国情结'。"（第245页）

这种"中国情结"是热爱中国之心、复兴中华文明之志，是在本学科建设方面积极进取、奋力开拓，为人类历史作出自己独特贡献之时代期望和理想。"中国情结"是一颗"爱我中华"的赤子之心，它也使我这耄耋老人为人类文明交往自觉事业而学思交集、手脑互动、劳作不已，不能稍有懈怠。报告总结"中国情结"的时间是2008年，于今已有5年。在这5年中，我先后出版了三本有关文明的历史观念的书：①《中东史》（主编，人民出版社2010年版，55万字）；②《两斋文明自觉论随笔》（中国社会科学出版社2012年版，3卷本，共137万字）；③《东方民族主义思潮》（人民出版社2013年版，37万字）。此外，尚有《烛照文明集》和《老学日志》手稿共60余万字。

这些劳作都是围绕一个主题：人类文明的历史观念，都是把人类的历史交往、人类的文明交往、人类的文明交往自觉三者作为一个有机的历史观念整体来思考的。《中东史》是我继13卷《中东国家通史》之后，主编的一本史论结合的通史性集体著作，是西北大学中东研究所老中青三代学者共同努力的结果，是用人类文明的历史观念研究中东地区这个古老文明生成和聚散中心，又是今日世界关注焦点的地区史新作。《两斋文明自觉论随笔》是一本大型学术随笔著作，它和《烛照文明集》和《老学日志》都是用随笔形式写出自己关注的人类文明交往自觉的课题。《东方民族主义思潮》在20年之后再版，一方面是应读者之需，另一方面也是为了追溯文明交往自觉观之源。总之，《中国高校哲学社会科学发展报告（1978—2008）·历史学》总结了我1978至2008年的主要研究成果，而在这之后上述5部著作则记录了我2008至2013年的研究进展。特别是《两斋文明自觉论随笔》是继《文明交往论》之后，第二本集中论述文明自觉论的新的进展。

文明交往是这样一种历史观念：它从人类历史的古今中外的内外联系、上下贯通和交互变化中观察各种文明之间的发展进程;它把自然史与人类史看作一个互相依存、彼此制约、共同促进的运动统一体,关注人与自然、人与社会之间的交往互动关系;它考察物质、精神、制度、生态文明之间辩证发展,研究斗争、冲突与平稳、和谐之间的对立统一转化,也思考文明之间的互相影响,包括对话与对抗、传承与传播、借鉴与吸收、欣赏与包容等问题。文明的历史观念重视人类文明的统一性、多样性、多重性、变动性,它用谛视与多观的微观、中观与宏观相结合的方法,去分析事物的一与多、同与异、变与常之间的联系。

文明交往的历史观念特别注意人类社会的整体结构和文明的历史积累层。由于人类文明的长期交往互动,逐渐形成了三个文明历史积累层:①已经稳定凝结的积累层;②新近稳定凝结的积累层;③正在凝结变动的积累层。第一个历史积累层相当于人类远古、上古、中古和近代史,第二和第三历史积累层相当于现代和当代史①。这三个文明历史积累层有共同内在历史发展脉络,又有历史时期和阶段区别不同层次。人类文明交往互动的规律,把历史、现状和未来贯通起来。

美国学者大卫·梭罗和爱默生有"文明远行"之说,即"文明的进步与其说是翻山越岭的阔步前进,毋宁说是沿着山侧踽踽而行。我们的心灵要多久才能竖立起一块屏障,从而避免偏见与盲目呢?"(见董晓娣译的《远行》,光明日报出版社 2012 年版)这是一个文明历史观念中的文明交往自觉之问,具体说,是人类自我身心交往之问。科学研究是以追求真理为目的,而偏见与盲目要比无知距离真理更远。偏见与盲目是文明交往活动中要克服的人类心灵上严重的缺陷。文明的本质精神是创造文明成果的精神,人类文明发展最需要继承和发扬的正是用这种精神去克服偏见与盲目,以提高文明交往的自觉性。偏见与盲目是遮盖双目的双叶,"一叶蔽目,不见泰山",何况"双目"被遮蔽,那就是等于失明了,哪里还有"自知之明、知人之明和知物之明"

---

①第三历史积累层是当代史,是集中了已经稳定凝结、新近稳定凝结和正在凝结变动三个文明历史积累层的特征,最值得研究现状学者关注。见彭树智:《简说世界当代史》,《史学理论研究》2007 年第 2 期。

呢？去愚昧野蛮之蔽，在心灵上必须树立文明的历史观念，才能兼听兼视，才能有人类的文明良性交往和文明交往的自觉。

以信代序：人类文明交往中的历史自觉

王泰同志：

  2021年12月2日来函11日收到，内容尽悉。

  首先，衷心感谢对我90岁生日的祝贺！欣闻《近代以来埃及宗教与政治关系的历史考察》这部50多万字的研究成果即将面世，我能为之作序，本应乐意为之。然事不逢时，现正值我忙于校对40年前丢失的《印度史存稿》，加之手边还有《京隐述作集·哲以论道》和《掌文日书》待定的书稿，很难安排其他临时写作任务。为其他研究成果作序本属不易，过去我由于师生情谊，只为学生助力而写序。进入八秩年龄段后，愈来愈感到日渐衰老、力不从心，已谢绝几位学生的请求，总觉于心不安。此次为不再留遗憾，对您的著作，我便以信代序文体，随意命笔，谈谈人类文明交往过程中的历史自觉问题。

  综观新著，表现了对埃及近现代史深厚理解力，尤其对历史的洞察力有透彻的表述。这和您深知埃及历史，收集史料较丰富，特别是用唯物史观，考察一切历史细节，因而分析了历史全部过程的内在联系，体现了文明交往进程的历史自觉有关。下面，我从历史理解力和历史洞察力的意义方面，和您交流自己的看法。

一、历史联系与历史范围

  在社会科学问题上，最可靠的研究方法，就是不要忘记基本上的历史联系和历史范围。对每一个问题的考察,都要根据所研究的现象,思考在历史上是如何产生出来的,以及它在发展中经历了怎样的一些主要的时期和阶段,并根据它的这些变化情形,去考察这个现象发展的结果、规律性及其前途。我之所以说:"不要忘记",就是说容易被人们忘记。记性,这是一种自觉的历史意识,是一种历史所昭示、所提醒的辩证唯物方法论。思考历史经验,尤其是历史教训是容易被一些人忘记的事,在现实中被忘记是屡见不鲜的。

您是一个关注埃及史的学者,对埃及在现代化进程中的世俗化、宗教与政治之间的关系问题有许多思考。"关系",即联系,即交往。您还有《"文明"视野下的中东与复杂多元的"交往"》的专题论文。在《近代以来埃及宗教与政治关系的历史考察》一书中,又从长时段角度、从十一个方面对埃及政治的发展时期、阶段、政权特点以及政治与宗教交往等问题作了全面系统的历史考察,得出了许多历史启示性的见解。尤其是"近代以来"这个历史范围,界定了历史的分期。从宏观角度看,埃及历史就是两大时期:前伊斯兰的古文明时期和伊斯兰文明时期。我在《中东国家通史·埃及卷》的编后记中,主张在这两大时期中,还可以分为若干小阶段。这个想法在您的书中已经细化了。我很欣赏"近来以来"这个历史时间界定,它把近代、现代、当代及未来的历史动态都概括进来,使人有整体发展的历史感。我主编的《20世纪中东史》,最近将要出第三版,编辑提出改为《中东现代史》。这是一本"世纪史"类型的史书,没有用一般代际易变体例,我在序言中特地讲了这一点,一改动,特点就没有了。因此,第三版就用了《20世纪以来中东史》这个书名,和您的思路不谋而合。作为研究生教材,要不断补充新的内容,但有"以来"二字,"世纪史"体例的书名就在二十一、二十二世纪,乃至以后都不用改名了。这与您的"以来"有相通之处。

宗教是一种文化历史现象和社会意识形态,它有其起源、演变、作用、特点和规律。尤其是伊斯兰教与中东政治之间的交往,更具复杂独特内容。我进入中东研究领域,一开始就有《中东国家与中东问题》和《伊斯兰教与中东现代化进程》两本开题之作,旨在从历史联系视角探研地区国家的内外交往基本特征。宗教是一种信仰，我在文明交往九条纲要第六条中，是把它当作六种交往力之一提出来的。这"六条交往力网络"中，就有"信仰穿透力"和"政治权制力"两条。这需要展开和深化，建议您把这两者从交往力方面作为继续思考的课题。此外，政治交往问题，在《我的文明观·战争、政治交往及其他》一节中，我把理论界长期沿用的"战争是政治通过另一种手段的继续"修正为战争是"政治交往"通过另一种手段的继续。用中国化表述就是"战争是流血的政治交往"。我们从2013年埃及几次街头示威造成多人伤亡状况中，看到了战争状态。那真是"流血的政治交往"，是"政治交往"以流血手段的继续，其中宗教与政治交往在埃及历史性一幕，令人想起了克劳塞维茨的话："战争无非是政治交往用另一种手段的继续。"这一点也有很大的理论结合历史的思考空间，供研究时参考。例如，交往的手段是多方面的，有物质、精神、社会、政治、生态等，但从根本上说，是文化的、文明的交往。又如，经济交往是基础性的，政治交往是决定性的。既然战争是政治交往的流血性继续，那么，也可以说政治是不流血式的较量，如此等等。

二、历史交往和历史通识

《近代以来埃及宗教与政治关系的历史考察》一书中，对埃及国家发展道路作了"历史交往"层面的探讨。这是一条正确的理论思维路线。这使我回忆起主编《中东国家通史·埃及卷》的往事。那是我栖息京城一隅始作"京隐"劳作的2003年，我着重想编写出中国学者自己风格的《中东史》，谢绝所有对外应酬，专心致志编书。在《卷首叙意》中引用马克思关于"在科学的入口处，正像地狱的入口处一样，必须提出这样的要求：这里必须根绝一切犹豫；任何怯懦都无济于事"的话，来鞭策自己。

在《编后记》开头就提出："埃及国家通史中最了不起的结果就是'交往'。'交往'造就了埃及悠久多变的文明发展史。我不能离开'交往'去讨论埃及国家通史，也离不开埃及国家通史去谈'交往'，一定要把文明交往与埃及国家通史联系起来，考察其中的变迁历史轨迹。埃及文明的生命在于'交往'，埃及'交往'的价值在于文明。"我还提出，埃及通史中有一条"通识"线索贯通其中，这就是相同文明之内和不同文明之间互相联系与互相影响的经纬交织的文明交往论。

我之所以引用上面这一段话，是因为今日重读时仍有"涛声依旧"的理论激情感觉。然而理论思维不能停留在感性阶段，它必须依靠冷静理性的翅膀，方能让悟性和韧性翱翔云端。我对"交往"的历史哲思，主要源于马克思和恩格斯《德意志意识形态》一书。他们把"交往"这个德语术语Verkehr，广泛应用于个人、社会团体、国家之间的物质交往和精神交往。他们认为，物质交往，首先是人们在生产过程中的交往，这是一切交往的基础，而生产再生产的前提也是交往。在这部著作中，他们多次提到生产和交往、生产力和交往关系，使用了"交往形式（Verkehrsform）""交往方式（Verkehrsweise）""交往关系（Verkehrsverhältnisse）"等德文术语，实际上就是与交往有关的人类社会关系。

这里要着重指出的是，马克思在1846年12月28日《致巴·瓦·安年柯夫》的信中，更加明确地指出了人类文明中历史联系、生产力、社会关系、社会制度等这些与"交往"术语有关的理论问题。他明确指出："为了不致丧失已经取得的成果，为了不致失掉文明的果实，人们在他们的交往（Commerce）方式不再适合于既得的生产力时，就不得不改变他们继承下来的一切社会形式。"他在这里谈到了"文明的果实"，又特别明确地说："我这里使用'Commerce'一词，是就它的最广泛意义而言，就像在德文中使用'Verkehr'一词那样。例如，各种特权、行会和公会的制度、中世纪的全部规则，曾是唯一适合于既得的生产力和产生这些制度的先前存在的社会状况的社会关系。"

这使我想起马克思、恩格斯关于"历史成为世界历史""交往成为世界交往"的宏观历史思维。他们认为"只有当交往成为世界交往并且以大工业为基础的时候，只有当一切民族都卷入竞争斗争的时候，保持已创造出来的生产力才有了保证。"

综上所述，我对"交往"术语的解读要点如下：①社会关系即社会交往关系，是人类文明交往关系。马克思和恩格斯为了强调生产关系是决定其他一切社会关系的基本关系，所以把它独立分离出来，并与生产力联系起来，这是唯物史观的基本要求，但并不意味着忽视其他交往关系。②马克思用 Commerce 这个词语时，本身就有"商业""贸易"和"交往""社交"两个含义，而在第一个含义中，又有"交易""交换"等内容。这个近似"Trade"的 Commerce，又常见于国与国之间或一国之内的商贸交易。③把"交往"同"文明"组成一个整体的历史观念。生产、经贸关系固然重要，其他社会关系，尤其是政治、思想、文化，包括宗教，还有人与自然之间的生态交往，都不可忽视，正如我们不要忘记基于上述的历史联系一样。

总之，我的文明交往论是一个历史交往观念，也是一个观察人类文明史的视角。视角有微观、中观和宏观之分，而文明交往是贯通微观、中观和宏观的"通观"的文明观。如您关注此问题，可读一下我主编的《阿拉伯国家史》中的《绪论：阿拉伯国家、文明和文明交往》一节。阿拉伯的民族性同伊斯兰性，也是埃及近代以来的政治交往常谈常新的课题。这方面您已经注意到了，这里，我只想引用《中东国家通史·埃及卷》编后记第一部分结尾的一句话："对埃及这样一个文明古国的历史，从文明交往的视角进行研究实在是太必要了。""历史通识"就是关键的"通观"视角。

三、历史自觉和历史之问

历史自觉是人类根本的自觉。打开历史自觉之门的钥匙，按黑格尔的哲言应该是"回归历史，获得自觉"。这是一种主动的哲学思考问题方式，而不是被动接受的思考问题方式。金字塔是埃及古文明的主要象征[①]，在文

[①] 埃及人的古老谚语称："人们怕时间，时间却怕金字塔。"时间会给人间带来死亡，金字塔却长期矗立着。瑞典考古学者安特生在《龙与洋鬼子》一书中，却说金字塔的建造者早已逝去。与古代埃及、克里特岛和美索不达米亚等远古文明遭到游牧文化破坏不同，中华文明"在伟大的孤独中坚持下来"，将来"开启世界征程新的重任又落到了东方人身上。"

明交往中影响仅次于金字塔的,是埃及首都开罗附近的狮身人面大雕像Sphix(斯芬克斯)。此狮身人面像在文明交往史上,比其他狮身人面来,更富有传奇意味。这个斯芬克斯又被古希腊神化为带翼的狮身女妖,神谕她向人类提出"人之谜",让人自己来回答这个问题:

> 有一种动物,早晨用四只脚走路,中午用两只脚走路,晚上用三只脚走路,这是何种动物?

猜不出此"人之谜"者统统被杀。只有一个人回答出了这个"人之谜"。他就是底比斯城邦国王拉伊俄斯的儿子俄狄浦斯的回答:"是人!"其原因是:"人在生命的早晨(即幼年时期),是软弱无力的孩子,只能用两手两脚爬行,手起了脚的作用,所以是用四只脚走路。在生命的中午,正值壮年,特立独行,用两只脚走路。但到了老年,临到生命的暮年,因行路不稳,要靠拐杖帮助行走,作为第三只脚。"

俄狄浦斯因回答对了"人之谜"而继任为国王。后来,该国流行瘟疫,神谕又来,要追究这个"杀父娶母"的俄狄浦斯,他便在绝望中刺伤双目,流浪而死。他无意弑父、不知娶母,也不知自己究竟为何类人,还是没有正确答案。他在这个神话中,可悲之处是被动接受、消极回答神的"人之谜"的问题的。黑格尔"回归历史,获得自觉",是真正自觉地接触到哲学本身:人是具有主观能动性的社会生命体。人可以通过历史自觉把客观规律和主观能动性统一起来创造历史。

这个和埃及历史有关的神话中,"俄狄浦斯之路"是悲剧式的人生。我在《两斋文明自觉论随笔》第二集"人之谜"编中,曾以此为开头,分析了人类文明交往自觉问题中人文精神与人生之路的关联,以及人类本质的伟大和人性的复杂等问题,在这里不再重复①。我只想提醒注意"自由人的自觉","人和大自然的统一","自由地独立地创造人类道德生活关系基础上的

---

① 关于文明交往的人文精神本质,可参看我随信寄来张倩红近作《文明交往语境下的人格自觉》。此文颇有新意,在理论思维方面,您可以和这位师姐进一步讨论、研究。

新世界"等恩格斯关于历史自觉的名言。仔细思考这个神话中，人生从幼年、壮年和老年之路上，生命之路要靠脚来走：幼年用两手两脚爬行；壮年两手因人的昂首直立而与脚分工，专用两只脚走路；老年双脚行路不稳，拐杖成了第三只脚。脚始终伴随着人生之路。我在《书路鸿踪录》中有一首《历史学需要脚跟硬的理智者》小诗，是为了回答"历史无用论"的。现录于下，供您进一步思考历史自觉和历史之问之间的关系：

  治学之路是活的，/只要很硬的脚跟坚挺，/这条路就有生命。路，/没有绝境；/路，/不怕曲折逶迤；/路，不管风雪雨晴；/脚，/无畏无惧地选择方向。/纵使误入隧洞，/走出来，/将是一片光明！

俄狄浦斯所回答的"人之问"，是生物的人，而不是社会的人。历史自觉的人是走路"脚跟坚硬的智者"。由于此，他在路漫修远中，才能脚跟坚硬，能上下不停地求索、思索。历史自觉之所以是"智者"所为，在于他善于用头脑去主动思考"人之问"。我之所以重视马克思关于"近代埃及之父"穆罕默德·阿里的评价，其原因正在于此：在阿里统治下的埃及，是"当时奥斯曼帝国的唯一有生命力的部分"，而阿里也是该帝国中"唯一能用真正头脑代替'讲究的头巾'的人"。马克思在这里，用了两个"唯一"，而且这两个"唯一"都用了黑体字，加以醒目和着重强调，可见他对"生命力"和"真正头脑"的重视。尤其是在交往普遍化促使历史变为世界史的人类文明交往新时期，人类是应该用自己头脑去主动思考本地区和自己国家何去何从的未来走向问题，主动思考创建顺应时代大势而又切合本国国情的新文明形态问题。记得在中东战争高潮时期，有位外国学者提出过这样的问题：在动荡中东局势之下，中东有识之士会思考吗？我当时曾回答说：中东早就有人思考了，1805年成为埃及执政的穆罕默德·阿里就用"真正的头脑"来代替"讲究的头巾"了。他为这句有伊斯兰文明风格的话所吸引，问这是那位哲学家讲的？我说："卡尔·马克思！"他感慨地说："我明白了，难怪他有

《资本论》那样传世巨著！"①

自觉，就是回归自我，就是用自己头脑勤思考、用双手勤劳作、用双脚勤走动的"三勤"的勤劳自觉，是双耳兼听、双目兼视的"二兼"的兼为自觉。这种自觉既是独立思考、又是在实践中学习、认知启智的觉悟过程。历史自觉，从根本上说，是历史哲学的文明交往自觉观念。黑格尔的"回归历史，获得自觉"哲言，和他感慨的"哲学俨然是一种自己返回自己圆圈"的历史起点和终点之间辩证关系，有着直接联系。这使人想起他那句"人是靠思想站起来"的哲理话语。在我看来，黑格尔这些历史哲言，都是人类文明交往史上的体悟智慧观念。人的认知有三个层次：感性层次、理性层次和智性层次。人的认知在学习实践认识后之为言，正如同汉代史学家班固在《白虎通·辟雍》中所讲："学之为言，觉也，悟所不知也。"也如元代清琪《石屋禅师山居集·闲咏诗》所说："心田不长无明草，觉苑常开智慧花。"那是一种心灵自觉的智慧层次心境。人类文明交往的历史观念，是史学理念之大观，而黑格尔关于"回归历史，获得自觉"的思想，是研究此大观的钥匙。历史自觉是过去、现在和未来交往的递进螺旋式上升的逻辑思维脉络，历史哲学思路不时绕着起伏、迂回、回归的曲折上升圆圈运转。"回归历史，获得自觉"，黑格尔从哲学史角度讲的这句名言，值得研究文明交往自觉问题的学人反复体味。真的，微斯人，吾谁与回归！

四、历史哲学和历史观点

历史科学对人类、对社会科学的重要性为越来越多的人所关注，对埃及政治与宗教关系研究做"历史政治学"尝试，确有现实意义。然而历史很复杂，老大难问题颇多，在研究者观察事物时所处的位置或采取态度的历史

---

① 陈翰笙老师在指导我写《阿富汗三次抗英战争》时，发现我引用马克思《印度史编年稿》一些论述时，谈到他在美国波莫纳大学学历史专业，只学到一般叙说和史料考证，及至学习《资本论》后，才从马克思研究资本发展过程中，知道什么叫真正的历史科学。他主编"外国历史小丛书"，虽重在普及层面，但主张世界史应以马克思主义为指导，建立中国自己的学术体系，给我留下了深刻的印象。

观点上，需要哲学的智慧。"历史哲学"的理论思维价值，随之应运跨界而生。下面我想结合文明交往问题谈谈历史哲学和历史观点的关系问题。

我要谈的是马克思同他的小女儿劳拉关于历史哲学的信件。1882年4月13日至14日，马克思在北非阿尔及利亚养病时，鉴于西欧社会存在的对阿拉伯文明和阿拉伯民族的偏见，马克思从一个阿拉伯的"哲学小寓言"讲起，进一步从"历史观点"的高度上，谈论如何认识阿拉伯文明和阿拉伯民族问题。

马克思以生动、明快的笔法，叙述了下述哲学家和船夫渡河的"哲学小寓言"：

> 有一个船夫准备好在激流的河水中驾驶小船，上面坐着一个想渡到对岸去的哲学家。于是发生了下面的对话：
>
> 哲学家："船夫，你懂历史吗？"
>
> 船夫："不懂！"
>
> 哲学家："那你就失去了一半的生命！"
>
> 哲学家又问："你研究过数学吗？"
>
> 船夫："没有！"
>
> 哲学家："那你就失去了一半以上的生命！"
>
> 哲学家刚刚说完这句话，风就把小船吹翻了，哲学家和船夫都落入水中，于是船夫喊道："你会游泳吗？"
>
> 哲学家："不会！"
>
> 船夫："那你就失去了你的全部生命！"

这是一则嘲讽高傲自大又无自知之明而且卖弄小聪明的人物的哲学小寓言。这和古希腊文明中女仆嘲笑哲学家泰勒斯只知思考浩瀚的天空而忘记了足下，以致落入水井而为女仆所笑的寓言相同。这自然有助于在西方文明环境中生活的劳拉对阿拉伯文明和阿拉伯民族的理解，进而消除了过去的误解。于是，马克思在信中接着告诉劳拉：

"这个寓言会使你对阿拉伯人产生某些好感。"

"我们要把自己放在稍微高一点的历史观点上。和我们同时代的游牧的阿拉伯人（应当说，在许多方面他们都衰落了，但是他们为了生存而进行的斗争使他们也保留下来许多优良品质），记得以前他们中间产生过一些伟大的哲学家和学者等等，也知道欧洲人因此而嘲笑他们现在的愚昧无知。"

偏见比无知离真理更远。马克思旨在用这则"很能说明问题的短小的明哲的"哲学家与船夫对话的阿拉伯寓言，来启发劳拉对阿拉伯文明和阿拉伯民族有全面的认识，以纠正某些偏见。马克思首先提出："我们要把自己放在稍微高一点的历史观点上"，这一点非常重要。这个"历史观点"就是唯物史观的历史哲学观点。历史科学的制高点在历史辩证法这个方法论的"大法"上，它是唯物的，又是辩证的，是观察事物实事求是的态度和应持的历史观点。用它来考察埃及宗教与政治的关系，不但要熟悉埃及的历史和翔实全面系统的资料，而且需要高度理论思维指引下的历史哲学和历史观点，从而得出属于自己的自得之见。您在"结束语"中，从中东地区到埃及国家宗教与政治关系上有一些自己的思考，特别是最后引用习近平总书记在2016年1月阿盟总部讲演中提到的"埃及人民崇尚变革、追求自由的伟大精神"和"承载着文明的希望，肩负着探索复兴的使命"，是今后研究的新起点和思考方向。

五、历史思维和诗意思维

在本书导论结束处，您引用了金庸武侠小说中"他强由他强，清风拂山岗。他横由他横，明月照大江"的诗句。这是颇有诗意思维的人文美韵哲理诗句。对人生来说，诗意思维引领着人们进入哲学诗化的心灵境界：人，劳动着，诗意地栖息在大地上。对治学来说，诗意思维导致学人在科学研究中，进入用纯理性无法认识的灵性层面的审美境界。诗意人生和诗意治学都是人性的一种现实的思维方式和理想生存状态，如德国哲学家海德格尔所说的，是存在的"根源"之处，他因此还号召哲学家向诗人学习。

德国哲学家谢林也曾谈到艺术思维对哲学的意义:"艺术对于哲学家来说就是最崇高的东西。"诗意治学被谢林推上文明交往的神坛:"哲学就像在科学的童年时代,从诗中诞生,从诗中得到滋养一样,与所有那些通过哲学而臻于完善的科学一样,在它们完成以后,犹如百川归海,又流回它们曾经由之发源的诗的大海洋里。"法国哲学家杜夫海纳则进一步谈到诗与哲学在根源问题的合二而一的未分离状态:"在人类经历各条道路的起点上,都可能找出审美经验;它开辟通向科学和行为的途径。原因是它处于根源部位上,处于人类与万物混杂中感受到自己与世界的亲密关系的这一点上。"总之,在认识和感受世界和思考人生课题上,诗意思维表现了灵性、形象性、想象性,它与理性思维的逻辑性、思辨性、分析论证性是互为补充的思维方式。把穷究事物本质与关注复杂现象两种思维方式融合起来,正如人的左右脑组成大脑,成为用以思考的整体大脑一样重要。

思与诗、思与哲,这两种不同形式思维,共同承担着人类感受和认识世界的任务。这里关键之点是二者如何沟通,如何联系问题。我自己体会,贯通它们之间的交往线索是历史思维。历史思维是基础性、整体性思维,它涵盖着自然史与人类史,沟通着过去、现在和未来,在历史实践中把理性与感性之思综合为一体。这就是为什么黑格尔提出"回归历史,获得自觉"的深层原因。恩格斯说过,从哲学史中学习哲学是学好哲学的唯一途径,也讲的是同一道理。我国古代史学家章学诚早有"六经皆史"和"文史通义"之说,他已经把哲学、文学艺术历史化了。鲁迅从文学史的视角,称赞司马迁的《史记》为"史家之绝唱,无韵之离骚"。这是历史化的诗意表述。《史记》确为千古史坛绝唱,又是无韵史诗独步,还是历史化哲理的创造。历史思维把诗意思维与理论思维贯通而融为一体,如司马迁自述的治史名言所说:"究天人之际,通古今之变,成一家之言。"

总之,诗意思维是根源性的,哲学思维是本质性的,而历史思维是通观性的。历史化的哲学思维和历史化的诗意思维的有机统一,会使人生和治学进入真善美的文明交往自觉的人文精神境界。我对诗意治学问题,过去谈得很多,但发现人们对此反响不大。现在,您引用文学大家金庸的诗句,我觉得在理论思维之外，又关注到这个以人类文明交往问题为中心的学人"劳动者"诗意栖息境界，所以对历史思维与诗意思维作了以上补充说明。如有兴趣，可再结合我有关诗意治学文章，梳理一下，这对理论思维的提高，是有帮助的。季羡林先生很欣赏清代大学问家顾炎武的"苍龙日暮还行雨，老树春深更著花"诗句，我90岁时，有"我本林海一老树，乐见文明火炬传"之诗句，以表诗意治学境界。学人治学，或浅或深，都有此诗意境界体会，只是习而不觉而已。

六、交往自觉和有道在前

随信寄赠《京隐述作集》二册，有以下几层意思：

1.《文以载道》一册图片中有我80岁生日的发言照，桌前放的鲜花即您和仝菲二人所献，师生情谊，令人长忆。现在我90岁时，又见您即将出版的著作《近代以来埃及宗教与政治关系的历史考察》，这是既开花之后又结出的硕果，令人十分高兴。行政工作和教学科研"双肩挑"有矛盾。我常说，这如鸟之双翼，只要处理得好，是相得益彰的。这里有历史辩证法的智慧，有矛盾对立面相统一的规律性。您工作有成绩，学业成果未中断，对此必有所体会。

2.《文以载道》一册第四编《文以载述道》中，有《答〈陕西地方志〉杂志主编张世民问》一篇，这是我2018年的访谈录。来信中说，《构建中国特色中东史学科三大体系问题研究》已获批准，成为国家社会科学基金项目；还准备在此基础上写一部《人类文明交往史导论》，作为后续的研究。这是一个宏大的计划。以前我虽对世界史、中东史有一些"中国气派"的思路，但从未系统计划过，只是在边研究、边思考、边走自己的路。回忆起来，这篇访谈录可能对完成科研项目有所帮助，因此，特作推荐一读。还有一点，即学科体系中，一定要对"地区国别研究"方面的"中东"地区性加以重视。我从事研究工作以来，一直把"地区和国别史"作为思考脉络，探研其中的规律性。"国别"即"国家"是研究的基点，"地区"史作为中观、世界史作为宏观，而把三者联结成一个整体。国务院批准我的博士点，就是世界地区国别史中的"南亚中东史"，而且特点是基础性研究为主。

3. 同上赠书第一册《书前叙意》曾引用中科院院士彭桓武"集体集体集集体，日新日新日日新"对联，以应我"述而又作"之"窃比"于第一位"老彭"的意念。现在又想起第二位"窃比"的"老彭"——中国工程院院士彭士禄，他也有"干惊天动地事，作埋名隐姓人"的名句。于是，这为我"老彭"的20字"自述"引出兴怀："勤奋、严谨、求实、创新、协作，知物、知人、自知、自觉、自强"。这也是赠书的一个联想和念想。

4. 赠书还有一个意思，望重点读一下第二册《史以明道》。最近，商务印书馆出版了美国学者侯格睿的《青铜与竹简的世界》，谈论中华文明中历史思想的盛行，是祖先崇拜、儒学和官僚主义的促成。他写道："非常明显的是，中国人不同寻常地将历史作为身份认同和发展方向的源泉。""司马迁的历史，具有一种神奇的魔力，他用写实的笔法，记录超越普通因果关系的具体话语和行动，旨在以这样的记录影响世界。"他又认为，司马迁在《孔子世家》中，通过描述圣人，而描述自己和圣人的同样历史命运。这两点使我想起另一位美国学者杜润德在《朦胧的镜子：司马迁笔下的矛盾与冲突》中，将司马迁称作"孔子二世"。在我国过去也有"东圣"孔子、"西圣"司马迁之说。西北大学原来也有在历史楼前建"史圣"司马迁塑像的设想，后来只完成了与台湾淡江大学合建的孔子塑像。最近还有学者说，中华文明中没有哲学，只有历史思想，并用"六经皆史"为证。中华文明，由司马迁开创的《史记》传统，经历朝各代编成传承的史学传统"二十四史"赓续不断，又有学史必读的《资治通鉴》为世界史上所仅有。《史记》所以成为经典，成为理解中国传统文化的钥匙，其原因在此。我在《史以明道》的"卷首叙诗"云："万物皆有史，物始物终史相随。诸家皆书史，静可明鉴，动如大潮水"以阐发"史以明道"之理。我随《史以明道》之书，顺赠清代藏书家张绍仁所题之"有道"书法为书签，供您"悟道"之思。学人要"志于道"，要"悟其道"。既要回归历史，也要回归自我。"不以物喜，不以己悲"，"先天下之忧而忧，后天下之乐而乐"。乐守中道，不走极端。

走笔至此，我想起西北大学中东研究所在我 90 岁时关于"我本林海一老树，乐见文明火炬传"诗句。又想起改革开放初在昆明西山上看到对联"置身须向极高处，回首更多后来人"。寄语正在努力攀登和已经到科学高峰的学人们，都不应当忘记马克思的话："我们要把自己放在稍微高一点的历史观点上。"

我很感谢您在我 90 岁时，给我定做的蒙古族风格的坎肩，它使我在北京严寒冬季、内心深处感到特别温暖。尤其这封"以信代序"的主题是谈历史的"明智之道"，这件有特殊意义的珍贵礼物，使我想起了《黄金草原》中一段话和我 20 世纪 90 年代的思考，现摘录在下面，作为本信件的结束语：

"以史为鉴，即以史为师。这是广义的问题。在这里我愿意引一段中世纪阿拉伯史学家、旅行家艾布·哈桑·阿里·马苏第（？—956）在《黄金草原》中有关历史研究问题的话：'如果学者们不把他们的思想运用于历史的研究，那么科学就会彻底崩溃。因为任何科学的发展都应归功于历史：哲学从中吸取教诲，法学要参考它，雄辩术要利用它，比较学的支持者要依靠它，哲学论点的制造者们也离不开历史提供的证据；人类所知的一切都归功于历史。历史传授贤哲们的格言警句，我们要向历史借鉴有关道德的丰功伟业的例证。历史传播着国王们的政治和军事准则……历史，这是一门雅俗共赏的学问，既可以使普通人感到陶醉，也可以使思想家们入迷，平民和贵族一样，都喜欢与它交往并受吸引而转向它。'品味这一段话之后，我认为历史确实是使人明智的老师。历史，对跨世纪的中国人来说，无论在经济、文化、社会的发展上，无论在民主化、科学化上，都是要经常请教的老师。"
（《书路鸿踪录》，三秦出版社 2004 年版，第 544—545 页）历史，有交往的特征，它承载着文明传承与传播的重任。

这封信是我一生中写得最长的信：写的时间长，断断续续写了一个多月，跨过了 2021 年度；修改的时间长，在两个多月的时间中，三易其稿；篇幅长，共一万余字。此信还是同我校对《印度史存稿》一书穿插进行的，停停写写，做到了两不耽误。现在信终于写完了，《印度史存稿》校对也完成一个段落之后，可以集中力量进行下一阶段校对了。"以信代序"文体，是一个尝试，也是不得已而为之的事。不料在尝试中，也有意外收获。校对《印度史存稿》，重温马克思在谈到英国殖民统治者在印度做的破坏农村公社和修筑铁路等事，是做了"历史不自觉的工具"的见解。这和文明交往主题的"历史自觉"问题直接有关。用头脑思考，做文明交往自觉创造历史的主人，是人文精神的表现。今日古文明国家埃及和印度，都在自觉和不自觉地探索适合于自己国情的改革道路，以适应时代潮流的发展。在埃及，从近代以来，从穆罕默德·阿里到纳赛尔，一直走在现代化改革的道路上。2022年是埃及七月革命爆发 70 周年纪念，又是埃及学形成 200 周年。我对信中所谈内蒙古民族大学举办活动纪念这两件大事，充满着高兴和期待。已故的刘文鹏同志是我的老朋友，他开创的中国埃及古代文明史研究工作卓有成效，我对此深表钦佩和怀念。今年将由商务印书馆出版王铁铮教授主持的《非洲阿拉伯国家通史》，由您和郭子林研究员共同参加撰写埃及部分。这是继《中东国家通史》之后的一大工程，应列入"中东史学科三大体系问题研究"范围。

　　九旬老人书写此万言信函，信长情长，权以为序，就此止笔。

2022 年 2 月 15 日，农历壬寅年正月十五日
"静夜思"之时写于北京松榆斋
5 月 25 日再改

第二编　塞人编

文明交往论的基础是世界文明交往史，而不是单纯的历史哲学。

纯粹的历史哲学家往往是走极端的，否则，就很难独成一派。有建树的历史哲学家，都是以历史个案研究为立足的根本。

塞人（塞种），既是早期游牧民族对农耕世界的侵袭者，又是游牧文明和农耕文明交往的使者及早期东西方陆路交通的开拓者。

一个游牧民族的兴亡

——古代塞人在亚洲的文明交往

一

塞人是一支东起蒙古草原、西至欧亚大陆之间,来去倏忽、庞大而强悍的古代游牧民族。塞人以自己特有的整个民族结构和文明形态,或去或留,或迁徙,或征战,或分或合,从事着频繁的文明交往。

塞人既是早期游牧民族对农耕世界的侵袭者,又是游牧文明和农耕文明交往的使者及早期东西方陆路交通的开拓者。

塞人的文明交往活动是远古世界文明交往的一个缩影。

关于塞人的文明交往,中外史籍文献中多有记载。由于记载上的不完整性和模糊性,甚至互相矛盾,因而在探讨工作中歧义迭起,长期争论不休。

中国史籍首推《汉书·西域传》,其中记载了塞人故地、塞人种族分布、塞王被大月氏人击败后所经历的南迁东移的概况。据考证,塞人故地大致在伊犁河和楚河流域,而塞人的迁移路线是从锡尔河进入大夏,从帕米尔地区分散迁至塔里木盆地诸绿洲及克什米尔,还有一部分塞人仍留在乌孙和大月氏人的占领区[①]。

[①] 余太山:《塞种史研究》,中国社会科学出版社1992年版,第36页。

外国史地古籍中，代表性的有希罗多德的《历史》、昆都斯·居就斯的《亚历山大史》、阿里安的《亚历山大远征记》、托勒密的《地理志》和蒲林尼的《自然史》等。特别是斯特拉卜的《地理志》，记载了塞人的部落联盟四大组成部分：阿西（Asi）、帕西阿尼（Pasiani）、托恰里（Tochari）和萨卡拉里（Sacarauli）。这个部落联盟即希罗多德《历史》中所说的伊塞道奈斯人（Issedones），他们的居住地与《汉书·西域传》中的"塞地"记载大体一致。

塞人在外国史籍中称为"萨迦"（Saka）。这大概是公元前6世纪初塞人西迁至锡尔河后，波斯人对他们的称谓。波斯阿契美尼德王朝大流士一世（前522—前486）的贝希斯登铭文和波利斯、苏萨、纳克泽·罗斯塔等铭文中，一再提及"萨迦"（Saka Haumaverga，Saka Tigamda），并称之为"戴尖帽的"萨迦族人[1]。这同希罗多德《历史》中所记载的萨迦人的装束是一致的，该书中称，萨迦人戴着又直又硬的尖顶帽子[2]。

塞人活动的历史背景，是世界历史上的两次民族大迁移浪潮。第一次发生在公元前第二千纪到公元前第一千纪，第二次发生在公元二三世纪到公元7世纪。这两次波及欧亚大陆广阔地区的民族大迁移，实质上是人类历史上两次重大的文明交往。在这两次文明交往中，人类联系的活动以各种形式表现出来，如内部和外部交往，经济、政治、社会和文化交往，和平和战争的交往，以生产为基础的个人交往和以分工为基础的民族与国家的交往。总之，贯穿着日常交往和非日常交往、原始的游牧文明与自然经济的农业文明交往的递进、演变和交织。文明交往的结果，是游牧世界的逐步缩小和农耕世界的逐步扩大，是东西方陆路交通的进一步开拓，是东西方文明的交汇和民族的融合。塞人正是在这两次文明交往中，留下了许多文化遗存，从而加深了我们对文明交往意义的了解。

在历史交往中，战争是"一种经常的交往形式"[3]。对于游牧民族来说，

---

[1] R. G. 肯特：《古波斯》，1992年纽黑文版。该书所载铭文中有塞人首领的图像：戴尖顶帽，穿拖至膝盖的短袖男衣，右侧挂短剑，左侧挂手斧。"萨迦"，与水岛神话"古代萨迦"不是一回事。

[2] 希罗多德：《历史》，王以铸译，商务印书馆1985年版，第494页。

[3] 《马克思恩格斯选集》（第1卷），人民出版社1972年版，第27页。

尤其是如此。这是由于"在传统的、对该民族来说唯一可能的原始生产方式下，人口的增长需要有愈来愈多的生产资料，因而这种形式也就被愈来愈广泛地利用着。"①从中外史料看，塞人在其活动中，战争确实是他们经常采用的交往形式。他们不止一次地同米底人和波斯人进行战争。他们征服了米底人。在同波斯王古尔二世的战争中，塞王阿莫尔加被俘。但塞王的妻子斯班列拉集合大军，击败波斯军队，解救了塞王，迫使波斯王与塞人结盟。在同波斯大流士一世的战争中，塞王昆卡在激烈战斗之后被俘。在大流士一世统治之下，塞人曾经多次举行暴动。公元前519年，是较大的一次暴动，被大流士一世镇压下去②。值得一提的是，游牧塞人妇女在战争中起了卓越的作用。除了上面提到的斯班列拉之外，见于记载的，还有两位。一位是领导塞军同米底人战斗的统帅扎丽拉女王，她还修建城池，发展农业，被部族尊为英雄，死后部族修建了上面竖有她雕像的纪念塔③。另一位女王托米丽司是塞人一支的马萨该达人的首领，她领导的塞军打败了阿契美尼德王朝创建者居鲁士二世（前558—前529）的进攻，并把居鲁士二世本人的尸体加以蹂躏④。

同战争交往形式相伴随，多次引起了民族的大迁移活动。战争不仅是异民族的侵袭，而且有同民族的争夺地盘。例如，在公元前8世纪，居住在中亚北部的一支塞人，在另一支塞人压力下，迁移到黑海西北部。迁移的结果，是同希腊人在黑海殖民城邦开始了频繁的经济贸易交往；经济交往又带来文化交往。西方古代作家们正是从黑海北岸的希腊殖民者那里，学到了有关古代塞人的知识。而居住在我国河西地区的塞人，也因秦穆公用戎臣由余之谋，攻戎王，灭国十二，开地千里，称霸西戎，而不得不沿天山南北麓西行，西迁楚河、伊犁河流域，乃至更西地区。由于民族大迁移，导致塞人及其他游牧民族在亚欧地区的文明交往，早期的东西方陆路、丝绸之路前身——被外国学者称之为"草原之路"或"毛皮之路"已经进一步开拓。这是

---

① 《马克思恩格斯选集》（第1卷），人民出版社1972年版，第27页。
② 《剑桥伊朗史》，伦敦1985年版，第217—218页。
③ 《吉尔吉斯共和国史》（第1卷），伏龙芝1984年版，第145—146页。
④ 加甫洛夫：《中亚塔吉克史》，肖之兴译，中国社会科学出版社1985年版。

一条东起黄河流域，经蒙古草原，过阿尔泰山，沿天山北麓，通向中亚和南俄罗斯的商路，是一条东西方贸易之路。塞人无疑是这条沟通东西方和加强游牧世界和农耕世界联系的开拓者。他们以独特的游牧方式，用经济贸易的交往方式，穿过辽阔的、没有国界的草原谷地，把中国、波斯、希腊三个文明圈联结起来。

塞人所进行的文明交往活动遍及新疆伊犁地区、中亚北部七河地区、阿尔泰地区和蒙古草原地区。许多考古资料的发现，大大补充了历史文献的缺憾，反映了塞人文化与其他地区文化交往的诱人图景。

新疆伊犁地区出土了颇有塞人文化特征的文物。首先，在新源县出土的铜武士，印证了大流士一世铭文和希罗多德《历史》中所描绘的塞人形象特征。这个铜武士"头戴尖顶大檐帽，帽尖上铸尖刺弯钩，双手空握执物，唯物已失，双腿一跪一蹲，重3公斤，高40厘米"[1]。其次，这里发现了喇叭状高足承兽铜盘、对首铜件、三足铜锅等塞人文化遗物，其形态与中亚其他地区器物相似，从一个侧面反映了塞人活动地区的轮廓。再次，在天山东部的阿拉沟墓葬中，出土了典型的塞人文化器物——祆教徒用的青铜祭台[2]。同类器物，如祭台、香炉、锅在中亚地区曾多次发现，其特征大同小异。新疆还有塞人文化常见遗物虎纹圆金牌，此种文物在伊朗已有出土[3]。这些都反映了塞人同古波斯文化的交往。最后，在上述墓葬中发现的中原漆器和丝织物（菱纹链式罗），以及新疆尼勒克奴拉塞铜矿中出土的、与湖北大冶铜绿山造型相同的平衡石锤，都说明了伊犁地区塞人与中原经济的交往[4]。

中亚北部为塞人活动的重要地区。这里出土的许多文物，反映了塞人早期文明交往活动中的不同艺术传统的融合性质。在中亚北部的谢米列契地区发掘的塞人古墓中，出土的青铜时代器物，就表现了安德罗沃文化、卡拉

---

[1] 王明哲：《伊犁河流域塞人文化初探》，《新疆社会科学》1985年第1期。
[2] A. H. 伯恩斯坦：《谢米列契和天山历史文化的基本阶段》，《苏联考古学》1949年第1期。
[3] 王炳华：《新疆考古三十年》，新疆人民出版社，第5页。
[4] 王炳华：《古代塞人历史钩沉》，《新疆社会科学》1985年第1期。

索克文化、中国青铜文化和西伯利亚南部文化的融合。这种融合，是公元前第二千纪至公元前第一千纪民族大迁移浪潮冲击下民族混合的产物。在楚河地区的文化遗址上，发现了中国西周式的曲柄刀，还有西周的铜鼎、铜釜等祭器①。这使人联想起同时代周穆王"得名马，造父御车，乘以西游"的历史传闻。这个见于《左传》《史记》和《穆天子传》的记载，并非完全子虚乌有，而是多少反映了早期东西方交通陆路上黄河流域与中亚地区之间某些文明交往的图景。尤其是这些青铜时代的中国式器物在楚河地区的发现，成为文献记载的重要佐证。具有特征意义的是，这些器物并不是中国西周时期器物的完全仿造，而是在它们上面装饰了有斯基泰风格的野兽格斗花纹，从而表现了中原汉文化与草原塞文化在艺术风格上的结合。

据蒙盖特说，在阿尔泰地区的卡童河、伯莱利河、乌尔苏耳河和乌拉干河流域，发现了一批公元前5世纪到公元前4世纪塞人部落贵族首领的石顶巨墓。墓中很好地保存了中国的丝织品、玉器、漆器、金器、青铜器，有的平纹丝织物整幅地铺盖在皮衣服上。阿列克谢耶夫对一块凤凰飞栖形象的刺绣鞍褥面进行鉴定，认为刺绣的凤凰题材象征着宫廷的昌盛，这种丝织刺绣鞍褥面是供最富有的人们特别是供公主下嫁时用的。此外，墓中还发现了一辆中国古代四轮马车，车前有辕有轭，可同时套四匹马，上方有篷。据推测，可能是中原某贵族公主下嫁阿尔泰部落首领时的陪嫁品②。如果这些学者确定巨墓的确为塞人古墓，这些陪嫁品在塞人文明交往中，便具有重要意义。它说明一个新的文明交往形式——中原汉民族与塞人游牧民族之间的政治联姻，早在公元前5世纪的春秋战国时期就已经出现了。它还说明，政治联姻是农业和畜牧业两种经济方式、两种物质文明交往的集中表现形式之一，双方互赠礼品和人员来往，促进了早期丝绸之路的开拓。退一步说，即使这些游牧部落不是塞人，也同样说明，早在张骞通西域之前很久，就存在着丝绸之路的古道，而张骞扩大了这种交往。当然，这已经不是本文所讨论的范围了。

---

① 《苏联考古资料与研究》（第14集），载《楚河流域》，莫斯科1950年版，第104—108页。
② A. 蒙盖特：《苏联考古学》，莫斯科1955年版。

二

　　塞人在一个时期，曾是阿契美尼德王朝的臣民。这为他们的文明交往创造了特殊的条件。公元前6世纪下半期，统治中亚大部的古波斯阿契美尼德王朝，是世界历史上第一个既统治东方又统治西方的帝国。塞人作为阿契美尼德王朝的臣民，就不仅仅同波斯人交往，也会和印度人、美索不达米亚人、希腊人交往。这种交往不仅是通过战争形式在战场上相逢，而且也是作为难友（被阿契美尼德王朝役使的手艺人和建筑工匠），甚至作为官吏和波斯军队的军人同希腊人发生各种形式的文明交往①。

　　文化交往，是世界各民族之间最常见和影响最深远的历史交往形式。塞人和阿契美尼德王朝奴役的其他民族一样，属于与统治民族完全不同的历史－文化世界，这就是在中亚北部和东部居主导地位的斯基泰游牧文化传统。斯基泰文化的独特风格是"斯基泰野兽纹"装饰艺术，但在各地区的表现手法是有区别的。考古学家很早就注意到文化，而艺术家对草原地区流行的极富表现力的艺术也很感兴趣。它最早出现在黑海北岸斯基泰部落，后来出现在中亚南部，最后在西伯利亚南部也找到了这种独特艺术的大量珍品。

　　这种艺术被称为"斯基泰－西伯利亚"动物饰纹。这一装饰艺术的动物造型，主要是当地特有动物和神幻动物的形象，如狮身有翼人头兽和半鹰半狮兽。造型结构多为接近写实的单兽、斗兽和狩猎场面的形象。如楚河地区的苏库鲁克城发现的塞人铜牌边缘环绕的装饰带，它本身就是模仿两只猛兽的躯体，接头处为两只相对的豹头，而牌子扣环的中央刻有两只浮雕狮像。还有一个用兽角做成的张嘴猛兽头像，是乌拉尔地区的萨尔马特人常戴的护身符。在伊塞克湖东岸的底欧普斯克墓葬中发现的环形小铜牌，上面装饰着奔跑的公山羊及其他猛兽。天山中部拿勒河谷发现的金牌上刻着牦牛的形象。刻有20多个虎的形象的器物，是在天山中部发现的长方祭台上。总之，

---

① 巴·维·斯塔维斯基：《古代中亚艺术》，路远译，陕西旅游出版社1992年版，第2页。

这些在七河地区出土的动物艺术风格，表现了斯基泰文化的基本特征，但也表现了北方草原游牧文化和南部绿洲文化某种相互融合的痕迹。七河地区处于这两个地区文化的接触地带，因而早自塞人文化起，正好成为多民族文化的温床。这个特点在以后的东西方文化交往中一再表现出来。

在世界考古史上闻名的"阿姆河宝藏"的出现①，引起了学者们对塞人游牧部落艺术的重视。这批宝藏是阿姆河当地居民于1877年在塔赫季·库瓦德古城址发现的，现在被大英博物馆作为最自豪的珍品收藏着。该古城址位于瓦赫什河与喷赤河（阿姆河上游）的交汇处，即巴克特里亚北部（在今塔吉克斯坦南部）。虽然有关阿姆河宝藏像许多考古珍宝一样，有许多浪漫而又神秘的故事；但历经考证，可以肯定它是公元前5至公元前4世纪中亚北部某个贵族或某大家族的财富。从文明交往角度看，阿姆河宝藏反映了公元前5至公元前4世纪中亚贵族审美情趣的可贵文化遗存，同时，也是阿契美尼德王朝时期中亚地区各种文化和艺术传统相互交往的物质见证，其中包括了塞人文化与其他文化的交往。

从阿姆河宝藏看，公元前一千纪中期是中亚地区文化和艺术进一步繁荣的时期，宝藏中不但有波斯阿契美尼德王朝的宫廷艺术作品，有古希腊手艺工匠的作品，有"斯基泰-西伯利亚"式的造型刚劲活泼的动物饰纹，还有当地巴克特里亚工匠的作品。这些珍宝多种多样，而且涉及多种艺术门类，如立体雕塑人像16件、器皿5件、浮雕26件，带压模形象模板53件、宝石戒指和小印章16件、手镯30件、小型饰物31件，以及1枚阿契美尼德金币。但更重要的是，这批珍宝的制作风格，反映了以阿契美尼德王朝崇尚的波斯文化风格为主的、东西方文化早期交融的历史图景。

在阿契美尼德金币上面，有国王的头像，戴着典型的齿状王冠。尤其值得注意的，是一件玉髓石刻成的柱形小印章，上面刻的是波斯人战胜游牧人的战斗场面②。有的研究者认为，这里的游牧人很可能是塞人，是大流士一世贝希斯顿铭文上方浮雕中戴着尖帽子的被俘塞人首领昆卡及其率领的军

---

① O. M. 达尔顿：《乌浒河宝藏》，伦敦1964年版。
② 巴·维·斯塔维斯基：《古代中亚艺术》，路远译，陕西旅游出版社1992年版，第6—9页。

队。在战场的上方，是大流士一世独尊为全波斯的主神——祆教中的天神阿胡拉·玛兹达在飞翔。祆教本为多神教，大流士一世独尊阿胡拉·玛兹达为主神，而自认为是阿胡拉·玛兹达的使者。神的意志通过他宣示人间。这枚金币的图像，无疑是阿契美尼德波斯政治文化的一个象征，它反映了塞人在波斯帝国的被统治地位。

在各式各样有着人和动物造型的大量珍宝中，除表现阿契美尼德国王的银质立体小雕像、坐着的驭手大胡子的埃及神贝斯的金马车和狮头金罐之外，还有一件值得注意的珍宝——厚重的金手镯，这是典型的塞人艺术的造型，即两个有翼有角的狮身鹰首盖。和这些珍宝在一起的一些金戒指形印章，其中刻着中亚的古文字阿拉米语铭文和一个长着公牛躯干、大胡子人头的有翼怪物。

总之，上述两类珍品都继承了古代中亚艺术风格，其表现动物形象的手法是斯基泰文化中兽形风格所特有的。艺术家们略去次要的细节，强调野兽和飞禽最典型的特征，巧妙地刻画动物各种复杂姿态的形象。

此类文物在其他中亚地区也有所发现，而且是把古波斯和塞人的游牧风格相结合。如阿弗拉西阿勃古城遗址的石质小印章上，所刻的阿契美尼德国王齿形王冠的弓箭手状的全身立像，这是游牧人模仿古波斯风格，连楔形文字刻铭也是模仿的。在中亚北部锡尔河下游的奇里克拉巴特吉城遗址中出土的玉石小印章，上面刻有古波斯最流行的国王与狮身怪兽搏斗的场面。研究者的结论是，中亚阿契美尼德时期实用艺术所依据的，是古代东方艺术传统和草原民族的艺术传统这两个美学的规范；这两个传统可以看作是在中亚当地的土壤上，通过与古代东方和斯基泰世界的其他民族和部落密切联系的过程中，产生和发展起来的①。各种艺术传统的融合在程度上有所不同，塞人文化作为斯基泰艺术的主要派别，无疑在文明交往中占有一席之地。

---

① 巴·维·斯塔维斯基：《古代中亚艺术》，路远译，陕西旅游出版社1992年版，第11页。

三

塞人文明交往中的一个突出特点，是在它的活动过程中，同中亚和南亚的定居农耕民族之间，特别是和阿富汗、伊朗、印度和巴基斯坦在族源、语言和一系列文化特征上，有着历史亲缘关系。塞人的文明交往最为突出的表现，在于它建立了三个有影响的政权。

第一个是塞人的大夏政权

这个政权是民族大迁移的产物。约在公元前177—前176年，大月氏人为匈奴人所迫，向西迁移，侵占了塞人地区伊犁河、楚河流域，塞人敌不过大月氏人的进攻，被迫南迁。塞人放弃故地南迁，第一次在公元前177—前176年，他们南迁到帕米尔地区，以后又东迁至塔里木盆地绿洲地区，由游牧逐渐转向农耕。第二次在公元前140年左右。这是一次大规模的迁移。大批塞人渡过锡尔河南迁，一支进入大宛（费尔干纳），一支沿锡尔河而下，迁往咸海、黑海沿海，是为奄蔡，一支仍留在锡尔河北岸，是为康居。还有一支渡过锡尔河南下，灭亡了大夏地区的希腊巴克特里亚王国，建立了塞人的大夏政权。

在这次由匈奴人推动而出现的民族大迁移浪潮中，在塞人所建立的诸多政权中，以大夏政权影响最大，争论也最多。许多研究者否认存在过塞人的大夏政权，而认为是大月氏灭亡了希腊巴克特里亚王国而建立了自己的大夏政权。另一些研究者认为，在大夏地区，先后出现过三个政权：一个是希腊王国，一个是塞人的大夏政权，一个是大月氏人的大夏政权。大月氏人灭亡了塞人的大夏政权以后，才建立了大夏政权。现在看来，后一种说法早为阿富汗史学家所确认："在公元前135年左右，希腊巴克特里亚人被一群萨迦人（塞人）赶走，于是，嗣后的希腊国王的统治被限制在帕罗波密赛达省，首都设在卡比萨。"[①]最近几年，我国的考证者也证明，大月氏人所灭

[①] 穆罕默德·阿里：《阿富汗史》（手稿），虞铁根译，第3页。

亡的是塞人大夏政权，而不是希腊人的大夏政权。可以这样认为，塞人的大夏政权大约存在了 10 年。为什么这样说呢？①这是因为，大月氏人被乌孙人（在匈奴人支持下）赶出伊犁河、楚河流域，时在公元前 130 年。西方史籍证明，塞人在大月氏人的压力下，一些塞人入侵安息，大败安息军，安息王弗拉特二世也被塞人所杀，时在公元前 128 年。因此，塞人的大夏政权约存在于公元前 140 年至公元前 130 年间。

民族大迁移浪潮使塞人的大夏政权不复存在。然而，它在文明交往中却留下了深深的遗迹。塞人在这 10 年左右的统治期间，在这块农耕地区开始了游牧民族的定居化过程，即被研究者称为下层牧民"土著化"②的意味深长的社会性变化。张骞首次西使，距塞人迁入已 10 余年，称当地人"其俗土著，有城屋，与大宛同俗，无大君长，往往城邑置小长，其兵弱，畏战，善贾市"。这里所说的大夏国人，绝大部分是原希腊统治下的居民，但也包括了若干定居的塞人。《史记·大宛列传》称，大月氏征大夏时是"攻败之"，可见"畏战"的塞人并非不战而降，而是定居之后改变了游牧生活。但上层贵族仍保持着游牧民族的习俗。据考证，当时存在的"五翕侯"就是塞人五个部落首领，大月氏人征服大夏后，正是根据该地"无大君长，往往城邑置小长"的特点，扶持"五翕侯"，通过"五翕侯"来统治大夏的。这次历史交往的最后结果，是在阿姆河两岸的大夏地区，形成了一个以塞人命名的地区——吐火罗斯坦。塞人最早由阿西、吐火罗等四部组成，由于四部中占支配地位的是吐火罗，所以中国史籍中称大月氏入侵前的巴克特里亚为大夏。大夏，是吐火罗（Tochri，又译为"托恰里"）的音写，所以《新唐书·西域传》中说："大夏即吐火罗也。"

第二个是塞人的萨迦斯坦政权

正像塞人的大夏政权问题是一个争论不休的问题一样，萨迦斯坦问题也是一个见仁见智的问题。一些研究者反对把塞人与萨迦斯坦相提并论，也有人认为，是由大夏的塞人迁入此地③；另一些研究者在塞人四部中的帕西

---

①② 余太山：《塞种史研究》，中国社会科学出版社 1992 年版，第 20 页。
③ 加文·汉布里：《中亚史纲要》，吴玉贵译，商务印书馆 1994 年版，第 56 页。

阿尼（Pasiani）与帕坦（Patan）、帕西（Paci）与普什图（Pashtu）之间寻找塞人与阿富汗人的族源关系①。一般认为，和大月氏人统治大夏政权同时并存的南方地区（德兰吉安纳、阿拉霍西亚、甘德哈拉）仍为塞人政权，而德兰吉安纳、阿拉霍西亚从此被称为萨迦斯坦②。现在该地区保留下来的名字叫锡斯坦。又据考证，萨迦斯坦地区的塞人原为安息统治下的民族，安息王米斯里达特二世死后，萨迦斯坦的塞人起而反抗安息总督（Suren）的统治，获胜后建立了塞人政权——萨迦斯坦。据考证，萨迦斯坦很可能是《汉书·西域传》中所说的乌弋山离国③，这是一个以塞人为统治者的、塞人和波斯人杂居的地区，其立国时间约为公元前87—前19年。

在米尔·扎卡霍发现的古钱币中，有4枚诸王联合铸币。从这些钱币推断，乌弋山离国最早的统治者为弗诺奈斯（Vonones），他的名字铸在正面，用希腊文书写，称号为"王中之王"。钱背面是他的联合铸币者斯帕里斯（Spalyris，即 Spalahora）、斯帕拉加达马斯（Spalagadamas）父子，是用普拉克里特文和佉卢文书写，称号分别为"王子"和"王弟"④。另外一些钱币证明，斯帕里斯在公元前58年继弗诺奈斯之后，为乌弋山离国的统治者。公元前19年，波斯人冈多法列斯为"王中之王"，乌弋山离国遂不复存在。

萨迦斯坦政权是塞人历史交往的重要产物。在这个时期产生了杰出的石碑建筑艺术。处于今日锡斯坦湖的陡峭岛屿上，有一座库赫-霍贾宫殿遗址。这个群体建筑物，建于公元前1世纪。它由很多内宫组成，宫殿南方建有雄伟的拱形通道，东面和西面连接着巨大的拱形房屋。除了艺术上的成就之外，塞人在这里也经历了"土著化"的定居过程。这个地区早在公元前3000年就存在着南方早期农耕文化⑤。游牧的塞人定居以后，便从事农耕生活。到了中古时期，该地农民仍被称为塞迦人，说明他们是塞人的后裔。游

---

① 巴乔菲尔：《塞人和希腊人在印度》，《皇家亚洲学会会刊》1906年版，第186—216页。
② F. W. 托马斯：《萨迦斯坦》，《皇家亚洲学会会刊》1906年版，第181—216页。
③ 《魏略·西戎传》："乌弋，一名排特"，"排特"可视作"普罗甫塔西亚"（propbthasi）之略语。见孙毓棠：《安息与乌弋山离》，《文史》第5期，第721页。
④ E. 海尔兹菲德：《萨迦斯坦》，《安息考古》1932年第5期。
⑤ 彭树智：《阿富汗的远古文化》，《史学月刊》1993年第5期。

牧的塞人与定居绿洲的原来居民之间的相互影响与合作,对阿富汗民族的起源,具有重大意义①。

第三个是塞人的印度萨迦国政权

关于印度萨迦国问题,也存在着许多争论。如塞人到达犍陀罗(今拉瓦尔品第新城西北20英里处)的路线,有两种相反观点:一种认为经过克什米尔和尼泊尔迁入犍陀罗;一种认为萨迦斯坦的塞人同安息人冲突后,相当部分塞人由印度河谷迁至犍陀罗②。根据《汉书·西域传》,塞人的南徙路线显然是从伊犁河、楚河流域,进入帕米尔地区,然后越过悬度(印度),抵达犍陀罗的。当然,这种迁移是逐步的,而且并不排除后来另有塞人自萨迦斯坦迁来的可能性。文明交往的过程是个复杂过程,民族迁移的渠道也是多线路的。

印度萨迦国就是《汉书·西域传》中的罽宾国。罽宾国的疆域以犍陀罗、呾叉始罗为中心,势力一度扩张到喀布尔河上游和斯瓦特河流域。塞人占领罽宾的时间上限为公元前129年③。最早的塞王为马乌埃斯(Maues),即塔埃克西拉铜版铭文中所见的穆迦(Moga)④。从发现马乌埃斯的钱币中,可以窥见罽宾国建立的渐进过程。开始时,马乌埃斯铸造的钱币上的称号是"马乌埃斯王"。以后在犍陀罗发现大量马乌埃斯的钱币,甚至在犍陀罗以南许多地区发现了马乌埃斯的钱币,这些钱币铸上了"伟大的王中之王"的称号。这种钱币表现了塞人独有的传统:正面铸有手执长矛的马上骑士。这是新迁来的游牧人掌有国家政权的标志。这种君主骑士像一直为后来一系列的统治者铸币时所沿袭,这是同游牧部落文明密切相联系在一起的⑤。

马乌埃斯去世后,从钱币学证据看,继位者为一女王,可能是他的王后。以后希腊人占领了呾叉始罗。接着阿志斯家族作为塞人的国王打败希腊

---

① 彭树智:《阿富汗史》,陕西旅游出版社1993年版,第58—77页。
② 库宁阿姆:《萨迦钱币》,1890年,第103—172页;B. M. 马松,B. A. 罗摩金:《阿富汗史》,载《История Афганстат》,莫斯科1964年版,第141—142页。
③ H. 拉线德胡里:《印度古代政治史》,加尔各答1953年版,第438—439页。
④ J. 马尔夏:《呾叉始罗铜版铭文》(第1卷),牛津1951年版,第40页。
⑤ 加尔德夸尔:《希腊和斯基泰国王钱币》第17期,第5页。

人，重新统治了罽宾。它的统治者依次为：乌奴尼斯、悉婆里瑞思、悉婆罗格达米斯、悉婆利瑞塞思、阿杰斯一世、阿志里赛斯（《汉书·西域传》的乌头劳）和阿杰斯二世（被阴末赴所杀，阴末赴被汉使立为罽宾王）。塞人的阿杰斯家族统治时期是一个繁荣时期，在呾叉始罗地方发现了约1.5万多枚以阿杰斯命名的钱币。在米尔·扎卡赫湖发现此类钱币近4000枚。钱币上正面为阿杰斯（可能是阿杰斯一世）本人，身穿甲胄，手执长矛或战斧，或者是双足交叉、手执仪仗斧①。钱币上的称号为"王中之王"或"正义者"。在该王朝最盛时期，罽宾国的疆域扩大到西部的阿拉霍西亚周围地区。当地政权承认阿杰斯为"王中之王"，作为罽宾国所属太守领有当地政权。这些太守多为塞人后裔②。罽宾国最后为希腊人阴末赴所代替，阴末赴又为东伊朗的高道法列斯所取代。

印度萨迦国即罽宾国，是塞人在中亚南亚文明交往史上重要的一页。新的"阿杰斯纪元"（开始于公元前57年），就是为纪念阿杰斯一世而创立的。它和塞人的大夏政权、塞人的萨迦斯坦即乌弋山离国一起，闪烁着政治与经济、文化与军事、个体与群体、内部与外部、平等与不平等的种种文明交往的星光。如果像有的考证者所言，塞人为一庞大种族集团，其同源者包括大月氏、乌孙及《汉书·西域传》中的伊循、姑师、渠勒、莎车、西夜、蒲犁、依耐等均属塞种，甚至强大的贵霜王朝也与塞人有渊源关系，则塞人的文明交往涵盖更广，更值得深入研究了。

四

塞人的东迁及其同中国各民族的融合，由于考古的新发现，而为周、秦文明交往史增添了新的内容。

1980年秋，陕西周原考古队在清理召陈村西周宫室建筑遗址时，发现了两件蚌雕人头像。两件头像大体相似，只是有一件雕像头顶横断面有一个

---

① 怀特海德：《旁遮普博物馆钱币目录》（第1卷），牛津1914年版，《拉合尔》。
② 科诺（S. Konow）：《印度铭文》1932年版，第21页。

"巫"字。头像高2.9厘米,右侧残缺,是男子头像,戴尖角护耳翼帽,帽顶被锯掉。由于帽子有尖状护耳翼,而且越向上越细,帽子上刻着距离相等的竖细线条,间距上窄下宽,推断是一种毛织的尖顶硬高帽子。头部下颌部以下也被锯断,形成横截平面,中间钻一小孔,孔径0.6厘米。圆孔内残留一截骨笄杆。

经考古和历史学者研究,确认这两件蚌雕人头像"其种族当是塞种"[①]。周原考古队推断,召陈村的宫殿遗址为周穆王时所建。研究者自然把周穆王西征时见到西王母的故事联系在一起。《穆天子传》和《山海经》虽为神话传说,想象、虚构及渲染的背后,其实隐藏着一部农耕文明与游牧文明的交往史。这两本书的历史大背景中,不乏依稀可见的真实史影。这种史影所映射的史实,不仅为王国维从《卜辞》与《山海经》《楚辞·天问》相印证,从而证明易王亥、王恒实有其人其事,而且考古文物发现将陆续证明其真实之处。这两件蚌雕人头像就是证明。

《山海经·西山经》中,提到西王母"蓬头戴胜"。这"戴胜"就是一种妇女头上戴的簪笄,以人头像为装饰,而且,也可能就是西王母国(塞人国家)妇女使用的头饰,被无意折断后,锯掉尖端,但仍留下圆孔和笄杆。这两件头饰反映了塞人是以妇女为王的传统。本文前已言及此事,见于中国史籍的,有《史记·大宛列传》《汉书·张骞传》中关于大月氏"女子为王""夫人为王"的记载。犬戎、骊山之戎,也都保存着以女子为王的习俗,这些塞人种族都同周秦王朝有过广泛交往。

交往的重要形式除了周穆王访问西王母国的和平形式之一,战争形式占有相当重要的地位。迁徙活动本身就是和战争相伴随的。由于气候的变化、人口的增多,居住在伊犁河的塞人往往是整个部落对另一个部落进行掠夺和洗劫;同时,又导致民族的分化和融合。塞人的东迁路线是由敦煌、酒泉的河西走廊向甘肃东部,逼近河套,以至在陕西的洛水、泾水、渭水流域,都同周人发生了连绵不断的战争。这种战争形式的文明交往,几乎与周王朝的兴亡相始

[①] 尹盛平:《西周蚌雕人头像种族探索》,《文物》1986年第1期。

终。周幽王末年，犬戎叛乱，骊山之戎响应，杀幽王于骊山之下，结束了西周300年的历史。东来的塞人就是獯狁之戎及其分支，与西王母国的塞人属同种族①。可见，周穆王与西王母的传说，反映了频繁战争交往过程中的一段和平文明交往插曲；而周原发现的两件蚌雕人头像头饰，正好是那次交往中的物质遗留。

此外，这两件蚌雕人头像头饰，不但印证妇女在塞人的地位和战争的地位（尖帽男子雕像，是战士的形象），而且反映了宝鸡地区在塞人络绎进入之后，成为多民族杂居区域和农耕、游牧文明交往的中心。考古发掘器物已经证明，斗鸡台出土的陶器与甘肃洮湟发源的齐家文化、辛店寺洼文化与先周文化之间都有传承关系。1974—1981年宝鸡博物馆发掘的弓笛国墓地主人，就是一方面接受了周文化，同时又保存羌戎文化的姜戎氏族。姜戎氏族原为羌族，在塞人各分支东侵之后，被迫与塞人杂居，同化融合后称姜戎氏。西周末年，又与秦人杂居，也与渭水对岸的戎王既通婚往来，又有战争交往。这个戎王因秦人支持而强大起来。

特别值得提到的，是宝鸡地区处于南北交通的枢纽，因而成为塞人由此进入汉水流域，再进入四川、云南的一条迁徙通道。彊国的癸形的戈、柳叶形的短剑等兵器，传入四川西南，成为巴蜀文化的特征之一。彊国墓地中出土女像铜人和銎形人头钺的发型都作椎髻，额前发隆起，横插铜笄，然后用丝绳将三叉形发饰固定在隆髻上，脑后编成发辫垂下。由于三叉形铜发饰象征盘曲向上的鹿角或羊角，使人联想起周原发现那两件蚌雕人头像中的尖帽子。尖帽子不正是羊角或鹿角的形象吗？那上面的细纹似乎也可以用羊角或鹿角纹来解释。考古工作者曾根据髻形象征鹿角或羊角，推测彊国人为羌人或戎人。我们从塞人与羌人的交往中，似可认为，这是两种文明融合而后出现的现象。

塞人在公元前8至前3世纪，活动于阿尔泰山至帕米尔的大片土地上，和周围游牧民族有广泛的交往。塞人使用的木箭是兴都库什山南麓喜马拉雅

---

① 斯维至：《从周原出土蚌雕人头像谈獯狁文化的一些问题》，《历史研究》1996年第1期。

山的雪松刺所制,佩戴的滑石珠是外贝加尔湖的产物,光玉髓则来自印度,还有许多东部农耕民族生产的兵器及其他输出品①。公元前3世纪,由于匈奴的不断进攻,塞人被迫四处迁徙,受其影响,羌人和"依诸羌而居"的塞人,由陕南而进入四川、云南。1955年,云南晋宁石寨山墓群出土的大量青铜器,说明了塞文化与滇文化的往来交流关系。在许多青铜镂刻(雕空)的虎狼猛兽抢食牛、羊、鹿,及虎狼互相搏斗的图像中,可以窥见塞人的北方游牧民族所构思的纹饰艺术特征。辔饰、铜铃、铜马衔、铜泡钉、铜小衔镰等马具遗物,更具体地显示了北方马背文化的南传。

尤其是铜贮贝盖上有描绘少数民族向滇王纳贡的群雕图像。在此图中,有一组纳贡者的形象,多穿窄袖过手长衣,下及脚背的长裤,高鼻深目,多须髯,有须过腹者。云南土著少有蓄须者,直到现在,高鼻深目者更为罕见。这些人颇似《汉书·西域传》中的"胡人"的"深眼多须髯"者。据研究,这种特殊人群就是南迁的塞人——古云南的僰人。僰人是迁入云南的唯一游牧塞人②。西汉时期滇地发现的大量动物搏斗纹饰牌、马背文饰品,以及其他中亚或西亚地区的文物,都同他们有密切联系。《史记·西南夷列传》中载云南古代少数民族的人。"僰"即"塞"的音译,而"塞"又可能是"斯基泰"的短读音③。这就是通过青藏高原、沿横断山脉而进入滇西地区的"塞夷"。他们是塞人打通南迁路线的开拓者。若不是滇王垄断此路,"辄略汉使,终莫得通",张骞向汉武帝"凿空"(开通)南路建议,是可能实现的。那将又是一条经云南、印度而通往中亚的丝绸商路。

五

塞人与古希腊同时,在游牧民族中,和匈奴人都是较早登上历史舞台

---

① 1950年苏联考古学者在帕米尔地区发现塞人的文化遗存,见《苏联考古资料及研究》第26辑;A. H. 贝尔什塔姆:《谢米列契和天山文化的基本阶段》,《苏联考古学》1959年第11期。
② 张增祺:《云南青铜时代的"动物纹"牌及北方草原文化遗物》,《考古》1987年第9期。
③ 张增祺:《关于晋宁石寨山青铜器上一组人物形象的族属问题》,《考古与文物》1984年第4期。

的民族。公元前 8 世纪前后，塞人活跃于中亚广大地区，和操日耳曼语的游牧民族哥特人一样，从氏族制到奴隶制，便戛然而止，随后在迁徙中分化而消失，融入其他诸多民族之中①。这是人类文明交往史例中一个富有特征的案例。

走笔至此，兹作几点结论：

1. "交往"一词在《德意志意识形态》中，马克思、恩格斯多次提到，其内涵不仅指生产关系，而且包括了人类的全部物质交往和精神交往；其范围不仅指个人之间的交往，而且包括民族之间、国家之间、地区之间的交往。本文所谈的文明交往，也正是指作为游牧民族塞人历史活动同各民族、国家与地区之间全部物质和精神的交往。人类物质和精神交往也是文明交往的主要内容。文明交往应作为一个重要的历史哲学范畴而固定下来。

2. 文明交往是人类存在和发展的方式，它不断消灭人类的孤立和封闭状态，逐步加强社会联系，推动整体化过程。在人类历史上，文明交往的第一时期，就是塞人所处的古代时期的原始交往和自然经济农业文明的传统交往。它可称之为广义上的丝绸之路时期。第二时期为地理大发现时期，如马克思、恩格斯所说："美洲和东印度航路的发现扩大了交往"，"扩大为世界市场"②。第三时期为工业革命，"它首次开创了世界历史，因为它使每个文明国家，以及这些国家中的每一个人的需要的满足都依赖于整个世界，因为它消灭了以往自然形成的各国的孤立状态。"③第四时期为 19 世纪末 20 世纪初的科学技术革命和世界被列强分割，世界从此真正变成一个整体，历史交往的新时期，使任何一个民族和国家都不能再保持闭关自守状态。20 世纪末期，人类交往进入了第五个时期，这是一体化和多样性空前复杂交织的新时期。

3. 既然是早期的文明交往，就不能把塞人的文明交往估计得过高，它只限于各民族及狭隘的地域之内。但现在的问题是，我们由于文献和考古

---

① 项英杰等：《中亚：马背上的文化》，浙江人民出版社 1993 年版，第 6 页。
② 《马克思恩格斯选集》（第 1 卷），人民出版社 1972 年版，第 63、67 页。
③ 《马克思恩格斯选集》（第 2 卷），人民出版社 1972 年版，第 70 页。

学、钱币学、人类学、民族学资料缺乏，对其了解甚少。从文明交往的角度看，目前只能使人们从一些侧面管窥到早期游牧世界和农耕世界联系日益密切的社会历史进步的粗略图景，因此必须深入研究①。

4. 塞人的文明交往是以战争交往、争夺土地、建立政权为主要形式，同时，在文化与经济交往等形式交互进程中进行的。塞人同其他民族之间的相互关系和塞人本身整体内部结构，除了决定于它的生产力与分工之外，还取决于它的内部和外部交往发展的程度。塞人的生产力与分工低于波斯人、希腊人及中亚、南亚和东亚农业定居居民的水平，它虽然在不少地方成为统治者，但不久就被当地农业居民同化了。正如马克思所说："野蛮的征服者总是被那些他们所征服的民族的较高文明所征服，这是一条永恒的历史规律。"②

5. 从人类社会发展角度来看，塞人作为一个庞大古老民族的消失，留下来的并非完全是历史的叹息。它是人类文明交往的早期标志之一。它的文化遗存是文化宝库中的瑰宝。它同各民族融合之后，扩大和加强了农耕世界，使人类向更高级的社会发展。人类的文明交往是割不断的长河，人们有必要溯源而探求其根底。

---

①最新诸多此类研究成果中，以王新中博士最为深入。他的《论史前人类历史交往》(《西北大学学报》2000年第4期)，特别是博士学位论文《远古西亚与旧大陆整体性研究》，论证了文明交往在推动不同文化与文明之间的联系和在旧大陆整体性形成中的决定性作用。

②《马克思恩格斯选集》(第2卷)，人民出版社1972年版，第70页。

塞人游牧文明与南亚中东农耕文明的交融

由于游牧和农耕两个不同地区的生产体系，在世界古代文化史上，形成了游牧和农耕两个不同的文明。过去，研究者多从历史发展角度考察这两种文明，而较少注意它们之间的文明面貌及相互交融。其实，以游牧文明的总体文明面貌而言，塞人比匈奴人、哥特人、突厥人和蒙古人等游牧民族，更显示出其独特的身影。塞人虽在中古以后其文明已经隐而不彰，但在南亚、中东地区却留下了耐人寻味的人类文明交往行踪。

塞人在《汉书·西域传》中被称为"塞种"，西方典籍多称为"萨迦"（Saka）。塞人是公元前8世纪前后活动在中亚广大地区的众多游牧民族的总称。它包含着许多支系、部落和部族。虽然学界诸家对塞人分布及内涵歧义迭起，但其活跃于里海以北的南俄草原，迁徙于亚美尼亚、米底亚、伊朗高原、祁连山、天山、阿尔泰山、帕米尔高原及印度河上游，则可以认同。尤其是在印度河流域的文明交融中起了极大的历史作用。这些作用从以下几个方面可以看出：

第一，在当地居民的生活习俗中，塞人的文明印迹清晰可见。据布特·巴尔卡什教授通过语言学和文字材料证实，塞人第一次迁徙到这里是在公元前9至前8世纪。他们虽属于雅利安人东部支系，但在社会生活上却不同于吠陀雅利安人。例如，他们过着母系社会生活，女人可以同时与几个男人结婚。与吠陀雅利安人相反，这些人吃大蒜和洋葱。除羊肉外，他们毫无顾忌地吃猪肉、牛肉、驴肉和骆驼肉，饮酒也成为嗜好。女人和男人一起喝酒、唱歌、跳舞。寻欢作乐也是他们的宗教习俗。

第二，在当地民族的种姓形成中，塞人的文明也打上明显印记。例如，贾特、古贾尔、卡卡尔等种姓，即是例证。塞人在这里定居后，他们既未接受种姓的区分，也未承认婆罗门的精神领导。雅利安人居住区的高种姓人，对塞人的上述社会生活及种姓禁忌，常嗤之以鼻。所以，在《摩诃婆罗多》中，佉卢人的英雄讽刺塞人的习俗：低级种姓可上升为婆罗门，而婆罗门之后又成为首陀罗。从佉卢人的讽刺中证明了，在印度河流域，婆罗门、刹帝利、吠舍和首陀罗，并不是祖传的和不可变更的种姓，而是职业。人们如果愿意，是可以改变的。正是由于生活习俗及种姓形态各异，印度河流域文化的特点，逐渐与恒河、朱木那河流域婆罗门文化产生了差异，甚至最后导致了印度教法典将印度河流域从雅利安人居住地区分离出去。虽然《吠陀经》中曾极力赞颂身毒国，而该地却被认为是野蛮人和罪人的国家。

第三，据布特·巴尔卡什教授研究，《摩诃婆罗多》实际上是塞人和雅利安人之间争夺权力的故事。他认为，故事中般度人并不是同胞兄弟，与佉卢人也无亲缘关系，而坚战、阿周那、怖军、无种和偕天，都是塞人。他们在佉卢人和班加尔人的战争中，支持班加尔人，并在战争胜利后统治了塔克西拉。据故事，般度人有权在安达尔·巴尔斯特或赫斯塔纳普尔称王，但般度人打败佉卢人以后，却回到了塔克西拉。这个事件的结果，也证实了巴尔卡什的判断。如果这一判断可以成立，《摩诃婆罗多》这部史诗所记载的，正是一部塞人和雅利安人之间的战争交往史。

第四，在当地还留下许多塞人的种族、语言和物质文化遗存。塞人的首领被称作"杜哈拉"，巴基斯坦的边境省至今还有与此称号有关的"杜希"部落。由于塞人是从巴尔赫（巴克特拉）迁徙而来，所以雅利安人称他们为"巴尔希卡"。"巴尔希卡"，这就是巴基斯坦的普勒尔、帕尔瓦纳和帕拉民族的"根"。巴尔希卡一词逐渐演变为"瓦希卡"，而在雅利安人地区的居民，便将整个印度河流域称为"瓦希卡国"。这个名称见于《摩诃婆罗多》。在旁遮普语中，至今仍把农民叫作"瓦希"。在印度教法典中，禁止人们去瓦希卡国旅行，不得已去旅行，回来后就要赎罪。据萨布迪·哈桑考证，塞人还给印度河流域带来新的干果、水果和蔬菜。如干果中的核桃、阴月浑子，水果中的杏、桃、石榴、葡萄、西瓜、梨，蔬菜中的大蒜、洋葱、胡萝卜、茴香、豆角，还有药物桉脂、五倍子。其中大蒜（Lassan）一词，系来自汉语。这些植物与《汉书·西域传》所载的罽宾国种植"杂草奇木"及"蒲桃"相符。此外，塞人还教会了当地居民缝制无领衫和钉马掌的技术。

总之，塞人的第一次迁徙的结果，给南亚带来了游牧文明与农耕文明的融合。但更大的融合在公元前1世纪前后塞人的另一次大迁徙。这次大迁徙使众多的塞人部落卷入了冲突的浪潮，打破了南亚和中东地区的政治局面，形成了安息、贵霜文化与当地文明融会的结晶。

犍陀罗文明从历史角度看，可分为三个时期。

第一时期，以模仿希腊文明为特征。第二时期，为塞人政权时期，以地方特色向取代希腊艺术过渡为特点。第三时期，是塞人贵霜政权时期，把希腊艺术与地方特点和需要相结合，在创作中融会了地方传统。犍陀罗的这一独立自主的艺术殿堂，一直保持到萨珊人进攻的公元230年。在塔克西拉发掘的西尔卡布城，是希腊人于公元前2世纪建立的。希腊人、塞人在这里统治了3个世纪。塞人时代的建筑物中，值得注意的是一个王宫和一个"双头鹰"祈祷场。这座王宫墙壁十分简朴，无任何装饰，是南亚次大陆发现最古老的王宫遗址。"双头鹰"虽然被认为是巴比伦和斯巴达皇家政权的象征，但后来看来这一象征为塞人所特有。塞人统治者仍用希腊语为官方语言，也未改变希腊的统治方式。但普通工匠与上层阶级不同，他们仍沿袭传统方式。至今塞人的文明遗存还表现在民族的名称上，如旁遮普的"达哈"部落，就是创建印度塞人政权的三个部落之一的达哈的遗留；而旁遮普的"穆迦"部落，正是以印度塞人政权创建者穆迦来命名的。

和南亚的塞人文明不同，大夏和帕勒的塞人的游牧畜养动物中，牛比羊多。母牛在经济和宗教生活中，都占有非常重要的位置。狗也被带来参加宗教仪式，任何人因疏忽而使狗致死者，均被处重刑。骆驼是最早被驯服的动物，因而颇受重视。大夏人建立国家之后，已经不是完全意义上的游牧文明社会，而是半游牧半农耕文明社会了。这种融合现象，据《阿维斯陀》记载,当地农业发达,人们熟悉用犁,农耕被视为义不容辞的宗教义务。水利灌溉系统比较完善,种植小麦、稷和大麦。苜蓿由人工种植,用来喂马,这比游牧者靠天然牧场,大大迈进了一步。由于受到波斯和希腊影响较深,农业在他们经济中所占比例越来越大,并逐渐由游牧走向定居。这种影响还可以从他们善于经商中看到文明的转化。《史记·大宛列传》称大夏人"其兵弱,畏战,善贾市……其都曰蓝市城,有市贩贾诸物"。骁勇善战的游牧民族,变为兵弱畏战而善贾,正是文明转换的标志。张骞正是在大夏首都蓝市城看到来自中国四川的商品。《史记·大宛列传》还记载自大宛以西至安息的塞人地区中,人们都"善市贾,争分铢"。可见,不仅由游牧而农耕,而且由农耕而商贾了。

在政治制度上,大夏人和帕勒人实行的是教权与王权相结合的君主专制制,在社会生活上也严格受祆教《阿维斯陀》控制。教士、战士、农民、工匠这四个阶层的社会经济区分,也反映了游牧民族的农耕化。

最值得一提的是社会生活风貌。大夏人和帕勒人常穿兽皮衣服,也有羊毛织的。祆教教义不允许人赤脚,因而他们无论男女整日都穿屐履和鞋。他们和所有塞人一样,都戴有极富民族特色的护盖两耳的高尖顶小帽。然而,这是在他们牵骆驼、骑马逐水草而居的游牧时代的帽子。一旦定居下来,帽子也发生了变化。据希罗多德在《历史》中记载,大夏军人头戴波斯式软毡帽,而帕勒人头戴羊皮波斯帽。这生动地反映了塞人游牧文明向农牧文明的过渡。饮食结构的变化,更赋予这种过渡以象征意义。小麦、大麦和稷被用来煮饭或烙饼,还有用小麦粉做成面包,作为祭神供品。主要食物仍是牛、羊、马肉和乳制品,但也养鸡、狗和骆驼。然而吃狗肉为祆教教律所不容。居住上,天幕与土屋并存,但部分人已习惯于定居,住在用阳光晒成的土砖构筑的平顶房中。虽然已出现许多村落,但简陋的不坚固土屋,在一定程度上还反映着游牧文明不重奢华的风貌。他们的婚姻家庭形态也同样具有双重文明的矛盾性质:一方面,存在着原始婚姻形态。允许和鼓励兄弟与姊妹、伯叔和侄女、母亲和儿子等血族内婚;另一方面,又存在着以父为尊、子女皆从父,并承认养子合法地位。祆教反对独身,劝告包括教士在内的所有人结婚。教士的女儿不能同其他三阶层男子结婚，但男教士可与任何阶层女子结婚，并且不会因此而影响教士及其子女的社会地位。

　　在意识形态上，崇拜自然、信仰祆教，成为塞人游牧文明的精神核心。他们崇拜太阳和天、地、火、水，也是原始农业的精神折射。在农业出现后，意识形态上发展最快的是对太阳神的崇拜。祆教把太阳说成是"阿胡拉·玛兹达之眼、之身"。因为阿胡拉·玛兹达的本质是光明，太阳既为光的本源，自然也是最高天神最合适的象征了。依赖土地而敬地，依赖自然的风调雨顺而拜火。从厨房的火到庄严的大祭坛的火都是很神圣的。需要小心看管，以免使火受到玷污。大夏人和帕勒人的习惯服从祆教法典规定，在"神判"的33种方式中，就有一条是强迫人在火上行走，无损伤则被认为无罪。在丧葬方面，他们也崇尚自然。《阿维斯陀》对尸体处置规定极严，最重要的一条就是尸体不许火焚，也不许葬埋，而要暴尸于荒郊野外，以供野鸟和野兽食用。塞人最明显的特点，是他们在宗教上的宽容。他们虽然倾向于佛教，而且鼓励佛教，但对待其他宗教的态度也十分友好而温和。

　　由于塞人第二次迁徙的结果，公元前1世纪，在印度和阿拉霍西亚与旁遮普，开始了塞人帝国的时代。塞人高度的机动性的军队，使他们在如此广大地区横行无阻。他们的游牧骑兵，组成密集队形，人人双手持矛，在开阔地带作战，占有极大优势。在塞人的钱币上，绘有身着薄片铠甲护体的战士形象。西尔编的《庞培·特罗古斯著作辑佚》中的珍贵片段，生动地记载了塞人的装备："凶猛的斯基泰部落在平地的战斗中迅如疾风，他们通身都有铠甲保护，腿部裹以铁甲，头上罩着金盔。"研究中亚史的一些史学家，常常在这里走入误区。他们以为游牧民族总是劣于农耕民族，好像只是从事一些低级的活动。这是因为他们不懂得，游牧民族通常在绿洲农耕居民中享有崇高威信。农耕居民对游牧民的高级军事技艺，是很敬佩的。当然，这同大部分游牧民的农耕化并不矛盾。在基督纪元开始时，这里的塞人帝国便走向衰落。阿杰斯二世的银币质量低劣，成为塞人帝国灭亡的物质象征。

　　综上所述，塞人是亚洲民族大迁徙的前驱，是游牧人马背文明的传播者和这种文明与农耕文明的融合者。他们的大迁徙活动是被迫的，或被迫于自然，或被迫于他族，甚至本族。他们的传播与融合，也是历史进步的不自觉行动。人虽为主体，但是在人之初尚不能成为主体。作为一个历史研究者，我在总结其客观社会意义的同时，感慨系之。在回味远古悠扬钟声般史事之际，有必要和苏轼一样吟咏这人类文明交往的"雪泥鸿爪"：

> 人生到处知何似，应似飞鸿踏雪泥。
> 泥上偶然留指爪，鸿飞那复计东西。

第三编　阿富汗编

阿富汗是古代东西方文明的十字路口。

阿富汗居于各强大邻国和民族争夺的前沿地区，在古代世界史上，是游牧文明、波斯文明、希腊文明、印度文明、中华文明，以及原始宗教、祆教、希腊宗教、佛教、印度教、伊斯兰教等宗教的辐射传播的交汇地区。

不同文明的交往，给阿富汗留下了丰厚的文化遗存。

丝路枢纽地区的文物考古和人类文明
——阿富汗与古代东西方文明交往

阿富汗在古代是东西方陆路交通上的枢纽地区。研究丝绸之路的学者正确地把阿富汗看作古代东西方"文明的十字路口"①。它四面受着东西方各种文明的冲击。时而是游牧世界文明的火光,时而是波斯人伊朗文明的火炬,时而是希腊文明的阳光,时而是印度文明的星辉,还映射有中华文明的彩辉。这许多文明的光芒,都先后在阿富汗闪烁,并经过它不断打开古代闭塞之路。如果说,文明交往是人类存在和发展的必要条件和方式,而位于古代东西方交通要道的阿富汗,由于民族迁移和帝国战争而成为各民族交往荟萃之地,其文明交往自然就呈现出异彩纷呈的诱人图景。众多的阿富汗遗址和文物的发现,反映了文物和文化、文明的内在联系。

一

凡有人类存在的地方就有文化的出现,而文化总是先于文明。研究结果证实,阿富汗存在着石器时代的远古文化②。加兹尼省的达什基·纳乌尔

---

① [日]樋口隆康:《阿富汗——文明的十字路口》,载《丝路文明》,奈良美术馆1988年版,第232—233页。
② 彭树智:《阿富汗的远古文化》,《史学月刊》1993年第5期。

发现有粗石器工具，确定为20万至10万年以前的文化遗存①。此类文化遗迹还出现在阿富汗东北部的达拉伊·库尔遗址中②。那里出土的人头盖骨碎片及山羊崇拜标志的器物，为公元前6万年至公元前3.5万年的石器时代类型的文化遗存③。旧石器晚期的片器工具，以阿富汗北部阿克·库普鲁克遗址最为集中。这里发现了2万件燧石器工具。有一件在椭圆形的石灰石上，雕刻着代表人面的头像，成为引起人们兴趣的艺术品，年代断定为纪元前1.4万年④。它和中国陕西大荔旧石器时代遗址中发现的石刻人头像一样，成为亚洲出现的最古老的石雕刻人像。如果把它同后来的头像艺术相比，也是艺术史上的趣事。

　　人类文化本是多元的，而不同民族的文化总要互相接触，发生文化交往是必然的。文明交往是文化的属性。远古的阿富汗，就存在着这种前文明交往。在达拉伊·库尔的新石器时代遗址中发现的山羊崇拜文明现象，反映了它同克什米尔地区及西伯利亚南部地区文明的密切联系。阿富汗最早的细石器地点距今1万年上下，出土于阿富汗中部地区，其特征是"没有发育几何形技术、雕刻器和琢背成分的细石叶"⑤。这种细石器和人们在吉尔吉斯、塔吉克、乌兹别克、土库曼，以及中国的新疆、西藏、青海所见到的相同。因此有人推断，塔里木盆地和帕米尔高原的细石器有某种联系，似乎在阿富汗具有两种细石器传统相结合的文明特征⑥，并证明了德日进在1939年提出的在新石器时代之始，北极圈邻近地区事实上存在着世界性联系性的

---

　　①Ю. В 甘柯夫斯基：《阿富汗史》，载《История Афранстат》，莫斯科1982年版，第6页。
　　②路易斯·杜普雷：《阿富汗》(Afghanstan)，普林斯顿大学出版社1973年版，第260页。
　　③H.摩维尤斯：《中亚乌兹别克东南泰什克·塔什的旧石器时代后期的洞穴》(The Mousterian Cave of Teshik-Tash, Southeasterm Usbekistan, Central Asia)，《美国史前研究学报》(American School of Prehistoric Research) 1953年第17期。
　　④J. 安基，R. 布里尔，等：《阿富汗史前研究》(Prehistoric Research in Afghanistan)，《美国哲学会社社刊》(Transaction of the American Philosophical Society) 1972年第64卷第4期。
　　⑤R.S. 达维斯，L. 杜普雷：《阿富汗中部史前考察》(Prehistoric Suroe in Central Afghanistan)，《田野考古》(Field Archaeol) 1977年第4期。
　　⑥陈恩志：《中国化石人类和旧石器文化考古发现与研究》，陕西科学技术出版社1992年版，第697页；V. A. 拉诺夫，R. S. 达维斯：《关于苏联中亚石器时代的新纲要》(Toward a New Outline of the Soviet Central Asia Paleolithic)，《人类学》1979年第20期。

假说①，而且用更多实物完善了这个假说。

远古时期文明交往有明显的地域性。在阿富汗的坎大哈省发现的三个遗址（孟吉卡克、赛义德·卡拉和德赫·莫希拉·格洪达）都是土地肥沃、水量丰富的地区。这里出土的陶器图案装饰与邻近的俾路支和南伊朗早期文化有许多共同之处。公元前4000年末至公元前3000年间，南土库曼的农耕畜牧公社与阿富汗的联系当有所加强，这可能与同一部落群体从南土库曼向东南方向移动有关。例如，在赛义德·卡拉居民遗址发现的女性小陶俑，与南土库曼遗址中陶俑的形态相同，在彩绘陶纹装饰上也十分相似。在孟吉卡克居民遗址的文物中②，发现了类似南土库曼和伊朗北部、东部的金属装饰风格。

远古文化交往的地域性特点符合文化扩散的由近及远的规律。人们的文明交往，总是从邻近地区接触开始，而文化往往就是这种接触的前哨。这主要是由于邻近地区发达文明的辐射影响所致，也与当地文明的扩散相联系，包括物质方面的原因。例如，阿富汗发现的许多陶器形式和装饰画的主题，可以在印度哈拉巴文化资料中找到近似的现象。

除了地区邻近可以直接接触以外，阿富汗的铜矿和青金石，与印度河谷的哈拉巴文化中心的冶金业和制陶业的供应直接相关。尤其是蓝色的青金石，在古代东方被视为最宝贵、最有魅力的珍品，早在公元前4000年前半期就广泛输送到美索不达米亚，甚至于埃及。当然，这是借助于多层次的商路贸易交换③。现在得到的确切资料，当时，阿富汗与印度哈拉巴文明存在着直接的贸易和文明交往。1975年，法国考古学家在阿姆河岸发掘的肖图尔加居民遗址的下层，出土了典型的哈拉巴式陶器。虽然这只是勘探性发掘，但

---

① 德日进：《新石器时代黎明期亚美二洲人类文化之关系》，《中国地质学会志》1939年第19卷第3期；R. S. 达维斯：《石器时代》，载《阿富汗考古学》(The Archaeology of Afghanistan)，伦敦1978年版。

② J. F. 加里格，M. 列乞瓦里尔：《孟吉卡克出土文物》(Excavation Mundigak)，《南亚考古学》(The Archaeology of South Asia)，伦敦1979年第1卷。

③ B. M. 马松，B. A. 罗摩金：《阿富汗史》(История Афранстат)，莫斯科1964年版，第30—35页。

呈现在我们面前的是古代文明紧密联系的证据。肖图尔加遗址是哈拉巴文明要素在阿姆河沿岸影响的遗存。

早期文明交往过程伴随着文明区的形成，这种文明区就是阿富汗早期农耕文化的出现。公元前2000年，正当阿富汗南部农耕文明衰落之时，北部绿洲农耕文明已形成较高水平的文明。20世纪70年代，苏联和阿富汗考古队在达夫列塔巴德和马扎里沙里夫之间发现了几十处农民和畜牧者的居民定居点遗址①，他们定居在五六个绿洲地带，这里出土了一系列有价值的文物。值得注意的是，各种石制印章刻饰着美索不达米亚题材的双翼狮子，许多石刻雕像上也留有遥远的美索不达米亚艺术风格的明显印记。这些遗物经测定，约在公元前3000年至公元前2000年初，与美索不达米亚艺术时期相符②。这里的居民可能是从邻近地区迁移而来，促进了阿富汗北部东方型文明形成的积极过程。

二

阿富汗与东西方文明交往的新时期，是公元前6世纪中期至公元前4世纪的古波斯阿契美尼德帝国时期。

从人类文明交往角度看，阿契美尼德帝国是世界历史上第一个试图既统治东方又统治西方的帝国。它以军事和政权的力量，把东西方文明紧密地联系起来。

帝国的版图在居鲁士二世时期（约前559—前530），已扩展到从地中海沿岸到印度河、从咸海到印度洋的广大地区；而在"王中之王"的大流士一世时期（约前522—前486），帝国的统治进一步扩展到埃及和小亚细亚的希腊人城邦。

---

① 这些文物的研究成果见 B. H. 萨里阿尼基：《阿富汗的古代农耕者》（Древни 3emjiejiebibi Афганистна），莫斯科1977年版。

② P. 阿迈特：《史前的巴克特里亚》（Bactriane Proto-historique），叙利亚1977年版，第1—2页。

阿富汗的许多地区，如巴克特里亚（大夏）、赫拉特、喀布尔、坎大哈和贾拉拉巴德等地，都归属阿契美尼德帝国。在这个跨越东西方帝国的统治之下，阿富汗成为许多民族更广泛文明交往的地区。这种广泛的文明交往和经常的接触，必然在这一时期的文明发展中表现出来。

研究中亚的学者斯塔维斯基说得完全正确："既然成了阿契美尼德帝国的臣民，那么，中亚各民族就不仅要和波斯人、米底人交往，而且也会和美索不达米亚、埃及、印度，以及小亚细亚的居民进行交往。也正是这时，中亚各民族与希腊人发生了最初的接触，不仅是作为敌人在战场上相逢，而且是作为难友——被阿契美尼德王朝驱使的建筑工匠和手艺人，乃至作为官吏和波斯军队的军人而与希腊人发生交往。"[1]

作为中亚中心的阿富汗，就是阿契美尼德帝国通往东方的桥梁。在这个庞大帝国中，它同许多民族进行了频繁的文明交往。

首先，是祆教文明的扩大。祆教或称拜火教，它同阿富汗有密切关系。该教的创始人琐罗亚斯德在传说中被认为诞生在阿富汗的西北部。公元前6世纪，他在阿富汗的巴尔赫创建祆教，并得到阿富汗大夏国王维斯塔帕（Vishtappa）的支持，大夏宰相娶他的小女儿为妻[2]。在大夏统治集团的支持下，该教盛行于阿富汗及波斯。大多数历史学家同意这样的传说：琐罗亚斯德于公元前552年在阿富汗的巴尔赫附近被入侵的游牧民族所杀害[3]。总之，祆教文明的中心地区是在阿富汗，其影响辐射到古波斯而成为国教。

古波斯阿契美尼德帝国的奠基者居鲁士二世敏锐地看到了祆教教义中能为帝国扩张所利用的世俗面。尤其是把最高神集中为善端的"阿胡拉·玛兹达"的智慧主宰之神和恶端的"安格拉·曼纽"的凶神，以及该教强调"哈沙特拉"（尘世主宰的强权力量）的教义，使居鲁士二世最为中意。著名的祆教经典《波斯古经》（《阿维斯陀》）就是在居鲁士二世统治时期初次写下

---

[1] 巴·维·斯培维斯基：《古代中亚艺术》（Искусство Древней Средней Азии），路远译，莫斯科1974年版，陕西旅游出版社1992年版，第2页。
[2] R. 则戈列尔：《祆教的黎明和薄暮》（The Dawn and Twilight），伦敦1961年版。
[3] A. 奥尔姆斯德：《波斯帝国史》（History of the Persian Empire），芝加哥1960年版，第105页。

的。在居鲁士二世支持下,祆教迅速传遍了整个阿契美尼德帝国,形成了一个祆教文明圈。《波斯古经》中记载的社会组织(大宗法式的家庭、氏族、部族及上层地区统治机构),反映了阿富汗和东部伊朗社会面貌。毫无疑问,这是文明交往的一个重要成果。

其次,是与阿富汗民族有关的游牧文明的交往。现存阿契美尼德帝国征税地区名单中,保存了有价值的古民族名称的文献资料。其中,提到阿契美尼德帝国东部郡中某地的巴克基伊人,研究者认为是阿富汗部族的自称,即今日的巴什东或巴赫东①。巴克基伊人与帕米尔的游牧民族萨迦人为界。在这里发现萨迦人(即塞人)的墓葬证明,他们居住在山谷中,与巴克基伊人为邻。正如现在完全或部分包括在阿富汗地域之内的巴克特里亚、阿拉霍西亚、德兰吉安纳,及其他地区的地名所表明,这些地区在公元前1000年居住着操伊朗方言的居民。这些古代东伊朗的部落也就组成伊朗民族发展的基础。这些居民移居到现在的阿富汗。在巴克特里亚语与现代阿富汗语之间有一定的联系。这里需要指出的是,萨迦语在阿富汗语的起源中也起着相当大的作用。萨迦人相当早的时候就向南迁移,而后来又和其他游牧部落迁移的浪潮一起继续迁移。在阿契美尼德帝国时期,由于阿富汗民族与萨迦人相邻而居,必然有更多的联系交往②。操东伊朗方言的阿拉霍西亚和德兰吉安纳的定居居民和讲萨迦语的游牧民族之间的相互作用和影响,对阿富汗民族起源有重要意义。当然,这是一个长期过程,而且相当复杂。顺便要提到的,是巴克基伊人居住在印度河流域,他们已开辟了沿河而下通往印度文明的水上航道③。大流士一世为管理领地曾向这里派出了船队。

再次,文明交往的频繁,表现在物质条件的变化上。阿富汗在阿契美尼德帝国时期,一些主要地区比较稳定。如巴克特里亚及其邻近地区,农业和手工业有所发展,《波斯古经》中把灌溉农业看作神圣的事业。阿契美尼

---

① O. 卡洛耶:《公元前550年至公元1957年的巴坦人》(The Pathans 550 B. C. - A. D. 1957),纽约1958年版,第59页。

② 彭树智:《古代塞人的历史交往》,《人文杂志》1993年第6期。

③ H. G. 拉乌林逊:《印度和西方世界的交往》,剑桥1926年版,第16、339页。

德帝国把巴比伦的灌溉技术和修建地下水系统（坎儿井）的方法在中亚推广。帝国鼓励农业发展，对建造坎儿井的人免去一定时期的赋税。阿富汗一系列著名的坎儿井（如法拉·格里什克地区）均修建于这个时期。绿洲地区城镇的兴起，手工业的繁荣，促进了交换和贸易的发展。从印度的文献资料中，可以看到当时的贸易品：镰刀、铁铲、铁锹、犁铧等铁制工具，和金银装饰品、陶器、小船、小车、马车等。这说明，物质文化交往相当发达。这和阿契美尼德帝国保护的"小亚细亚—巴克特里亚—印度"的商道有直接关系。帝国势力未达到之处，商业贸易也有间接通道经阿富汗开展交往。例如，人们认为，原产于中国的桃与杏，就是在大流士一世时期传到中亚的，甘蔗、柑橘和稻米，也是这时传入伊朗的[①]。

商品关系的发展集中反映在货币流通方面。在历史文献中记载帝国各郡的缴税，都规定用"塔兰特"币[②]支付，其中巴克特里亚每年要缴360 "塔兰特"币。当然，这是以各种不同实物提供的货币等价物，但并不排斥部分税收是以货币形式缴纳的。在巴克特里亚、犍陀罗和阿拉霍西亚地区，还很少发现阿契美尼德帝国自印铸造的硬币金达利克（重8.4克）和银币西克里（重5.5克），但发现了很多的希腊各城邦首先是雅典的硬币。东西方文明通过货币交往在阿富汗反映出来。在喀布尔发现的银币库所剩无几，只有为数不多的银币被藏在博物馆[③]。当时，阿富汗的南格拉哈拉也铸造地方硬币，形状为方形或长方形的银锭，上面有各种不同图案。除上述阿契美尼德、希腊和犍陀罗的硬币之外，在阿富汗还发现了29枚十分独特的硬币。从形式上看，它们近似希腊的冲模；而根据某些图案看，又像是南格拉哈拉的硬币。在这些硬币上的独创图案有鸟、成对的山羊、象头、鬣狗等。这是文明

---

① G. 哈姆布里：《中亚史》（第1卷）（Central Asia, Delacorterte World History），纽约1969年版，第24页。

② 希罗多德指出："缴纳白银的指定要按巴比伦塔兰特来缴纳；缴纳黄金要按埃乌波亚塔兰特来缴纳；巴比伦塔兰特等于78埃乌波亚的米亚。"按：1塔兰特等于30千克白银。见《历史》，商务印书馆1959年版，第402页。

③ D. 榭留姆别尔格：《阿契美尼德帝国》（Eempire Achernenide），MDAFA，巴黎1959年版，第14期。

交往中产生的一种"涵化"（Acculturation，或译为"濡化"）现象①。任何两种不同文明群体发生接触时，它们之间都可能互相撷取对方的文明要素，在涵化基线上彼此吸收所需要的要素。鸟、成对的山羊、象头、鬣狗等这些固有的文化特征，被铸在希腊冲模上，就是涵化的结果。所以，可以有根据地推断说，这些硬币是阿富汗的卡皮萨或巴克特里亚本地所铸造②。总之，这些硬币是涵化过程中同化类型的一种表现，但也有扩散类型的要素在内。

最后，上述涵化过程最有力的证据是著名的"乌浒河（阿姆河）宝藏"。这个宝藏是塔赫季·库瓦德地方居民于1877年在该地的古城遗址中发现的。塔赫季·库瓦德古城位于瓦赫什河与喷赤河（阿姆河上游）的交汇处，属古代的巴克特里亚。这批宝藏被伦敦不列颠博物馆作为珍品保存着，其中有16件人像雕塑、5件器皿、26件浮雕、53件带压模形象的薄板、16件宝石戒指和小印章、30件手镯、31件小型饰物和1枚阿契美尼德金币③。但这只是"乌浒河宝藏"的一部分。即使这一小部分，也已经可以断定，它属于公元前5至公元前4世纪巴克特里亚北部某贵族或富豪家族的财宝，很能说明这个地区文明交往的特征。

"乌浒河宝藏"是巴克特里亚富贵家族聚敛财宝和审美情趣的表现。然而更重要的是，它是阿契美尼德帝国时期阿富汗与东西方文化交流的有趣的物质见证。这批珍宝的重要性，不仅在于种类多样，涉及多种艺术门类；而且重要的还在于，是按照阿契美尼德帝国上层统治者所崇尚的风格制作的。其中一部分是从帝国的中心地区输入的，而其余部分则是按照古波斯风格和艺术规范，在巴克特里亚当地制造的。除了古波斯的宫廷艺术之外，还有古希腊手工艺工匠的作品，同时还使人感觉到巴克特里亚地区的手工艺工匠们对美索不达米亚，甚至小亚细亚希腊艺术大师们的作品相当熟悉和了解。令人惊异的是，许多珍品上刻有造型刚劲活泼的动物图像，与游牧部落（所谓

---

① 彭树智：《东方民族主义思潮》，西北大学出版社1992年版，第11—13页。

② B. 海德：《早期巴克特里亚希腊王国和印度希腊王国的硬币》（The Eliest Graeco-Bactriun and Craeco- Indian Coins），载《货币编年史》（NC）1906年版，第12—16页。

③ T. 达尔顿：《乌浒河宝藏》（The Treasure of Oxus），伦敦1926年版。

欧亚斯基泰草原部族兽形艺术）风格十分相似。

"乌浒河宝藏"中所反映的主体文化为古波斯文化。阿契美尼德金币上有国王的图像，头上戴有典型的齿状王冠。玉髓石刻成的柱形小印章，上面刻的是波斯人战胜游牧人的战斗场面。引人注目的是，在战场上方，祆教天神阿胡拉·玛兹达在空中飞翔，表现了祆教文明所具有的阿契美尼德王权性质。在戒指一类的珍品中，有当地巴克特里亚工匠的作品，这些戒指具有阿契美尼德的宝石雕刻艺术的独特形式——镶嵌着宝石的金戒指，其花纹虽然近似小亚细亚的宝石雕刻，但许多细节与它有所不同。还有一些金戒指形印章，表现了涵化的显著特征。如印章上面刻有齿状王冠的诸神，幻想中的格帕特沙赫——长着公牛躯干、大胡子人头的有翼怪物，古波斯柱头装饰典型的细部构件等。印章用阿拉米语铭文刻写的巴克特里亚女神"瓦克沙"或"罗克姗娜"的名字。这是阿契美尼德官方文字在巴克特里亚传播的证据。有的印章是希腊工匠的作品，其正面有掷骰子的妇女，站立着的希腊神话中的英雄赫拉克勒斯（Heracles）。在涵化过程中，一个十分值得注意的现象是，所有珍品都继承了古代东方在表现人物形象时非常注意衣饰细节和表现动物形象时追求写实的传统。

三

马其顿王亚历山大的军队深入亚洲腹地，远征数千公里，导致古波斯帝国的灭亡。这种战争形式的文明交往，使包括中亚在内的整个古代世界文化和艺术史进入了一个新时期。这个时期的文明交往被历史学家恰如其分地称为"希腊化"时期。

亚历山大远征的结果之一，是在巴克特里亚形成了一个独特的、以希腊人为统治者的国家——希腊巴克特里亚王国[1]，中国古籍中称之为大夏国。

---

[1] W. W. 塔伦：《希腊人在巴克特里亚和印度人》（The Greeks in Bactria and India），剑桥1951年版；A. K. 纳拉因：《印度希腊人》（The Indo-Greeks），牛津1957年版。

这个王国在公元前3世纪中期从亚历山大的后继者塞琉古帝国中分离出来，之后又向印度北方扩张，历经三四代统治者，于公元前2世纪下半期，在萨迦游牧部落入侵者打击下灭亡[①]。

希腊文化的巨大辐射力，在公元前4世纪末至公元前1世纪表现得特别强烈。亚历山大力图用军事、政治的力量积极推动当地居民的文化同化过程。他所采取的第一步是武力征服巴克特里亚，镇压反抗力量。第二步是笼络当地贵族力量，鼓励异族之间通婚。他本人在公元前328年通过半希腊、半波斯式的仪式，同巴克特里亚波斯贵族的女儿罗克姗娜结婚。在他的倡导下，他的许多近臣和军人都竞相仿效。第三步是经商和移民，接着便是建立新的城市。

亚历山大不遗余力贯彻着他的"世界帝国"的思想，即把所有臣民统一成一个民族的思想。于是在亚历山大的军队后面，接踵而来出现了两种文明交往的新现象：一种是，尾随军队而来的希腊和腓尼基人组成的商队，其中许多人迁移过来后就定居下来，并同当地人通婚；另一种是，一座座新兴城市在商道上拔地而起。阿富汗名城赫拉特就是亚历山大建立的阿里亚亚历山大城。这两种文明交往的新现象，适应贸易交往和已经发展的商品流通的趋势，为东西方文明交往增添了新的动力。继亚历山大之后，塞琉古仍遵循"世界帝国"的思想，甚至比亚历山大更热衷于推行希腊化政策，他同粟特起义军领袖的女儿阿帕玛结婚，所生的儿子就是塞琉古王位的继承者安提俄克一世。他们二人建立了为数众多的商城，相传塞琉古建城75座。在历法纪年上，包括阿富汗在内的亚洲国家，都用塞琉古国家建国的公元前312年为纪元元年[②]。直到8世纪，从巴克特里亚来中国的景教徒仍沿用该历法，在《大秦景教流行中国碑》中，用古叙利亚文写着"时在希腊纪元1092年"字样。此碑立于唐德宗建中二年，即公元781年，推到公元前312年，正好是希腊纪元1092年。

[①]彭树智：《古代塞人的历史交往》，《人文杂志》1993年第6期。
[②]杨森富：《中国基督教史》，台湾商务印书馆1984年版，第8—11页。

希腊巴克特里亚王国的钱币，是古代世界杰出的艺术品，200多年来一直激动着研究者的心。这种钱币的正面通常是希腊统治者的右侧面头像，背面是保护神的形象和希腊语铭文。钱币艺术是植根于亚历山大和塞琉古时代的希腊艺术，而且巴克特里亚王国的铸币作坊的工匠们确实有良好的希腊艺术修养。但在文明交往中，巴克特里亚王国的钱币艺术吸取了当地的明显不同于希腊的形式和外观，建立了一条气势庞大的钱币肖像画廊，其写实主义的水平丝毫不逊色于希腊艺术。例如，在公元前3世纪末至公元前2世纪初，希腊巴克特里亚王国第三代君主叶弗基捷姆时期的钱币，工匠们在刻画这位国王的个人特征上，表现了相当高的肖像艺术水平。前期的钱币上，他被表现得年轻英俊；后期的钱币上，他被刻画得老态龙钟。在巴克特里亚的铸币厂，发行有塞琉古与安提俄克二人名字并列的硬币。

希腊巴克特里亚王国的钱币艺术，在涵化过程中走着自己独立的发展道路。钱币上的希腊语铭文是当时希腊语普及的表现。然而可以断定，巴克特里亚工匠们在刻这些铭文时，使用了两种文字——阿契美尼德帝国时期的阿拉米文和亚历山大及其后继者的希腊文。在服饰上也可以看出这些特色。例如，国王德米特里亚钱币上的头盔是亚历山大式的希腊头像造型，而安基马赫国王钱币上却是"贝雷帽"式的无檐圆帽，这种头饰同希腊巴克特里亚王国本身生活有关。尤其是这两个国王的钱币上，出现了前所未有的衣服图案，还给神话中的英雄赫拉克勒斯加上了太阳神密特拉①的光轮。这只能用地方特性的非希腊化来解释。这些细节上的变化，是在涵化过程中的希腊传统、巴克特里亚地方特色和印度文化影响三者同在的共生现象。联想到兴建的希腊化商城中希腊神庙同当地神庙共存的共生现象，可以认为，这种现象在文明交往中带有普遍性。因此，这种钱币艺术是希腊趣味和成分占优势，但纯粹的希腊文化在阿富汗是不存在的。

阿富汗北部阿伊哈努姆古城遗址上的大型希腊巴克特里亚建筑综合体

---

①密特拉，古波斯和古印度宗教中的太阳神。崇拜密特拉，不仅风行于伊朗境内，而且在罗马帝国时期还传入了欧洲。

的发现①，为研究希腊巴克特里亚艺术提供了广阔的领域。无论它是不是人们几十年来所寻觅的"大夏王城"，它都以规模宏大的希腊化城市遗址展现出阿富汗与东西方文明的交往，大大丰富了以前钱币学所提供的文物遗存。发掘证明，该城的创建者基涅阿斯墓址上的希腊语铭文，充分表明了这个古城遗址的希腊特色。铭文的作者为克列阿尔乔斯，他奉基涅阿斯之命，在石碑上刻下了德尔福格言的部分内容。这个格言规定了巴克特里亚希腊移民所推崇的人生各时期所应具有的品质。我参照日本考古学家樋口隆康1992年5月20日在西北大学文博学院所作《阿富汗大夏遗址研究》报告及有关英文资料，将其译述如下："少年时期，学会规矩礼貌（自律）；青年时期，学会控制自己的感情（自制）；中年时期，学会主持正义（自立）；老年时期，学会助人和咨询（自谦）；最后，安然逝去，死而无悔（自然）。"②

这五个"自"，都是在说明个人在群体中的道德制约性。比如，第一个是"自律"，是说明道德是人的尊重与精神力量之所在，它使人具备明确的"自律"品格。少年时期逐渐培养自己的道德修养，进行生存交往，增长独立意识。再如，最后一个是"自然"，是说明人到老年，对死亡的恐惧增强，这时就应当把人生晚年当作一条自然流淌的河，流归江海，自然而真实。因为生老病死是自然规律，对它本应持平和、乐观心态。在人生终极问题上，一旦遇到了难测的绝症，自然应觉悟到安然。总之，"五自"极富人生哲理，耐人寻味。

这种根据少年、青年、中年和老年不同时期人们的生理和道德要求而

---

①关于希腊巴克特里亚王国首都巴克特拉（Bactra），人们多以为在阿富汗的巴尔赫（Balkh）。但法国考古学家从1923年开始，进行了30年发掘，证明巴尔赫城不早于贵霜时期。为了寻找这座"城市之母"，法国、日本、苏联等国的考古学家从1963—1979年在阿伊哈努姆多次进行发掘。虽只发掘一部分，从现有遗址看，很多学者认为就是巴克特拉所在地，也有人认为是乌浒河上的亚历山大城。不管它叫什么名字，这座古城连同它的秘密，在静静地躺了2000年之后，终于出现在人们面前。

②樋口隆康先生参加了阿伊哈努姆的发掘，他向我详细介绍了该遗址的发掘过程。他对德尔福格言译得颇有特色，如"自律""自制"等。对该遗址有深入研究的法国学者P. 贝纳德的《阿伊哈努姆》（Ai-khanoLuu）刊登在1968年英国研究院的通报上。另见彭树智：《中东国家通史·阿富汗卷》，商务印书馆2000年版，第48—50页。

概括出来的修养规范，同儒家的"十五而有志于学，三十而立，四十而不惑，五十而知天命，六十而耳顺，七十而随心所欲，不逾矩"，表现了东西方不同的文化心态，在文化层次上确有异曲同工之妙。

希腊巴克特里亚文明是西方希腊文明和东方波斯、印度和阿富汗文明融合的产物。阿伊哈努姆遗址的特点说明了这一事实。一方面，它有希腊神话中的英雄赫拉克勒斯和商神赫尔墨斯的铜像，以及用116根廊柱建筑的科林斯式柱头的行政官邸；另一方面，和这些柱头一起装饰石柱的，是典型的阿契美尼德式柱础——方形阶梯式石基上扁平的圆形基座。官邸内的平屋也不能用古希腊传统来解释，而只能说表现了东方的传统。表现阿契美尼德式建筑风格的还有用18根柱子支撑的宫殿大厅。阿伊哈努姆古城创建者基涅阿斯的"英雄墓"建筑在一个梯形台地上，这一点与伊朗帕萨尔加德著名的基尔陵墓相似。遗址中出土的大理石雕像和石膏、黏土雕像已经是日后演变为佛教造像艺术的原型，而佛教艺术造像已不是希腊式的，而是纯东方的现象了。联系到希腊巴克特里亚国王米里罗斯成为佛教信仰者的事实，完全可以接受德拉薄所说的："如果说，欧洲的思想是通过巴克特里亚而传到远东，那么，亚洲的观念也是通过这里和同样的渠道而传到欧洲的。"[①]

四

1世纪至4世纪，在世界历史上出现了以阿富汗为中心的贵霜帝国，同汉帝国、罗马帝国、安息帝国一起组成了强大文明交往的四重奏。阿富汗与东西方文明交往进入了一个新时期。

这个时期的主要特征是，这四大帝国之间商业关系密切，文明交往频繁，世界整体性、一体化过程加快。当时，有三条商道贯穿东西方，沟通着人类逐渐开放的渠道。第一条，是以汉帝国的首都长安为起点，穿越河西走廊和中亚，经过贵霜帝国、安息帝国的土地，到达罗马帝国的地中海岸边：

[①] 德拉薄：《欧洲理智的发展》(Intellectual Development of Europe)。转引自王治来：《中亚史》，中国社会科学出版社1980年版，第60页。

这就是人类历史上第一条横跨亚欧的驼运商路——丝绸之路。第二条，是从贵霜帝国的首都到帝国的海洋门户——印度西部诸港口，沿阿拉伯海，穿红海，到屋大维·奥古斯都占领的埃及。这是一条定期的航海路线，沿着这条航海路线，勇敢的东方航海者早在达·伽马之前15个世纪，便在印度洋上航行了。第三条，是经过安息的草原之路，将黑海北岸希腊诸城邦与中亚联结起来。

贵霜帝国的统治者是游牧人的后裔①，其祖先即与汉帝国有密切的联系。1978年，阿富汗和苏联联合考古队在阿富汗北部席巴尔甘东北约5千米处的蒂利亚·梯波（Tillya Tepep，意为"黄金之丘"）遗址出土的6座墓葬②，为研究贵霜帝国的祖源问题，提供了实物证据。该遗址原为神殿，在公元前500年前后变成废墟，后世人们把它作为墓地。6座墓葬在废墟西半部。这个墓葬群的年代在公元前1世纪到公元1世纪前期，很可能是被大月氏巴克特里亚王国征服前的塞人巴克特里亚王国统治集团四部落之一，也许就是贵霜部落的贵族墓地。墓葬群的年代和地域，反映了塞人的历史活动情况③。

蒂利亚·梯波遗址中的墓葬群的重要性，在于它反映了阿富汗与东西方文化交往的新时期，尤其是在丝绸之路向阿富汗延伸早期的中国与西方文化的交往。墓葬群中出土了大约两万件文物珍品，最突出的是金银制品，如1世纪罗马的金币、伊朗安息朝的金银币，还有印度古代佉卢铭文金币，正面图像为一人推车，人的后面带有尾巴，背面为狮子图像。还有印度式的象

---

① 有人认为是大月氏人，有人认为是塞人四个部落之一的 Gasiani。见余太山：《塞种史研究》，中国社会科学出版社1992年版，第32—37页。贵霜史参看 J. 罗森菲尔德：《贵霜人的王朝艺术》（The Dynoctic Arts of the Kushans），伯利1967年版。

② 维克多·伊凡诺维奇·萨利安尼迪的《巴克特里亚的黄金宝藏》最为世界所知，见于1979年7月2日的美国《时代》杂志的报道（V. I. Sarioanidi, The Golden Nobles of Shibarghan）。后来是《美国考古杂志》的初步研究（V. I. Sarioanidi, The Treasure of Golden Hill. AJA, ⅩⅩⅩⅢ-3），1980。正式报告是1985年在列宁格勒和纽约用俄文和英文同时发表的发掘报告。另见樋口隆康：《出土中国文物的西域遗址》，《考古》1992年第12期。

③ 巴克特里亚，即我国史书中称的大夏。它既是地区名，又是国名。希腊人、塞人、大月氏人先后在这里建立过政权，即所谓"希腊巴克特里亚王国""塞人巴克特里亚王国"和"大月氏巴克特里亚王国"。张骞所到的是大月氏人的巴克特里亚王国。

牙细工梳子，罗马的玻璃小瓶和三面西方式的带柄铜镜。

最引人注目的是，三面带有铭文的西汉末年的连弧文铜戈镜。二号墓出土铜镜的铭文为："心污（阏）结而挹（悒）愁，明知非而（不）可久，（更）□所（欢）不能已，君忘忘而矢志兮，爰使心央（快）者，其不可尽行。"①三号墓出土铜镜的铭文为："美不泄洁而清而白而事君，而污之弇明，光玄之流而泽，恐而日忘。"四号墓出土的铜镜铭文为："美洁白而事君，沄之弇明，玄之泽，恐疏远而日忘。"②

尤其是二号墓出土的铜镜，直径17厘米，半球形纽上饰十二连珠文，绕以八连弧，平缘。它属汉代铜镜铭文四大类型中的"相思语"类型，其他三大类型是："吉祥语""商业性用语"和"神仙思想及四神观念"。此镜可贵之处，首先，在于它是一则优美的"相思诗"。铭文中的"久""已""志"，都是"之"部韵，而"央""行（hang）"，都是"阳"部韵。全诗34字，作者用直白的抒情方式，表达了一位思念丈夫的妇女，愁思悱恻、怀念所欢的似水柔情。这种相思诗完全可列入汉代诗集的妇女相思诗篇之中。其次，这面铜镜出土的环境更值得注意。和它一起出土的西方传统风格的铜镜，有的部位隆起，但没有花纹，显然是当地制造。而这面汉镜很可能产于陕西关中地区。因在关中发现的"忘君连弧纹镜"中，铭文与它十分相似："君忘，忘而矢志兮，罗使心中不可尽行，心正污结而君独明，知绯不可久事之，所不能已。"③相比之下，内容、语言、音韵上，两镜当属一类。当地出土的西方式带柄铜镜，本身已是东西方交往中本土化物质见证，特别伴有汉代关中产的有铭文铜镜与之相伴，其中丝路起点长安与枢纽地区阿富汗之间文明交往的底蕴，发人深思。再次，这面汉镜是置于墓主人胸上，而

---

① 二号墓出土铜镜铭文识读，据李学勤：《阿富汗席巴尔千出土的一面铜镜》，《文博》1992年第5期。

② 三号和四号墓出土铜镜铭文识读，据樋口隆康：《出土中国文物的西域遗址》，《考古》1992年第12期。

③ 杨平：《陕西汉镜铭文研究》，《文博》1994年第3期。参考陕西文物管理委员会：《陕西出土的铜镜》，文物出版社1959年版；洛阳、湖南出土铜镜图录，见《浙江出土铜镜选集》，人民美术出版社1958年版。

墓主人的手中则握有1枚伊朗安息朝金币，脚下放着罗马皇帝提比留斯时期（公元14—37年）金币1枚，印度金币也在其中。这样，展现在我们面前的是一位被中国、罗马、印度和伊朗四个不同文化象征性的豪华陪葬品所环绕的游牧贵族。这既表明了当时社会上层的社会风尚和审美情趣，也反映了东西方文明和丝绸之路在阿富汗的频繁、昌盛的交往情景。

总体上说，这6座墓葬所反映的是一种综合服饰文化，金制品是最重要的特征。墓坑都是长方形竖穴，各墓葬1人，仰身直肢，尸体上普遍佩有各种装饰：头戴冠，耳垂环，颈戴项链，胸前有扣饰，上衣缀满饰片，手套镯，腰系带，踝有鞋袜扣饰，全都是纯金的制品。三号墓主人有金鞋底。四号墓主人的金带很重，由9条小链组成宽带，带间以9个圆形装饰相连，铁剑上也装有金柄。六号墓最为突出，除冠、耳环、项链、手镯为纯金制品外，还有一个金下颌托。此种文物在中国也有出土，是为防止死者下颌脱开而置于颌下的。金冠由横带与5个立饰构成，横带满饰步摇，立饰呈树木形，饰有许多步摇和鸟形，类似受中国影响的日本藤之木古坟出土的金冠。耳环呈人形，一端为人头、胸部，由腹部向后弯成圆环，小巧玲珑。六号墓的金手镯和二号墓金手镯一样，两端为龙头状，不同之处是后者嵌有红宝石、绿松石。6座墓的众多金饰品中，衣服上的饰片最多，形状有方形、三角形、花形、心形等多种样式，都有小孔，可以缝饰在衣服上。在皮制衣服上发现有金线和珍珠的刺绣。有趣的是，金线用显微镜观察其构造，可以看出是加捻成线，与中国唐代法门寺金线的制法相似，但时间上早于法门寺。

装饰艺术上，特别能反映蒂利亚·梯波文明的多民族交往融会特征。二号墓出土的头饰正中央为女神，双手握住两侧的龙，龙的尾部向上翻卷，构图有斯基泰风格。这位女神上身穿中亚游牧民族风格的短紧身服，下穿裙子，两眼上斜，颧骨突出，表现为东亚蒙古人种的脸形，但两眉之间的类似白豪相的圆圈，却是印度艺术的影响。女神头饰聚集了多种文明的因素，它嵌有各种宝石和珍珠，在工艺上是用两块单做，然后合二为一。四号墓尸骨踝部发现金饰鞋袜圆形扣饰，上有图案，正中是双轮伞车，车内乘坐一位身着汉服的中国士大夫，车前有两个狮形怪兽拉车。整体构图与东汉画像石中的车马极为相似，而车舆的立柱用竹节手法表现，更具中国风格。樋口隆康认为："以竹为舆柱的车的形象是非常中国化的构图。"①四号墓中安有金柄的铁剑，正反两面捶揲着不同花纹，一面的柄身饰斯基泰风格的动物争斗纹，表现出扭打在一起的、呈痛苦状的野兽形态与面容。令人感兴趣的是，柄头上饰有直立的熊，熊的形象使人联想到中国漆器上常见的熊的图案。金剑鞘上饰有龙纹。这把剑虽融斯基泰文化与华夏文化于一身，但整体上与河北满城西汉中山靖王刘胜墓中出土的剑大致相同。中国在丝绸之路上交往的重要作用，于此可见一斑。

在六号墓出土时，该墓的女主人手握1枚伊朗金币，口含1枚银币。对于口含银币入棺的现象，阿富汗和苏联联合考古队发掘主任维克多·伊凡诺维奇·萨利安尼迪在发掘报告中认为与希腊的殡仪礼不谋而合。它象征着死者渡过施蒂克斯河（Styx）而进入冥府（Hades）时，要向摆渡神凯伦（Cron）交付摆渡钱。这种现象不是孤立的，在巴克特里亚地区曾多次在墓葬中出现。但有人认为，这与袄教徒死后经过"裁判之桥"（Chinvat）的习俗有关②。袄教徒举行各种仪式都要"为灵魂布施"，即使有罚忏悔，也要征收现金或实物罚款，因而死时需口含钱币以备纳过桥款。也有人认为，这是中国古代死者口含贝、玉习俗在中亚的"本土化"演变③。看来，死者口中含币的葬俗，是希腊、袄教与中华文化在阿富汗地区交往中出现的现象。

上述阿富汗北部蒂利亚·梯波遗址所发现的游牧贵族墓葬群，的确反映了公元前1世纪到公元1世纪前期巴克特里亚及其周围的文化构成。这些墓葬虽然没有巨大的坟头和地面建筑物，然而陪葬品却极为豪华，而且充分反映了东西方文明交往的频繁。六号墓出土的上衣扣饰图案正中央，是一对

---

① 樋口隆康：《出土中国文物的西域遗迹》，《考古》1992年第12期。
② 袄教经典《创世纪》（Bundahis, Bundahishn）中称：袄教徒死后，生前行善者死后很容易走过"裁判之桥"或"检别桥"（Chinvat），进入无限光明的天堂；而生前作恶者至此桥时，桥面变薄变窄，如同利刃，随即堕入地狱，受其与罪恶相当之苦；而那些生前善恶相抵消的人，则留在"中间地带"（Hamestaghan）无苦也无乐。见A.克里斯丹森（A. Christensen）：《剑桥伊朗古代史》（第12卷）（The Cambrige Aneient History），1939年版，第147—148页。
③ 小谷仲男：《关于死者口中含币的习俗——汉唐墓中的西方因素》，王维坤等译，《人文杂志》1993年第1期。

男女情侣并肩坐在狮背上，狮子后面希腊神话中的胜利女神，正要把花冠戴在女人的头上，狮子前面有一位长髯老人手举角杯，准备与男人碰杯，向他们祝福。这个图案所表现的，是希腊神话中的酒神狄俄尼修斯与阿利阿德尼结婚的场面，是以希腊神话为模式的构图。它反映了希腊时代的遗存。四号墓出土的金带上的圆形装饰上，有高浮雕的骑狮女神，与上述图饰不同的，是以美索不达米亚的神话为模式的构图。四号墓还出土有羊形装饰物，在东汉画墓内的装饰上，也可以见到形象接近的羊头图案。六号墓出土的希腊神话中维纳斯像，其背部长有双翅，与胜利女神的形象接近。奇特的是，女神的面部两眉之间，也有和二号墓女神相同的印度民族风俗白毫相。这个墓葬群出土文物中，不乏引人入胜的珍品，如一些身着马其顿阅兵盔甲的希腊士兵的塑像，一件塑造着两边卧有飞龙的国王像的流垂悬饰物。总之，墓群出土的诸多文物所反映的文化现象，表现了游牧民族及中国、伊朗、古希腊、印度、美索不达米亚等文化的综合和融合，其交往深广超过了以前任何时候。

贵霜帝国时期文化艺术的总特征，是它在文明交往中综合性更多、融合性更强。由于阿富汗是东西方商道要冲，而这时的商道畅通、城市增多（据考证，仅巴克特里亚地区就有18座城市，移民迁来者有100多万），又开通了新的商路。陆路的传统路线是通过安息到阿富汗的赫拉特城，在这里分成两条岔道：一条转弯直向南方，到达德兰吉安纳和萨迦斯坦；另一条穿过山隘和峡谷，到卡皮萨和贝格拉姆，再由此通向奥尔托斯帕纳（约相当于今日的喀布尔），直达犍陀罗的繁荣城市①。为了保护因贸易而获得的经济利益，商路上各驿站的距离都经过仔细测量，设有骆驼队停住地和供旅游观光名胜古迹的标志。加上原有东西交通的三条主道，为文明交往中的综合性和融合性的发展提供了条件。

贵霜王朝时期阿富汗文明一个突出的具体特征，是游牧民族草原传统的某些复活。在发现的希腊巴克特里亚时期遗存中，草原传统似乎所存无

---

① R. 吉尔什曼：《贝格拉姆》（Begram），MDAFA，1946年第8期；A. 巴沙姆：《萨迦贵霜时期的新研究》（A New Study of the Saka - Kusana Period），BSOAS，1953年第15期。

几①。但到了贵霜时期，出土了许多保持欧亚兽形风格传统的文物。例如，巴克特里亚北部出土的片状青铜腰带扣环，上面有双峰骆驼与老虎搏斗的造型。还有两件兽形风格鲜明的腰带扣环：一件为金质，饰以两只麝头；一件为铜质，上有两个怪兽形象，长着鸟类的胸脯、脖颈和翅膀，而头却是两个小犄角的兽头。这种现象，可以在文明交往中的政治因素中寻找答案，想必是希腊政权崩溃后，新建的塞人和大月氏及贵霜人几代游牧人政权对祖宗的追忆，也可视为游牧民族对这一地区艺术和审美情趣影响的结果，及草原游牧文明与绿洲农耕文明的结合②。

在上述出土文物中，我们还可以看到一个现象：游牧民族征服者对于制造希腊风格的物品特别偏爱。许多表现希腊化传统的当地制品，如饰有希腊神话中的智慧女神雅典娜、胜利女神尼斯等形象的铜戒指，仿海豚形象的金把手等。这些工匠既熟悉草原传统，又熟悉希腊传统。他们是从哪里继承下来这些传统？有人认为，是从西方的黑海北岸希腊城邦草原同胞那里继承而来，但从阿富汗在东西方交通商路的地位来看，很可能是从希腊巴克特里亚移民那里继承下来的。

阿富汗在贵霜时期文明交往中最重要的具体特征，是希腊化时代生气勃勃的方式、游牧民族炽热的风格与印夏艺术的精致考究精神相结合。喀布尔北 60 千米处的古城卡皮萨遗址中③，出土了一套完整的古代艺术珍品，如汉朝的小巧玲珑的黑漆小碗，罗马的玻璃器皿，古希腊医生吉波克拉特（约前 460—前 370）的铜像，希腊神话中的英雄赫拉克勒斯及其他人物铜像。在马扎里沙西北 40 千米处的迪里别尔金古城遗址中，古希腊神话中宙斯和勒达的孪生画像，与贵霜王阎膏珍时期的印度教湿婆神及其妻子帕尔瓦吉的画像同时出现在一个庙宇里。在许多古遗址中，都有优秀的佛教艺术文物遗存。这些都是阿富汗与东西方文明交往频繁及当时艺术情趣的实物见证。

---

① R. C. 荣格：《阿富汗文物勘查》(Afghanistan Beconnisance)，《考古杂志》1954 年第 1 期。

② B. M. 马松：《贵霜移民和贵霜考古学》(Куманские лоседения ик манска)，载《古代巴克特里亚》(Вактриские Древности)，列宁格勒 1976 年版。

③ R. 基尔什曼：《贝格拉姆》；T. 里赛：《古代中亚艺术》(Ancent Arts of Central Asia)，纽约 1965 年版。

最能清楚表明文明交往中各种交融特征的，是贵霜时期在阿富汗发现的钱币①。这种钱币正面为国王全身立像，背面是诸神的形象。阎膏珍时期钱币的背面为印度的湿婆神，迦腻色迦以后的钱币背面出现诸神的数目大大增加，所见者多达三十几个。这些钱币正面和背面的诸神像旁，都用"贵霜书体"（以希腊字母为基础所创造出的文字）代替了希腊文和印度文。这些神祇中，有阿富汗当地特有的神（如阿姆河之神瓦赫沙），有伊朗的神（如太阳神密特拉、胜利女神瓦宁达、火神法罗），有源于美索不达米亚的神（如"至高统治者"南纳尔），也有希腊神（太阳神赫利伐俄、月亮神塞勒涅、希腊化埃及的萨拉皮斯），以及印度佛教的神祇。但是，所有东方神祇都是按照西方希腊模板传统制作的。这反映了工匠们即使在吸收当时东方文化和表达贵霜政权的愿望时，仍利用了西方希腊文化和艺术的成果。众多神祇形象出现在贵霜钱币上，说明了这一时期阿富汗文明的多元性。这时期的阿富汗社会，是一个东西方众神会聚的宗教文明社会；而钱币正面的统治者形象告诉我们：这种社会同样是在一个帝王集权统治下的世俗社会。

五

宗教是古代文明的载体，在宗教传播的过程中闪烁着人类文明之光。传教士们像游牧部落、各帝国武士、外交官、商人一样，在历史上匆匆过客般地东来西往，经过阿富汗这块被称为"世界征服者的舞台"，播种着文明的种子。世界上三大宗教（佛教、基督教和伊斯兰教）在丝绸之路这条连接亚欧大陆贸易线的枢纽地——阿富汗，都留下了深深的历史印迹。

公元前3世纪的孔雀王朝阿育王统治期间，佛教已经传入阿富汗，并通过阿富汗传播到希腊、埃及、叙利亚、马其顿等地，一跃而成为世界性的宗教。在巴米扬的两尊大佛像、成千座佛窟，以及遍及阿富汗的佛龛，生动地证明了佛教的影响。1958年，在坎大哈发现的石柱敕铭的具体遗址

---

① J. 马赫列尔：《丝路艺术》(The Arts of the Silk Route)，载塞奥道列·伯温主编《东方和西方的艺术》，布卢明顿1966年版。

切赫·吉纳,无疑是位于古代东西方商旅必经之地。敕铭用希腊文和阿拉米文刻写,表明希腊文化和阿契美尼德文化仍在起作用。1969年,在坎大哈的沙达拉克和夸加之间的拉格曼地区,又发现4件阿育王碑刻①。这些发现,都是阿富汗与东西方文化交往的见证物。

被称为"阿育王第二"的迦腻色迦,使阿富汗变成了真正的佛教圣地。在他统治时形成了著名的犍陀罗佛教雕刻艺术流派。这个流派是阿富汗与东西方文明交往中融合特征最重要的表现。它用希腊雕刻艺术的手法,来雕刻佛像和佛经的故事。佛像的头发呈波纹状,眉毛与鼻相连,笑容有所克制,希腊文化影响十分强烈。根据佛法,用艺术手法,再现了佛和菩萨沉思时的心理状态。在对其他人物的雕塑方面,工匠们则持现实主义态度。如用很大力度来雕塑刚毅面孔的供养人,他们有浓密的胡须,穿古罗马的短袖或无袖外衣。"苦行僧之首"的塑像,表现了一位已过中年的疲惫不堪的人头像,嘴边有线条分明的皱纹,倔强地卷起双眉,突出了其巨大的内在力量。1957年,在萨尔赫·科塔尔发现的大夏语石碑铭文,证明了犍陀罗艺术流派是建立在希腊大夏文化的基础之上。犍陀罗学派是希腊化与大夏本土艺术的结合体。

佛教文化通过阿富汗传入中国。据《三国志·魏书·乌丸鲜卑东夷传》裴松之注引《魏略·西戎传》,汉哀帝元寿元年(前2),统治阿富汗地区的大月氏贵霜王朝派使者来中国,向西汉博士弟子景卢口授佛经。在中国佛教史上,还有来自阿富汗的高僧支娄迦谶、支曜、支谦等人,在翻译佛经、注经、传经上,都作出了贡献。有些佛经原本就是来自阿富汗。至于中国高僧法显、玄奘,都是经过阿富汗而到印度求佛法的。尤其是玄奘来往都经过阿富汗,不仅在《大唐西域记》中记载该地佛教文化,也有历史、地理、社会生活等文化交往的记述,成为宝贵的文化典籍。

在谈到阿富汗与东西方文明交往时,人们容易忽略一个历史事实,这就是阿富汗僧侣在中国传播基督教的作用:明朝天启三年(或五年,1623

---

① W. B. Hemning, D. Schlumberger, L. Robert 等人关于阿育王敕铭报告见前引《中亚史纲要》,第42页。

或1625年），在西安府盩厔（现改为周至）大秦寺遗址发现了上面刻着十字架和百合花图案的《大秦景教流行中国碑颂并序》的石碑①。这件珍贵文物是基督教最初传入中国的可信史料。景教碑文下端中间，刻有一段古叙利亚文，记载了景教碑的立碑者的情况："时在希腊纪元1092年（即781年——引者），吐火罗巴尔赫城教会长老米利斯之子、克姆丹（即唐都长安——引者）主教兼长老耶质蒲吉（Yesbusid，一译为叶俟布锡德——引者）建立此碑石。"②吐火罗即巴克特里亚，4世纪起称为吐火罗斯坦。巴尔赫城，即巴克特拉城，就是碑文中称为的"王舍之城"。所以，该碑建造者耶质蒲吉就是来自阿富汗巴克特拉城，是该城主教之子。

景教为基督教一派，由叙利亚人聂斯脱利创立于5世纪，因而又称聂斯脱利派。它在7世纪以后广为传播，据说信徒达百万人，有25个大主教区、250个主教区。它在阿富汗的巴克特拉城设有景教主教区，上述米利斯即该区主教。一般著作中称，7世纪中期该教派由波斯传入中国和印度③，实则是由波斯经阿富汗传入中国和印度④。因此，巴克特拉城是景教向东方传播的策源地。

《大秦景教流行中国碑》碑文的作者为波斯人景净。此人是中国北部景教教会的领袖。他是景教经典的翻译家和佛经助译。在碑文中，他叙述了景教徒"占青云而载真经，望风律以驰艰险"而来到长安，传播景教文化的情况。碑文中用相当多的篇幅叙述了"远自王舍之城（巴克特拉），聿来中夏"的众多景教僧人的代表伊斯的德行。伊斯等僧人来中国，不仅是为了传教，而且是从柘羯军入唐，帮助郭子仪军队平定安史之乱，参加了收复两京之

---

①阳玛诺（Emmanuel Diaz Junior，1574—1659）：《景教流行中国碑颂三诠》，载《天主教东传文献续编》，第653—754页。

②冯承钧：《景教碑考》；伯希和：《唐元时代中亚及东亚之基督教徒》，载《西域南海史地考证译丛》，商务印书馆1962年版。外国学者对此碑的译注达40种之多，汉文著作有25种。见《中西初识》，大象出版社1999年版，第167—192页。

③杨真：《基督教史纲》，三联书店1979年版，第128页。

④穆尔：《1550年前的中国基督教史》，中华书局1984年版，第55页；周良霄：《元和元以前中国的基督教》，载《元史论丛》（第1辑）；沈福伟：《中西文化交流史》，上海人民出版社1987年版。

役①。由于有功于唐，伊斯被封为三品官职的金紫光禄大夫，殿中监，并赐紫袈裟。他"能散禄赐，不积于家，献临恩之颇黎，布辞憩之金罽。或仍其旧寺，或重广法堂"，而且"当时哀矜之行，伊斯倡之，大人君子，如郭汾阳者，皆乐效之"。伊斯不但热心于宗教事业，而且是一位杰出的阿中文明交流使者②。

英国人威尔斯在其《世界史纲》第三十章中说："在景教徒到达唐太宗朝廷之前5年，即628年，有一群值得注意的使者，由阿拉伯麦地那之扬布埠，乘商船越海至广州奉穆罕默德所遣，持书往见唐太宗……太宗……助之建一清真寺于广州。"这是伊斯兰教从海路传入中国的一说。本文则从陆上丝绸之路途经阿富汗，来探讨伊斯兰教文化在阿富汗及中国的情况③。

阿拉伯人在阿富汗境内（加兹尼、赫拉特、锡斯坦、吐火罗斯坦）的征战，是在7世纪中期。占领赫拉特是652年，此后逐步占领其他地区。由于当地居民的顽强反抗，最后占领要晚得多，如帕尔万、戈尔巴德和潘杰什尔到8世纪90年代，而坎大哈则在9世纪初才被征服。742年，在巴尔赫建立了第一座清真寺。阿拉伯人征服阿富汗的过程虽然相当困难，但阿富汗的伊斯兰化过程却十分顺利。其原因正如已故的阿富汗史学家穆罕默德·阿里所说："对于那个在当时存在着宗教、礼拜、信仰和迷信的大杂烩的阿富汗，伊斯兰教会给它带来一种新的活力，使阿富汗人民的社会生活和文化生活都发生了巨大变化。伊斯兰教关于只有一个万能真主的观念，人类平等和兄弟情谊的教义，使阿富汗人的面貌完全革命化了……不同的部落在他们历史上第一次在一个共同的信仰和共同的理想之下联合在一起了。"④

---

① 张星烺：《中西交通史料汇编》（第4册），中华书局1978年版，第299—303页。关于伊斯（I-ssu），穆尔认为是叶俟布锡德（Yesbusid）的简译。但武伯纶认为，碑文中称伊斯为"大施主""白衣景士"，应为世俗僧侣；而叶俟布锡德专任安国都大主教，为专职神职人员。所以不是一个人，而是两个人。见《来自丝绸之路的珍贵纪念品》，《文博》1991年第1期。

② 彭树智：《中东国家通史·阿富汗卷》，商务印书馆2000年版，第333—335页。

③ 马启成：《略述伊斯兰教在中国的早期传播》，载《伊斯兰教在中国》，宁夏人民出版社1982年版，第177—178页。

④ 穆罕默德·阿里：《阿富汗简明史》，普什图文1970年版，见虞铁根译稿，第10—11页。

7世纪下半期开始，阿富汗迅速成为伊斯兰教文明圈的组成部分。从此开始，结束了阿富汗的前伊斯兰教时期。8至9世纪，开始了伊斯兰教思想体系对阿富汗旧有宗教和观念取得决定性胜利的时期，改变了阿富汗社会发展的本来道路。9至12世纪的艺术遗存中，虽然仍可看到古代传统部分，但无论在建筑艺术、装饰艺术、手工艺术等方面，都与前代艺术不同。圆形穹顶结构在公共建筑中越来越占优势。在装饰上，几何纹、植物纹、题铭性图案代替了形象化题材。

现在比较一致的看法，是伊斯兰教从651年（唐永徽二年）传入中国。阿拉伯人占领赫拉特为652年。显然，此后逐渐与中国边境相接，于是，波斯人经过阿富汗在中国更广泛地传播伊斯兰教。

简短的结论

关于9至19世纪长达千年间伊斯兰教文明在阿富汗的作用问题，拟另文阐述。这里仅就本文所论，总括以下几点。

（一）**"交往"是一个专门的历史哲学概念**。所谓"交往"，主要是人类主体之间的相互沟通、相互理解、相互交流和相互作用。它是人类存在的基本方式和发展的基本活动，并清楚地昭示了人类的社会性，从而把人和动物区别开来。它作为人们之间的交往活动，同人对客体的物质生产活动，共同组成了人类历史不可缺少的两个方面。马克思和恩格斯在《德意志意识形态》中说，生活资料的生产，是人同动物开始区别开来的标志，"而生产本身又是以个人之间的交往为前提的"[①]。在这本书中，他们多次用了"交往"（Verkenr）这一概念。交往活动是与人类社会俱来、俱往的永恒不息的活动，它已为哲学界所注意，因而有"日常交往与非日常交往"[②]之说。但从人类

[①]《马克思恩格斯选集》（第1卷），人民出版社1972年版，第25、27页。在第51、56、60、61、63诸页均用"交往"这一概念。

[②] 衣俊卿：《日常交往与非日常交往》，《哲学研究》1992年第10期；沈建国：《交往与人的个性发展》，《宁夏社会科学》1993年第3期。

的历史活动角度说,划分交往的类型,仍以政治、经济、文化、军事诸层面观察,并以"文明"单位研究为宜。

(二)**人类的文明交往,是最普遍、最经常、最深层面的,也是最早的历史活动**。在原始社会中,战争"是一种经常的交往形式"①,但它并不是人类最早的交往活动。正像上面所说的,个人之间的交往是生产的前提,而生产活动是人类脱离动物界的最早活动。只要人类产生,能制造和使用工具,进行生产活动,能生产物质与精神成果,就产生了文明。作为生产活动前提的个人交往,就是文明交往的最初形式。世界各地区、各国家和各民族间的交往,早在远古时就已开始。古代亚欧地区连绵不断的战争和民族迁徙,亚历山大的东征,连接欧亚大陆乃至北非的丝绸之路,进入中世纪后的十字军东侵和蒙古人的西进,其最深层面的内容,都可视为人类不同文明之间的交往活动。

(三)**在古代,民族迁徙和军事活动,总是伴随着人类的历史和文明交往**②,**古文化和艺术传统并不因此而死亡**。事实上,民族迁徙和军事活动的破坏性,在深度和性质上,各个地区各不相同。但总的说来,破坏造成的后果不久便会消失,阿富汗与东西方远近国家和地区的文明交往也随之恢复,古代传统文明也有程度不等的复苏。例如,民族迁徙造成了阿富汗与不同地区文明的接近和民族的融合,塞人、大月氏人等,都在文明上与当地居民同化,形成了在世界文明史上占有一页的萨迦斯坦、贵霜和吐火罗斯坦文明。即以贵霜文明为例,"这一文化具有说服力地证实存在于阿富汗境域的古代文明的繁荣,同时,这一繁荣在很大程度上为各种不同文明传统的相互密切影响,及广泛的文明联系和交往,总是确定着历史进步的总路线。"③

(四)**历史上的阿富汗地区是特别值得历史学家注意之地**。它曾是游牧世界文明和农耕世界文明经常冲突和彼此吸收涵化的临界地区,也是各强大

---

①《马克思恩格斯选集》(第1卷),人民出版社1972年版,第25、27页。在第51、56、60、61、63诸页均用"交往"这一概念。

②彭树智:《古代塞人的历史交往》,《人文杂志》1993年第6期。

③前引甘柯夫斯基:《阿富汗史》,第60页。

邻国和民族争夺的前沿地区。更重要的，它在古代世界史上，又是游牧文明、波斯文明、希腊文明、印度文明、中国文明，以及原始宗教、祆教、希腊宗教、佛教、印度教直到伊斯兰教等宗教辐射传播的交汇地区。阿富汗不但有特殊的地理环境，还有特殊的民族构成、人口分布、社会结构和经济形态。因而必然与四邻有不同的文化形态。阿富汗古代文化有四个主要特征：第一，移民文化的外来特征；第二，东西方各时期主导文化的开放特征；第三，多元文化的共存特征；第四，逐步形成与当地传统结合的统一文化的趋向性特征。

（五）按照文明交往的交互多向规律，在阿富汗和东西方文明交往方面，冲突和融合是必经的两个过程。先冲突，然后融合。冲突过程常常和融合过程交织在一起，并且反复进行。旧的冲突和旧的融合过程结束了，新的冲突和新的融合总是在更深的层次上进行。这两个过程的结果是两个改变：一是本土文明的改变，吸收了新血液，增加了新内容；二是外来文明的改变，逐渐适应了本土文明的要求，甚至改变了本来的面目。这两个过程和两个改变，实际上是文明生命过程的延续，正如生命的过程是新陈代谢一样。

（六）换一个角度看世界史，把交往作为世界史横向发展的联系线索[①]**，把交往活动和生产活动的发展结合起来，把交往和交换综合考察，就会更全面地反映人类社会发展的客观面貌。**交往既包括物质交往，也包括精神交往。物质交往，首先是人们在生产过程中的交往，这是精神交往的基础。从某种程度说，人类历史就是一部不断打开闭塞状态、走向世界的交往史。人类进入文明社会后，就为了自身的生存和发展，而将交往扩展到周围地区，乃至各时代力所能及的心目中的世界。马克思和恩格斯关于"历史向世界历史的转变"[②]的命题，指出了人类历史发展中带有本质意义的转折点，揭示了人类普遍交往的扩展对文化积累和进化的重要性。在"世界历史"尚未确

---

① 在这方面已故史学家吴于廑先生发表了一系列富有启发性论文，最具有代表性的是为《中国大百科全书·外国历史卷》写的《世界历史》，修改稿见《十五十六世纪东西方历史初学集》三编，湖南出版社1993年版，第1—29页。

② 《马克思恩格斯选集》（第1卷），人民出版社1972年版，第51页。

立时，人类文明的互动，只局限于各民族及狭隘的地域内。只有当"世界历史"出现并不断深化后，人类文明的互动才在全球范围内实现。当代出现的现代化和全球化潮流，就是与"历史向世界历史的转变"共生、共存和共同发展而来的人类文明交往的历史趋势。

近代以前阿富汗和中国的历史交往①

张骞的大夏之行

丝绸之路是世界历史上贯通东西方陆路交通的大动脉,而阿富汗正处于这条大动脉的枢纽地区。在这条人类文明交往之路上,阿富汗和中国之间,具有源远流长的政治、经济和文化的历史交往。

阿富汗和中国悠久关系的开拓,首先要归功于西汉张骞。他在两千多年前,就奉命出使到达了今日阿富汗的北部地区。

汉武帝建元二年(前139),汉武帝派张骞出使大月氏,相约共同夹攻匈奴,至陇西为匈奴扣留。汉武帝元朔元年(前128),张骞机智地从匈奴囚禁中逃出,越过葱岭,亲历大宛、康居、大月氏,到达了大夏,即巴克特里亚,今阿富汗的北部地区。他在大夏地区逗留了一年多时间,详细考察了这里的政治、经济、历史和地理沿革,以及风土人情等概况。汉武帝元狩四年(前119),张骞又奉命出使西域,到达乌孙后,派出副使出使大宛、康居、大夏、安息等地。他两次出使西域,所得到的外部世界的材料,通过司马迁在《史记》中的集纳而流传下来,成为中亚和阿富汗的珍贵史料,特别是成为阿富汗和中国历史交往记录中的开篇之作。

---

① 本文原刊于《文明交往论》,原题《中国和阿富汗的关系》,收入本书时做了删节和增补。

张骞到达大夏的时候，正是大月氏人推翻了塞人的统治而成为该地统治者的"大月氏巴克特里亚"时期。大月氏以大夏为臣而居其地。定居于这块肥饶土地上的大月氏，脱离了游牧迁徙的生活，很少受异族干扰，享受安乐，与汉朝相距甚远，不愿联汉以复匈奴杀祖之仇。张骞追踪大月氏到大夏，虽然没有完成联合大月氏的任务，却开通了丝绸之路，创造了文明交往的伟业。

《史记》中关于大夏的情况，是这样记载的："大夏在大宛西南二千余里妫水南。其俗土著，有城屋，与大宛同俗。无大君长，往往城邑置小长。其兵弱，畏战。善贾市。及大月氏西徙，攻败之，皆臣畜大夏。大夏民多，可百余万。其都曰蓝市城，有市贩贾诸物。其东南有身毒国。"《史记》文中所谓"与大宛同俗"除"有城郭屋室"外，见于《大宛列传》的，还有大宛"其俗土著，耕田，田稻麦"。大月氏征服大夏后，并未定居阿姆河（妫水）之南，而是把"王廷"设在阿姆河之北。河南部的大夏，看来只是臣属于大月氏。这是张骞对当时的第一个见闻。

第二个见闻，是他居蓝市城（巴克特拉），看到这里商贸交往颇为发达，联想到经西南至印度以通大夏的路线。张骞在向汉武帝讲述此设想时说，他在大夏的时候，见到四川的邛都邛山的竹杖和四川的布匹。问大夏国人这些东西从何而来，得到的回答是："吾贾人往市之身毒。身毒在大夏东南可数千里。其俗土著，大与大夏同，而卑湿暑热云。其人民乘象以战，其国临大水焉。"张骞估计，大夏距汉一千公里，居汉西南。而身毒（印度）又居大夏东南有数千里，有四川的货物，因而去四川不远，于是提出了"今使大夏"的主张。这个主张虽然没有实现，但终于开创了"求大夏道始通滇国""及张骞言可以通大夏，及复事西南夷"的结果[①]。

汉武帝对大夏很感兴趣，以至于在张骞从西南夷经印度去大夏未能成行之后，仍关心此事。《史记》上有"是后天子数问骞大夏之属"的记载，于是张骞又有通乌孙、断匈奴右臂的大夏之行的动议。张骞以为，"既连乌

[①]《史记·大宛列传》。

孙，自其西大夏之属皆可招来而为外臣"。张骞是一位坚忍不拔的外交家，尽管联合乌孙并未成功，然而他不放弃一切可能，扩大对外交往。"骞因分遣副使使大宛、康居、大月氏、大夏、安息、身毒、于窴、扜罙及诸旁国。乌孙发导译送骞还，骞与乌孙遣使数十人，马数十匹报谢，因令窥汉，知其广大。"这些措施，不但使乌孙与汉关系密切，而且"其后岁余，骞所遣使通大夏之属者皆颇与其（国）人俱来，于是西北国始通于汉矣"①。

不仅如此，张骞开通西域的丝绸之路以后，取得了外界各族的信任，以至于汉使臣去时都用"博望侯"的称号，作为取信于外国的标志。张骞的大夏之行，以及与此相关的对外交往，开汉代面向西域的风气，打开了人们的眼界，扩大了人类的活动范围，其深远意义自不可低估。《史记》有"自博望侯开外国道以尊贵，其后从吏卒皆争上书言外国奇怪利害，求使"的记载。此外，司马迁本人进一步从张骞的大夏之行中，从黄河发源问题上，对《禹本纪》《山海经》的可信程度，发生了怀疑。他写道："今自张骞使大夏之后也，穷河源，恶睹本纪所谓昆仑者乎？故言九州山川，《尚书》近之矣。至《禹本纪》《山海经》所有怪物，余不敢言之也。"②

文物中所见的文化交往

文物是人文之遗物，是文明之器物。它是人所创造的物质文化产品，在文明交往中起着重要的作用，又是文明交往的有力物质见证。它表现于东西方文明交往中已多有所见，钩沉文物在阿富汗与中国文明交往的文物，自是理中之意，也是丝绸之路研究所必需。

阿富汗北部席巴尔甘东北的蒂利亚·梯波（Tillya Tepe）遗址出土的6座墓葬文物，可作为汉代与张骞同时代的大夏之行的物质见证。这些墓葬的年代约在公元前1世纪到公元1世纪前期，稍后于张骞出使大月氏，正值丝路大通之时。这些墓葬很可能是贵霜贵族的墓地。墓葬群中出土了大约2万

---

①②《史记·大宛列传》。

件文物，最突出的是金、银制品，如 1 世纪罗马的金币、伊朗安息朝的金银币和印度古代的佉卢文金币（印度金币正面像为一人推车，人有尾巴，背面为狮子图像）；此外，还有其他日用品，如印度式的象牙细工梳子，罗马的玻璃小瓶和两面四方式的带柄铜镜，等等。

最值得注意的，是墓葬群中出土的三面有铭文的西汉末年的铜镜。它们分别是：

1. 在二号墓出土的"心镜"（其铭文以"心"字起首，故名）："心污（阏）结而挹（悒）愁，明知非而（不）可久，（更）□所（欢）不能已，君忘忘而矢志兮，爰使心央（快）者，其不可尽行。"

2. 在三号墓出土的"美不镜"（其铭文以"美不"起首，故名）："美不泄洁而清而白而事君，而污之弇明，光玄之流而泽，恐而日忘。"

3. 在四号墓出土的"美洁镜"（其铭文以"美洁"起首，故名）："美洁白而事君，沄之弇明，玄之泽，恐疏远而日忘。"

这三个汉镜铭文的共同点在于，都属于"相思语"类型铜镜。它们与"吉祥语""神仙语"等类型不同，都突出了相思的心理状态，担心忘却，不管是因有所欢而忘，或因疏远而忘。

最有代表性特征的是二号墓出土的"心镜"。该镜直径 17 厘米，半球形纽，圆纽上饰十二连珠文，绕以八连弧，平缘。它的铭文是一首押韵的相思诗，其中的"久""已""志"都是"之"部韵，而"央"、"行（hang）"，都是"阳"部韵。全诗共 34 字，以直白的抒情方式，表达了一位思念丈夫的妇女的愁思悱恻、怀念所欢的似水柔情。这首优美的相思诗，可以列入汉代诗集之中。

从文明交往的角度看，有两点须加以注意。

第一，这面铜镜出土的环境值得注意。和它一起出土的西方传统风格的铜镜，有的部位隆起，但没有花纹，显然是当地制造的。而这面汉镜则不出自当地制造，很可能是出产于陕西关中地区。它与现有在关中发现的"君忘"连弧纹镜中，铭文十分相似。如关中发现的汉铜镜铭文中，有"君忘，忘而矢志兮，罗使心中不可尽行，心正污结而君独明，知绯而不可久事之，所不能已"。当地出土的西方带柄铜镜，本身已有东西方交往中本土化的物质见证，特别是伴有汉代关中地区生产的有铭文铜镜与之相伴，其中丝路起点长安与枢纽地区阿富汗之间文明交往的底蕴，发人深思。

第二，这面镜在墓主人处所放的位置，更值得注意。二号墓的主人不是一般贵族，在殉葬品的陈列上，别具一格：这面汉代铜镜是置于墓主人的胸上，是名副其实的"心镜"；墓主人的手中握有一枚伊朗安息朝金币，脚下放着罗马皇帝提比留斯时期（公元14—37年）的金币和印度金币。这样，展现在我们面前的，是这样一位游牧贵族：他被中国、伊朗、罗马、印度四个不同文明圈的象征性文物陪葬品所围绕，似乎在向后人表明当时的社会风尚和审美情趣，又在明确无误地表示东西方文明和丝绸之路在阿富汗的绚丽交往情景。

这6座墓葬的出土文物所反映的是一种东西方文明交往的综合文化形态。中国文化的因素相当突出。文物中金制品最多。六号墓主人的冠、耳垂环、项链、手镯、上衣缀满饰片、鞋袜扣饰，均为纯金制品。三号墓主人有金鞋底。四号墓主人的腰带由九条金链组成。六号墓主人有一个金下颌托，这种文物在中国也有出土，是为防止死者下颌脱开而置于颌下的。金冠由横带与5个立饰构成，横带满饰步摇，立饰呈树木形，饰有许多步摇和鸟形，类似受中国影响的日本藤之木古墓出土的金冠。该墓女主人口含一枚银币、手握一枚伊朗金币，似乎同中国墓葬风俗有关，至少是中国古代死者口中含贝、含玉习俗在中亚的本土化。同时也是同希腊殡仪和祆教"灵魂布施"有关。总之，是诸多文明综合交往的产物。

四号墓反映中国文化的影响最为集中。墓主人踝部发现的一个金饰鞋扣饰，上有图案，正中是双轮伞车舆，舆内乘坐一位身着汉服的中国士大夫，车前有两只狮形怪兽拉车。整体构图与东汉画像石的车马极为相似，而车舆的立柱用竹节手法表现，更具中国风格。我们知道，以竹为舆柱的车的形象，是非常中国化的构图。四号墓中出土的金柄铁剑，正反面捶揲着不同花纹。一面的柄身饰有斯基泰风格的动物争斗纹，表现出扭打在一起的、呈痛苦状的野兽面容形态。柄头上饰有直立的熊，熊的形象使人联想起中国漆器上常见的熊的图案。剑的金鞘上，饰有中国风格的龙纹。这把剑从整体上看，与汉代中山王刘胜墓中出土的剑大致相同。

值得一提的，是 1965 年在西安汉城遗址出土的 13 枚希腊文铅饼，其时代为西汉晚期到东汉晚期，其历史背景是北部贵霜人东逃中国时留下的遗物。根据汉文史料记载，这批经过中国西北最后抵达东汉首都洛阳的人，就有数百之众。近 30 年，陕西西安、扶风和甘肃灵台等地的汉代遗址中，出土此类铸有草体希腊文铜饼达 300 多枚。

魏晋南北朝时期的频繁往来

东汉时期，如前文所述，在汉和帝永元二年（90）阿富汗地区的统治者——贵霜王阎膏珍曾要求与汉通婚被拒，怒攻汉军，被班超击退。这是一次用战争形式进行的交往。战争过后，两国和好如初，奉贡与赐赠如故。

三国魏明帝太和三年（229），当时贵霜王波调（瓦苏代瓦）统治着阿富汗地区。波调派遣使节往洛阳访问，馈赠方物，魏明帝赠予波调以"亲魏大月氏王"的名誉位号①。在贵霜钱币学上，波调是最后出现的贵霜王，但他复兴了阎膏珍的政治思想，在钱币上铸有牵着牛的湿婆像。波调还多次派使与中国通好。

阿富汗地区的僧人对佛教文化东渐的贡献，史籍多有所载。《三国志·魏书·乌丸鲜卑东夷传》裴松之注引《魏略·西戎传》，汉哀帝元寿元年（前 2），贵霜王朝派使者来中国向西汉博士弟子景卢口授佛经——《浮屠经》。这是正史中关于印度佛教最早经阿富汗传入中国的记载。支娄迦谶、支曜、支谦、昙摩难提此云法喜、华言寂友、佛陀摩者等，都是来自阿富汗地区的著名高僧，在翻译佛经、传经方面，都有很大贡献。有些佛经，就是来自阿富汗地区。

东晋安帝隆安三年（399），山西襄垣的高僧法显和慧景、道整、慧应、

---

① 《三国志·魏书·明帝纪》。

慧嵬等，从长安出发，西渡流沙，越葱岭，到天竺求法。他那长达13年的长途跋涉的教旅，就经过了阿富汗地区。402年，法显到达了那揭国的醯罗城，即今日阿富汗的贾拉拉巴德和喀布尔之间的地区。他在途中翻越了一座"小雪山"，就是今日阿富汗境内的苏莱曼山。法显的贡献，是他将旅途见闻，写成著名的《佛国记》，为阿富汗以及西亚、南亚诸国历史及交通史，提供了重要的材料。

北魏太武帝年间（424—452），阿富汗地区的商人来到了北魏京城平城（今山西大同），向中国人传授了制造琉璃精品的技术。《魏书·西域传》对此事是这样记载的："世祖时，其国人商贩京师，自云能铸石为五色琉璃。于采矿山中，于京师铸之。既成，光泽乃美于西来者，乃诏为行殿，容百余人，光色映彻，观者见之，莫不惊骇，以为神明所作。自此国中琉璃遂贱，人不复珍之。"至今阿富汗的科克恰河谷仍有琉璃矿。陕西扶风法门寺地宫中有琉璃品20件，多属唐僖宗时西方国家所送贡品。有研究者估计为大食国贡品。我以为，其来自较近的阿富汗伊斯兰琉璃品，也是有可能的。

在南北朝时期，统治阿富汗地区的哒汗国和中国之间的经济文化交往情况，如伊斯兰琉璃品东传一样，其特点是作为伊朗与中国的中介地区，其交往于中国的活动，往往具有伊朗与阿富汗的双重性质。此外，频繁性也是一个突出特征。哒王在和北朝的北魏、西魏、北周之间，先后14次派遣使节来平城、洛阳和长安访问，并馈赠方物。其持续时间，从北魏太安二年（456），中经西魏大统十二年（546）直到北周明帝二年（588），历时132年。此外，北魏宋云于518—522年由洛阳去印度求经，也途经阿富汗地区，多亏哒王的诏书，使他得以通行其国。519年，他见到这位"凶蛮无礼""多行杀戮"的哒王，可能是摩醯逻炬罗（502—542）。宋云称，该王的毡帐方方四十步，王着锦衣、坐金床，以十金凤凰为床脚，有四十余国朝贡，四夷之中，最为强大。哒虽多交往于北朝，但在520年、526年、541年，也向南朝的梁武帝派遣使节，访问了建康。直到隋大业年间，吐火罗、哒还遣使贡方物，往来仍延续下来。

玄奘的宗教之旅

如果说张骞有大夏之行、有阿富汗的政旅，而玄奘舍身求法，经阿富汗的宗教之旅，在阿富汗与中国的历史交往上，占有其独特的篇章。

唐太宗贞观三年（629），玄奘从唐长安赴印度求法，往返都途经阿富汗地区。他先后到达过今日阿富汗的巴达赫尚省、昆都士省、巴尔赫省、巴米扬省和喀布尔省，一路上跋山涉水，历尽艰难。他经过阿富汗之后，才进入今日的巴基斯坦、印度和孟加拉等国。往返行程5万里，历时17年。

当时，阿富汗地区佛事颇盛。许多地方都有佛寺佛塔，建筑、装饰各现异彩。巴尔赫城（缚喝国的小王舍城）的纳缚僧伽蓝，是该国100多座佛寺中最著名的一座。它为先王所建，佛事代代相传，寺内佛像用名贵宝物营造，殿堂屋宇装饰着奇珍异宝。拥有佛牙、佛澡罐和佛帚三宝，装有金刚石及其他宝石，高达200多尺的佛塔中，供养着舍利。

玄奘在《大唐西域记·梵衍那国》中，对当时的阿富汗地区佛教圣地巴米扬的三尊大佛像有这样生动的描绘："王城东北山阿，有立佛石像，高四百五十尺。金色晃耀，宝饰灿烂。东有伽蓝，此先王之所建也。伽蓝东有输石释迦佛立像，高百余尺，分身别铸，总合成立。城东十二三里伽蓝中，有佛涅槃卧像，长千余尺。"

《大唐西域记》不仅是记载佛事的书，而且是中亚、南亚的历史、地理、社会生活的宝贵文化典籍。例如，对"睹货逻故地"的变迁，从四周疆界，到原王族子嗣断绝，各部落酋长和地方豪强各据一方，分为27国；继而叙述这27国又都臣属于突厥，并描写其地气候温暖，冬末春初，疫疠流行，对吐火罗人和地理记述之外，还记录"语言去就，稍异诸国。字源二十五言，转而相生，用之备物。书以横读，自左向右"。对居民多数穿着棉衣，较少用麻布，通用货币为金银钱币，式样不同于其他国家，也有记载。所有这些，对阿富汗东北这一块文明区的研究，都有参考实录史料研究价值。

玄奘对阿富汗地区观察很细。如巴尔赫古城（巴克特拉），他记载该城

"周二十余里，人皆谓之小王舍城也。其城虽固，居人甚少。土地所产，物类尤多。水陆诸花，难以备举。"在记载昆都士城时，指出它"别无君长，役属突厥。土地平坦，谷稼时播，草木荣茂，花果异繁，气序和畅。风俗淳质，人性躁烈"。

在《大唐西域记》中，经常可以发现作者的比较和连续性的思路。如在记载梵衍那国时，除有地理、物产之外，还提到其文字、风俗、教化和所使用的货币，都与睹货逻（即吐火罗）国相同，只是语言稍有差别，而居民外貌却大致相同。这一点为吐火罗民族的族源与衍化，提供了见证。与此有关的，据玄奘的观察，迦毕试国的文字与吐火罗国大致相同，但习俗、语言、教化却有不少差异，所使用的金、银铜钱的形制纹样，也不同于诸国。这对吐火罗人的融化于阿富汗，也是一个补充。

有趣的是，该书记载了迦毕试城东的"质子伽蓝"的故事，说的是贵霜王迦腻色迦（1世纪末2世纪初，或2世纪上半叶）把疆土扩张到葱岭以东，与中国接壤。河西蕃维慑于他的威势，把儿子送到贵霜做人质。迦腻色迦对质子以特别礼相待，让质子冬天住在印度，春秋住在犍陀罗，夏季回到迦毕试，并在这三处分别建一座佛寺，名为"质子伽蓝"。玄奘参观了迦毕试的佛寺"质子伽蓝"，他看到在各个房屋的墙壁上，都有这位河西蕃维"质子"的画像，其容貌和服饰，与中国很一致。后来，质子得到机会返回本国，但仍未忘却这个故居，不顾山川阻隔，不断送来对佛的贡献物品。因此，直到玄奘参观时，寺庙300多僧人仍在安居日和解安居日，大兴法会，为质子祈福行善。在质子的修习定禅石窟和佛院东门神像右脚下，相传都有质子藏的大量珍宝，还有铭文。因其神奇，盗宝者均不能得逞。

这是一个传奇式的阿富汗地区与中国历史交往的故事。它与迦毕试城是贵霜王朝的夏都的历史记载一致。迦毕试被称为"古都之墟"（贝格拉姆）的历史名城，经法国考古学者在1927年的发掘，发现了1至5世纪的大量货币及工艺品，也证明了玄奘关于"异方奇货，多聚此国"的记载。同时，也印证了玄奘关于这位容貌与服饰均与中国很一致的"质子"，确有其人，从而增加了这个传奇式交往故事的历史真实性。

除了玄奘之外，其他高僧也有许多关于阿富汗地区的记载，都可列入交往史，特别是慧超的记载，为社会状况研究，提供了珍贵资料。他在《往五天竺国传》中说，梵衍那"上至国王，下及黎庶，皆以皮裘为上服。土地足，驼、骡、羊、马……蒲桃。食唯爱饼"。还有文学家段成式，他在《酉阳杂俎》卷十《物异》记载俱时健国时，谈到乌浒河中的火祆寺，"相传祆神本自波斯国乘神通来此，常见灵异……近有大食王不信，入祆教寺将坏之，忽有火烧其兵，逐不敢毁"。这是一则伊斯兰教与祆教斗争的神奇记录，对阿拉伯人统治阿富汗时期的宗教状况，有其参考价值。

巴尔赫的景教徒与中国的文化交往

关于唐代《大秦景教流行中国碑》的研究，从它于明熹宗天启五年（1625）在西安府出土之后，中外学者、传教士发表的著作论文不下百数十种，其中以欧、美和日本出版者居多。但是，从阿富汗和中国的关系角度，来研究景教东传者，尚未见到。其实，《大秦景教流行中国碑》虽然所谈的是东罗马，或者伊朗的景教情况，它实际上是阿富汗和中国关系的一个历史实物见证。

景教（基督教的聂斯脱里派）在 7 至 11 世纪广为传播，据说，教徒达百万人，有 25 个大主教区，从叙利亚、伊朗、阿富汗传到中国。《大秦景教流行中国碑》的立碑人耶质蒲吉（叶俟布锡德，Yesbusid），不是别人，正是阿富汗的巴尔赫城景教主教米利斯之子。《大秦景教流行中国碑》碑文正面下部有叙利亚文，竖行书写，自左向右，译成中文是：

> 时在希腊纪元 1092 年（公元 781 年）吐火罗巴尔赫城教会长老米利斯之子、克姆丹（唐都长安）主教兼长老耶质蒲吉（Yesbusid，一译为叶俟布锡德）建立此碑石。碑上所刻有我们救主（耶稣）的真道，以及我们在中国诸帝王统治下传教的事迹。

这里所说的吐火罗是阿富汗东北部的一个古文明区,即大夏(巴克特里亚),4世纪起称吐火罗斯坦。其都城便是大夏城(巴克特拉),即巴尔赫,就是碑文中称的"王舍之城"。该城是景教向东方传播的中转站。景教是由伊朗传至此城,然后再传到中国和印度。作为该区景教主教米利斯之子,耶质蒲吉就是从此城而来长安。

碑文中有一大段提到的一个名叫伊斯(Issu)的人,也是来自阿富汗的巴尔赫城。正如碑文中所说,他是"远自王舍之城,聿来中夏"的白衣景士(即非专职神职人员,与神职人员"黑衣景士"相对称)。从碑文中看,伊斯是一位德学兼备的和有功于唐的巴尔赫人。他被封为"金紫光禄大夫、殿试中监"的三品官,又是皇帝的"赐袈裟僧"。他还是一位热心于景教事业的大施主,是《大秦景教流行中国碑》建碑的捐助者。他把皇帝禄赐的东西,"不积于家,献临恩之颇黎,布辞憩之金罽。或仍其旧寺,或重广法堂,崇饰廊宇,如翚斯飞。"

特别要提到的,是以伊斯为代表的、来自巴尔赫城的众多景教徒,不仅仅是为了传教而来到中国的。他们是吐火罗和西域九国发兵助唐,协助平定安史之乱的外援军队的一部分。唐朝和阿富汗地区的吐火罗国关系密切。天宝年间,唐朝曾以安息兵助吐火罗击败吐蕃的进攻。肃宗平定安史之乱时,伊斯等景教徒参加吐火罗军从柘羯军入唐,以补充唐军力之不足。肃宗诏其隶属郭子仪的朔方行营,征战于灵武、凤翔一带。在唐代宗永泰元年(765)的香积寺之战中,作为唐军的侦察部队的伊斯等景教徒,参加了收复两京的战斗。当然,军旅之时,伊斯等景教徒并未忘记教旅任务。在戎马倥偬之中,由于伊斯等景教徒的政治行动,仍获得了在灵武等五郡建立景教寺院的诏许。

上述碑文中记叙伊斯等巴尔赫景教徒参加郭子仪军而有功于唐的事迹,新旧唐书的《郭子仪传》均未记载。因而,这段碑文不但可补唐史之缺,而且实在是阿富汗与中国历史交往中的一段军旅、政旅和教旅的趣事。《大秦景教流行中国碑》的结束语,集中论证了伊斯与郭子仪的交往:

举此以明伊斯之美，大胜其人，而闻所未闻、见所未见也。盖圣教之内，有哀矜之行十四端，而食饥、衣裸、顾病、葬死，皆行之最著者。当时哀矜之行，伊斯倡之，而大人君子，如郭汾阳者，皆乐效之。由是圣教之类行，表白于人目也。

在结束语中，是把伊斯作为乐善好施、依仁施利、履行景教规的典型来描绘的。如说他"馁者来而饭之，寒者来而衣之，病者疗而起之，死者葬而安之"等等。若换一个角度看伊斯，他同长安人民和睦相处，友好往来，不愧为一位杰出的阿中文化交往使者了。

吐火罗与中国

有唐一代，是阿富汗与中国交往发展的高潮时期。吐火罗不但是佛教、景教向中国传播的中转站，而且是政治交往最为频繁的地区。

《旧唐书》《新唐书》《唐会要》《通典》和《册府元龟》等史籍，记载吐火罗与唐朝官方来往者甚多。例如，高祖武德年间，遣使入贡；太宗贞观九年（635），贡方物；贞观十九年（645），沙钵罗叶护贡方物；贞观二十年（646），以盛产玻璃的俱兰王忽提遣使献青金石；高宗永徽元年，献鸵鸟。此后，高宗显庆年间，献玛瑙树，高三尺；显庆二年（657），献狮子；以及咸亨二年（671）和永隆二年（681），献马及方物。玄宗开元年间，吐火罗有9次遣使献马、骡、胡药、瑞麦、香药等方物；天宝年间，有5次遣使来唐献马及红碧玻璃等方物。

这个时期，突出的历史交往是：

第一，有高规格的上层人物多次来唐。如玄宗开元二十六年（738），吐火罗遣大首领伊难如达干罗底来献方物。下面提到的乾陵蕃臣石刻像中的吐火罗王子羯达健、吐火罗叶护咄伽，都属这一类型。再如中宗神龙元年（705），吐火罗叶护那都泥利遣其弟特勤阿史仆罗入朝宿卫。

第二，唐设都督府。显庆中，吐火罗叶护那史乌泾波奉表告立，唐高宗派置州县使王名远到该国，以所治阿缓城为月氏都督府，析小城为24州，授乌泾波为都督。龙朔元年（661），授乌泾波使节月氏等25州诸军事月氏都督。

第三，吐火罗是唐抵御大食的前哨。《新唐书·西域传》的吐火罗条称："居葱岭西，乌浒河之南，古大夏地……其王号叶护。"吐火罗叶护弟特勤阿史仆罗于唐玄宗开元六年（718）向玄宗的上书中称，叶护部诸王、都督、刺史共212人，统领的地区大致相当于今阿富汗整个北部地区。吐火罗叶护那都泥利自其祖父三代以来，一直是这一地区"诸国之王"，并"于大唐忠赤，朝贡不绝。缘接近大食、吐蕃，东界又是西镇（安西镇），仆罗兄（那都泥利）每征发部落下兵马，讨论击诸贼，与汉军相声援于边境，所以免有渔侵"。大食在征服伊朗之后，积极北上和东进，威胁唐朝西部地区。吐火罗25州首当其冲。可以想见，吐火罗作为前沿阵地，同大食进行过长期激战，成为伊朗以东、于阗以西地区保护唐朝的重要力量。

第四，唐朝的置州县使王名远对吐火罗及其属地进行绘图。在其《西域图记》中，有于阗以西、伊朗以东16国分置都督府，及80个州100个县，126个军府，并在吐火罗立碑，"以记圣德"。直到唐中宗景龙二年（708），吐火罗仍然保持独立。

第五，与王名远的《西域图记》有关的，是《新唐书·艺文志》所载，高宗"遣使分往康国、吐火罗，访其风俗物产，画图以闻，诏史官接次，许敬宗领之"。此前，还有显庆三年（658），《西域图志》60卷、程士章的《西域道里记》2卷，可惜已经失传。

第六，互相出兵支援，属友好军事交往。如开元年间，胡羯师谋引吐蕃攻吐火罗，于是叶护失忙罗请求援助，唐以安西兵助讨，击败其进攻。还有前面提到的，吐火罗于肃宗乾元初年，与西域九国发兵助唐平安史之乱事。

见之于文物的，是唐高宗李治（628—683）和女皇武则天（624—705）合葬墓乾陵前的"蕃臣石刻像"。唐陵中置石刻从昭陵开始普遍化，到乾陵蕃将石像达61人。元代陕西行台侍御史李好文在《长安图志》的《蕃臣图》中记载：

高宗乾陵在奉天县。宋元祐中，计使游公图而刻之，防御推官赵楷之记曰："乾陵之葬，诸蕃之来助何其多也。武后曾不知太宗之余威遗烈，仍欲张扬夸大示来世，于是录其酋长六十一人，各肖其形，镌之宛琰，庶使后人皆可得而知之。

可见，元代此文犹在。文中说，参加葬礼的61人，被武后下令刻其形，并在石人背后刻上各人姓名。在岁久漫灭的情况下，有幸的在右一碑的13人当中，可以发现"吐火罗王子持勒羯达健"的名字。在他之前的是"波斯王卑路斯"。另外，在右二碑16人当中，除了"波斯大首领南昧""木（朱）俱罕（半）国王斯陀勒"（铁勒结骨部落酋长）和吐蕃使之外，下面还清楚可见的刻名是："吐火罗叶护咄伽"。持勒羯达健和叶护咄伽两位吐火罗使者，是作为唐朝的友好使者，和波斯王卑路斯、波斯大首领南昧等人一起并列，说明这个国家是两个政治实体，而吐火罗是独立同唐朝交往的。

哈烈国与明朝的往来

安史之乱及阿拉伯人入侵阿富汗以后，正史对阿富汗地区与中国之间的交往，记录渐少。然而民间往来，不会中止。

此后见之于文字记载的，当推李志常的《长春真人西游记》一书。李志常（1193—1256），元初道士。1220年，随其师丘处机西行，赴西域谒成吉思汗，经阿富汗的干塔里塞（穆尔加布河流域）、也里（今赫拉特）、巴达赫尚、巴尔赫、柔疾宁（加兹尼）、八鲁湾（喀布尔北的帕尔旺）诸城。蒙古军队的掠夺和复仇的行动，自然在李志常的笔下必录。但是，在该书上卷中，李志常还翔实地记载了阿富汗的地理情况和有关兴都库什山（大雪山）的沿途见闻。对丘处机随成吉思汗过巴尔赫的情景，他同样作了记载。巴尔赫城的察罕，曾在元朝任职，官至中书参知政事、荣禄大夫和平章政事。

中西交往的旅者、威尼斯商人马可·波罗曾在元朝任职。他在《马可·波罗游记》中，也详细叙述了他如何通过阿富汗的瓦罕走廊，以及沿途的气候、地貌及风土人情。

尤其应当提到的，是明朝时期的永乐、宣德年间，中国曾多次派遣使节往哈烈国（今阿富汗的西部，国都为赫拉特），而哈烈国王也重视同中国的交往。

哈烈国是帖木儿帝国的一部分，帖木儿大帝的儿子沙哈鲁为哈烈国王。帖木儿大帝在去世前不久曾打算进攻中国，但在1405年2月8日患病死亡，两国之间避免了一场战争。帖木儿大帝死后，他的两个继承者——哈里和沙哈鲁展开争夺王位的斗争。在撒马尔罕的哈里，遣使虎歹达将拘留的中国使节傅安送还，并贡方物。明成祖厚赉其使，遣指挥白阿儿忻台等往吊唁帖木儿大帝，赐新王哈里及其部落银币，并试图调解哈里和沙哈鲁之间的冲突。

明成祖永乐六年（1408），一度是驻帖木儿帝国使节的傅安，再次被派往西方。次年，当他从撒马尔罕到达赫拉特时，这里的哈烈国王沙哈鲁已经同意哈里的归顺，从而成为帖木儿帝国的唯一国王。在赫拉特使节和撒马尔罕使节的陪同下，中国使节于同年回国。永乐八年（1410），第二个中国使团到达撒马尔罕，而从赫拉特派出的使者也到达中国。永乐十年（1412），中国使节到达赫拉特，受到热情接待。两国互换使节。

哈烈国同明朝交往的突出事件是，永乐十一年（1413）和永乐十七年（1419）两次使团的大规模互访，并且都留下了记载活动的著作。

永乐十一年，明成祖派出了300人的庞大使团访问哈烈国。作为使团的典书记陈诚，同协助他工作的李暹一起，写下了《西域行程记》和《西域番国志》，记载了这个"西域大国"[①]的社会风俗、物产、贸易、文化和宗教情况。陈诚在《狮子赋》中，论述了中国古代"二气和而群心协，近者悦则远者来"的"和气熏蒸""华夷一统"的对外交往传统。陈诚还在一系列的西行诗中，以丝绸之路的开拓者张骞自况，表达出"人间宇宙宽"的开放思想，以及"安边宁口舌，制胜岂干戈"的对话式和平外交愿望。

永乐十七年，哈烈国王子乌鲁格·贝格率代表团访问中国。这个代表

---

① 《明史·西域传四·哈烈》，中华书局1974年版。

团包括使节、随员和商人共 510 人，规模比陈诚的代表团更大。当时，该国使节的随员之一的哈吉·盖耶索丁，写有《沙哈鲁遣使中国朝廷记》一书，介绍了该团在经过中国各地受到热情友好接待的情景，称颂了明代中国的强盛和文化、技术繁荣。

值得注意的是，陈诚、李暹和乌鲁格·贝格、哈吉·盖耶索丁在中国和哈烈国互访之际，正是明成祖永乐年间郑和七次下西洋的时期。一个是陆路，一个是海路，反映了当时外部交往的昌盛。

永乐十八年，即哈烈国代表团访问中国两年之后，乌鲁格·贝格王子同巴答赫尚使节来北京，特地送给中国皇帝一匹黑身白腿马，使明成祖大为赏识。

哈烈国和中国的经济交往在这一时期也有所发展。宣德七年（1432），明宣宗要求沙哈鲁为中国商旅经过哈烈国提供便利和保护。正统十年（1445），明英宗致函乌鲁格·贝格，引用了上述信件的同一内容。英宗天顺七年（1463），都指挥海荣、指挥马全被明朝派往哈烈。这是明朝最后一次出使哈烈的记载。中国出口到哈烈国的主要商品是瓷器。众所周知，在 15 世纪，中国的瓷器已发展到最高水平。乌鲁格·贝格本人还用从中国购来的瓷砖块来装饰别墅的墙壁。

阿赫马德沙与希尔·阿里

1747 年阿富汗建国时，正值中国清朝乾隆十二年，即中国封建社会的康乾盛世之时。

阿赫马德沙于 1762 年（乾隆二十七年）派遣使节来中国，向清朝贡物，以求修好。据魏源在《圣武记》中记载："爱乌汗（即阿赫马德沙）亦闻中国之盛，未知其道里远近，遂遣使偕来，欲一睹中国广大。二十七年入贡，为中国回疆最西之属国。"

1865 年（清同治四年），巴达赫尚已为阿富汗国王希尔·阿里所兼并，但该地区的独立部落，仍向清朝进贡 8 匹骏马。

结语

第一，在已知的历史资料中，近代以前中国和阿富汗的交往，主要是由汉王朝建立后中国向西部的拓展和联系所造成的。由于汉帝国所面临的多种外部和内部因素，以及由于汉帝国相对强大的国力，交往的主角主要由中国方面所扮演，这些情形，在汉以后的大一统王朝中依然存在。但由于资料的不够完备，这并不意味着古代中国和阿富汗的最初交往也是如此。事实上，从本书其他部分所涉及的先秦时期中亚人群进入黄河流域的情形来看，早期历史时期，中国和阿富汗地区的交往存在着许多目前尚不能有确切答案的过程。

第二，古代中国和阿富汗的交往的整体趋势是密切度不断增强。这一看起来似乎是不言而喻的判断可能不足为奇，但相邻的民族之间并非都是有如此清晰的历史进程。在我们所看到的历史资料中，古代阿富汗对于中华帝国具有相当程度的亲近感，而中国古代传统的"华夷一统"的理念，又在相当程度上使中华帝国的强势地位得到克制。这两种因素的并存和互动，使得古代中国和阿富汗地区诸民族能够得以稳定地得到交流。

第三，在近代以前，中国和邻近诸国中与阿富汗的交往，基本上是以和平的方式展开的。无论在中国历史上，还是在世界其他民族的历史上，这都是不多见的。这种情状是双方共同选择的结果：对于阿富汗来说，中国不是一个具有侵略性的国家，即使在其最为强大的时期，它所需要的，也不过是对其在国际秩序中的位置的承认；而在中国，武力是最不可取也是最后的选择，它需要的也不过是在"华夷一统"之外的"华夷之辨"中对华夏的认同。正是这一点，保持了古代中阿之间友好的往来。今天来看，古代中国主张的世界秩序，虽有值得批判的内容，但其中承认对方存在的合理性，以及倡导在和平的环境中发展双边关系，对于今天的国际政治关系仍有参考价值。

论阿富汗的远古文明

已故的阿富汗历史学家穆罕默德·阿里在其遗著《阿富汗简史》中,曾经指出:"阿富汗在中亚历史的各个时期中都处于显著地位。从以前的历史、丰富的考古遗迹,以及它在发展人类的思想和文化中所起的作用看,它能同世界上任何一个国家相媲美。它的文明至少要追溯到五千年以前。"①

的确,第二次世界大战以来,由于各国考古学家的共同努力,阿富汗原始文明的面貌,才初露端倪,从而填补了阿契美尼德王朝之前的文明空白。这就使人们有可能进一步全面认识阿富汗在中亚文明史上的地位。

一

20世纪50至70年代考古学的一系列成果,证明了阿富汗和许多国家一样,存在着原始公社时代。虽然至今还不能确定阿富汗现在的领土范围内,是否被包括在原始人群的迁住地带,但那时人们生活的主要活动是猎取野兽和采集可食用的软体动物和植物,则是完全可以确定的。

根据考古学家的发现,在阿富汗加兹尼省的达什基·纳乌尔地方出土的粗石器工具,时间约在20万年至10万年以前。这表明,旧石器时代的狩猎人群在这里生活过。在阿富汗东北的达拉伊·库尔的遗址中,发现了约

---

①穆罕默德·阿里系喀布尔大学文学院历史学教授,1972年去世,本文引用虞铁根同志未刊译稿。

800余件旧石器时代中期（莫斯特文化）的燧石制片器、石核、手斧，及各种刮削器和尖状器。这些石器大约属于公元前6万年至公元前3.5万年时期。当时，人们主要的食物来源是野山羊和野牛。这里发现人的头盖骨碎片（头颅两侧靠近耳部颞颥骨），有人认为，属于旧石器时代早期和中期的古人类——尼安德特人；有人则认为，更接近于现代人。无论如何，达拉伊·库尔遗址可以看作是由旧石器中期向晚期的过渡。但旧石器时代早期和中期的狩猎人群，生活在阿姆河附近，其证据就是在该河左岸的捷谢克·塔什洞穴发现的尼安德特男孩和该河沙石地带出土的莫斯特时代的工具①。

卡拉·卡马尔遗址是旧石器时代晚期的一个有代表性遗址。它地处从普勒胡姆里到塔什·库尔干沿途的谢别克村附近。这个山洞发现的遗存，最初被确定为莫斯特文化，后来又被否定了。这些刮削石器、细石器的斤器、钻孔器和骨质链具，与伊拉克的旧石器时代晚期相似。山洞中生活的猎人②，其居住时代大约在公元前1万年至7000年之间。他们以猎取野山羊、野马、鹅喉羚和各种禽鸟为生，不仅活动于开阔平原，而且广泛开发了山麓。不过，在兴都库什山的海拔1100米以上地段，却很少发现他们活动的踪迹。

阿克·库普鲁克遗址是旧石器时代晚期的另一个有代表性的遗址。它位于卡拉·卡马尔以西50千米处，在巴尔哈布河、马扎里舍里夫以南。这里有3个发掘点发掘了2万件旧石器时代晚期的燧石器工具，除了粗石器工具以外，还有石核、尖状器，及经过改进的片器、锐利的刮削器、尖端刻削式刻刀等细石器，其形状为三角形和弓形。这显然是用新的插嵌技术，创造了当时高效益的劳动工具。库普鲁克的B坑中所发现的许多骨质尖状器、钻孔器、打孔器等工具残片，经考证，它们是红鹿、黄牛、马、豺和狐的骸骨。在A坑中出土的一件雕刻于椭圆形石灰石上的人脸艺术品，有的研究者认为，它也许是亚洲最古老的、也是世界上古老的雕刻之一③。

---

① 维·拉诺夫：《塔吉克斯坦的两处石器时代遗址》，载《塔吉克斯坦的考古工作报告》（第8卷），杜尚别1962年版，第130—139页。
② C. 科昂，E. 拉尔夫：《阿富汗的卡拉·卡马尔的碳14年代》，1955年第122期。
③ L. 杜普雷：《最古老的雕刻的头像吗？》，《自然史》1968年第77期。

值得注意的是，库普鲁克的发掘表明，当时的人群已有驯化了的绵羊和山羊。据对碳化了的植物物质的科学测定，阿富汗北部兴都库什山脉的丘陵地带，也是人工培养植物的早期中心之一。这种驯化和培养，使得人类得以控制自己食物的来源，并创造了剩余食物。剩余食物的出现，不但导致了原始人群的分化，并且最终导致了文明的产生，因而被认为是新石器时代的革命①。

陶器在这个遗址中具有多样性特征。在库普鲁克一号和二号地层上，发现了用石灰石做成的粗制圆边宽底软陶。有一件烧得较好的、带有土耳其斯坦新石器时代的"之"字形雕刻风格的陶器。有些陶器和伊朗的霍吐、拜特山洞的新石器时代软陶极其相似②。和陶器一起发现的有石灰石锄头、石质碗碎片、雕刻的龟壳碎片和许多燧石工具。

在达拉伊·库尔遗址中，出现了第三个新石器时代的代表类型，这就是同克什米尔和西伯利亚南部新石器时代有密切联系的"山羊崇拜"。这里除了发现低于莫氏硬度五级的软陶之外，还有一些燧石工具和骨器、石灰石长刀、石珠。玄武石锤石和磨光的羊距骨堆在一起。在地表层露出的柱形坑，是帐篷或地下小棚留下的遗迹。最引人注目的是，在3个葬坑中，有驯化山羊连接起来的骨架，其中2个无头（是有意砍去头的），1个山羊骨架与3个小孩的骨骼碎片相连接。这种埋葬可能是一种礼仪意义，同中亚的"山羊崇拜"习俗有关。此类习俗从莫斯特时代一直到现代，都存在于中亚地区③。

二

畜牧和农耕是食物生产时代或产粮经济时代的标志。这种新的经济形

---

① Y. 乞尔德：《历史发生了什么事？》，1946年版，第32页。
② C. 科昂：《七个山洞》，纽约1957年版；S. 托尔斯托夫的考察，见 L. 杜普雷：《阿富汗》，普林斯顿1973年版，第260页。
③ H. 奠维尤斯：《切什克·塔什（乌兹别克斯坦东南）的旧石器晚期山洞》，《美国史前史研究会会刊》1953年第17期。

式,在阿富汗南部比北部出现得要早。新石器时代的猎人和捕鱼者密集于巴克特里亚平原。这里气候湿润,而且有从兴都库什山流下的河水溪流灌溉。新石器时代的许多分散游牧点,正是位于沙石和古三角洲沉积层交汇处。丰富的自然资源在一定时期保障了新石器时期原始人群的稳定存在。但是,由于人口的逐渐增加和动物群的枯竭,必须寻求食物的新来源。在阿富汗,禾本科是多种多样的,仅矮生小麦就有 50 多种,而且遍及坎大哈和东南地区。因此,正是在南方发现了古代农耕者和畜牧者的第一批活动遗迹。

距阿富汗边界不远的博兰山口附近,发掘出梅尔加尔居民村落遗址,时间确定为公元前 6000 年至公元前 5000 年。这里有砖坯建造的土房屋、大量的石制器皿和收割谷物用的石刀。这个象征新时代文化特征的遗址中,有几何形的细石器,使人联想到它同旧石器和新石器时期的狩猎者与采集者的文化联系。在阿姆达尔因附近的猎人游牧点上,也发现了与梅尔加尔遗址几乎完全相同的梯形工具。从梅尔加尔遗址发现的彩色花纹陶器看,类似的遗址绝不是唯一的。因为这是早期农耕文明的固定标志。在农耕文明中,对实用艺术是相当注意的[1]。

然而,在阿富汗境内发现的定居农耕者和畜牧者最早的遗址,只有坎大哈的孟吉卡克、德赫·莫拉希·格洪达和赛义德·卡拉这 3 个。

大约在公元前 4000 年至公元前 3000 年,这些遗址位于肥沃的土壤和丰富的水源的优越自然地带,有利于早期农业的发展。孟吉卡克遗址[2]从一个小的半定居农业村落,发展成为一个设有粮仓的城镇。很可能,它在那时还是印度河文明区的一个地方首府。它的最下层发现了许多陶轮工具制成并饰有花纹的陶器。陶轮工具的使用,表明了技术的进步和专业化生产的发展。从图案装饰类型看,它同俾路支和南伊朗早期农耕文明有着共同点。

在赛义德·卡拉遗址中,发现了女性小陶塑像,其类型与南土库曼遗

---

[1] J. F. 加里格,M. 列契瓦里尔:《梅尔加尔遗址文物》,载《中亚考古》(第 1 卷),那不勒斯 1979 年版。
[2] J. M. 卡萨尔:《孟吉卡克遗址:法国考古队在阿富汗的回忆录》(第 18 卷),巴黎 1961 年版。

址中发现的人像相似。这反映了地区农耕畜牧公社之间的联系加强的情况。考古发掘表明，坎大哈一些农牧部落的冶金业也有很大发展。用铜和青铜制作的带鼻斧头、匕首和各种饰品，广泛地使用了封闭式浇铸技术。

公元前 3000 年，这些农牧部落文明发展到繁荣时期。孟吉卡克三号和莫拉希二号是一个重要标志。从文化层显示的情况看，孟吉卡克是一个比莫拉希大得多的遗址，它高 20 米，最宽达 150 米。在较早时期的文化沉积层所形成的丘陵上，矗立着雄伟的建筑物，建筑物的正面用半圆形柱连作为装饰。这个遗址很可能是统治者的官邸。

在莫拉希，发现了一座用干砖坯砌成的神殿遗址，周围有很大的围墙，墙上装饰着尖锐的突出物。殿内有 1 个索布山谷类型的小赤陶"母神"雕像①、1 个彩画酒杯、1 个石图章，还有铜酒器碎片，驯化了的山羊角和肩胛骨。其中有一个磁铁小瘤，据推测，可能同人类文明起源的生殖崇拜有关。这种现象较普遍，在中国西北地区即有类似的陶祖。磁铁小瘤及"母神"像出现于神殿，估计莫拉希二号遗址是一座半定居人群调整生殖力的神殿遗址。该遗址砖顶有拳头大的半碳化大麦粒，砖心杂有人工改良的和野生的谷粒②。

这些农牧文明的居民，曾经不断遭受游牧部落的侵袭。孟吉卡克遗址反映了两次入侵迹象。第一次入侵者从伊朗北部攻入，毁灭了这个村镇。但当地居民很快在废墟上重建，并且达到了包括上述宫殿和庙宇那样建筑的文化顶点。入侵者想必是游牧民族，在大肆劫掠之后便离去了。另一次入侵可能来自中亚，这些原始居民像他们的祖先一样，又进行了重建，并达到了新的顶点。他们建筑了"大纪念碑"，这个宗教建筑物使人怀疑是为了人祭而设。还有一些面部丑陋而胸部健美的女性小雕像，被认为是代表甘种饮食之神③。莫拉希二号遗址也是半定居状态，似乎幸免于毁灭，这可能是因为还不那么富裕，所以没有吸引入侵者贪婪的眼睛。但是这里的居民仍缓慢西

---

① W. 法尔塞尔维斯：《西巴基斯坦索希和罗拉拉伊地区考古发掘报告》，纽约 1959 年版。
② L. 杜普雷：《德赫·莫拉希发掘报告》，纽约 1963 版，第 126—131 页。
③ S. 庇高特：《史前印度》，米德来赛克斯 1960 年版。

迁，处于半定居状态。孟吉卡克居民则不幸得多，约在公元前第二千纪中期，六号、七号遗址似乎证明，这里又为突然袭来的讲印欧语的部族——其他游牧民所占领。

在阿富汗发现的一系列陶器的形状和装饰图画的主题，同印度哈拉巴文明十分相似。这可能与位于印度河谷的哈拉巴中心地，到阿富汗巴达赫尚采取青金石这件事有关。在古代东方，把这种美丽的蓝色石头看作是最珍贵的、有魅力的东西。青金石在公元前4000年就传到美索不达米亚和埃及等遥远的地方，除了多层次交换之外，同哈拉巴文明社会自然有更多的直接贸易和文化交往。1975年，在阿姆河岸发现的肖尔图加居民点遗址，在其下层就有典型的哈拉巴陶器，这是古文明密切联系的证据。

雄伟建筑作为从农业中分化出来，并转为手工业专业化生产的表现，为文明社会的形成提供了明显的标志。在孟吉卡克的一个地段，发现用矩形砖（晚期有轻微缠结痕迹）砌成的正方形围墙。后期的孟吉卡克，已开始了从农耕公社的村落向城市型居民点的意味深长的转变。但是，并不能否认游牧民的物质文明的大量存在。游牧文明是阿富汗社会生活史上重要的特征，它在各个发展阶段都不能被忽视[①]。在阿富汗发现的精美的三棱铜射镞、手镯、耳环，表面黄中带黑和黄中带红的饰文彩陶、赤陶的人物和动物雕像，都是很吸引人的。例如，彩陶的斜点玫瑰花饰，松散而轻悠的多层螺线、波状线、棋盘图案；山羊型的自然主义风格；穿皮制盔甲的骑手；等等。

三

锡斯坦文明是公元前3000年阿富汗南方农耕部落文明。在这里，赫尔曼德河三角洲对灌溉农业的发展起着十分有利的作用。这个遗址的已知几十个居民点均属农耕部落，发现的彩陶都是用陶轮工具制作而成的高质量产品。此外，在今伊朗境内与它相近的沙赫里·索赫杰这类部落的都城遗址，其中

[①] A. 里赛：《古代中亚艺术》，伦敦1964年版，第5页。

青铜女性铸像是从美索不达米亚运来的。这个遗址类似孟吉卡克，属早期城市型的居民点。

公元前 3000 年时期，南方农耕文明处于繁荣时期，早期农耕者的村落很多。这些定居的农耕者组成了带有新石器时代面貌的古老文化的公社。阿富汗北方这一时期文明状况的特点，还不能断定。而从"山羊崇拜"文化层中发现的写器和制陶工具的粗糙程度看，南方另外还有几处同时代尚处于文化发展比较低级的山地猎人和畜牧者的游牧营地。

公元前 2000 年，这两类南方农耕文明，由于不完全明白的原因衰退了。大多数居民点被闲置起来。

但是，北部的文明却高度发展起来。属于这一文明的一系列有价值的文物出土，其中包括金银制品①。在达夫列塔和马扎里舍里夫之间，发现了几十个农耕者和畜牧者的居民点遗址，它们聚集在五六块绿洲地带。绿洲旁有不大的河流，利用汛期灌田，遗址中的输水渠道仍清晰可见。肥沃的黄土加上水利灌溉，使它在青铜时代已形成为绿洲农业区。普遍使用牛犁田。每块绿洲都成为一个中心。居民点已是很发达的坚固筑城体系了，它有面积不大的直角堡垒。堡垒周围有砖坯墙，墙的每角筑有圆形塔，沿墙的周边有半圆形塔矗立。这从外观上反映了公元前 2000 年时绿洲居民文化的富有特点的发展水平。

居民点旁设有专门的双层炉的陶窑，和烧制陶轮做成的陶器坯。陶器上无任何装饰图案。彩陶随着传统早期农耕的实用艺术的衰落而消失了。冶铁匠、制铁匠和首饰匠，生产着各式各样的手工产品，如各种斧头、镰刀、镜子和带有图案花形的佩针。山羊、绵羊、牛等动物，也成为艺术图形的主要对象。引人注目的是大量武器的出现，如剑、镖、战斧等，还有腰掖战斧、满腮胡须的骑士的雕像。所有这些，表明了当时是一个充满军事冲突的不安定年代。

刻制印章可能成为一个专门的手工生产行业。在这里出土了大型透孔

---

① B. N. 阿里阿尼吉：《阿富汗的古代农耕者》，莫斯科 1977 年版；P. 阿迈特：《巴克特里亚史前史》，大马士革 1977 年版。

的青铜印章，这种印章经常仿制成人或动物的身形。另一类是各色各样的画像石制印章，其中有富于想象力的长有双翼飞翔的狮子印章。古代阿富汗艺术的优秀代表作，是一个坐着的妇女的小石像，她的身躯是用暗色蛇纹石，头是用浅色大理石雕刻而成的。这些雕像具有遥远的美索不达米亚艺术原则的明显印记，反映了当时文明交往的开展而使雕刻艺术走向文明的融会统一。

整个说来，上述发达的文明，在阿富汗北部没有形成为当地的早晚期农耕文明。阿富汗北部有独特风格的大夏（巴克特里亚）平原文明，可能是直接代替了具有古老而在很多方面又具有新石器时代风貌的狩猎畜牧文明。大夏文明和南土库曼青铜文明直接相关。公元前2000年，南土库曼文明中心阿尔金·杰别、纳马兹·杰别逐渐衰落。居民部分地东迁至墨尔加布河三角洲，随之而来的是这种文明的城市型居民的移动，从而带动了北阿富汗地区的开发。这是一个复杂的过程，在这种各种各样联系加强的背后，隐藏着部族群体的迁徙。距北阿富汗青铜器时代城堡不远处，发现了新石器时代的村落遗址，还有粗糙的塑造器皿，其中有典型的中亚和哈萨克斯坦北部草原畜牧部落的文物风格。

迄今为止，阿富汗北部尚未发现青铜时代大型的城市居民点[①]。看来，早期农耕者垦荒的集中过程相当缓慢，大多数分散居住在彼此相距不远的小村落，组成了许多不大的、独立的社会机体。这种占多数的公社，有共同的雄伟建筑，负责共同事务。在达史勒三号遗址中，发现了两个这样的大建筑。一个面积为130平方米的正方形建筑，中央为一圆形堡垒，堡垒上有稍微从墙上突出的直角塔。堡垒内部有神殿，靠墙设有祭坛和谷囤。这是供全公社使用的祭祀中心，是公社集体努力建造的。它不仅是公社思想统一团结的象征，而且是一种行政和经济中心。另一个是84米乘88米的直角形建筑物，有一个设有各种贮藏室和一个不大的带有祭祀壁龛的房屋，外墙饰有半露的壁柱。这是一座供奉神灵的庙宇，也是一个祭祀和经济中心。

迄今为止，考古学家们还没有发现贵族陵墓及珍贵文物。可是，在北阿

---

① A. B. 维诺格拉多夫：《阿富汗北部的石器时代》，莫斯科1979年版。

富汗地方，也偶然发现有带艺术浮雕的金器皿，这些文物或来自富有的殡葬，或来自庙宇的财宝库。可以推断，公元前 2000 年，在北阿富汗已经发生了古代东方型文明形成的积极发展过程，虽然它和阿富汗南部公元前 3000 年形成的文明气氛圈不同。可以认为，社会财产分化过程，同时奠定了社会不平等的基础。

四

创造阿富汗这些远古文明的是哪个古代民族？根据现在有限的考古资料，还不能作出确切的回答①。有的学者认为，在早期农耕时代，这里已经居住着欧罗巴型的居民，按人类学类型划分，它们属于或接近阿富汗现代居民。有的学者指出，相似的人类学类型在大多数中东地区的许多农耕文明中也出现过。从南土库曼到中亚西北地区，在哈拉巴文明②中都有类似类型。分析哈拉巴印章的刻字类型，他们的语言应属印度南部德拉维原始部族的达罗毗荼语，这种语言在古代相当广泛。带有刻字的印章在南土库曼也出土过，因此，不能排除南土库曼、北伊朗和阿富汗早期农耕部族的不同群体，也讲过德拉维语这种原始语言。相反，同这种语言相联系的南部伊朗，出现了埃兰语文物。

根据现有资料推断，现在阿富汗大多数居民，其源头可追溯到公元前 2000 年居住在这里的、操印度-伊朗语的民族群体。古伊朗语和印度语来源于统一的语言，从这种统一语言中，他们继承了语法结构基础和基本词汇。印度、伊朗按他们民族的自称和应用的统一，不限于语言方面。这种雅利安人的统一，在宗教、神话观念和史诗传说中，都有许多相似的东西。

印度、伊朗共同性的概念，使我们可以确定，这是一个熟悉农耕、以牲畜为衡量财富尺度和已经分离出军事贵族③的民族。这些贵族的首领有权

---

① R. S. 达维斯：《阿富汗考古学》，伦敦 1978 年版。
② 《不列颠大百科全书》（第 9 卷），1974 年版，第 339 页。
③ 军事贵族，其专用词为"战车战士"，即"拉塔史塔勒"——站在战车上的人。

力的成规，而成规的逐渐扩大，更成为有无限权力的酋长。操印度语的民族，分两股从西北向东南方向流入北印度，然后分散居住在这里，与当地操德拉维语的居民杂处一起。德拉维语强烈地影响到北印度的雅利安人语言，可以作为证明。许多作者认定，里哥维达作为这些古老语言最古的文物遗迹，在公元前 12 至公元前 10 世纪内，但它们的普及应在公元前 1000 年间。当然，这些事件不能涉及阿富汗境内，而公认的事实是①，印度雅利安人的祖先在某些时候，和伊朗人的祖先一起居住在中亚和阿富汗境内。

在近东与伊朗语言群有联系的雅利安人原有的名称和术语，最早出现于公元前 3000 年中期。伊朗语的部族大约在公元前 1000 年初已经定居在今阿富汗地区和中亚地区，他们给一些地区所起的名称保留了几百年。由此可以得出结论，在公元前 2000 年后半期，或者更早些，开始了伊朗民族迁往阿富汗及其邻近地区的过程，他们在语言上与当地人同化，可能已经印度化了。操伊朗语的游牧民族居住的原始地区，多半在多瑙河和乌拉尔河之间的大草原上。他们东迁的过程多种多样。其中一部分人通过高加索到达近东，一部分人到里海偏东地区②。

概括阿富汗的原始文明，可以看出有三种类型：首先，是在当地农耕居民传统文明基础上发展起来的古代东方型文明。南土库曼山脚地带和墨尔加布河三角洲的纳布兹姬加五和六号遗址类型，及沿阿姆河中游左右两岸的吉尔达、达史勒和萨巴里遗址类型就是如此。它在公元前 2000 年同美索不达米亚和西伊朗许多地区的文明有密切联系。艺术品中的双翼狮子，与野兽斗争的英雄，以及战斧、匕首等青铜器中，都表现出这种联系。其次，是中亚和哈萨克斯坦式的古文明。这种文明表现在阿姆河左岸发现的青铜器文物，粗糙的雕塑器皿，以及简单地用尖刻物画出花纹的装饰图案。再次，是综合类型的古文明。它以独特的混合为标志，即高度发达的地方文化传统的粗犷形式与青铜时期草原部落地区的成分相混合。阿富汗肖尔图加遗址，及在南塔吉克古墓中，都有此类遗存。

---

① N. M. 第雅可夫：《雅利安人在近东》，《古代史通报》1970 年第 4 期。
② R. S. 达维斯：《中近东旧石器时代》，伦敦 1980 年版，第 231 页。

上述复杂的情况，从文明交往上反映了新的民族部落由分散到定居的过程。新迁徙民族遗传上与欧亚大陆草原地区相联系，但在迁徙过程中，也吸收了西亚的文明；同时，在语言上也经历了印度-伊朗语与当地居民语言上的同化。在经济领域中，仍保留着当地高度发达的定居农耕传统占优势的地位。在那个时代，印章上诸多复杂的题材反映了印度-伊朗神话。这种情况并不是偶然的现象。

总之，这是阿富汗古代部落和民族史中最重要的时期，是阿富汗现代居民的直接祖先形成的早期篇章。正如阿富汗史学家穆罕默德·阿里所说："当埃及和巴比伦正在为人类思想和文化艺术服务的时候，阿富汗是当时文化的摇篮……雅利安人在阿富汗首次定居下来，然后从这里迁往印度和西方各国。"①

迁徙，就像人类文明交往过程中的一个漫长的链条。从远古时代起，就由环境、气候的变化和人口的增加，或者，由战争和其他复杂的原因，经由分散—定居—再分散—再定居的环节，在文化上的外化和内化的冲突与融合过程中，形成了各种文明的中心区域。阿富汗在远古时期，已经处于迁徙的路线交叉处，预示着它以后成为东西方文明的枢纽地区。

---

①穆罕默德·阿里：《阿富汗简明史》，虞铁根译，普什图文1970年版，第1页。

阿富汗的古代城市文明

城市是人类文明的最重要标志之一。我们知道，"文明"（Civilization）一词来源于拉丁文的 Civis 和 Civatas，即"城市居民"与"社会"。它含有"城市化"或"城市的形成"等含义，可见城市与文明关系的密切。因为城市一旦形成，便意味着史前生产方式的村落生活方式的基本结束，和新的生产方式、交往方式、社会组织和城市生活方式的出现。古文化—古城市—古国家，它们以递进方式，宣告了文明时代的不同阶段。同样，城市的发展，也表明了社会的进步和人类交往的变迁。"城市革命"是人类从史前进入文明的巨大变革。以城市为邦国，是人类文明发展新时代的标志。

阿富汗是古代文明的枢纽地区，文明交往十分独特，经过了早期城市的阶段之后，又经过了古波斯阿契美尼德王朝时期。在城市发展方面，以希腊大夏王国和贵霜帝国的城市文明，最富有特点。本文仅就此作一简要的论述。

一、千城之国——希腊大夏王国

大夏在西方史学著作中称为巴克特里亚，即 Bactria。它处于阿姆河上游以南，包括今日阿富汗北部地区、乌兹别克斯坦和塔吉克斯坦的阿姆河沿岸地区南部，以及土库曼斯坦的一部分。该地区早期是古波斯阿契美尼德王朝的东部省区。马其顿亚历山大的军队东征的结果，在大夏地区最终产生了一个特殊的、以希腊人为统治者,地跨中亚、南亚的大国——希腊大夏王国。

这个国家是公元前 3 世纪中期,由塞琉古帝国分离出来,经历了两代王国而完全建立起来,并向印度北部扩张①。约在公元前 2 世纪中期,北方游牧部落塞人(以吐火罗为主)灭希腊大夏国建立塞人吐火罗大夏政权,后又为大月氏所灭。此后该地区被称为"睹货逻故地",或称吐火罗斯坦。8 世纪,阿拉伯人占领了该地区。

古希腊罗马的传统史学,把希腊大夏王国称为"千城之国",可见当时城市文明是相当发达的。斯特拉勃(Strabo)在《地理志》中,描写攸提德姆斯国王管辖着大夏的千余个城市,而久斯特(Just)则认为,早在第一代国王狄奥多托斯统治大夏时已有千余个城市。这些说法虽有不同程度的夸大,可能有文学上的夸张手法,但它却反映希腊大夏王国时期城市生活迅猛发展的真实情况。可以作为文献资料证明的,是伊西多尔·哈拉斯基的旅行手册中描写了许多城邦国家的名单,其中在阿利亚、德兰吉安纳和阿拉霍西亚,就有 21 座城市和许多村庄。根据考古发现,在马尔吉安纳存在着巨大的农业型的居住区。公元前 1 世纪,尼萨的帕提亚文件中提到众多有巨大公共建筑的村庄(Qryt),可作为旁证。

可惜的是,这些文献竟找不到作为希腊大夏王国"城市之母"的都城巴克特拉(Bactra);因此只能推测托密勒《地理志》中所列的 18 座城市中的许多城市,可能都是希腊大夏王国时期的城市。所幸的是,司马迁《史记》中记载了张骞有关大夏城市的见闻资料。公元前 129—公元前 128 年,张骞到过大夏,他对这个"民多,可百余万"的大国印象最深的是:有众多"城屋""城邑",其居民"畏战"而"善贾市",甚至可以从东南数千里之外的印度买回中国的"邛竹杖、蜀布"。以商贸为特点的居民群,自然和发达的城市是密切相连的。特别重要的是,他提到了昔日是希腊大夏王国中心、

---

① 希腊大夏国的历史,早在 18 世纪就引起欧洲学者的兴趣,当时一批古钱币流入欧洲。根据这些钱币,该国王朝体系初见端倪:建国者为狄奥多托斯(Diodotus)、攸提德谟斯(Euthydemus),以下依次为:Pantaleon, Agathoclcs, Strata/Apollodotus, Eucratides, Helio-cles, Hermaeus。彭树智:《阿富汗史》,陕西旅游出版社 1993 年版,第 52 页。

在大月氏大夏王国时仍为"其都"的"蓝市城",其特征仍为"有贩贾诸物"①,是一座商城。

  根据许多研究者所作的结论,蓝市城是亚历山大城(Alexanderia)的略译。但是,在古希腊罗马的文献中,都是用巴克特拉来称呼希腊大夏王国的都城的。在托密勒和斯特拉勃的著作中,称巴克特拉为扎里阿斯帕(Zariaspa)。巴克特拉城对亚历山大的东征,是一个关键要地。公元前329年,亚历山大攻占该城后,就以它为根据地,北定粟特,南征印度。亚历山大还把巴克特拉作为政治中心。在攻占该城第二年,即公元前328年,为拉拢当地波斯贵族,与奥克夏特之女罗克珊娜实行政治联姻,娶罗克珊娜为皇后。亚历山大城已先后在东征路线上的德兰吉安纳、阿拉霍西亚和喀布尔建立,巴克特拉虽未被命名为亚历山大城,但其重要地位远高于其他亚历山大城。这可能在口碑相传中称为亚历山大城,在张骞来该城时,仍然沿用略译的名称"蓝市城"。不过,《后汉书·西域传》中提到贵霜帝国"灭濮达"以扩大领地。濮达,可说是距 Bactra 最近的汉语对译②。当时,濮达仍是大月氏大夏王国的政治中心。因此,蓝市城和濮达可能是当时共存的、对巴克特拉的不同称呼。

  对于巴克特拉即蓝市城所在地的研究考证,是世界许多国家的历史学家和考古学家长期关注和多年来兴趣不减的课题。朱杰勤认为,此城应在位于木鹿城(Maru. Marv)西南、突斯(Tus)以东的"昔剌斯"(Serskahs)城,即阿拉伯地理学家所说的,位于 Heriruel 河畔的古城。较为多见的说法,是今日的阿姆河南岸的巴尔赫(Balkh)城。从1923年起,法国考古学家们在阿富汗进行了独立的发掘。该城遗址四周以长度为75千米的高墙所围,这些加固的城墙遗址被认为属于希腊大夏王国时期。9至10世纪的阿拉伯学者已经发现这个遗址。考古工作者对公元前3至1世纪的巴克特拉城绘了复原图。被发掘的巴拉-希萨尔(Bala-Hissar)地区是该城的中心地区,面积约为120公顷。城墙旁的壕沟灌满了来自巴克特拉河的河水,用以保护城墙。这一河流的古河床现在已无法确定。从巴拉·希萨尔向南的地区,发

---

① 《史记·大宛列传》。
② 张星烺:《中西交通史料汇编》,中华书局1978年版,第64页。

现了贵霜王朝前期的大片土层。美国考古学家们对南墙地区的发掘表明，巴克特拉城外有广阔的郊区，建筑有防御工事，南墙被断定为希腊大夏王国陷落以后修筑的①。

然而，对巴拉·希萨尔遗址发现的古城墙，有些研究者认为，是中国式的方正墙，出土文物证明不早于贵霜时期，还有更晚期的类似伊斯兰的城堡。因此，这是不是希腊大夏王国的都城巴克特拉，就成为疑问。1953年，各国考古学家都在继续寻找巴克特拉古城，企图揭开这个"幻想王国"之谜，但仅在喀布尔附近发现了一些希腊大夏王国的钱币而已。

考古发掘上所见的另一座古城是阿伊哈努姆遗址，位于喷赤河南阿富汗一侧的河岸上，可能是希腊大夏王国的亚历山大乌浒河城②。这个古城遗址现名阿伊哈努姆（Ai-Khanoum，乌兹别克和土耳其语，意为"月之新娘"）。1962年，阿伊哈努姆的阿富汗农民，把该地出土的古希腊式石刻雕像送到了法国考古学家手中。从1963年开始，有法国、美国、苏联和日本等国考古学家相继进行发掘，一直到苏联入侵阿富汗终止。从已发掘的成果看，该城由上城和下城两部分组成。上城坐落在长1800米、宽1600米的高地之上，下城位于高地西北面的平坦地带，西南面紧靠喷赤河左岸支流科克恰达里河。下城的东北面有望楼、城门，并有坚固城墙环绕。从城门到科克恰达里河岸，有一条宽阔笔直的主要大街穿过整个下城。这条大街与喷赤河岸之间，有许多值得注意的建筑物。首先是被称为"衙署区"的庞大宫殿建筑群，其中心是一个面积为136米乘108米的大庭院，116个石柱回廊沿庭院围绕，柱头是希腊科林斯式柱形。柱廊式门厅装饰东北面的大门，在西南面，与庭院相接的是一个多柱的宫殿大厅。南面有较高较宽的正面柱廊，与其他三面的柱廊一起，构成了典型的罗得岛类型的波斯式院落。

从建筑风格看，宫殿大厅和全部回廊中的立柱，都是古希腊式的规格。装饰于石柱顶端的是大理石的科林斯式柱头。柱础、石砌壁柱都属于古希腊

---

①杨：《巴尔赫·巴克特拉的南城墙》，《美国考古杂志》1955年第5期。
②有的研究者预测，这就是"幻想王国"之谜的巴克特拉城遗址，即张骞所说的"蓝市城"（亚历山大城）遗址，但有待该古城遗址的继续发掘来证实。

风格。石块连接处不用灰浆，而在特殊的榫眼中使用金属扒钉。这种石砌技术，说到底也是源于古希腊的建筑传统。建筑也表现出古希腊的审美情趣，如墙面浮雕是带有狮首形象和屋顶的檐口雕饰。但是，值得注意的是，同时也存在许多东方式的建筑风格与古希腊风格并存的现象。与柱廊式门厅中科林斯式柱头一起装饰石柱的，是方形阶梯式石基上的扁平圆形基座，这种基座是典型的古波斯阿契美尼德式柱础。与阿契美尼德式建筑风格协调一致的还有3排、每排6根组成的18根柱子支撑的宫殿大厅[①]。整个宫殿大部分墙体的砌造，都是用当地生砖坯技术。宫内房间的平屋也不是古希腊式的，而是东方的建筑传统。

主要大街与喷赤河之间还有一个该城的创建者的陵墓——"英雄墓"。从墓中发现的希腊语铭文中可以辨认出安葬者的名字叫基涅伊。为了在"英雄墓"石碑上摹刻至高无上的神谕，铭文作者克列阿尔赫根据基涅伊的命令，专门考察了位于古希腊福基斯西南的宗教中心德尔福城。"英雄墓"和古希腊同类建筑一样，由只有一个出口的封闭大殿和位于大殿前方（有两根支柱）的大厅构成。支柱是木质的，下面方板状的柱础为石质。整个陵墓建筑在一个梯形台地上，而且多次改建，后来靠近基涅伊的石棺处，又埋葬了某些有影响的人物。

在喷赤河北岸发现的萨克萨诺呼尔古城址的古建筑群遗址，大约和阿伊哈努姆同时建成。它虽不在今阿富汗区域内，而是位于塔吉克斯坦南部的帕尔哈尔斯克区，但都同属于希腊大夏王国时期的城市。整个建筑式样的原则和阿伊哈努姆相同，不过宫殿要小，也要简单一些。这个城市的改建和重修，持续至3世纪。

希腊大夏王国的城市中，有相当一部分是在以前就存在而以后加以扩大的。巴克特拉是这样，塔克西尔也是这样。新兴起的城市多以居鲁士城、亚历山大城、安提俄克城、德米特城等国王的名字命名。考古发现，凯·科巴特·沙古城遗址等新兴城市中有许多没有统治者的卫城城堡，统治者的宫

[①] 纯粹的古波斯阿契美尼德王朝的大厅和廊柱，发现于1960年，地址在阿富汗的锡斯坦。

殿与其他房屋相邻而居。早期的城市居民点，是在统治者的卫城城堡旁形成；而希腊大夏王国时期，城市首先是作为手工业贸易中心产生的。

城市生活的繁荣，必然要加强城市的政治意义。现在还没有资料充分证明希腊大夏王国城市自治的情况。张骞所谈大夏"无大君长，城邑往往置小长"①，是希腊大夏王国亡于游牧民族以后的情况，主要是指政治割据、各自为政的局面，而不是城邦组织的存在。古钱币学的研究，证明了这一点。

二、城市的繁荣——贵霜时代的阿富汗

上面谈到，古希腊罗马史学家盛赞希腊大夏王国为"千城之国"。但他们并不了解贵霜王朝时期，所以，竟没有谈到这个时期大夏、犍陀罗、锡斯坦，及其邻近地区城市文化繁荣情况。其实，贵霜帝国是公元前1世纪至3世纪的中亚、南亚大国，它的版图包括今日的阿富汗、巴基斯坦和印度北部。贵霜王朝时期，阿富汗地区处于政治稳定和古代文明的高潮，其经济基础是普遍的水利灌溉农业和高度专业化的手工业。所有这些社会进步的最明显标志，就是城市生活的繁荣。

托密勒编的《地理志》适值2世纪中期。他列举了阿列亚的39座城市和村庄的名字，在帕洛帕尼萨德有16个，在德兰吉安纳有11个，在阿拉霍西亚有12个。古希腊罗马世界对商路干线经过的阿列亚最为了解。因此，托密勒记载较多。托密勒还列举超出大夏地区的18个居民点，他认为，这些居民点都是城市。如张骞所记，公元前2世纪，大夏已有100余万居民，而在此后二三百年间，居民无疑会大大增加。大夏都城巴克特拉仍保持着"城市之母"的传统地位，在一个时期还起着贵霜王朝京城的作用，而且经常是这一王朝两个组成部分的行政、经济和文化中心。暂且以现今已发掘的巴尔赫城址为历史上的巴克特拉，可以看出，该城有所扩大，周围的新城墙外修起许多房屋。杰别·扎尔加兰地区人口特别稠密。郊区有用砖坯建的佛

---

① 《史记·大宛列传》。

教寺塔，现存有多庇·卢斯塔姆遗址。

大夏地区北部最重要的中心是铁尔梅兹，它是贵霜王朝城市繁荣的标志之一。据考古发掘，这一时期铁尔梅兹的文化层达到 6 米①。在它的郊区，不仅有陶器和铁制品作坊，而且也发现许多佛教中心，有两座著名的佛寺遗址保留下来。

贵霜时期城市建筑设计的特点，是正方形或稍具正方形。整个城市结构表明了，这些城市是中央政权集中活动的结果。城市的中心是事先设计和定期建筑起来的。它用厚固的高墙包围，墙上修有彼此距离相等的塔楼。这种按照贵霜标准修建的城市遗址，是卡菲尔尼甘河下游的凯·科巴特·沙遗址、达尔维尔遗址和扎尔遗址。凯·科巴特·沙建于公元前 2 世纪至公元 1 世纪。与自发扩展的街区城市巴克特拉和铁尔梅兹不同，科巴特是预先考虑的有计划修建的城市，在 12 公顷的空间周围，用城墙包围形成长方形的城市。城墙上的塔楼相距为 20 米至 30 米。在大夏地区南部，也有很大数量的贵霜城市遗址被发现，如沙赫里·巴努古城遗址。

贵霜时期，阿富汗地区最有代表性的城市是贝格拉姆城市遗址②。该城位于喀布尔北部 62 千米处的兴都库什山大支脉的山麓。这是一座古城，汉语文献中称为迦毕试，在公元前 1 世纪至公元 4 世纪成为大城市，是贵霜王朝的夏都。考古发掘表明，该城中心曾多次变动，长方形的城墙包围着 25 公顷的面积。城市规划、城堡工事都来自中央政权的预定计划和标准，甚至塔楼之间的距离也和凯·科巴特·沙等大夏北部古城遗址相同（18 至 21 米）。发掘中的三个文化层说明了城市的演化进程。第一层是最底层，约为公元前 1 世纪的城市新建奠基期，特点是：主要的中央干线已把城市分为两部分；有高质量的陶器，黑灰色的圆形残片不少，大多数是红色器皿，间或

---

① J. C. 加尔丁：《巴克特里亚的铁尔梅兹》，MDAFA，1957 年第 14 卷。
② 贝格拉姆（Begram，即 Bagh-i-Aiam，或 Bigrarn，印地文梵文混合词。Be，Bi，为无人居住；Gram，为村庄，意为"古都之墟"）。古波斯阿契美尼德王朝大流士摩崖碑为 kapisa - kapis（城镇），Eueratides 钱币铭文中有 kavisiye nagarde-vzta（迦毕试城之神）。J. Hackin，等：《贝格拉姆考古新研究》，MFDAFA，1954 年第 2 卷；R. 奇尔斯曼：《贝格拉姆》，MDAFA，1946 年第 8 卷。

有刻画的图案装饰。在红陶塑像中可见宝座上的女神像。

第二层约在 1 至 3 世纪，已不见灰陶器皿而代之以黑紫色并有装饰图案的陶器，其中有游牧部落特有的驮载大陶桶。这种反映贵霜王朝的族源的古器物，还有游牧部落的装饰品，如金戒指、手镯和镶有宝石的垂坠。在这一层，还发现了箭镞、短柄标枪和剪刀等铁制品。统治者的宫殿建筑技术是砖坯墙，垒在石头基础上。就在这看起来不豪华的宫殿遗址下，却发现了意想不到的珍宝。在两间房子地板下放着艺术价值极高的作品，这座宝库是贵霜王朝广泛的文化和商贸交往的形象说明。密封的库房里有中国汉代的漆器，有小巧玲珑的黑漆小盘①；有罗马绘画装饰的玻璃器皿；有华美的青铜人物像，如古希腊医学家吉波克拉特（约前 460—前 370）、希腊神话中的英雄赫拉克勒斯、骑士和形态怪诞的斯多葛派哲学家的站立像；有直径为 15 至 20 厘米的镶有圆框的石膏浮雕，上面是各种不同神话场面和神话人物（如科学艺术之神、女战神弥涅尔瓦，以及哈尔皮、阿穆尔、普叙赫等）；有整套收藏的丰富多样的象牙雕刻，主要是在小木匣和木器家具上装饰用的浮雕薄片和镶嵌物。值得注意的是，这些雕刻的精细花纹，以及关于优雅风格的跳舞女郎的形象，舞女的制作风格特别接近北印度马图拉艺术派别。令人惊讶的是，在贝格拉姆宫殿发现的精美象牙雕刻，与罗马庞贝城发现的象牙雕刻相同，有一个象牙女性小雕像，简直就像一对孪生子。有的研究者推测，不同时代风格的贝格拉姆宝藏，是骆驼商队过境时以特别税金方式缴给统治者的，但还找不到有关特别税金的文献资料②。

第三层属于 3 世纪中期到 4 世纪初期。遗址中很容易分辨单独或套房住宅。两室、三室或分多室组成的住宅中，还有祭祀用的房间。在这样的处

---

① 据日本考古学家樋口隆康介绍，由于法国考古队没有经验，而漆器清理工作又非常困难，只清理出漆器的残片。他叹息说：如果中国的考古学家去发掘，一定能够清理出完整的漆器。根据残片上观察到的花纹，器物是汉代的漆盘。残片现存喀布尔博物馆。见樋口隆康：《出土中国文物的西域遗址》，《考古》1992 年第 12 期。

② 1937—1939 年，法国考古学家在考古中还惊人地发现来自叙利亚的玻璃制品，其年限被断定为 1 至 3 世纪的产品。贝格拉姆宝藏显然是多年积累的收藏，是靠近大夏和印度的古代商路城市繁荣的例证。

所中，经常可见赤陶或石头塑像。有趣的是赤陶塑像背上有一个小杯子。骑兵小塑像也时有发现。考古发掘证明，作为统治者的旧宫殿，在公元 3 世纪末至 4 世纪初已经荒芜。在这个废墟上建成了一座新的长方形城堡，四角有高大的圆塔，一条用砖坯和泥块砌成的厚实高墙，把城堡的主人与城市居民分开。贝格拉姆遗址第三层所见的陶器生产，在很大程度上和前期相同，但已没有装饰画，多为几何图形或植物图形的冲模图案装饰。4 世纪是贝格拉姆城市生活的最后阶段，它和大夏北部的凯·科巴特·沙等古城堡一样，已完全荒芜。

贵霜时期的大夏地区的迪里别尔金城，位于马扎里沙里夫西北 40 千米处。这是一座古城，但基本形成于大月氏占领大夏之后。该城的中心是正方形城墙组成的城堡，占地面积约 15 公顷。从这里向南和向东扩展的广阔建筑群看，该城建筑面积约有 40 公顷。卫城中神庙壁画的变化，反映了这座城市的文明变迁。这座庙宇的第一时期彩色壁画上描绘的立于马旁的两个少年神像，他们是古希腊罗马时代神话传说中宙斯与丽达的孪生儿子狄奥斯库里。这幅壁画反映了该城的希腊化时代。在这座庙宇第二时期的壁画上，出现了用多彩装饰的新神像，描绘的是骑在公牛背上的印度教神湿婆及其妻子帕尔瓦吉。在发掘时还发现有部分石板，上面刻着贵霜语铭文，记载着改建庙宇的内容。但是，是指中央庙宇，还是其他庙宇，暂时还不清楚。不过，这种"神的接替"，实实在在反映了贵霜时代，大约不会早于阎膏珍（维马·卡德兹菲二世）统治时期。

在另一座庙宇里，和神像同时存在的，还有贵霜王朝统治者的 3 尊坐像①。佛教庙宇位于城郊。城郊除了住有手工业者拥挤的街区外，还有萨尔多巴水库。城市贵族的房屋是多居室的，庭院宽敞，按家务用途对房屋进行分类，房屋整体是规划的直角三角形式样。迪里别尔金城是与贵霜王朝共兴衰的。随着贵霜君主统治时期的繁荣之后，该城在 5 世纪逐渐衰落，成为完

---

① 这是维护世俗权力的现象。在阿富汗北部（从普勒胡姆里向南 15 千米）的苏尔赫·科塔尔庙，也发现了贵霜统治者的石像。在用希腊字母描写的贵霜语铭文中，提及修缮和改建此庙的贵族，并把此庙称为"迦腻色迦胜利者之庙"。

全荒无人烟的废墟了。

贵霜时期的城市繁荣是商贸交通的繁荣。它的基础是东西方商路发达和交往的频繁。陆路商路从罗马通过安息到赫拉特，然后一路通向南方的德兰吉安纳——萨迦斯坦，另一条向东北穿过山隘和峡谷通向迦毕试——贝格拉姆，再到奥尔多斯帕纳（今喀布尔），以后直通犍陀罗的繁荣城市，其中包括著名佛教中心城市巴米扬。这条商路的驿站距离都经过仔细测量，设有骆驼队和名胜古迹的标志，还有专门的养路工人，负责维护商路的通畅。海路从埃及出发，穿越红海，沿阿拉伯半岛向东，到印度码头（如位于印度河下游的港口巴尔巴里康和纳巴达河的巴里加兹）；再由此向北，经陆上的大道直向北方，到达大夏的各重要商城。上述两条陆路和海路，可视为丝绸之路的支线，它同阿富汗的总线相接而通往中国。如《后汉书·西域传》所载，罗马、阿拉伯半岛、安息、大夏、印度、中国等东西方文明世界交往，通过这些商道和城市才得以发展。

值得特别指出的是，贵霜帝国充当了中华文明与印度文明之间的桥梁。帝国的统治者意识到，自己源于游牧民族，因而极力恢复与中国边疆的联系。他们怀念着他们迁徙活动开始的地方。贵霜帝国经济的繁荣、丰富的畜力运输资源，为通往中国、刺激贸易，提供了足够的手段。同样，贵霜帝国又是中华文明与罗马文明之间的纽带。每当安息帝国对中国丝绸贸易西传心怀敌意、横加干涉时，贵霜帝国就将商队南移，从巴尔赫通向它所属的各大城市，通向印度河三角洲，丝绸由此经海路而完成商旅行程。贵霜帝国繁荣的城市为世界的繁荣，作出了自己的贡献。

阿富汗古代城市，大都位于农业发达、人口密集、地理位置优越、傍于河湖之处。同时，这些城市又是商业贸易中心。城市的兴起，是文明的兴起。正如美国文化人类学家基辛格父子所说："没有城市，文明就很少可能兴起。"[①]城市本身就是作为社会文明状态而出现的。人类文明的主要成果，大多是在城市中得以产生、保存和传播的，并且是由城市向农村辐射的。城

[①] 转引自陆学艺：《社会学》，新知识出版社1991年版，第222页。

市是文明交往的中心。它通过交往和生产而改造着交往和生产的人。正是在这个意义上，马克思热情地赞扬城市"造成新的力量和新的观念，造成新的交往方式，新的需要和新的语言"①。总之，城市产生了新的文明。

我们以上所考察的，是大夏和贵霜时期阿富汗地区的城市情况。这个时期的特征是该地区已形成为"王国"和"帝国"的历史时代。在东西方文明的冲突与融合的阿富汗地区，经贸与文化交往始终是发展的中轴线。交往发展了，城市繁荣；交往中断了，城市衰落。唐代诗人孟浩然说："人事有代谢，往来成古今。"②阿富汗地区的城市文明史，也许会把这句古话变为新语："历史本地域，交往通世界。"历史源于地域，囿于民族，人类在不断突破地域和民族的局限性，能通过生产和交往两大实践活动，逐渐地把"历史"变成"世界历史"。古代的城市是这个渐变过程中的一个环节。人类历史的这个大变迁，是从 16 世纪开始突变，到 19 世纪发生质变，直至 20 世纪以来更加快速猛进。在这个行程中，城市化始终是大转变的标志性事件之一，是世界现代化的一个重要内容。21 世纪进入了以信息技术为主导的信息时代，信息技术不但是新兴的生产力，而且是新兴的交往方式。2000 年的英国《焦点》月刊在以《城市》为题的文章中说："世界上一半人口进入城市用了 8000 年，现在的预言是，再过不到 80 年，剩余的人也将完成这一过程。"该文章预言，未来的城市不在美国，也不在欧洲，而在中国。城市高速发展，面临的问题丛生，可能还来不及繁荣便会出现形势恶化。在信息化程度已经成为衡量一个城市现代化水平和综合实力重要内容的今天，我们追溯古代丝路交往史，不是可以从中获得更多的历史遐思和历史启示吗？

---

①《马克思恩格斯全集》（第 46 卷上册），人民出版社 1979 年版，第 494 页。
②孟浩然：《与诸子登岘山》，载《全唐诗》卷一六〇。

前伊斯兰时期阿富汗的文化形态

一、文物、交往和文化

德国著名哲学家卡西尔把"人的劳作",看成是"人类活动的体系"。他说:"人的突出特征,既不是他的形而上学本性,也不是他的物理本性,而是人的劳作。正是这种劳作,正是这种人类活动的体系,规定了和划定了'人性'的圆周。语言、神话、宗教、艺术、科学、历史,都是这个圆的组成部分和各扇面。"[1]

他在这里所讲的"人类活动的体系",就是由"人的劳作"所体现的"文化形态"。文化形态经过他这一段概括,人的外在文化创造物和人的主体能动性、人的创造文化过程和文化产品的研究之间的关系,得到了完整的表达,使得文化的人文本质内涵更为全面了。人是社会实践的主体,唯其如此,人才成其为真正的人;而人的主体实践能力,必然转化为现实文明的四种基本形态:以物质生产活动及其劳作成果为内容的物质文明;以精神生产及其劳作成果为内容的精神文明;以社会交往活动及其劳作成果为内容的制度文明;以人与自然交往及其劳作成果为内容的生态文明。

这四种基本形态中,社会交往是贯穿于物质文化、精神文化与生态文

---

[1] 卡西尔(E. Cassirer):《人论》,甘阳译,上海译文出版社1985年版,第87页。

化之中而体现为内在的历史交往,并具体表现为文明交往。在这里,文明与文化是同时并用,而其真谛在于人文精神及其价值。在古代东西方文明交往活动中,阿富汗作为丝绸之路的地缘枢纽,具有它的典型性质。我在《阿富汗与古代东西方文明交往》一文中①,对此已作了初步的探讨。在本文中,我试图从前伊斯兰时期阿富汗的考古发现的文物中,进一步探讨它的基本文化形态,及其所表现的物质生产、精神生活和社会政治,并着重从艺术性上考察这个时期的文化形态的变迁过程。

在考察之前,要先说明两点。

第一,对于物质文化和社会交往之间的关系,要全面加以考虑。美国学者路易斯·杜普雷在其巨著《阿富汗》中,曾正确指出有些著作"趋向于否定游牧民族物质文化,而强调东西方文明交往的艺术、政治、宗教和社会的巨大成就。"②确实如此,东西方文明交往中的艺术、政治、宗教和社会等因素,在很大程度上是与物质文化密切相关的。游牧民族一直是阿富汗文化景观上的重要特征,在每一阶段的物质文化上,都有充分的反映,就是一个很好的例证。

第二,文物是文化的体现物。后现代派代表人物福柯把一切"文献"都还原为古代的"实物""档案",从而把"历史学"还原为"考古学"。另一代表人物德里达甚至说,人之所以要写书,为想传播久远,而"书"只能说"人"是"要死的",而不能说"不朽",所以,一切"著作"都不过是"遗嘱"。这里,古物之转为"文物",可一反上述思路:一切"文物"都是"文献"。也就是说,随着岁月的流逝,古物的"物品"实质性、"物质"功能性特点,以及由此而来的"装饰"性功能,便会逐渐隐去,而其精神性、文化性功能,则突出地显现出来。这样,古物便成为"文物",即成为"活的"

---

① 彭树智:《阿富汗与古代东西方文明交往》,《历史研究》1994年第2期,《中国社会科学》1995年英文版秋季号,《世界史研究年刊》1995年总第1期。

② 路易斯·杜普雷:《阿富汗》,普林斯顿大学出版社1973年版,第269页。

"人文之物"①。文物所表现的文化形态,也就成为文明的象征了。

文物是古代人的"劳作",即物质文化。它是历史形态的独立资料,而不仅仅是书面资料的佐证资料,越是离我们久远,其重要性就越强。把历史学和考古学结合起来,把物质文化和交往联系起来,方能合理而准确地勾画史前和有史以来人类社会的发展轨迹。尤其是有史以来,许多文献资料往往为所在时代的王朝执政者增光添彩,从而歪曲了历史和文化的整体。

二、史前阿富汗文化的考古文化形态

20世纪50年代以前,大部分考古学家还否认阿富汗的史前史。但随着考古发掘工作的进展,史前时期阿富汗地区的文化图景的轮廓逐渐清晰起来②。为了与一般考古序列相吻合,对这些文化时代再作一些概括。

在旧石器时代中期,阿富汗的巴达克善的达拉伊·库尔("山谷洞穴")和迈马纳以南的加尔伊·摩尔戴("死羊洞穴")两处遗址的文物,可以说明当时的文化特征。这两处均有地层学证据。加尔伊·摩尔戴发现了熟悉的莫斯特文化的石器工具类型,所使用的是含硅的石灰石。在巴巴·达尔威式平地遗址,除羊骨、牛骨之外,在壁炉处发现许多片木炭。但最有意义的是达拉伊·库尔发现较大的人颊颥骨碎片,据研究鉴定,很接近现代人而非尼安德特人。

在旧石器时代晚期,阿富汗的卡拉·卡马尔、阿克·库普鲁克、哈扎尔·善姆三处遗址最为典型。据碳14测定的年代,卡拉·卡马尔石器的平均值为1950年以前的3.2万年。在卡拉·卡马尔以西50千米左右的阿克·

---

①实际上,英国史学理论家柯林伍德在1920年已提出类似的观点。笔者在山西省考古研究所成立30周年祝词中,对柯林伍德的"考古遗物目的论"做了评析与发挥。见彭树智:《考古学研究》,三秦出版社1993年版,第18页;柯林伍德:《历史的观念》(中译本),中国社会科学出版社1986年版。在纪念西北大学考古专业成立40周年文章中,笔者已用"人文之物"来解释"文物"。见彭树智:《考古文物研究》,三秦出版社1996年版,第33页。

②笔者已根据考古文物资料,对史前时期阿富汗文化图景作了一些勾勒。见彭树智:《阿富汗的史学文化》,载《阿富汗史》,陕西旅游出版社1993年版,第25—34页。

库普鲁克发掘出约 2 万件旧石器晚期的燧石工具，燧石呈棕色或红色，质地均匀优良，易于加工。其中较老的器物是片器与细石器两种传统的混合。在新的器物中，细石器比片状工具的数量显然增多了，而且出现了更多的骨质尖状器、钻孔器和打孔器。令人感兴趣的是这样一种文化现象：在阿克·库普鲁克二号的库普鲁克安 A 处，发掘出了一个椭圆形的石灰石，上面刻有人脸图形。这件艺术品被杜普雷称为"亚洲最古老的雕刻，是任何一个地方所发现的古老标本之一"[①]。

在新石器时代，阿克·库普鲁克一号的驯化山羊和绵羊，及碳化植物的遗存物，可以窥见当时生存在这里的人群，已经能控制食物的来源，并能创造出剩余产品，从而最终导向文明时代的到来。或许可以从物质文明发展上作这样的推测，小麦、大麦和绵羊、山羊的复合体，是从北纬 34～40 度、海拔 500～750 米地带发展起来的。这就是说，从交往的观点看，这种农牧业复合体从阿富汗北部迅速向各地传播，直到安纳托利亚，可能到达爱琴海地区。在 1.1 万年前的亚洲新石器时代的 9 个早期遗址中的大多数，都是处于这个纬度和海拔的生态地带内。可以作这样的推算，现在每天 15 千米的慢行者，在 6 个月左右会轻易地穿越这个地区。要知道，史前的人类并不像许多人类学家所假设的那样，是以家庭为中心的。

新石器时代的阿富汗遗址的文物中，有两种文化交往现象需要着重指出：

第一，在阿克·库普鲁克一号和二号地层上的显著变化，是陶器的出现。陶器已有精粗之分。粗制的软陶是用石灰石、碎布，或单一与复合的谷壳烧制的，形状为圆边、宽底。精制的陶器烧制好，上面有"之"字形雕刻，其艺术特征类似土库曼斯坦境内新石器时代陶器的风格。反映这种文化交往的情况的事实，还表现在伊朗的霍吐和拜特洞穴的新石器时代软陶。作为劳作工具，还发现有石灰石的锄头、雕刻的龟壳碎片，磁石工具有片形镰刀、石核、小尖状器、钻孔器等，都体现了农业文化形态。

[①] 路易斯·杜普雷：《阿克·库普鲁克：阿富汗北部的村镇》，载《发展中世界的城市和民族》（第二章），纽约 1968 年版，第 9—61 页。

第二，是新石器时代的"山羊崇拜"及其伴随文化遗存。首先，从交往上看，达拉伊·库尔的新石器时代"山羊崇拜"现象，同以后的克什米尔和南西伯利亚的新石器时代，有着密切联系。其次，是器物文化特征突出。尤其是陶器方面重视装饰艺术，有条纹式，有斑点式，有刻画的锯齿形花饰；还有平行线，三角形，梯形花边，十字形影线和"之"字形图样。再次，是伴随山羊埋葬物品的多样性。骨质器物有磨光的羊距骨、刮刀、凿子、摩擦器、钻孔器，用做装饰的穿孔贝壳。石器最多，有雕刻带柄的磨光石斧、石灰石长刀、片形刮削器，有用于装饰的石料垂饰、石灰石珠子、黑色石手镯等等。最后，也是最惊人的发现，是从莫斯特时代到现代的中亚"山羊崇拜"的文化传统。在3个坑葬中，发现了用驯化山羊与小孩合葬的联结体：其中有2只山羊无头（看样子是有意砍去的），有1只与两三个小孩骨骼碎片相联结。这可能是山羊崇拜的一种丧葬仪式。

阿克·库普鲁克的新石器时代，要早于南西伯利亚、南俄罗斯和东北阿富汗。沿着东经70度线为界，中东山麓地带与中亚山脉地区的新石器时代，构成两个不同地域的文化形态。

在铜器时代，城市的兴起是最突出的文化特征。阿富汗的城市，既与阿契美尼德帝国时期伊朗高原最初的城市有关，也与印度河文明的农业共同体文明相联系[①]。位于坎大哈附近的穆恩几加克和金·莫拉西·昆达伊两个遗址，反映了阿富汗在史前时期所扮演的角色。后者是一个以农牧业为基础的、由半定居村落发展为粮仓的城镇，很可能是印度河谷文明的一个地方首府。或许是由于伊朗的影响，这个城镇有了进一步发展，这里出现了神殿和赤陶女神像、彩绘酒杯、一个与生殖崇拜有关的磁铁石小瘤。在神殿的砖心，杂有大麦粒。后者为高6米、长50米的遗址，而前者为高20米、宽150米的大型遗址。前者在被毁灭后重建的庙宇和宫殿成为这种文化的顶点。顽强的居民重建了宗教纪念碑，可能实行过史前的"人祭"。面部丑陋而胸部健美

---

① L. 费希尔认为，阿富汗城市文明与美索不达米亚和印度河文明一样古老。见《阿富汗考古发现的初步研究》，《中亚研究》1969年第3期。

的女性群像，据认为是饮食神①。

在排列史前阿富汗文明概貌序列时，还有必要考虑到游牧人往返整个阿富汗毗邻地区的考古文物证据。早在阿克·库普鲁克的洞穴和石头堆层中，已发现了他们的遗存。特别在穆恩几加克和金·莫拉西·昆达伊两个遗址中，游牧人的侵袭遗存，历历可见。游牧人满足于抢劫、毁掉村镇之后迅速离去的行为，在史前的中东地区，已不是特殊的现象。在莫拉西二号也确有免于毁灭的半定居点的遗存，那是因为这个村镇还不那么富裕，没有吸引入侵者那贪婪的眼睛。

游牧人的大举侵袭在铁器时代，而且留下了以战争为主要交往形式的许多文物。彩陶的艺术风格，既有表现自然主义的动物式样，也有静态的植物式样，基本图案有斜点玫瑰花及松散而轻悠多层的螺线、波状线和棋盘式等。有胡须、身着皮制戎装和头戴盔帽的男性陶像，随处可见。精美的三棱铜射镞和更多的粗大铁镞，和一些木质射镞放在一起。阿克·库普鲁克四号"头盖骨之洞"，发现的10人墓葬，可惜有些已为兽类和水流所扰乱。但其中发现了西伯利亚式样的铜镜、手镯、镶有青金石的银环、玉珠，也有铁镞、铁剑和马饰。在同上遗址一号也有双杆织机、纺织品残片、手推磨、杵和贮藏罐的发现。

总起来看，史前阿富汗文明形态具有较快的扩散性质和地区文化的共同性。北部的科巴基安与南部的巴尔赫的古代文化不但形态相同，而且与毗邻的马尔吉安那、粟特、花剌子模的文化形态相似。这种共同性，也表现在德兰吉安纳的纳吉·阿里遗址和阿拉霍西亚的蒙吉加克遗址的古文化上层中。但考古文物证明，文化形态的共同性尚未扩散到犍陀罗地区。这种共同性在艺术上也有许多反映，如纳吉·阿里遗址出土的宫殿彩色壁画，锡斯坦的廊柱，都与阿契美尼德王朝宫殿的同类文物风格十分相近。雕塑艺术也有共同的演进轨迹：从简单的女神像发展到细致优美的充满激情的女神像。当然，这并不是说，文化形态就完全相同。各地区的差异性、不平衡性和独立

---

① W. 菲赛维斯：《西巴基斯坦考古研究》，纽约1959年版。

的风格仍然是基本的。

三、古大夏时代"乌浒河宝藏"的文明形态

乌浒河（Oxus）即阿姆河。古希腊罗马文献中的乌浒河称谓，一直影响着西方史学界和考古界，所以多沿用乌浒河的称谓。中国古籍称为乌浒水、妫水、"缚刍"。

的确，阿姆河是阿富汗和中亚的一条"文化母亲河"，许多古文化遗址出自它的流域。它发源于帕米尔，西流汇合帕米尔河（后称喷赤河），中经古大夏地、汇合瓦赫什河（阿姆河上游），西折而入咸海。这条约长1250千米的大河，孕育着大夏的文明。"乌浒河宝藏"[①]就是公元前5至公元前4世纪阿契美尼德时期大夏文化形态的主要物质资料。

像许多稀世宝藏被人发现时，总有一种神秘性一样，"乌浒河宝藏"的发现也是如此。不过，"乌浒河宝藏"在神秘性之外还加上了浪漫的色彩。说它神秘，是因为宝藏发现的时间和地点模糊不清而导致各种猜想，甚至有人否认它的真实性，认为这批文物只是在不同时间和地点收集起，偶然落在了一个古董商手中。说它浪漫，是因为出现了一个情节曲折的传说故事：得到这批宝藏的布哈拉商人，正欣喜若狂地准备运往印度出售，途中意外地被阿富汗的基利扎伊部落所抢劫；在此危难时刻，一位英军军官挺身而出，见义勇为，解救了商人，使珍宝得以保存。

然而，这层笼罩在"乌浒河宝藏"的神秘而浪漫的面纱，终于被科学研究揭开了。这一套大英博物馆引为自豪的珍藏文物，确实是当地居民1877年在阿姆河上游瓦赫什河与喷赤河交汇处发现的。这个古城遗址叫塔赫季·库瓦德，在与阿富汗相邻的塔吉克斯坦南部。研究结果说，在收藏于大英博物馆之前，这批文物珍品被发现之后，向多方面流散，有些落入布哈拉古董

---

① "乌浒河宝藏"又称"阿姆河宝藏"，这批文物珍品的第一位图录收藏出版者为O. M. 道尔顿。见《乌浒河宝藏》，1964年伦敦第3版。

商人之手，有的落入拉瓦尔品第的印度古钱币兑换商之手，而且，大英博物馆仅收藏了其中一部分，流失于馆外的文物当不在少数。即使大英博物馆的珍藏品，也未必全出于塔赫季·库瓦德古城遗址①。但是，从总体上说，"乌浒河宝藏"反映了阿姆河两岸大夏古文化的基本形态和共同特征。

  根据这批文物珍品的保管者达尔顿的整理，编录并出版了其中的一部图录：16件立体雕塑人像、5件器皿、26件浮雕、53件带压模形象的薄板、16件宝石戒指和小印章、30件手镯、31件小型饰物和1枚阿契美尼德金币。但实际的文物珍品要多得多，仅金、银币就有300多枚。这些硬币的时间跨度相当长，从公元前5世纪直到公元前2世纪，但大部分是公元前2世纪时期的"人的劳作"。如此多的货币流通，首先反映了当时的商品关系，即人们社会经济交往的兴盛。古波斯阿契美尼德王朝把大夏列为第十二纳税区，居鲁士及大流士时期铸造的金、银西克利币和希腊硬币，均可用作纳税和交换商品的货币。大夏地区也铸造硬币，如1933年在喀布尔发现的古银币钱库遗址中，就有29枚为大夏当地的冲模花纹风格（鸟、山羊、象头、鬣狗图案）的钱币。因此，金、银货币广泛使用和制作的本土化，既是作为社会交往见之于经济关系的规范文化的"规范品"，又是物质文化和精神文化的"劳作"。

  "乌浒河宝藏"作为以物质和精神生产及其成果为内容的文化形态，为我们展现出一幅阿契美尼德时期大夏的多姿多彩的艺术世界。在这个艺术世界里，我们不但看到了这些珍宝的种类的多样性，看到它包容了如此多样的不同艺术门类，而且从中感受到它的艺术传统和风格上的种种特点。最突出的特点是，这批珍宝大都是按照阿契美尼德王朝上层统治者所崇尚的艺术传统和风格制造的。大夏是阿契美尼德王朝的辖地，这些珍品中有许多自然是从帝国的中心输入的。属于这一类珍品的代表，是达尔顿收录的阿契美尼德金币，上面有戴着典型齿状王冠的国王头像。在达尔顿收录的图录中，我们

---

①巴·维·斯塔维斯基：《古代中亚艺术》（莫斯科1974年版），路远译，陕西旅游出版社1992年版，第6页。

还看到一件玉髓石刻成的柱形小印章,上面刻着波斯人战胜游牧人的战斗场面,战场的上方刻着袄教的天神阿胡拉·玛兹达在空中飞翔的图景[①]。

但是,这些珍品中有许多是按照古波斯艺术总的规范在大夏当地制造的。属于这一类的珍品,是各式各样刻有人和动物造型的文物。例如,波斯国王的立体小雕像,蓄着长胡子、穿着长袍的国王手执权柄凝视着远方;配有4匹马坐着贵族和驭手的精致小型金马车。前者,雕刻者着意加以表现的是波斯阿契美尼德国王的神情和齿状王冠;后者,雕刻者为显示贵族的尊严,竟把驭手刻为大胡子埃及神贝斯。这些珍品出自当地手工艺工匠之手,他们很熟悉阿契美尼德王朝的宫廷艺术。

"乌浒河宝藏"在艺术传统和风格上的另一个突出特点,是古代东方中亚艺术和欧亚草原部落的斯基泰世界艺术遗存。无论是波斯帝国中心,还是大夏当地制造的艺术品,都继承了古代东方中亚艺术在表现人物的形象时,对衣饰细节的刻画和对动物形象的写实追求。例如,公元前5世纪至公元前4世纪的金罐,表面雕刻着通体施弦文,把手上端刻有狮子的头饰;同一时期制造的厚重的金手镯镶着天青宝石。最令人注意的是,手镯连接处的造型,是两具有翼有角的狮身鹰首怪兽相互对视,增加了器物精美的情趣。类似的还有一个造型为狮身鹰首怪兽的小金牌,上面有用于镶嵌宝石的孔眼,以及正面为狮子造型的金戒指。再现于器物上的猎狮场面和金质祭祀器皿上的狮子形象,反映了阿西里亚浮雕艺术风格的影响。在这些浮雕家们的作品中,最喜爱表现的主题是国王猎狮。由于大夏绿洲与草原游牧的地域关系,这些珍品的艺术特点,在于表现动态能力强的各种动物姿态,如刚劲奔跑的山羊银雕和骑士猎取兔子场面的器物浮雕。这种表现手法着重强调最典型特征,而略去动物的非动态情节,并且常用几何形或植物纹来表现动物筋肉和身体

[①] 这使人想起阿富汗史学家穆罕默德·阿里所写的:"当希腊人还处于幼年时代,当罗马人还没有问世的时候,正当着欧洲其他地方人过着愚昧生活的时候,在阿富汗出现了雅利安人的祖先——琐罗亚斯德。他举着维护真理的旗帜,迈进知识的领域,传递着万能真主——阿胡拉·玛兹达的神示,告诫人们去诸伪而奉三善——善思、善言和善行。"见虞铁根从普什图文译《阿富汗简史》手稿。另见阿里:《阿富汗文化史》,喀布尔1964年版,第30—35页。

的某些部位，巧妙地构成各种复杂姿态的形象。

"乌浒河宝藏"在艺术风格上的多样化和综合性的特点，也表现得很突出。宝藏中有个别物品可能是来自米底和美索不达米亚，这反映了这批珍宝的占有者，对年代更早的古典的古代东方艺术形式的喜爱和当时社会交往的程度。仔细察看这些珍品，我们会发现与古代东方（首先是古波斯）艺术作品一起收藏的，还有希腊或受希腊艺术风格影响的文物。有一些金戒指形的小印章，正面是掷骰子的妇女或站立着的希腊神话中的英雄赫拉克勒斯等形象。还有一些在古希腊造型艺术影响下制作的银质人物雕像。这说明大夏南部地区的工匠们，对希腊艺术相当熟悉。在这里，我们已经看到不同艺术传统的融合现象。尤其是在表现统治者、士兵的小雕像及浮雕薄片上，引人注意的是阿契美尼德和希腊艺术风格的结合。例如，雕刻无胡须的男子的形象时，面貌线条端正，在凝滞表情中充满着内在力量。这也说明，在希腊大夏王国和贵霜王朝的大夏艺术繁荣之前，当地雕塑艺术已表现出较高的现实主义水平。

历史表明，"乌浒河宝藏"出土地址的河谷地区，是阿姆河流域古大夏文化各个时期发展的最核心地区。这里发现的古文化遗址最为集中①。特别是距"乌浒河宝藏"出土地不远的喷赤河南岸阿富汗一侧的阿伊哈努姆古城遗址，和喷赤河北岸塔吉克斯坦的萨克萨诺呼尔古城遗址，是后来希腊大夏王国的城市文明的典型代表②。这两座古城遗址发现的文物，是公元前3世纪至公元前2世纪大夏文化"希腊化"的物质见证。这些城市中心的艺术是希腊化的艺术，是以古希腊观念和审美情趣为基础的，并融有游牧人古波斯、印度艺术的大夏文化形态。

总之，"乌浒河宝藏"虽说是古大夏地区某个大贵族或大家族长期积累

---

① 据统计，已发现的中亚古代遗址共35处，其中19处集中于这个地区，而古大夏文化遗址几乎全集中在这个地区。最有名的遗址有：穆格山城堡、马德姆、杜尚别、阿德日纳·捷佩、铁尔梅兹、达利维尔津·捷佩、哈尔恰扬、沙赫里纳乌、哈伊特、图尔哈尔、苏尔赫·科塔尔等处。

② 号称"千城之国"的希腊大夏王国的城市文明，是东西方文明融合的重要表现形态。见彭树智：《阿富汗的古代城市文明》，《中东研究》1997年第1期。

的艺术珍品，但不能仅仅看作是当时大夏贵族的审美情趣的表现。它主要是乌浒河或阿姆河两岸大夏文化的物质见证。有一枚金质的戒指形印章特别值得一提。这枚印章上刻有头戴王冠的幻想之神格帕特沙赫，他长着公牛的躯干和大胡子人头的有翼怪相。在他的上方刻有阿拉米语铭文"瓦赫沙"（"阿姆河之神"）。这是迄今所知中亚最早的阿拉美亚铭文，它证明阿契美尼德王朝使用的官方文字，在公元前5世纪到公元前4世纪已传播到大夏地区。在这里，乌浒河（阿姆河）文化以金质印章形态表现出来，在文化的物质、精神和社会三种基本形态上，体现了中亚（首先是阿富汗）地区在古波斯时期不同文明相互交往的有趣的艺术情景。

四、希腊大夏国的钱币艺术文明形态

从18世纪第一批希腊大夏（巴克特里亚）王国钱币流入欧洲以来，关于亚洲腹地希腊化艺术和历史的课题，一直成为研究者争论的热门话题。

希腊大夏王国（约前250—前140）是希腊化世界的重要组成部分[①]。它和希腊化时代三大王朝王国（马其顿王朝、塞琉古王朝和托勒密王朝），以及帕加马王朝、犹太国一起，扮演着融合东西方文明的历史角色。它以其地域的特征表现出希腊大夏文化的统一性，又表现了地域差异性的希腊大夏文化风格。

数量众多的希腊大夏王国的钱币，堪称古代世界的优秀艺术品。这些钱币的正面，通常是体现世俗最高权力——希腊籍统治者的右侧面头像；背面是保护神的形象和希腊文铭文。铭文的语体和书体，国王肖像和保护神形象的特征，首先，表明了希腊大夏文化是以希腊文明为基础的，同时，有力地说明了希腊大夏王国钱币作坊的钱模刻制工匠的良好希腊艺术素质。的确，这些钱币是希腊大夏王国上层统治者希腊式美学和教养的毋庸置疑的物证。其次，这些钱币表明了希腊大夏文化的独特性，同时有力地说明了希腊

---

① W. W. 塔恩：《希腊人在大夏和印度》，剑桥1951年版。

文化和东方文化融合而形成的新文化——希腊化,绝不是两种文化的简单融合或复合,因为在东方世界的大夏并没有丧失自己固有的文化特色。再次,希腊大夏王国的钱币艺术明显地昭示出,大夏文化在这一时期,虽根植于亚历山大和早期塞琉古时代的希腊艺术,但却走着自己独立的发展道路。正因为这一点,使希腊大夏王国的钱币艺术独树一帜,结合当地的明显不同于希腊的形态和观念,建立了一条卓越的、有特色的国王钱币肖像的长长画廊,以活生生的写实主义气魄屹立于希腊世界的艺术高峰。

这些钱币中,最有代表性的是希腊大夏国王攸提谟斯、攸克拉提德斯和安提马赫的肖像。这3位出现在钱币正面的国王肖像,是富有表情的现实主义艺术品,是古希腊奖章、钱币刻制艺术的珍贵文物。钱币背面印刻的保护神(宙斯、赫拉克勒斯、海神、太阳神、孪生兄弟狄奥斯库里)也都充满着勃勃活力[1]。这些形象主要是受了古希腊雕塑家李希普的影响。看来,当时在巴克特拉城中存在着李希普或他这一艺术派别的塑像复制品或摹制本。在尼萨发掘安息国王的宝藏时,发现了公元前3世纪至公元前2世纪的优美大理石雕像。这些雕像是古希腊的技艺精湛的工匠所制。希腊大夏艺术品的传播,无疑有助于当地工匠对希腊化成果的创造性的掌握。这个掌握过程,从希腊大夏王国建立前就已开始,虽然东西方文化融合的艺术繁荣是在相当晚的时期。我们注意到,希腊大夏钱币上的希腊诸神的形象中的一些特点表明,这些出自当地工匠之手的艺术品上,已经把希腊和祆教神话中的诸神形象融汇在一起了。例如,在希腊大夏国王德米特里、阿尔捷米特的钱币背面诸神头像周围放出光环的形象,这一点完全不是希腊艺术的特点,有些研究者认为,这是祆教阿纳希塔神的形象[2]。

下面,让我们考察希腊大夏钱币艺术独立发展道路的若干轨迹。

第一,希腊大夏王国建立者狄奥多托斯一世(公元前3世纪中期)的钱币艺术,表现为早期的粗糙不成熟性。当地钱币刻模工匠在刻画这个国王

---

[1] 特里维尔:《希腊大夏艺术的文物古迹》,莫斯科1940年版,第114—131页。
[2] 加尔德尼尔:《大夏和印度的斯基泰诸王与希腊钱币》,伦敦1886年版,第3页。

时，并不注重形象俊美而过于注重真实。如把鼻尖伸得太长，长得太靠近嘴部，致使嘴唇向前凸出。工匠没有注意国王整个头部转向侧面，而几乎是正面刻画了眼睛，显得极不相称，而刻画的头发也太程式化了：前额三道平行的小圈和头顶上平行重复的弯曲发绺。钱币背面保护神宙斯的形象，工匠把两臂刻得不准确，两腿的长度不成比例，显然是失真之处。钱币上对狄奥多托斯的雕刻，都是模仿希腊艺术的，但在表现手法上比希腊化时期的许多钱币（包括塞琉古时期）都要差。这表明了希腊大夏王国早期钱模刻制工匠缺乏经验。

第二，希腊大夏王国第三代君主攸提德谟斯（前230—前190年在位）的钱币艺术，表现为成熟性和高超水平。 他统治时期政局相对稳定，出土钱币数量众多。工匠们在制作艺术上，用现实主义的手法，表现了他的年龄特征。在前期的钱币上，他被刻画得年轻英俊；而后期的钱币上，则明显见老。老态不但通过眉弓凸出、眼睛深陷、皱纹从嘴角向下延伸等表现手法体现，而且通过嘴角皱纹的深度、脸颊皮肤松弛和脖子变粗来表现。这些钱币和狄奥多托斯钱币有一点是相同的：头发上的图形发绺和一成不变的发系带。这种保持了大夏国王的特殊习俗的表现手法，表明了工匠们的"变中不变"的艺术风格。此外，对保护神的刻画，把身体魁梧、长着大胡子的赫拉克勒斯的休息坐像，用身体疲劳轮廓、肌肉组织、右膝的巧妙刻画手法，表现了英雄姿态的自然而和谐，可谓纯熟的"静中有动"的艺术。

第三，希腊大夏国王攸提德谟斯的继承者德米特里（前190—前160年在位）的钱币艺术，表现为深刻性和完整性。 首先是对要表现的国王形象、相貌、性格特点的深刻洞察力，在中亚艺术上可以说是独一无二的。在德米特里钱币的头盔刻画上，为模仿亚历山大和表现印度战功而设计了象头造型。这不仅仅是对亚历山大及其继承者托勒米一世和塞琉古一世所铸钱币造型的复制，而且是用大象来表现德米特里把希腊大夏王国的版图扩大到印度，建立了希腊—印度王朝。德米特里发行的钱币正面是希腊文，背面为佉卢文（起源于阿拉米文）书写的印度铭文。尤其值得注意的是，德米特里钱币上第一次出现了国王的衣服，而且给传统的希腊神话中的英雄赫拉克勒斯形象上，增加了古波斯和古印度宗教太阳神密特拉的光轮。这种在艺术上的非希腊化的情趣和观念，只能用地方性来解释。从这里，也反映了希腊大夏王国钱币艺术上，把希腊传统、大夏传统和印度传统融合在一起的文化共生现象。

从总体上看，希腊大夏王国的钱币艺术，仍然是希腊人的审美情趣和希腊成分占主导地位的钱币艺术。现在的研究成果和阿伊哈努姆遗址的发掘，不仅从钱币艺术上，而且从综合艺术体上，肯定了希腊大夏文化的存在。希腊大夏文化和整个希腊化进程一样，经历了亚历山大帝国分裂和希腊化国家的建国阶段，又经历了希腊化国家文化艺术发展阶段和衰落阶段[①]。从性质和结果上说，也是双重的。希腊大夏钱币文化反映了各地区、各部落之间差别的缩小，封闭性进一步减弱，然而，经济、文化联系的扩大与繁荣，却都与征服这一事实分不开，东方和希腊之间的文化交往也由此而来。钱币文化从主要方面讲，还是上层阶级的文化，下层群众并不因此而放弃当地的文化与宗教传统，尽管一些共生现象也曾广泛出现。

对希腊大夏王国的钱币文化的深入研究，有待于阿富汗地区的地下考古发掘，而阿富汗地下的宝藏，对于考古学家来说，是一个极富吸引力的领域。著名的匈牙利考古学家马克·阿勒尔·斯坦因，1943年当他81岁时，还准备去阿富汗对古文化进行全面考察，可惜于同年10月26日在喀布尔去世[②]。而在1994年，在战火纷飞的阿富汗小镇甘德菲附近，发现了一个地下大宝库——藏有100多万枚古银币和大批金币、金器和珠宝饰物的宝库。仅金币和金器的价值就达1亿多美元，如按文物估算，堪称无价之宝。不幸的是，这些珍贵的古金币和极精致的名目繁多的古金器，以及珠宝饰物，因为价廉物美而被抢购一空。那些数量多得惊人而又具有历史意义的古银币，却被无知的人们视为破铜烂铁，无人问津。最后，这些无价之宝竟被收破烂

[①] 陈恒：《关于希腊化时代的若干问题》，《华东师范大学学报》1997年第2期。
[②] Marc Stein（1862.11.26—1943.10.26），见王冀青：《斯坦因对东方学研究的贡献》，《西北史地》1986年第3期。斯坦因1888年发表于《印度文物工作者》第17卷的《印度西叙亚钱币中的祆教诸神》一文直接涉及阿富汗的古文化。

的人买去并被投入熔炉。许多考古学家闻知这场文物大浩劫后,莫不捶胸顿足。据统计,这些金银币是公元前 400 年到公元前 100 年之间铸造的,其中希腊大夏王国的钱币居多数,也有古波斯、中亚及阿富汗其他地方的钱币①。这些古钱币本来可用作解释阿富汗和中亚早期历史之谜的宝贵文物证据,而且肯定会为希腊大夏钱币文化形态增添更丰富的内容。但这一切只能是徒然的惊喜,随即化为永久的文化憾事了。关于前伊斯兰时期的佛教文明形态,将在阿富汗犍陀罗文化形态中加以叙述。本文到此告一段落。

---

①晓舟:《地下宝藏惨遭洗劫》,《工人日报》1994 年 5 月 28 日。

文明交往的丰厚馈赠

——论阿富汗地区的犍陀罗艺术

一

19世纪30年代以后，在阿富汗东部的喀布尔河流域下游地区，考古学家陆续发现了为数众多的雕刻和雕塑。这些文物的文明形态被称为犍陀罗的希腊印度佛教艺术。这些文物的文明形态，是由许多佛像和以佛教题材为代表意义的雕塑和雕刻艺术所组成的。它是由艺术作品所体现的"人的劳作"的文化形态，更确切地说，它是在神秘虚幻形式下，以"人的劳作"所体现的、人对自由本质追求的古代宗教艺术文明形态。

"人的劳作"是实践美学原则的确切表述，也是实践活动的产物。人的主体实践能力，在创造文明过程当中，必然转化为四种形态：以物质生产活动及其劳作成果为内容的物质文明；以精神生产及其劳作成果为内容的精神文明；以社会交往活动及其劳作成果为内容的制度文明；以人与自然交往及其结果的生态文明。在这四种基本形态中，社会交往是贯穿于物质文明与精神文明之中而体现为内在的历史交往，并整体组成为文明交往。

在古代东西方诸多文明交往活动中，阿富汗作为丝绸之路的地缘枢纽，在文明形态上具有它的典型性。伴随着战争、征服、民族迁徙而来的文明交往特别频繁，人的外在文明创造物和人的主体能动性尤其复杂多变。透过征战、迁徙的政治军事变动,从人的劳作这种人类活动的体系中,我们可以进一步窥视到艺术、宗教、神话、语言、科学、历史等,在文明交往深层中所涌现的不同扇面。犍陀罗艺术就是这些扇面中的一种文明形态。

关于犍陀罗文明形态,我在《阿富汗与古代东西方文明交往》一文中,已经提到了"这个流派是阿富汗与东西方文明交往中融合特征的重要表现。它用希腊雕刻艺术的手法,来雕刻佛像和佛经的故事。"[①]但是,在那篇文章中并没有展开论述。在本文中,我以在阿富汗发现的考古文物资料为依据,进一步研讨犍陀罗文明形态的根源、背景、特征,及其表现的物质生产、精神生活和社会政治状况,并着重从艺术性方面来考察这个时期的文化变迁。我觉得,考古文物不仅仅停留在史料意义上,也不仅仅停留在理解考古文物的目的性(即"做什么用的")上。我认为,对于考古文物,历史学家和考古学家,不仅要历史地去思考古人制作时是怎样想的,"要见物又见人,而且要通过人和物洞察其思想"[②],而且更要从考古文物中,探究其艺术特点,追溯当时人们的审美情趣,赋予过去时代的"人的劳作"以更丰富深厚的艺术化内容。

本文除着重从艺术性上来审视考古文物以外,还要探讨文明交往在犍陀罗文明形态形成中的作用,力求把视点从美学殿堂再深入到文明交往的社会生活土壤之中,以探索其深层底蕴。

二

犍陀罗的希腊-佛教艺术派别,之所以称为"希腊"式的,是因为其表现手法是借用希腊人的艺术,而其本身是植根于阿富汗的希腊大夏文明。它之所以是"佛教艺术",是指其本质上是犍陀罗的本土精神,其内容上是

[①] 彭树智:《阿富汗与古代东西方文明交往》,《历史研究》1994年第2期,第145页。
[②] 彭树智:《承前启后,继往开来——陕西省考古研究所成立30周年祝词》,引文中下面一句话是:"只有透过人类思想历史,才能从一堆枯燥无生命的原始材料中形成一个有血有肉的真正史学;同样,只有透过人类物质遗迹的艺术化内涵,才能够步入精神生活的深奥殿堂。"见《考古学研究》,三秦出版社1993年版,第18页。

用以表现当地人对佛教的信仰，并且反映他们的社会生活、感情寄托和风尚习惯。

为什么用犍陀罗来命名？犍陀罗（Gandhara），又译为乾陀罗、健驮逻。它是古代西亚和南亚地名、国名，位置相当于今阿富汗东部和巴基斯坦西北部。犍陀罗地区适用于南格拉哈拉（今贾拉拉巴德）、布路沙布罗（Purushupura，今白沙瓦）、布色羯逻伐底（Puskalavati，今恰萨达）、拉合尔、塔克沙希拉（呾叉始罗）和斯瓦特等喀布尔下游地区。从19世纪后半期以来，这个地区发现了独特的希腊–佛教雕塑艺术，因而以犍陀罗作为这个艺术派别的名字。犍陀罗艺术的影响波及阿富汗的巴米扬、昆都士，甚至到达中亚北部和东部，乃至遥远的中国和日本。

在最早的古文献，如《梨俱吠陀》《梵书》《后禅定经》中，虽已提到犍陀罗，但这一地区居民与希腊人之间的联系，始于公元前6世纪。当时，古波斯大流士出于政治上的友好，把一些希腊族群带到斯瓦特、迪尔和附近地区定居下来，从此便建立了希腊移民点，移民同当地人民友好相处。塔克沙希拉（呾叉始罗）和小亚细亚，是古波斯阿契美尼德王朝的政治文化之两臂，二者相互在哲学、历史学领域有直接的交流。希腊哲学家达里斯、费萨·古尔斯、威姆克拉迪斯和阿弗拉桐都到过这里，并同当地学者交往。

公元前4世纪，马其顿的亚历山大大帝入侵以后，不但恢复了疆域，建立了4个州，而且在更广泛的范围内把希腊文化带入了犍陀罗地区。当月护孔雀在印度河岸打败了亚历山大继承人斯鲁克斯，并娶其女为妻后，这种联系就更加深厚了。一些历史学家认为，阿育王的父亲宾头沙罗即这位希腊公主所生。公元前3世纪，阿育王派遣皈依佛教的著名希腊僧人特尔姆·拉吉卡去希腊移民区传教，该地区许多希腊人接受了佛教。特尔姆·拉吉卡的塞堵波就在塔克沙希拉。犍陀罗佛教艺术在这一时期，开始萌生。

接下来是一个关键时期，即大夏希腊王国时期（前180—前90）。希腊王国征服犍陀罗见于记载的有两次：一次是公元前189年的大夏希腊王国德米特里；另一次是公元前165—前163年的希腊王国分裂出的犍陀罗希腊王国国王欧克拉蒂德斯。公元前130年，犍陀罗是兴都库什山南的7个希腊王国之一。大夏希腊王国侵占犍陀罗后,先后定都塔克沙希拉和锡亚尔科特,成为独立于大夏城的犍陀罗希腊王国。这位主宰当地的希腊王国,与佛教进一步建立更密切的交往。例如,希腊国王中最著名的弥兰陀王(前180—前130),是一位把疆域扩大到南至纳尔巴达河、东临米拉特的有为国王。他在攻克巴特那之后,完全佛教化了,像阿育王一样,深为战争而忏悔,放弃王位,信奉佛教,削发为僧。他的精神导师纳加辛把他的言论编成《弥兰陀王问经》①。这部类似柏拉图式的哲学谈话录,至今仍被斯里兰卡、缅甸和泰国的佛教徒奉为经典。大夏希腊人虽然深受伊朗文化的影响,但在犍陀罗的长期统治中,使希腊文化通过互通婚姻、民间戏剧传播等形式,已融合入社会生活的深处。

公元前1世纪(前80年),希腊王国在无休止的内讧中黯然走向衰亡。塞人头领马乌埃斯(Maues)占领了犍陀罗,并建立了印度塞人(萨迦)王国。塞人曾多次征服犍陀罗,见于记载的至少有两次:公元前49年的赫尔迈奥斯一世和公元前38年的阿泽斯一世。塞人把游牧文明带入了犍陀罗,但并未改变前希腊人的统治方式。相反,他们把自身文明也融入了希腊文明模式之中。希腊语仍是印度塞人政权的官方语言。塞人政权继续了从古波斯袄教徒统治以来的犍陀罗所呈现的地方特色,并且进一步把它同希腊文明、游牧文明和佛教文明融合起来。犍陀罗艺术从此进入了使佛祖信仰和感情协调发展的阶段,以至于以后出现了雕刻荷花代替了酒杯、佛祖的塑像代替了希腊诸神的新的艺术现象。

塞人在犍陀罗的统治艰难地维持了100年。他们最大的威胁来自阿富汗西南部的安息(帕提亚)帝国。公元19年,安息王冈多法勒斯成为东伊朗的统治者。公元25年,他击败了塞王阿泽斯二世,在呾叉始罗建立王廷,犍陀罗随后就成为他的统治范围。安息是入侵犍陀罗的中亚诸入侵民族中最文明的民族。早在公元前312—前248年间,他们受希腊塞琉古王朝统治长达

---

① 《弥兰陀王问经》(The Questions of King Milinda),菲斯·戴维译,牛津1980版。弥兰陀王创造了以公元前155年为开端的新纪元,这个纪元成为确定大量早期印度铭文的时间。实际上,这是一种希腊纪元。

64年之久。他们虽为伊朗人种，但有理由可称之为"东希腊人"，因为他们在文化、服装、官方语言和统治方式上都追随希腊人。后来，安息帝国与罗马帝国长期并存。尤其是公元前64年，罗马占领叙利亚。希腊和罗马结合的雕刻艺术，从叙利亚的沙漠之城帕尔米拉的商旅艺术中心，通过安息人传入犍陀罗，特别是灰泥塑像，是经由安息人传入犍陀罗的。曾经为蒂亚纳统治者阿波洛尼厄斯作传的菲罗斯特拉杜斯说，安息王冈多法勒斯会见来到呾叉始罗的阿波洛尼厄斯时，说的是希腊语。①正是在他们统治时期，希腊－佛教雕塑艺术在犍陀罗全面发展起来。

　　大约在公元60年左右，贵霜部落首领阁膏珍（维马·伽德庇塞斯）结束了安息人在犍陀罗的统治，定都于白沙瓦。贵霜帝国同时重视西部阿姆河和东部朱木那河地区，而且加强与罗马政权的政治、商业和艺术交往。由于贵霜帝国的中心在犍陀罗地区，就为佛教雕塑艺术向成熟期发展创造了极为有利的条件。贵霜帝国的迦腻色迦是一位伟大的君主，他被称为"犍陀罗之王"。他是一个虔诚的佛教徒，但却能公正对待其他宗教。在他统治时期，受希腊罗马影响的犍陀罗艺术和纯印度的秣菟罗艺术，同时得到充分发展而达到顶峰。这两种雕塑艺术的共同点是佛教和佛陀造像。因此，佛教雕塑艺术成为联系帝国东西方的文化纽带，又是促进帝国团结与巩固的精神力量。

　　犍陀罗艺术经历了鼎盛时期之后，中间经过伊朗萨珊王朝的统治，寄多罗于390年重建的贵霜政权，一直到呾人于460年入侵为止，仍在发展中。这就是犍陀罗的历史背景材料。至于为什么叫"犍陀罗"？有多种说法②。但这对犍陀罗文化形态，无直接意义。只有从语源学上，才有其价值。只有了解上述历史背景之后，有关犍陀罗文化形态的许多问题才容易解决。

---

　　①约翰·马歇尔：《呾叉始罗指南》（A Guide to Toxia），剑桥1960年版，第31页。
　　②主要说法有："芳香国说"，即中国佛教称迦腻色迦为真檀迦腻咤（Chandan Kanika）中的"真檀"梵文意为檀香，犍陀罗来源于此；唱"犍陀尔拉格"（Gandharag 山歌）之国；亚里安部落酋长犍德莱（Gandarae）开辟之地；佉卢人之母犍陀利母是犍陀人，故以她为名。

三

上述历史背景下产生的犍陀罗希腊-佛教艺术,虽以希腊与佛教为文化主体,实际上是融会了雅利安、希腊、塞人、安息和贵霜文化的精华。阿富汗地区的犍陀罗文化,赋有由中心向中亚北部及其他毗邻地区扩散的作用,并使向外缘扩展的文化形态具有阿富汗的特点。其原因在于,犍陀罗艺术是同阿富汗地区这一时期的文化一体化方向相融合,成为多样性的统一趋向的文化形态的一部分。

大夏希腊王国和印度希腊王国灭亡后,犍陀罗艺术还经过了一个钱币艺术的过渡性形态。

钱币艺术似乎是阿富汗地区文化一体的一种典型的表现形态。希腊大夏王国和希腊印度王国灭亡后,钱币艺术在继续沿着一体化的方向发展。入侵的游牧人更加积极吸收本土传统和外来风格。由于上述历史文化背景,在犍陀罗、德兰吉安纳,继承的路线明显地起源于希腊和印度传统;而在萨迦斯坦①,安息的强烈影响和萨迦相对的独立形态并存,在犍陀罗尤为突出。于是有印度萨迦国王马乌埃斯(印度铭文为"莫格",前80—前58年在位)的钱币的大量发现:在米尔·扎哈克(德兰吉安纳)的圣湖底,约4000枚;而在犍陀罗的中心塔克沙希拉(呾叉始罗)约1500枚。这些以印度萨迦国王名义铸造的钱币上,马乌埃斯开始时自称为"王",原来自封为"王中之王"。开始时,模仿希腊和印度的艺术;后来,在钱币背面出现了游牧人的象征——马的图像;再往后,钱币正面也铸上了骑战马、戴盔甲、持长矛和战斧的游牧国王的形象。在犍陀罗和德兰吉安纳地区,还发现了印度安息王国第一代国王龚多尔铸造的两种货币②。在这些安息模式的钱币上,龚多尔

---

① 萨迦斯坦,萨迦,即塞人(Saka)另一种译名,是塞人南迁而建立的王国。其地区为阿富汗西南与伊朗交界,从赫尔曼德河到波斯湾,今日仍有塞(锡)斯坦之称。在公元前80年左右为安息所灭,萨迦贵族成为该地总督。1世纪,势力日大的萨迦贵族,消灭犍陀罗在内的希腊—印度王国,建立印度萨迦王国。后为贵霜所灭。

② V. 斯米斯:《印度安息王朝》(The Indo-Parthian Dynasties),第49—72页。

竟铸上了"伟大的王中之王"称号。这种政治文化形态，不但使人想起了这个王国强大得足以同印度萨迦王国相对抗，而且似乎有觊觎混乱状态中的安息帝国王位的野心。

这里之所以特别提到钱币艺术，是因为直到公元前 1 世纪或公元初年，犍陀罗还没有雕刻或雕塑偶像的艺术，而钱币上的偶像，却能使我们窥知佛陀偶像的根源。塞人首领马乌埃斯有一枚方形钱币，生产于犍陀罗首都布色羯逻伐底（恰萨达）造币厂，和一般的佛陀偶像或印度教大神类似。钱币的一面雕有一头大象（有驼峰的牛），另一面的浮雕是一个坐着的人像，右手持剑或杖，头上有顶髻。钱币上的铭文为 Meiaaoy Mayoy，即马乌埃斯。这是一个剑或杖（权力象征）和顶髻（精神象征）相混同的图像，而不是佛像，但已有神的踪迹。有的研究者认为，这是在硬币上刻画的第一尊佛像，时间在马乌埃斯在位的公元前 80 年—前 58 年期间[①]。

钱币艺术作为一种文化形态，在贵霜帝国时期有很大发展。已发现的丘就却（Kujula Kadphises）是贵霜王时期的一枚钱币，有典型意义。这枚钱币可能是公元前 60 年左右铸造的。钱币正面坐着一位头发呈髻形、手稍抬起、呈祝福的运动状态、右手持双刃斧或锤状物的人像。铭文为佉卢文 Gaskajal。有研究者判断这是佛像[②]。有研究者怀疑这个判断，因为该像衣服不宽松，没有光环，但髻形发饰却不是统治者的打扮，所以可能是佛像的初步尝试[③]。

我很同意最后一种意见。因为 1 世纪初，偶像艺术的雕刻和雕塑，还刚刚开始。那时的灰泥塑像，类似佛陀或菩萨，也只有顶髻而无光环。光环的概念是佛像之后才产生的，那是为了通过光环线条以表现神力。因此，马乌埃斯和丘就却的钱币上的浮雕像，是一种在钱币上铸造佛像的初步尝试，以后才产生了灰泥塑像和石雕像。马乌埃斯和丘就却的钱币上所显示的人像

---

① 穆罕默德·阿里：《阿富汗文化史》（A Culture History of Afghanistan），喀布尔 1964 年版，第 78 页。
② 约翰·马歇尔：《呾叉始罗》（第 2 卷），剑桥 1951 年版，第 807 页，钱币号第 240、242。
③ 穆罕默德·瓦利乌拉·汗：《犍陀罗艺术》，陆水林译，商务印书馆 1997 年版，第 96—98 页。

的坐姿，使人想起了印度教的瑜伽。这些钱币上的浮雕像确实不是真正的佛像，但这些人像的坐姿，产生了以后的佛陀像的那种坐姿。

钱币文化形态既显示神权，更显示王权。迦腻色迦钱币上的坐姿也和佛陀的坐姿相同，而在钱币上，他的尊号是"王中之王"（Shaonano Shao）或单用"王"（Sao）。"沙"（Sao 或 Sha）由古波斯阿契美尼德王朝皇帝薛西斯（前 486—前 465）首先用于自己的名字（Khshayarsha），以显示王权。迦腻色迦在钱币上使用以后，寄多罗王朝和突厥王朝相继采用，甚至突厥的沙希（Shahi）声称，其血统来源于迦腻色迦。后来印度教的诸多沙希（999—1014）也仿效贵霜使用此称号，有的史学家把他们也认为是贵霜人[1]。由此可见王权的重要。钱币上的国王头像就是证明[2]。迦腻色迦钱币上的形象，证明到 2 世纪，佛陀的形象已经很普遍了。比玛兰金棺上的佛像，还可以说明，在公元 57 年时，已在铸造佛像了。

总之，贵霜钱币艺术是铸造希腊罗马的、伊朗的和印度诸神及诸王的图像文化形态。自安息时代开始的希腊文化的影响和佛教文化的繁荣，在贵霜王朝时达到了鼎盛时期。

四

钱币艺术，虽是贵霜艺术品的一个方面，也是向希腊-佛教艺术发展的一个过渡形态，但它毕竟不是贵霜艺术的主要方面。从犍陀罗之前，当地雕塑艺术向犍陀罗的希腊-佛教艺术的发展，还在于石刻和塑像本身的演进。1912—1934 年，约翰·马歇尔的考古发掘工作为这种雕塑艺术的文化，提供了实物上的例证。这些公元前 1 世纪到公元 1 世纪的文物是变化的主体。

贵霜艺术的主流是佛像、雕刻、雕塑和用绘画装饰点缀的文物艺术瑰

---

[1] 穆罕默德·巴吉尔：《拉合尔，过去与现在》（Lahor Past and Present），拉合尔 1952 年版，第 29 页。

[2] 阿富汗的 7 枚贵霜金币，都铸有国王肖像，而丘就却的钱币上就有"伟大的王中之王、解放者"的字样。见彭树智：《阿富汗史》，陕西旅游出版社 1993 年版，第 62 页。

宝。这就是古代佛教视觉艺术的重要派别——犍陀罗佛教雕绘艺术的文化形态，这是贵霜文化的主要形态。视觉是亚里士多德所说的人类五种感觉之一。它与听觉、嗅觉、触觉、味觉不同，是通过感官——眼来打开心灵的窗户。在艺术风格上，犍陀罗派从希腊，更多地从罗马古典艺术中汲取了很多图样和技法，如葡萄卷草纹、戴花圈的小天使、半人半鱼的海神和放在拱壁中的雕像。犍陀罗派艺术盛行于1至6世纪，其中不乏萨迦遗风。

犍陀罗佛教艺术的典型艺术品，是19世纪30年代在喀布尔地区发现的。后来，距贾拉拉巴德不远（南约10千米）的哈达地区的佛教古迹特别闻名于世。那里有一个佛寺区。直到20世纪60年代，这里发掘的佛教古代雕塑约2.3万件之多，属于犍陀罗佛教艺术风格的文物古迹达几千处。梵衍那即巴米扬地方，地处前伊斯兰时期商业和文化的要冲，坐落在连接大夏城（巴克特拉）与亚历山大城·埃德考卡萨姆商城之间的交通线上。它在喀布尔西北97千米处，在1600米高的山崖上，共有造像1500—1600尊。

犍陀罗佛教艺术虽以犍陀罗地区命名，但在昆都士和铁尔梅兹的石灰岩雕像，阿富汗北部的普勒胡姆里佛教庙宇遗址，特别是大夏北部的艾尔塔姆的佛教古迹檐壁上灰泥佛像的风格上[①]，都表现了与犍陀罗大同小异的佛教艺术表现手法。包括哈达地区在内的用灰泥和石头雕塑佛像，都是就地取材的表现。灰泥作为文化的媒介物，这是容易理解的。当地的土壤就近可取，操作也不费力。灰泥、胶泥或黏土雕塑，之所以大量出现在沿着兴都库什山和土耳其斯坦的佛教徒和商人们共有动脉线的广阔田野上，与此有很大关系。石头也一样。犍陀罗石刻艺术最多的是刻在阿富汗盛产的光滑的天青石山上。这种石头称为"片磨岩"（Schists）。它在犍陀罗随处可见，有较高的雕刻价值。

在犍陀罗雕塑艺术品中，只有少数塑像和浮雕可以确定绝对时间。绝

---

① 马松对此的专门研究论著有：1993年出版于塔什干的《本世纪初雕塑檐壁残片的发现》（Е. Е. Массон, Еаходка фраямснта скупвпттуроноао перпх веков н. э, Тапвкент 1993）；1935年在《艺术杂志》上发表的《艾尔塔姆的雕塑》（Скувывпттура Айртама, Искусствк, 1935, N0.2, Стр. 129-134）。

大多数文物的时间，只能根据艺术风格来确定，因而其时间是相对的。这样，时间问题，成为有争议的问题。一般而论，犍陀罗最早的文物，大致是公元前 1 世纪后半叶到公元 1 世纪之间。这主要是佛像和各种圣物的浮雕。这些石雕佛像是迦腻色迦钱币背面的坐佛像或立佛像的再现。2 世纪开始大量出现赤土或灰土塑像或浮雕。3 世纪出现了数量特别多的灰土和赤陶制品。20 世纪 20 年代，在贝格拉姆发现了 3 至 4 世纪的浮雕①。这是犍陀罗艺术的典型作品。

从内容上看，犍陀罗的浅浮雕是对佛经故事的图解，构图的中心，是比其他群像都要高大的佛陀像。一个浮雕安排一个主题，以丰富的分类图景表达不同人物深刻的心理特征。处于中心位置的佛陀像的主要模式，是一种根据教规再现的脱离尘世的平静沉思而刻板的模式。但是其他群像却与先入为主的保守条框无关，这些群像，多姿多彩，表现了相当大的现实主义的多变形态。

阿富汗哈达地区的文物，是犍陀罗艺术的真正瑰宝。这里有大量的佛塔、佛寺和其他一系列的古建筑遗址。特别是塔帕·舒图寺院遗址被完整保留下来，佛塔区、僧院区和地窟（地宫）发掘出许多佛像、壁画和舍利容器。哈达出土了造型优美的灰泥佛像。可惜的是，这些佛像残缺不全，只留下被破坏的不同人物的个别塑像和头像，看不出完美的主题构图。在哈达雕塑艺术作品中，收集到最多的是佛陀和菩萨的头像。比起一般同类作品，头像的作者们更着力创造抽象的形象，使佛教教义通过深刻内省达到完美、理想的圣洁境界，在佛陀或菩萨的头像上充分表现出来。不同雕塑赋予不同圣像以个人特点：有的是长着刚毅下巴的人物；有的是柔和而带有女性细腻特点的人物；而有的菩萨头像上，在那嘴唇上安静的微笑中，却充满着内在的深刻的苦楚感。

哈达雕塑艺术的现实主义手法，表现于面部表情的刻画方面，尤其突出

---

① 姆·柴可夫斯基：《乌兹别克斯坦艺术博物馆的犍陀罗雕塑品》，载《大学著作集》（第 6 册），塔什干 1954 年版，第 57—72 页（М. Чанковскии, Гадахарская скусвпра музея, Узвек myра, Съорникстуенпеских раbот САТУ, вbщкент, 1954, СТР. 57-72）；戈·普加钦科瓦：《贝格拉姆的犍陀罗雕塑文物遗存》，《艺术杂志》1958 年第 11 期（Пугаценктва, памятник гаnахарской скуъвпутуръ Из Веграма, Искусство, 1958, No Ⅱ , Стр. 67-70）。

地表现于佛陀和菩萨以外的群像上。例如，对供养人的雕塑，就十分生动。对青年人、士兵和其他人物的雕塑，还表现了阿富汗这一地区古代居民的体貌特征。他们面部表情刚毅，长着浓密的胡须，穿着单薄的罗马短袖或无袖外衣。有些人则完全是大月氏或塞人的青年男子的形象。游牧民族迁徙，对这个地区强烈的历史影响，在雕刻艺术上再现出来。当然，佛教的影响更大。有一个苦行僧的头像，表现了一位已过中年的、疲惫不堪的、但历经人间风霜，而仍锐志不减的佛教信徒的形象。作者通过刻画这位僧人坚毅有神的眼睛、倔强上卷的双眉和嘴角线条分明的深深皱纹等艺术手法，栩栩如生地再现了这位僧人巨大的内在力量。

总起来说，哈达艺术是犍陀罗佛教艺术最辉煌的成就之一。它注重人物个性化的表现和对人物心理的审视，善于吸收消化外来艺术派别的长处，并巧妙地同本土传统相结合，形成了独立的艺术派别。有些学者认为，公元前1世纪至公元1世纪，希腊罗马艺术对哈达地区有特别重要的影响。因为当时这一地区与罗马商业贸易的交往加强了，伴随而来的是西方艺术品和艺术表现技巧的传入[①]。这里所说的罗马的影响，实际上是东罗马诸省的影响。但有些学者认为，犍陀罗艺术是独立学派，它既不同于古希腊罗马学派的雕塑艺术，也不同于印度马特呼尔的雕塑艺术派别。1951年，在普勒胡姆里以南15千米处普尔·伊·库姆里镇附近苏尔赫·科塔尔遗址的发掘，开辟了阿富汗史研究的新篇章，改变了过去关于希腊-佛教艺术学派来源和发展路线的观点[②]。根据法国考古团团长斯车鲁木拜尔格的意见，过去所谓的"希腊-佛教学派"其实是一个大的分支学派，实际上可称之为"贵霜学派"。该派影响到从乌浒河（阿姆河）到恒河平原，因而贵霜学派也可

[①] 在雕像中出现的天花女神诃利帝母，是交往中的现实反映。165年，在帕提亚战争中，罗马军队遇到天花流行病袭击。阿提伯南部同时也流行天花病。据研究，这次天花开始于贵霜，又沿贸易大道而传向西方。这样，多次出现的天花女神的还愿雕像得到合理解释。见 A. Foucher, L'art gr'eco-bouddhlgues de Gandhara；加文·汉布里：《中亚史纲》，吴玉贵译，商务印书馆1994年版，第67页。

[②] 姆·怀列尔：《再论一个老问题》，《文物》1949年第23卷，第4-19页；M. Wheekr, An old Problem Restated, Antiquity, 1949, Vol. XXIII, PP. 4-9。

称之为"希腊大夏派艺术"①。

法国考古团在苏尔赫·科塔尔发现的最重要的文物,是一块用希腊字母拼写的当地语言(很可能是大夏语)的石碑铭文。由于希腊字母简易而大众化,所以在阿富汗贵霜诸王时期常常用来拼写大夏语。大夏语是约2000年前阿富汗人所用的语言,而这块1957年发现于凯拉庙阶梯最底层的碑文,使大夏语具有希腊特征。凯拉庙被认为是迦腻色迦所建造的袄教神庙遗址。这里还出土了用石灰岩石雕刻的雕像。在这个四周有围墙的建筑群中有主庙,中心有供香火的祭坛,有贵霜统治者的石像,从岗角下开始,修有多台阶梯的道路直通庙宇。这个综合工程总体被称作"迦腻色迦胜利者之庙"。苏尔赫·科塔尔遗址的发现,排除了在贵霜时期发展的有关类似艺术模式的所有疑问②。这种艺术模式只存在于贵霜时期。西方学者过去相信,这个希腊-佛教艺术模式起源于希腊或者罗马,而现在开始明白,这个学派根植于阿富汗的希腊大夏文化的基础之上。在苏尔赫·科塔尔发现的文物,同样出土于昆都士神庙遗址和铁尔梅兹遗址。喀布尔附近还有谢伐克和古达拉寺院遗址。此外,佛教寺院遗址在加兹尼、塔斯特·罗斯塔姆都有发现。这些文物古迹,都说明了在贵霜王朝时期的阿姆河流域,确实存在着一个值得注意的各种文明交融的独立艺术派别,而且证明了大夏是犍陀罗艺术的起源。

五

佛教的传播,是犍陀罗艺术文化形态形成的关键性因素;而犍陀罗艺

---

① 斯车鲁木拜尔格:《苏尔赫·科塔尔发掘和大夏与印度的希腊化问题》,《大英科学院学报》1961年第47卷,牛津1962年版,第77—95页。(D. Schluberger, The Excavaitons at Surkh Kotal and the Problem of Hellenism in Bctria and India, Proceeding of the British Academy, Vol. XLVII, 1961, Oxford, 1962, pp. 77-95)

② 这个铭文还证实了贵霜迦腻色迦纪元(约创始于公元前128年),见比瓦尔:《苏尔赫·科塔尔铭文反映的迦腻色迦年代》(The Kaniska Daring from Surkh kotal), BSOAS, 第26卷, 1963年版,第498—502页。

术的发展，又促成了佛教的广泛传播。

宗教的生存与发展在于传播，传播一经停止，交往便随之中断，宗教也就衰亡了。要开展传播交往活动，扩大活动范围，离不开交往的手段，其中包括艺术手段。

和所有的宗教一样，佛教（包括大乘和小乘）也运用艺术绘画手段来传播宗教，不过各有不同的特点。1世纪之前，流行于犍陀罗的主要是小乘佛教。小乘佛教反对制造偶像膜拜。它以莲花、佛冠、木屐、佛座、菩提树等作为佛的象征。因此，用雕塑艺术来表现佛教就有很大局限性，难以与希腊罗马的雕塑艺术相融合。

与小乘佛教相反，大乘佛教既建立了由众多的佛、菩萨、阿罗汉和男女神祇组成的庞大的神的系统，以重视对乔答悉·佛陀生平事迹的宣传。大乘佛教通常用艺术手段表现三种生活场面：一是对释迦牟尼佛本人形象的神化；二是描绘释迦牟尼佛在世时的生活场面；三是表现人们想象中的释迦牟尼前生的生活场面。后两者同样用神化手法。在突出佛像的条件下，正是用神化了的叙事的雕塑和壁画场面，构成了最典型的犍陀罗艺术的主题。蕴藏在这个主题后面的，是人对自由的追求，是人对美的创造。这一切又是在神秘虚幻形式掩盖下，并貌似超越尘世，而实质上是人们生活实践的对象、过程的清晰感性表现。这种美作为人的自由的感性表现，同时也是人的社会本质的实现。

雕塑、雕刻和绘画艺术，是佛教传播的最有效手段。对于目不识丁的广大教徒来说，大乘佛教用这种艺术手段表现诸神图像，有着不可估量的感染力量。尤其是这些图像是用希腊罗马高超艺术的生动表现形式出现，对众多教徒来说，有着根本的宗教意义。

在历史记载上，乔答悉·佛陀没有到过犍陀罗。但在传播的宗教热情，以及夸张的艺术图像表现上，遍布于犍陀罗的大小山岭、洞窟、河谷、山泉的佛陀像，却显示出他同这里的过去、现在与未来息息相关。犍陀罗的山岭、河流和一切美丽的地方，都矗立着佛教寺院。所有的交通大道，每条大道的重要关口或转弯处，都林立着佛陀和菩萨的像。开山凿岩，刻成大佛像，如阿富汗巴米扬的东西两大佛①"金色晃曜，宝饰焕灿"（玄奘语），指引着佛教徒进香之路。广大佛教徒几乎每走一步都可见到佛像，从中获得精神的慰藉。佛教在犍陀罗的广泛传播，在世界宗教史上可谓一大奇观。释迦牟尼佛虽未到过这里，但传播这一交往的重要方式，经过宗教狂热和艺术表现，却把佛陀前世的种种传说和犍陀罗的大地紧密联系在一起了。

在贵霜时代，尤其是在迦腻色迦时代，犍陀罗取得了空前绝后的繁荣。这种繁荣是佛教文化传播的繁荣。由于迦腻色迦这位被称为"阿育王第二"的君主的提倡，希腊-佛教雕塑艺术也进入了黄金时代。在这一时代中，犍陀罗由于成为佛教寺院和窣堵波的摇篮，以希腊罗马雕塑艺术为表现形式的许多杰出艺术品，也随之产生了。

从阿富汗在贵霜时期的文化形态的发展看，在艺术派别形成的历程中，既不存在东西方模式的完全机械的混合，也不存在东西方模式的截然分离。它总是以我为主体的你中有我、我中有你的"你我与共"的模式。文明交往始终是艺术发展的动力。艺术在文明交往中诞生，在文明交往中成长。只有通过文明交往，艺术才能在自身基础上融会外来因素，形成千姿百态、形态各异的派别。文明交往这一复杂的社会进程，孕育着各派艺术的竞争和吸收，使之更具有各自个体的独特性质。犍陀罗艺术也好，它的在阿姆河流域的分支艺术派别也好，都是贵霜时期广泛文明交往进程中的合乎规律的历史产物。

犍陀罗佛教艺术的繁荣，是在佛教广为传播的社会交往大背景下出现的。但不可忽略的另一个事实是，与佛教所唤起的对人生终极关怀的祭拜文物（佛塔、佛寺、佛殿、圣物、浅浮雕艺术品等）遍及阿富汗地区的同时，还存在着其他各种不同的当地祭祀和宗教信仰。特别是对大夏而言，那里的诸如袄教等本土宗教的存在，已有好几百年了。政治变迁可成为往事，但文化的影

---

①巴米扬在喀布尔西北 130 千米处，即《大唐西域记》卷一《三十四国》所记的梵衍那国都。在迦腻色迦统治时期雕刻的西大佛像高 53 米（一说为 55 米）。后来雕刻的东大佛高 35 米（一说为 37 米），早有被伊斯兰军队射击的弹痕。而西大佛像在 1952 年时面部已被削平，但佛体各部位匀称，细腻的雕刻及袈裟衣边仍清楚可见。2001 年 3 月，塔利班又有毁坏佛像之举。伊朗前总统拉夫桑贾尼说，这种"以伊斯兰教名义做出的这种恶行，只会毁了伊斯兰教，使人们远离这个宗教"。现任总统哈塔米则呼吁穆斯林采取行动，制止塔利班的破坏行动。

响却是根深蒂固的。这就是佛教的各种建筑物,往往受到当地艺术和建筑传统影响的原因所在。甚至在迦腻色迦和胡维史克等贵霜君主们的钱币上,也刻有祆教与其他古大夏崇拜的各种不同神像[①]。雕塑和钱币等古文物一样,以十分鲜明的形式,反映了贵霜时代文化的两个基本特征:佛教的强烈影响和当地古代崇拜偶像的保留。

必须强调指出,在我们讨论犍陀罗艺术的根源时,仅仅看到印度西北部的雕塑传统是不够的。文明交往的复杂性,表现在各方面的联系和沟通上,特别要注意的是在文明交往的立足点上。前面说过,首先是大夏文化的关键作用。正是大夏文化,决定了犍陀罗文化形态在阿富汗的独特个性;也正是大夏文化,使阿富汗的犍陀罗文化传布于中亚[②]。大夏当地的艺术家早就创造性地掌握了希腊化时代的艺术成就,因而使阿富汗东部和北部成为犍陀罗艺术的中心之一。同时,也不能忽视商贸交往的沟通作用。公元前后数百年间东西方商贸的繁荣,为文化兴盛创造了前提和条件,促进了东西方雕塑家和艺术品的广泛接触和彼此理解。

多样性是贵霜时代文化形态的重要特点。在阿富汗地区的城市和农村中发掘出大量的赤陶小塑像,这是人民群众中如此丰富多彩信仰的有趣文物见证。特别是对农业果实和农村家园保护女神的刻画,别具风格。她们手拿祭祀器皿或某种水果,着装上一般都穿着下垂的沉重的皱褶长服。这些女神的塑像,几乎在古遗址的每间居民房屋中都有发现,说明了民间信仰的普遍性。群众性文化形态,还表现在数量颇多的骑士塑像上,这种骑士塑像,有时候只是骑着简单鞍鞯的战马。乍看起来,这些塑像是贵霜帝国及其建立者的武装纪念物,但仔细思量,这何尝不是对游牧民族遗风的追忆,以及对贵霜祖先马背上艺术的审美情趣的再现?贵霜人既熟悉草原传统,又熟悉希腊罗马传统,也接受了印度佛教艺术,其根源在于,当时这个帝国在罗马、安

[①] 斯坦因:《印度——斯基泰印章上的祆教诸神》(Zorosastrian Deities on Indo-scythian Coins),《印度文物》1988年第17卷,第89-98页;特列维尔:《塔吉克斯坦哈伊特村的金塑像》,载《论贵霜诸神庙问题》,《列宁格勒博物馆馆刊》(第2卷第1册),列宁格勒1985年版。

[②] 普琴科娃、列姆佩利:《中亚各族文化艺术史》,贾东海等译,甘肃人民出版社1994年版,第51—55页。

息、中国汉朝之间的广泛国际交往。这一点，对贵霜的文化艺术说来十分重要。贵霜时代阿富汗地区文化艺术的繁荣，在很大程度上取决于各种不同文化的相互交往，文明交往总是决定着社会进步的总路线。

文明交往的作用，还表现在犍陀罗艺术的形成过程中。法国学者符歇在《犍陀罗希腊佛教艺术》中，对这个过程解释得十分具体。他认为，早期犍陀罗佛像风格的协调，工艺家与施主之间制作定购关系中，有三个"人种"因素：工艺家有东方化的希腊人和印度混血人，施主则是信奉佛教的印度人。施主"向往希腊造像艺术"，工艺家坚持"造像美学的要求"①。以希腊艺术制作具有佛教思想感情的佛像，就这样诞生了。因此，研究犍陀罗艺术的学者推测，纯粹的希腊人不可能理解印度佛教哲学和佛教徒的宗教感情；而理解是文明交往进程的核心，没有理解，希腊佛教艺术就不可能产生。在理解之链条上，接触、了解、学习、联姻，都是相互接近的文明交往环节。有的研究者以犍陀罗的印度地区（今日的巴基斯坦）为例，具体分析了通向理解印度人的过程：东方化的希腊人，"通过和印度人的交往、联姻，逐渐理解印度人的感情。正是这种互相接触，印度人从一些希腊工匠那儿学会了希腊造像；反过来，这些希腊工匠也懂得了如何利用希腊神系造像的美学原则，去适应印度人希望造佛像的那种感情。"②这种情况完全适用于犍陀罗的阿富汗地区，而且大夏化了的希腊人，是最有条件进行这种艺术创造的。理解之链一旦开通，新的艺术创造便开始了。被称为希腊—佛教艺术的犍陀罗学派，既不是纯希腊的也不是纯佛教的艺术，而是希腊罗马文明和印度佛教文明长期交往融合中形成的一个崭新的艺术派别。印度佛教文明的内容获得了希腊文明的表现形式。这应归功于文明交往，犍陀罗艺术是文明交往的伟大馈赠。

有位保加利亚诗人在《索菲亚墓园花瓣》的诗句中写道："永恒是不停的厮杀／未来是不能圆的梦／现在是湍急的流水／过去是悠扬的钟声。"回

---

① 羽田亨：《西域文化史》，耿世民译，新疆人民出版社1981年版，第68—69页。
② 刘长久：《论印度犍陀罗与马土腊雕刻艺术风格》，载《南亚东南亚评论》，北京大学出版社1988年版，第145页。

顾犍陀罗的辉煌的过去，我似乎和身临其境的唐高僧玄奘一样，听到了那里日夜充斥着三宝（佛、法、僧伽）的声音和佛寺的悠扬的钟声。那是时代的钟声。世界上没有哪一种宗教，能像佛教那样在犍陀罗狂热传播。而面对衰败的遗迹，穆斯林学者也自然会发出这样的疑问："在当时，怎么能想象得到，有朝一日佛教及其文明会从这块土地上完全消失，只成为模糊的历史中的一章呢？"①

许多研究者把这归罪于游牧的呎哒人于 460—470 年对犍陀罗的入侵。这是有道理的。这次入侵，犍陀罗遭到严重破坏，佛寺和其他犍陀罗艺术，毁灭殆尽，洗劫和烧掠之后，犍陀罗再也没有恢复②。此后，犍陀罗及其艺术逐渐湮没③。但这仅仅是一个方面。战争作为一种交往形式，其特点是暴力的政治交往，像上面诗句中所说的："永恒是不停的厮杀"。它对文明的破坏、它的负面影响，是显而易见的。不过，呎哒人的政权仅仅存在了 60 年（460—520）。佛教衰落还有更深刻的原因，必须从佛教本身去寻找。佛教早在 3 世纪，一味依靠政府庇护而失去了自己的宗教精神。佛陀曾说过，不要依靠奇迹来传播宗教。但大乘教派在犍陀罗占优势之后，出现了三种致命的弊端：把符咒和法术当作佛教的基础；维持众多寺院，成为人民的沉重负担；和尚们大量聚敛财富，寺院和窣堵波存有千百种金银珠宝镶嵌器皿。此外，寺院众多，派别增多，派别争论代替了信仰。更重要的是佛教衰落，适逢印度教及其文化的复兴浪潮。此种浪潮在贵霜时代已见端倪，印度教的神

---

①前引穆罕默德·瓦利乌拉·汗：《犍陀罗艺术》，陆水林译，第 57 页。后面还有这样的话："对于穆斯林来说，这是特别富有鉴戒意义的。"

②约翰·马歇尔：《呾叉始罗指南》，剑桥 1960 年版，第 45—46 页。Marshall John, Sir, Aguide to Taxil, Combridge, 1960, pp. 45-46.

③据说，呎哒人国王米西拉库拉毁掉了 1600 座佛教寺院和窣堵波，但巴米扬幸免于难。见斯坦因：《诸王流派》（第 1 卷），第 89 页（Stein, M. A., Rajatarangini, Vol. 1, P. 69）。现在，1500 多年前丝绸之路鼎盛时期就一直矗立在阿富汗中部，俯瞰着崎岖山谷和碧绿湖泊的佛像，在劫难逃，从此消失，成为当代宗教、绝望和 20 年战乱的牺牲品。对这种破坏人类文明的空前的野蛮行为，一位印度考古学家认为，是为了勒索赎金的"遗产恐怖主义"，因为受联合国保护的两座巴米扬佛像，是"世界价值最高的人质"。见英国《观察家报》2001 年 3 月 4 日文章：《报复是塔利班毁佛的动机之一》。

祇已出现在钱币上和佛教的神像系统中。当人们看到佛教与印度教在信仰上无大区别，而佛教又有沉重经济负担，便倾向于印度教，佛教的传播也随之中断了。

还有一个重要因素，是政治因素。随着萨珊朝夺取政权，佛教失去了贵霜权力的庇护，犍陀罗的佛教开始衰落。哦哒人入侵之后，犍陀罗没有自己的政府，失去了信仰佛教的统治者，犍陀罗归迦毕试即喀布尔的管辖之下。此后，大部分统治者都是反对佛教而保护印度教的。这些印度教的国王们为印度教的复兴，为最终清除佛教及其建筑，起了不可忽视的作用。

犍陀罗的艺术是随着佛教的兴盛而兴盛，它也随着佛教的衰落而衰落。在雕塑艺术中，湿婆、雪山女神等印度教神祇，取代了佛教神祇。在建筑艺术中，印度教寺院代替了佛教寺院。犍陀罗的希腊-佛教艺术，已经成为过去。至于它留给人们一个研究不尽的历史文化遗产，其原因在于它的东西方文明交融的文化形态，蕴藏着文明交往带给人们的丰富智慧。"随着时光的流逝，古物的'物品'属性、'物质'功能性以及由之而来的'装饰'性功能将随之隐去，而其精神性、文化功能则突现出来。"①犍陀罗艺术这些"人的劳作"，就成为人们进行研究的人文之物。这就是文物考古与人类文明之本质联系。

---

① 彭树智：《还文物以人文精神》，载《考古文物研究》，三秦出版社1996年版，第33页。

第四编　伊朗编

伊朗通史是一部写不完的文明交往史。

伊朗文明同中华文明之间的悠久、广泛而互动的交往,是一种经久不衰、开发不尽的历史研究资源。

人类文明的相通相知之处甚多,智者常会越过时空限制而打开各种文化壁垒,贾拉里丁·米鲁就是这样的心灵诗人。

伊朗和中国古代物质文明的西传

一

丝绸之路,在世界文明交往史上,是地理大发现之前沟通东西方文化的主要陆海孔道。处于丝绸之路枢纽地带的伊朗,在西传中国古代物质文明中的重要性,早已被人们所认识。其主要成果有:

(一)蚕丝西传得力于伊朗。550年,东罗马皇帝尤斯提尼阿奴斯通过两名到过中国的波斯僧人,将中国蚕卵带入东罗马一事,反映了蚕丝通过伊朗传入欧洲的文明交往。

(二)指南针是从中国通过海路传入伊朗的首批物品之一,之后再传阿拉伯而至欧洲。

(三)瓷器在古代经由中国运至伊朗,其途径有陆海两条丝绸之路,这已由伊朗各地出土中国历代瓷器文物所证实。伊朗人至今仍把瓷器称为"秦尼"(波斯语"中国的"或"中国生产的")。经伊朗中转,瓷器遂传入欧洲。

(四)火药,伊朗人把火药的主要原料"硝"称"中国霜",约在8至9世纪中国的制硝术便传至伊朗。以后,蒙古族统治伊朗时期,再将中国用硝制造火药的技术经由伊朗而后西传欧洲。

(五)造纸术最早是751年怛逻斯战役被俘的唐军俘虏,在撒马尔罕建立造纸作坊，以后造纸术逐渐传入伊朗，继而从阿拉伯再传入欧洲。

可以看出，过去多谈的是些著名的重大发明，而忽略了为数众多的其他发明创造。令人感到高兴的是，一些外国学者先于我国学者注意到这一点，如英国学者李约瑟。最近，我读了阿里·玛扎海里著、耿昇译的《丝绸之路：中国—波斯文化交流史》（中华书局 1993 年版）之后，进一步认识到，这位法籍伊朗裔学者，不仅把中国古代物质文明西传的物品丰富多彩化，而且叙述了伊朗在这些琳琅繁多物品西传欧洲过程中的作用。这就为人类文明交往活动和历史发展，为"世界历史"形成的过程，提供了更具体的研究资料。

阿里·玛扎海里是一位"为中国历史所吸引"的严谨博学的研究者，我读他的著作，同样也被他的论述所吸引。他把我引入了一个中国古代物质文明西传的宝山，使我兴味盎然，有许多事简直是闻所未闻！如第 361 页的"郁金香"条，经他考证，波斯文称郁金香为"中国罂粟"，是由中国传入伊朗种植，而后移植于伊斯坦布尔，再被荷兰人从伊斯坦布尔发现而在荷兰种植，并命名为突厥文称谓（Tulpen，Tulipe），以后成为荷兰的国花。过去，我只知道比利时外交官奥吉耶·吉塞林·德比斯贝克从土耳其将郁金香球茎寄给荷兰莱顿植物园的卡罗吕斯·克拉休斯。时间是 1593 年。由于荷兰气候湿润，而且拥有当时世界最大的金融市场，因而出现了历史上著名的"郁金香经济"。但是，并不知道是由中国传入土耳其。荷兰郁金香享誉全球而且颇获经济效益，想不到，它竟然是由伊朗传至荷兰的"中国花"！

下面我摘引一些主要段落，以见中国古代物质文明在伊朗社会生活中的影响，并经过伊朗西传欧洲的情况。

（一）铸钢铁技术。阿里·玛扎海里关于钢和铸铁曾有《刀击剑，论炼钢炉的中国起源》一文。他指出，中国的铸剑术很早，最早的坩埚和铁匠炉是熔炉雏形，由丝绸之路传入伊朗。他考证："波斯人从帕提亚人时代起就已经从中国进口许多铸铁产品，尤其是长把平底锅和一般锅。"他认为，中国的铸钢铸铁工艺从伊朗传入西方的时间，"与第一批大炮是同时传去的，始终是由于受威尼斯人……诱惑的某一匠人的背叛而造成的后果"。（第 222 页）

（二）剪刀和裁剪术。剪刀是中国人的一种发明。"裁缝的剪刀，简单地说，也就是'裁剪术'在传入西方伊斯兰世界之前曾是一种中国技术。这种技术在 12 世纪时就可能已经通过塞尔柱人西传，但在 13 世纪时肯定是通过蒙古人而向西传播。在此之前，在伊朗、伊斯兰、西方，仅有一些古代'缝衣工'……从不会剪裁。"（第 325 页）

（三）熨斗和衣橱。古代中国人保管衣服，一方面，用熨斗熨衣服、浆染衣服；另一方面，将衣服收藏在衣橱内。"五斗橱（带抽屉的衣橱）在中国中原地区于 11 世纪的南宋时代已经广泛使用，从 14 世纪起就在波斯取代了'中世纪'的衣箱。但在法国，则必须等到 17 世纪才看到完成了这一变化过程，在凡尔赛引进了佛罗伦萨的衣橱样式，而这种时兴本身，又是来自中国、波斯的流行式样派生而来的。"（第 326 页）

（四）火镰、小刀、钢针。"波斯人早在 18 世纪末就从中国获得他们的火镰、小刀和剪子。仅在 1834—1848 年之间，在英国制造的小刀（甚至也可能还有剪刀）可能首次到了波斯市场。至于火镰，则必须等到 1888 年左右瑞典火柴，以及继此之后不久的日本火柴才取而代之。"直到 1848 年以前，"穆斯林们最好的钢针均出自中国"（第 327 页），这种针为缝绸缎衣服所必需。

（五）水磨、水槽、钢刀。"在丝绸之路凿空之前，西方人既不懂得泥浆，又不知道水磨和水槽"，"我们对于绸织物和钢刀的中国起源论坚信不疑……我们这样一来，就可以理解安息—萨珊—阿拉伯—土库曼语中一句话的重大意义：'希腊人只有一只眼睛，唯有中国人才有两只眼睛。'……希腊人仅仅懂得理论，唯有中国人才拥有技术。"（第 375—376 页）

（六）桌子。伊利汗的蒙古政权"将中国人的办公桌的做法从伊朗传入意大利，同时传去的还有一大批能巩固意大利文艺复兴成果的物品。这次文艺复兴在许多方面都有求于中国：食物、衣着、室内陈设、印刷术、火炮等，完全如同它在文化和文字方面也有求于阿拉伯人和拜占庭人一样。……写字书桌传入意大利，是造成加洛林文字变成古意大利（斜体字），以及几乎立即又变成草体字的原因"（第 230 页）。"矮桌传入罗马的道路与它的'后

裔',即它的'女儿'汉蒙式的办公桌所走的是同一条道路。"(第248页)①

（七）碾、碾磨、水磨、风磨。这是磨的不同种类，罗马人在公元前2世纪安装碾磨。几乎同时在大夏、安息出现了水碾，"最早到达中亚的穆斯林非常惊奇地在那里发现了风磨。阿拉伯人（也就是伊朗的拓殖区）在西西里和西班牙模仿了这种风磨，又从那里传到了弗兰德和其他拉丁地区。这种风磨也应追溯到一种中国的发明。"(第345页)

（八）抹泥浆术。为了防潮和防雨，在用沙浆来抹制或夯制其墙壁内外各面上，都抹上厚厚一层软物或流体物。法文中的"抹"字 Enduire，是"通过拉丁文 Inducer 而追溯到伊朗文（中期波斯文）Enduden 和 Ghienduden，该动词的词根……很可能起源于汉文'夯土'。"伊朗的泥浆"更接近中国传统的泥浆，而不是丝绸之路开通之前的西方泥浆……因为罗马的泥浆完全可以通过安息、萨珊王朝的泥浆而追溯到中国泥浆"。(第375页)

（九）小米和高粱。这是"古代中国大陆上的农作物，通过丝绸之路而先传到波斯，后传到罗马。在罗马，仅仅在儒略·恺撒执政时期才知道了这种作物"。波斯文称小米为"千粒"，高粱为"红谷"。"首先在大夏，稍后又在马尔吉亚那以及在阿利亚纳"，"小米和高粱成了丝绸之路上普通民众的食物之基础"。(第343、第441—442页)②

（十）樟脑。"当代的药剂学和化学中非常珍贵的原料之一无疑是樟脑。古代希腊罗马社会中从未出现过这种产品。"11世纪，拜占庭人西蒙·塞特第一次论述樟脑的医学著作"大部分均译自阿拉伯文典籍。因此，是由穆斯林学者们首先向拜占庭人，稍后不久又向西方人介绍了樟脑。阿拉伯人和拜占庭人自己又是通过伊朗人而了解樟脑的"。(第444页)

（十一）肉桂。阿拉伯文称肉桂或桂皮，是来自萨珊王朝的波斯文"中国的药"。这个词也用于印度，"该词相当广泛的用途证明了印度斯坦和伊斯

---

① 中国先秦秦汉时期使用短足案，没有桌子。一般认为，桌子是南北朝以后由西方传入中国的物品。玛扎海里列举的这个例子可能表明西方桌子制作技术在传入中国并得到发展后，又回传西方。这是一件文明交往和互动的事件。

② 中国是粟（小米）的原产地。但高粱是否是中国本土物种，学界分歧较大。

兰世界诸民族是通过伊朗人而了解肉桂的,而伊朗人自己则是通过丝绸之路与中国的贸易而了解肉桂的。"至于希腊字母对拉丁文 kinnamon 或 kinnamomon,它完全是用希腊字母对拉丁文 Annaniomu 的转音,均指"中国桂皮"（第462、第465页）。

（十二）姜黄。中国在两千多年来,就一直种植这种药用植物。"现在西方用以指姜黄的大部分术语,均源出阿拉伯文（红花）","几乎西方人（无论是欧洲人,还是波斯人和阿拉伯人）称呼姜黄的所有名称,都是提醒人们注意其黄色……中世纪的伊朗人从中国进口的纸张在一面染有（防虫的姜黄）黄色"（第486、第496、第490页）,姜黄是从西藏经克什米尔、阿富汗而到伊朗,再由伊朗传入欧洲的。

（十三）麝香。"麝香是中世纪的文化现象之一","西方和阿拉伯文中麝香名称均起源于伊朗语。所以西方名词'Vessle'（膀胱）、'Vesicule'（囊）、英文的 Vesicle、德文的名词 Beutel 等,都归纳为阿拉伯文 Nafdjah,这是由萨珊词 Nafag 或 Nafak 变成了中世纪末期的伊斯兰伊朗语中的 Nafah。""伊朗从西藏或于阗进口麝香,传向西方,是早在伊斯兰教之前……在更为古老的贵霜人或大月氏人在位时代。"（第524—531页）

（十四）大黄。"西方称呼大黄的所有名称均起源于伊朗文,也就是斯基泰文……大黄的所有希腊文、阿拉伯文和拉丁文名称均由伊朗的 Rayvend 或 Raybhas 派生而来,我们很容易辨认出斯基泰文词根 Rag 或 Ray,意指'光线'……'光线'的意义已由帕提亚人在今德黑兰附近建筑的拉伊（Rag）城而得到证实。当时赋予它以此名,是由于该城丝绸之路上传来的一种中国药品……在伊斯兰时代,大黄被引入东伊朗……从1世纪起,其交易就一直扩大到地中海国家。"（第542—543页）

此外,阿里·玛扎海里还写有《论杆秤起源于中国》一文。该文证明,古罗马人使用的杆秤及其后发展起来的衡具,也是由伊朗西传欧洲的中国产品。

二

  信手拈来，边读边记，就摘引了上述与社会生活有关的古代中国物质文明的各种产品和技术。写到这里，不由得从内心里感到中国文化的博大精深和对西方文化影响之多之大。从以上几条中药中，使我想到了阿里·玛扎海里在本书第 299 页的一段话："我们仅仅讲一下中医在波斯所享有的威望。这种威望可以追溯到萨珊王朝时代，但特别是自 13 世纪中叶以来得到了复兴。我还应提请大家注意，早在加利安和迪奥斯基里德斯身上，就已经反映出了中医的影响。后来于 12 世纪又重新变成波斯医学的中世纪'阿拉伯医学'中，便有半数以上充满了中国的药理学和临床药剂及配方。15 世纪所绘制的帖木儿王朝医学的五种图案、'血液小循环'的发现，最后是许多被认为是'阿拉伯人''意大利人'或'新教徒们'的发明的许多问题，归根结底都要追溯到中国医学。"特别要指出的，他在同页上强调中国医生发现的血液流动论、解剖人体术被犹太医生们带回意大利，向正在酝酿中的文艺复兴运动传授了医学的最新成果。

  在中国传统应用科学领域内，中医学最能体现中华民族的文化精华。和中医学并列的，还有农学和军事学。中医学的特点，从认识人体、疾病，以及防病治病的基本原则与方法的角度看，是它的系统整体论；从中医药角度看，是它的性能平和系统整体论；从中医角度看，是它的性能平和与治本论。这些特点体现了中国文化的综合思维模式。西方文化的思维模式是分析，中国文化是综合，分析出理论，而综合出技术。即使如数学这样作为自然科学基础的理论科学，欧洲人是从定理出发，而中国古代的数学著作则从应用出发。上引文第五条中所说的有关中国文化和希腊文化相比较的话，就说明了这个问题。其一说，古代安息、萨珊、阿拉伯、土库曼语的谚语云："希腊人只有一只眼睛，唯有中国人才有两只眼睛。"其二说，吉希斯在《论有色人种较白人之优越性》一书中称："希腊人仅仅懂得理论，唯有中国人才懂得技术。"

这里，我还要补充《丝绸之路》一书转引扎希兹《书简，论黑人较白人之优越性》中的一句话："其他人同样也介绍了下面另外一种说法，它无疑是起源于摩尼教：'除了用他们的两只眼睛观察一切的中国人，和仅以一只眼睛观察的希腊人之外，其他的所有民族都是瞎子。'"（第329页）波斯国王哈桑在1471年曾向威尼斯使节约萨约·巴尔巴罗提到这句话，原因是该使节非常欣赏波斯国王向他展示的中国产品，而且在文艺复兴过了两个世纪的意大利，当时仍不能生产出这样优美的产品。西方人的技术优势仅仅在18世纪才成为事实。从1300多年前的伊朗人、阿拉伯人，以及其他人流传的谚语，到上面的记载，再到当代的英国人李约瑟、法籍伊朗裔学者阿里·玛扎海里，这一些没有偏见的人们，都能实事求是地承认中国古代的科技发明。阿里·玛扎海里在同耿昇先生的谈话中说："西方古代、中世纪，甚至近代文明中的许多内容，都可以通过丝绸之路而追溯到波斯，进而从波斯追溯到中国。在14至15世纪之前，东方是各种文化的'创造者'，而'西方'在很大程度上是'模拟者'。但由于种种原因，近代的东方却落后了。"（第4页）这是一个很客观的见解。更为重要的是，他从文明交往中的视野，提出了由西方"追溯"到东方的富有见地的思路。

从文明交往的角度看，还有另外两个有趣的问题。一是贸易交往中的假伪药品。肯迪（800—870）在《香料化学及其分馏》一书中，提到了防不胜防的伪造樟脑的配方。赖泽（卒于935年）在其著作中提到了由于服用假樟脑而导致肾和膀胱结石的病例。这说明在那个时代，除专职人员外，几乎所有人都无法识破假樟脑而受骗，以致古代中国为此而垄断樟脑的销售权。二是医学交往中的融汇和互补。具体指出樟脑性能的最古老伊斯兰医学论著，是9世纪中期成书的《智慧的乐园》。这是一部有关萨珊王朝时代贡迪萨布尔派医学的传统著作。作者是诃伦（哈伦·赖世德）孙子的御医。本书同时受到丝绸之路最早几个世纪中国、印度医学和希腊、埃及医学的大影响，被誉为"中国、印度和希腊三种科学交叉"的成果。这种交叉成为伊斯兰"加利安医学"和"迪奥斯基里德斯医学"的基础。中国传统医学就是以自己的文化特点，在文明交往中走向世界的。

三

这里有一个问题，就是伊朗不与中国接壤，为何能在西方文明和东方文明交往中，把古代中国物质文明西传到欧洲呢？也就是说，伊朗在丝绸之路上，起这样重要中介环节作用的原因是什么？

概括地说，文明交往打开了伊朗和中国互不接壤的空间障碍，特别是伊朗的特殊地缘政治文化地位，使它在东端中国和西端欧洲之间的交通线上，发挥了独特的作用。李约瑟在《中国科学技术史》第一卷第一分册（科学出版社中译本1975年版）第229页中，总结西方汉学家沙畹等人的观点时说，沿着南山山麓的一连串绿洲，构成一条穿过匈奴与蒙古游牧民族之间，以及匈奴与西藏部族之间的边缘地带，有条较为保险的道路，这就是"中国文化区和伊朗文化区之间的一条天然交通线"。

然而，这样说还显得笼统。具体说，主要有以下三个原因：

第一，在古代东西方交通要道上，伊朗有其重要的地理位置。当时，由于海路交通不发达，东西方陆路交通必须经过伊朗的厄尔布鲁士山脉与苏莱曼山脉之间的地带。这条陆路交通线，是和中亚的地理环境在人类历史上所起的两种独特而矛盾的作用有关的。一方面，中亚崇山峻岭交错，沙漠干旱险阻异常，而且大多数江河，向北流入北冰洋，这导致中亚缺少交通上的自然凭靠，结果，周围的中国、伊朗、印度、俄国等文明被隔离，也进而隔离了东方和西方文明的联系。然而，在另一方面，上述地理自然条件并不能成为人们交往活动的不可逾越的障碍。生活资料的生产，把人同动物区别开来；而生产本身，又是以人们之间的交往为前提的。生产活动和交往活动，是人类存在的基本方式和发展的基本活动。交往活动的开拓者们历经艰难险阻所打开的古代商路——丝绸之路，不仅为中亚周围诸文明，而且为东西方文明之间的联系，提供了一条互通有无、相互了解和绵延不绝的交往渠道。伊朗虽不同中国接壤，但它在丝绸之路上，却是纽带，是枢纽，它的一系列商城，都是这条商道上的著名驿站。例如，安息王朝都城希卡东普洛斯、埃克巴塔那（今哈马丹），萨珊王朝的首都泰西封及其附近的塞西琉西亚，以及以后的呼罗珊等城市与地区。前引第十四条的大黄（光线）城的命名，也因为它是丝绸之路上的"中转站"。这些闪烁着东西方文明之光的地点，星罗棋布般地连接着丝绸之路的大动脉，把中国古代物质和精神文明的新血液输向西方。阿里·玛扎海里在第311页说得很对："整个'中世纪'的伊斯兰文明的脊柱、脊髓、消化器官和动脉就是丝绸之路，即那条通向中国（即今天著名的'红色'中国）的大道。"

第二，伊朗有悠久的历史。公元前6世纪，大流士就建了一个横跨欧亚非的波斯大帝国，在世界历史上，对打开地区闭塞、建立东西方联系，和推动人类文明交往方面，产生过很大的影响。公元前3世纪的安息王国，进而把文明交往向东方和西方两个方向推进。224—651年的萨珊帝国时期，曾两次远征罗马帝国，并进行内政改革，文化盛极一时。以后的伊朗虽历经阿拉伯人、蒙古人的统治，但在丝绸之路上的重要作用一如既往，并未减弱。阿里·玛扎海里经过考证后，在《丝绸之路》中指出，直到18世纪，中国物质文明的西传才发生了变化。丝绸之路并没有因为葡萄牙人发现海路而突然消失，实际上，在18世纪期间，陆海两条路线还在相辅相成。他在《导论》中说："在促使古老丝绸之路遭到遗弃的主要因素中，应提到近代技术工业的诞生和发展，这种工业以代用品取代了来自中国的传统产品……波斯人不再从中国而是从英国贩运这些产品了。"伊朗悠久的历史使它和中国通过丝绸之路沟通起来了。中国史籍中关于伊朗的最早记载见于《史记·大宛列传》，它因伊朗当时王朝创建者安息克而称伊朗为安息。后来的《魏书》又用波斯来称呼当时伊朗的萨珊王朝。中国和伊朗从唐朝（伊朗萨珊王朝）、元朝（伊朗伊尔汗国）、（伊朗帖木儿王朝、萨法维王朝），都交往频繁，经济文化联系众多。

第三，伊朗有古老的文化传统。这一点最应当强调。伊朗的文化古老，可以用一个例子来说明，在公元前第二千纪的印伊时代，是印度人和伊朗人共居而没有分开的时代。印度学者高善必估计，雅利安人第一次进入印度，约在公元前1750年左右，梨俱吠陀时代为公元前1500年左右。伊朗文化不但古老，而且这个古老文化传统迄今并未中断。

在世界文化史上，这种情况不是很多。伊朗文化和中国文化，都是这样迄今未中断文化传统的古老文化。阿里·玛扎海里在其中译本序中，谈到中国和伊朗文化的关系问题时，也很有见地。他认为，这两种文化之间具有选择性的相似性。首先，中国文化和伊朗文化都是古老文化，他列举伊朗发现公元前第四千纪的古墓葬为例。其次，和中国文化与周围民族有别一样，伊朗文化比它周围任何一个民族都古老。再次，和古代中国面对匈奴人和蒙古人一样，伊朗也面对入侵的阿拉伯人。最后，和中国一样，在16至20世纪面对"西方海盗"时，伊朗也面对"地中海海盗民族"。同时，他还指出，伊朗人同他们那在肌体上的堂兄弟盎格鲁撒克逊人之间，有一条精神领域的鸿沟，却"在思想上与汉人的思想相差不远"。正因为这样，伊朗文化和中国文化的双向交往到处可见。沟通各民族交往的直接领域是物质文明，纯精神世界是在物质文明之后的缓慢渐进过程。这使我想起了美国学者劳费尔的《中国伊朗编》。那本书中讲到中国和伊朗两国物质文明（由药品到矿物、由动物到植物）的密切交往。劳费尔和阿里·玛扎海里的著作，使我们认识到，伊朗由于有古老的传统文化，因而成为接受中国物质文明并将它西传的重要基础。

伊朗的重要地理位置，悠久的历史和古老文化传统的综合，使它在吸收、传播、影响中国文化方面，具有持续性的特点。这里特别要提到的是波斯语。波斯语是伊朗历史和文化的产物。波斯语是丝绸之路上很长时期的通用语言。《丝绸之路》一书第8页指出："在中世纪，也就是直到19世纪初叶，波斯语在奥斯曼帝国，以及亚洲的其余地区，尚扮演着一种英语在我们当今世界所具有的角色，即贸易和外交界，以及稍后思想界的一种国际通用语言。"这件事就充分说明了，伊朗人在丝绸之路及一切中国的古代物质文明交往活动中的重要性。没有他们参与贸易活动，从丝绸之路西端的威尼斯到东端的肃州、甘州、长安的漫长商路上的交往，将是不可想象的。这中间，为数众多的伊朗商人功不可没，他们在贸易中起着中坚力量的作用，这包括自己贩卖、传递、转运等等重要角色。战争曾经是古代交往的重要形式，但从总体上说，商业交往重于战争交往。在丝绸之路的历史上，与其说是通过不时的战争冲击，倒不如说是通过经常性的商业生活联系，把位于中亚边缘地区与广大东西的地域隔离孤立状态逐渐消除了。商业活动带来的不仅是物质文明的交往，而且也带来了社会生活领域的变化，各民族、各国家人民相互熟悉、彼此了解的过程加速了。

伊朗古代祆教的文化内涵

产生于公元前 6 世纪的祆教，曾经以其独特的文化内涵为伊朗与中国古代交往、为世界古代宗教史增添了引人深思的篇章。

可惜这一古代宗教文化在今日已鲜为国人所知了。许多人不识"祆"字，把它误写为"祅"者甚众。有些人读"祆"为"祅"，其中竟不乏历史和外事工作者。更有甚者，一本学术著作《伊朗古代历史与文化》（《东方文化》丛书之一），在全书提到"祆"教之处，包括一节的大标题上，都无一例外地误植为"祅"教。仅此一端，即可见重新探讨此课题的必要性了。其实，"祆"（xiān）是古代中国人对伊朗琐罗亚斯德教（Zoroastrianism）信仰诸天神这一文化内涵的统称。它不但为汉语字辞典中增加了一个新字、新词，而且表示了对一种外来宗教文化地位的认同和对该教文化内涵的认识。这种认识是从"火"与"天"开始的。慧皎《高僧传》中，谈到维祇难原奉"火祠"、后皈依佛教的故事，并说他于孙权黄武三年（224）与同伴到武昌。可见三国时代中国南方的佛教徒已知"火祠"。《北史·西域传·波斯》中，也把这种信仰归结为"事火神、天神"。《旧唐书》和《新唐书》都说，波斯国事天、地、日、月、水、火诸神。①这就是唐人慧琳在《一切经音义》中所说的"祆"是波斯拜火教神名，本作"天"，其后加"示"旁为"祆"。陈垣

---

① 《旧唐书·西戎传·波斯》作"俗事天、地、日、月、水、火诸神"。《新唐书·西域传下·波斯》作"祠天、地、日、月、水、火"。

的《火祆教入中国考》进一步解释说:"不称天神而称祆者,明其为外国天神也。"①因此,"祆"实际上是对琐罗亚斯德教文化内涵的集中概括。

当然,这个概括是表面的、朴素的。从根本上讲,祆教文化是一种绿洲农耕文化。

祆教的发祥地是农耕"聚落"民族居住的中亚南部绿洲地带。祆教经典《阿维斯陀》(《波斯古经》)中,多次提到了这些星罗棋布的绿洲名称。例如,公元前 4000 年就存在的"哈拉赫瓦吉"(古希腊人称"阿拉霍西亚"农耕区),即现在的坎大哈地区;早期的农耕部族"海图曼特",即德兰吉安纳(古波斯的兹兰卡)地区,在今日称为锡斯坦地区。此外,现代赫拉特绿洲地区,在《阿维斯陀》中称为"海洛瓦"(古希腊人称为"阿雷亚"),在中世纪称为哈拉特。特别是中亚南部著名的农耕地区大夏(巴克特里亚),在《阿维斯陀》中称为"巴赫吉"(古波斯语音译为"巴赫特里施");而与大夏接壤的马尔吉安纳地区,在《阿维斯陀》中称为"摩伍卢",它位于土库曼东南的木尔加河下游地区。尽管对祆教发祥地有不同说法,但从《阿维斯陀》中所见地名来看,祆教的发祥地大致在伊犁河、锡尔河和阿姆河流域的一些绿洲地带。这是祆教文化的地缘底蕴。

祆教文化的主要传播者是大月氏人和皈依祆教、定居绿洲的塞种人。《阿维斯陀》中,曾用萨珊语称绿洲地区为"祆教徒们的月氏人"和"月氏伊朗"。据法国汉学家阿里·玛扎海里考证,《汉书》中的"月氏"的对音为 Vaeja,复原后作 Vedje 或 Vedji,在形容词形式中加了一个词尾 i,变成 Vedjien(月氏人)。这就是《阿维斯陀》及其疏文中所说的"祆教徒们的月氏人"。月氏人在公元前 7 世纪已在河套同中原农耕居民交往,他们献良马于周成王,后从祁连山、天山和阿尔泰山一带,西迁至伊犁河、楚河绿洲地区而成为农耕民族。塞种人在此前即定居这里,被月氏人逐走后,一部分进入塔里木盆地诸绿洲,而大批塞种人分别在大宛和大夏绿洲地区定居。这些民族由耕农和士兵组成,和汉人一样是种植耕农。公元前 130 年左右,大月

---

① 初版于 1923 年。后收入《陈垣学术论文集》(第 1 集),中华书局 1980 年版。

氏人占领"地肥饶"的绿洲大夏，和被逐的塞种人共同向西和南方向传播祆教文化，从而促进了中亚地区纯粹农耕文明高潮的到来。

中亚绿洲地区的地貌，处于被沙漠和山岭阻隔的断续分散的大小块有水源区。依靠水源、天气等自然条件，农耕方可进行。这里的农耕民族和山区强大游牧民族，长期处于对抗、冲突与融合的交往中生活。靠天和强邻而生存的环境，产生了祆教一整套二元论宗教哲学。祆教的"善端"（光明）与"恶端"（黑暗）的二宗不断斗争，正是农耕文明与游牧文明冲突的思维化表述。善神阿胡拉·玛兹达虽是独立实体，却不是恶神的主宰，反映了这种宗教哲学在理论上与逻辑上的矛盾。这种二元论矛盾来源于绿洲地带与山区沙漠地带两种不同生产与生活的民族的对抗性存在。这种存在的长期性，反映为善端与恶端的长期较量，而善神不能主宰恶神，则是绿洲农耕民族分散、脆弱和需要积蓄力量的如实写照。无论是善神最后战胜恶神，还是祆教"佐而文派"（Zurvan）所谓在善、恶二神之上有"时间神"做主宰的理论，都在不同程度上反映了绿洲农耕民族在政治上建立大联合国家的愿望和利益。这个论点，我在《阿富汗史》（陕西旅游出版社1993年版）第一章第二节中已经有较详细的论述。

从《阿维斯陀》最早部分看，它一开始就是严格反对游牧生活和大力宣扬农耕，表现了千方百计把塔里木盆地的月氏人的农耕生产和生活方式，强加给斯基泰塞人牧民的强烈意向。它叙述恶神在九千年中多次获胜，也反映了无法皈依祆教的游牧人对绿洲农耕地区的长期侵扰与破坏。

祆教的诸天神明显地表达了尘世农耕文化的各个方面：

（一）最高天神阿胡拉·玛兹达是农耕文化总代表，是智慧神、火神和善神。他的许多僚神、辅佐神分别以"天使"（Amesh Spenta）代表其他要素。

（二）"善思"天使乌胡曼（Vohn Manah），是地球上一切有益于农耕生物的保护神。祆教徒不是饲养牲畜为生的牧民，而是为农业而饲养牲畜的耕农，因而需要"善思"这样禁止用牛、羊、马和羊群做祭品而保护有益农耕的神灵。

（三）"王国"天使赫沙特拉·瓦伊里亚（Khshatbra Vairiya），这位"善良权威神"代表总天神的权威,他保护的是与农业紧密结合的手工金属制造业。

(四)"善行"天使斯庇塔·阿东马因雅(Spenta Armainya),代表农耕者的忍耐精神,为"农业之母"的土地的保护神。"善行"实际上是土地神。

此外,还有保护"水"和植物,以及日、月等神灵。这些神灵都具体化了农耕文化的内涵。

最富有特征的是"最高正义"天使阿萨·瓦希什塔(Asha Vahishat)。他是神圣法律、秩序和公正的代表,是祆教文化中最重要因素"火"的代表。更重要的还在于,他是绿洲农业的"百谷神"。阿萨(Asha),又称阿尔塔(Arta)。前者指黍稷和食物,尤其指小米;后者指小黍稷和面粉。这个神名首先涉及的是绿洲农耕民族的文化名词,也是祆教徒的同义语。《阿维斯陀》中把雅利安作 Ashaona,意为 Asha(Arta)的仆人,而雅利安的原意就是"播种高粱并感激使之生长的上天之人"。阿萨首先指小米,是因为小米是绿洲地区主要的农产品和食物。小米最早产于中国,尔后西传给大月氏人,再通过丝绸之路传给安息人。小米及其食物"古斯古斯"和炊具"鬲",后来又由阿拉伯人传到非洲的柏柏尔人和黑人当中。所以,阿萨不仅是祆教的谷神,而且,还意味着祆教作为沟通东西方文化交往使者角色的作用。小米容易耕种收获,自然传到了克里米亚的哥特人及其他民族中。小米被罗马帝国敌人在罗马的东方、南方和北方日益繁衍起来,从而敲响了罗马西方以小麦为基础的文明的丧钟。

有的研究者把阿萨这位天神比作中国的五谷神后稷的兄弟。这有一定道理。但阿萨比后稷的含义要广泛得多。在祆教诸神中,他后来又成了水磨神、风磨神甚至农神的名称。水、风为动力的磨碾,是加工粮食的工具。水力、风力代替人力、畜力的磨碾,被史学家称为"第一部农业机器"。它的发明,也追溯到中国的汉代以前的久远时期。直到946年成书的波斯文论著《奇异珍品》中,还把中国存在很多水、风磨碾,看成新鲜的事物,足见伊朗这时还没有这种工具。在传播这种农业文明的物质生产力标志之一的磨碾交往中,祆教徒再一次起了中介作用。他们从汉人那里学会了这种技术,在绿洲中使用。并随着向外扩张迁徙，传遍各地。公元前129年前后，他们在战胜了大夏的希腊统治者之后，就把水磨移植到这里。他们的后继者安息人继续普及这种技术于中亚绿洲地带，把磨碾修建在马尔吉亚纳、赫卡尼亚、阿尔塔萨塔（埃里温）和巴尔塔瓦（巴尔达）等地。中世纪初，这些磨碾在拜占庭人的拉丁地区传播开来。到了15世纪，这些磨碾设备更为普及，它们以祆教的名称"阿西亚卜"而在西方生根。

水、风磨碾和农业生产力发展联系在一起，它的西传对巩固发展城乡经济有不可忽视的作用。西方古文明在某种程度上是贸易文明。希腊是商业经济。罗马的经济是非生产性的。以水、风磨碾为标志的农业生产与生活方式的传播，使中亚南部希腊人建立的商城的纯粹贸易，有了稳定的经济基础。祆教徒的水、风磨神阿萨的灵光普照中亚绿洲地带，与其说是取代了希腊商神的地位，毋宁说是对商业经济片面性的有力补充。在此前沿商道的许多亚历山大城（作为货物转运站、商人庇护所和据点）的废墟上，重建起了新城。因此，毫不奇怪，当地的许多传说，都把垦殖、采邑和城镇的形成，追溯到祆教徒的征服时代，并归功于塞种的巴列维人耕农与士兵的支撑和保护。水、风磨碾的确有许多象征意义，它既意味着正在使用十字架围绕赤道天极旋转的恒星之"天"，又意味着大自然的"天"和"地"；既意味着"王权"，又意味着中世纪亚洲农耕文明对古代欧洲贸易文明的胜利，而那隆隆的磨声就是为它奏响的凯歌。

值得注意的是，"阿尔塔"还是琐罗亚斯德的二元论中的理想王国。他的二元论基础是关于把世界两分为"阿尔塔"（善与真的王国）和"德鲁克"（恶与假的王国）的思想。他所选择并积极保卫的"阿尔塔"，实际上就是经常处于邻居游牧人劫袭威胁下的富庶的绿洲农耕田园。他认为，在大地上确立真理和光明的基础，要依靠"赫沙特拉"（Khshatra，意为"主宰尘世的权威"）天使的君临。他在《伽泰》（Gathas，神歌）17章布道稿中，"赫沙特拉"出现频率达到63次之多。他以后找到了信奉祆教的大夏国王维斯塔巴这位"善良的强权者"。《阿维斯陀》中也把大夏作为"高高升起旗帜的美丽地方"来颂赞，而且明显地指出了军人的英雄豪迈。他在77岁高龄时虽被"德鲁克"恶假王国的图尔游牧人所杀,但祆教却像太阳神密特拉征服雅利安人富饶土地一样,绿洲农耕文化的"阿尔塔"王国在东、西伊朗建立了起来。

　　祆教文化经历了扬弃中亚早期原始宗教文化的形成过程,又经历了中亚绿洲联合的变化过程,还经历了与游牧民族交往的同化过程。在祆教文化中,虽有采猎的原始农业文化痕迹,但那只是表明农业肇始于驯养动植物与垦耕土地。琐罗亚斯德的17章布道稿中,几十处提到畜牧业各种家畜,最常提的是公牛和母牛。他关心的是与农业有关的家畜,而非游牧牲畜。拜火可能有火林狩猎的原始遗风,而更多的是刀耕火种,进而成为铸铁深耕的传统农业文化的象征。火与天,实质上是绿洲农耕文化要解决自然与人,以及农耕者与游牧人的关系在宗教观上的概括。祆教成为中亚诸民族的宗教,与这种绿洲文化密切相关。

唐代长安与祆教文明的交往

一

祆教是中国古代对古波斯的琐罗亚斯德教（Zoroastrianism）的称谓。

"祆"字是汉代以后创造的一个汉字。"祆"字在《说文解字》中未见，大致是在南北朝时期琐罗亚斯德教传入中国后，至迟在隋末唐初才出现的。

《说文新附》对"祆"字作这样解释："祆，胡神也。从示，天声。"① 这是对"祆"字的全面说明，有形有音，十分清楚。

徐铉的弟弟徐锴，在其《说文系传》中，又作了补充："祆，胡神也。从示从天。"② 但未提"天"声，则是最大的疏漏。

值得注意的是，王玉树③著的《说文拈字》中说："祆本番俗所事天神，后人因其涉神加示耳。"他解释了加"示"是因涉及天神的缘故。这个补充，使人更便于理解。

总括以上解释，可见古代中国人因琐罗亚斯德教信仰以阿胡拉·玛兹达为首的天神系统，而用了"祆"字来称呼这个外来的宗教。为什么不称天神而称"祆"？这是因为它是阿胡拉·玛兹达等天神"胡神"，而非中国的

---

① [宋] 徐铉本《说文解字》，中华书局1963年版，第9页。
② 徐锴：《说文系传》卷一，文渊阁四库本。
③ 王玉树是清陕西安康人，其事迹见李慈铭《越缦堂读书记》卷二三《许学考》。

本土神。希麟在《续一切经音义·根本说一切有部毘索耶皮革事》中已指明了这一点:"祆……胡神……方言云,本胡地多事于天,谓天为祆,因以作字",说明了"祆"字这个汉语史上新造的汉字,是当时中国人对古波斯及祆教的理解,并用民族化了的汉字加以表达。因此,"祆"字本身就是东西方文明交往的产物,是这种交往在语言文字方面的文化标志,而且蕴藏着中国古代人的智慧和创造性。

"祆",从示从天,用以表明这种信仰天神的外来宗教的内涵,其义自明。但是,这里还留下了一个问题:既然是"天"声,那"祆"为何不读"天"(tiān),而读"呼烟切""他年切""火千切""馨烟切"①,即读 xiān 呢?

陈垣在《火祆教入中国考》中说:"今粤中天字,亦有呼烟切,如吾乡新会及西江一带各县是也。"(《陈垣学术论文集》,中华书局1980年版,第311页)然而,为何广东一些地方至今仍读"天"为 xiān 呢?这和祆教文化有何联系?他未进一步说明。

我仔细思忖,示和天的切音固然可以读作 xiān 来作为祆字一种音读的解释。但进一步联想当时环境,这与唐代长安文明与祆教文明之间的交往,有直接关系。

前引希麟的《续一切经音义》中已透露出一些踪迹,说是因"方言"而造"祆"字,即不但所造的字在形上与"天"字不同,而且在发音上,也是唐京城长安的方言发音。因为,很显然,决不会是以广东方言去创造一个"祆"字,当时,在广东还没有祆教。究查音韵典籍,便会发现,把天(tiān)读作"祆"(xiān),正是唐长安一带的方言。《集韵·先韵》和元人杨桓《六书统》中,都明确无误地告诉我们:"关中谓天为'祆'"。长安地处关中,而关中为唐代京畿要地,也是祆教文明集中地区。用关中方言(其实是唐音京腔),造出发音为 xiān 的"祆"字,在当时是顺理成章的事。至今关中有些地方的方言中,仍把天(tiān)读作"祆"(xiān),可作为旁证。显然,

---

① 《广韵》。

"祆"的"天"声，是长安的发音，即"关中谓天为祆"。字是新字，音也不再读"天"了。这就是"祆"读 xiān 的一个缘由。

明方以智《通雅》卷十一《天文》纠正误写时，认为祆为天神，字从天，不从夭，并指出："按此字起于唐……既通西域，因其言而造'祆'字。"他似乎察觉到《梁书》《通典》和《酉阳杂俎》中所提"祆"字的历史地理背景。

历史的变动，真可谓沧海桑田。唐代以后的社会大变，北风南移，准确的祆（xiān）字读法，却在南移广东的陈垣先生的故乡中，仍保留下来唐京的口音，而我辈关中人却对祆字生疏起来，更不用说全国其他地方了。这也就难怪全国一些历史刊物、书籍，甚至一些专论祆教的著作，也误以"祅"（ɑo）为祆，甚至对外翻译中，译祆教为"祅"（ɑo）教，使人啼笑皆非。此种现象，一个重要原因，在于祆教文化内传行使之在中国并未深深扎根，而且在中国消亡也过于久远。在这种情况下，从文明交往角度出发，更有必要追溯一下祆教文明在长安的往日状况，从而探究其原因了。

二

在中国传播祆教的主体是波斯人。他们在文明交往方面，把西亚三大新宗教（祆教、景教和摩尼教）传入了长安，其中以祆教为最早。

祆教东向传播的特征之一，是它的地缘性扩散。

由于地缘因素，以及绿洲农业、社会政治状况等因素，祆教东渐中国的路线可大致勾勒如下：波斯→中亚→河西走廊→长安→中原其他地区→南方一些地区。《魏书》《梁书》《经行记》《旧唐书》《新唐书》《酉阳杂俎》等书，都记载了这一条路线。《唐会要》则从双向交往的相反方向，记载了"西域诸胡事火祆者，皆诣波斯受法"的路线，从而证实了祆教文化的传播特征。

讲得最集中的是慧超的《往五天竺国传》，其中谈到"从大食国已东，并是胡国……总事火祆教"。这些国家是"安国、曹国、史国、石骡国、米国、康国"。从这个记载看，波斯国亡，进入伊斯兰化时期，中亚当地居民在相当长时期内，仍保持着袄教信仰，可见绿洲地区的扩散根基之深厚。

袄教东向传播的特征之二，是以多种方式流行于中国北方和南方，并且由此影响到长安。

在北方，最有影响的信奉者当推北魏灵太后。她在516—527年间，把袄教天神阿胡拉·玛兹达初列祀典，规定"废诸淫祀，而胡天神不在其列"。《魏书·皇后传·宣武灵皇后胡氏》记载她与肃宗宴群臣时所赋的"化光造物含气贞"诗句，确如陈垣先生考证，是歌颂最善神阿胡拉·玛兹达的"化光造物"的功德，而且与袄教的光明清净教义相吻合。上述袄教在北方上层流行，还在突厥用流动方式，而不用祠庙的方式事奉天神上表现出来①。后赵的创建者石勒是信奉袄教的羯人，祖先可能是西域石国人。他不但在洛阳设袄祠，而且《十六国春秋·后赵录》还记载他的"羯士三千人，伏于胡天"②，说明还有为数不少的袄教徒士兵。此外，袄教徒与许多农民起义（如东晋凉州天梯山、彭城、南齐和南梁的宣城和安城起义）有关。在东晋成帝咸康三年（337），长安终南山袄教起义和建立袄神庙的记载，在《晋书·张轨传附张实传》及《石季龙传》中，均可找到袄教传播和影响的记载。

在唐之前，袄教最早传闻于中国，可以追溯到三国时期。当时是从西域佛教僧侣及商人中带来一些有关袄教传闻。如南梁《高僧传》（慧皎著）中，即载有印度高僧维祇难，原为袄教徒，后被佛法降服，而皈依佛教。维祇难为避战乱于孙吴黄武三年（224）与竺律炎从洛阳到武昌。从传播史上看，袄教沿丝绸之路到长安，然后到中原，南北朝时已深入到江南的建康、宣城、安城、豫章等地了。

袄教东向传播特征之三是设官。

祀教较早，设官是因教徒增多而需要管理的产物。《隋书·百官志》称，北魏设袄官，北齐继续沿袭，鸿胪寺掌藩客相会，吉凶吊祭，统典客、典寺、司仪等署令、丞，典客署又有京邑、萨甫二人，设州萨甫一人。北周继

---

① 《酉阳杂俎·境异》："突厥事袄神，无祠庙，刻毡为形，盛于皮袋，行动之处，以脂酥涂之，或系之竿上，四时祀之。"

② 《太平御览》卷一二〇引崔鸿《十六国春秋·后赵录》中记石鉴即位（330）事。

魏齐拜胡神，设官制祝，后为隋袭，设萨保以管理祆教。有唐一代，从其建立到武宗会昌五年（845）灭法的200余年间，祆教仍继续受到政府宽容政策的保护，设萨宝府，由萨宝掌管祆教祠祭祀。

据《通典·职官典》萨宝条注称，唐武德四年（621），置祆祠及官，"常有群胡奉事，取火咒诅"，其盛况可见于字里行间。同书又记载了管理祆教官吏的级别：视流内，视正五品，萨宝；视从七品，萨宝府祆正；视流外，勋品，萨宝府祆祝；四品，萨宝率府；五品，萨宝府吏。《旧唐书·职官志》解释祆官时说，流内九品三十阶之内，又有流内起居，五品至九品。然而，从开元初，在精简官制时，仅仅保留了萨宝、祆正、祆祝及府吏，取消了视流内九品官职。

从出土文物看，至少有五块墓志涉及"萨宝"官职。其中两件在唐代长安：一件是西安出土的《安万通墓志》，记载安万通高祖安但，为"西域安息国"人，"于北魏初奉使入朝，位至摩诃萨宝"①。唐高宗永徽五年（654）终于长安普宁坊，葬于城北龙首原。如此说来，北魏时确已设萨宝官了。另一件是《米萨宝墓志》。米萨宝为西域米国大首领，以米为姓，以萨宝官为名，唐玄宗天宝元年（742）卒于长安崇化里。他"生于西垂，心怀（故）土"②，这几个朱书于墓志上的大字，表露出他生前的恋乡之情。还有两件出土于洛阳：一件是《康元敬墓志》，记载康元敬父名康仟，"相齐九州摩诃大萨宝，寻改龙骧将军"③。此条印证了《隋书·百官志》有关北齐诸州设萨甫（萨宝）一人的记载。另一件是《隋突娑摩诃墓志》，记载突娑摩诃，并州太原人，北齐、北周时为"大萨宝"④；第五件是武威出土的

---

①《唐安万通砖墓志铭》，见贺梓城：《唐王朝与边疆民族及邻国的友好关系》，《文博》1982年创刊号；另见徐松：《唐两京城坊考》，李健超增订本，三秦出版社1996年版，第219页。

②向达：《唐代长安与西域文明》，三联书店1957年版，第23页。

③《洛阳市关林》，洛阳古代艺术馆印本。

④摩诃（Mogh，Magus，Magi，Magu），又译麻葛、穆护，祆教僧侣通称。祆教僧或以"摩诃萨宝"并提，或以"摩诃"为名（如洛阳"何摩诃"）。据宋人王谠《唐语林》卷六颜真卿为其子起"小名"为"穆护"，可见祆教文化影响于颜鲁公，犹今日中国人有以"大卫""约翰"为名一样。又按，"突娑"（Tarsa）意为祆僧。

《唐阿达墓志》，记载阿达祖上曾任隋凉州"萨宝"①。这五块墓志不但印证了文献中设祆官的记载，而且反映了自北魏、北齐、北周、隋和唐代祆教东渐中国过程中，伴随而来的官制和政治交往的关系，实在是祆教文明传播史上的盛事。

三

设置祆祠早在北齐的京都（邺，今河南临漳县），就已出现。在唐代大盛，尤其是在都城长安最为兴旺。现在公认唐代长安有祆祠五座，其地址在：布政坊东南隅、礼泉坊西南隅、普宁坊西北隅、靖恭坊十字街南之西、崇化坊。这些祆祠具有以下显著的特点：

第一，立祠早而地位重要。布政坊的祆祠，一说为北魏灵太后时所建，一说为唐高祖武德四年（621）置祠设官，内有萨宝府。地址在今西安城西南角护城河外的西安汽车站处。唐时，此坊寺院林立，计有善果寺、镇国大波若寺、法海寺、济洁寺、明觉尼寺，等等，堪称为"宗教城"。祆寺与诸多佛寺并存而辉映。据《长安志》载，布政坊祆教祠内"有萨宝府官，主祠祆神，亦以胡祝充其职"。可见这一祆祠内设有祆官，而官即由祆教徒充任。萨宝在祠内有权按"胡律"处罚教徒。

第二，政治交往和祆教文化交往交织在一起。以祆教为国教的伊朗萨珊王朝末代国王伊嗣俟与阿拉伯军交战被杀后，其子卑路斯败逃至吐火罗。唐高宗龙朔元年（661），向唐朝求援。唐朝在锡斯坦的首府疾陵城（Zereng）设波斯都督府，拜卑路斯为都督，不久为阿拉伯军所灭。此后，卑路斯入长安，授武卫将军。唐高宗仪凤二年（677），唐朝应卑路斯所请，在长安礼泉坊置祆祠。这位流亡于长安的萨珊朝王子，奏请设祆祠于礼泉坊，很可能由于礼泉坊是伊朗及祆教贵族集中居住于此。因为历仕北魏、北周、隋的安息王后裔安令节，即住此坊。其死于武周长安四年（704）。米国质子米继芬为

---

①张维：《陇右金石录》卷二，第4—5页。

左神策军散副将游骑将军守左武卫大将军同正兼太常卿上柱国,他也居此坊,为祆教徒,死于唐顺宗永贞元年(805),后葬于长安龙门乡龙首原①。这些,后面还要谈到。

第三,祆祠是唐朝宗教宽容政策的产物。唐太宗贞观五年(631),有传法穆护何禄将祆教诣阙奏闻,敕令在崇化坊建祆祠,号大秦寺,又名波斯寺。这段记载本出于宋代姚宽的《西溪丛语》卷上,历来为后人所否定。原因是姚宽把祆教和景教混同起来,所以,大多数学者认为这里设的是景教祠,而不是祆祠。直至《米萨宝墓志》的发现,才知道这位萨宝就是唐代天宝元年(742)卒于崇化坊,证明了姚宽在《西溪丛语》中所载崇化坊有祆祠,并不错误。一个祆教传教士奏请,随即被皇帝获准设祠,这表现了唐代的宗教宽容政策。

第四,祆祠的变迁,因祆教政治庇护的变动而变动。唐中宗景龙年间(707—710),中书令宗楚客在礼泉坊筑宅,祆祠入其宅,这里的祆祠被迫迁入布政坊原祆祠之西。这可能是在建祠30多年以后,卑路斯的影响早已消失,中书令宗楚客权势正炽,才强迫祆祠搬迁。但这一迁移,在礼泉坊少了一个祆祠,而在布政坊却形成了新迁的官方祆祠与原有民间祆祠"一坊二祠"相邻的奇特格局,为这一坊的宗教城又添一景。

第五,祆祠的社区性特点表现突出。实际上,环绕祆祠而形成了一个祆教文化的小区。这些文化小区集中在东市和西市的西域贸易集散中心周围,那里显然居住着许多西域商人和移民,其中波斯人较多。唐长安东市的祆祠,就设在东市的靖恭坊。从考古发掘可依稀看出波斯移民在这里活动的踪迹。例如,波斯人李益初、李素父子、李素妻卑失氏,即居住在靖恭坊。李益初,天宝中作为波斯国的"质子"(人质)来唐长安城,显然是波斯贵族后裔因而被特赐李为姓的。李素也是个波斯移民,官至开府仪同三司,行司天监兼晋州长史翰林诏上柱国,唐宪宗元和十二年(817)卒于靖恭坊。他的妻子卑失

---

① 米继芬祖父为米国长史,父突与步施,"远慕皇化,来于王廷,历任辅国大将军,行左领军卫大将军"。米继芬有二子,长曰闰进,任右神威军散将、宁远将军,京兆府折冲都尉正。幼曰僧惠圆,住大秦寺。参见阎文儒:《唐米继芬墓志考》,《西北民族研究》1987年第2期。

氏是个突厥族的后裔①。

尤其是西市这个丝绸之路上最大的国际性贸易商场，更是一个波斯人经商和移居的集中地区。《太平广记》卷一六引《续玄怪录》（"杜子春"条）中所记的"波斯邸"就在这里。长安的祆祠大部分集中在这里，绝非偶然。我们试看看这些祆祠的位置，便可以想到围绕西市的祆教文化区的概貌。西市西北角为礼泉坊的祆祠。西市东北角为布政坊祆祠。西市西南角为崇化坊祆祠。从西市向西北，越过居德、义宁二坊，为普宁坊西北隅的祆祠。这里，我们可以联想，环绕西市周围的祆祠群，星罗棋布，在当时堪称国际大都会的长安，为熙熙攘攘的商贸声浪中，增添了多彩而肃穆的宗教文化气氛。

长安祆祠的这些特点，反映了唐代长安文化的多样性和世界性。这多半归功于丝绸之路的畅通。文明交往是这条贯通东西方大动脉的动力，它使民族史、地区史向世界史转变历程又迈进了一个新阶段。

四

过去，对上述祆祠状况已多为治古代文化史者所注意，但对祆祠和祆墓之间的联系却多有疏漏。我们应当注意到，与长安城内诸多里坊相呼应的一个丰富文物资源，是城外郊区长埋于地下的诸多墓志。这些墓志记载了城内诸里坊死者的住址、生平、身份等情况，有的与文字典籍相印证，有的为典籍中所未有，实在是研究古都的一份宝贵的遗产。

正是这许多墓志，沟通了祆祠与祆墓的关系。我们从中可以窥见死者生前从事祆教文化活动的情况。

前面提到的《安万通墓志》的志文称，唐高宗永徽五年（654）十二月一日，安万通死于普宁坊，而他的高祖安但，为祆教的萨宝，应与普宁坊的祆祠有关联。

1955年，在西安西郊枣园村，发现了《安万通墓志》。同年，在距枣园

---

①陈国英：《西安东郊三座唐墓清理记》，《考古与文物》1980年第2期。该墓志出土于西北国棉四厂职工子弟学校操场。

村不远的土门村，又出土了本文前面提到的西域米国人《米继芬墓志》。同年，在土门村还出土了一块惊人的墓志——波斯祆教徒《苏谅妻马氏墓志》①。该墓志为什么惊人？考古工作者在发掘中往往会遇到这种惊喜。作为祆教文化的研究者，这种惊喜之处有三：一是这块墓志与众不同，它是汉文与波斯的婆罗钵文合璧的墓志；二是这块墓志的出土地，与普宁坊的祆祠有关；三是它和前两块墓志出土地很近。

关于第一点，我们下面再谈。这里先谈第二和第三点。土门村在唐长安城西北外郭，距开远门不远，而开远门内第一坊，即普宁坊。普宁坊的西北隅，就有一座祆祠。联想到普宁坊西北隅祆祠周围发现过波斯银币，再考虑到安万通、米继芬，特别是苏谅妻马氏这三块墓志，出土距离如此之近，长眠于地下的祆教徒墓主人如此之集中，而且距离祆教文化区不远，说明此种地缘关系必然隐藏着某些联系。

但是，最为珍贵的是《苏谅妻马氏墓志》的出土地，靠近唐代长安城西外郭，这里又是汉代长安城的南区。这里的墓葬文化层错综复杂，深浅层混杂，给发掘者增加了判断的难度。苏谅妻墓志发现时，周围已被破坏，人骨及其他出土物被搅乱而不可知，出现了令考古学家和历史学家常扼腕叹息的遗憾现象。然而，幸亏还有这块墓志。仔细思忖，其中还可发现祆教文化在唐代长安的端倪。

现在，回过头来我们看这块与众不同的汉文与婆罗钵文合璧的墓志。

这块墓志石为白色石灰石，略呈方形，宽39.5厘米，高35.5厘米，厚7厘米，无盖。志面刻有两种志文：上半为婆罗钵文，共6行，横书，与古汉字习惯的直书不同。志文的大意是：

此乃已故王族，出身苏谅（家族）之左神策骑兵之长的女儿马昔师（Masis），于已故伊嗣俟（Yazdkart）二百四十年，及唐朝之二百六十、常胜君王崇高之咸通十五年，（波斯阳历）十二月五日

---

①陕西文物管理委员会：《西安发现唐祆教徒的汉、婆罗钵文合璧墓志》，《考古》1954年第9期。

建卯之月于二十六岁死去。（愿）其（住）地与阿胡拉·玛兹达及天使们同在极美好的天堂里，祝福。

志文下半为汉文，7行，每行6~8字不等，最后一行为3字，共44字。志文为：

左神策军散兵马使苏谅妻马氏，己巳年生，年廿六；于咸通十五年，甲午岁二月卯建廿八日己申时身亡，故记①。

这块祆教传播史上实在难得的汉文和婆罗钵文合璧的墓志，石刻虽不甚精微考究，四周侧面粗糙，但磨光的正面志文，却清楚地告诉我们以下的传播史实：

（一）苏谅是波斯王族来长安几代相传、受汉文化较深的祆教徒

据《新唐书·王锷传》载："天宝末，西域朝贡酋长及安西、北庭校吏、岁集京师数千人。陇右既陷，不得归，皆仰依鸿胪（寺）礼宾（院），月四万缗，凡四十年，名田养子孙如编民。"及德宗任王锷为鸿胪少卿，王锷奏议将"名王"以下4000人，畜马2000人，停止供给。宰相李泌"尽以隶左右神策军，以首长署牙将，岁有五十万缗"。

《资治通鉴》卷二三二《唐纪》四八载，当时"胡客无一人愿归者，（李）泌皆分隶神策两军，王子使者为散兵马使或押牙，余皆为卒"。

这两条相互补充的史实，告诉我们，苏谅作为"左神策军散兵马使"，在唐懿宗咸通年间（860—872），距李泌分隶四千胡客为神策两军的唐德宗贞元三年（787），约80年左右；而贞元三年上距唐玄宗天宝末年（754或755）的"不得归"西域的朝贡酋长又有30余年。这样计算下来，苏谅作为这批西域诸国王子使者之一的后裔，已经是几代人了。

---

① 伊藤义教：《西安出土汉婆罗钵文语言学的试译》，《考古学报》1964年第2期；刘迎胜：《唐苏谅妻马氏巴列维文墓志再研究》，《考古学报》1990年第3期；林梅村：《唐长安城所出汉文、婆罗钵文双语墓志跋》，载《西域文明》，东方出版社1995年版，第252—254页。本译文采取刘迎胜之说。

考诸伊朗史，苏谅家族确实是从安息王朝到萨珊王朝的世代豪族。这个家族同开林（Karin）、阿斯帕贝德（Aspāhbadb）并称为三大豪族。苏谅家的世袭领地是锡斯坦及赖夷的一些地区。苏谅家族的先祖曾在公元前1世纪中期，因打败克拉苏统率的罗马军队而立下战功，直到萨珊朝时仍任军职。因此婆罗钵文墓志中用波斯"王族"尊号来称苏谅家族成员，和波斯史实是一致的。

（二）苏谅家族虽在长安历经几代，但操母语婆罗钵文不改

按婆罗钵文（Pahlavi）属公元前3世纪至公元8至11世纪的伊朗古文字。《苏谅妻马氏墓志》铭文所用的是婆罗钵走行体后期的一种文字，是祆教徒所使用的"文籍婆罗钵书体"（Book Palavi）。这种书写体是在萨珊王朝末期7世纪成体，而一直原封不动地保存下来的书写体。据日本婆罗钵文学者伊藤义教分析，619年在埃及发现的纸草（Papyrus）文书，以及在银器、货币、印章和护符上，都可以见到。11世纪，伊朗北部的拉达康、拉基姆等诸小王墓塔铭文上，仍用此种文体。

这种情况说明，直到伊朗进入伊斯兰时期以后，这种文字依然长期使用，而且不限于祆教徒。《苏谅妻马氏墓志》在合璧书写上，把婆罗钵文置于汉文之上，这本身就表明该家族虽属移民，但仍沿用并重视他们的母语。正如伊藤义教所说，在874年，唐代长安的祆教徒用此种文字勒石作志，标志着祆教徒把自己独创的"文籍婆罗钵书体"，传播到最东的地理界限。至少在未发现更新的实物以前，可以这样说。这无论从伊朗古文字学史，或是从祆教文化东渐史上看，都有着特殊的重要性。

（三）苏谅家族入唐虽历任几代军职，但所用纪年仍是祆历与唐代纪年并用，既尊奉祆教习惯，又适应唐代社会习惯

按照伊朗萨珊王朝以祆教为国教的定制，每一新王的即位伊始，便燃圣火以象征他的权力，并宣布新的纪年。这种圣火是不能熄灭的。祆教以崇拜火闻名于世，所以又称拜火教。在这里，神权和政权结合在一起，以皇帝命名的纪年和圣火相联系。萨珊朝末代国王伊嗣俟（Jezdegerd，Yazdkart）死后，伊朗国内再无新王，但祆教徒仍沿旧制，以伊嗣俟为纪年。直到今

日，伊朗及印度等地的祆教徒，仍用此历纪年。《苏谅妻马氏墓志》的婆罗钵志文中，所使用的祆历就是这种纪年，称之为伊嗣俟二百四十年。这是阿拉伯帝国灭波斯后，在长安的波斯人，仍长期信奉国教的明证。

作为萨珊朝王族遗民和祆教徒，苏谅一家仍保持着祆教文化的传统纪年，见诸墓志，确实无误。但墓志文中也反映出唐代长安祆教徒有不同程度的汉化。例如，婆罗钵文中，颂扬唐懿宗为"常胜君王"，而在婆罗钵文和汉文中，都用了唐代的标准纪年："咸通十五年"。婆罗钵文中虽没有"甲午"，但把祆教习惯中的十二月五日（"斯班马特月、斯班马特日"）和汉人的"二月卯建廿八日"并用，颇似今日在国外的中国学人常在汉语中夹杂英语一样。至于合璧下半的汉文纪年、月、日、时，则是标准的汉人习惯了。

（四）苏谅家族仍沿袭着祆教"近亲婚配"的"内婚制"的极端宗教习俗

这是最令人惊异之处。根据《苏谅妻马氏墓志》的婆罗钵志文中称的"苏谅（家族）之左神策骑兵之长的女儿马昔师"的含意，是祆教对功德奖励而实行的"内婚制"。这就是说，马氏既是苏谅家的女儿，又是他父亲的妻子。一般而言，这种"内婚制"是一种同一家族中兄弟和姐妹之间的婚配制。更甚者，是父女之间的婚配制。祆教此种习俗由来久远。祆教徒很早就认为，这种"内婚制"是对宗教最虔诚的表现。到了萨珊王朝，律书便将内婚制定为标准习俗。史载，阿杜尔·阿娜希姐王后，就是萨珊王朝第二代国王沙卜尔一世（240—270）的女儿和妻子。苏谅妻马氏，很可能就是这种情况。

（五）对苏谅妻马氏的婆罗钵文的祝祷词，也是祆教文化的标准形态

婆罗钵志文中称："（愿）其（住）地与阿胡拉·玛兹达及天使们同在极美好的天堂里，祝福。"这完全是祆教的传统祝祷用语。它的意思是：祝愿他（马氏）的归宿处与祆教主神奥赫尔马兹德（即阿胡拉·玛兹达）及其他诸大天使相伴于天堂。祆教的善界主神玛兹达之下有六大从神，即六大天使：乌胡曼或巴赫曼（智慧或善神，动物神），阿萨·瓦希什塔或阿尔塔·瓦希什塔（至诚和圣洁，火神），赫沙特拉·瓦伊里亚或沙赫里瓦尔（权威或仁政，金属神），斯庇塔·阿尔马因雅或斯潘达尔乌特（谦恭或慈爱，土地女神），胡尔瓦塔特或胡尔达特（完善与健康，江河女神）和阿梅雷塔特或阿莫尔达德（永恒和不朽，植物女神）。这种"七位一体"的善神崇拜的袄教文化，也体现于教徒的终极关怀上。袄教相信人死后，善者要进入"天堂"（Garod Aman，即贺鲁达迈），与"七位一体"的善神共处。《苏谅妻马氏墓志》婆罗钵文的祝祷词与伊朗马纽什晓尔（Manuseihr）书简第一编第十一章第十二至十三节的格式完全一致，是标准用语。

五

综上所述，可见唐代长安与袄教文明交往表现出以下特殊的形态：

（一）袄名

人类的交往从接触开始，继则观察、了解、对话到达理解。理解是交往的关键概念。古代中国人对袄教的理解不外"天""火"二字，所以，除了"袄教"的称谓之外，也有把琐罗亚斯德教称为"拜火教"，或"火袄教"，即把"火"与"袄"连称。但是，火是清净、光辉、活力、敏锐、洁白和生产力的象征，"拜火"只是一种崇尚光明的仪式和义务，而崇拜"七位一体"的天神，才是琐罗亚斯德教的本质特征。正是以阿胡拉·玛兹达为主的"七位一体"的大天神和圣火之神阿图尔等次要天神，才是与诸恶神对立，从而显示了琐罗亚斯德教的善恶二元对立斗争的宇宙观。由此看来，古代中国人创造的这个"袄"字，确实理解了琐罗亚斯德教的本质特征，认为"袄，胡神也"，"袄本番俗所事天神"，"本胡地多事于天"。因此，称琐罗亚斯德教为袄教，最能表明该宗教的全面发展过程[①]。

然而，古代中国人在理解琐罗亚斯德教的交往中，没有忘记把这种外来宗教崇拜的天神与中国崇拜的天神区别开来，因而创造了一个"从示，天声"的"袄"字。这中间包含着中华民族在文明交往中的智慧和特色。不仅如此，"袄"字的创造中，还保留了唐代长安地区方言的读音，使字形与字

[①] 龚方震、晏可佳：《袄教史》，上海社会科学院出版社1998年版，导论。

音均为新字：造出"祆"这个新字，读作 xiān，而不读作 tiān。"祆"字的文明交往的时代性、地缘特点，表现得十分鲜明。

（二）祆官

如果说祆名是文化交往的产物，从而在汉语中造出的新字，那么，祆官则是政治交往的产物。随着交往范围的扩大，西域来中国的祆教徒日渐增多，管理成为面临的问题。设官管教，实际上是一种政治交往。北魏至隋唐设置祆官于京城和各州，也体现了统治者宗教宽容政策，是对祆教的保护政策。祆官是由政府任命的波斯人或西域其他地区祆教徒担任。

把祆官列入正式官制，给予品级待遇，并有相应的各类祆官名号，而且由祆教徒充任祆官。这一系列规范性措施，反映了政治交往在宗教宽容政策上的制度化，是唐代外部交往成熟的标志。唐代宗教宽容政策曾一度于唐武宗会昌五年（845）开始中断，祆教也被殃及。据载，祆教和景教僧侣两千余人皆勒令还俗①。但唐僖宗咸通年间，祆教有所复兴，祆三童开始任命。咸通三年（862），即有唐宣武节度使令狐绹授予史怀恩为祆祝事，但盛况已远不如以前了。不过，前述咸通十五年《苏谅妻马氏墓志》用婆罗钵文和汉文合璧，也是这种复兴的又一迹象。

（三）祆祠

祆教的内传性特别突出，它的宗教活动只在西域祆教信徒们中间进行，并不外传汉人。在祆祠中，"胡商祈福，烹猪羊，琵琶鼓笛，酣歌醉舞"，洋溢着西域文化气氛。因此，祆祠不但是西域官员、商人和移民的宗教活动中心，而且是他们内部交往的文化活动中心，同时，又是他们传统文化在唐代长安存在的象征。祆祠虽在诸多佛寺群中数量不多，但毕竟是独特宗教文化的汇聚场所；虽不能说，祆、佛二教全无争执，却大体上相安共处。过去祆教徒皈依佛教的事未见记载，而在会昌反教压迫之灾中，祆、佛二教同受厄运，成为难兄难弟。祆祠遭受打击之后，在长安日渐衰微。但至唐宣宗大中年间（847—859）弛禁后，经五代、两宋，祆祠在汴京、镇江仍存在了一个时期。

---

① 《新唐书·食货志》《唐会要》载，大秦穆护祆僧 2000 至 3000 人。祆教入华早于景教，这两教被迫还俗僧人中，祆教人数应多于景教人数。

祆祠同样是唐代与西域政治交往的产物，萨珊王朝末代国王之子卑路斯在长安礼泉坊设立的祆祠，就是经过他奏请而为唐朝政府批准的。为了安抚这位流亡的王子，唐王朝既给他授以武卫将军，又准其置祆祠，其目的是为了西域外交和唐王朝西部疆域的安定考虑。准许崇化坊设立祆祠，固然是对传法穆护何禄的宗教宽容政策，其中同样也包含着对西域的外交考虑。

（四）祆墓

祆墓是一个有待深入研究的文物资源，也是值得注意的文化现象。目前所见的墓志不算太多，但引出的问题却不少。集中在祆官萨宝的墓志，说明了隋、唐官制中所反映的外部交往问题。在官制本身，"萨宝"一职，甚至成了人名，如米萨宝，使人感到不但有尊称之意，而且也有终身制的象征。一旦任职，便终生相称，并见之于墓志。在官制上，神策军制的军职，墓志中还有米国人米继芬的"左神策军散副将"，尤其是苏谅的"左神策军散兵马使"，都是对文献的佐证。

谈到祆墓所出土的文物，虽然目前仅有几块墓志，但志文证实，《苏谅妻马氏墓志》最值得注意。它的可贵之处在于婆罗钵文与汉文合璧。如果没有婆罗钵志文，这块墓志只能是一般墓志；如无汉文在下，上面的婆罗钵文便有许多费解之处。二文合璧，体现了祆教文明与中华文明在唐代长安的美美与共、和谐相处的文明交往图景。这块墓志虽小，文字不多，其宗教文化传播意义，实不下于《大秦景教流行中国碑》。这是迄今为止唯一在唐代长安发现的祆教传播波斯古文实物，是难能可贵的文明交往的实物见证。

总之，祆名、祆官、祆祠、祆墓，这种祆教文化形态，是唐代长安与祆教文明交往的独特结果[①]。它是在政治交往的背景下发生的，也与商贸、军事交往有关。它也是丝绸之路上，从西域到长安双向交往中的历史表现形态之一。

[①] 唐代洛阳与祆教文化的交往，类似唐代长安，这是因为唐代两京联系特别密切。洛阳嘉善坊、立德坊及南市西坊，都有祆祠，宁远坊也有祆祠。《太平广记》卷二八五《河南妖主》记为"胡妖神庙"。《四库提要·西学（下）》引宋敏求《东京记》记为"祆神庙"。洛阳市郊出土墓志，也是待研究的文物资源。

伊朗史中的文明交往与文明对话问题[①]

伊朗通史是一部写不完的文明交往史。

仅仅从伊朗同中华文明之间的广泛、悠远和互动的交往而论,就是经久不衰、开发不尽的历史研究资源。

可是迄今为止,还没有一本中国学者撰著的伊朗通史出版。我们见到的中译本《伊朗史纲》[②],是一本简要的伊朗通史,下限只到1951年。另一中译本《伊朗通史》[③],是从伊斯兰时期开始,下限只到20世纪初的立宪运动,从头到尾,都不能算作完整意义上的伊朗通史。

在我国,20世纪70年代孙培良教授的课题组,曾筹划编10卷本的《伊朗通史》。然而,遗憾的是该计划中公开出版的唯一的《萨珊朝伊朗》卷,也是在孙培良教授1987年去世后,在他的弟子杨群章教授多方努力之下,才于1995年由西南师范大学出版社出版的。

我编完《中东国家通史·伊朗卷》之后,深深感到编写一部多卷本的伊朗通史,自然是非一朝一夕之事,而且困难重重;即使编写一本简要的伊朗通史,也绝非易事。写书繁长固然特别费力,写书简要亦须功夫。以综合概括而论,消化英国8卷本《剑桥伊朗史》就需要很多时间。伊朗是一个世

[①] 本文系《中东国家通史·伊朗卷》编后记。《中东国家通史》共13卷,彭树智主编,由商务印书馆从2000年开始出版,至2004年出齐。
[②] [苏联]米·谢·伊凡诺夫:《伊朗史纲》,李希泌、孙伟、汪德金译,三联书店1958年版。
[③] [伊朗]阿宝斯·艾克巴尔·奥希梯场尼:《伊朗通史》,叶奕良译,经济日报出版社1997年版。

界文明古国。伊朗是一个产生过多种文明、吸纳过多种文明和经历过诸多文明交往的大国。要用25万字的篇幅，即使理清一个独立的发展脉络，也要付出几番心血。

首先，我认为撰写由古及今的国家通史，对认识伊朗全貌，至关重要。这就是我编纂这部《中东国家通史》的主旨所在。当代英国历史学家爱德华·卡尔在《历史是什么？》一书中说："根据过去来了解现在，就意味着也要根据现在去了解过去。"这是理解古今关系的一个重要观点，它与史圣司马迁的"通古今之变"同属沟通古今联系的至理名言。历史学的任务就在于考察过去与现在、古与今的联系，更深刻理解人类社会上下内外相互联系与变化的规律。因此，中国史学家理应克服困难，编写力所能及的伊朗通史，以加深对伊朗全面、系统的了解。这本简要伊朗通史，就是初步的尝试。

其次，是全球史和国别史的关系。2000年8月，在奥斯陆举行的第十九届国际历史科学大会上，史学家们提出了"普世史可能吗？"的主题。英国学者帕特里克·卡尔·奥布赖恩在主题报告中认为，自希罗多德起，历史学家就开始尝试撰写全球史。但欧洲学者遇到了对世界其他部分缺乏了解的问题，而且显露出与帝国时代的罗马相联系的"文化傲慢"和"欧洲不可战胜主义"的传统。二战后，虽然联合国教科文组织尝试资助多卷本世界史的撰写，但也未能提供能被欧洲和北美大学所采纳的世界范围内重构世界史的任何范式。全球化趋势促进了全球史的发展，知识界要求对国别史和欧洲史进行重新定向和定位，将其纳入能更好应对21世纪将出现问题的框架中。这些认识在中国世界史撰写中也得到了证实。世界史当然不是国别史的简单相加，其中有国别史的系统深入研究的基础，特别是诸如对文明交往的环节与链条上比较和连接的研究，很难形成全球史的主导风格。

再次，是20世纪广泛讨论的文明冲突问题。从斯宾格勒、汤因比直到亨廷顿，对此问题都各有独特的研究。至于文明史和文明问题的著作，在国外和国内都已有诸多成果。在第十九届国际历史科学大会上，英国学者帕特里克·卡尔·奥布赖恩说，西方的现代商业主义者担心美国霸权的相对衰落，因而依旧从赢家和输家或从文明冲突的角度来理解世界。大会主题的第二个副主题就是"若干世纪以来大陆之间的文明冲突"。美国学者迈克尔·P. 阿达斯和本特利都主张考察文明之间的互动进程，而对美国的例外论者的价值观与体制和普世有效性，表示异议。一些发言人通过历史个案的具体分析，来考察文明冲突和全球史的关系，这和我近些年来对文明交往论的研究方法不谋而合。其实，伊朗通史也就是人类文明交往问题（包括冲突与融合）的具体而典型的史例。

我在《论人类的文明交往》①中曾谈到文明冲突与融合问题，以下几点与伊朗通史有直接关系：

（1）宗教和文化的密切联系，构成了伊朗文明交往的基本要素。从古到今，宗教都是伊朗文化的价值核心和内在精神。伊朗各民族文化的各个门类，都体现了各自文化的宗教精神。同时，伊朗各时期各宗教的具体表现形式，又与文化的各种表现形式并列，从而成为文化的一个部分。伊朗的文明可以说是宗教文明。伊朗在历史交往过程中，不仅离不开宗教价值系统带来的强烈文化政治归属性，而且宗教因素深深渗入社会生活底层之中，凝结为群众社会心理。

（2）不同文明之间的交往，实际上是一个外化与内化过程。伊朗像一切古文明国家那样，这种"化"的过程表现得特别复杂。一般而论，总是先进文明对后进文明的融化，即使后进文明的民族征服了先进民族，也逐渐被先进文明所融化。此外，有些古文明消失了，很少影响后来的文明。在伊朗则有不同表现。伊朗经历了同异并存、求同存异、异中求同、同中化异和互斥、互动、互容、互相渗透的各种文明交往；其内化基线是一条民族涵化的基线。法籍伊朗裔学者阿里·玛扎海里在《丝绸之路：中国—波斯文化交流史》中，就伊朗伊斯兰化问题写道："伊朗人采纳了伊斯兰教并把它改造成一种定居人民的宗教……正是由波斯人修正过的这种伊斯兰教，开始从11世纪起逐渐向印度、土耳其和中国扩展。非常古老的农业国埃及同样也选择了这种伊斯兰教形式，以摆脱阿拉伯人所应有的伊斯兰教和贝都因教。"现在，伊

---

① 彭树智：《论人类的文明交往》，《史学理论研究》2001年第1期。

朗正处于一个伊朗伊斯兰文明与西方文明的内化与外化的双向互动过程。

（3）传统与现代这一条文明交往之链上的重要环节，在伊朗有着典型的表现。调节好传统与现代这对环节的积极运行，成为伊朗的老、大、难问题。伊朗从巴列维王朝的两次"西化"改革，为此付出了沉重的代价。伊斯兰共和国也在艰苦地寻找调节这对环节的结合点和平衡度。教训和经验都集中在传统性与现代性的相互契合线和选择的适合度上。所谓契合线和适合度，是指谨慎寻觅传统性与现代性的深层联系，使之适合于市场经济和民主政治的发展阶段。所谓适度，具体表现有三：渐进性的改革速度；传统性中精华与现代性相通或相似度；传统中保守内容的群体性思维行为定势与现代性的沟通转化程度。传统性是活在伊朗现代民众中过去的文化，通过这些活着的文化来发现现代人的生活，成为与现代性接轨的宝贵财富。

（4）冲突和整合，这是伊朗文明交往中始终相互伴随的矛盾统一的环节。伊朗历史说明，冲突和整合不是绝对的枘凿不相合、水火不相容，而是有拒有纳、有交有往。作为伊斯兰国家，自然与其他文明，尤其是与基督教文明之间存在着冲突，有时甚至很尖锐，但也经常处在整合状态。我这里用"整合"这个现代社会学和文化学的范畴，既含有融合内容，也表示整体综合集成的主旨，这对伊朗伊斯兰文明的现代演进，对伊斯兰文明和西方文明的当代互动过程，特别重要。不同文明之间的冲突，是可以解决的。伊朗伊斯兰革命及以后的进程说明，解决不同文明之间冲突的基本途径，是在本土文化基线之上的整合，即取长补短、转化集成、宏观继承、综合创新。文明归根结底，是既有共性，又有个性的人类创造物。人类各种文明从来就是相异与相通、本土性与世界性并在。这就是整合的依据。

总而言之，人类文明的相通相知之处甚多，智者常会越过时空限制而打开各种文化壁垒。13 世纪伊朗伊斯兰教苏菲派的伟大诗人贾拉里丁·鲁米（1207—1273），在 20 世纪 90 年代成为美国最受欢迎的"心灵诗人"，便是许多事例中最有说服力之一例。一本收录了他代表作的英译本在美国销量达到 50 万册，让所有当代的诗坛明星都望尘莫及。他的影响力远超出文学领域，激动的美国读者们组织书友会和沙龙朗诵他的诗歌，组织诗歌节或者在互联网上建立网站纪念他。收录他的爱情诗歌的 CD，打上了 Billbord（美国公告牌音乐榜）前 20 名榜单，其中朗诵他诗歌的有麦当娜和黛米摩尔这样的流行文化明星。还有人为他拍摄了影片。

对于鲁米这位生活在 700 多年前的异域、不同文明的诗人，引起当代美国人关注的现象，按照一位鲁米诗歌译者的说法，是和诗人本人的经历一样神秘。其实，深究起来，其秘密就在于：由于鲁米诗化了的伊斯兰教苏菲派神秘教义，突出表现了人类文明相通相知的哲理。他的两行诗体的《玛斯纳维》《训言集》共 6 卷，2.57 万组对句，反映了 13 世纪伊斯兰教神秘主义者的各个不同方面，被称为"波斯语的古兰经"。它不仅以精密构思的寓言形式与历史故事，以丰富的哲学与思想而获得"知识海洋"美誉，而且以尘世的爱与激情，表现了人与神的关系，将苏菲派玄学思想升华为灵性诗意。这位"心灵诗人"以他强烈的诗情，吸引了越来越多陷入信仰空虚的美国普通人。

鲁米的诗歌主题是人类文明的主题。在他看来，人的身上重合着两个世界：第一，只能用心灵慧眼观照的，如同无尽海洋的无限内在世界；第二，随着海浪起伏而随生即灭的泡沫般的外在世界。他所强调的对无限内在精神世界的探索，正是对人生的探索。自然创造了生命，生命演化出了智慧，人类是地球上将智慧发展到最高境界的动物。人类认识自然、社会和追寻生命的意义，可以用"探索"一词来概括。探索越深的思想，越有人类的共性，也更具交往性；对探索人生的深刻思想加以诗化，这种诗意美就会促使人们心灵触动，去发掘内在的灵性空间。这就是当代美国人从鲁米诗歌中为自己的灵魂寻找归宿，从而超越外证物欲、超越时空与文明差异的缘由所在[①]。

鲁米在诗中写道："你是幸福的鸟儿／生存在奇迹之中／如果你深陷牢笼／这多么悲惨／但你能重获自由／打破肉身的牢狱／马上你就会看到／你

[①] 关于鲁米的影响，委内瑞拉《世界地理》杂志 2001 年 10 月一篇题为《安纳托利亚高原》的文章有下述描绘："12 至 13 世纪，科尼亚是安纳托利亚的首府，当时的素丹将科尼亚变成一座神秘主义的城市。他请来鲁米创办修道院，传播一种东西方宗教混合在一起的教义，这个教义影响很大，伊斯兰教奉他为圣人。修道院今天已成为博物馆，馆内有鲁米和他 12 个弟子的陵墓。博物馆院内有一水池，神秘派认为，喝了这圣水就能同鲁米灵魂一起升天。"

自己就是生命的圣哲与源泉！"这是探索和追寻人生之歌！它能打动另一个文明圈的大众，是因为它艺术地表现了人类文明的共性。不仅是美国人民，黑格尔、歌德、柯勒律支，都曾以不同的方式表达过对鲁米的赞颂。这种文明对话的交往，导致了鲁米圣歌在美国的复活。

这种现象使我想起了伊朗文学家昂第尔·玛阿里的《卡布斯教诲录》在英国读者中所产生的影响。这本写于 1082 年、被称为"伊斯兰百科全书"式的散文作品，在 12 世纪早期与西方文明的对话，由沟通而理解的交往，其道理和鲁米作品之于 20 世纪末期的美国是相同的。如果要再举实例，萨迪（1208—1292）和他的《果园》《蔷薇园》历经 700 多年，超越时间、空间和语言限制，成为人类文化宝库珍品，也说明了文学交往在沟通人们的心灵和加深理解方面产生的重要作用。文学交往属精神方面的文化交流，它赋有提高世界人民精神境界，并使民族文学汇流成为人类共同精神财富的世界文学的重任。文化交流在人类文明交往的长河中，有如涓涓细流，滋润着人们的心田，成为推动社会走向文明化的重要动力。

关于对话与交往问题，我还要提到两本书。一本是霍尔斯特著、章国锋译的《哈贝马斯传》（东方出版中心 2000 年版）。这是一本对哈贝马斯对话哲学的简要介绍。哈贝马斯是位重要的思想家。他著名的"交往行为理论"涉及"对话"与"交往"这个哲学问题。从我接触他的这个理论以来，总感到有两个问题没有解决。第一，他过分强调了语言交往的分量，忽视了社会生产和社会交往在塑造社会关系和社会制度上的决定性作用。第二，他只注意某个社会内部的主体间的对话和交往问题，而没有重视在全球背景下的文明间的对话和交往问题。尤其是后一个问题，已经涉及任何一个社会内部和外部的对话。不同文明之间的逻辑和句法，必须有不同的知识论句法来表达。任何用单一的主体间对话模式来表达不同文明类型的对话，都于事无益。哈贝马斯声称他的交往理论"同样适用于处理国际关系和不同文明类型之间的矛盾"，这里可以用福柯批评他的话："交往的乌托邦！"

还有一本是孔金、孔金娜著，张杰、万海松翻译的《巴赫金传》（东方出版中心 2000 年版）。这本对巴赫金思想概括的著作，也谈到了巴赫金的对话理论。巴赫金的对话理论，是一种理想的人类交往模式，远远超出了语言学范畴。巴赫金在流放生活中对学术问题的探讨，小心翼翼地寻找对话的可能性，最后达到了他理想中的综合。他在解释别林斯基对普希金的《叶夫盖尼·奥涅金》是"俄国生活百科全书"的结论时说："俄国生活在此用自己所有的一切声音说话，用时代所有的各种语言和风格说话。"这是巴赫金的机智抗议对话形式。

因为下面有哈塔米的"不同文明之间对话"的提出，有必要对哈贝马斯和巴赫金的对话交往，作一个回顾。这样，我们便可以思考到文明对话的不同思路。

我在《中东国家通史·以色列卷》的编后记中，曾提到犹太哲学家马丁·布伯的关于交往哲学的"对话主义"社会本体论。从漫长的阿拉伯和以色列两个民族的冲突过程中，布伯的"对话主义"交往理论的出现，说明了中东和平进程中人类智慧的成长、理性因素的增多和文明交往水平的提高。现在，我们在《中东国家通史·伊朗卷》中，看到了伊朗总统哈塔米关于"不同文明之间对话"的倡议。这是继犹太哲学家布伯之后，作为伊朗伊斯兰共和国政治领导人所表现的明智之举和开放气魄。伊朗要谋求发展，就必须开放，不仅仅是发展和扩大对外的国际交往，而且要吸取国际的经验，消化人类不同文明成果。"对话"是消除对抗的文明交往方式，是解决文明冲突、破除文明壁垒的首要途径，是国内和解和国际和平的必由之路。联合国曾对"文明对话"作了积极反应。这使人想起1945年联合国成立时的情景。当时第二次世界大战结束，联合国正式成立，一位评论家对当时英国首相丘吉尔抱怨说，联合国不过是一个闲谈会。丘吉尔回答说："闲谈总比战争好。"现在可以这样说：对话总比对抗好。尽管鲁埃尔·马克·格雷希特在美国《华盛顿邮报》2000年10月29日的《伊朗和核弹》一文中，以恐惧心态预言伊朗对美国将进行"挑衅性文明对话"，但对话浪潮是大势所趋。21世纪文明化交往的新时代曙光已经出现了。

写成于2001年2月中国惊蛰节

第五编　中东地区编

　　中东地区不但是人类文明的发祥地之一，而且长期以来是世界文明的中心地区之一，东西方不同文明在这里交汇聚散，形成了文明交往的诸多独特性。

　　正像历史上对变革的新理解会带来对世界的新理解一样，中东地区研究者，只有从科学角度深刻分析中东社会各种人群生存和发展的方式，他们的物质、精神世界和他们彼此之间及同世界交往的关系，才能为新时代的中东研究大厦奠定坚实的基础。

巨变的世纪和变革的中东①

一

本书是一部"世纪地区史"②，它涉及的时空范围是20世纪初直到80年代末的中东地区史。

在人类的文明史上，20世纪是一个巨变的世纪。就变化的深广程度而言，过去的任何一个世纪，都不能同20世纪相比拟。20世纪是以帝国主义列强对世界瓜分完毕这一巨变开始的。它标志着世界已变为帝国主义列强及其直接或间接统治的殖民地半殖民地所组成的整体世界。在人类社会文明交往由分散、闭塞走向联系、开放的演进轨迹上，20世纪开始了一个崭新的时代：现代史时期。

20世纪前几十年中，人类遭受过两次世界大战的空前浩劫，但两次世界大战也宣告帝国主义统一世界的结束和两极世界新体系的出现。然而，曾几何时，两极的世界体系又逐渐地趋于衰落，出现了世界多极化的发展方向。有位著名的政治家把20世纪概括为"辉煌而血腥"的世纪。有位著名

---

① 本文是《20世纪中东史》1992年版绪论。《20世纪中东史》，高等教育出版社1991年第1版，2001年作为教育部研究生教学用书出版了修订2版。

② 1987年8月《世界通史》编写组在延边大学讨论大纲时，把世界现代史的开端确定在20世纪初，此后遂有我国"20世纪世界史"及"世纪地区史"的议题出现。

的哲学家把 20 世纪称为"科学而困惑"的世纪。但我们从历史的角度看，无论如何不能忽略两件事实：科技革命浪潮越来越有力地推动着社会经济的发展，并迅速而深刻地改变着人类的社会生活；包括中东地区在内的第三世界的崛起及其现代化进程，不断促进世界整体格局的改变，成为推动人类进步与世界和平的重大的积极因素。

  随着 20 世纪的行将结束，研究者纷纷以追溯的目光，回顾本世纪存在的种种问题。的确，20 世纪是人类文明冲突和融合不断深化的世纪。危机就是这种文明交往过程的集中表现。有的人专门研究本世纪的危机，为此统计了 1929—1979 年间发生的 278 次国际危机和 627 次外交政策危机；以后又统计了 1980—1985 年的世界性危机①。在这些危机事件中，被称为"世界政治气候晴雨表"的中东地区，无疑占有重要地位。人们在环顾和观察全球的思考中，不要忘记"东方和西方之间"的中东②。由于地理、政治、经济、文化、军事或历史等方面的不同侧重，对中东的划分，目前还不一致。但不同的划分，也反映了人们对中东地区的重视。当代史学研究中，区域研究越来越受到重视。地缘考察，有助于对一个特定地区范围内的历史、地理、文化、政治、经济、人口、产业、社会、宗教、民俗、艺术、科技，及国际关系等有机联系和发展规律的探讨。这方面，国外已出现了一批通史性的中东史著作，国内也开始注重这方面的研究。在这本《20 世纪中东史》中，我们采用了通常人们所说的划分，即包括阿富汗、伊朗、土耳其、叙利亚、黎巴嫩、巴勒斯坦、以色列、约旦、伊拉克、科威特、沙特阿拉伯、巴林、卡塔尔、阿拉伯联合酋长国、阿曼、南也门、北也门、埃及等 18 国的"中东"地区。涉及北非地区的马格里布和塞浦路斯问题时，只间接加以联系而不作专节探讨。尤其是对世界有重要影响的阿拉伯地区，将在我主编的

---

  ① 见米歇尔·卜拉耶：《20 世纪的危机》（1988 年版）和他的《危机、冲突和不安全》（1989 年版）。在这两部著作中，他用国际外交政策与文化、政治经济再结合的方法，来研究危机的原因。
  ② "中东"（The Middle East），作为一个政治地理概念，1900 年由英国将军托马斯·爱德华·戈登首次使用，主要用来区别"近东"（The Near East，指现在的东欧、巴尔干半岛和立凡特地带）和"远东"（The Far East，指印度以东，尤其指中国、日本）。因此，"中东"本身即含有"东西方之间"的含义。

"阿拉伯各国简史"中进行专门论述。

20世纪中东史相当于中东地区现代史,但它同现行的现代史有所不同。它不是始于俄国十月社会主义革命,也不是始于第一次世界大战,而是本世纪之初。所以,它是"世纪地区史"。当然,20世纪中东史仍然属于世界史中的一个分支学科,是地区史的一部分。它主要反映20世纪中东地区社会文明密切联系的整体发展过程和历史综合的特点。它不是国别史的机械相加,也不是中东各国现代史的分段移植或按比例的压缩;它也不是世界现代史中有关中东部分的增删;更不是国际时事现状的宣传性的叙述。它是从世界现代史的全局,来考察中东地区现代社会文明交往的历史进程,又以中东地区现代社会文明交往的特有运动风貌,来丰富世界现代史的历史内容。它不仅注重区域性的政治、经济、文化、军事之间的交往与联系,而且也注重区域性之间各种因素的交错与综合。本书不敢奢望成为完美无缺的史书,而仅仅致力于作为一本忠于事实的、供人们判断的整体,并能适应当代研究和教学需要的断代史。总之,唯物史观的文明交往整体观、联系观和综合观,是本书编写工作的指导思想。用这些思想探讨现代中东地区的社会特点和历史规律,是本书努力的目标。

二

20世纪中东史是本世纪迄今为止的80多年的中东社会文明历史。80多年中,大致经历了两个时期和五个阶段。

第一时期从1900年到1945年。这个时期又可分为三个阶段。

第一阶段:中东觉醒时期(1900年至1918年)。

当人类文明跨入20世纪的时候,中东地区处于封建制度危机和民族危机日益加剧的总的形势之下。

土耳其的奥斯曼帝国、伊朗的卡扎尔王朝和阿富汗王国[①]这三个统治中

[①] 赛义德·卡西姆·里什梯亚:《19世纪的阿富汗》(俄译本),外国文献出版社1958年版。

东的封建专制国家，由于帝国主义列强的侵略和统治集团的腐败昏聩，纷纷走向衰落。英国、法国和意大利瓜分了奥斯曼帝国在北非的领地。帝国在西亚统治区也由于哈米德二世的暴政和卖国政策，导致了阶级和民族矛盾的日益激化。英国和俄国瓜分了伊朗。在19世纪末，一些半封闭的小山国已沦为英国的附庸，英国还控制了阿拉伯半岛周围的几个小酋长国。半岛的中部，在外国人罕至的部落之间，无休止地进行战斗。

封建制度危机和民族危机促进了中东的觉醒[①]。反封建和反帝国主义的民族自觉意识，在19世纪启蒙运动和立宪运动的基础上，和东西方文明的交往中，产生的民主主义和民族主义思想，在20世纪新的条件下形成为新的社会和文化思潮。中东地区先进的知识分子，已经注意到西方科学技术与欧洲资产阶级政治社会思想、政治体制之间的联系。中东的早期民主主义，和民族主义具有浓郁的伊斯兰文化色彩，但它们作为反帝国主义和反封建主义的武器而出现，构成了中东觉醒的思想基础。

中东觉醒是亚洲觉醒的重要组成部分之一，也是世界范围内的革命运动。在亚洲觉醒的三大革命中，除了中国的辛亥革命之外，有另外两大革命都发生在中东。这就是青年土耳其革命和伊朗的立宪革命。中东觉醒是在民族资本主义有一定发展的经济基础之上，和民族资产阶级、小资产阶级登上争取民族独立政治舞台的条件下发生的。中东觉醒的历史意义在于，它"把资产阶级的改良主义运动推向了资产阶级民族民主革命的新阶段"；在于它结束了从17世纪以来"一国又一国沦为殖民地的历史"，开始了"一国又一国起来革命，为建立独立的民族国家而斗争"[②]。这是20世纪中东史上第一时期的第一阶段与19世纪的主要区别点。

第一时期的第二阶段是两次世界大战之间，即1918年至1939年。

这一阶段最显著的特点是中东民族民主运动的持续性和深入性。这种特点表现在两次连续性的、既包括民族主义又包括民主主义性质的高潮。它

[①] 列宁在《亚洲的觉醒》中提到觉醒的中东的两大标志是：土耳其、伊朗的"民主革命"。见《列宁选集》（第2卷），人民出版社1972年版，第447页。

[②] 彭树智：《世界近代史教程》，西北大学出版社1989年版，第388—390页。

反映了"世界历史发展的一般规律,不仅丝毫不排斥个别发展阶段在发展形式或顺序上表现出特殊性,反而是以此为前提的"①。

第一次民族民主运动高潮是中东觉醒的继续和发展,集中表现为五个民族独立国家的建立:凯末尔革命后建立的土耳其共和国,阿富汗独立战争后建立的独立君主国,伊本·沙特经过20余年抗争建立的沙特王国,埃及和伊拉克取消保护和委任统治制②而获得了形式上的独立。这表明中东政治上的具有时代特征的变化。中东觉醒是一国又一国起来革命,这次高潮则是一国又一国独立。这个变化之所以重要,是因为它标志着中东地区民族独立国家体系建立的新开端,也是中东历史发展的基本趋势。

这五个新建立的国家中,土耳其共和国是一个真正具有现代意义的民族民主国家的类型,它是作为现代世俗的民主共和国的类型而在20世纪中东史上独放异彩。阿富汗和沙特王国是另一个类型,它们既是王国,又是政治和宗教合一,然而进步意义在于打击了阻碍社会进步的封建分裂势力,也在于打断了帝国主义殖民体系在中东的链条。埃及虽然是形式上的独立国家,但毕竟摆脱了保护国家的殖民地处境而逐步走向完全独立。伊拉克的情况与埃及类似。这三种不同类型的中东民族独立国家,既表现了"它的统一性和整体性,同时,这些类型的多样性都具有时代的特色"③。

这一阶段的第二次民族主义运动是中东地区的现代改革运动。它和上一运动一起,"在世界革命的下一个阶段中起着非常巨大的革命作用"④。

现代化改革运动是中东社会生活中的强大潮流,它反映了中东国家在文明交往中民族性和现代性不断发展的时代趋势。中东现代化实际上是东西方文明交往在中东地区的深化。在20世纪,中东现代化改革运动和建立民族独立国家的总趋势是相辅相成的。在建立了民族独立国家的地方,现代化

---

① 《列宁选集》(第4卷),人民出版社1972年版,第690页。
② 1921年英国宣布伊拉克为委任统治王国,国王为费萨尔·哈希米,1924年颁布宪法,1932年取消委任统治。见阿敏·赛义德:《现代穆斯林诸王及其国家》,开罗1934年版,第81页。
③ 彭树智:《现代民族主义运动史》,西北大学出版社1987年版,第5页。
④ 《列宁全集》(第23卷),人民出版社1958年版,第469页。

改革或早或迟，总是要以各种形式进行的。中东地区民族民主运动在两次世界大战之间的深入之处，在于获得民族独立的国家，把现代化改革作为首要任务，在新的条件下，相继提出探求解决本国社会经济、政治、文化发展问题的途径。

两次世界大战之间的中东现代化改革运动，具有明显的地域性特点①。中东是伊斯兰文明的中心地区，而伊斯兰文明的特点，是它强烈的政治性和伊斯兰精神深入到社会体制和社会生活之中。改革运动都要环绕着伊斯兰教而显示出它的政治分野。中东这个阶段的改革分为两大类：世俗化的和非世俗化的。北层三国（土耳其、伊朗②和阿富汗）以凯末尔改革为原型，组成了世俗化改革的地域类型。沙特王国的改革，则是在《古兰经》基本精神指导下进行的一种初步的渐进改革，这反映了阿拉伯国家的地域性特点。

一般而言，巩固中央集权制，加速民族经济发展，反对国内分裂势力和反对国外颠覆势力的破坏活动，是获得独立的民族国家面临的共同课题。为了改变经济上的落后面貌，巩固政治独立，无论是北层三国的世俗化改革，或者是沙特王国的非世俗化改革，都是以民族化和现代化为基点、为目的。即以沙特王国而言，它的非世俗化改革的主旨，仍是改变以游牧业为主体的社会结构，并使之逐渐向现代国家过渡。后来，石油工业的崛起③，则加快了这一发展趋势。

现代化改革运动，必须在政治上完全取得独立的国家中才能真正开展起来。埃及是一个形式上取得独立的国家，这就使柴鲁尔及其后的华夫脱党内阁的改革尝试，失去了先决条件。埃及的社会政治改革趋势，只能由华夫脱党领导的护宪运动的形式来体现。

第一时期的第三阶段是第二次世界大战时期，即从1939年至1945年。

---

① 彭树智：《两次世界大战之间亚非拉民族民主运动的类型分析》，《世界历史》1987年第3期。
② 阿明·班纳尼：《1921—1941年伊朗的现代化》，斯坦福大学出版社1961年版。
③ 沙特阿拉伯在世界产油国的地位，1950年为第五位，1979年为第二位（仅次于苏联），石油探明储量达226.9亿吨，居世界第一位。见北京大学亚非所西亚室：《石油王国沙特阿拉伯》，北京大学出版社1985年版，第63页。

当远东和欧洲的大战火焰迅速蔓延而成为席卷全球的第二次世界大战之际,处于欧亚两个战争策源地之间的中东,随着战争的发展而逐渐显示出它的重要战略地位。

在欧洲叱咤风云的希特勒,为了冲进大英殖民帝国在东方势力范围的中心,实现其在印度洋与日本人联合征服世界的狂梦,制定了南北进剿中东的钳形攻势计划。敦刻尔克撤退后,中东成了孤军作战的英国出击轴心国的唯一作战基地;而苏德战争爆发后,中东又很快成为英、美、苏三大盟国联合作战的纽带和英、美向苏补给战略物资的唯一通道。第二次世界大战中,英国将它的中东司令部设在埃及,主要管辖和控制地中海东部和波斯湾地区事务。于是战后人们便把这一地区常称之为"中东"而加以广泛使用,"近东"一词反而很少使用了。战时中东在盟国和轴心国的全球战略计划中,都具至关重要的地位。

为了控制举足轻重的战略要地,盟国与轴心国在中东进行了反复的、异常激烈的较量。在中东国家和人民的积极合作与有力支持下,盟国先以坚决的行动,肃清了盘踞在中东腹地的轴心国势力,又通过在中东两翼的北非战场和苏德战场上成功作战的配合,粉碎了轴心国的钳形攻势计划。

盟国在中东的胜利,不仅使中东大部分地区从两大交战集团之间的"热战"中脱身,而且为反法西斯的第二次世界大战的最后胜利奠定了重要的基础。但第二次世界大战也恶化了中东的经济状况和社会问题,激化了固有的民族矛盾和宗教冲突,加上东西方强国在中东的争夺,给战后中东的政治、经济和社会生活带来了一系列巨大的冲击[①]。中东地区成为盟国"冷战"的战场。战争的另一结果,是阿拉伯民族主义运动的高涨。

三

第二时期是1946年至20世纪80年代后期。这一时期分为三个阶段。

---

① 张润民:《第二次世界大战对中东的冲击》,《西亚非洲》1988年第6期。

第一阶段是战后初期，即从1946年至20世纪50年代后期。第二阶段是动荡时期，即从20世纪60年代初期至70年代后期。第三阶段是20世纪80年代以来的中东面临新的挑战时期。这一阶段正在发展之中。

第二时期的开始，是以中东民族主义第二次高潮为历史标志的。

围绕着石油问题而展开的民族主义斗争形式，是这次高潮的新特点。中东在地缘优势之外，它的石油资源优势日渐突出起来。在现代世界，石油既是重要的战略资源，又是人们生存攸关的能源。以"世界油库"和"石油海洋"闻名于世的中东，自然成为大国必争之地。正如大国在争夺中东的角逐声浪中，常常带有浓厚的石油气味一样，中东民族主义运动也往往把石油作为斗争的武器。1946年6月，在阿拉伯国家联盟的一项决议中，就号召阿拉伯国家拒绝向支持以色列的西方国家供应石油。1948年，第一次中东战争中，伊拉克和一些阿拉伯国家，也向西方国家禁运石油[①]。伊朗摩萨台所领导的1951—1953年的石油国有化运动，就是这个新特点的突出表现。1956年，第二次中东战争爆发后，阿拉伯世界中，叙利亚炸毁了伊拉克通往地中海的输油管道，沙特阿拉伯也使用了石油外交武器[②]；1961年，伊拉克制定《石油法》；1967年第三次中东战争中，中东国家再一次使用石油武器[③]；1972年，伊拉克的石油国有化；1973年，中东地区以及以后整个第三世界一道进行的石油斗争，都是这个特点的继续和发展。这种斗争的反帝性质和反掠夺、反控制斗争形式，是值得注意的历史现象。

民族主义运动的中心由东向西和由北向南转移，是这一次高潮发展的第二个重要特点。1952年埃及的七月革命，是这种转移的第一个重大标志，也是继土耳其凯末尔革命之后，在中东出现的另一次典型的民族革命。1954年3月的叙利亚革命，1954年阿尔及利亚革命和1958年阿拉伯联合共和国

[①] 乔治·伦沃斯奇：《中东的石油和国家》，康奈尔大学出版社1960年版，第188页。

[②] M.达欧迪，W.达迦迪：《经济外交：禁运杠杆和世界政治》，西方观点出版社1985年版，第19、200页。

[③] 《第三世界石油斗争》编写组：《第三世界石油斗争》，三联书店1981年版，第206—312页。

的成立，特别是1958年伊拉克七月革命，是这种转移的群体标志。1958年5月黎巴嫩起义，以及此前的1956年的苏伊士运河事件等等，组成了20世纪50年代中东民族主义运动的波澜壮阔的历史场面。中东这种东西南北互相交叉的浪潮直接影响到非洲，这种由东向西和由北向南的转移趋势，终于在20世纪60年代形成了非洲各国纷纷独立的历史性事件。

统一趋向和联合斗争的加强，是这次高潮的第三个重要特点。最集中的表现是阿拉伯统一运动。纳赛尔在埃及革命后，卓有成效地促进了这一运动的发展，但也有曲折的经历和惨痛失败的教训①。阿拉伯世界的复杂矛盾构成了统一运动的重重障碍。但面临的许多共同问题，仍然是联合对敌和相互协商的基础。20世纪50年代开始的各种合作途径和组织经验，为以后的各国合作创造了条件。海湾合作委员会在20世纪80年代致力于稳定中东和平的持久团结，被誉为阿拉伯世界团结合作的模范。阿拉伯国家联盟和伊斯兰国家会议组织的发展，表明了这种联合的广阔前景。

这次民族主义运动高潮之后，中东地区的民族国家体系逐渐形成。我们可以从以下民族独立国家的建立时间看出这种情况。阿富汗：1919年恢复独立，1973年建立共和国；伊朗：1925年独立，1979年建立伊斯兰共和国；土耳其：1922年建立共和国；叙利亚：1946年独立；黎巴嫩：1943年独立；以色列：1948年建国；巴勒斯坦：1988年建国；约旦：1946年独立；伊拉克：1921年建立民族国家管理，1932年英国放弃委任统治；科威特：1961年独立；阿拉伯也门：1918年宣布独立，1962年建立共和国；民主也门：1967年建立共和国；沙特阿拉伯：1926年自立王国，1932年定国名为沙特阿拉伯王国，1971年独立；巴林：1971年独立；阿拉伯联合酋长国，1971年建国；卡塔尔：1971年建国；阿曼：1913年建立阿曼伊斯兰教长国，1970年改名为阿曼苏丹国；埃及：1922年独立，1952年建立共和国。中东民族独立国家体系的建立，是亚

---

① 纳赛尔卷入北也门事件中，最多动用军队7.2万人，同"阿拉伯世界保守势力的少言而坚定的领袖"沙特对峙，是严重的挫折之一。见［也门］艾哈迈德·拉荷米等：《也门革命秘录》，杨福昌译，商务印书馆1981年版，第158页；麦克罗林等：《中东外交政策》，纽约1982年版，第214页。

非民族国家体系的一个重要组成部分,是当代世界史上的一大重要事件。列宁在 1914 年曾经指出:"资本主义使亚洲觉醒过来了,在那里到处都激起了民族运动,这些运动的趋势就是要在亚洲建立民族国家。"但是,当时的历史条件,使列宁只能作出这样的结论:"我们不知道,亚洲是否来得及在资本主义崩溃以前,也像欧洲那样,形成独立的民族国家的体系。"①经过了两次世界大战,又经过了第二次世界大战以后几十年的变化,中东的民族国家体系建立起来了。这个人类文明标志性的巨变,的确是史无前例的。

20 世纪震荡中东政治舞台的莫过于阿拉伯国家和以色列之间的冲突了。阿拉伯人和犹太人之间的悲剧性冲突,是自古至今大国政治交往的产物。罗马帝国的铁蹄把苦难的犹太人驱向世界各地。19 世纪席卷欧洲大陆的排犹运动,又把流浪全球的犹太人推向巴勒斯坦。犹太复国主义与阿拉伯民族主义的矛盾,在英国、德国以及后来的美国的推波助澜下,从对抗走向热战。在美国的庇护下,犹太人通过暴力建立并巩固了以色列国家②。结果,阿拉伯各国在四次中东战争中一败再败,使巴勒斯坦的阿拉伯人沦落为新的流亡民族。巴勒斯坦民族为争取生存的顽强斗争与以色列的扩张主义政策,使中东局势至今仍久热不冷,危机迭起,严重地威胁着中东的安全和世界的和平。这是一件贯穿 20 世纪第二时期整个三个阶段,而且随着两伊战争和阿富汗战争的和平解决,进而又居突出地位的世界性事件。

如果从军事科学的角度分析,以色列的军事战略思想上的独立性和连续性特点,使它能够屡胜阿拉伯国家军队,而逐渐成为一个区域性军事强国。在过去的 40 年里,它建立了一个复杂的国防工业体系,成为轻型武器出口国,拥有一支在西方世界中占第三位的装甲部队、第六位的空军和相当强大的陆军。③它的以遏制战略为主导的国家军事战略,特别是军事上的独

---

① 《列宁选集》(第 2 卷),人民出版社 1972 年版,第 511 页。
② 阎瑞松:《阿拉伯国家同以色列冲突的由来和发展》,载彭树智、胡益祥主编《当代世界史讲座》,河南大学出版社 1988 年版,第 343—372 页;[以色列] 阿巴·埃班:《犹太史》,阎瑞松译,中国社会科学出版社 1986 年版。
③ 埃德伍·利特沃克,迪安·赫诺雅茨:《以色列国防军》,哈波尔·诺沃出版社 1975 年版,第 1 页。

立自主性①，它在军队作战军事战略思想上的强调进攻、领土防御、先发制人、间接战线和速战速胜等方面，使它在战争中从总体上处于优势。以色列的攻防结合②，建立定居点③，强调指挥员与战斗兵员的素质与能力④，以及军兵种协同与军队结构等，都会在较长时期内发挥作用。

第二次世界大战后，中东经济发生的变化也是举世瞩目的。战后初期，落后的中东经济，在世界经济中的地位与它的幅员是极不相称的。中东的石油产量，在1940年仅占全世界的5%不到，所有国家均毫无例外的以农业或农牧业为主，仅埃及、土耳其和伊朗等国有少量的现代工业。在农村，大地主和游牧贵族拥有大片耕地、牧场、大部分水源和生产资料。在城市，则存在着商业资产阶级的强大势力，以商业为主要投资领域。同时，帝国主义控制着中东各国的矿物资源、金融、外贸、工业和公用事业。这种情况随着时间的推移，逐渐出现了新的变动。

中东独立国家的政治体制在战后的多样性已如前所述，但在经济发展政策上却有一些共同点。

第一，维护资源主权，摆脱帝国主义的控制。最突出的例证，就是产油国的石油斗争。此外，埃及和叙利亚等奉行阿拉伯社会主义的国家，对西方国家的金融、贸易、工业和公用事业机构也进行了国有化。

第二，改革封建的土地关系，试图建立资本主义的农业经济。在埃及、叙利亚、伊拉克、民主也门和伊朗，土地改革的规模最大；土耳其和阿拉伯也门的规模有限；而阿富汗和海湾国家只分配一些国有土地。进行土改的同时，许多国家也致力于发展合作社和现代化农场。

第三，依靠外援发展民族经济。中东大多数国家（尤其是非产油国）战后都从东西方和国际组织得到大量外援，用于经济发展。20世纪60年代以后，

---

① 迪安·赫诺雅茨：《以色列可供防御边疆的概念》，载《耶路撒冷和平问题论文集》，耶路撒冷出版社1975年版。

② 爱弗莱姆·英巴尔：《以色列1973年后的战略思想》，载军事科学院外军部编《外国对以色列侵略黎巴嫩的评论》，解放军出版社1984年版，第45页。

③ 亚瓦·布哈瑞恩，巴瑞·勃斯恩：《以色列战略思想》，美国兰德公司1981年版，第41页。

④ 泰勒少将：《以色列防御思想：背景与发展》，美军《军事杂志》1978年版，第32页。

阿拉伯产油国的援助，开始发挥日益重要的作用，从而削弱了对东西方援助的依赖性。

第四，国家资本在经济发展中起主导作用。由于对外资和私人资本的国有化，由于国家获得了大量石油收入和外援，中东各国纷纷以国家资本为主，实施了各种国民经济发展计划，以避免经济的自流发展，实现经济自立、繁荣的目标。

第五，经济多样化是重要的发展目标。战后初期，中东各国普遍存在着单一经济的情况，出口主要依赖于几种农矿产品。为了改变这种情况，各国均致力于工业的发展，实现制成品的进口替代，并部分地改变出口商品的结构。

中东的产油国和非产油国在经济发展上有重大差别。产油国高度依赖于石油经济。例如，1977年，石油在伊拉克国内生产总值中占62%，在沙特阿拉伯等海湾四国中竟占71%～77%[1]。产油国生产的石油、天然气、石油制品和石化产品主要供出口，工业品和食品主要靠进口。它们用石油换取的巨额美元主要流到西方国家，而它们国内的劳动力也主要从国外输入。因此，产油国的经济具有高度的外向性。丰厚的石油收入，为产油国经济的迅速发展奠定了基础。1960—1975年，伊拉克、伊朗和沙特阿拉伯的国内生产总值（市场价格）的年平均增长率分别为14.9%、18.2%和23.1%，而同期的巴西为14.4%，新加坡为14.9%，联邦德国为12.6%，日本为17.4%[2]。可见，中东产油国的增长速度是世界上最高的。按人均国民收入计算，一些中东产油国甚至远远超过最发达的资本主义国家。

非产油国家的情况也极不平衡，但有下述共同点。

第一，工业发展的方向是进口替代，以减少对外国的依赖，因而主要面向国内市场，出口较少。农产品的自给率一般比较高，劳动力供应充足。所以非产油国以内向型为经济特征。

---

[1] 尔·恩·安德烈阿杨：《阿拉伯世界的石油》，田连忠译，《中东》1986年第2期。
[2] 林富德等：《世界人口与经济的发展（统计汇编）》，中国人民大学出版社1980年版，第236—243页。

第二，国家对经济一般控制较严，主要表现在国家对外汇、私人资本、外国资本及资金和人员流动等问题的政策上。除了意识形态上的因素（如阿拉伯社会主义）外，集中有限的资源用于经济发展是个重要原因。

第三，大多数非产油国原先的经济基础优于产油国。结果，从前经济发达地区集中于地中海的中东国家的格局发生变化，盛产石油的波斯湾地区一跃成为新兴的经济发达地区。不过，在波斯湾国家和世界其他国家的政治经济关系中，在贸易、金融、科技和国际关系等方面，表现了这一地区经济的脆弱性。

经过第二次世界大战后30余年的发展，中东国家经济面貌已大为改观。中东已成为世界上最大的石油生产和输出地，成为欧洲、美国和日本最大的资本输出地。昔日以农立国的局面在绝大多数国家已不复存在，采矿业、制造业、建筑业和服务业成为经济的重要支柱。但是必须看到，中东经济发展水平还是比较低的。工业的主体是轻工业，重工业尚处于初始阶段，机器设备和一些原料主要靠进口，技术引进、吸收和创新的能力较差，而且各国的工业部门发展雷同，缺乏地区性分工合作。各国农业的集约化发展也很不够，农业往往也得不到政府的重视，因此不得不大量进口粮食。各国政府对经济的过分干预抑制了竞争机制，导致了经济效益低下。在经济增长的同时，社会的发展往往被忽视，贫富分化进一步加剧。20世纪70年代的政治动乱，如阿富汗和土耳其的政变，黎巴嫩内战，以及伊朗的伊斯兰革命，实际上是经济问题在政治上的反映。为解决这个问题，在20世纪70年代以后，埃及、叙利亚、约旦和土耳其等非产油国先后开始了经济调整，扶植中小资本家，大力吸收外国资本，注重农业和社会经济的综合发展，经济情况已有所好转。1981年油价狂泻，使原先处境较好的产油国也面临资金短缺的问题，由此也揭开了产油国经济调整的序幕。总之，经过30多年发展的中东国家，逐步探索适合于自身国情的经济发展道路。

第二次世界大战以后的30多年来，中东国家发生了巨大的政治变革。北层三国的变革尤为突出。土耳其是一个仿效西方议会民主制的国家，实行了一党制向多党制过渡以后，政治多元化带来了新的社会危机。1960—1980年，土耳其高级军人集团三次干预政治，又三次还政于文官政府。土耳其从1923年建立共和国到1989年，7任总统中，6任总统都是职业军官出身，都毕业于土耳其最高军事学院，都担任过军队的高级指挥官①。特别是从20世纪60年代以来，一方面，军队成为一支不受文官政府领导的自治组织和主宰国家政治发展的决定力量；另一方面，军队接管政权后，政局一旦稳定，便还政于文官政府，而不建立长期的军人政权。这是第三世界政治变革中值得注意的独特现象。伊朗巴列维国王的"白色革命"，是他统治25年期间的一项重大社会改革运动。但是，这个改革实施的结果及巴列维王朝的社会基础，都反映了这个王朝的脆弱性②。伊朗的旧君主制的崩溃是不可挽回的。北层的第三个国家阿富汗建立共和国及其政治变迁，有许多内外因素在起作用，但苏联的干预和利用内部纠纷，是一个关键的因素。在阿拉伯国家中，君主制和共和制具有不同的政治内容，但在现代化目标与内容方面，有相似的情况。民族问题是中东社会和政治中经常发生的冲突焦点。作为一个多民族地区，亚美尼亚人、库尔德人和塞浦路斯问题，是第二时期中较为突出的问题。

四

马克思曾经指出："现代历史著述方面的一切真正进步，都是当代历史学家从政治形式的外表深入到社会生活的深处才取得的。"③列宁也强调说，马克思主义者"不仅要分析社会生活的经济方面，而且必须分析社会生活的各个方面。"④在撰写20世纪中东史的时候，我们不能把丰富多彩的社会生活排除在历史学视野之外。因为马克思主义按照社会存在决定社会意识的原理，把生活方式和生产方式紧密联系在一起，分析它如何综合体现生产力与生产方式，以及各种社会关系的变化，从而阐述历史发展规律。把社会生活

---

① 魏本立：《试论土耳其军队在国家政治和社会经济生活中的地位和作用》，《西亚非洲》1989年第6期。
② 科卡德·考泰姆：《伊朗革命》，《当代史》1980年第1期。
③ 《马克思恩格斯全集》（第12卷），人民出版社1962年版，第450页。
④ 《列宁选集》（第1卷），人民出版社1972年版，第28页。

的历史回归给历史,改变通史、断代史、地区史、国别史中长期以来的经济、政治、文化、科技的历史框架,使之生动、丰富、有血有肉和具有人情味,形成一个多层面的文明历史整体。这不仅有助于揭示历史演变的真实过程,和不同层次的发展规律,而且有助于人们从赏心悦目的历史知识中增加理解,提高对生活方式的判断力和选择力。

中东社会生活的巨大变化是从 20 世纪开始的。这种变化同现代经济、政治、社会、文化的变动有着直接的联系。封闭、凝固、保守、部族关系占主导地位和伊斯兰教深深影响着中东社会①。

首先,随着 20 世纪初开始的现代化变革,迅速地促使中东丰富的社会生活领域的各个方面发生了巨大变化,特别是表现在快速增长的人口取代了过去停滞不前的人口状况,形成了高度年轻化的庞大人口群。同时,根深蒂固的部族关系也开始松动,甚至部分瓦解。核心家庭代替了扩大家庭,这在城市尤为明显。高速度的城市化引人注目,到 20 世纪 70 年代初,中东城市人口已占本区总人口的 1/3 以上,居第三世界的首位。20 世纪 60 年代以前的沙特阿拉伯,大部分居民过着游牧生活,直到 1970 年,生活在沙漠里的人仍然约占总人口的 60%,生活在小城镇的占 20%。到 1980 年,生活在 10 万人以上城市的人数占 42%,而小城镇下降到 12%,沙漠居民只有 46%,85%的贝都因人已经定居下来②。现代化也在很大程度上改变了中东妇女的地位,越来越多的妇女抛弃面纱,开始走出家门,投入现代生活的洪流中去。20 世纪 90 年代,中东各国的各阶层人群,比以往任何时候都更加深刻地感受到现代文明的影响。

其次,在中东社会中,日常生活方面的建筑、饮食、服饰等衣、食、住、行,也与 19 世纪大不相同。社会传统与现代文化在社会心理和民族心理的深层次冲突与融汇的矛盾而统一的现象,随处可见③。

再次,宗教生活、娱乐活动与各种风俗习惯,也都在不同程度上,以各

---

① 孟庆顺:《阿拉伯国家的社会变化》,《阿拉伯世界》1989 年第 3 期。
② 张晓东:《伊斯兰教与现代化》,《西亚非洲》1989 年第 2 期。
③ 王铁铮:《现代沙特阿拉伯的社会变化》,《中东》1983 年第 2 期。

种方式在适应现代化的变动。婚丧嫁娶、宗教生活与节日风尚，体育活动与文化娱乐，以及人们的价值观念，都在从有形的物质外壳到无形的文化内涵上，发生着意味深长的变化。

20世纪中东的社会政治思潮的主流，是反帝反殖的民族主义思潮的兴起。从20世纪初到第二次世界大战结束以前的第一时期中，领导民族解放斗争的主要是民族大资产阶级、爱国的封建主和宗教势力。因此，这一时期的民族主义思想带有这些阶级的印记。土耳其的凯末尔主义、阿富汗的青年阿富汗派的思想、礼萨汗的伊朗民族主义、伊本·沙特的思想，都是其他中东国家代表者。凯末尔的世俗民族主义影响最大。土耳其和其他中东国家有许多相似之处，如绝大多数居民是伊斯兰教徒，地缘政治上的重要性（主要是特殊的地理位置而不是资源），动乱频繁。但不同之处在于，它是中东地区少数几个非阿拉伯国家之一，它的部分地区在欧洲，它通常以欧洲为它的方向。这些不同之处的开放性和民族性，很可能是凯末尔的世俗民族主义形成和长期存在的基础。作为一个世俗共和制国家，从20世纪20年代初期以来，它屹立于中东伊斯兰文化文明圈近60年，与这种世俗民族主义有很大关系。尽管土耳其在这期间，在经济、政治、社会和文化制度方面遇到并克服了一个接一个的危机，"但是，在这个长期的斗争过程中，土耳其还未出现过一次精神危机。这是因为土耳其人以非凡的坚定保持着对共和国创始人穆斯塔法·凯末尔·阿塔图尔克给他的国家留下的政治和文化遗产的忠诚。"[①]

第二次世界大战后，国际形势发生了巨大变化，中东的中小资产阶级纷纷登上政治舞台，先后导演了1952年埃及七月革命和1958年伊拉克七月革命。这一时期的主要社会政治思潮是阿拉伯社会主义（包括复兴社会主义和纳赛尔主义），反映了中小资产阶级的激进的政治和社会观点，其共同点是强调建立具有伊斯兰特点的社会主义，同时，主张阿拉伯统一和积极中立。1947年，复兴党在叙利亚成立，不久，在伊拉克、约旦、巴勒斯坦、黎巴嫩、利比亚、突尼斯、毛里塔尼亚等阿拉伯国家成立。它是以"统一、自由

[①] 德怀特·詹姆斯·辛普森：《土耳其进入20世纪80年代》，《当代史》1980年第1期。

和社会主义"为三大斗争目标。以伊拉克为例,经济上有公有制、公私合营、合作经济和私营经济,在政治上推进民主、向多党制过渡,用民主和人道主义方法解决少数民族问题和提高人民生活①。纳赛尔主义经历了纳赛尔的埃及民族主义→阿拉伯民族主义→阿拉伯社会主义的发展过程。它影响了一个时期的阿拉伯社会政治思潮。

和上述两大社会政治思潮同时兴起的,还有马克思主义思潮。1917年俄国十月社会主义革命后,马克思主义在中东地区得到了广泛传播,各国共产党纷纷建立起来。各国共产党在工人、青年学生、知识界、农民中间做了许多工作,也积极参加了民族民主运动。但是,由于中东的宗教、种族的特殊复杂性,也由于中东各国马克思主义政党缺乏对区情、国情的深入了解研究,对理论缺乏独立的创造性探讨,以致马克思主义在中东地区没有得到充分发展,也没有产生很大的影响。只是在南也门,建立了一个称为马克思主义的也门民主人民共和国政权。在阿富汗,外部势力的干预,促成了人民民主党政权的建立。伊拉克共产党一度参政,但很快遭到镇压。摆在中东各国共产党人面前的任务,是把马克思主义和中东各国的具体实际密切结合起来,从理论上和组织上进行长期的、细致的和深入的准备工作。

在中东的社会生活和意识形态方面,社会关系和价值观念的变化,是一个十分漫长而曲折的过程。社会的二元化是一个十分突出的问题。现代化的生活方式、思想文化和价值观念主要存在于城市,尤其是有产阶级和知识阶层中;而传统的生活方式、思想文化和价值观念主要存在于农民、手工业者和城市贫民中,由此出现了两个文化集团的对立。这种对立,由于某些国家政府决策的失误而得到加强,成为这些国家产生社会和政治动荡的重要原因。塞缪尔·亨廷顿在探讨了20世纪50至60年代第三世界发展中国家普遍发生的社会动乱的原因之后,得出了一个结论:这些国家之所以动荡不安,不是由于它的贫穷落后,而是由于它们力图实现现代化。高度传统的社会和高度现代化的社会,都是十分安定的,恰恰是那种处在现代化过程中的

---

① 哈桑·塔瓦里巴:《伊拉克阿拉伯复兴社会党的社会主义理论与实践》,《政党与当代世界》1990年第2期。

社会，最容易发生动乱①。

中东地区的国际地位，虽历经漫长的历史演变过程，但到第二次世界大战以后，非但没有减弱它的历史作用，相反，越来越处于特殊的地缘政治体系之中。作为亚洲、非洲和欧洲三大洲的结合部，作为东西方文明交往的桥梁，作为重要的石油产地，作为苏伊士运河所在的地区，总之，作为政治、经济、军事要冲，世界政治中的中东，始终是热点地区之一。第二次世界大战以后的第二时期，中东曾经是两大阵营全球"冷战"的重要战场，是西方国家（包括日本）的重要石油资源供应地。美国和苏联首先在中东为了各自的利益，发生了持续而尖锐的冲突。西欧和日本因为自身的局限，在美国和苏联两个超级大国之后，程度不同地卷入了中东。它们力量虽不如苏联和美国，但仍然为了争得一席之位而加强了对策性研究。由于中东各国同发展中国家有着广阔的合作前景，因此，它们之间的联系加强了。

在文化艺术和科学技术方面，20世纪的中东，也应在世界史中占有它应有的篇幅。在哲学方面，现代主义对伊斯兰哲学进行了重新解释，从而出现了以哲马鲁丁·阿富汗尼、穆罕默德·阿卜杜、赛义德·库特布、穆罕默德·巴希等人为代表的现代主义思潮。实证主义和存在主义也发生了影响。马克思主义受到哲学界的欢迎。舒马云、萨迪克、T. 阿兹姆、泰伊卜·提扎尼、侯赛因·穆鲁瓦等人，运用马克思主义分析阿拉伯哲学史和伊斯兰哲学思想，得出了独到的见解和结论。进入20世纪以后，文学与中东社会生活日益结合，特别是第二次世界大战后，现实主义占主流。1966年，以色列作家S. Y. 阿格农获得诺贝尔文学奖。1988年，埃及作家纳吉布·马哈福兹获得了诺贝尔文学奖。中东的民族主义史学强调阿拉伯民族的历史统一性。变化较大的是伊朗和埃及的史学。但整体说来，史学在中东还是一个正待发展的学科。科学技术的研究和应用，在中东各国日益受到重视，并且迈进了一大步。除了以色列以外，其他中东国家由于各种因素的限制，仍旧处

---

① 塞缪尔·亨廷顿：《变革社会中的政治秩序》，李盛平、杨玉生等译，华夏出版社1988年版，第4—5页。

于落后状态。

第二时期的第三阶段是从 20 世纪 80 年代开始的挑战阶段。这个阶段主要是以下几个问题。

第一，1979 年 3 月，埃及同以色列签订了和平条约，阿拉伯国家和以色列冲突由武装斗争转为政治斗争，从而开始了中东新的和平进程。黎巴嫩战争后的中东和平计划和 1988 年巴勒斯坦国的建立，使人们从漫长、曲折的过程中，看到了和平的希望。

第二，1979 年初伊朗的伊斯兰革命成功后，霍梅尼宣传输出革命，甚至对圣地所在的君主国沙特阿拉伯，也造成威胁①。在中东普遍出现了各种形式的伊斯兰复兴运动，形成了对中东和国际政治的巨大冲击。当代伊斯兰复兴运动具有国际性，并波及政治、经济、法律、文化、道德、社会生活各个方面。它向伊斯兰国家提出了一个复杂而尖锐的问题：伊斯兰传统与现代化的协调问题。

第三，1988 年 4 月，在联合国主持下，巴基斯坦、阿富汗喀布尔政权、苏联和美国签订了《关于政治解决阿富汗问题的协议》。1989 年 2 月，苏联如期从阿富汗完成撤军之后，阿富汗国内各派已进行了一年多较量，虽然曲折的波澜不断翻滚，但政治解决毕竟是大势所趋。

第四，打了 8 年之久的两伊战争终于在 1988 年 8 月 20 日停火，并开始了双方旷日持久的谈判。1989 年 11 月，两伊在撤军、交换战俘等问题上取得了一致意见。海湾局势有所缓解，海湾国家之间的关系将随着两伊问题的和平解决出现新的分化与组合②。

第五，中东的经济发展也面临着严重挑战。"欧佩克"从 1981 年国际市场原油价格暴跌以后，内部矛盾日益激化。"欧佩克"内部的纷争和它与非"欧佩克"国家之间的斗争，决定了 20 世纪 80 年代油价的起落，中东产油国随之也作了经济调整。非产油国对经济结构、出口政策、劳务输出和旅

---

① 伊玛目·霍梅尼：《伊斯兰与革命》，伯克利 1981 年版，第 47—48 页。
② 刘竞：《1988——中东重大转折的一年》，《西亚非洲》1989 年第 2 期。

游业及引进外资等方面，采取了积极措施。中东地区的经济在合作中前进。

总体来说，第二时期第三阶段是一个崭新的阶段，中东地区既面临着严峻的挑战，又充满各种振兴发达的难得机遇，更是一个处于千变万化的、富有希望的未来并兼东西方而有之的新世界。20世纪和21世纪之交的未来10年，将是激动人心的10年。

五

概括20世纪前80多年的中东史，可以说，"变革"是这个地区物质生活、政治生活、文化生活和社会生活的主旋律。"变革"的力量是不可抗拒的。它在改变着这里的政治、教育、环境、宗教、科技和道德生活。频繁的战争，多次的革命和改革，尤其是苏联从阿富汗撤军、两伊战争停火、巴勒斯坦国的建立，这一切事变表明了这种重大的、深刻的和意味深长的变动。在国际局势从对抗转向对话、由紧张转到缓和的世界历史总趋势的影响下，中东正在酝酿着新的政治格局。被连年战争和政治经济危机折磨得精疲力竭的中东国家中，正在兴起一种建设性的和解精神，这种和解精神可能成为"变革"的主旋律。20世纪80年代末期，中东地区出现了从1973年阿以战争以来所未有的缓和局面。欧洲学者说，"实用主义、现实主义与缓和"是中东地区的新政治气氛。用中国儒学的命题来讲，就是出现了"和而不同"的一致性与多样性相统一的趋向。所谓"和"就是和解、缓和，就是矛盾的统一性、一致性；所谓"不同"就是分歧、冲突，就是多样性、特殊性。"和"作为趋势出现，并不排斥中东地区政治、经济、社会、民族、宗教方面存在的固有矛盾，尤其是经济危机、人口剧增、外债增长造成的经济停滞、高失业率，和不发达状态造成的爆炸性局面，促使中东各国领导层认真考虑改变困境、进行政治改革问题。围绕着变革和不变革或者如何变革的问题，将会产生新的分歧、冲突、政变、战争等问题。总之，一切皆流，一切皆变，变革之风将强劲而持续地改变着中东地区的面貌。

20世纪是巨变的世纪，20世纪的中东，是变革的中东。这里，所谓

"巨变""变革"的背后,存在着在全球化背景下的不同文明之间的交往对话问题。这不仅仅如哈贝马斯所说的,对话和交往只限于某个社会内部的主体间的对话和交往问题。当我们考察世界总体图像时,本质上的多样性就出现了。当我们说,世界是一个统一整体时,或者说全球化时,它本身同时就是多样性集合的总体。当我们说,20世纪的中东统一于变化,统一于发展时,就意味着这里并不存在一个总体的规定和归宿,就意味着它的巨变和变革,是事物连续性和非连续性两种发展形态共生和交替辩证发展的结果。文明交往史说明,各种新的事物在其演进过程中,不断以偶然性和必然性相交织,而组成了统一性和多样性的世界图景。和而不同就是统一于多、统一于变。我们需要在变中求常、在常中求变,任何单一的终极规定,都是不切实际的。

在绪论开始第一段,就说明了《20世纪中东史》的时间下限写到20世纪80年代末。这是一个相当困难的任务。撰写当代史,撰写迄今为止的活的历史,是老、大、难的课题。英国学者杰弗莱·伯勒克写道:"人们往往强调,由于这里(指当代史)没有时间上(历史上)的距离,所以,这个领域的研究十分困难。接受这种观点的作者认为,只有存在'相当的'距离,才能达到真正的(长期有价值的)科学成就。当代一位知名的历史学家断言,'只有站在远处观察的人,才能理解一个时代的性质'。"①美国学者乔治·李希特虽然提到了写当代史的困难:"我们离一个时代越近,就越难以理解这个时代的基本特征:我们既知道得太多,同时又知道得太少。"然而,他强调说:"研究当代的问题,可能会遇到许许多多、各种各样的困难,但这一切并不能成为逃避到'时间距离'中的借口。"②前一位学者的意见有一定的道理,不过,我们更同意后一位学者的结论。我在最近出版的《当代世界史讲座》中,列举了马克思当年撰著《1848—1850年的法兰西阶级斗争》《路易·波拿巴的雾月十八日》和《法兰西内战》这三部法国当代史著作的情况以后,指出,我们有马克思主义的指导,资料、研究手段、研究环境等条件同"马克思当年的条件不可同日而语",应当"把握住时代精神和

---

① 杰弗莱·伯勒克:《现代史导论》,伦敦1967年版,第23页。
② 乔治·李希特:《马克思主义》,纽约1971年版,第18页。

保持庄严的历史使命感"①。我们就是本着这种精神，缩短世界史与当今世界的距离，撰写迄今为止的中东现代和当代史。实际上，我们的《20世纪中东史》是一部未完成的世界地区史。让我们处于世纪之交的作者们，再用10年的时间，来追踪、观察、思考和研究本世纪末中东地区的发展变动，最后完成这部未竟之作吧②。

1991年10月6日完稿于悠得斋

---

① 彭树智、胡益祥：《当代世界史讲座》，河南大学出版社1988年版，第14—15页。

② 这个愿望在2000年终于实现了。由于教育部研究生工作办公室的推荐，这本书成为全国研究生教学用书。借助这个机遇，我增补了20世纪最后10年中东史实，并对绪论作了修改，重写了后记。见《20世纪中东史》，高等教育出版社2001年版，第1—31页、第471—474页。

20世纪中东文明的百年流变[①]

一本成熟的教材,由酝酿到成熟、由试用到通用,需要多年的时间检验和多次修订。修订是教材建设的必经之路。我久有修订10年前成书的《20世纪中东史》的想法。这次,国家教育部审定我主编的《20世纪中东史》作为"1999—2000年度研究生用书",作为国家立项通用教材,为修订工作提供了良好的机遇。因此,尽管在审定时被确定为"无须修改即可再版,以供研究生使用",但我坚持必须在全国通用之前,再作一次认真修订。

紧张的半年修改工作完毕之后,回首蓦见,"十年磨剑"的感觉油然而生。增补了20世纪最后10年中东事态的发展,使本书名实相符,成为完整的时间意义上的20世纪中东史,这消除了我心理上的遗憾。

认识自己的著作和认识自己,同样是一个逐步深入的过程。10年前,写这本书的时候,我把它定位在综合性、稳定性和学术性的目标上。现在,我把它定位在高层次专业教材的目标上,学术性自然成为保持生命力之所在,以学术性提高稳定性和综合性。因此,在修订中强化学术品位,便成为首要原则。

为提高学术品位,本次修订着重在稳定性与创新性、政治与史学关系的正确处理,致力于学术和史学本体的回归。更新知识、更新史学观念,也

[①] 本文系《20世纪中东史》2000年修订本后记,该书由高等教育出版社于2001年1月出版。

是增强学术活力的要求。

尤其是在中东文明交往方面，本书从理论结合史实进行了增补和加强。研究历史，应着重研究文明史；研究文明史，应着重研究文明交往史。从文明交往角度观察20世纪中东史，是提高学术品位的思想理论基点。

学赖论以立，论据事以成。理论、史料和现实实践的统一，是教材处于学术前沿的保证。本次修订工作注意到使教材内容与时俱进，多方面、多层次探索新问题，提倡经过研究而获得自得之见。鉴于国内外学者有"文明冲突论""文明融合论"等等观点，我这些年有一个颇为自信的看法，"文明冲突论"和"文明融合论"，不过是文明交往总过程中的两个方面。强调任何一个方面，都忽视了人类文明交往的整体进程。同时，也忽视了人类文明交往的双向或多向互动规律。

综合而成为体系是教材的总特点。本书强调学术品位，不但要借助各研究领域的新成果、新结合，而且注重借助之中另开境界，自立一说。时代是学术真谛之所在，我们也常从克罗齐关于"一切历史归根结底是当代史"的命题中，强化《20世纪中东史》的学术品位。

学术规范体现严谨的学术良知和学术责任感。它虽乍看起来不言自明，而实际上最易疏忽。稍微细心的读者，总会在修订本教材中发现这样或那样的问题。我们在修订中，特别注意资料的准确性、立论的科学性、辞章的逻辑性、文字上的流畅无误等方面。

20世纪中东的百年史，是人类文明流变纷繁的多彩篇章之一。它在变化中流动，在流动中变化。它时而使人兴奋，时而使人惊诧，时而令人眼花缭乱，但毕竟吸引着人们而且挥之不去。

20世纪中东史如同一条奔腾不息的长河，或湍急汹涌，或舒缓平流，有时倾北，有时倾南，东宽西窄，似难辨析，然而始终是迂回而滔滔向前。学术品位与艺术审美是相通的。愿读者与作者一道，共同涉水乘舟而下，经水路蜿蜒而观岸上风物，在一切皆流、一切皆变中，体验人类文化文明交往的理性思索、艰辛感和惬意美。

历史的思维是流动的，历史的变动是永恒的，但历史的本质是朴素的。

从始到终，一个世纪的历史消失的形式是很简单的，但人们研究历史的精神却永远是执著的。

《20世纪中东史》的修订，50多万字的一部书，其实就写了下面几个字："人类文明交往的历史反思"。

21世纪的中东，是在更新更高文明交往水平上的流变中的长河。让我们沿着中东的历史长河，继续观察这个世界热点上的变革大潮吧！

2000 年 12 月 10 日完稿于悠得斋

论文明交往的国家史例个案研究[①]

我在写《中东国家通史》卷首叙意的时候,想起 1964 年翦伯赞先生在一次史学研讨会上的讲话。他说:"凡搞通史的人,似乎都懂得一些历史事件。但搞通史有搞通史的任务,所以对历史上的不少考证,必不可少地要依靠对个案深入研究者的劳动成果。我们搞通史的,向来尊重搞断代的,或搞专题研究的。"

这是指中国通史而言。对于世界地区通史,国家通史个案的研究,是很重要的基础工程。中东地区国别通史,同样是中东通史的基础。用文明交往论对中东各国通史进行个案研究,既包括断代,又包括专题研究,更主要的是,在综合诸多研究成果的基础上,力求有所创新,从而理出发展的总脉络。

《中东国家通史》就是 13 卷本的中东地区国别史。每卷以一个国家或国家群所组成。在每卷之前,均列叙意如下。

一

现代中东国家体系由整个亚洲西部和北非的埃及共 18 个国家组成。这个国家体系是《中东国家通史》所述说的范围。

[①] 本文系彭树智主编的 13 卷本《中东国家通史》(商务印书馆 2000 年起陆续出版)卷首叙意。

根据完稿计划先后顺序排列,《中东国家通史》包括以下各卷:

1．《阿富汗卷》;
2．《沙特阿拉伯卷》;
3．《以色列卷》;
4．《伊拉克卷》;
5．《也门卷》;
6．《巴勒斯坦卷》;
7．《叙利亚和黎巴嫩卷》;
8．《伊朗卷》;
9．《土耳其卷》;
10．《埃及卷》;
11．《海湾五国(科威特、阿曼、阿拉伯联合酋长国、卡塔尔、巴林)卷》;
12．《约旦卷》;
13．《塞浦路斯卷》。

二

《中东国家通史》编写的要求如下:

各卷篇幅为20万~25万字,全书为240万~300万字。

各卷采用历史叙述方式,由古及今地阐明历史变迁的过程、特征和规律。"通古今之变"是全书努力追求的目标。

各卷遵循的学术风格是"一以贯之"的原则,即注重历史与现实之间的双向考察与反思,从现实出发,追溯历史,再从历史高度审视现实,注重"关照现实"与"反思历史"的一致性。

各卷强调各国的综合特征,它既包括一个国家的历史与现实,也包括宗教与民族、自然与社会、人口与环境,还包括生产力水平、阶级关系、文化传统等。

各卷一般不设注释。凡对主要著作及资料有必要注释时,可在文内或页下作适当处理；同时，在每卷后附有中外文主要参考书目50种左右。

各卷恪守严谨、创新原则，在综合前人研究成果基础上，体现"自得之见"。

各卷力求做到专业研究与大众言说相结合，在"简要、清晰、易懂"的顺、畅、通、达的表达方式中，保持其学术性。

各卷末都附有"编后记"。

三

《中东国家通史》采用国家通史的体例，来把握中东地区整体面貌，从而区别于迄今为止的中东地区史著作的框架结构。

认识一个地区的整体面貌，从一般学习过程来看，大都通过"一般"—"特殊"—"一般"的递进上升的认识路线。编写地区史，可以是按"大地区"历史发展的纵向编写的"一般"和"特殊"；它也可以是"大地区"政治、经济、社会、文化等横向编写的"一般"和"特殊"。

我在这方面，作过一些尝试。例如，1991年河南大学出版社出版的《中东国家和中东问题》，和同年福建人民出版社出版的《阿拉伯国家简史》，都是从不同角度和不同侧重点写成的"大地区"纵横结合的通史。1992年高等教育出版社出版的《20世纪中东史》，则是"大地区"断代史的体例。1997年西北大学出版社出版的《伊斯兰教与中东现代化进程》，又从专题方面作了"大地区"通史的写作尝试。

"横看成岭侧成峰，远近高低各不同。"各种各样的体例都有各自的优点。视角不同，呈现出的地区面貌便各有特点。中东国家通史这个视角的选择，最后的决断是出自1991年我对《阿富汗史》的写作尝试。这个尝试，一方面，使我感到我国对中东国家的历史知识了解较为零碎、较为片面；另一方面，也很表面和缺乏深刻理解。像阿富汗这样的周边邻国，只是在发生了苏军入侵和旷日持久的内战后，我们才去追溯它的历史根源，显示出我国中东领域学术研究的落后。有些国家已有几本阿富汗史，而我国竟然没有一本自己的学者写的有关著作。推而广之，其他中东国家，情况大致相同。学术和学科史告诉我们，对各国通史的撰著，最能体现一个国家、一个研究单位的学术队伍群体的研究水平，也是学科建设发展程度的重要标志之一。

从《阿富汗史》写作的尝试中，我还体会到，关注每一个中东国家的现状和历史，不仅可获得系统、全面、深入和厚重的历史知识及智慧，而且，在理解中东地区的整体面貌方面，具有一般"大地区史"所不能取代的作用。它可以把"大地区史"所忽略或省略的许多历史侧面，纳入读者的视野；还可以进一步深化、精密化，更详细地占有材料，更具体和独立地分析历史问题；同时，可以对一个个中东国家进行更集中、更具体和连贯性的理解。

《阿富汗史》的写作，也使我认识到，历史研究的一个重要特点，就是以历史的真实，而不是以单纯的逻辑推理作为最后结论。这种历史真实，不是以世界某个"中心"为出发点，推导出一个涵盖全体的公式及规律，而是要从各个国家的具体国情出发，作系统深入的研究，进而揭示历史真实。

此外，中东各国通史的撰写，对于各个中东国家的来龙去脉、前因后果和内在文化、传统的连续性会有系统理解，对于时间、空间的变迁和世代兴衰的更替会有理性认识，从而可以为中东地区史打下更厚实的基础。

迄今为止，把中东地区各国的通史，集中于一套多卷本的系列丛书之中，这在我国还是第一次。参加撰写的绝大多数为中青年学者。按照多卷本编著要求，各卷作者都注意世界及中东的宏观背景，并用中观视角，对各国的社会、政治、军事、经济、教育、学术、艺术、科技、地缘环境等等方面，进行全方位、多层次的扫描。这样，可以扩展对中东地区的视野，丰富中东史的内容，活跃和深化对有关中东史许多问题的思考。入史的众多事实和历史细节，也是增强厚重的历史感，正确认识中东历史和作出科学评价不可缺少的前提条件。

通过以上对中东各国通史研究的分工合作，既可以保持每位作者在各自撰写的国家通史中的个人思想、风格的独立性，在体例和角度一致的前提下，各卷之间也可以有内在联系的整体统一性。

四

《中东国家通史》各卷内在联系的整体统一性，从理论线索上说，是文明交往论。

我在《阿拉伯国家简史》修订版（福建人民出版社1999年版）的序言中，谈到阿拉伯国家之间的联系时，曾引用了日本近代启蒙思想家福泽谕吉（1835—1901）关于国家和文明交往的一段话。福泽谕吉在《文明论概述》中写道："交往活动本是人类的天性，如果与世隔绝，就不能产生才智。只有家族相聚，还不能算人与人之间的交往。所以，只有在社会上互相往来，人与人互相接触，才能扩大这种交往。交往越广，法律也越完备，从而感情越和睦，见闻就越广阔。文明一词，英语叫作Civilization，来自拉丁语的Civilidas，即国家的意思。"

诚如福泽谕吉所言，交往是人的社会开放性的表现，是从血缘、等级的自然联系，进入以普遍交往为基础的广泛社会联系。交往是文明之源，而国家则是文明的重要标志。

国家的起源和形成，国家的兴衰和更替，是人类文明交往发展的结果。

实际上，关于文明交往的理论与国家史的关系，马克思和恩格斯早在资本主义用工业文明、商品交换和武力使世界普遍联系，并把相对孤立的历史转变为"世界历史"之时，已经作了更为系统精深的论述。在他们的视野中，文明交往是以国家为基地向全世界不断扩大活动范围，进而打破封闭的民族和国家壁垒，从而使世界联结为一个整体。他们实际上已分析了国家与全球化的关系，并把文明交往视为世界历史和全球化动力与发展的总线索。我们用这些观点，审视中东国家的历史，就会得出许多新的认识。中东是上古人类文明的发源地之一，尔后的伊斯兰文明和希伯来文明延续至今。不仅古典文明融入伊斯兰文明，而且希伯来文明仍在这一地区复兴。中东各国确有自己文明交往的独特性，但这种独特性通过各国发展所表现的，则更加异彩纷呈。《中东国家通史》各卷，可以说，都是对中东文明交往和世界文明交往的历史个案分析。

从这些个案分析中，我们从理论上认识到，人类文明交往过程的基础，是人类的生产实践，而生产实践的前提，是人类的社会交往。具体而言，文明交往论有以下诸要点：

文明交往的基本内容是物质文明交往、精神文明交往、制度文明交往和生态文明交往四大部分。它是人与人、人与自然之间的"主体—客体—主体"的多种和普遍的社会联系。

人类文明经历了远古、上古、中古和近现代之后，现在正进入当代时期。与这些时期相对应的内容为：原始工具文明、奴隶制文明、封建制文明、工业文明和信息知识文明等等为特征的交往。

文明交往的工具——语言文字，是物质在精神方面表现的震动空气层的声音和尔后形成为文字的文明符号，是一种实践的，既为别人存在并仅仅因此也为我自己存在的，现实的传播交流和互动意识。这种口头和书面语言，是由于和他人交往的迫切需要而产生的，为物质文明和精神文明两大交往服务的思维手段。

各民族、各国家之间的相互关系，取决于每一个民族、每一个国家的生产力、分工和内部交往的发展程度。

各民族、各国家本身的整个内部结构，也都取决于它的生产，以及内部和外部交往的发展程度。

文明交往既表现在民族、国家之间，也表现在人群、集团之间、地区之间，它是世界走向普遍联系，是科学技术及生产力，在全世界范围内得以传播、保存和发展的基本条件。

古往今来，文明交往从来就是曲折复杂的过程。它既有和平形式，也有战争形式，不仅存在文明冲突，而且存在文明融合。只有保持开放和进取状态的文明，才能长存不衰，才能在已形成的多元文明世界里，确定自己国家的民族性文明的位置。

文明交往论是多极主体交往论。一国独霸或几国分霸的帝国时代已经过去。全球化发展包括"世界一体化"和"多极化"两个相反相成的双重内容，前者是整体性趋势，后者是主体间交往的平等性。必然的趋势是发展主体的多极化与平等化。

文明交往论是互动合作论。在历史互动沟通的双向或多向交往过程中，在古代文明的原始交往、自然经济的农业文明交往、商品经济和工业文明交往，特别是今日信息和知识创新的文明交往历程中，到处都可以看到互动和多向因素的逐渐增强。

文明交往论是文明自觉论。文明交往的特点，是由自发性向自觉性的演进：在趋向上，日渐摆脱野蛮而逐步文明化；在发展上，从封闭走向开放；在活动程度上，从自在走向自为；在活动范围上，由民族、国家、地区走向世界；在交往基础上，从情绪化走向理性化；在人际关系、族际关系、（宗）教际和国际关系领域中，由对立、对抗的"我"走向对话和合作的"我"。

文明交往论所追求的目标，是人与人之间的和睦相处，是国家与国家之间的平等合作和人与自然界的平衡和谐；是对自身文明的自尊、欣赏和对其他文明的尊重、宽容乃至赞赏；是怀着爱其所同、敬其所异的襟怀，和人类共同美好理想的人性追求。归根结底，是对自己文明和异己文明的理性探索和全面理解。

文明交往论所研究的基本课题，是对世界文明交往发展规律的认识。例如，文明交往中出现的不平衡性问题，其中包括在静态上表现为现实文明的差距，在动态上表现为文明发展速度的变动性与暂时性，在进程中表现为文明交替超越性、先进与落后的互变性。再如，文明交往中有关人类生存和发展、人的价值和命运问题。所有这些，都是古代世界文明兴衰和近代以来各国现代化发展的重要特征。

总之，人类文明交往是一个历史进程。因此，从广义上讲，它是一种历史交往。它充满着冲突和斗争，也经历着传承和吸收，还交织着融汇和综合。21世纪文明交往是文明冲突和文明融合更加深入化的时代。文明交往的主流是，各种文明的共存、共处和共同发展。人们对文明交往的未来，理应持冷静与乐观的历史态度，因为它总的趋势是现实主义与理想主义的互换和提高，总的特征是多样性的统一和社会的进步。

《中东国家通史》就是以文明交往理论为线索，以文明交往的历史主线来贯通中东各国的内部和外部诸多联系，来沟通中东各国社会各方面的关系，来会通各种交往方式，力图勾勒出中东各国的基本历史面貌和国情特征。

五

《中东国家通史》在关注中东各国文明交往活动的同时，也注重中国与中东各国的各方面交往活动。为此在每卷的最后，都设有专章来集中叙述中国与各卷国家的历史和现实联系。

这是撰写中东史的中国学者责无旁贷的事，也是对文明交往的另一个专题性历史个案分析，同时，也是这部多卷本《中东国家通史》的特色之一。

在人类历史上，自从国家产生以来，在文明交往过程中，就随之产生了国与国之间的关系。伴随着文明的进步，国家不断增加，国与国之间的关系也随之逐渐复杂化，人类的活动范围和交往方式，也发生深刻的变化。这样，在古代世界中，特别是在一些世界大帝国之间，就出现了古代类型的国际关系格局和一些国家关系体系，用来处理国与国之间的双边关系和多边关系。

在这些国家关系中，中国和中东地区之间的交往很具有代表性。从未中断的中华文明，以其"华夷一统"秩序原则，与中东地区各国进行了悠久广泛的文明交往。

早在汉代，中东地区就是中国与西方文明交往的中介地区。当时，与汉帝国处于同一古典文明等级、以地中海为中心的罗马帝国，同中华文明东西交相辉映，造成了古典文明交往丝绸之路的繁荣。但是，这两大帝国之间的文明交往的中介在中东地区，尤其是波斯（伊朗）帝国和贵霜帝国之间更处于枢纽和前沿地位。汉王朝与波斯帝国和贵霜帝国之间是三强鼎立的平等友好交往。这东方三强，和西方强国罗马一起，合演世界文明交往四重奏，共同维护丝绸古道安宁与畅通的国际秩序。

到了唐代,中华文明之光,辉煌四射,和中东地区兴起的,地跨亚洲、欧洲和非洲的阿拉伯帝国与伊斯兰文明,彼此吸引、互相交往,同时也发生冲突,当然还有政治和军事合作。唐帝国与阿拉伯帝国之间的交往,是中国在中东对外交往的鼎盛时期,也是古代国际文明交往史上的重要篇章。这是因为这两个帝国、两大文明,都各自在营造自己的国际关系体系。它可分别称之为"华夷一统"与"阿拉伯伊斯兰"秩序。这两种秩序此消彼长,终于随着751年政治交往(唐玄宗天宝十年)怛罗斯之战唐军失败,而使"华夷一统"秩序在中东受阻。此后中华帝国的历代王朝,除元代以外,对中东地区的战略基本上呈守势或防御性攻势的态势。

但是,民间的交往,商旅、教旅和文化交流,却通过各种渠道,时多时少,断断续续地在中国与中东地区之间进行。这些文明交往的广度和深度,大大超越了国家之间的政治交往。特别是16世纪西方殖民势力东扩以后,中国和中东各国经历着共同的遭遇,人民之间有着特殊的感情与联系。所有这些,同源远流长的古代文明交往一起,成为今日中国与中东各国平等、友好、合作的历史基础。

六

马克思在《政治经济学》批判序言中说:"在科学的入口处,正像在地狱的入口处一样,必须提出这样的要求:这里必须根绝一切犹豫;这里任何怯懦都无济于事。"

我编多卷本《中东国家通史》,忽然想起了马克思这段至理名言。我今年已六十有八,是"坐六望七"之年了。放着轻松不享,却要耗费心力去编写这样大部头的书,莫非忘记了年龄,要"入地狱"了。

中国有句老话:人生七十古来稀。如今七十虽说不稀,也已是老龄阶段的第二个十年了。要说"入地狱",早该到了"入口处"了。不过,马克思把"科学入口处"比作"地狱入口处",那是指但丁《神曲》中所描述的由面对现实的"地狱",经过苦斗的"炼狱",从而到达理想"天国"的科学韧性追求，其实质是一种奉献精神。唯有奉献，尔后方有求实、求真、求是、批判的科学信仰和科学态度与方法。因为科学就是艰辛的创造性事业，它最需要的就是奉献；科学的核心就是奉献人类，奉献社会。

1993年3月12日，我在《阿富汗史》的跋语中写道：《阿富汗史》是西北大学南亚中东史博士点拟议中的"中东国别史"丛书中的第一本。列入计划的还有土耳其、海湾五国、也门、以色列、埃及等国。不料第一本书就遭受磨难，使人感慨不已……"在跋语中，我坚信有历史学优秀传统的中华民族，不会被短见所惑。盛世修史，修史资治，普及和提高历史素质，实在是改革开放的中华民族所必需的。我还引用了马克思的"万事开头难，每门科学都是如此"的话，正好同马克思的"入地狱"比喻义相贯通。在跋的结尾，我是这样写的："我相信，中国学者撰写的系列《中东国家通史》，必将和外国作者的同类书籍并列在我国图书馆的书架上，供莘莘学子普及历史知识、培养历史意识、获取历史智慧、探求历史启示和提高历史素质之用。"

《中东国家通史》似乎应了中国一句名言：好事多磨。屡经磨难的《中东国家通史》，终于有幸逢遇西北大学进入"211"工程的良好时机！1997年，它被列入"211"重点课题项目，被作为标志性成果而给予资助。陕西省"三五"人才建设基金办公室也伸出援助之手。特别是商务印书馆把这部近300万字的《中东国家通史》，列入了选题。我真的夙愿得偿，要"入地狱"了。"入地狱，写中东史"，成为我今后4年奉献自己心力的行动口号。

最近我读了三联书店出版的一本名叫《活出意义来》的译著。它是奥地利精神病医学家维克多·弗兰克的名著。过去在追问生命的意义时，有一种消极的、但又很流行的说法，就是活着便是受苦，要活下去，便要以苦为乐。如果从这种消极意义上理解"入地狱"，那是很难振作科学精神的。维克多·弗兰克则从积极方面深刻地指出，人们看不清或看不到生命的意义的原因，在于"由无意义感和空虚感捏合而成的生存空虚"。人们应当为生命找出意义，特别是要找出某一时期中的"特殊的生命意义"，这就是他的独特着力点。请看他的精彩论述：

> 一个人不能去寻找抽象的生命意义，每个人都有他的特殊天职或使命，而此使命是需要他具体地去实现。他的生命无法重复，也不可取代。所以，每一个人都是独特的，也只有他具有特殊的机遇去完成其独特的天赋使命。

维克多·弗兰克所讲的生命真谛，启示着科学奉献精神。具体的时间段，是成就事业的关键之处。时光稍纵即逝于各个时间段中。人生的意义与价值，主要不在于寿命的长久，而主要在于为世间付出的多少；不在于一时的豪言壮语，而在于持续掌握具体时间和完成具体任务的实践。恪尽做人的本分，于工作中得到快乐，这才是最踏实、最幸福的人生！正如他所说，一个人一旦了解他的生命的具体意义，自然容易笑对人生，以乐观的现实态度，尽最大的心力，为自己的存在而负起最大的责任。这完全是从积极方面，进而把生命的意义具体化了。从这个意义上讲，"入地狱，写中东史"，就成了一个科学奉献的积极行动了。

在这里，我引用我在《阿拉伯国家简史》修订版序言的结束语，以表明自己的心情：

> 我们治阿拉伯史（包括中东史）的学人，自应意识到自己的职责与使命，为读者负责，提高质量，把史书写好、改好。荏苒光阴书边过，花苍白发镜中来。我已坐六望七之年，但心境未衰，体力尚健，学志犹在，追求未了。学术史告诉我们：学要薪传，一代代接力向前；学如积薪，后来者应当居上；学贵创新，我们国家应该有自得之见的多卷本中东史。我们从前人那里继承过来许多已经创造了的成果，在这个基础上，我们理应多增添一些新成果。我正在主持编写的13卷《中东国家通史》，是《阿拉伯国家简史》的姊妹篇，也是我老来在世界上再留点儿东西，为中东学再添几块砖石的

心愿。总之，中东史的学科建设，应有扎实的基础。为了奠基，我们应当努力，以便早日步入世界史学前列。

《中东国家通史》的写作始于 1997 年，终于 2002 年，是名副其实的"跨世纪"产品。我站在世纪之交的门槛上，面向新世纪，向自己提出这样的要求：

根绝一切犹豫，排除任何怯懦，找出生命的具体意义，走"入地狱、写中东史"之路吧！

1999 年 9 月 9 日写成
1999 年 12 月 15 日修改

中东文明交往的两大历史个案

一、文明交往：需要历史个案分析

中东历史研究是世界历史研究的一个有机组成部分。

中东地区是一个由众多国家组成的多民族的地区。它在世界历史上极富特色。中东各民族在人类文明史上都作出过杰出的贡献。

中东地区不但是人类文明发祥地之一，而且长期以来是世界文明的中心地区之一。东西方文化在这里交汇聚合，形成了文明交往的诸多独特性。

近、现代以来，东西方文明交往在中东地区进入了一个新阶段。战争成为交往的重要形式。特别是在本世纪，战争苦难缠绕着中东各国人民。阿拉伯国家和以色列之间就进行过四次战争。战争对中东地区的文明与历史进程，造成了严重障碍，使和平与发展事业举步维艰。

中东历史昭示我们，古往今来，战争与和平这两种交往方式的选择，始终是文明交往的一个重大问题。中东各国人民为争取和捍卫和平付出了沉重的历史代价。"和为贵"已深深融入他们的价值观之中。因为这关乎中东各国的兴衰荣辱。于是，和平还是武力，合作还是对抗，兼容还是排他，互尊还是互斥，谈判对话还是兵戎相见，成为文明交往自觉性与盲目性的标志性特征。

中东文明交往的诸多特征，需要对中东各国历史进行历史个案分析。这些特征乍看起来是政治、经济或文化传统问题,但究其根底,是历史问题,是对各国政治、经济和文化进行具体的历史分析问题。

通过中东各国纵贯古今历史交往的具体分析,中东文明交往的诸多特征将展现出异彩纷呈的多姿风貌。这是因为历史研究是以历史真实为特点,而不是以纯逻辑推理为最后结论;这种历史真实,不是从世界某个"中心"出发,推导出涵盖全体的公式及规律,而是从具体的国家出发,作深入、系统和细致的研究,从而揭示出历史的真实。

正因为这种对中东地区各国的细化研究,具体贯通各国的古今历史之变,便为地区史的研究,以至于为世界史的研究,奠定了较为扎实的基础,为人类文明消长更替的交融整体,提供了具体的说明。这是"以小见大"和"综个为整"的方法论。

基于上述考虑,我在《中东国家通史》的卷首叙意中提出,该书所论及的中东各国,"可以说,都是中东文明交往和世界文明交往的历史个案分析"。

这部13卷本的《中东国家通史》,现已完稿的《阿富汗卷》《沙特阿拉伯卷》和《以色列卷》,都是从国家通史的角度,以文明交往为线索,对这3个国家的特征进行的不同历史个案分析。

由于阿富汗的文明交往特征,我已在《阿富汗与古代东西方的文化交往》作过较详细的论述①,而在《阿富汗卷》中,只是更充实和更准确些,因而不再重复。

本文下面两部分,是《中东国家通史》中的《沙特阿拉伯卷》和《以色列卷》的编后记。根据该书的体例,各卷之前,都有我写的有关全书总思路和总框架的《卷首叙意》;各卷最后都有我在统稿之后,从总思路考虑而写的有关国家在文明交往中形成的具体特征的"编后记"。前者已在《中东研究》1999年号上发表,目的在于听取意见,以便修改。后者也是以同样目的在本书中发表,尽量在《中东国家通史》出版之前,再作一次修改,减少漏误,以尽到主编的责任。

---

① 彭树智:《阿富汗与古代东西方的文化交往》,《历史研究》1994年第2期。

《中东国家通史》是西北大学"211"工程的重点项目和标志性成果之一。对于这样的大型课题，我自知责任重大。学校的巨大投入，同时意味着高标准的要求。如果达不到高标准，也无须承担后果，就无所谓高标准；如果没有成功所需的人力和物力，高标准也只能是空中楼阁。为落实标准，达到国内先进水平，必须让所有作者，首先是主编负起责任。主编要负总责，投入最大劳动量，不能有所懈怠。中东史学科建设处于奠基时期，对我们说来，应当在自己岗位上冷静、沉稳、寂寞地坚持。因为只给予而不坚持，是无法成功的。

曾经是遥远的千年已经到来。我希望这套《中东国家通史》，能在中东史学科建设的基础上，增添几块砖石，从而使我国中东史研究，在世界史学研究中占有一席之地。我更希望在 21 世纪中，有更多的中青年学者脱颖而出，使我国中东史研究产生无愧于伟大时代的成果来，从而跨入国际史学研究的先进行列。

二、沙特阿拉伯：阿拉伯—伊斯兰文明之根

《中东国家通史》各卷是根据完稿先后来排列卷次顺序的。《沙特阿拉伯卷》按这一原则被编为第二卷。

编完《沙特阿拉伯卷》，我感到沙特阿拉伯王国无论在中东，在伊斯兰世界，以至于在全世界，都是一个十分突出和令人瞩目的国家。把它编入《中东国家通史》的第二卷，作为中东地区阿拉伯国家的代表性国家，也是当之无愧的。

如果从文明交往论的角度看，沙特阿拉伯王国这个占阿拉伯半岛五分之四地区的国家，是阿拉伯—伊斯兰文明的摇篮。它的内部交往和外部交往，都呈现出许多显著的特点，主要有：

1. 从宗教文明交往而言，沙特阿拉伯是世界三大宗教之一的伊斯兰教的发祥地。约占世界总人口六分之一的穆斯林，把沙特阿拉伯看成是精神上的祖国。麦加和麦地那两个圣地，是穆斯林向往的地方。尤其是麦加及其附

近的天房"克尔白",穆斯林在做礼拜时,都朝着"克尔白"的方向。朝觐的仪式也在这里举行,穆斯林都把朝觐视为一生中的圣事。

朝觐是持续不断的盛大交往活动,每年都有成千上万的穆斯林从世界各地来到沙特阿拉伯王国,进行朝觐。他们在这一年一度的规模盛大的伊斯兰聚会上相互了解,讨论共同关心的各种事务。纳赛尔在《革命的哲学》中写道:"朝觐应该变成一种伟大的政治力量。世界各国新闻记者……不应当把它作为一些传统和仪式来向读者提供饶有兴趣的报道,而应当把它作为一个定期举行的政治会议看待。"来参加这个伊斯兰世界会议的各国穆斯林,"他们虔诚而兢兢业业地相聚一堂,但是他们是强大的"。当纳赛尔把他的朝觐政治化思想告诉沙特阿拉伯国王之后,沙特国王说:"这的确是朝觐的真正哲理。"纳赛尔非常自信地写道:"老实说,我自己不能设想还有其他哲理。"由此可见,这种把宗教交往政治化的哲学,不但是阿拉伯政治文化的重要内容,而且是文明交往的广泛形式。

2. 从民族文明交往而言,沙特阿拉伯是操阿拉伯语的阿拉伯民族的文明生根之地,而阿拉伯民族的地域,包括从非洲大西洋岸的毛里塔尼亚到伊朗西南、从北非马格里布全部到阿拉伯半岛以及中东广大地区。对阿拉伯人来说,尽管他们的国家不同,但都同阿拉伯半岛其他地区的阿拉伯人一样,把沙特阿拉伯看作他们的先祖之源。阿拉伯人在文明交往史的突出特征,在于他们的迁徙是同伊斯兰教的传播相伴随,并同征战和阿拉伯帝国的建立密切相关。阿拉伯文明在交往中,同波斯人、犹太人、希腊人和印度人的当地文化传统结合在一起。

阿拉伯人正是在上述交往特征中,扩大和巩固其活动范围的。在交往过程中,阿拉伯语尤其值得注意。语言是文明的载体,是交往的工具。以阿拉伯语为民族语言的阿拉伯民族,与一般民族语言不同之处,在于它是一切穆斯林的宗教语言和古兰经语言。它不但对整个阿拉伯世界是统一的,而且对整个伊斯兰世界都是统一的。阿拉伯字母是世界上使用最广的第二种字母文字体系(第一种是拉丁字母)。波斯语、土耳其语、西班牙语和斯瓦希里语等差别很大的语言,都曾用过或仍在使用阿拉伯字母。阿拉伯语作为阿拉伯人的民族语言，在21世纪有希望取代法语而成为国际信息网络上的第五大世界语，到那时，其交往作用将更大。从阿拉伯语在文明交往中的重要作用来看，语言的普遍工具性质，的确贯穿于物质与精神文明交往的整个活动之中。

3. 从传统文明和现代文明交往的关系而言，沙特阿拉伯在实践上的试验成果，同样令人鼓舞。中东地区是当今世界君主制国家最为集中的地区。除了新月带的约旦、马格里布的摩洛哥以外，君主制国家集中于海湾地区。在沙特阿拉伯、科威特、阿曼、卡塔尔、阿拉伯联合酋长国、巴林六国之中，沙特阿拉伯是最具有典型性的大国。正因为如此，我们把沙特阿拉伯王国从海湾君主制国家群中分离出来，单独列为一卷，作为一个历史个案，着重加以分析。

现代化是阿拉伯文明面临的严峻挑战。对沙特阿拉伯王国这种君主制的国家，传统的伊斯兰性和时代性之间的矛盾尤其尖锐。如何契合二者，是伊斯兰国家、阿拉伯国家实现现代化的一个关键问题。费萨尔（他被称为"沙特阿拉伯现代化之父"）在改革的理论与实践中，首先强调了这一点。他认为，由于任何一个国家的政权制度，必须如实反映该国社会所达到的发展现实，因而提出了"科学地、文明地发展沙特社会"，以使它所达到的水平能同先进政权制度相一致，这个制度体现了"伊斯兰教律的不朽的伟大的目标"。沙特阿拉伯的现代化改革，既立足于本国的传统根基，又着力解决伊斯兰经典有限性，与世俗事务发展无限性之间的圣俗矛盾。它的政策的出发点是伊斯兰精神和原则，但又能从世界眼光看待民族特性，在当代世界的坐标上寻觅传统宗教与现代世俗之间的适应点。费萨尔本人把现代科学技术、创造发明、管理经验看作力量，而伊斯兰教要求穆斯林有力量，所以不允许对这些现代成果加以愚蠢地拒绝。"应该向西方人学习，并从中吸取教益的，就是应该发扬我们崇高的品德和固有特性。"这成为沙特阿拉伯现代化进程中要解决同西方文明联系的交往观。正是这种交往，使得这个王国的统治者在他的国家中实现了惊人的变革，同时，又保存了固有的精神基础和固有传统。

4. 以石油经贸为纽带、为主渠道而建立起的社会结构,导致了沙特阿拉伯的内部和外部交往的深刻变化。交往不仅局限于政治、社会、文化层面,而是同生产力发展相伴随、以商品贸易为交换手段建立起来的社会关系。经贸交往形态,就其开放本性而论,最能反映交往在人类社会发展中的作用,和表达交往与生产力之间的内在关系。经贸交往经常成为政治交往、社会交往、文化交往的先导和桥梁。沟通古代东西方联系的"丝绸之路",世界近代史肇始的新航路与地理大发现,第二次世界大战后的关贸总协定,及今日的世界贸易组织,都是这方面的突出再现。沙特阿拉伯不仅以它的丰富石油资源为依托,开展经贸活动,使之成为世界上最富有的国家之一,建设着各项宏伟的工程,而且成为世界主要能源供应者之一。

石油经贸促使沙特阿拉伯经济高速度发展,它推动了交通、港口、机场、工业和农业的发展,并把人民生活提高到前所未有的水平。沙特阿拉伯和亚非发展中国家不同,它在经济上是资本剩余国家,是第二次世界大战后最早向西方国家输出资本的国家。石油经贸成为沙特阿拉伯经济发展的中心和现代化的动力。它不但为国内提供了廉价的能源,也为资本积累和财政储备了雄厚的经济基础。它迅速地扩大了国内市场的容量,又使沙特阿拉伯在世界市场上的外贸居于前列。1999年9月,阿拉伯世界百万富豪有20万人,沙特阿拉伯就拥有7.8万人;阿拉伯世界百万富翁拥有个人财富及资产总额为8000亿美元,沙特阿拉伯富豪就拥有4610亿美元,其中法赫德·阿齐兹国王的石油投资和财产就有280亿美元。这些财富绝大多数存放在西方国家的银行里。大量石油收入流失于西方,既证明沙特阿拉伯在国际经济体系中的优势,和它同西方交往的关系密切,但又表现了它对西方的过分依赖。资源配置的片面性、产业结构不合理、人力资源发展的内伤等等问题,导致石油经贸表现为现代化的孤岛。如果不解决经济发展与社会文化滞后之间的矛盾,剩余资本所带来的负面交往的结果,恐怕等不到石油资源枯竭之时,就可能重蹈世界近代史初期西班牙的历史覆辙——由于现代生产方式诸多条件未具备而衰落。

5. 沙特家族政权在处理它与伊斯兰教权势力之间的关系方面的政策,

也极富特点。沙特家族为了在伊斯兰教圣地上谋求王权统治的合法性,因而特别重视同宗教权威机构或宗教权威人士的交往。沙特阿拉伯王国的"伊斯兰式的现代化",首先强调立国之本是伊斯兰精神,并提出以独特的手段,来避免发展中国家现代化进程中出现的巨大的不平衡性和片面性。它注意用政权和宗教力量的合作,来协调物质文明和精神文明的平衡和全面性。独特手段中,包括不断加强对宗教发展的投资,赋予宗教在法律上应有的权力和礼仪上极大的荣誉。它尤其全力维护伊斯兰的社会观念,在施政中突出宣传其中的"劝人行善、禁止邪恶"和"真、善、爱"的社会美德,号召用伊斯兰的民族特性来保证社会稳定,从而巩固王权的统治地位。

沙特家族政权慎重地控制现代化的节奏,以缓进的方式,使伊斯兰传统文化的优秀遗产逐步适应时代的变化,因而减弱了宗教势力对现代化的疑虑和抗拒。以上政策,较好地处理了政权、宗教和发展的关系,加上石油美元的经济后盾和协调杠杆作用,沙特阿拉伯没有出现直接威胁社会稳定的政治动荡,保证了现代化在相对平稳的状态中发展。

6. 在外部交往中,沙特阿拉伯作为中东海湾地区最重要的国家,在维护地区和平与稳定、在恢复阿拉伯国家团结和推动中东和平进程等方面,发挥着举足轻重的影响。它奉行独立自主的和平外交政策,以其丰富的能源、雄厚的资金和可观的消费能力,向欧洲、美国、日本、印度等国家和地区进行广泛交往。它已成为中国同西亚北非最大的贸易伙伴。1998年,中国同西亚北非19个阿拉伯国家的贸易额为71亿美元,而同沙特阿拉伯就达16.99亿美元。"石油外交"不仅揭开中国和沙特阿拉伯两国交往史上的新纪元,而且使沙特阿拉伯在多极化的世界中,发挥其积极的作用。

总的来说,沙特阿拉伯是文明交往中一个很有特点的国家。在文明交往发展的大道上,最重要的因素是:伊斯兰教、阿拉伯民族和石油资源。这三大因素在内部交往和外部交往中,又集中反映在现代化过程中和中东以及世界多变的形势下,所出现的诸多矛盾上。从一定意义上,人类文明史就是人类物质文明交往的创新史。无论是原始工具文明社会、农业自然经济文明社会,还是工业技术文明社会、信息知识文明社会,都是人类在不同交往阶段的创新过程。无论是 20 世纪 50 年代兴起的种种现代化社会发展理论,还是 20 世纪 70 年代兴起的种种后现代化社会发展理论,其核心都是创新精神。不同之处,在于人们对创新精神有了更自觉的认识。这种认识,从内容上说,不仅包括制造部门,也包括服务部门;不仅有知识创新,而且有制度创新;创新不仅指科学技术,而且包括文化。从重要性上说,创新被看作是经济增长的动力源泉、社会进步的革命力量、现代化事业兴衰的决定性因素和国家发展的不竭活力。对于文化上的独立、繁荣、继承和创新的重要意义,也被提高到国家民族的兴旺、昌盛、复兴和发展的高度上来。

沙特阿拉伯是一个阿拉伯伊斯兰传统文化深厚、盛产石油和资本过剩的国家,强调稳定的社会环境、民主的政治制度、现代化的价值观念、富有创新的企业家队伍和先进的科学技术,是特别重要的。此外,从人类文明发展的历史长河中,传统文明和现代化的交互作用方面,也需要创新精神。文明冲突是不可避免的,不仅如此,而且随着时间的推移,这种冲突必将在前所未有的广度和深度上展开。但由冲突到融合是总的发展趋势,新的冲突和新的融合变迁,要求既有世界历史眼光,又能自觉传承本国文化血脉;既有对现代化中现代性的深刻理解,又能对传统中民族性的全面剖析,即用现代观念融摄传统文化的精华。这就是文明交往自觉论,就是文明交往中理性的觉醒、理性的自我批判和理性的成熟发展。

三、以色列:犹太—希伯来文明之源

以色列处于东方和西方文明的交汇处,它的过去、现在和未来的整个交往过程,都同犹太民族的命运和希伯来文明的深化,紧密地联系在一起。

以色列是世界上唯一的犹太民族国家,是中东地区阿以冲突中的一方,是经济、军事、科技等方面创造奇迹的国家。

因此,《中东国家通史》把以色列排在第 3 卷,列于中东东端阿富汗和阿拉伯民族、伊斯兰教发祥地沙特阿拉伯之后,完全在情理之中,当然,这也是按交稿先后的原则办理的。

以色列国家的特殊重要性,在于它是世界文明交往进程中的一个富有诸多特征的历史个案,并能体现文明交往本质属性的国家。

　　以色列是犹太教的发源地,是穆斯林世界中的一个犹太人小岛。以色列的名字就是"犹太国"的同义语。在犹太民族的诸多特征中,商业特征引人注目,犹太人被称为"天生的商人"。这一特征同商业在文明交往中的重要作用有关。因为商业不仅是随着分工扩大从生产中分离出来的经济交往形态,而且是政治交往、社会和文化交往的纽带、先导和渠道。古代的丝绸之路、近代的航路开通,都是著名的例证。近代西方列强为争夺殖民霸权的长期"商战",则是以战争交往为形式、以商贸和文化为内容的大规模、长时间的历史交往。这就是马克思和恩格斯在《德意志意识形态》中用包含有商业、贸易、买卖、交易意义的 Verkher 或 Commerce 来表达"交往"的缘由所在。

　　但是,商业特征是犹太民族经济才能的一个方面,更深层和特有的民族素质,则是重视教育、重视知识和重视才能的传统。由于犹太民族在历史上不断遭到迫害,他们的财产多次被掠夺、房屋被焚烧,而自己被驱逐、被屠杀,从而追求知识的愿望特别强烈。增长智慧、锐意创新和善于思考,成了犹太人的一种防卫机制。在犹太人的家庭中,学问受到高度重视,孩子从小就认为书是甜的。几乎所有的犹太人家庭都教育孩子说,在房屋被烧、财产被抢时,应该带走的不是金钱或钻石,而是智慧,因为智慧是任何人都抢不走的。对犹太家庭来说,没有比家庭中有一名或几名博士更为荣耀了。独特的家庭教育出精英。在犹太人中产生的诺贝尔奖获得者和各种专业人才,数量之多,远远超过了他们人口的比例。

　　以色列继承了这种传统,现在每年政府预算中用于教育的部分高达百分之十,在全世界名列前茅。这种倾斜政策的结果,使教育日益发达,为各行各业造就了大批优秀人才。凭借着这些人才,以色列才能够在农业、高科技、电子通信、太阳能利用等方面,都居于世界领先水平。仅先进的计算机软件和其他高科技产品,每年出口值就有 200 亿美元,按人均计算超过美国。在教育中,创新被放在重要地位,思考被认为是学习的基础。学习是智慧之门，而思考是由怀疑和答案所组成的。知道越多，怀疑越大，寻求答案的意识也就越强，求教于学者、智者的问题就更多，因此特别尊重教师。这种教育哲学，使人们爱书、敬书，甚至不能焚书，即使是攻击犹太人的书。在人均拥有的图书和出版社，以及每年人均的读书量的比例上，以色列也超过了世界上任何一个国家，成为世界之最。

这一点，是十分重要的。一个国家发展的速度，不可能超过教育发展的速度。21世纪是一个由智慧和思想推动经济发展的世纪，没有哪一项任务的重要性超过教育，这是以色列和犹太文明留给我们的宝贵启示。

我在为张倩红博士的《犹太人·犹太精神》一书写的序言中，曾经提到了犹太民族在文明交往方面以自身独特的活动，丰富了文明交往的内涵和本质属性。这些本质属性是：①文明交往的实践性，即人类的实践理性，正是从人们交往实践中产生，而不是从外部的自然方面和内在的主体方面产生；②文明交往的开放性，即没有文明交往的相互开放，就没有真正的人类关系，在这里不是主、客体间的认识，而是主体间的开放性交往；③文明交往的迁徙性，即空间位移的人类各群体的迁徙交往，造成了诸民族的产生、发展、吸收、扩展、聚合、分解乃至消亡等复杂的过程；④文明交往的互动性，即各民族在物质文明和精神文明两个基本类型交往中的细化、互容、互变和互动；⑤文明交往中的多样性，即在世界丰富多彩的文明之间，以正常的秩序彼此尊重和平等相待，使多样性成为世界充满活力、竞争和创新的动力和源泉；⑥文明交往中的民族性，即实现传统向现代的创造性转化，在时代发展和世界潮流中确立自己的文化定位。

由于犹太民族为生存而不断奋起抗争的痛苦经历，特别是大流散期间的特殊交往活动，流落到世界上80多个国家，而且在许多地方遭到歧视和不公正的对待，使之长期成为一个没有共同国土的民族。特别是第二次世界大战期间，希特勒的纳粹德国在欧洲残暴地杀害了600多万犹太人，约占全世界犹太人总数的三分之一。但是苦难兴邦，犹太民族"困而后知，勉而行之"，在世界范围内的交往实践活动中，以其文明的开放性、迁徙性、互动性、多样性和传统转化性，成功地捍卫了自己的"文化疆界"，创造了"经济领域"，使这个缺乏"地域疆域"的民族文明，经千祀而仍展现辉煌。

1948年，犹太民族建立起以色列国家，实现了在两千年流亡生活境遇中的梦想。然而，这个60万犹太人的国家却在取得令自己骄傲成就的同时，也面对着许多难题。建国以来战争不断，中东和平进程曲折艰难，国内宗教差异积怨日增，经济困难增多，族系间的隔阂日显。以色列在建国动荡的50年过后，仍在内部和外部交往中寻找自己的位置。

这种忧患意识，在当代希伯来文学中反映出来。古代希伯来文正像古希腊文一样，已经死亡，几个世纪后又开始复兴，现在成为简洁但含意深刻的以色列国语。作为"新浪潮文学"杰出代表的阿摩司·奥兹（1939—？），在以色列建国10周年纪念时说："我们在过去50年里还没有确定游戏原则。"他指出，由于以色列人民是强调意识形态的动荡时期，怀着犹太人的千年愿望，从零开始建设自己国家的，因而，"在希望建立什么样的国家问题上，几乎找不到两个意见一致的人"。

阿摩司·奥兹是在巴勒斯坦土生土长、在以色列建国后成为作家的犹太人。饱经患难，因袭古老宗教文化传统重负，战争阴霾在时刻笼罩，面对四面楚歌式的阿拉伯文化围困，使他着力于描写恐惧、负疚、罪与罚，以及许多非正常交往状态下的忧患意识和情感。他在20多部文学作品中，把战争、冲突、宗教、家园等问题，融入日常家庭交往活动之中。

在阿摩司·奥兹的笔下，始终围绕着当代以色列希伯来文明交往中的两大主题。

第一，传统民族性与现代性之间的关系。阿摩斯·奥兹最欣赏《旧约》中优美、简洁、凝练、具有很强张力的语词，他一直试图在创作中保留住这些传统。他于1968年出版的小说《我的米海尔》，句式简短明快，具有强烈的抒情色彩。他深有体会地说，用希伯来文创作，不仅要殚精竭虑地在质料坚硬的大理石上雕刻，还要一目了然地在沙漠中作画。他认为，在传统这盏明灯的映照下，一切都尽收眼底，这就是耶路撒冷之石的风格。的确，凡读过《旧约》的人，都为其既简约又繁复的风格而赞叹。凡到过耶路撒冷，观察那些时而在夕阳下闪着铜红色暖光，时而又在月光下增加一层清冷的石头的人，都会想起奥兹的风格。奥兹以诺贝尔文学奖得主阿格农为代表的现当代希伯来文学大家为榜样，把希伯来传统与西方意识流方法有机结合，充分挖掘人物的内心世界。在禁忌与自由当中，描绘出耶路撒冷动荡之中的一点平静，离乱之中的一片港湾。正如他在《我的米海尔》（译林出版社1998年版）所载《致中国读者的一封信》中所说："中文和希伯来文都存在了数千年之久，两种语言都留下了世界文学中最伟大的创作。泱泱华夏与区区以色列，均面临着将源远流长的古代遗产同充满活力的现代创造协调一致的困难。我们有许多地方要互相学习，有许多地方要互相了解。"的确，只有深入各自民族文化历史交往心灵深处的至深理解，才能突破文明沟通的屏障。

第二，理想主义与现实之间的冲突。他的第一部长篇小说《何去何从》出版于1966年，是以他1954年投身于胡尔达基布兹、从事于劳动和任教的经历为生活基础创作的。他的思路是从人性深层去处理好理想主义者面临的理想与现实的矛盾，处理好原始感情与伟大动机之间的矛盾。他试图探讨人性在集体农庄中受到怎样的压抑。他不但寻找人的天性与理想追求，及社会观念之间存在的矛盾，而且在设法寻找使这种矛盾协调一致的方式。这同他对待传统的民族与时代的现代性的思路完全一致，这也正是他的杰出之处。他的结论是：人不是神，人有其弱点，基布兹的生活应该灵活一些。他1991年出版的长篇小说《费玛》，也是以不同方式探讨一个同样的问题，即崇高理想与残缺现实生活之间的矛盾。对于这个问题，我在《中东国家通史·卷首叙意》中这样写道：人类文明交往"充满着冲突和斗争，也经历着传承和吸收，还交织着融汇和综合，但总的趋势是现实主义与理想主义的互换和提高，总的特征是多样性的统一和社会的进步"。

通过文学形式反映以色列日常交往活动，也被一些作家作为题材。罗尼特·马塔龙在自传体小说《我们面对的那个人》中，以温柔、清晰的笔触描写东方移民，以及他们在以色列的地位，详尽叙述了促使埃及犹太人离开埃及的经历、20世纪50年代在以色列过渡营中的苦难、所处的不友好环境，特别是学习一种新语言的障碍。在小说中，她交替使用阿拉伯语、法语和希伯来语，形成了全新的风格。这里所反映的是一幅埃及移民内迁以色列的交往图景，把犹太人在以色列建国后迁徙性特征表现得细腻而深刻。另一位女作家舒拉米特·拉皮德，在作品中成功地塑造了商人、移民劳工等各种人物的生动形象，反映了他们处于变动中的以色列社会的交往活动。

谈到文明交往与犹太民族和以色列国家问题时，我们不能不提到"对话主义"哲学家马丁·布伯（1878—1965）。他是犹太复国主义期刊《世界》的主编、德国犹太人月刊《犹太人》的创刊者和主编。他强调的犹太复国主义，不应当创建犹太人独立的国家，而是建设一个犹太精神的家园。他在《犹太人》中提出了在巴勒斯坦建立一个犹太人和阿拉伯民族联合国家的设想，旨在消除犹太民族与阿拉伯民族之间结下的历史宿怨。1938 年，他由于逃避纳粹德国秘密警察的迫害，移居巴勒斯坦。不久，他在希伯来大学任教。1949 年，他在耶路撒冷创办了成人教育师范学院。1951 年，为以色列科学和艺术学院的第一任院长。1965 年逝世于耶路撒冷。一个阿拉伯学生组织给他献上了花圈，以纪念他对阿拉伯和犹太两个民族的和解所作的贡献。

布伯在哲学上的杰出贡献，是有关交往的对话主义的社会本体论。他这一理论集中反映在《我与你》（1923 年）和《人与人之间》（1947 年）这两部有名气的著作中。对话哲学以具体的"我"或"现实的人"来取代了"普遍主体"或"一般意识"，把现存中的"此时""此地"的人视为主要内容。他主张从"还原"和"回溯"走向"关系"和"相关"，而不是走向"自我"和"唯我"。他用"人们之间本体论"、用"我－你""我－它"两种伦理模式的分析，同传统的本体论划清界限。"之间"是他本体论中最本质的概念，从而不再使本体论奠基于主体性领域。他认为，"我－你"伦理模式，是人际的直接交往的关系模式，在这个模式中，不是自我封闭和以邻为壑，不是服从于一种工具利用关系，而是建立在相互尊重、相互理解、相互肯定的这一"对话"关系的基础之上。这种模式是人类一种神赐原始纯真伦理关系，其典范就是亲密真挚的师生关系和医患关系。而"我－它"关系是人际的间接交往模式，"我"与他人之间的交往是"待人如物"原则，是利用、控制和操纵他人。当今世界很多政治领袖与实业界领袖都热衷于此道，把与他们共事的人视为劳动工具而不是人称的"你"，他们从事的工作不外乎是发现这些特殊劳动工具的能力，并使之服务于自己。这就是现代社会的技术统治关系。

布伯的对话主义，首先，强调直接性。他认为，近现代人类所面临的一个突出危机，是人的直接性社会关系的丧失和对间接性的追求。哲学家的任务则是对工具主义、手段主义的批判。其次，人的哲学特征是坚持我与你之间关系的交互性，而非从属性。我你关系的原则是交互相遇原则，是深层对深层的交流。再次，他的对话主义语言哲学不是立足于"我－它"取向，而是立足于"我－你"取向；不是一种"独白"式表达，而是一种"对话"式交流；不是一种"传达"，而是一种"交流"。总之，布伯的对话主义从交往角度，肯定了三个本质属性：主体间性、直接性和交互性，为当代人类的伦理与政治秩序的建设提供了有益的理论思考。尽管他由于过分强调"我－你"模式与"我－它"模式的区分，而无视它们之间的内在联系与过渡，过分强调人际关系中的直接性而无视间接的中介作用，以及浓郁的理想主义色彩，但这一切并不能掩盖他的理论光辉。

布伯的对话主义的社会本体论，是希伯来精神在交往理论上的再现。他认为，"我－你"关系的最高形式是上帝与世界、上帝与人的直接交往，而不需要耶稣作为中介。《圣经》是一本以色列人与上帝对话的记录。他的两种伦理模式的提出，证明了"交往理性"所透视的"对话"原则，并非现代哲学家哈贝马斯的独家发明。他在社会本体论上所作的理论探索，是从古老的希伯来精神中寻觅文明交往的真谛，从而成为从"主体性"向"主体间性"转向的这一当代哲学运动的思想先驱。

布伯的对话主义哲学的社会本体论，是对现代社会冲突的深刻反思。西方文明和理性主义曾经是世界近代史的主要潮流，但20世纪人类所面临的严峻社会历史现实，却使这种潮流面临危机。现代人类最激烈的社会冲突，除了两次世界大战这样的世界范围战争和阶级对抗以外，日益加剧的广泛的民族冲突，也是工业文明和工具理性、经济理性的最终结果。在这些民族冲突中，中东地区犹太民族和阿拉伯民族之间的冲突，对于整个人类文明交往的影响尤为重要。中东这两个民族的冲突，在空间上处于东西方世界的要冲之处，在时间上持续之长，世所罕见，以色列建国50年中就有30年处于战争状态之中。更为有意义的是，正是由于这一地区激烈的民族冲突和民族战争，孕育了布伯这位犹太哲学家的"对话主义"的交往理性的思考。这对本书的理论线索——文明交往论的研究，提供了一个重要思考支点。从布伯的"之间本体论"中，我们看到的，不仅是对希伯来精神的理论再建，而且是对西方现代社会本体论的另一方向的理论探索。布伯对整个现代西方思想的影响，不亚于胡塞尔、弗洛伊德这两位本世纪最著名的犹太思想家，而且可与"交往理性"的创立者哈贝马斯比肩和齐名。文明交往理论在布伯沉思中的进展，不仅使我们看到了中东和平进程中理性因素的增多，和文明交往水平的提高，而且还看到了人类文明交往史上开始的民族和解时代的新曙光。

2000年6月完稿于悠得斋

土耳其研究的几个问题

近为商务印书馆编撰《中东国家通史·土耳其卷》，统稿之后，有一种意犹未尽之感，遂又补述后记三题，现略陈如下。

一

"土耳其病了！"

这是罗伯特·埃利斯 2001 年 6 月 1 日发表于英国《卫报》文章的标题。罗伯特·埃利斯在文章中主要谈的是 2000 年 11 月开始的土耳其经济危机问题。进入 21 世纪，土耳其货币脆弱，股市反复无常，银行倒闭现象严重。危机期间，伊斯坦布尔股票交易所的股票价格猛跌 50%，隔夜贷款利率飞涨到 1950%。英国《中东》杂志 2001 年 1 月号刊载的乔思·戈尔韦特的《土耳其的经济危机》一文中称，这是土耳其从 1994 年金融市场暴跌以来最严重的经济危机。

罗伯特·埃利斯在上文中，是这样描述土耳其的"病史"的：

> 现代土耳其之父穆斯塔法·凯末尔给国人的训诫是："自尊、工作、信任！"但自 20 世纪 80 年代，土耳其经济在总理图尔古特·厄扎尔领导下得到解放以来，潘多拉的盒子就打开了。至少在过去 10 年里，人们的口头禅变成了："赚钱、欺骗、盗窃！"

"病根"在哪里？土耳其武装部队参谋长侯赛因·基夫里克奥卢将军宣布：经济危机的根源就是土耳其极其盛行的腐败之风。1999年4月，凭着诚实执政的政纲当选为总理的比特伦·杰维特，对有关部长贪污腐败的指控一直置若罔闻。据土耳其商会的一项调查表明，这个国家的政客们一年来挥霍了1950亿美元。与此同时，已被国家接管的13家私有银行至少流失120亿美元。2001年1月，势力强大的军方，对能源部的腐败现象展开调查，从而导致15位官员和商人受到指控，能源部长被迫辞职。2000年2月，总统艾哈迈德·内杰代特·塞泽尔与总理比特伦·杰维特之间在腐败问题上的对抗，引发了政府危机。

因此，罗伯特·埃利斯也认为，腐败害苦了土耳其经济。但问题不那么简单。土耳其外国资金协会指出，在91个发达国家和发展中国家中，土耳其排在第81位，它的外国直接投资仅占其国民生产总值的0.4%。土耳其的名次如此靠后的原因，不仅是腐败，而且还在于法律制度不完善，外国投资者的权利得不到保护。经济危机期间，精神紧张的外国投资者，甚至一天之内就从土耳其银行提走50亿美元。预计土耳其经济2001年将缩水80%。

昔日的"西亚病夫"莫非又卧病在床了？

人们会想起1997年的土耳其：当时，土耳其人口居世界第17位，国土居世界第36位，国内生产总值1814亿美元，排在世界第24位，人均国内生产总值2890美元，列世界第67位，城市与农村人口之比为7∶3，人口识字率为82.3%，人均寿命是71岁。直到2000年，土耳其的综合国力还居世界第16位。至于军事实力，在北约组织中位居第二。早在20世纪前半期已摆脱了"西亚病夫"之名的土耳其，在20世纪末，已经是一个中上等发展中国家。它怎么在进入21世纪之时，又变成了一个"病夫"？

仔细考察国际大环境，其实，这种"病变"是同全球化的世界潮流有密切关系的。对土耳其而言，全球化既是机遇，又是挑战，而且挑战大于机遇。土耳其经过经济调整，经济稳定化取得明显的效果。同时，它也具有发挥国际经济作用的地缘优势。但是，土耳其的通货膨胀、外债过重、国有企业改革缓慢、贫富差距悬殊，以及贪污腐败严重、金融体系不健全、法制不完善、投资环境不好等方面，存在不少问题。所有这些问题，都是在全球化世界潮流中所面临的严峻挑战。因此，要说"土耳其病了"，那是发展中国家共同对全球化世界潮流的"不适应症"。从实质上讲，这是人类文明交往进入全球化阶段的土耳其经济发展上的"阵痛"。

全球化可以说是浩浩荡荡的世界潮流，是不可阻挡的，是土耳其必须面对的客观现实。对于世界潮流的态度，土耳其共和国的缔造者凯末尔就是用革命和改革的积极对策来应对的。他的后继者也都用改革来应对现代化和伴随而来的全球化世界潮流，并在追赶发达国家的实践中积累了许多宝贵经验。例如，土耳其外贸署和工贸部，从1995年起，通过中小企业发展的一系列鼓励出口政策，就是有效对策。政府对中小企业的技术开发、环保、海外市场调研、境外设立商店、鼓励就业、定期培训的各种资助，以及对农产品的出口补贴、中小企业专利申请和参加国际博览会资助，就大大提高了中小企业在国际市场的竞争力。土耳其全国99.5%的企业中，中小企业就占有61.1%的就业机会和27.3%的工业增加值。这些政策将使中小企业在土耳其整个国民经济中越来越起到举足轻重的作用，从而主动融入全球化潮流。

从宏观考虑，以改革应对全球化，对土耳其来说，首先，是调整国内经济，其中调整贸易政策，鼓励私营部门发展，完善有利于市场经济、商业活动的法律体系和社会保障体系，创造投资环境，提高科技水平和劳动者素质等，最为重要。其次，是处理好与中东和欧盟之间的经济合作关系，用参与来改善国际经济秩序，乃至实现国际关系的民主化。再次，地处中东，缓和该地区的国际关系，为经济调整的发展，以及经济合作创造和平环境，也是至关重要的。总之，经济交往是适应全球化交往的基础，这就是发展的要旨所在。

二

全球化是从经济领域开始的，它是在以新技术为代表的生产力发展基础上形成的新的世界潮流。然而，全球化一开始就涉及政治、社会、文化生活的各个方面。随着时代的发展,特别是与生产力相伴随的交往力的发展,在当代形成了以文明交往为显著特征的全球化潮流。

全球化的真谛是交往。经济全球化即全球性的经济交往。世界多边贸易体制的形成,投资活动在全球范围的展开,各国金融联系的加强,生产活动的日益全球化,生态环境愈来愈具有世界性,都是人类经济交往活动扩大的结果。交往在经济范围的全球化,是指资源、资本、商品、劳务等生产要素按市场规律,以空前速度和规模,在全球互动和重新配置,是指生产、流通、消费这些经济交往环节的有序运行。经济全球化的发展趋势,是人类经济生活在全球范围内不断实行全方位的沟通、联系、融合与互动的客观历史进程。

全球化的根本内涵,是人类各种不同文明的交往。世界如何变为全球整体?它是通过不同文明之间物质与精神的长期交往,逐渐由民族、地区和由封闭、孤立状态而走向全球整体的过程。人类历史变为世界历史的转折点,是18至20世纪,它经过了工业现代化到信息全球化的发展过程。经济全球化在全球范围内全方位的沟通、联系、融合、互动,正是不同文明交往链条上的主要环节,而其关键处在于参与和理解,其途径是对话和合作。埃及驻华大使穆罕默德·努曼·贾拉勒在2000年11月的"全球化与中东北非地区国际研讨会"上发表的《对全球化概念的思考》一文中说:"跨文明对话和相互依赖概念,是比全球化概念更可行的概念。"他以中东和平进程为例说:"从表面上看,中东有很好的合作基础,而且反映了国际上对世界范围的经济一体化的态度。然而,它缺乏文化和政治基础。"

在全球化的人类文明交往发展的新阶段中,人类文明的主要标志——国家的地位显得特别突出。国家问题变成一个复杂的文明交往问题。土耳其不但在经济全球化中,存在着追求自身利益的民族国家所处的全球化背景问题,而且存在着全球化与传统文化和民族主义的关系问题,同时,也存在着世界多样化的问题。

土耳其民族国家是20世纪初期人类文明交往的产物。当时的世界潮流之一,是亚洲和非洲被压迫民族建立民族独立国家体系。这是继欧洲和北美、日本民族国家体系在19世纪形成之后，亚洲和非洲在殖民体系解体基础上出现的历史趋势。土耳其共和国是亚非民族独立国家体系中的首批国家之一，它是凯末尔按照西欧国家的社会模式建立的，它采取了西方文明的政治制度，实行了宗教与国家分离。但同时保留了土耳其的文化传统，允许伊斯兰教在私人生活领域发挥其固有文明的作用。从土耳其共和国成立到现在，这两种文明交往过程波澜起伏，在社会生活和政治生活中形成了曲折的轨迹。现代性的思想，即欧洲的民族主义，取代传统性的伊斯兰宗教思想，成为土耳其主要的民族认可标志，和有利于加快现代化进程的力量。但是，伊斯兰的乌玛观念（认为所有信徒都是同一民族和共同体的成员），以及涵盖了所有信徒从生到死的生活所有方面的伊斯兰文明，同样在占人口绝大多数的群众中发挥着巨大的作用。

詹姆斯·德特默在美国《洞察》周刊1999年8月9日的《土耳其会走向东方还是西方？》一文中说，土耳其"是个充满了对立和否定的矛盾体。许多断层线把这个国家分隔开来——新土耳其与旧土耳其的对立，库尔德人与土耳其人的对立，支持现代化的人与凯末尔现实主义者之间的斗争"。这里所描绘的，是不同文明在土耳其民族国家中交往的具体图景。土耳其作为一个日新月异的多样化的国家，衡量它的试金石是社会凝聚力和一致性。直到今日，土耳其在面对不同文明交往的进程中，仍然保留着它作为一个民族国家的固有特征：协调平衡土耳其民族传统和西方文明的关系。一方面，它努力促进民族文化传统的认同；另一方面，又以西方改革模式加入全球政治、经济和社会之中。

从土耳其民族国家的固有特征看，詹姆斯·德特默的概括似乎可以修改为：土耳其是一个充满了对立和否定的矛盾的统一体，是一个多样性和统一性相结合的国家。土耳其是一个世俗国家，这个世俗国家要协调平衡多样化的文化因素。"一"和"多"同处于一个共同体——民族国家之中。国内诸多的对立因素，除民族之外，主要有两个：一是伊斯兰宗教政党——道德党（前身为繁荣党），一是民族行动党。前者偏好伊斯兰国际组织，旨在保持伊斯兰传统。后者主张在突厥语国家之间进行协作，旨在保持土耳其文化和民族特征。这两个政党都是传统文明的代表，它们都担心在全球化结构之下，土耳其将会不成其为土耳其。这两个政党的崛起，反映了在文明交往中的负面作用：一方面，暴露了不同文明的相异性和排他性，远比政体和意识形态要大得多；另一方面，在相互作用中，强化自身文明意识和对不同文明差别之处的认识。

特别是伊斯兰因素，在弱化了民族国家作为认同之源以后，在西方列强利益的各种行为披上全球化合法性外衣之后，已成为土耳其回归民族之根和伊斯兰化的重要力量。伊斯兰主义者把土耳其所处的地理位置看作是中东而不是欧洲，这同"脱亚入欧"的土耳其主流是背道而驰的。尽管2000年7月的民意调查中，74.5%的人同意土耳其加入欧盟；而2000年5月的调查中，也只有21%的人要求建立伊斯兰国家。研究中东史的以色列特拉维夫大学教授阿耶赫·施姆列维茨在土耳其个案研究中说，经济的地区主义确实正在逐步增长，"然而，成功的经济地区主义将会促使文明觉醒，但似乎经济地区主义只有当它植根于共同文明才有可能成功"。他由此得出的结论是："与解决文化领域的差异相比，全球化更容易在解决政治和经济领域的差异之处达成一种妥协。"

这个结论有其理由，但对不同文明之间交往的正面结果估计不足。在土耳其，不同文明之间的长期交往，已经在存异而求同的道路上，出现了多样化统一于民族国家的发展趋向。土耳其的任何政治力量，包括维护凯末尔民主政体的土耳其军队在内，当伊斯兰教有利于达到目的时，就毫不犹豫地加以利用。1980年，军队发动军事政变使土耳其回到凯末尔主义道路之后，将军们规定学校把宗教课程列为必修课。世俗政党也通常有自己的新伊斯兰派系，并经常同它们进行政治合作。凯末尔时代反对与宗教力量合作的方针已经改变，土耳其加入了伊斯兰会议组织和十个非阿拉伯穆斯林国家创立的经济合作组织。当内吉梅丁·埃尔巴坎的伊斯兰政党异军突起时，西方国家大呼伊斯兰威胁，总以为土耳其世俗政权会改变颜色。但詹姆斯·佩蒂费尔在那本出色的《土耳其迷宫》一书中就给了中肯的批评。事实上，温和的逊尼派穆斯林在1996年成为执政党时，显示出他们多么务实。他们不再反对土耳其加入欧盟，虽然这种努力还一时看不到希望。何况许多著名的伊斯兰主义者中，不乏富有创造性的商人，他们能够把他们的宗教和西方的行为方式融合在一起。

总之，随着资本主义现代化的发展，世俗化已由大中城市向乡村集镇普及，但同时伊斯兰复兴力量也由弱到强，作为独立力量登上政治舞台。这两种对立的文明，在土耳其民族国家的内部交往中，虽不时有冲突和分歧，但总体来说，是处于一种容忍、让步和合作的状态。尽管受到宗教和民族力量的影响，但赞成世俗政权和全球化在土耳其仍居于主流地位。土耳其共和国作为多样化文明的矛盾统一体，可以用以下公认的话来概括："世俗的国家，信教的民族。"这也使人回忆起凯末尔的话："我国的新制度符合我国人民的传统，也符合现实情况，能更容易地吸取世界文明。"土耳其民族国家，的确是研究全球化文明交往问题的一个独特的案例。

三

土耳其有句成语："山不相转，人总相逢。"2000年5月，土耳其共和国文化部部长伊斯泰米汉·塔拉伊和我在西安会面的情景，应了这句成语。在唐代，丝绸之路的起点是中国的长安，在西亚的终点是土耳其的伊斯坦布尔。我们两个民族的先人，通过这条文明古道促进了东西方文明的时候，商队在驼铃和马蹄声中要艰难跋涉半年多时间。1999年5月，土耳其航空公司开通伊斯坦布尔到北京的航线后，只需9个小时到达北京，从北京很快就转到西安。分处于亚洲东西两端的中土人民之间的交往更加方便了。

伊斯泰米汉·塔拉伊部长很关心中国学者对土耳其历史和现状的研究，对西北大学中东研究所的研究成果和研究生撰写土耳其的学位论文情况很感兴趣。他还建议双方进行合作研究，除历史和现实问题外，对中国史籍文献中有关土耳其的资料整理工作，特别关注。他希望新的丝绸之路也成为架起一座中土学术交流的桥梁。

中国对土耳其的研究，始于20世纪初的土耳其共和国成立之后。中土两国共同的处境和命运，土耳其革命及改革的凯歌行进，激发了中国学者对土耳其经验进行理性的考察和总结。最为代表者当推1926年商务印书馆出版的《新土耳其》一书。该书作者柳克述把土耳其的历史分为三编：①土耳其发达史；②土耳其衰落史；③土耳其复兴史。全书分26章、附录2、附图4和中外文参考书刊目录，共450页，1933年又出了第2版。作者立意于取法凯末尔革命与改革的精神，比较土耳其与中国，在全书结论中认为，两国"同为近东远东两大病夫，相似之处甚多，相念之情倍切……现在土耳其已经霍然病已，而中国转有病入膏肓之势；我们目睹彼邦人士激昂振奋，顺利进步之处，应该是如何的羡慕与惭愧呢？昔人有言：'临渊羡鱼，不如退而结网。'不要徒然惭愧，我们还是进一步的努力去'结网'吧！"

实际上在此之前，即1923年，柳克述在《东方杂志》第25卷第26期上，就发表了《东方国家恢复国权之先例》一文。文章在比较了日本、土耳其和暹罗三国的民族运动之后，认为土耳其凯末尔革命"接受时代潮流，反抗强权侵略，大刀阔斧，一往直前，群策群力，则实为土耳其国民党革命时代四五年中事。就此点而言，土耳其之恢复国权运动，实与日本有短时长期之不同，有军事行动与和平谈判之不同，有断然处置与按部就班之不同。而正是为吾人因时制宜，参酌取舍之资也。世无成法，适用则佳……由此可知进化潮流，势无可遏……我中国之恢复国权运动而果欲求得成功者，斯正其兼程并进之时矣"。

柳克述的《新土耳其》一书，实为中国研究土耳其史开篇之著作，至今仍不失为有价值的参考书。除柳著之外，尚有1942年重庆独立出版社印行的《新土耳其建国史》。该书作者边理庭也总结了土耳其的经验，特别是对凯末尔的政治、社会和文化改革予以充分肯定。对凯末尔革命和改革，中国研究者经历过一段曲折道路。20世纪40至70年代，凯末尔和甘地一样，曾有过不公正的评价。在未弄清史实和内涵及各国国情的情况下，在有关书文中即对凯末尔（基马尔）主义予以教条主义的批判。在不恰当处理政治与史学关系的情况下，使史学失去了自己的本体地位。我在《时代、历史学家的步履和史学观》（载《史学家自述》，武汉出版社1994年版）中谈到，1960年自己因一篇关于民族资产阶级在殖民地半殖民地革命中作用的文章,而遭到批判的情况。其中就涉及对凯末尔革命的评价问题。我当时写道,批判者"硬要把亚非已发生的民族解放运动的多彩的现实,填压在中国革命模式的单一框框中去"。1980年,即被批判的20年之后,我为中国世界现代史研究会年会提供了《凯末尔和凯末尔主义》一文,明确肯定了凯末尔的革命和改革。这篇文章后来发表于《历史研究》1981年第5期;后又转载于三联书店1982年出版的《世界现代史论文集》中;再往后,又成为我写的《东方民族主义思潮》（西北大学出版社1992年版）著作中的一章。从20世纪80年代以后,随着改革开放时代的到来,中国对土耳其的研究进入了一个新阶段。一系列有关论文在《西亚非洲》《中东研究》和《西南亚研究》等刊物上纷纷发表,许多译著和著作也连续出版。同名著作《奥斯曼帝国》就有两本（刘明编著,商务印书馆1990年版;黄维民撰写,三秦出版社2000年版）。杨灏城和朱克柔主编、2000年由人民出版社出版的《当代中东热点问题的历史探索》一书中,有两章专门探讨了土耳其世俗化改革和伊斯兰复兴运动问题。陈德成主编的《中东政治现代化》（社会科学文献出版社2000年版）也用专章研讨了土耳其的政治现代化。肖宪的《沉疴猛药——土耳其的凯末尔改革》（南京大学出版社2001年版）全面综论了改革的经验和意义。还应该提到的是,英国学者伯纳德·刘易斯著、范中廉译的《现代土耳其的兴起》（商务印书馆1982年版）,对中国学者研究土耳其史起了重要的作用。

在这里要特别提及的是杨兆钧撰著的《土耳其现代史》（云南大学出版社1990年版）。他早年就学于土耳其安卡拉大学,长期从事土耳其研究,1978年即有译著《土耳其共和国史》问世。他的《土耳其现代史》是继柳克述之后,又一部由我国学者撰写的系统的土耳其共和国历史。本书资料丰富,论述客观,涵盖政治、经济、社会、文化和国际关系等各个方面。他是在新的形势下,和柳克述怀有同样借鉴土耳其经验的情结而著述本书的。正如他在序言中所说:"目前,我国上下正从事四个现代化建设,对土耳其所经历的道路,虽因国情不同、制度各异,而应有所选择外,然而他山之石,可以为鉴,吸取外国经验,借鉴他国得失,仍属极端重要之举,本书之作,中心意图，即在于此。"

上述回顾中国研究土耳其的简况，可能挂一漏万，但反映了中国学者对中土两国人民传统友谊的珍视。我主编的《中东国家通史·土耳其卷》的出版，是中国学者长期辛勤耕耘的继续。我从1980年以来，一直有编写土耳其通史的志愿，为此曾先后通过培养研究生、同访问学者合作，作过多次努力，从事过一些专门课题的研究。同时，也同美国杜克大学德里克教授和英国、挪威的学者们交换过研究成果。土耳其的历史和现状问题，已成为西北大学中东研究所关注的重点研究课题之一。我培养了一批研究土耳其问题的硕士和博士。现在，我看到黄维民博士的《土耳其卷》的出版，看到长期梦想变成现实，在喜悦之余，更多的想法是：愿这部通史性著作，成为今后研究土耳其问题的新起点。

2001年10月17日于悠得斋

当代中东地区性研究的几个问题[①]

《动荡中东多视角分析》一书写得有新意，但更重要的是，使人思考中东地区研究的一些共同性问题。我由此结合所感，提出些讨论问题。现在书评不好写，真正的"评"尤其难写。我这篇，"评"是有的，但更多的是"讨论性"的，而不是限于此书。当然，此书是下了工夫的，我以为写得好，是一个新的有益的尝试，所以用了这方面的题目；而在内容上超出了"评"的范围。

地区性研究，是第二次世界大战以后，人文社会科学研究发展的主要趋势之一。在我国，这一趋势出现在20世纪60年代以后，20世纪80年代以来，随着国际上研究势头的加强和国内的改革开放而有较快的进展。

记得在1991年国家社会科学基金课题评审会上，与会者曾讨论过地区性研究的基本问题。随后，国家教委社科基金课题会也有些议题。在这两个会议上，我当时就自己主编的《20世纪中东史》成书后的体会，谈过三点看法：第一，国别、地区和世界研究，是三个分工合作、相辅相成的研究领域；第二，地区研究是一门有鲜明的现实政治性的学问，即使在论述地区的历史文化事实时，也经常与现实中出现的问题有着密切联系；第三，我国学者有必要在"大课题研究"的基础上，形成既吸取欧美研究成果，又有亚非特点的地区性的综合理论。

[①] 本文系对王京烈《动荡中东多视角分析》（世界知识出版社1996年版）一书的评论。

1996年10月，王京烈同志把他主编的《动荡中东多视角分析》一书见赠。初读之后，我联想过去对地区研究思考的问题，结合所感，草成此短文，以期与同行们讨论。

我国的中东地区研究从1991年以来，有了很大进展。从整个中东地区研究到中东地区内的区域和国别研究，都在走向深入，一大批已经出版和即将出版的著作，显示了我国研究水平的逐步提高。中东地区研究和其他地区研究一样，其根本的共同点在于综合性，由此共同点而引申出多学科和多领域，并需要多种方法进行探讨的特点。如何对中东地区进行整体性的综合研究，是该地区研究中需要解决的重大课题。《动荡中东多视角分析》一书，在这方面进行了一次新的有益的尝试。

首先，也是最有益的尝试，是本书对当代中东地区研究的学科体系上，提出一个新的和明确的综合理论构想。中东地区给一般人们的突出印象，一字以蔽之曰："乱"。中东研究者对自己的研究对象，则以"动荡"二字加以概括。中东为何乱而动荡？究其实质，核心是处于国际热点的政治不稳多变，基础则是社会经济的巨大变革而激化或引发的内外诸多矛盾。本书把这个实质问题具体化、体系化，并赋予理论色彩。它以政治为中心，以大国争夺和影响、内部错综复杂的矛盾和处于转变中的社会这三大经常起作用的要素为基础，探讨了其间的内外联系，形成了一个新的体系性框架。这"三要素"的关系不是并列的，而是以第三要素即处于转变时期的中东社会为贯彻始终的地位；"三要素"的关系也不是静态的，而是动态的，即第一和第二要素是时而交替、时而共同作用于中东社会，而第二要素，即中东地区错综复杂的矛盾，在今后可能更突出。本书提出的"三要素"是对中东动荡不稳之源的分析，以及在此基础上形成的理论框架，对研究中东地区的整体规律，及把握其发展态势，是一个新的进展和新的综合概括，颇有启发性。

其次，本书在分析每一要素时，都在吸取国内外已有成果的同时，注入了自己的思考体系，而使之具有新的特点。例如，在分析大国在中东的争夺及其影响这一中东动乱的外部因素时，不但从"列强逐鹿中东""两霸零合游戏""大国对中东国家的干预和入侵"和"冷战后大国在中东的争夺态势"等方面进行了综合分析，而且具体分析了各大国的特点。其中，对美国的分析尤有见地。本书着眼于美国中东政策的形成背景，而对美国在中东政策的历史连续性和美国的全球战略这两方面的分析，则从全球与地区的关系上，说明了其中的联系。在此基础上，本书提出了考察美国中东政策的思想体系，即所谓"定位美国中东政策的坐标"：纵坐标——美国中东政策的历史连续性；横坐标——美国全球战略中的中东战略；基准点——美国在中东的基本利益。这种综合性的概括分析思想，不但对分析其他大国的中东政策，而且对中东地区研究，都有借鉴意义。

再次，中东地区研究对研究者说来，被视为在跨学科基础上形成新研究领域的一种途径。这也是地区研究的综合性特点的另一种表现。许多学科的研究者，从不同角度，分工而又合作地对中东地区进行较全面的研究，这是一个长期的任务。本书在这方面也作了努力。它以三大要素为分析框架，对中东政治、经济、社会、宗教、文化、思想、军事、国际关系等各个领域的发展变化进行扼要的分析，在分析中运用了国际关系学、政治学、经济学、历史学、宗教学，及现代化的理论与方法，体现了跨学科的多视角特点。自然，这是沿着这个方向迈出的第一步。最为理想的是更高的分工综合研究。那就是各学科、各领域中有关中东专门学科的研究者的协作，如过去46名非洲历史学、语言学、人类学、经济学等学科学者所写成的《热带非洲》那样的著作，就更有分量了。当然，这有待以时日。

最后，谈到本书有益尝试方面，还有两点需要指出。第一，本书把世俗化作为中东现代化的基础，并对凯末尔的政教分离政策给予了高度的评价。作者指出，世俗化改革不但打开了土耳其通往现代化的道路，为今日土耳其成为中东比较发达的国家奠定了基础，而且对西亚北非地区社会各阶层，特别是对知识分子和军人有很大影响。第二次世界大战以来，土耳其模式虽有最近繁荣党和正确道路党联合执政，反映了伊斯兰势力的增长，但不会发生根本变化。早在1905—1913年亚洲觉醒时期，从土耳其、伊朗到印度、中国，由西及东形成了一个高潮。在1919—1939年亚洲现代化改革中，土耳其、伊朗、阿富汗再次出现了高潮。这种历史现象被许多现代化研究者忽视了。本书重提土耳其模式及其影响，十分必要。第二，本书在文风上清晰明快，要言不烦，深入浅出，这个在学术研究中不可多得的优点，有理由赢得众多读者的喜爱。专业研究所和研究人员的成果目标之一，是向社会普及自己在科学研究上的新收获，把少数专家的专利品，普及到日益面向世界和更加开放的中国广大群众中去。这本由世界知识出版社出版的书，将有利于这个目标的实现。我有一个愿望，即希望我们的专业人员，通过各种渠道多做普及工作，也盼望着社会上给予鼎助，共同为精神文明建设贡献力量。

总之，本书在当代中东地区的整体性研究方面的探索上，做了许多有益的尝试。这并不是说没有缺憾之处。任何一种研究成果都不会十全十美，何况这样大的课题，不可能不存在争议。举例而言，本书根据矛盾转化学说，对长达半个多世纪的阿以冲突历史进行了分期，但对1974年埃以第一次脱离接触协议的意义估计不足，对此问题的不同看法存在于其他著作中①。此外，关于美国和苏联卷入中东地区的背景问题（第24页），似应提及各自都竞相引进自己的政治经济模式的动机，即美国力图使中东走"西化"的资本主义发展道路，而苏联则力求使中东走"苏化"的"非资本主义"道路。有些理论问题，如殖民主义的两重性（第17—21页）、犹太复国主义的起源（第90—95页）、中东国家政体问题（第220—221页、第268—269页）等，均有再斟酌之必要，从而使之更为全面。关于恩格斯在《论早期基督教的历史》中论及伊斯兰教"百年"周期性"净化"问题，其思想是否适用于当今伊斯兰教的变迁，建议根据原著结合现代化进程，作进一步推敲。恩格斯的原意不仅在于比较伊斯兰教与基督教的不同，而且把着眼点放在经济的变化上。书中所引一段话（第270页），尚需从该话上下文中理解原意，从而加以准确运用。

话题又回到本文一开始谈的地区性研究问题上来。我在1991年的三点意见，虽然是结合《20世纪中东史》的体会谈的，但在很大程度上，是针对杰弗里·巴勒克拉夫的《当代史学主要趋势》（上海译文出版社1987年版）一书而发的。该书是一本很有价值的著作，它资料广博，观点鲜明，评价客观，

---

① 阎瑞松：《以色列政治》，西北大学出版社1996年版，第130—139页。

全面评介了当代史学的变化及发展趋势。其中关于地区研究兴起的原因和局限性，都有不少正确的分析。然而，也有些可商榷之处。例如，他把当代史学发展的趋势描绘成：民族国别史研究—地区史研究—世界史研究。如果不强调这三者的分工合作和相辅相成关系，而过分强调历史首先是世界史研究，容易产生用世界史研究代替国别和地区历史研究的误解。用全球性的眼光越过国别、地区、时代界限来考察人类社会，是完全正确的，但不对具体国别、地区和时代进行具体的分析，又如何有对世界的整体联系的真正认识呢？这就是我当时三点意见的出发点。同时，在主编《20世纪中东史》的过程中，我深感20世纪的历史是名副其实的全世界历史，地区之间的影响比过去任何时候都要强烈。在地区研究上，在采取宏观、中观与微观相结合的方法论原则的同时，特别要加强中观研究方法的运用。这是因为过去对宏观与微观较为重视，而对中观与地区研究注意不够。所以，地区研究仍然是21世纪人文社会科学研究应当拓展的领域。

西方学者早就在用政治学、经济学、社会学等专门学科的研究方法，来分析世界各个地区，称之为地区研究。然而，现存专门学科基本上是根据欧美各国的发展经验构筑起来的，因此不可能完全适用于非欧美社会。法国年鉴派把历史学与地理学结合起来，强调历史文化的地理区域性，写出了有关地中海地缘文化的著名著作。斯托扬诺维奇以同样理由，把巴尔干文明作为可认识单位。但地理上的划分，在地缘政治和地缘军事上，比历史文化上更模糊。中东地区的政治不稳定，与军事上一样，不能完全提供令人满意的体系。美国政治学研究把阿富汗列于中东之外，而伦敦国际战略研究所《1996—1997年度军事力量对比》报告中，则把北非和中东分为两个地区，欧美许多研究亚洲地区的学者，又把中东的西亚区域置于视野之外。我国学者在广义的中东地区上取得了大致统一的共识，但这也只能是相对的统一。如果在21世纪阿拉伯语取代法语而成为国际信息网络五大世界语言之一，那么，阿语族群将跨越地区，又成为特别领域。因此，综合研究中东地区整体，仍有许多难题，虽然可以求同存异，但并不妨碍各自的独立研究。

更重要的在于，理解中东地区发展的要素。过去中东传统史学以伊斯兰教为理解历史发展的基础，把伊斯兰视为统一体，而各民族、各国家只是其中一部分。这样，中东历史被画成了三个同心圆，伊斯兰教、阿拉伯和本土民族，《古兰经》、沙里亚和教规被视为统一的因素。后来，民族主义运动兴起，研究重点由宗教单位转向政治单位，泛阿拉伯民族主义、各国本土文化和宗教因素，也在其间游离变化。但是，关心中东地区面临的不断出现的问题，以及对这些问题的不同反应和规律性研究，则是当代中东地区问题的实质所在。王京烈在他主编的《动荡中东多视角分析》中，提出了有启发性的当代中东地区的"三要素"说，可以看作前阶段当代研究成果已知历史的序列变化。当然，对多变的中东，我们未知的东西还很多，要真正使之符合客观规律的序列化，目前还仅仅是开始。我认为，应当继续作专门的大课题研究，从而逐步形成综合理论。综合地理解中东地区，至少需要理解三个综合性要素：结构、历史、比较。具体说，就是：从政治、经济、文化、宗教等各方面，跨学科分析中东社会的独特结构；由于中东地区的社会结构是长期发展的结果，因此，综合理解中东地区就不可缺少历史研究；同时，中东地区的普遍性与它的特殊性又要进行比较研究，包括社会结构的历史发展的比较研究。显然，这个长期目标需要分阶段进行，一代代学者像接力长跑一样跑到目的地。

  我虽然对杰弗里·巴勒克拉夫的观点持不同看法，但我很同意他关于研究不同国家、不同地区和不同文明之间的差别，及它们之间相互作用和相互影响的主张。相互作用、相互影响，即相互联系，也就是人类存在和发展的文明交往实践活动。用全世界眼光看中东地区，也就是用人类文明交往的眼光看中东地区，对中东地区的研究，便成为不同文明相互关系的研究，而不仅仅是对事实的研究。研究中东地区与世界其他地区的关系，研究中东地区内的区域、国家之间的关系，研究社会的、文化的、商业的、宗教的、外在的相互关系。总之，理解中东和世界的必要前提条件，不在于已知的宏博观念，而是专门课题的具体探索，以便深入理解各种因素通过文明交往活动而形成的内在历史联系，无论这种联系是物质的还是精神的。中东地区研究和其他地区研究一样，是通往全球研究道路上的一个阶段，是把有关研究单位中已知成果组织起来的实际手段。地区研究依然是一个年轻的新领域,因而需要资料、知识的积累。新的研究更需要新的态度和新的方法。

《动荡中东多视角分析》的出版,使我高兴地看到了我国中东学者对所从事专业的热爱。地区研究者不管自己好恶如何,都应对研究对象抱有热爱之情;否则,即使可以"分析",但不可能"理解",而理解是科学上不可缺少的。中东地区的社会变革,正以自身独特的形态在生活深处涌动,它貌似西方文艺复兴和现代化时代,甚至貌似今日后现代化社会的某些变动,然而,它绝不是西方化,而是实实在在的中东历史长河中,人们生存和发展方式的大变革。在这个变革中,人们自然要经受各种心理冲突和价值转换,社会也会为内外诸多因素而出现动荡不安。正像历史上对变革的新理解,会带来对世界的新理解一样,中东地区研究者只有从科学角度深刻理解中东社会各种人群生存和发展的方式、他们的物质与精神世界,和他们彼此之间及同世界交往的关系,才能为新时代的中东地区研究大厦奠定更坚实的基础。科学研究者所追求的是理解,是对各种不同文明及其相互交往的理解,以及在此理解基础上的科学分析。中东研究者将通过科学分析,进一步加深对研究对象的理解。

1996 年 10 月 12 日完稿于悠得斋

第六编　阿拉伯伊斯兰编

从文明交往史的角度看,伊斯兰教与阿拉伯民族的兴起和发展相伴随。文明交往观照着伊斯兰性和阿拉伯民族性这种相结合的本质。

人类文明交往史证明,无冲突便无和解,无和解难以化解冲突。勇气、智慧和理性是通向和解之桥。巴以冲突为研究者提供了一个具有广阔思考空间的不同文明之间的交往个案。

阿拉伯史研究的几个问题[①]

《阿拉伯国家简史》出版于1991年,迄今已经7年。福建人民出版社祝闽影编审建议再版事宜。这也是我的夙愿:但限于时间,目前只能略加修改订正,名之曰"修订版"。增订将俟以后日。在此次修订工作过程中,有些问题要加以说明,因作修订本序言,以飨读者。

一

《阿拉伯国家简史》是一本通史性的著作。

我在1991年初版"序言"中指出,《阿拉伯国家简史》是一部"综合性的地区国家通史"。这就是对这本"通史性"著作的界定。

通史性著作对于人文社会科学的建设具有首要的意义。对历史学尤其如此。中国史学史和世界史学史告诉我们,通史性著作总是史学建设的龙头。历史学及其各分支学科形成的重要标志,往往就是代表性的通史性著作的出现。这是因为:从更整体、更综合和更广泛的角度看,通史的研究与编著,在很大程度上代表了一个国家、一个民族历史研究的水平,反映了该学科达到的学术高度。

[①] 本文是《阿拉伯国家简史》修订版"序言",内容略有删节。《阿拉伯国家简史》,彭树智主编,福建人民出版社1991年出版,全书504页。1998年出修订版,共555页。

对中东史这门新的历史学分支学科，也同样如此。我从事中东史学科建设始于1986年。在此前还只是为它准备基础的工作。1986年，国务院确定西北大学历史系南亚中东研究室和中东研究所为"世界地区、国别史（南亚中东史）"博士学位授权点以后，我才把中东史学科建设正式提上了日程。当时，我同时开始的工作还有：综合性中级读本《中东国家和中东问题》、中东断代史的著作《20世纪中东史》、中东国别史的著作《阿富汗史》和专题性的著作《东方民族主义思潮》。

但是，随着博士授权点的确定，为了加强学科建设，我对上述工作重新排队：或作为外围研究，或作为先行研究，或作为后续研究，而分别加以安排。中东史的通史编著和研究，被列为学科建设的首要任务。当时，我的总思路是，把中东地区国家史分为两项要先后进行的任务：阿拉伯史和非阿拉伯国家史，而把重点和人手都放在阿拉伯国家史上。我想先编著一本简要的《阿拉伯国家简史》。这主要是因为，阿拉伯地区和国家是中东地区和国家的重中之重，同时也是中国读者最需要了解的问题所在。我觉得，西北大学中东研究所的研究特色，应当是一个现实与历史、理论与实际相结合的研究风格，在治学上应该从现实出发，追溯历史，从历史的高度去审视现实和未来，用更多的历史感和科学理性观照现实和未来。我的这个构思得到了我昔日在北京大学的同窗、当时在国家教委负责大学历史教材工作的田珏先生的支持。他正在组织国家教委的"大学历史丛书"工作。于是，《阿拉伯简史》被列入了福建人民出版社出版的、由周一良先生任总主编的"大学历史丛书"之中。

《阿拉伯国家简史》的成书，前期准备和后期写作共用去了5年多时间。一书之成，端赖众力。全所同志在写作过程中表现出的协作精神实堪赞叹。一书之用，终靠读者，许多研究机构和高校教师、研究人员，以及研究生、高年级学生，在使用过程中发出"雪中送炭"的呼声，使全体编著者倍感欣慰。一些学者同行们对本书简明扼要、涵盖面广、系统性强、体例很有特色，特别是对本书贯通古代到当代的"通史性"特征，给予了充分的肯定。中国社会科学院西亚非洲研究所的《西亚非洲》杂志，在1992年刊载长文，对本书详加评介，给予好评。1993年，本书被华东地区评为优秀社会科学图书奖。不少书文和刊物，也曾多次引证本书的观点。1994年，本书还获得了陕西省社会科学优秀成果一等奖。所有这些，都在激励着本书的进一步修改和提高工作。

二

《阿拉伯国家简史》不是一个国家的通史性著作，而是阿拉伯地区和这个地区内众多国家的通史性的著作。这是这本通史的特点。

我在1990年初版"序言"中用了"综合性"来概括这本贯通古今的地区国家史的总特征。这里所说有"综合性"的涵盖面，既有时间的、有空间的综合，也有政治、经济、社会文化的多样模式的综合。很显然，这种对阿拉伯地区国家的复杂内容的综合，在一本40万字的著作中，无论如何也不能详而言之的，而只能是简要地概述的通史。阿拉伯地区国家的简史，书名即由此而来。此次修订版，仍保持它的"简史"书名，以表现它"综合性"的简要概述风格。

其实，"综合性"是通史研究的共同点，阿拉伯地区国家通史也不例外。阿拉伯地区国别史作为通史的一个类型，它首先要涉及三种关系的处理。第一，国别、地区和世界史研究的关系，这是个别与整体、分工与合作的相辅相成的三个研究领域。第二，地区国家研究与现实政治的关系，地区国家史是一门具有鲜明现实政治性的学问，即使在论述地区的历史文化事实的时候，也经常与现实中出现的问题有着密切的关系。第三，大课题研究与综合性理论的关系，这既是理论与史例的关系，又是亚非特色的问题。我国学者有必要在大课题研究的基础上，形成既吸取欧美研究成果，又符合亚非实际的地区国家的综合性理论。

综合性理论的形成，有赖于跨学科的综合研究，而且这种研究必须是多学科的研究。多学科的研究者，从不同角度，分工而又合作地对阿拉伯地区国家进行多方位的全面的研究，是一个长期的但却是必要的任务。对阿拉伯地区国家的政治、经济、社会、宗教、民族、文化、思想、军事、国际关系等各个领域的发展变化，需要综合；在综合中又需要动用政治学、经济学、社会学、宗教学、民族学等多种理论与方法的分析。总之，跨学科与多学科的研究，是抽象出综合性理论的主要途径。

这种从综合性研究抽象出综合性理论，由于它是对阿拉伯地区国家进行了大课题研究，对许多重大历史个案进行了具体分析，因而是比较符合历史实际的。我们知道，欧美学者早就用政治学、经济学、社会学等多学科的研究方法，来分析世界各个地区，并把这种研究称为地区研究。然而，现存的政治学、经济学、社会学等专门学科，基本上是根据欧美各国的发展经验构筑起来的，因此不可能完全适用于非欧美社会，包括阿拉伯地区和国家。在地区研究中，阿拉伯地区越来越占有重要地位。现在我们已经看到，阿拉伯语在21世纪可能取代法语而成为国际信息网络上的第五大世界语言。如果这成为现实，阿拉伯语族群将超越中东地区，而具有更广泛的世界性意义。

综合性研究的重要之处，在于唯物而辩证地掌握一与多、分与合、纵与横之间的内外联系，在于从具体到整体，又从整体到具体的视角上，把握事物发展的本质。具体到阿拉伯地区和国家的研究，主要有以下可注意之点：

第一，用宏观、中观和微观三者相结合的方法论原则，研究阿拉伯地区的三个大层次的内外联系。 首先，对世界整体而言，全球性是宏观，中东是中观，阿拉伯是微观。其次，对中东而论，中东是宏观，阿拉伯是中观，阿拉伯的半岛区、新月区、马格里布区、埃及素丹区则是微观。再次，对阿拉伯而言，阿拉伯地区却成为宏观，阿拉伯的分支区变为中观，阿拉伯诸国则是微观了。研究阿拉伯地区和国家，便是以阿拉伯地区为中心，有联系、有区别地研究这三大层次，即外究它同全球和中东的联系，内通阿拉伯国家由古及今的变化，才能找出其本质特征与发展规律。

第二，用伊斯兰教、阿拉伯地区、阿拉伯国家的这三个大、中、小同心圆的演变，来理解阿拉伯世界的发展线索。 传统的阿拉伯史学，是把伊斯兰教作为理解阿拉伯地区历史发展的基础，把《古兰经》、沙里亚和教规，视为统一的因素。现代民族主义史学，则把研究的重点由宗教单位转向政治单位。阿拉伯民族国家的地区性统一，成为泛阿拉伯民族主义的追求目标。但进一步发展下来，尤其是经过海湾战争的历史性转折之后，在早有分裂经历的阿拉伯的统一体理想破灭之后，阿拉伯社会的天平上，国家的利益和宗教的复兴，明显地处于上升地位。这种变化是阿拉伯地区研究上值得注意的趋向。

第三，综合地理解阿拉伯地区，至少需要理解三个综合性的要素——结构、历史、比较。着重从内部来认识阿拉伯社会和历史，这是当前阿拉伯史研究的发展趋势。尤其是对殖民主义问题，只有从阿拉伯社会生活中复杂的、多层次的探究中，才可能进一步作出客观、科学的结论。所以，结构的要素是指阿拉伯社会的政治、经济、社会、文化、宗教等各方面的独特结构。而阿拉伯地区结构是长期发展的结果，特别是第二次世界大战以来，由于内部错综复杂的矛盾，使这种社会处于转变之中。不了解历史的延续性、继承性，就无法弄清发展的脉络。因此，综合理解阿拉伯地区，就不可缺少历史研究。同时，古代的文化经济交往和近现代的大国争夺，成为不可忽视的外在联系，而且阿拉伯地区的普遍性与特殊性，又需要进行多方面的比较。这样，结构、历史和比较，就成为综合研究必备的三要素了。

总之，三大层次、三个同心圆和三个综合性要素，为综合研究提供了具体的思路。当然，它并不能包含一切。这里只是指主要方面而言。

三

贯穿本书的一条理论线索是文明交往论。

我在本书的初版"序言"中曾经说："本书力图说明当今密切联系的阿拉伯世界的历史演进过程，力图说明阿拉伯民族怎样由原始的、闭塞的、各个分散的人群，逐渐发展为彼此联系的、综合的和整体的阿拉伯世界。"我还强调了阿拉伯地区与各国之间的"经济、政治、文化、军事联系与交流"。

这里所讲的"联系"与"交流",其实,就是指历史的文明交往。

交往是人的社会性的表现,交往活动是人类基于生产实践活动而伴随的另一种实践活动。人类要生存、要发展,必须依赖于生产和交往这两种物质和社会的实践活动。正是这两种实践活动才产生和形成了文明,首先是国家,也包括人群之间、集团之间,当然还有地区之间。从古至今,交往从来不是在一帆风顺、平平和和中进行的,这中间充满着冲突和斗争,也交织着融汇和综合,还充满着现实主义与理想主义的互换和提高。但交往总是在不断扩大和深入,因为交往是人的社会属性。正因为如此,我们在本书中注重阿拉伯-伊斯兰文化与世界文化的联系,注意到阿拉伯地区和国家与世界各国的关系。在我们看来,阿拉伯世界形成和发展的历史,就是一部阿拉伯民族和国家的文明交往的历史。

过去研究人类文明史,不是没有注意到交往,问题在于从理论层面思考不够,因此叙述总是各方面交流的白描或考证。实际上,马克思和恩格斯在《德意志意识形态》中已经从历史哲学角度分析了交往的作用,肯定了交往在"历史转变为世界史"过程中的意义。现在,人们经常说,人的本质是取决于人的社会关系的总和的性质。但社会关系和人的本质的中间,还有一个间接环节,这就是社会交往。人的社会关系是在人的物质生产劳动的基础上,通过人的社会交往实践活动,才得以形成和发展的。人的本质只能从作为自己生产活动和社会交往活动的性质中,才能得到间接测定。这个综合的公式是:社会关系—社会交往—人的本质。交往的个人和社会形式的两重性,规定了人的本质——个性与社会性的统一。因此,交往从哲学上讲,是社会关系和人的本质之间的媒介;从历史上讲,它又是人类进程的全面发展和人与自然协调的前提。

人类历史的发展告诉我们:社会交往的驱动力是利益因素;各种利益因素推动着人们进行着各种内部和外部的交往活动;社会交往的总类型,是日常交往和非日常交往;社会交往的形式,又分为暴力的和和平的形式;社会交往的内容,分为政治、经济、社会、文化等各个方面;社会交往的理想是追求平等与合作,但面临的现实是经常与欺凌和压迫伴随;而其内涵为文明的交往，总的趋势表现为社会的进步。因而，交往是历史性的范畴，又是哲学范畴，自然还应列入社会学、文化学与民族学范畴之中。但从主要方面讲，交往的这种历史学的范畴，是人类社会的发展进程，是一个产生各种各样后果的无止境的进程。正是交往的这种历史性，所以我把交往称之为历史交往。许多历史事件的个案研究，整个人类历史的发展过程，包括阿拉伯世界和阿拉伯国家的形成与发展，都是交往范畴的具体说明。

历史交往的特点在于，它由自发性向自觉性的演进。从这个角度上看，人类社会的文明交往，既有文明冲突，也有文明融合，还有文明共处。人类社会的历史交往，人类文明的兴衰存亡与更替，始终受着多样性的统一的规律的制约。只有在历史交往中保持开放状态的文明，才能长存不衰，才能在已经形成的多元文明的世界里确定自己的民族性位置。在历史交往中保持开放状态，这就是一种文明自觉的表现。此外，在历史交往中，对自己的文明要有"自知之明"，对其他国家的文明要有"知人之明"，只有这样，才不至于复旧或他化，才能对文明转型有自主能力，才能主动适应新时代的变动。这也是一种文明自觉的表现。还有，对世界文明的规律性认识的程度，是更重要的自觉性表现。例如，文明发展不平衡论，在静态上表现为现实文明的差距，在动态上表现为发展速度的变动性与暂时性。对世界文明兴衰史和近代以来各国现代化进程中，先进与落后的互变的规律性，特别是对文明发展不平衡的交替超越性的认识和掌握程度，成为交往中的自觉性水平的根本标志。

历史交往的互动沟通，有一个由低级到高级的发展过程。在历史互动沟通的双向或多向交往中，经过人类的加工和社会改造，形成了各种物质、精神、制度和生态文明或文化。这些文明之间沟通的主渠道是由浅入深的理解。无论是在古代文明的原始交往，抑或是自然经济的农业文明交往，还是商品经济和工业文明交往，都是理解因素的增强。理解使人类的交往，在规模上从封闭走向开放，从不发达走向发达；在活动程度上，从自在走向自为，从自发走向自觉；在活动范围上，从民族走向世界，从地区走向全球；在交往基础上，从情绪化走向理性化，赋予人类社会以创造性。交往追求的是人和大自然的完全和谐，是自尊和对其他文明的尊重，是对自己和异己文明的理解。因此"理解"构成了人类文明交往的关键词。

总之，世界文明交往论，是本书用以说明阿拉伯民族、阿拉伯世界及其与世界之间联系的说明。

四

从上述思路出发，《阿拉伯国家史》努力从文学艺术、历史学、哲学、天文学、地理学、数学、物理学、化学、医学等方面，叙述了阿拉伯-伊斯兰文明在历史交往中的地位和作用。思想文化交往作为人类独有的深层次交往的实践活动，是历史交往中的精神文明交往部分。对它作全面的叙述，是完全必要的。正像我国有关阿拉伯伊斯兰的历史和文化著作所做的那样，本书也是这样写的。现在回过头来看，一个较大的缺憾是没有提到经济思想及其西传。阿拉伯-伊斯兰文明的独特理论与实践观，体现在经济活动的那种对效用和实利的权衡，在深层上制约着社会生活。阿拉伯民族十分重视商业，在《古兰经》和被誉为"大食商"的传统道德规范的延伸线上，存在着更具经济头脑的理性。因此，在这篇"序言"中，简略述说一下这方面的问题，作为补充本书在这方面的不足。

中世纪阿拉伯的经济思想的独特之处，在于它是从属于神学和哲学体系的。当时的条件就是用伊斯兰教伦理观来规范一切活动，当然包括经济活动在内，其终极目的都是被看作神的拯救行为。因此，我们在被认为在教律方面有贡献的阿拉伯学者中，可以发现在经济思想方面的主要代表人物：

1. 阿布·优素福（731—798）。他是伊斯兰教哈奈斐教律学派创始人阿布·哈尼（699—767）的大弟子。他的著作《赋税论》中，不仅保存着老师的主要教律派观点，而且经济思想表现得相当突出。他主要论述了统治者的经济责任，把重点放在农业和税制上。首先，他主张农业税应有一部分是实物（农产品），因为这比可以固定的土地税更公平，而且更有力地鼓励和促进耕地面积比例的扩大，从而进一步促使农业增产。其次，他确定了同税制有关的若干原则，特别是税制的法规。这个法规成为以后几个世纪中，古典经济学家们关注和讨论的课题。再次，他还探讨了有关纳税人的支付能力、给予纳税人的优惠条件，以及税务管理等具体问题。复次，他注重道路、桥梁、水渠等社会经济建设所必需的基本设施的建设。最后，他认为在伊斯兰教原则下，市场应当充分发挥其作用，国家应当干预调节市场，但在防止私人垄断、囤积居奇等方面的同时，行政当局不能确定市场价格。

2. 艾哈默德·伊本·罕伯里（780—855）。他是伊斯兰教逊尼教律学派第四大派的创始人。他固然严守《古兰经》和《圣训》，但在《圣训集》和《服从使者》等著作中，强调了最大限度地倡导贸易和实业自由；主张用法规和合同把它固定下来。他对"经济福利"（Maslaha）背后产生的种种问题和应付经济波动的措施，都有详细的研究。

3. 阿布·穆罕默德·伊本·哈兹姆（994—1064）。他作为"表义派"教律学派在北非的大法学家，对伊斯兰教法律有独特的见解。在经济思想上，有权将土地免费转让给他人，反对将农业用地固定化。同时，他主张通过分配以保证社会经济公平，从而解决贫困问题。

4. 阿布·哈米德·加扎利（1058—1111）。他被认为是"穆罕默德之后最伟大的穆斯林"。他是13世纪欧洲经院学派出现之前，广泛研讨经济问题的最杰出的思想家。他在代表作《宗教科学的复兴》中，论述了自愿的贸易交换、生产阶段、贫困与收入的分配、劳动分工、城市之间的贸易、国家财政、高利贷、易货贸易与货币、商业关系的伦理学和君主意愿同经济管理原则的关系等诸多问题。尤其要指出的是，他提出的伪币与货币的退化原则，要早于奥雷姆的尼古拉斯。研究证明，把"格雷欣法则"某些原理的起源，归功于奥雷姆的尼古拉斯，是不确切的。他还论证了商业关系的伦理原则及其他问题。

还可以举出其他一些阿拉伯学者的经济思想，如伊本·太米叶（1263—1328）、伊本·赫勒敦（1323—1404）等。甚至在伊本·胡尔达兹比赫（约820—912）的《道里邦国志》及其附录的古达玛（约873—939）的《税册》中，也有许多值得注意的经济思想。例如，《税册》指出：统治者如果"敬畏真主，并具有知识、公正、廉洁的品质，以使各项事务得到正确处理和妥当安排，财富的增加肯定是会惊人的"。

从历史交往的角度观察，阿拉伯经济思想的西传，主要是通过西班牙，因为这个地区被阿拉伯帝国统治了几个世纪。这个被称为安达卢西亚的地区，是阿拉伯-伊斯兰文化通向西方的桥梁。具体的传播渠道是：商旅、教旅、政旅的传播；两次大规模和持续性漫长的翻译浪潮；以传播和创造知识角色而处于社会中心位置的大学；十字军东侵的暴力交往；口头和书面传播；等等。特别要指出的是，经济史长期争论的"皮雷诺观点"，就是建立在阿拉伯经济思想的传播空间上。这个观点认为，欧洲古代文明向中世纪文明的过渡，是"从一个缺乏能力性的时期转向一个研究和重新解释的时期"。这个论点的首倡者、法国经济史学家亨利·皮雷诺（1862—1935）明确指出，古代欧洲文明向中世纪文明的过渡，主要是由于欧洲同阿拉伯-伊斯兰文明接触而引起的。

交往在文化思想方面表现为直接或间接的传播。阿拉伯经济思想西传的典型表现，是它对欧洲经院派的影响。这种影响集中表现在该学派代表人物圣托马斯·阿奎那身上。圣托马斯·阿奎那（1225—1274）在巴黎大学时，正值阿拉伯文化浪潮在基督教文化中引起强烈反响的时期。1210年、1215年、1231年和1245年，教会当局都企图封锁这种自然主义和理性主义哲学的冲击。在巴黎大学的圣托马斯·阿奎那客观地对待这种文明冲突，他从他的导师大阿尔伯特（1206—1280）和同时代人雷蒙德·马丁（卒于1245年）那里，学习了中世纪阿拉伯学者加扎利的思想。他还通过神甫巴尔·黑布拉欧斯（"法拉杰"）和犹太人蒙尼德（伊本·迈蒙）那里读到了加扎利的著作。如果我们把加扎利《宗教科学的复兴》和阿奎那的《神学大全》加以比较，就会发现，在经济思想的许多论点和方法论上，后者和前者几乎是一脉相承的。阿拉伯经济思想对欧洲经院学派的影响程度，于此可见一斑。

阿拉伯经济思想在世界经济史上，也有其重要位置。这从经济史上一桩争论的公案上可以得到证实。同凯恩斯齐名的世界著名经济学家约瑟夫·阿洛伊斯·熊彼特（1883—1950）有一个颇具影响的论点：经济分析只是从希腊人开始，此后，直到欧洲经院学派和圣托马斯·阿奎那，世界上才有经济思想的重视，这中间没有经济思想。这个被称为"中世纪经济思想大空白"的论点，在熊彼特的《经济分析史》上披露后，既有拥护者，又有反对者。"大空白"时期是世界经济史上的一个漫长时期，自然包括了世界各国，其中就有阿拉伯世界在内。经过研究，阿拉伯经济思想终于被寻觅出来，至少在阿拉伯世界，经济思想并不是熊彼特所说的"大空白"。可能，中国在这个时期也并不是"大空白"。这当然有待于研究。因此，这个补充不只是对阿拉伯国家史，而且对世界经济史，也是有启示性的。这就是我在"序言"中特别要用一定篇幅来说明的原因所在。

五

《阿拉伯国家简史》在谈到阿拉伯地区和国家与外部世界交往的时候，由于是简史，所以，一般都是简略的。对于阿拉伯地区和国家同中国的历史交往，在阿拉伯帝国部分、特别是在阿拉伯-伊斯兰文化部分，有较多的论述。近代以来，阿拉伯地区和国家同中国的交往几乎没有提到。这对于一本由中国人写的《阿拉伯国家简史》，不能不说是一个缺憾。这次修订，限于时间，不能弥补。只有在做好资料和理论准备之后，再版时分别用专章加以论述。到那时，由于内容的增加，《阿拉伯国家简史》的篇幅也将增加，也许"简"字也不适合，而改为《阿拉伯国家史》了。

实际上，关于阿拉伯与中国的关系问题，我国学者陆陆续续的研究成果，屡有所见。举论文而言，有冯家昇的《从历史上看阿拉伯和中国的友好关系》(《新华月报》1955年第10期)，有阎文儒的《从考古发现看阿拉伯国家与中国友好关系》(《文物参考资料》1955年第9期)，有马坚的《中国与阿拉伯悠久传统友谊关系》(《人民日报》1958年8月5日)，有纳忠的《中世纪中国与阿拉伯的友好关系》(《历史教学》1979年第1期)，有沈福伟的《中国和阿曼历史上的友好往来》(《世界历史》1982年第1期)，等等。至于近十几年的论著更为丰富，这里就不一一列举了。总之，这些论著为我们撰写有关阿拉伯与中国的交往史，打下了厚实的基础。许多外国学者的论著，也为我们创造了有利的条件。例如，叙利亚学者卡米勒·雅德在1958年第11期的《历史研究》上，发表了《中国与阿拉伯国家之间的历史关系》。文中认为，公元前220年的秦始皇时期，中国已与阿拉伯有商业交往，中国船只在前伊斯兰时期已到达幼发拉底河流域。无论同意与否，这个由阿拉伯学者提出的论点，都是有启发性的。

　　历史交往中的冲突是难免的。要是超越冲突看文明之间的交往，就会步入一个历史交往的新境界。有唐一代，从651年（唐高宗永徽二年）到798年（唐德宗贞元十四年），来华的阿拉伯使者有37次，商贸交往亦甚频繁。但不能回避冲突，甚至军事冲突。阿拉伯帝国横跨欧亚非三大洲。国力强盛时，唯一能与其抗衡的是大唐帝国。两国在西域地区的较量，多次反复，赖有诸多"番将"，使阿拉伯帝国始终未能进入大唐帝国在西域统治中心的安西、北庭等地。即使如此，在怛逻斯（今江布尔）还是发生了唐西域守军与阿拉伯帝国军队直接的军事冲突。751年（唐玄宗天宝十年）的怛逻斯之战的意义，从文明交往方面讲，超越了军事胜败的话题，在唐军工匠传播技术上赋予了深远意义。例如，造纸技术的西传中亚，而后到意大利、英国、荷兰、俄罗斯、挪威诸地，推进了欧洲文明。战争作为一种暴力交往形式，对科学技术的传播，往往表现在过程与后果的潜层次上。只是因为战争作为政治交往的继续，文明交往常常被刀光剑影、硝烟炮火这一主要方面掩盖而为人们所忽略。

　　战争中争夺技术人员以备急用或后用的事，是不少的。但把这件事同文明交往联系起来考虑，却不多见。"怛逻斯之战"在这篇序言中之所以要特别提起，是因为这次战役的后果在文明交往上超越了战争本身。文明交往包括许多链条。文明冲突、文明融合、文明自觉，都是文明交往的不同链条，它们的位置是交织的。战争对于科技的传播即为一例。

　　王国维早年曾写有20首有关中外文明交往的《咏史诗》。在第十二首中，他悲叹东汉和帝时甘英出使大秦受阻事的诗是：

> 西域纵横尽百战，张班远略逊甘英。
> 千秋壮观君知否？黑海东头望大秦。

向往东西方早日沟通而寄寓于汉代的怀古复杂心态，油然动荡于王国维的笔下，而诸多战争交往是他的开篇之笔。在第十七首中，他把笔锋转向和平的文明交往：

> 南海商船来大食，西京祆祠建波斯。
> 远人尽有如归感，知是汉家全盛时。

王国维这两首吟咏汉唐与外部世界交往的史诗，表现了他对世界文明交往的开放胸怀。后一首诗首句即提到9世纪大食商船驶入南海的海上交往。这就把阿拉伯商人通过海上丝绸之路的文明交往，摆放在首要位置。这在历史上也符合实际。因为唐代中期，吐蕃进占西北，中国和阿拉伯之间的陆路交往受阻，海路交通由此更加兴盛。阿拉伯文明和中华文明的交融，尽收入王国维的诗中。在古代，陆上和海上两条沟通中国和阿拉伯交通的大动脉，沟通了世界主要文明发源地和重要经济区域。这说明了交往的开展有赖于在生产基础上的商品交换和陆海路交通的发展，而丝绸之路在促进东西方文明交往上，实为地理大发现前的海路大通的先河。丝绸之路和世界新航路，都是沟通世界文明之路。这两条陆路和海路大动脉发展的动力和总路线，正是历史的文明交往。

六

最近，纳忠和郭应德两先生的《阿拉伯通史》（上卷）和《阿拉伯史纲》（610—1945），分别由商务印书馆和经济日报出版社出版。《阿拉伯国家简史》也要由福建人民出版社出修订版。像我们中国作为正在进行改革开放的东方大国，同时并存的三种阿拉伯地区和国家的史书，并不算多，各有特色的阿拉伯信史学的研究领域,也反映了我国读者对阿拉伯-伊斯兰文明过去、现在与未来的关注。

我们治阿拉伯史的学人,自应意识到自己的职责与使命,为读者负责,提高质量,把史书写好、改好。荏苒光阴书边过,花苍白发镜中来。我已"坐六望七"之年,但心境未衰,体力尚健,学志犹在,追求未了。学术史告诉我们:学要事传,一代代接力向前;学如积薪,后来者应当居上;学贵创新,我们国家应该有自得之见的多卷本中东史。总之,中东史的学科建设,应有扎实的基础。为了奠基,我们应当努力,以便早日步入世界学界之林。这就是我在修订版"序言"的结束语。

从文明交往看阿拉伯经济思想的西传

一、换一个角度看世界历史

"换一个角度看历史",这是我在《历史研究》1994 年第 2 期发表的《阿富汗与古代东西方文化交往》一文中的提法。我在该文中认为,把交往活动作为世界史横向发展的纬线,使之与生产活动的纵向经线发展结合起来,把交往和交换综合考察,就会更全面地反映人类社会的客观面貌。后来,我思考马克思和恩格斯在《德意志意识形态》等论著中关于交往的论述,结合编写新编《世界史》教科书的体会,参照国内外哲学界关于交往问题的讨论,提出了"文明交往"这一历史哲学概念。为了从文明交往角度研究历史,我不是从单纯的理论方面,而是从分析历史的个案入手,用历史个案的分析,来检验理论、丰富理论。本文就是从思想文化交往角度,具体分析中世纪时期阿拉伯经济思想西传的历史个案问题。

"文明交往"(Civilized Commerce),是指在历史上形成的、具有重大影响和意义的个人、团体、民族、国家和地区间,相互联系、相互作用的物质文明交往和精神文明交往、制度文明交往和生态文明交往。它经历了原始古代、自然经济、工业信息文明各个时期,包括了政治、经济、社会和思想文化等方面,以及和平与暴力等形式的多种交互作用关系。人们相互之间的思想交流,物资往来,一切群体间的商业贸易、文化交流,各民族、阶级和国家之间和平与战争的关系,总之,这些历史上有影响的活动,都是文明交往活动。这种"相互作用是事物的真正的终极原因"①,而"社会——不管其形式如何——究竟是什么呢?是人们交互作用的产物。"②文明交往作为实践活动和生产实践活动一起,犹如纵横交错的经线和纬线,不断编织着人类社会历史的多彩图景和画卷。文明交往的伟大意义还在于:文明交往的扩大和发展,打开了封闭藩篱、关塞隔离而走向开放,促使人类历史由民族、地区的局限,转变为全球性的普遍联系的世界历史。

思想文化交往,作为人类独有的深层交往实践活动,是文明交往的一个重要方面,它属于精神交往的核心部分。单纯的思想文化交往活动,在历史上是不存在的,它属于物质生产实践活动,伴随着其他交往形式,或在多种交往形式交织之中进行。中世纪阿拉伯经济思想传入欧洲,一方面有上述一般背景,另一方面也有本身的特殊条件和特点。中世纪阿拉伯文明,指阿拔斯王朝五百年文化黄金时代为阿拉伯文明。在时间上,它处于古希腊罗马文化与西方近代文化之间;在空间上,处于东西方文化的交汇点上。这种上承古代、中经中世纪、下启近代的富有多彩内容的文化,又在地缘上东西交汇融合的文化,有得天独厚、得地独宜的优势。这种文明的向西传播,其中包括阿拉伯哲学、神学、人文社会科学、自然科学,也包括经济思想在内,是一种全面的传播。这种传播具有鲜明的时代特征。

上述思想交往的大背景,决定了中世纪阿拉伯伊斯兰文明对于中世纪欧洲思想影响的特点。正如 C. H. 斯金斯在《12 世纪的文艺复兴》(1927 年剑桥版)中所指出的:是它的广泛性和多样性。许多研究欧洲文化史的学者,都清楚地认识到这一巨大影响。这里仅举几位学者的看法。第一,皮尔斯·巴特勒在《15 世纪被译成拉丁文的阿拉伯学者的著作》一文中明确表示:"任何一个西欧文化史学家,如果不清楚地意识到在背景上展现着的伊斯兰世界的存在,就不可能单独理解中世纪末期的精神价值。"③第二,C. R. S

---

① 《马克思恩格斯全集》(第 20 卷),人民出版社 1971 年版,第 574 页。
② 《马克思恩格斯全集》(第 27 卷),人民出版社 1972 年版,第 477 页。
③ 《麦克唐纳书目集》,弗里波特 1933 年版,第 63 页。

哈里斯在《邓斯·司各脱》一书中，则具体提到欧洲经院派权威圣托马斯·阿奎那："撇开阿拉伯逍遥派哲学的影响，圣托马斯·阿奎那的神学像他的哲学一样，都是不可想象的。"（1959年版，第40页）。我们知道，圣托马斯·阿奎那的经济思想是源于阿拉伯文化的。第三，尼古拉斯·雷希尔在《阿拉伯哲学研究》（1966年匹兹堡版）第156—157页上肯定地指出："在标志着欧洲霸权开始的12世纪和13世纪，阿拉伯哲学著述极大地影响和促进了由圣阿尔伯特和圣托马斯·阿奎那实现的基督教与亚里士多德主义的大综合。""这种影响不仅是广泛而深刻的，而且也是比较有连续性和惊人的多样化。"这种广泛、深刻、连续性与多样化的思想交往活动中，自应包括阿拉伯经济思想在内。

然而，中世纪阿拉伯学者的著作中有没有经济思想？西方有些学者的回答是否定的。代表性的人物是约瑟夫·阿洛伊斯·熊彼特（1883—1950）。他的名著《经济分析史》（1954年纽约版）的立论之一，就是自希腊人以后，直到欧洲经院学派和圣托马斯·阿奎那，世界上才有经济思想。这自然是指包括阿拉伯在内的所有国家。这种认为中世纪时期是经济思想的"大空白"时期的论点，有不少拥护者。例如，威廉·R.艾伦的《从亚里士多德到马歇尔的经济思想文集》（1960年芝加哥版）、亨利·W.施皮格尔的《经济思想的发展》（1964年纽约版）和巴里·戈登的《亚当·斯密之前的经济分析》（1987年纽约版）等著作中，都袭用了这种"大空白"的观点。

在我国有关阿拉伯-伊斯兰的历史、文化著作中，大都侧重于政治、史学、文学、自然科学的成果及其思想的论述，而对经济思想则几乎没有触及。在我国有关中东的历史著作中和阿拉伯文化教本中，中世纪时期的阿拉伯-伊斯兰文化方面，经济学仍然存在空白现象，不能不说是一个疏漏。

从历史交往角度看，中世纪阿拉伯经济学，甚至经济思想都不存在，自然谈不到影响欧洲。但就常理而言，世界史上漫长的中世纪时期，不存在经济思想，是不可思议的。尤其是一个经济学家，从经济学的眼光阅读阿拉伯文献及有关著作，也不可能不有所发现。以熊彼特这位杰出的经济学者而言，他通晓欧洲主要语言（英、法、德、西班牙语），他求学期间在埃及住过一段时间，又在藏书丰富的哈佛大学工作过。他理应接触到这方面的著作。何况在他的《经济分析史》第 132 页上，已经有一条关于通过阿拉伯学者阿维森纳（伊本·西那，980—1033）、阿维罗伊（伊本·鲁什德，1126—1198）和迈蒙尼德（伊本·迈蒙，1135—1204）沟通的"闪米特人媒介"的评论和注释。后来，几位拥护他的"大空白"观点的经济学家，也面对中世纪阿拉伯文献竟视而不见经济思想，原因在哪里呢？

上述一些西方经济学家忽视中世纪阿拉伯学者的经济思想，除了对此问题未引起注意、未深入研究（这是我们过去存在的问题，有共同性）以外，不可否认有那个时代的烙印，即"西方中心论"的偏见。从历史交往的角度看，这中间存在着"文化壁垒"。诺尔曼·丹尼尔就此写了一本书，名叫《文化壁垒——思想交流问题》（1975 年爱丁堡版）。该书第 87 页写道："接受来源于被认为的混杂不纯的泉源的知识，就必须有某种文化过滤。"丹尼尔谈到伊斯兰世界和阿拉伯人与西方关系的问题时，还有两本值得一读的书：《伊斯兰与西方——一个形象的产生》，1966 年芝加哥版；《阿拉伯人与中世纪的欧洲》，1975 年伦敦版。此外，W. 蒙哥马利·瓦特在《伊斯兰概论——伊斯兰对中世纪的影响》（1972 年爱丁堡版）一书中，坦率承认西方有些著作把伊斯兰文化对欧洲的影响的广泛性和重要性"缩小到最低限度，有时则干脆完全置之不顾……试图一笔抹掉或加以否认的尝试，乃是那种不适当的妄自尊大的标志。"（第 2 页）奥地利林茨大学库尔特·W. 罗特希尔德教授谈到了这种"文化壁垒"的实质。他指出："在几乎所有的经济学著作中，阿拉伯学者都被遗忘了……主要原因看来在于'西方的'文化观和文化传统几乎完全以欧洲和美国为中心。"他举了 1968 年版的 17 卷巨著《社会科学百科辞典》中竟没有一条阿拉伯著作的例证。无怪乎林恩·J. 卡特 1969 年在卡罗来纳州出版的《借鉴来自远方亚洲的中世纪习俗》一书中，发出了这样的叹息："把作为近几个世纪的西方特征的对近东的蔑视，搬到中世纪的西方，这真是一种过时的做法。"（第 4 页）

二、寻觅中世纪阿拉伯学者们的经济思想

第二次世界大战后一个带有历史意义的转变，是殖民主义体系的崩溃和亚非拉民族主义国家体系的形成，随之而来的是欧洲或西方中心论的失落。反映在学术研究上，西方一些严谨的学者们注重于世界整体性的探索，把研究的重点逐渐转向东方。不仅历史学家，而且经济学家也在寻觅东方（包括阿拉伯世界）著作中蕴藏的经济思想。寻觅中世纪时期阿拉伯经济思想，在理论上本是顺理成章的，因为阿拉伯帝国在经济繁荣时期有其发达的两河流域、河中地区和埃及的发达的农业经济及复杂的水利灌溉系统，手工业、商业及国际贸易驰名西方和东方。这种繁荣的经济自然会产生它的经济思想。赫伯特·戈特沙尔克说："在欧洲，直到11世纪，教会和贵族统治阶级依然鄙视商品交流，而伊斯兰帝国则相反，它掌握着经济垄断权。"[1]仅此一点，就可以推测定然有经济思想，而且远胜于欧洲。但是，中世纪阿拉伯确实没有专门经济思想的著作，必须在阿拉伯文化的博大海洋中寻觅探索，方能有所发现。这种寻觅探索工作，必须根据中世纪阿拉伯文明的特点，否则，会事倍功半，或者挂一漏万。什么是阿拉伯文化的特点呢？概括地说，它是以伊斯兰教为指导、以阿拉伯语为表现形式，综合发扬古埃及、两河流域、印度、波斯、希腊诸古典文化而成长起来的文化。在这种文化中，阿拉伯人主要在教义学、教律学，以及语言学方面有杰出贡献。例如，阿拉伯哈里发国家的圣地、私有地和直接控制土地等三种地产与专业的分类，就是按教律学家的意见进行的。在教律学家的著作中寻觅经济思想，是一个主要的途径。

通过教律学家著作这一途径，我们会从中发现，阿拉伯学者们以深刻而复杂的方式探讨了经济领域中的许多问题。之所以没有专门的经济思想著作，是因为教律学家们当时的条件主要是神学和哲学的推理研究，作为社会生活

---

[1] 赫伯特·戈特沙尔克：《震撼世界的伊斯兰教》，阎瑞松译，陕西人民出版社1987年版，第166页。

中的经济层面，他们并不当作最重要的或者第一位的东西。因此，他们所谈论的经济问题，不是我们今天所理解的经济原理或经济论证，而是把经济思想从属于神学与哲学的体系。因为当时的条件就是用伊斯兰教的宗教伦理观来规范一切活动，包括经济活动在内，其终极目的，都是被看作神的拯救行为。S. 托德·劳理主编的《前古典经济思想——从古希腊到苏格兰启蒙运动》(1987年波士顿版)一书中所载 M. 亚西内·埃西德的《伊斯兰经济思想》和 C. F. 贝金汉的《中世纪和现代对伊斯兰教的误解》(《皇家艺术协会杂志》1976年9月号) 等论文中，对这方面的分析研究都值得我们参考，有助于我们进一步了解寻觅探索工作。

本部分第一节中谈到，第二次世界大战后学术研究在西方的一个有标志性的转变，是摆脱西方中心论的影响，而把注意力转向东方在世界的地位问题上。具体反映在寻觅中世纪阿拉伯经济思想方面，有许多学者作出了开拓性的贡献。如 H. 布拉基亚和 C. 戴维的《伊本·赫勒敦——一个14世纪的经济学家》(《政治经济学杂志》1971年9—10月号)、前引埃西德的《伊斯兰经济思想》、约·J. 施本格勒的《伊斯兰经济思想——伊本·赫勒敦》(《现代社会和历史研究》1964年卷) 和亚伯拉罕·尤多维奇的《中世纪伊斯兰的合股契约与利润》(1970年普林斯顿版)。特别要提到的是 S. M. 格赞法尔的《经济思想探索——中世纪初期阿拉伯经院派的贡献》(1989年12月提交美国经济协会年会论文)、S. M. 格赞法尔和 A. 阿齐姆·伊斯拉基的《一位阿拉伯经院学者——阿布·哈米德·加扎利（1058—1111）的经济思想》(《政治经济学史》1990年秋季号) 和 S. M. 格赞法尔的《经院经济科学与阿拉伯学者"大空白论"质疑》(《第欧根尼》杂志1992年第1期)。

上述这些学者的苦心寻觅工作是值得称道的。他们的开创之功不可磨灭。下面，我主要根据他们所提供的资料，尤其是 S. M. 格赞法尔的研究成果，有更多的参考价值和给我更多的启示。还要提到的，是 M. A. 曼南的《伊斯兰经济学的理论和实践》(1980年拉合尔版)。这部著作列出了一大批杰出的阿拉伯学者，颇能开阔人们的视野，为进一步了解阿拉伯经济思想提供了许多资料。

中世纪时期，阿拉伯学者如群星灿烂，其中有经济思想者也不乏其人。

在本文中不可能求全求备，只能选择有代表性人物。在排名单问题上，根据现有资料，第一位应当是阿布·优素福（731—798）。这是因为他的著作中，较早谈到经济问题，经济思想也有代表性。他是伊斯兰教哈奈斐教律派创始人——阿布·哈尼（699—767）的大弟子。他曾在阿拔斯王朝的哈里发麦赫迪和哈迪时期任法官，在哈伦·赖世德时期任总法官。他对哈奈斐教律学派的迅速发展和广为传播起了重要的促进作用。他的著作《赋税论》，不但保存了老师的主要教律学观点，而且表现出最为突出的经济观点。他主要论述统治者的经济责任，而把重点放在农业关系和税制问题上。其中值得注意的有以下几点：第一，他认为，在国家征收的农业税中，应有一部分是实物（农产品），因为这比课以固定土地税更公平，更有利于鼓励、促进耕地面积比例的扩大和农业增产。第二，他确立了同税制有关的若干原则，特别是税制法规，这个法规成为以后几世纪中，古典经济学家们关注和讨论的问题。在这方面，他是开先河者。第三，他探讨了许多有关的税务的具体问题，如纳税人的支付能力、给纳税人的优厚条件、税务管理等等。总之，以上几点反映了他的贡献在税收方面比较集中。第四，他认为，道路、桥梁、水渠等设施建设，是为社会经济发展所必需的基础建设。第五，尤其可贵的是对市场问题的见解。他认为，在伊斯兰教的原则下，市场应当充分发挥其作用。他在肯定国家干预对调节市场、防止私人垄断、保护社会、囤积，及其他不道德行为的必要性的同时，明确表示不同意由当局来确定市场价格。

第二位是艾哈默德·伊本·罕伯里（780—855）。他是伊斯兰教逊尼教律学派第四大派创始人。几乎所有著作都认为，他具有传统主义和保守主义特点。然而，在他《圣训集》和《服从使者》等著作中，可以发现他对"经济福利"（Maslaha）背后所产生的种种问题的详细研究。在所提出的对付经济波动问题，他表现出更富有弹性的现实主义态度。还可以发现，他固然严守《古兰经》和《圣训》，强调商业竞争必须诚实的道德原则，并主张在私人垄断不可避免出现的情况下，需要国家干预；但在这些论述的同时，他还强调最大限度地倡导贸易和实业自由，并主张把贸易和实业自由的法规与合同联系起来。必须指出，后一点是其他学派一般所不允许的。

第三位是阿布·穆罕默德·伊本·哈兹姆（994—1064）。他作为"表义派"教律学派在北非的大法学家，对伊斯兰教法律有独特的看法，而且反对教律学中的类比推理原则。他的经济思想有两点值得注意：第一，他主张耕者应有其田，同时耕者也有权将土地免费转让给他人。在伊斯兰教律学派中，他是唯一反对将农业用地固定化的人；而按照伊斯兰教法律制度，是允许农业用地固定化的。第二，他很重视对克服贫困问题的研究。为此，他研究了通过分配以保证社会经济公平的各种办法。

第四位是阿布·哈米德·加扎利（1058—1111）。他是一位具有丰富经济思想的学者。前面提到，S.M.格赞法尔和 A.阿齐姆·伊斯拉基合写了专文，来研究他的经济思想。另一位研究者 W.蒙哥马利·瓦特写了本专著《穆斯林知识分子——加扎利研究》（1972年爱丁堡版），更加深入地论述了他的思想。瓦特认为，加扎利是"穆罕默德之后最伟大的穆斯林，而且肯定是最伟大的人物之一"。（第6页）加扎利的杰出的历史地位，在于他是13世纪欧洲经院派出现之前，广泛探讨与研究经济问题的思想家；而他本人的特点，是以哲学家的视角来看待经济问题的：他的代表作《宗教科学的复兴》，也是用巨大篇幅来论述经济问题的。这些问题包括：自愿的贸易交换；生产阶段；贫困与收入分配；劳动分工；城市间贸易；国家财政；高利贷；易货贸易与货币的必要性；商业关系的伦理学；君主意愿与经济管理原则；等等。尤其要提出的，是他关于伪币与货币的退化原则，比奥雷姆的尼古拉斯基提出得更早。后来，一般的研究者把"格雷欣法则"某些原理的起源归功于奥雷姆的尼古拉斯基，其实是不确切的。关于这些问题，S.M.格赞法尔和A.阿齐姆·伊斯拉基合写的论文《一个阿拉伯经院派学者——阿布·哈米德·加扎利的经济思想》，在《政治经济学史》（1990年秋季号）中有详细的论述。

此外，一些中世纪阿拉伯地理学著作中，也包含着经济学的资料和思想。例如，古典阿拉伯地理学的鼻祖伊本·胡尔达兹比赫（约820—912）的《道里邦国志》（中华书局译本1991年版）中，有两节详细列举税收资料，其他部分也有涉及。他把塞瓦杜省税收欠缺归咎于总督的暴虐、愚蠢和不义之举。

这些资料，不仅使经济学家可以据此复原这一时期阿拔斯王朝的预算情况，还可以研究犹太、古俄罗斯和穆斯林商人在国际贸易中的积极作用。作为本书附录的古达玛（约 873—939）的《税册》更是一本经济资料性著作，它的税收部分包括各地赋税制度、赋额和纳税的精确数字。古达玛重视河渠治理，主张兴修农田水利，平沟整地以增加谷物产量，他统计税款时取平均值，注意硬币与银币的折合。他认为：统治者如果"敬畏真主，并具有知识、公正、廉洁的品质，以使各项事务得到正确处理和妥当安排，财富的增加肯定会是惊人的"（宋岘译，中华书局 1991 年版，第 268 页）。由此可见，如果研究者从经济学角度去看阿拉伯古籍，就会从诸典籍中有所发现。

阿拉伯学者们中间，还有像伊本·太米叶（1263—1328）、伊本·凯伊姆（1292—1350）和伊本·赫勒敦（1332—1404）等人，都有许多有意义的经济思想。寻觅者已发现了这一点。如对伊本·太米叶的研究，有 H. 劳斯特的《论伊本·太米叶》（1939 年开罗版），尤其 S. M. 格赞法尔的《中世纪阿拉伯伊斯兰经济思想探索：伊本·太米叶经济学的若干方面》（见 S. 托德·劳里主编文集，1991 年列克星顿版）一文专门研究了经济思想。约瑟夫·J. 施本格勒的《伊斯兰经济思想：伊本·赫勒敦》（载《现代社会和历史研究》，1964 年版第 6 卷第 3 期）一文，把中世纪阿拉伯经济思想概况作为背景加以追溯，并把伊本·赫勒敦的经济观点同穆斯林的道德和哲学著作中的观点加以比较，从而得出这样的结论："在某些环境下，人们实际上早就很清楚地认识到各种经济机制，如果对穆斯林经济科学作出准确评价，就必须回过头来读一读取得这种认识和经验的人的著作。"（见上刊第 304 页）

目前，寻觅中世纪阿拉伯经济思想的研究正在深入，这就为研究这些思想的西传欧洲创造了必要的前提。从历史的交往活动来看，当希腊罗马文化在西欧没落之际，阿拉伯文化曾同中国唐代文化在世界大放异彩，尤其是阿拉伯文化还保存、传播希腊罗马文化于欧洲，而且使阿拉伯的社会与自然科学同时西传。近些年又开掘中世纪阿拉伯经济思想的丰富遗藏，研究它对欧洲经院派的影响，无疑是思想交往研究的新进展，为历史交往的扩大过程增添了新的内容。乔治·奥布赖德在《论中世纪的经济学说》（1920 年伦敦版）

第 14 页上，引证了法国学者儒尔丹的研究结论。儒尔丹仔细研究了阿尔昆、赫拉班、斯科特·埃里金纳、辛克马尔、圣安塞姆和阿伯拉尔等中世纪初期神学和哲学主要人物的著作，认为在欧洲中世纪初期代表人物的著作中，"找不到任何段落允许人们设想：这些作者中的哪一位感到寻求财富（尽管他们对之蔑视）在民族和个人生活中占有的位置，重要得足以向哲学家提供发人深思和富有成果的资料。"这就是说，在圣托马斯·阿奎那之前的拉丁经院派，在经济学领域中无所建树。这个结论与熊彼特有一致之处。如果说这个结论成立，阿拉伯经济思想对圣托马斯主义经济思想的影响就显得更为重要。因为它排除了拉丁经院学派对圣托马斯·阿奎那经济思想影响纵向源泉存在的可能性，而中世纪阿拉伯经济思想作为思想文化的横向源泉的影响作用，便更为突出了。

三、思想文化交往的诸多渠道

思想文化交往作为历史交往的一种形式，它如同其他形式一样，首先离不开地缘空间的因素。

阿拉伯文化西传欧洲的最重要地缘因素是阿拉伯人统治了近 8 个世纪（711—1492）的西班牙。在这块欧洲的土地上，长期的移民、杂居、通婚、语言、宗教等方面的阿拉伯伊斯兰化，经济、血统、习俗相互融汇之中就贯穿着思想交往。作为哈里发帝国的一个行省，西班牙被阿拉伯人称作安达卢西亚。安沃尔·奇内的《安达卢西亚在伊斯兰与西方之间思想交流运动中的作用》（卡利尔· I. 西曼：《伊斯兰与西方——跨文化关系的若干问题》，1980 年阿尔巴尼版）一文集中谈到了西班牙对沟通欧洲与阿拉伯文化的桥梁作用。

阿拉伯文化西传欧洲的第二个重要地缘因素是西西里岛和南意大利。特别是在罗吉尔二世（1130—1154）和弗雷德里克二世（1215—1250）统治时期，西西里岛形成了基督教和伊斯兰教文化的综合形态。1224 年，弗雷德里克创立了那不勒斯大学，传播阿拉伯文化。经院哲学家圣托马斯·阿奎那就是从这所大学毕业的。西班牙和西西里岛、南意大利，成为阿拉伯经济思想西传的地缘纽带。

先进文化向四邻落后文化扩展传播,落后文化向先进文化学习吸收,往往组成一种双向互动运动。11世纪和12世纪,阿拉伯伊斯兰文化早已达到繁荣境界,并在邻近地缘点融合欧洲文化之际,欧洲对人文社会科学发展日渐呈关注趋势,愈益形成潮流。阿拉伯经济思想在这种潮流下,通过以下渠道,西传入欧洲的经院学派而成为其组成部分。

思想文化交往的第一个渠道,按历史的惯例,往往是被旅行家们的探险开拓行动所凿通的。这些旅行家们,有的来自商旅、有的来自教旅、有的来自政旅,乃至军旅。他们在文明交往中功绩显赫。如果没有他们孜孜不倦的旅走行连,特别是如果没有他们行作于商、行作于求知的媒介传播,古代地域的隔绝闭塞状态则难以沟通,孤立封锁的局面则难以改变。在11至13世纪,许多渴求知识的欧洲人,纷纷旅游求知于阿拉伯国家,成为阿拉伯文化的传播者。著名的传教士雷蒙·吕勒(1232—1315)就多次到过阿拉伯世界,并用阿拉伯语写过许多著作。非洲人康斯坦丁(卒于1087年)在吕勒之前就通过拉丁文译本,将阿拉伯文化介绍给西方。巴斯人阿德拉德,也是一位活跃于12世纪的第一位精通阿拉伯语的英国知识分子,是英国经院学派哲学家和阿拉伯科学知识的早期介绍者。这些文化苦旅者的知识传播,使东西方文明的交往渠道,时而似涓涓细流,时而似奔腾大河,不息地交汇融合,成为历史交往不可缺少的重要内容。

思想交往最独特的渠道,是不同语言文字的翻译。无语言沟通则无交往,无互译则无互通。摩尔根在《古代社会》中认为,文明时代"始于标音字母的发明和文字的使用";而恩格斯则进一步说:"由于文字的发明及其应用于文献记录而过渡到文明时代"①。各个地区、各民族之间的文明交往,特别是思想交往,有赖于文献记录的翻译。阿拉伯文化在和西方文化交往史上,以它两次著名的大规模和持续性翻译运动,而集中体现了这一独特渠道。第一次是8至10世纪,在阿拉伯伊斯兰世界的东方、以巴格达为中心

---

① 《马克思恩格斯选集》(第4卷),人民出版社1972年版,第21页。

的长期翻译运动。由于文化发展、社会实践、宗教传播的需要和哈里发的重视与支持，也由于中国造纸术的传入，古希腊的哲学与科学典籍、波斯和印度的学术著作，被译成阿拉伯文而抄写传播。这次翻译运动，不但是阿拉伯文化史、世界文化史的重大事件，也是人类思想交往史上的重大事件。第二次翻译运动是 12 至 13 世纪，在阿拉伯伊斯兰世界西方的西班牙、西西里及意大利南部，特别是以西班牙托莱多的翻译学校为中心进行的。此次翻译运动历时一个半世纪之久。阿拉伯文版本的古希腊哲学、科学典籍，和阿拉伯学者对这些典籍所作的注释、评论、增订与创造，以及阿拉伯学者自己的著作，被译成拉丁文、希伯来文和西班牙文。此次翻译运动意义更为重大，它是阿拉伯和世界文化史上的崭新篇章。通过此次思想交往，从思想上为新时代准备了基础，促进了欧洲文艺复兴的到来。威尔·杜兰特正确指出："通过从阿拉伯文译成拉丁文的翻译工作，产生了伊斯兰财富流入基督教西方的潮流。"（《文明史：信仰时代》，1950 年纽约版）戈登·莱夫在《中世纪思想》（1979 年芝加哥版）中，更明确地指出了这次翻译运动对东西方思想交往的意义，它标志着"12 世纪与 13 世纪在精神文明方面的差异，也就是说，它标志着欧洲与伊斯兰世界从隔离走向同它接触"。

大学是思想交往最重要的渠道。阿拉伯的统治者重视教育和学术，在西班牙的科尔多瓦、托莱多、塞维利亚和格拉纳达等城市均设有大学。以伍麦叶王朝的缔造者阿卜杜勒·拉赫曼三世（929—961 年在位）创办的科尔多瓦大学为例，该校在学科上比后来建立的开罗爱哈资尔大学和巴格达尼采米大学更完备。阿丰索十世（1252—1284）于 1269 年在塞维利亚建立了用阿拉伯文和拉丁文授课和研究的学院、研究院。至于雷蒙大主教在托莱多建立的著名翻译学校，对第二次翻译运动作出了突出的贡献。谢里夫在《穆斯林哲学史》中，列举了这个时期"来自意大利、西班牙和法国南部许多留学生就读于阿拉伯各种学院……一旦完成学业后，他们就在按照穆斯林学院的模式建立起来的西方的最初几所大学中谋职"（第 1367 页）。威尔·杜兰特在《文明史：信仰时代》中则说："在 12 世纪，欧洲发现了西班牙的财富。一些博学的学者来到托莱多、科尔多瓦和塞维利亚，一支传播新知识的船队，越过比利牛斯山,在尚处于天真幼稚状态的北方的精神生活中掀起了革命。"(第909页)这样,通过大学渠道,思想交往成果从伊斯兰世界西端传到基督教欧洲的腹地。

11世纪开始的著名的十字军东征,一方面,是一种以非常的、野蛮的暴力方式进行的历史交往。这种交往扩大了西欧同近东的活动范围,从客观效果上,打开了西欧封建主认识东方的渠道,使他们在东方见识了比欧洲更发达的物质文明,也领会到东方的思想文化。另一方面,在战争中也出现了文明扩散的现象。当来自西欧各地的骑士云集西班牙,协助当地基督教徒从阿拉伯人手中收复失地时,很多阿拉伯学者和阿拉伯化的犹太人,为逃难而迁居法国南部和西欧其他地方,从而激发了西欧学者翻译阿拉伯文化典籍的热潮,使第二次翻译运动进一步扩大。这些随着战争而来的思想交往渠道,虽然与和平时期相比,有其特殊性,但只要有战争交往的形式出现,这种渠道便会开通①。战争是一把多刃剑,它为交往所使用。

口头传播是思想交往必不可少的渠道。它既古老又常新。语言是人类交往必不可少的工具,这种工具运用之于口头,比见诸文字记载更为普遍。它最常见、最普遍,同时也最难保存资料,因而不易找到资料的"口碑史学"。中世纪欧洲与伊斯兰世界的口头传播渠道也是这样。不过,通过口头传播而代代相传的思想交往,毕竟还能保存下来一些,对此虽不能有太高期望,但不能过于悲观而有所忽视。卡利尔·L.西曼主编的《伊斯兰与西方——跨文化关系的若干方面》一书中,有安沃尔·奇内的文章《安达卢西亚在伊斯兰与西方之间思想交流运动中的作用》,就是持此种态度。他说:"口头传播在这个领域里(他指的是"思想交流",他用 the Movement of Ideas 来表达——引者)发挥了重要作用,其证据在阿拉伯和西方的著作中都可找到。"(第11页)他又说:"由于穆斯林和基督徒之间长期和不间断的接触,实现了口头传播。对于基督徒来说,同穆斯林沟通不存在严重的障碍,因为双语制在当时西班牙很流行。长达8个世纪的如此密切接触,这本身就是实现持久的文

---

① 彭树智:《第二次世界大战与第三次技术革命》,《西北大学学报》1995年第3期。

化交互作用的一个相当有力的原因……正是从这个事实出发,应该给予往往远超出西班牙疆界的口头传播以更高的评价。"(第120页)这些话从西班牙这个典型地域作了很好的说明。

　　思想交往不是在思想领域中孤立进行的,它和商业贸易活动密切相关。因此,商业贸易和十字军东侵前后欧洲社会文化界对各种经济制度、经济体制的宣传,也是经济思想交往的直接渠道。熟悉经济史的人都知道,曾经引起长期争论的"皮雷诺论点"。这个论点认为,古代文明向中世纪文明过渡,"是从一个缺乏能动性的时期转向一个研究和重新解释的时期。"这个论点的依据和基础,就建立在阿拉伯经济思想的传播空间上。这个论点的提出者、法国经济史学家亨利·皮雷诺(1862—1935)声称,古代欧洲文明向中世纪文明的过渡,主要是由于欧洲同阿拉伯伊斯兰文明的接触引起的(参见阿尔弗雷德·哈维格斯特:《皮雷诺论点:分析、批判和纠正》,1969年列克星顿版)。

　　这里姑且不谈有关此问题的争论,仅从构成阿拉伯经济思想的根基的经济频繁交往活动中,就可以窥察到亨利·皮雷诺所说的"研究和重新解释的时期"的意义。我所指的就是贸易和货币。阿拉伯商人通过商业贸易交往活动,使他们的货币在中世纪欧洲自由流通,有效地传播了他们的经商技术与方法,从而加深了阿拉伯东方对欧洲的影响。依据交往形式的内在规定,货币是一个重要交往媒介,从它产生以来,就在历史交往中起着重要作用。以货币为一般交往媒介,经过生产方式的长期演进,成为主要交往形式的历史阶段,是交往形式的历史性转变。它比以血缘和以政治身份为主要交往媒介形式的历史阶段,更具有普遍交往的性质,因而为普遍和全面的个人自主自觉交往阶段创造了必要的前提。正因为货币在历史交往中具有这种特点,所以它在人们的交往实践过程中,反复表现出独特作用,自然引起了许多思想家的思考,从而给予"研究和解释"。阿拉伯民族是一个有从事贸易传统的民族,阿拉伯学者们对于本民族的这种传统,根据伊斯兰教经典加以诠释,鼓励富于活力的经营交往精神,赞赏商业活动,并把这种研究和解释写进自己的著作,也是情理之中的事。

　　值得注意的是,阿拉伯商人在同欧洲进行经济交往活动时,把商业贸易的种种合同、票据制也传入欧洲。例如，尤多维奇发现的 15 世纪威尼斯商人与亚历山大的阿拉伯商人签订的"代营书"（Commende，阿拉伯语为 Mudharibah），就是一种规定双方合资兴办企业、共担风险义务的书面合同。《经济史杂志》1944 年第 4 卷发表的 Y. 萨布伊·拉比布的《中世纪伊斯兰的资本主义》一文中指出，同时传入欧洲的，还有"交换书"（Suftajah）、"信托书"（Hawala），以及"专业贸易中心"（Funduq）的原始形式"私人银行"（Mauna）。据考证，欧洲许多商业用语，都源于阿拉伯语，如"债务凭证"（Sakk）产生了现代用语"支票"[①]。这反映了由商业关系而导致穆斯林与基督徒间密切合作的多种形式。所有这些，都是经济思想交往的前提，构成了汇流的渠道。

　　思想交流的一个不可忽视的渠道，是 14 和 15 世纪拉丁世界的经院学派，通过他们前辈的著作，接受阿拉伯学者的经济思想。这条传播渠道可称之为间接渠道。A. C. 克龙比在《中世纪和近代初期的科学》（1963 年坎布里奇版）一书中，对此有详细论述。这里，我用欧洲经院派代表人物圣托马斯·阿奎那（1225—1274）作为典型加以分析。他在巴黎大学时，正是阿拉伯文化浪潮在基督徒中引起强烈反响的时期，1210 年、1215 年、1231 年和 1245 年，教会当局都企图封锁这种自然主义和理性主义哲学的冲击。圣托马斯·阿奎那不害怕这种观点，相反地去研究它，从中吸取知识。他通过他在巴黎大学的导师大阿尔伯特（1206—1280），特别是他同时代人雷蒙德·马丁（死于 1285 年）接受了中世纪阿拉伯学者加扎利的思想。雷蒙德·马丁的著作《信仰的利剑》吸收了加扎利的许多思想，这部著作启发了他撰写《反异教徒大全》。而《信仰的利剑》和《反异教徒大全》，这两部著作都是受多明我会（Dominican Order）委托撰写的神学著作。圣托马斯·阿奎那还从叙利亚神甫巴尔·黑布拉欧斯（"法拉杰"）和犹太人蒙尼德（伊本·迈蒙）那里了解和引用了加扎利的著作。如果把加扎利的《宗教科学的复兴》（4 卷本，贝鲁特版）和圣托马斯·阿奎那的《神学大全》（3 卷本，1947 年纽约版）加以比较，就

---

① J. H. 克雷默斯：《地理学与商业》，载《伊斯兰遗产》，牛津 1934 年版，第 102 页。

会发现包括经济问题在内的许多论述和方法论,都几乎是相同的。前引迈尔斯《阿拉伯思想与西方世界》第42—43页,谢里夫的《穆斯林哲学史》第1360—1362页都讲到,圣托马斯·阿奎那通过这一渠道接受阿拉伯经济思想的情况。

中世纪阿拉伯经济思想已经被许多国外学者寻觅开掘出来,沟通思想交往的渠道已是客观存在,欧洲经院派学者受阿拉伯经济思想的影响已有端倪可见。虽有许多问题还有待研究,但从文明交往角度看,中世纪东西方文化的融汇过程在相容性、吸收性和排异性并存中,不但范围扩大,而且向深度发展了。这显示了这个思想文化交往史例个案的历史意义。

《伊斯兰教与中东现代化进程》一书中的文明交往线索

《伊斯兰教与中东现代化进程》是西北大学出版社于1997年出版的专题著作。它是从文明交往史观，来研究伊斯兰文明与中东现代化之间的冲突与整合问题的尝试。中国社会科学院院长李铁映主编的《中国人文社会科学前沿报告（1999）》中指出：本书提出了"在中东这样一个有着悠久文化传统的地区，实现现代化是否一定要以'摒弃传统的伊斯兰教为代价'这一严肃命题，并对其进行了深入探索"。本文是这一专题著作的要点。

一、导论：伊斯兰教的变迁和中东现代化进程

伊斯兰教与中东现代化问题，是一个具有深远的理论意义和现实实践意义的前沿性大课题。同时，它的动态多变性和涉及面广的复杂性，更增加了研究的难度。

伊斯兰教与中东现代化问题，不是一个新提出来的问题，它在19世纪已经是中东社会面临的难题了。然而，在现阶段，在20世纪即将结束和21世纪快要来临之际，这个问题却有新的内容。由于现代化发展带来的挫折和困难，具有伊斯兰教悠久历史和深厚传统的中东社会，承受着不满和失望、愤怒和失落的困扰。对于中东所有的穆斯林而言，最重要的甚至可以说是第一位优先的课题，是重新解释伊斯兰教古老纯朴的传统启示，以决定在多大程度上和以何

种方式扬弃 14 个世纪以来积累的历史文化遗产，从而适应现代化的社会发展进程。

从世界历史看，我们会发现伊斯兰教与中东现代化并不是孤立的问题，它实质上是发展中国家在现代化进程中所面临的共同问题，即传统与现代化的问题。发展中国家在现代化发展阶段、水平和速度上千差万别，但在 20 世纪 80 年代以来，却以不同方式突出地提出了传统与现代化这样一个共同性的问题。世界瞩目的"东亚奇迹"的群体经济起飞，提出了重新评价传统儒学的问题；震动全球的中东"伊斯兰潮"，提出了重新解释伊斯兰教的传统问题。异曲而同工，都反映了传统与现代化作为发展中国家社会经济变革中面临的共同的新的大课题。

为什么说它是新的课题？它"新"在什么地方？传统与现代化之间的矛盾在发展中国家的变化，可以因地区、因国家、因时代而分成许多不同的阶段。不过，从总体上大致经历了前后两个不同的历史时期。以 20 世纪 70 至 80 年代为界线，在这之前，传统与现代化之间的矛盾，是在西方殖民化和东方反殖民主义的政治军事斗争的历史背景下进行的，其表现形式主要集中在东西方文化的冲突上。20 世纪六七十年代，西方殖民主义体系解体和东方民族独立国家体系形成。在这个大变化之后，东方各国的经济优先性就取代了政治优先性，传统与现代化之间的矛盾随之就发生了新的变化。这一矛盾更多地直接表现为传统与现代市场经济之间的矛盾，尤其是突出地表现为传统价值观与现代市场经济发展所带来的价值观念之间的矛盾。因此，传统与现代化，就成为发展中国家社会经济变革中面临的共同重大的新课题了。

在这个共同性的新课题上，中东社会表现了它的独特性。中东"伊斯兰潮"不同于东亚的经济发展"奇迹"，伊斯兰教自然也不同于儒学。恩格斯说过，历史上的伟大转折点有伊斯兰教的变迁相伴随，作为"伴随"者，还有另外两大世界宗教：佛教和基督教[①]。伊斯兰教作为世界性的大宗教，在人类文明交往的实践活动中，表现了它传统的凝聚能量和适应能力。因

---

① 《路德维希·费尔巴哈和德国古典哲学的终结》，载《马克思恩格斯选集》（第 4 卷），人民出版社 1972 年版，第 231 页。

此，从文明交往的新角度，全面考察伊斯兰教在中东现代化这个历史上的伟大转折点的变迁，是很有必要的。

的确，伊斯兰教是在中东和欧亚的广泛文明交往中产生、形成和发展起来的世界性宗教。伊斯兰教的变迁和许多伟大历史转折点息息相关，它的传统特点就是长期文明交往的直接结果。这些特点大致可以概括为如下四点：

第一，强烈的政治参与传统性，或入世性传统。伊斯兰教在文明交往中形成的政教合一、教族合一性，非其他宗教可与之相比。先知穆罕默德创教之初，在麦地那建立的"乌玛"（Umma），就是一个以一神教的教缘为同一性的、与阿拉伯地缘和族缘相结合的穆斯林公社。它实际上是神权与王权、宗教和政治相结合的阿拉伯民族国家的基础和雏形。经过四大哈里发时期，交往扩大了。到伍麦叶王朝，在政治和军事交往过程中，"乌玛"的传统推选制被王室继承制所取代，君主权力增强[①]。但根据哈里发制，沙里阿和乌莱玛在国家政治中的特殊地位，仍存在于阿拔斯王朝和奥斯曼帝国。即使1924年哈里发制被废，而伊斯兰教的强烈政治参与性传统仍然以不同形态存在，成为影响中东政治的深刻根源，中东的世俗国家也不能对它采取漠视态度。因此，伊斯兰教首先的特点不是宗教的文化性，而是宗教的政治性。

如果一定要谈伊斯兰教的文化性，那首先要认识到，它是一种宗教政治文化。政治性在伊斯兰教传统的文化思想体系中占有十分突出的地位，这也是其他宗教文化无法与之比拟的。当然，这种政治性又是"万物非主，唯有真主"的原则之下的先知政治权威论。真主为国家唯一的主权者，而"服从使者"、统治者"代行"真主的政治和法律主权等等原则，使宗教信仰与政治意识形态相结合，从而形成了以伊斯兰教为政治权威的传统宗教政治观。这种宗教政治文化体系形成历史传统和社会心理，赋予伊斯兰文明以独特的系统和恒久性质，以至于中东其他民族主义、社会主义政治文化，在政治交往中也不能不求助于它。当代的伊斯兰教复兴运动者中间，许多人则从

[①] 印度穆斯林学者认为，伍麦叶王朝的穆阿维叶哈里发是使伊斯兰政权从宗教向世俗化转变的开端（苏沙什·贾因：《穆斯林与现代化》，拉瓦特出版社1988年版）。这正说明了伊斯兰教在历史转折中的政治和宗教关系变迁。

中找到了教权至上、政教合一的神权政体的理论依据，使之成为伊斯兰国家观的组成部分，或者从伊斯兰法理中包含的政治协商理论，寻觅到"伊斯兰民主"的本源。总之，伊斯兰教这个特点，使它在现代化进程中的世俗环节上，尤其是在政教分离问题上，处于进退两难的境地。在当前和今后历史转折和文明交往的发展纵线，与伊斯兰教变迁的横向发展的交叉点上，探求它和现代化的融会点或契合点，乃是中东社会的长期重大课题。

第二，兼容的深义和边义性文化传统。虽然不能从一般宗教文化内涵来认识伊斯兰教的特点，而首先要从宗教的政治性上认识它的宗教政治文化的特点；但是，不能由此忽视伊斯兰文化的重要性。伊斯兰文化是宗教政治文化，这是从宗教信仰与政治融合的跨学科的"边义文化"而言的。就文化的本质特征看，伊斯兰教的文化是一种兼容的"深义文化"和"边义文化"①。在过去一段时期里，由于对宗教的狭隘偏见和对文化理解的不够全面，对宗教与文化之间关系的认识存在片面性。20世纪80年代以来，在对宗教与文化的再认识过程中，研究者在以下三方面达成共识，即宗教是信仰，是社会实体，是文化。这对于研究伊斯兰教与文化的内在关系具有积极意义。伊斯兰教在历史交往的长河中，本着安拉创造万物和人类知识来自安拉启示和赐予的原则，根据自己的需要而兼容诸家，博汇众流，从而形成自身深义文化和边义文化的伊斯兰性。这种兼容精神不仅在宗教哲学、教育和艺术方面形成了伊斯兰的特色，不仅给予人文社会科学和自然科学技术以伊斯兰的精神，而且成为沟通东西方，使历史变为世界历史的巨大文化纽带。尽管"创制大门"有时关闭，排他性增强，导致兼容性丧失，然而开放终究再使之具有活力。

伊斯兰教兼容的深义性和边义性文化传统，是在历史交往的深层实践活动——思想文化交往过程中形成的。辉煌的伊斯兰阿拉伯文明是这种交往的

---

① 周一良先生把文化分为狭义、广义和深义三个层次，并第一次提出"深义文化"的概念（《中外文化交流史》，河南人民出版社1981年版，第2页）。我从跨学科研究的趋势，结合东方民族主义思潮的研究，补充了文化与政治学、宗教学、民族学、社会学等的交叉而出现的"边义文化"，"政治文化"即其一种（《东方民族主义思潮》，西北大学出版社1992年版，第4—6页）。

伟大成果。这次历史交往发生在东西方的时间和空间交错点上：在时间上，它处于古希腊、罗马文化已经衰落与近代西方文化尚未开始之间；在空间上，它处于亚、非、欧三大洲的古埃及、两河流域、印度、伊朗和古希腊、罗马等古典文化所在的东西方交汇地区。伊斯兰阿拉伯文明，概括地说，是以伊斯兰教为指导思想，以阿拉伯语为表现形式，综合而又发扬了诸多东西方古典文化内容的宗教文明。这种伊斯兰性的深义和边义文明，在人类文化思想交往史上的杰出作用，突出地表现在 8 至 10 世纪和 11 至 13 世纪两次规模巨大的翻译运动上[①]。前者发生在阿拉伯伊斯兰世界的东部，是以巴格达为中心，古希腊、波斯和印度的典籍被译成阿拉伯文版本而传播于世；后者发生在阿拉伯伊斯兰世界的西方，是以西班牙托莱多为中心，阿拉伯文版本的希腊古籍及注疏被译成拉丁文、希伯来文和西班牙文。两次翻译运动东西辉映，相互衔接，成为人类思想文化交往史上的璀璨篇章。尤其是后者为新时代准备了基础，促进了欧洲文艺复兴的到来。这种兼容性，西方学者也不否认[②]，它成为适应历史变迁的有利条件。

第三，公平的商业性经济传统。伊斯兰教重视商业的传统悠久，《古兰经》包含着丰富的经济思想。如同政治的前提是宗教一样，伊斯兰教把经济活动看作隶属于人生的第一职责——宗教义务。由于伊斯兰教在历史交往的变迁中，没有发生过基督教那样性质的宗教改革，所以它更具有中世纪经济的宗教传统性。万物皆由安拉创造、世间一切归安拉所有，决定了个人财产所有权的相对性和暂时性。宗教义务第一，经济活动服从于信仰安拉与使者，决定了追求财富的有限性和经营狭小的商业规范，从而使社会经济正义（如"公正""平等"）成为传统经济观的重要原则。伊斯兰教的社会经济正义以及远行经商、勤劳致富、诚实交易等等传统经济道德思想，属于有价值

[①] 彭树智：《从历史交往看阿拉伯经济思想的西传》，《人文杂志》1996 年第 5 期；金宜久：《伊斯兰教史》，中国社会科学出版社 1990 年版，第 198—200 页。

[②] B. 刘易斯指出，伊斯兰教"无论从历史、文化和宗教方面看，它最接近西方观点……它继承了大部分犹太教、基督教、古希腊罗马的文化遗产，而后者则构成了我们现在的文明"(《伊斯兰教与自由主义民主：穆斯林观念和西方反应》，载 [美]《世界议事日程热点及其前景》（第四版），转引自《现代外国哲学社会科学文摘》1996 年第 4 期)。

的文化遗产。《古兰经》禁止高利贷，但并不反对剩余价值，以伙伴关系和银行联系，仍可以获取做生意的资金。《古兰经》中有关男女都有继承遗产的权利，对改革10至14世纪中东强烈的父权制条件下的法律，提高妇女经济地位，适应变化的世界，是有利的。此外，经济观中的务实传统，有利于伊斯兰教对市场经济营销活动的适应性。

第四，交往的世界性传统。世界性也许比前述政治性、文化性和经济性传统，更能说明伊斯兰教在历史交往中的特点。伊斯兰教的目标，是将该教传播于全世界，让世界上所有的人都信仰独一无二的安拉。为此目标，它广泛地采用了各种交往方式，特别是军事征服的"圣战"交往方式，在广大地域实现了伊斯兰化，在中世纪就建立了以中东为主体的，横跨亚、非、欧三大洲的"伊斯兰世界"。在这个人类文明摇篮地区，好几个古国都做过建立世界大帝国的尝试，如埃及新王国（公元前二千纪中叶），波斯（公元前一千纪中叶）和马其顿（公元前4世纪），后来还有罗马帝国和安息、萨珊波斯。但只有阿拉伯民族在伊斯兰教的旗帜下，完成了空前的世界性历史交往。虽然阿拉伯帝国和前几个帝国一样，在经过繁荣之后解体了。但不同之处在于，它在伊斯兰教思想指导下，经过长期历史交往，使阿拉伯民族得以形成。伊斯兰教此后在南亚又建立了德里素丹国家和莫卧儿帝国，尤其是奥斯曼帝国的建立，更加强化了伊斯兰教交往的世界性传统。伊斯兰教在历史交往中的这种变迁的世界性传统，使之经常要在世界范围之内表现其历史作用，从而使一国的政治军事变动常影响到世界的许多地区。

伊斯兰教正带着交往的世界性传统及其他传统，进入世界性的现代化过程，从而开始新的历史交往，并表现出新特点。

现代化是人类社会实现从传统农业社会向现代工业化社会的变革过程。它的核心是以实现工业化为主要内容的经济变革，根本动力是科学技术作用于生产过程，使生产力发生变革，从而影响到政治、经济、文化、社会结构等各领域的发展过程。现代化作为一个世界性的历史进程，它的本质要求是开放与合作，因而也导致了全球国际社会与国际关系的变革。

现代化具有动态性和多样性，就中东现代化的进程而言，主要经历了以下发展阶段：

第一阶段：艰难的序幕（1719—1908）。中东与欧洲相毗连，成为西方列强最早进行全球范围大规模殖民扩张的首批地区之一。盛世掠过而走向衰落的伊斯兰奥斯曼帝国，是首先面对西方现代化挑战的东方大国。在伊斯兰教法"创制大门"关闭、伊斯兰教失去适应时代发展而变革的活力之时，基督教欧洲经过文艺复兴而走出中世纪，借助科学技术使资本主义迅速发展。这种情况下，奥斯曼帝国过去在同西方国家交往中作为政治武器的特权条约，因军事上的节节失利，而变成西方列强奴役帝国的工具。16世纪末期，帝国在勒班曼海战中败于西班牙和威尼斯之后，被迫同欧洲国家签订了《卡洛维茨条约》（1699年）、《巴沙洛威茨条约》（1718年）、《贝尔格莱德条约》（1734年）等以割地为中心内容的条约，使特权条约变为帝国固定的国际义务，与英国、荷兰等国随后也签订了类似条约。

伴随着西方殖民化而来的现代化浪潮的潮头，是现代军事技术的优势。在多次军事较量中，奥斯曼帝国在民族危机日益严重、军事上节节失利的严峻挑战面前，统治集团中的改革派、伊斯兰宗教人士、知识分子，从不同方面做出反应，寻求救亡图存、强国富民之路。他们意识到，伊斯兰传统已不足以与西方现代化先进军事技术抗衡。要想使帝国再度强盛，必须借助西方式的军事改革，进而发展为政治、经济、法律、教育和社会文化生活的改革。这种改革的最初有意识的尝试，出现于《巴沙洛威茨条约》签订的第二年，即1719年。在位的奥斯曼帝国素丹艾哈迈德三世（1703—1730），首开模仿西方手段的现代化改革。在他启动了由素丹及其改革派大臣进行的自上而下的改革闸门以后，历经麦哈迈德一世（1730—1754）改革、阿卜杜勒·哈米德一世（1774—1789）改革，特别是谢里姆三世（1789—1807）的"新秩序"改革、麦哈迈德二世（1808—1839）的"新军重建"改革、阿卜杜勒·麦吉德（1839—1861）和阿卜杜勒·阿齐兹（1861—1876）的"坦齐马特"改革。一百余年的改革虽未能挽救帝国的解体，但在伊斯兰教的政教合一大国中，毕竟于1876年出现了第一部宪法。它成为上承素丹改革、下启青年土耳其党人革命的关键性标志。

时间虽不如素丹改革长久，但意义丝毫不亚于素丹改革的是1812—1849年埃及的穆罕默德·阿里的改革。这次改革是政治、军事、经济和文化诸领域的全面改革，是一个伊斯兰国家对西方挑战的积极而有力的回应。穆罕默德·阿里把农业改革与军事改革并重，堪称卓识；但他不像有的学者所说的，因此而忽视了工业、管理和文化诸方面。他对待伊斯兰著名高等学府爱资哈尔大学的改革持谨慎态度，在未触动其体制情况下，积极从中选派毕业生到国内外现代学校中深造。这种培养新一代乌莱玛的措施的结果，造就了像里法阿·塔赫塔维那样的阿拉伯启蒙思想家。他在所属的叙利亚也进行了改革，导致了那里的文化复兴。他对一个名义上属于奥斯曼帝国而实际上独立的伊斯兰大国埃及的改革，作了可贵的探索。正因为如此，马克思用三个"唯一"来称赞阿里，这就是"唯一能够使土耳其变成俄国的最大威胁、唯一能用真正头脑代替'讲究头巾'的人"，"穆罕默德·阿里统治的埃及"，是"当时奥斯曼帝国的唯一有生命力部分"①。这次改革影响到19世纪60至70年代，赛义德和易司马仪在埃及继续了穆罕默德·阿里开始的文化改革，使开罗和亚历山大已相当欧化②。但英国的殖民化浪潮使埃及沦为半殖民地，而政治上丧失独立的困境，是不能进行真正的现代化的改革的。汹涌的殖民化浪潮淹没了埃及和整个奥斯曼帝国自上而下的现代化浪潮。

在19世纪下半期，中东出现了伊斯兰教社会改革运动，表现为和西方殖民化有关的两股不同的潮流。

第一个是1818—1899年素丹努比亚人、阿拉伯人，及其他民族以伊斯兰教为旗帜的"马赫迪"抗英起义，并建立了独立的"马赫迪"国家。恩格斯把它看作是游牧民族抗击英国人的起义，但又指出它具有旧式起义保留原来经济条件的致命弱点；而不是西方城市平民以基督教为外衣，进攻、毁灭旧经济，代之以新的资本主义经济③。恩格斯由此指出，伊斯兰世界的宗教起义的

---

① 《俄土纠纷——东印度问题》，载《马克思恩格斯全集》（第9卷），人民出版社1961年版，第222页，第231页。
② 彭树智：《阿拉伯国家简史》，福建人民出版社1991年版，第199—201页。
③ 《论早期基督教的历史》，载《马克思恩格斯全集》（第22卷），人民出版社1965年版，第526页注。

周期性冲突，根源在于旧的经济基础。现在有些人把恩格斯有关论述用来解释当代伊斯兰复兴运动的"周期率"，显然是不符合原意的。但是，起义中蕴藏的通过复兴宗教以达到振兴国家的宗教历史意识和文化心态，确实是为穆斯林民族所共有的[①]。这是一种伊斯兰教的动中求变、以适应外部环境的内在力量。

第二个潮流是伊斯兰现代改革主义运动，其代表人物是贾马鲁丁·阿富汗尼和穆罕默德·阿布杜。他们是一群伊斯兰知识分子对西方文化冲击做出积极反应的代表人物。与一些崇古、拒变、轻外、自足的传统主义者不同，他们好新、求变、明外、开放；与统治阶层的改革派不同，他们从文化思想的理论精神层面、理性的关系，探索实现伊斯兰世界的现代化之路。他们用重新解释伊斯兰教传统的方式，把现代科学理论注入伊斯兰教。阿富汗尼的现代改革主义理论与实践活动，对政治特别关注，把政治优先性置于现代化启动的第一阶段，认为只有政治革命胜利之后，才能有社会经济和教育文化领域的改革。正因为如此，他的现代主义包含着泛伊斯兰主义，并且是阿拉伯民族主义最早的源头之一[②]。阿布杜强调宣传科学、发展教育，试图用"创制"（独立判断）的理性原则，使伊斯兰教顺应历史潮流，达到与现代进程的一致性。台湾学者殷海光曾把阿布杜比作张之洞。的确，在调和传统与西学上，二人有相似之处：一是"中学为体，西学为用"，一是"伊学为体，西学为用"，而二人都有显赫地位。但二者只能说相似。总之，伊斯兰现代改革主义是伊斯兰教变迁史上的一个转折点，他们的"现代主义"和"改革"是在试图改革伊斯兰教，赋予其现代内容，寻觅中东和伊斯兰世界的现代化之路的改革。

第二阶段：成功的突破（1908—1945）。随着20世纪的来临，现代化改革之风吹遍土耳其、伊朗、阿富汗和阿拉伯半岛。与欧洲关系密切、有长期改革历史的土耳其，得风气之先，成为中东现代化潮流的中心。土耳其的现代改革运动的高潮是凯末尔的现代化、民族化，而核心是世俗化，关键的突破是建立了政教分离的现代土耳其共和国。凯末尔主义包括了共和主义、

[①]吴云贵：《近代伊斯兰运动》，中国社会科学出版社1994版，第4页。
[②]彭树智：《从伊斯兰改革主义到阿拉伯民族主义》，《历史研究》1991年第3期。

民族主义、平民主义、国家主义、世俗主义和革命主义等六项原则①。其中，世俗主义表示土耳其共和国要永远摆脱伊斯兰教神权势力对政治生活和文化的束缚，在实践上表现为涉及政治、法律、教育、文化及社会习俗各方面的世俗化改革。世俗主义并不是一概反宗教，而是要求宗教不干预政治。这样，在中东现代化进程中出现了土耳其世俗化的模式。它的成功虽至今尚未引起有些现代化研究者的注意，但我一直认为，它对于中东伊斯兰世界是历史性的事件。最近中外一些著作对此有新的论证②。

正因为凯末尔革命结束了六百多年政教合一的奥斯曼帝国的统治，并在此基础上开始了现代化改革，所以在中东引起了连续的反响。几乎在同一时期，伊朗礼萨汗改革和阿富汗阿马努拉改革，都在凯末尔改革影响下具有世俗化的性质。礼萨汗的改革虽然是在中央集权的君主制体制之下进行的，但在法律、教育、社会、宗教管理等方面，都采取了一些世俗措施，而且也取得了一定成效。在落后的农牧山国阿富汗，阿马努拉国王在政治、经济、文化与社会生活等方面，实行了脱离国情的冒进的、挫伤了人民宗教感情的改革，虽有个别可肯定之处，但终究是一次失败了的世俗化改革③。无论是土耳其的成功、礼萨汗的成效，或是阿马努拉的失败，从中东现代化的进程看，都标志着社会的变革和伊斯兰教的变迁正在进入一个新的历史阶段。

沙特阿拉伯的伊本·沙特的伊斯兰现代化改革，是本阶段成功改革的另一突破。但遗憾的是，它不仅被一般现代化研究者所遗忘，也被中东现代化研究者所忽视。伊本·沙特的改革和凯末尔的改革，都是中东现代化改革模式的开创者。作为伊斯兰现代化模式，伊本·沙特把伊斯兰教作为立国治国基础，他一身兼国王与瓦哈比派教长，但在伊斯兰教教义和沙特家族统治利益的原则下，他积极引进现代观念与先进科学技术，处理好与乌莱玛的关系，谨慎地进行了初步改革。他冲破压力，同美国公司合作，于1938年首

---

① 彭树智：《凯末尔和凯末尔主义》，《历史研究》1981年第5期。
② 王京烈主编的《动荡中东多视角分析》对凯末尔改革作了充分肯定（世界知识出版社1996年版，第274—281页）。西方学者H.泡顿用280页篇幅把土耳其改革作为新的类型进行研究，见《大礼帽、灰狼和新月族：土耳其民族主义和土耳其人》，1996年版。
③ 彭树智：《青年阿富汗派历史作用》，《历史研究》1988年第4期。

先在达兰发现石油，使阿拉伯牧人跨上了"石油之马"，其意义不仅在经济方面，而且在圣俗之间。尤其这一模式出现在伊斯兰教的发源地阿拉伯半岛，其影响将是深远的。

第三阶段：历史性的转折（1945年至今）。中东现代化的前提条件，是反对帝国主义的殖民统治，建立独立的民族国家。实质上，建立政治上独立的民族国家，是中东现代化的内容，是政治上现代化的第一步。中东国家现代化，一开始把政治置于优先地位，其集中表现为反对帝国主义和反对封建主义的民族民主运动，而目标正在于建立独立的民族国家。这是备受帝国主义压迫、在反对殖民化过程中启动现代化进程的特点之一。民族民主运动从19世纪已初具规模，20世纪上半期出现高潮，第二次世界大战后又出现了新的高潮，并在50至70年代建立了一系列民族独立国家[①]。中东民族独立国家体系取代帝国主义的殖民体系，这是中东现代化进程中的历史性的转折[②]，反映了世界的潮流所向。

伴随着这一历史性的转折，伊斯兰教也经历着曲折的变迁。在中东建立民族独立国家体系的过程中，形成了君主制和共和制两大政治类型。在建国前，北非和阿拉伯半岛南部一些国家，宗教阶层和伊斯兰知识分子领导了民族运动；埃及和新月带，世俗民族主义成为领导力量；突尼斯和阿尔及利亚，民族运动先由宗教集团掌握领导权，后被世俗民族主义力量所控制。在建国后，共和制国家加强世俗性，但也对伊斯兰采取了用宗教来加强政权的合法性，并在对外政策中实行世俗化的政策。在世俗化趋向的同时，宗教情绪强烈的青年知识分子，对政府现代化政策持有异议，因而转向伊斯兰的复兴；而不满世俗化的宗教界也从事反政府活动，加强了伊斯兰复兴运动的势头。伊斯兰组织与反政府运动的共和主义浪潮主流同时并存。

20世纪70至80年代初，是中东经济、政治和社会大变革的年代。中东

[①] 黄民兴：《论伊斯兰教在阿拉伯现代民族国家形成中的作用》，《西亚非洲》1996年第3期；W. T. 肯斯顿：《不列颠在中东的现代化政策（1945—1958年）》，1996年版。

[②] 这个转折点也是世界现代史上的转折，见彭树智：《世界史·现代史编》（下册），高等教育出版社1994年版，第168—221页。

国家按一般现代化，把经济和文化发展提升到优先地位之际，它丰富的石油资源为这一发展提供了强大的动力。进入80年代，大多数国家人均国民产值都超过1000美元，其中3个国家高达2万美元以上，广大穆斯林的物质生活与精神生活发生了巨大的变化。但随之而来的结构失衡、通货膨胀、失业、贫富分化和西方文化的影响，造成日益严重的社会问题。"伊斯兰发展道路"问题，再次在发展经济学研究中成为前沿问题。约翰·埃斯波西托的《伊斯兰教与发展》(1980年纽约版)和胡尔希德·阿赫默德的《伊斯兰经济学研究》(1992年伦敦版)，都在探索通过价值转换以吸收西方先进科技成果和经济管理经验，思考解决伊斯兰教与现代化的关系①。显然，过去常作为奇闻趣谈的阿拉伯文盲牧民开着罗尔斯·罗伊斯高级轿车放牧骆驼的故事，已经时过境迁。而经济改革的转折时期，必须有政治、文化的全面平衡综合发展，仍是伊斯兰发展经济学面临的问题。

这一阶段的第三个历史性转折的标志，是"伊斯兰潮"的持续发展。中东现代化进程中，伊斯兰复兴的潮流一直涌动。它使中东国家在选择发展模式上和政治文化意识形态上，带有各种形式的伊斯兰色彩。约翰·沃尔1982年在美国出版的《现代世界的伊斯兰教》一书中，以宗教传统与现代化的关系为主线，以政教关系为依据，把穆斯林国家分为五种类型：传统君主制、激进世俗主义、激进民族主义、激进阿拉伯社会主义和温和的共和国民主制。与此同时，把原教旨主义也分为传统、温和与激进诸类型②。实际上，确如作者所言，当代伊斯兰复兴运动是一个极为复杂的社会现象，具有双重甚至多重性质③，而且正在变化之中。在1979年末推翻巴列维王朝的伊斯兰革命后，现代化的历史转折点的坐标上，呈上升的最新的伊斯兰潮。究其原因，多种多样。穆斯林民众的宗教回归感，有其深刻的历史背景与诸多现

---

① 1996年出版的R.威尔逊的《经济，种族和宗教：犹太人、基督徒和穆斯林的经济思想》，对经济学家感兴趣的伦理学和信仰，道德哲学和神学在经济中的作用，进行了比较研究。穆罕默德·埃尔坎费夫同年出版的《埃及经济》一书，就经济模式归纳了1970、1980年4种不同政策方案。
② 吴云贵：《伊斯兰教典百问》，今日中国出版社1994年版，第124页。
③ J. J. G. 詹森：《伊斯兰原教旨主义的双重性》，1996年版。

实因素。但从根本上说，是中东社会正处于关键性的剧烈变革阶段。作为深层影响重要因素的伊斯兰教传统，以其特有的宗教、政治和文化连续性线索，同这种社会变革线索形成了交叉。于是在历史交往的坐标图上，迸发出了伊斯兰教传统的复兴潮流。

中东现代化进程发展的三个阶段历史说明，伊斯兰教是一个富有活力的世界性宗教。它有着丰饶的历史积累，它体现着民族的智慧和感情、兴衰和荣辱。它在现代化起步较晚的中东地区，使这一后发型的现代化进程，具有一系列伊斯兰教传统的特色和宗教心理的文化认同。中东后发型现代化由于丧失了历史机遇而必须从外引进先进思想、文化、科学技术以及制度，所以又是一种"外引型"特点。在中东伊斯兰教国家，这一特点必然同"伊斯兰性"宗教、政策和文明传统发生冲突。同时，中东国家的现代化的后发型和外引型特点，还表现为在外力驱动下的被迫选择。它由早期的西方挑战和被动的回应这种不平等的双向文明交往，转向后期的主动选择与内部驱动，并同西方的平等与主动文明交往，必然要经过许多发展阶段。中东地区从 19 世纪以来，特别是第二次世界大战以来，现代化一直走着崎岖不平道路的根本原因，即在于此。

第二次世界大战以后，中东现代化还有一个重要特点，这就是在伊斯兰教传统与现代化关系之外，它处在艰难曲折的战争环境之中。现代化的进程不但经常被战争所打断，而且战争的浪潮常常淹没了现代化进程，以致把世界的视线都吸引到和平进程之中。人们似乎没有发觉中东现代化的进展，而只听见战场上的枪炮声和谈判桌上的舌战声。和平进程压倒了现代化进程。只是在 20 世纪 70 年代的"石油繁荣"令人惊讶，但一掠而过；80 年代以来的伊斯兰潮的涛声，才把传统与现代化的问题，突出地提到了中东问题的日程。中东的现代化，是在缺乏稳定和平环境下进行的现代化，这是影响伊斯兰教变迁的、具有特殊性的现代化类型。

我国现代化问题研究热度有升有降，几经论争，总括起来，似有三题成为焦点：传统与现代化、经济与非经济因素、现代化与国际交往。就中东现代化而言，这些焦点都与伊斯兰教的作用有关。中东伊斯兰国家的现代化改革历史，首先告诉人们：现代化改革必须同穆斯林的承受力相适应，否则，一旦超越了他们的承受力，或者对他们崇尚的伊斯兰教传统的价值观构成直接威胁，就必然引起对现代化的抗拒。而这一点，也正是中东现代化进程屡遭挫折失败的重要原因之一。其次，伊斯兰教在政治上的"涉世性"传统，即强烈的政治参与性传统，又赋予它某些适应社会发展的特征。伊斯兰教在文化上的兼容传统，同样蕴涵着吸收科学和自我调节的社会基因。此外，伊斯兰教的世界性的交往传统，也包含着全球性的国际开放因素。总之，这些传统如果条件具备、处理得当，能够在一定程度上加深伊斯兰教同现代科学和理性的联系，从而完成自身的宗教与文明模式的创造性转换；同时，与不断发展和变化的现代社会及其政治、经济、文化等方面相互协调、同步前进，最终实现伊斯兰世界的现代化。

面对新世纪的到来，绵延千余年的伊斯兰教，作为东方伟大的传统之一，能否在现代工业信息社会中保持和发扬，关键在社会发展中实现自我更新和自我丰富的程度，和与时代接轨的程度，从而对社会发展发挥积极作用。经历了两个多世纪文明交往的伊斯兰教，在它的变迁历程中已经积累了丰富的自觉求变、求发展和在变化中求恒常、在发展中求延续求发扬的经验。在中东现代化进程中，"伊斯兰性"和"现代性"都在文明交往中互变。"伊斯兰性"作为伊斯兰教传统的核心，和"现代性"作为已经完成现代化所具有的基本特征，都已经不是绝对对立的、不相容的事物。"伊斯兰性"不仅是本土的，它还包括同外来文化相互作用而融入自身的因素。世界进入普遍性的文明交往时代，保持发扬民族传统，不能离开同其他民族文明的相互作用。"现代性"也不是已完成现代化的社会所独有，它已深深渗入中东社会革命生活之中。我们会看到"伊斯兰性"与"现代性"在中东社会的有机结合，当然这需要时间和实践经验。即以"现代性"中的"民主性"①"世俗性"因素的变迁而论，也在经历一个渐变的漫长过程。

---

① 关于"民主性"，可参看 J. L. 埃克泡西多和 J. O. 弗尔的《伊斯兰教和民主》及 N. 戈德比安的《阿拉伯世界中的民主化和伊斯兰挑战》。二书均出版于 1996 年，前者着重论述新伊斯兰运动与民主，后者着重对 1980 年以来伊斯兰民主概念进行了分析。

中东社会的变革给人们的印象，一言以蔽之，就是"乱"。乱的根源在现代化涉及所有领域，加上战争或冲突不止，最根本还在于经济处于关键发展阶段。中东伊斯兰国家从整体而言，不是处于经济贫穷落后阶段。处在那个阶段的国家虽然贫穷，但却稳定。中东也不是处于完成了现代化进程的经济发达社会。即使是人均国民产值很高的中东伊斯兰国家，人们有理由把它们不视为现代化国家。"现代性"因素的增强，改革的发展，经济的上升，都会走向稳定；而完全意义上的"现代性"，意味着稳定。中东社会处于经济上有一定发展的阶段，已经开始摆脱贫穷，但尚未在政治、文化上同步发展，尤其是和平进程的险阻，西化、苏化的"现代化"模式受挫，社会动荡不安和政治不稳定就成为它的特征了。这就需要用中东社会变革史来解释伊斯兰教的变迁。

冷战结束以后，中东伊斯兰国家面临着主动发挥宗教功能和社会作用，以及自主发展和自己解决问题的空前未有的历史机遇。中东现代化是任何外来力量都不能代为实现的。现在，这是两个世纪以来的第一次，中东的选择权真正掌握在自己手中。

二、章前序言

（一）伊斯兰教的基本教义与传统价值观

本书不是从一般传统文化与社会历史作用角度来探讨伊斯兰教与中东现代化的关系。因为伊斯兰教是一种政治参与性很强的融社会和文化为一体的宗教文化体系，所以我们把研究伊斯兰教的基本教义及其传统价值观作为本书的开篇。

从文明交往角度来看，伊斯兰教从阿拉伯半岛起源后，在8至9世纪阿拉伯帝国兴盛时期广为传播。伊斯兰教的传播地区遍及亚、非、欧三大洲的高山、大河和平原绿洲的错落分布地区。自然环境的性质决定着社会环境的性质。马克思在研究东方问题时，已经注意到这一广大地区中间横亘着一条西起撒哈拉、中经阿拉伯世界、东到中亚的沙漠地带。这些气候酷热、牧民迁移和商旅出没的地带，是伊斯兰教传播的有利条件。当时适逢这里处于历史转折时期，伊斯兰教应运成为当地人民信仰的宗教。

阿拉伯帝国的兴盛，是继民族大迁徙之后，中世纪史上最重大的历史性事件之一。伊斯兰教与阿拉伯帝国兴衰相伴随，依靠它同两河流域、北非和欧洲古典文明中心密切联系，在广泛的政治和文化交往中，带来了有利于各民族文明的发展。同时，更好地认识和超越自身局限，创造了辉煌的历史遗产。

伊斯兰教在上述地理环境、牧商经济及政教合一、文化融会中形成了传统的价值观。它是中东历史传统的积淀。文明交往观照着这种传统的本质。社会交往揭示着传统的丰富内涵。

（二）伊斯兰教与中东早期的现代化改革

伊斯兰教的变迁，在历史上经历了阿拉伯帝国盛衰之后，又在经历着奥斯曼帝国的盛衰。18、19 和 20 世纪中期，奥斯曼帝国和中东地区进入由传统社会到现代社会转变的大变革时期。伊斯兰教在现代化启动之初的处境，同奥斯曼帝国衰落相伴随，被称为是关闭了"创制"大门而急需调整和改革的宗教。

伊斯兰教和奥斯曼帝国遇到的挑战者，是经过了宗教改革、科学革命、地理大发现、商业革命和工业革命的西方殖民主义扩张势力，因而变革是在不平等的历史交往中进行的。一方面是西方变革大潮，另一方面是殖民侵略与压迫。在这种条件下，中东伊斯兰国家的反应是应变和反抗，进而到持续的改革。伊斯兰教传统对中东现代化的影响，从文明交往的长过程看，是把应变性与适应性相结合的方式，是由被动性转向主动性的过程。如果说，阿拉伯帝国给中东带来了伊斯兰教、与伊斯兰教有关的阿拉伯语和阿拉伯民族；那么，奥斯曼帝国带给中东的，则是伊斯兰教传统与现代化的问题，是素丹自上而下改革、伊斯兰现代改革主义和 20 世纪土耳其、伊朗、沙特阿拉伯的改革模式。

（三）伊斯兰教与中东民族民主运动的新高潮

伊斯兰教在反抗殖民主义、帝国主义的民族民主运动方面，表现了它强大的号召力和凝聚力。这是对西方殖民化挑战的有力反应。

中东觉醒和奋起是 1905—1913 年亚洲觉醒和 1919—1945 年民族民主运动高潮的主要组成部分。在这两次民族和民主意识空前增长的大潮中，中东的土耳其、伊朗及其他地区，得风气之先，涌向运动前列。本章未重复这些人所熟知的史实，而着重对西亚北非其他地区从 20 世纪初到 70 年代的民族民主运动，尤其是第二次世界大战后的第三次新高潮进行了分析。分析的焦点在于中东民族独立国家体系形成过程中，伊斯兰教的变迁。

中东觉醒和奋起，中东民族独立国家体系取代帝国主义殖民体系，都是中东现代化的重要内涵，是中东现代化进程的必要阶段。伊斯兰教作为具有强烈政治参与性的传统力量，在建立民族独立国家前后，以多样性特征出现在历史交往过程之中。

（四）伊斯兰教与 20 世纪 70 至 80 年代中东经济发展

中东现代化在民族独立国家体系形成之后，才真正进入了大转变时期。

紧接着这一历史性事件之后，中东广大穆斯林以惊喜的心情，迎来了石油繁荣的"吉祥年代"——至今仍值得怀念的 10 年。世界惊叹昔日"沙漠王国"由穷变富，但又对基本上保持原有社会政治结构而深感不解。

转变时期的动态的经济交往，改变着人们的价值观念和活动方式。富有的穆斯林中，有贪图现世享受而不思营造"后世"者，有非法聚敛财富者，广大穆斯林把这些人视之为形式上履行功课的西方文化俘虏。市场经济把伊斯兰教传统与现代化的矛盾尖锐地提了出来。

1980 年 9 月，两伊战争的炮火宣布，伊斯兰教的传统经济观未必能直接支配经济的增长，然而却有可能影响发展的进程。至少从物质财富与知识、智慧与其他精神文明要素的关系上，进而从世界现代化协调和人的全面发展上，伊斯兰教传统，有其重新认识的必要。

（五）现代化的挫折与伊斯兰教

从 20 世纪 80 年代起，中东现代化进程出现了意味深长的变化。

中东现代化进程本身就是对伊斯兰教的一大挑战：整个进程都充满了挑战，而政治、经济现代化与文化因素综合性突出后，这种挑战更加严峻。

中东现代化进程发展到 80 年代以后，除了面临复杂的国际风云变幻，及和平进程多变等因素的影响外,曲折性是非西方社会传统与现代化关系的一个典型例证。按一般规律,历史与文化传统的悠久、深厚和自成体系的程度,决定了现代化变革阻力和冲突的程度,从而决定了现代化的曲折性、迟缓性与变异性程度。伊斯兰教传统悠久、深厚和自成固定体系,在中东现代化进程中,伊斯兰革命及伊斯兰潮的涌现,自然是符合这条规律的。因此,它与一切伊斯兰复兴运动不同之处,是在社会结构和政治经济剧烈变动、新的文明交往条件下发生的。

(六)伊斯兰教与中东现代化发展的前景

对伊斯兰教传统的反思,是中东现代化进程中的历史必然。中东与其他地区各有其独特的发展道路,固然存在各种内外环境的差异,但更重要的是,因为彼此传统不同。这些传统构成了各自现代化的历史背景,并在很大程度上决定不同的发展前景。因此,伊斯兰教的变迁对中东现代化的前景是至关重要的。

伊斯兰教传统的变迁和中东现代化进程的关系,虽然经历了两个世纪的历史行程,但要从中找到二者之间演进的规律,仍然是很困难的。问题的困难性在于:伊斯兰教和现代化各有其内在的系统整体性和微妙的依存性,要会通二者,绝非易事。中东的历代思想与政治精英人物,在现代化的路程上为此作了各种尝试,但并未从根本上解决问题。企图把传统中所有"好"的东西与现代化"新"的东西,加以"结合"的善良美好的愿望,在实践中实行比理论设想要困难得多。尽管如此,理论和实践的积累,仍然不断地向这个目标前进。

以中东现代化进程中的世俗化问题而言,便是一个特大难题,何况即使实现了世俗化,也不等于实现了现代化。民主化问题也是如此。看来伊斯兰教与中东现代化之间的关系,需要在实践中长期探索,并作出及时的理论概括,方能逐步解决。但是,综观中东历史发展,可知其为东方的天时地利地区,文明中心多次在此转移,战争与和平交往经常形成山呼海啸之势,而社会变革却在生活深处涌动。从蛮荒远古的农牧模式到"东方天国",从列强的侵略扩张到民族独立复兴,进步的中东的21世纪,必然是一个融东西方文明于一体、集古今文明于一身的现代化的中东。

三、跋语

《伊斯兰教与中东现代化进程》一书，是国家教委人文社会科学"八五"规划项目"伊斯兰教与中东政治发展及现代化进程"研究的最终成果。

这个项目的主题是考察伊斯兰教在中东现代化进程中的地位、作用、变化和影响，它旨在通过伊斯兰教与中东现代化之间关系的研究，具体探讨中东现代化进程中，由于伊斯兰教这个悠久传统而制约的发展特点和适应状况，从而为我国中东学科建设，为我国积极引导宗教与社会主义现代化相适应的工作，尽绵薄之力。

本课题属当前国际人文社会科学的一个前沿性课题，需要从理论与实践的结合上，对文化因素与政治、经济、社会发展的关系进行深入的探讨。本书不敢奢望完成这个课题所承担的如此复杂、艰巨和长期的任务。本书也不是专门研究伊斯兰教或专门研究中东现代化的著作。本书只是从文明交往的角度，把伊斯兰教放在中东现代化过程中加以考察，探讨它们之间相互作用和相互影响的双向互动关系。本书导论中已经提到，传统与现代化的关系的当前特点，不再是或不主要是东西方文明冲突这个一般性的命题了。我在这里想再补充一句，研究这个新课题需要有新的方法论。过去研究东西方文明冲突所持的文化形态史观的一般哲学取向，已经不适用了。现在应当从社会形态史观的社会学取向出发，以传统社会向现代社会转变的视角，用文明交往史观来考察伊斯兰教和中东现代化之间的关系。

基于上述考虑，在方法论上，本书采用文明交往的角度，用历史与逻辑相结合的思路，沿着纵横两条主线及多种网络交织的历史图景去观察伊斯兰教的变迁与中东现代化进程。纵线是伊斯兰教的变迁，横线是中东现代化进程，其间是政治、社会、文化、人口、国际交往等非经济因素，和经济、资源、技术等诸多网络线索的交织。本书力求把探讨的焦点集中于这文明交往的多种线索的交织之处，并从动态和互动关系上尽力寻觅其特殊性与普遍性，从而发现某些规律性的东西。传统社会向现代社会过渡，是一个伟大的社会变革过程。无交往即无社会，反过来说，伟大的社会变革贯穿着伟大的文明交往。伊斯兰教在这伟大的文明交往中变迁，人类历史在愈来愈由地区转变为全世界历史中发展，中东现代化也在这个伟大的文明交往中演进。伊斯兰教与中东现代化的相互关系，为文明交往提供了一个典型的历史个案，研究它，分析它，对中东学科、世界史理论建设，都是有所裨益的。

我深知，这一研究仅仅是开始。虽然这几年，我从写《马克思对世界史研究的贡献》(《世界历史》1990 年第 5 期)、《一个游牧民族的兴亡——古代塞人在中亚和南亚的历史交往》(《西北大学学报》1994 年第 1 期)、《阿富汗与古代东西文化交往》(《历史研究》1994 年第 2 期)、《伊朗和中国古代物质文明的西传》(《中东研究》1994 年第 2 期)、《第二次世界大战与第三次技术革命》(《西北大学学报》1995 年第 3 期)、《从历史交往看阿拉伯经济思想的西传》(《人文杂志》1996 年第 5 期)和《古代伊朗祆教的文化内涵》(《中东研究》1996 年第 1 期)等七篇论文中，从这些古今中外的历史个案研究中，我对文明交往活动的历史价值和社会意义，包括正负面效应、正常演变和异化，有了初步认识。

这些认识，促使我从历史哲学方面对马克思的历史观中关于人的社会关系问题，作新的思考。人的社会关系是在人的物质生产劳动的基础上，通过人的社会交往活动形成和发展起来的。人的本质只能从作为自己生产活动和社会交往活动的结果——社会关系的总和的性质中得到间接测定。这个总和的公式是：社会关系—文明交往—人的本质。社会关系是通过它所制约的文明交往活动凝聚和沉淀在人的本质中的。文明交往的个人和社会交往的两重性，规定了人的本质是个性与社会性的统一。文明交往的意义是从现实性，而不是从物质基础上同社会关系的直接联系；人类的存在和发展的前提，人的社会性，都集中反映到文明交往上。文明交往，从哲学上讲，是人的本质的媒介；从历史发展上讲，它是人的全面发展、人与自然协调的前提。这就同世界现代化潮流、会通东西方文化、建设世界新文明的方向，紧密联系在一起了。

文明交往史观是一种哲学、历史学、文化形态学、社会学的综合历史观。它的研究单位不是国家，不是一般的文明，而是不同文明之间的交往，是不同文明之间的互动发展。正如罗素在《中西文明比较》一文中所说："不同文明之间的交往，过去已经多次证明，是人类文明发展的里程碑。"不同文明之间的交往，总是和历史发展相伴随，而且是交错发展的，不平衡是发展的常态。19世纪，当西方主要国家已经进入了工业文明发展阶段，而东方国家都处在农业文明阶段。伊斯兰教也从此面临着一个由农牧业文明向工业文明转变的历史性进程。生产力机器化、交往力世界化，以及市场化、民主化、工业化等现代化的变革，都要在不同文明之间的交往进程中加以考察。

现在，《伊斯兰教与中东现代化进程》的成书过程，进一步增加了我对文明交往问题的理论认识旨趣。在现代化的进程中，从共时态考察它的特征、结构和从历时态上考察其历史类型、形式和发展趋势，是纵横和多线结合，是主观上探索的思路。但本书仅仅是在这一思路上走出的第一步。恩格斯说得很对："即使只是在一个单独的历史实例上发展唯物主义观点，也是一项要求多年冷静钻研的科学工作。因为很明显，在这里，只说空语是无济于事的，只有靠大量的、批判审查过的、充分掌握了的历史资料，才能解决这样的任务。"①

我想，我和我们课题组全体同志都持相同的态度：尽管我们都是在学科上有一定积累的、从事中东问题研究的专业人员，而且尽力以各人之所自得与吸取他人之所长，以充实本书；但限于水平与时间，只能达到目前的有限程度。我们竭诚希望与同行们深入讨论，努力钻研，以弥补本书存在的缺憾。

需要说明的是，本书是主编负责制下的分工合作的集体成果。一书之成，端赖众力。全体撰述者同心协力，倾注心智与精力，完成了任务。

我国有句古语，叫作"困而后知，勉而行之"。此刻，我觉得它的寓意特别深远。确实，知和行，对一个人说，关键在于自觉性的有、无、强、弱。在顺利条件下，一个人如果自觉性不强，就很难获得真知。因为顺利，没有压力，很容易放任自流。相反，在困难条件下，危机感逼人，有了自觉性，

---

① 《马克思恩格斯选集》（第2卷），人民出版社1972年版，第118页。

会苦苦求索，容易清醒地知己知人。同样，"勉"也是源于危机感而产生的自觉性，它要求人们勉为其难地做自己不愿意而客观上又需要，并且一定要做好的事。不高兴做，而又必须，这也是困境，它更需要自我勉励而力行。仅有聪明而不愿"勉而行之"的人，到头来很可能一事无成。"勉"字有一个不可忽视的内容是勤勉。自我勉励，加上提高悟性，持之以恒，即使天资不高，也必有所成。"困而后知，勉而行之"是一种自强不息、艰苦奋斗的科研知行观，其要点是知和行的统一，其核心是自觉的科研意识，而标志是科研成果的多、少、优、劣。科研成果的取得，靠下苦功夫而不能急于求成，但必须有不安于现状的进取心和干劲。总之，"困知勉行"是一个科研工作者所必备的实干精神。在结项于国家教委、又写跋语到结尾之际，我愿以"困知勉行"精神作为结语，同参加本课题的老中青三代科研工作者共知、共勉和共行。

1996 年 11 月 7 日于悠得斋

回族的文明交往特征[①]

李健彪同志将自己多年来发表的有关回族史和伊斯兰文化的论文，结集成书，将由西安出版社出版，约我为其写一篇序。

我读了其中一部分文章及其目录，感到这是一本难得的研究成果。作者科研累厚，思维敏锐，文字畅达，所涉及的课题具有开拓性，且富有西北和陕西的地方文化特色，有些论文有相当的深度和学术价值。尤其是作为一位穆斯林的青年学者，他在业余时间，孜孜不倦地笔耕于回族史及伊斯兰文化诸多领域，此种钟爱本民族历史文化的执着治学精神，可钦可佩。

因此，我想从执着精神与治学意境方面，写些自己的感想。

我同健彪接触不多。对我印象最深的，还是他的《回族学——一门呼之欲出的新学科》一文。在学术界对回族学作为一门独立学科问题尚未取得共识的情况下，该文全面分析论证回族学建立的必然性和可能性，以及现实意义，颇有见地。

十分令人欣喜的是，这篇论文在《甘肃民族研究》1996年第2期以《关于建立回族学的设想》为题率先发表，尔后又参加了1996年首届伊斯兰文化研讨会，被选入《伊斯兰文化论丛》一书。事隔三年，在1999年12月召开的全国第十二次回族史讨论会上，即传来了热烈的回族学研究的反响。这

[①] 本文是为李健彪《执着岁月——回族史与伊斯兰文化》（西安出版社2000年版）一书所作的序。

次在北京召开的学术会议,是中国回族学会在云南成立后的第一次会议。与会的全国22个省、市、自治区的回、汉、东乡等民族的学者认为,回族学是一门继藏学、蒙古学之后又一门颇具生命力的新兴学科。回族文化是中华文明宝库中的一部分,它涉及了历史、科技、教育、心理、建筑、医学等多门学科,具有十分广阔的研究领域。

最近,我还读到了健彪在《穆斯林通讯》"世纪回顾"专刊发表的《世纪寄语》:"坚守穆斯林信仰,大力开拓民族经济,极力弘扬民族文化,培养更多更好的民族人才,在平等中求团结,在生存中求发展,在繁荣中求质量,让穆斯林优秀的文化传统闪耀在21世纪日益壮大的中国穆斯林社会中,让外界了解穆斯林。"

我想,这既是他对过去的总结,也是对未来的希望。他是个多才的人,对文史有一股韧劲和创新的精神。给他写这篇序言时,我想起了王国维关于"成大事业、大学问"的著名"三境"说。

王国维以感受美学的审美视角,借用宋代三位词人的词句,富于创造性地抒发了治学的三种境界:第一种境界:"昨夜西风凋碧树,独上高楼,望尽天涯路。"第二种境界:"衣带渐宽终不悔,为伊消得人憔悴。"第三种境界:"众里寻他千百度,蓦然回首(王国维写为"回头蓦见"),那人却在(王国维写为"正在"),灯火阑珊处。"这三种递进的思想境界,实质上是艺术地再现学人心灵执着和锐意创新的历程,是学人书路的韧性追求。其核心在于两个字:"心"和"新"。

谈到王国维的"三境"说,不由使人联想起但丁的《神曲》。《神曲》实际上也有类似的三种境界。"地狱"是现实的第一境界,"炼狱"是进程中的第二境界,"天国"是但丁《神曲》中达到理想境界。这三种境界与王国维的"三境"确有异曲同工之妙。中西文化,如此相通,实在令人惊叹!

总之,王国维的"三境"说,其实质是一种科学的奉献精神。执着追求是这种精神的外在表现。唯有奉献的深厚动力,尔后方有求实、求真、求是的科学信仰、科学态度和科学方法。因为科学就是艰辛的创造性事业,它最需要的是奉献精神。科学的核心是奉献社会和人类。

学人的书路是曲折、复杂而坎坷的。"三境"不过是一个形象的概括。其实，学无止境。我个人的体会是，没有对所钟爱事业的"爱"，就不会有执着的行为；没有对所钟爱事业的"好"，就不会上升到新的执着实践；没有对所钟爱事业的"乐"，就不会树立起执着追求的苦乐观。

谈到对科学的追求和执着精神，这里特别要提起宋代哲学家张载的咏《芭蕉》诗："芭蕉心尽展新枝，新卷新心暗已随，愿学新心养新德，旋随新叶起新知。"

张载这首富有哲理和审美情趣的诗中，道出了人生书路的"心""新"真谛。它虽曲折深远，却同样有序优美，且道出了治学意境的深层和经常起作用的根本因素。

健彪长期利用业余时间，从事回族史研究，其精神实属难能可贵。从他的执着岁月经历中，我们已经窥知出王国维"三境"精神，也可以体察到张载《咏芭蕉诗》的用意所在。

在治学之路上，专业研究者取得突出成果不易，业余研究者更不易。凡学有所成者，究其缘由，都在于进入了以执着追求为基础的美趣意境。一切有志于学术研究的人，仔细品味人生，都会有这样求真、向善、爱美的体会。在某种程度上，业余研究者由于环境的逼迫，体验会更深些。健彪已经有了研究回族史和伊斯兰文化的治学经历和精神锻炼，因此我希望他以张载《咏芭蕉诗》的"心""新"意境追求，以王国维"三境"说的审美情趣，自强不息，再接再厉，取得更多更好的成果。

伊斯兰教是一个有占世界总人口六分之一的信奉者的宗教，它对我国十个少数民族，尤其是对回族的思想信仰、生活方式和经济活动都具有重要的影响。任何一个历史学家都不能不关注伊斯兰教在当今世界和在我国历史与现实生活中所起的作用。这些年来，我在中东史的研究中，越来越感到伊斯兰文明的博大精深。越是研究越多的历史个案，越感到从文明交往角度研究伊斯兰文明的重要性。近几年来，关于文明问题，议论颇多，有"文明冲突论"，有"文明融合论"，有"文明终结论"，等等。我觉得从历史交往进程考虑，完全用"文明交往论"可以概括。对回族史研究来说，我想从世界文明交往的高度来理解、来阐释诸多有关课题，方能取得更多的学术成果，获得更有益的现实价值。从文明交往的属性来看，回族不仅有伊斯兰文明的内涵，也有汉文明的因素。这两种文明的融合，反映了文明交往的双向性和交互性规律。深入研究回族文明的这种特征，实在是一个重大课题。在 21 世纪的新的历史条件下，用文明交往视角，观察回族的历史特别是现实问题，尤其重要。为此，我对李健彪和所有研究回族问题的青年学者寄予厚望。

巴勒斯坦阿拉伯人与犹太人的冲突[①]

一

现在的《中东国家通史·巴勒斯坦卷》，是按人们一般的理解和约定俗成的称谓，而命名为《巴勒斯坦卷》的。

实际上，它并不是一本整体巴勒斯坦地区的通史。

本卷的任务只是对巴勒斯坦地区阿拉伯人的过去和现在，作一个简要的、由古及今的通史性的叙述。

根据巴勒斯坦地区的历史和现实状况，我在设计《中东国家通史》的整体结构时，把巴勒斯坦地区分为《以色列卷》和《巴勒斯坦卷》。这两卷有各自的分工和侧重，分别勾画出同一地区、两个不同民族历史变迁、发展轨迹和文明交往特征。

这两卷的思路，既是从现实出发，进而追溯和反思历史，从历史的高度，审视现实；又从政治、经济、人文、地缘环境诸因素，考察不同文明之间的交往过程。

严格地说，生活在巴勒斯坦的阿拉伯人和犹太人，都是巴勒斯坦人。确切的称谓，应该是巴勒斯坦的阿拉伯人、巴勒斯坦的犹太人。公元前2世纪

[①] 本文系《中东国家通史·巴勒斯坦卷》（商务印书馆2002年版）编后记。

大流散前，犹太人已成为一个民族。在阿拉伯帝国统治的长期伊斯兰化和阿拉伯化过程中，巴勒斯坦阿拉伯人也成为阿拉伯民族的一部分。他们和历史上的犹太人，以及后来从各地区返回巴勒斯坦的犹太人，都是不同文明、不同民族的巴勒斯坦人。这两个不同文明的民族，在巴勒斯坦经历了复杂的联系，建立了多变的关系。这些联系和关系，组成了堪称史家探索不尽的文明交往史。

鉴于《以色列卷》主要是论述巴勒斯坦地区犹太人的过去和现在，而且着重写19世纪以后的历史，所以在本卷专设概述巴勒斯坦古代历史和文明的绪论，反映这一地区古文明肇端时期的总貌。这也为巴勒斯坦阿拉伯化和伊斯兰化提供历史背景。

巴勒斯坦人固然可以把他们的历史远溯至迦南和腓力斯时期。巴勒斯坦的阿拉伯人也可寻根至当地的奈伯特国和罗马帝国时期第三巴勒斯坦。但阿拉伯帝国时期文明交往的结果——阿拉伯性和伊斯兰性，则是巴勒斯坦阿拉伯人的直接祖源。这是该地区的历史巨变。

从巴勒斯坦文明交往发展历史过程中看，这个变化是犹太人大批离开之后，这一地区的第二次转折性文明变迁。这是阿拉伯文明在巴勒斯坦居统治地位的变迁。巴勒斯坦的主体民族，由犹太人变为阿拉伯人。伊斯兰教成为绝大多数居民的信仰。

我在本书《卷首叙意》中指出："各民族、各国家之间的相互联系，取决于每一个民族、每一个国家的生产力、分工和内部交往的发展程度。各民族、各国家本身的整个内部结构，也都取决于它的生产以及内部和外部的交往发展程度。"巴勒斯坦阿拉伯人同各个不同文明民族和国家的关系，和他们的内部结构，在阿拉伯帝国、奥斯曼帝国、英国委任统治时期，以及以后的发展，都受这一文明交往规律的制约。

巴勒斯坦阿拉伯人是一个很独特的民族。奥斯曼帝国近四百年的统治，经济、文化、政治结构和内外交往的极其落后状态，家族之争与部族矛盾，精英家族的政治依附性，都给民族的独立发展，造成严重障碍。20世纪初兴起的阿拉伯民族主义，由于这种生产力、交往力的不发达，虽然对巴勒斯坦阿拉伯人的民族觉醒起了促进作用，但影响弱、传播慢、独立性差。从1919年到1928年间召开的7次巴勒斯坦人大会，都没有提出明确的巴勒斯坦独立的目标。民族独立意识之弱，于此可见一斑。

巴勒斯坦阿拉伯人的民族主义的独特性，集中表现在建立独立的民族国家问题上。巴勒斯坦的阿拉伯人长期居住在巴勒斯坦，却一直处于依附地位。不仅是政治组织上的依附，而且是思想理论上的依附。他们的政治组织和思想理论代表的民族主义者，长期摆脱不了对南叙利亚阿拉伯民族主义的依附。只是在1936—1939年巴勒斯坦人起义前夕，民族主义党派才联合提出了建立巴勒斯坦独立民族政府的要求。反观它对立面的犹太复国主义，在1896年就有《犹太国》的系统理论与计划。此后便以越来越强劲之势，积极主动地在巴勒斯坦推行建国目标。直到2000年9月巴勒斯坦起义，以军都占据着镇压的主动权，军事、经济、外交处于绝对优势，而巴勒斯坦的阿拉伯人的游击战，只能起心理和舆论破坏力。在蒙受巨大损失的不利条件下，离建国的目标更加遥远了。相比之下，两个民族主义的差距何等悬殊！

不同文明民族之间的交往，本不存在绝对的公平和正义，强权政治和实力政策始终举足轻重。强弱之根在于生产力和交往力的发达程度的不同，在于巴勒斯坦社会经济结构落后而造成的组织林立、派系纷争。在2001年7月，长期对立的巴勒斯坦两派民族主义组织，又发生流血冲突，阿布·哈桑宁和阿布·贾尔夫家族之间，又发生血腥的家族仇杀。这是巴勒斯坦阿拉伯人，在同巴勒斯坦犹太人交往中的差距之所在。

二

在人类文明交往中，有诸多因素，如主体与客体、交通和技术、民族和国家、宗教和文化、语言和文字、利益和正义等等。这种外患强压、内讧不已的形势，将使巴勒斯坦不战自乱，"因提法达"将难以成功。

在人类文明交往这些因素中，地缘和环境居于基本的空间地位。它是一个地区内人群的生活方式、文化传统、群体性格、体质形态等种族或民族的同质或异质性指数的根源。

巴勒斯坦地区从古以来就是人类文明交往的一个重要因素地区，因此，有必要简述它的地缘特征。

地缘因素甚至长期存在于民族血缘中。据2000年5月公布的一项新的基因研究结果显示，犹太人和阿拉伯人之间有着千丝万缕的联系。对全球29个国家的1371名男子的Y染色体调查分析结果证实，阿拉伯人和犹太人的基因都来自最早生活在这块土地上的共同祖先。参加此项研究的纽约大学医学院人类遗传项目负责人哈里·奥斯特勒说："犹太人和阿拉伯人真的都是亚伯拉罕的后裔。四千多年来，他们一直保留着他们中东人的遗传根基。"其实，犹太人和阿拉伯人在语言因素上也有相通之处。希伯来语和阿拉伯语同属闪米特语系。共同地缘因素也影响到犹太人和阿拉伯人的生活习俗，在这方面，他们之间有许多相似之点。

地缘因素决定了巴勒斯坦特殊文明交往性的许多方面。纵览巴勒斯坦地图，摆在我们面前的是一个仅有2.7万平方千米的狭长地区。它西临地中海，西南与埃及接壤，水路和陆路由此通向了欧洲文明圈和非洲文明圈。它的南端经亚喀巴湾而直指红海、阿拉伯海，进而与印度洋相连，这就有了与沿海洋的东方文明相沟通的航路。北部与东部，它与西亚古文明区比邻而居，交往更为直接。

于此可见，巴勒斯坦由于地缘特征，成为兼有海洋与大陆双重文明性质，并呈现出融汇东西方文明的多样性风貌。

巴勒斯坦人生活在这块土地上，同时，与这块土地的周围世界发生各种联系。他们在这里的内外交往中改造自然、感受社会、品味人生和逐渐扩大自己的活动范围。巴勒斯坦人经历了许多文明时期。史前原始文明、远古迦南文明、腓力斯文明、亚述文明、巴比伦文明、波斯文明、希腊文明、罗马文明，都在巴勒斯坦地区闪耀过灿烂光芒。但巴勒斯坦主要的本土文明，是犹太文明和阿拉伯文明。

巴勒斯坦的地缘特征赋予了它浓郁的宗教文明色彩。耶路撒冷集中体现了东西方宗教文明交往中折射聚焦点的特色。它是犹太教、伊斯兰教、基督教这些世界性宗教的文明圣地。不同宗教文明之间的共存与冲突，在历史上和现实中，多次成为军事政治事变之地。

在历史上，巴勒斯坦一直是一个流动频繁而又动荡不安的三角地带。亚、非、欧三大洲文明地缘的边缘环境，特别是东西方陆路、海路交通的要津地位，政治、军事、商贸利益都长期驱使着各种力量在这里征战角逐。埃及、亚述、巴比伦、波斯、希腊、马其顿亚历山大、罗马、拜占庭、十字军和奥斯曼土耳其等帝国都先后占领过这一地区。特别是苏伊士运河开通之后，巴勒斯坦的商贸、军事战略地位，更加重要。第一次世界大战后，巴勒斯坦沦为英国的委任统治地。1947年11月，联大分治决议中将巴勒斯坦分为阿拉伯国和犹太国。1948年5月14日以色列国成立。以后发生过多次中东战争，尤其是1967年战争中，以色列占领巴勒斯坦全境，造成阿拉伯难民问题。巴勒斯坦阿拉伯人争取恢复生存权的合法斗争和漫长的中东和平进程，仍然是这个地区的当务之急。

巴勒斯坦的地缘特征，在政治交往中集中表现为西方各大帝国扩张力量的前沿阵地和东西方力量冲突的缓冲地带。这种政治交往主要是外部交往。而在内部交往中，作为巴勒斯坦的主要民族的犹太人，自2世纪到19世纪末长达17个世纪，基本上与巴勒斯坦没有什么联系；而从7世纪直到19世纪末，阿拉伯人一直是巴勒斯坦的主要民族。在此后的50年犹太复国主义运动，特别是1948年之后，犹太人和阿拉伯人为争取各自民族对巴勒斯坦的权利，发生了频繁而激烈的冲突和战争。国土地缘始终是生存和安全利益的核心。

三

冲突与和解，一直是人类文明交往链条上一对关键的环节。这一对环节协调，导致和平；这一对环节破裂，便引起战争。

从20世纪末期，研究者的目光越来越多地注视于冲突问题。米歇尔·卡拉耶在1988年和1989年先后出版了《20世纪的危机》和《危机、冲突和不安全》两本书。他用国际外交政策与文化、政治与经济相结合的方法，对 1929—1979 年和 1980—1985 年的世界性危机，进行了统计与分析。德国海德堡大学政治学院的冲突研究所从 1994 年以来，一直对世界范围内的危机与战争进行系统研究。该所每年提交一份研究报告，被称为"冲突的晴雨表"。这是一种详尽的数据分析研究，德国外交和国防部门经常以此作为决策的参考。

如果说，冲突是国际政治交往中的晴雨表，那么，中东地区的冲突在这个晴雨表上便处于显著的标志性位置。它是第二次世界大战以来最复杂多变而且持续时间最长的政治地缘冲突。在中东地区冲突中，巴以冲突尤其引人瞩目。以 2000 年而论，在世界 144 次冲突中，中东仍和前一年一样，是 24 次。但是，巴以冲突的重新加剧，对这个地区人民的生活产生了巨大的负面影响。阿拉法特在 2001 年 5 月 19 日说，2000 年 9 月巴勒斯坦起义爆发以来，巴勒斯坦已损失 50 亿美元。以色列在美国的高技术股票下降了 30％，它同周边阿拉伯国家的贸易也受到沉重打击。双方的民族仇恨加深了。冲突对巴以双方可谓两败俱伤。

巴以冲突是当代文明交往武装化的典型个案之一。它是以下面三个年代为转折点的：

1948 年 5 月，以色列建国后冲突发展为政治交往的最高形式——巴勒斯坦战争。从此开始了一个犹太小国在军事上对抗众多阿拉伯国家的格局。这种格局被称为"大卫对腓力斯巨人歌利亚"的格局。众多阿拉伯国家对联合国分治决议持反对立场，巴勒斯坦国未能成立。从此开始了长达数十年的阿以冲突。

1967 年 6 月，是另一次由冲突发展为政治交往的最高形式——"六五"战争。这次为时仅六天的闪电式战争，打破了 1948 年巴勒斯坦战争以后所形成的格局。以色列武装占领了约旦河西岸地区、加沙、西奈半岛和戈兰高地。冲突变成了占领和被占领的关系。研究者把这种格局比之于南非种族隔离和法国对阿尔及利亚的殖民统治。以色列对巴勒斯坦的统治既成事实，而拟议中的巴勒斯坦阿拉伯国家，却一直耽搁下来。

2000年9月，这是一次起义和镇压的武装冲突。用法国《世界报》2001年5月23日报道的话说，是"以色列的从M-16冲锋枪到F-16战斗机镇压石块和炸弹反抗的局势"；而巴勒斯坦权利捍卫者哈南·阿什拉维则把这种局势称之为"巴勒斯坦历史上——以及巴以关系中——最黑暗的时期之一"。总之，这是巴以冲突的第三个转折点，它再一次改变了中东格局。

这次武装冲突的显著特点，是两种不同文明之间的宗教冲突的加剧。巴勒斯坦人的街头起义，首先是对沙龙在耶路撒冷圣殿山的言行的反应，而不是对巴拉克和克林顿在谈判桌上提出和平建议的反应。正是巴勒斯坦起义引爆人的沙龙，在选举中击败了曾经提出和平计划的巴拉克。不同文明交往的武装化，集中在对伊斯兰教和犹太教的圣地袭击上。圣地是宗教文明崇高的象征。争夺圣地主权的冲突，以及对圣地的袭击，给巴以双方和解造成了深深的伤害。沙龙声称以色列对耶路撒冷圣殿山拥有主权，并在武装警察陪同下进入圣殿山，这在巴勒斯坦人看来，是对伊斯兰教第三大圣地阿克萨清真寺的蓄意亵渎。穆斯林还感到愤怒的是，以色列用炸弹摧毁了雅法的两座清真寺，他们对以色列在太巴列的一座清真寺点燃汽油、轮胎，涂写发泄仇恨的标语，并对谢内尔一个穆斯林墓地所遭污辱同样感到气愤。与此相对，犹太人则谴责穆斯林火烧雅法、海法、拉姆拉和什法拉姆的犹太教堂，破坏加利利地区几个城镇的圣徒墓。以色列政府谴责对清真寺的破坏，说这是歹徒所为；同时认为，在巴勒斯坦权力机构控制下，恐怖主义者对犹太圣地的破坏，表明阿拉法特行政当局无力保护这样的圣地，因而不应获得圣殿山的主权。

巴勒斯坦上次的起义，是反对以色列的占领，结果促成了奥斯陆协议。这次起义，是对和谈不满，目的是以起义提高和谈的实力，加强内部团结，引起世界同情。但是，建立以耶路撒冷为首都的巴勒斯坦国是最终的目标。在去年戴维营会谈中，阿拉法特本想解决难民问题，而把耶路撒冷归属问题留待以后解决。他认为，圣城属于伊斯兰世界，不是他能解决的。这实际上是把巴勒斯坦建国问题和宗教问题，与伊斯兰世界宗教问题，联系在一起了。戴维营会谈以后，当阿拉法特得知克林顿要提出裁决式总统方案，他便抢先发动起义，迫使克林顿把方案修改为建议式。因此，这次起义是巴以双方矛盾长期积累的再次爆发。沙龙事件正是巴以两个不同文明在宗教和政治热点上的导火线。果然，在10个月以后，即2001年9月28日，继沙龙之后，"圣殿山忠诚者"负责人尤埃勒高呼"我们只有一个圣殿山"口号，来纪念第一、第二圣殿被毁事件。巴勒斯坦民众向犹太人投掷石块。双方再次发生流血冲突。

在巴勒斯坦的阿拉伯人和犹太人之间，世俗性的政治、社会问题和宗教性的文化问题，由于信仰不同的双方民众、由于耶路撒冷圣地问题、由于双方宗教社团或势力的影响、由于双方在伊斯兰世界和犹太世界的宗教认同，世俗冲突与宗教冲突是很难分开的。世俗战争变为宗教战争，在两个不同文明民族之间总是时隐时现。2001年9月开始的巴以冲突，宗教性以空前态势凸现出来。

总之，对阿拉伯人和犹太人双方，这次冲突中对圣地的破坏，正在演变成一场把争夺土地的民族冲突和宗教冲突融为一体，从而为中东和平造成了复杂的变数。在历史上，阿以几乎每八年爆发一次战争。和平进程始终是冲突与和解交织的边打边谈。无论如何，政治、民族或宗教问题，最终还必须在谈判桌上解决。

四

对2000年9月开始的巴以冲突，美国学者托马斯·弗里德曼在《纽约时报》2001年3月6日发表了题为《新的中东格局》的文章。他从现代化角度来看待这次冲突。他指出："以色列人和巴勒斯坦人的冲突，不只是由于土地、政治或宗教。对于阿拉伯领导人和阿拉伯人民来说，冲突原因还有现代化问题。这是一个成功实现现代化的发达社会和一个没有实现现代化，并想归咎于他人的不发达社会之间的紧张关系。"他还提出了阿拉伯领导人把焦点放在贸易、发展和民主化的"新中东"，或是把焦点放在反对以色列、解放巴勒斯坦的"旧中东"问题。他还认为，2000年9月以后的巴勒斯坦起义，是巴勒斯坦年轻人用格瓦拉式的暴动，来反对现代社会的象征——以色列，和作为他们国家衰落重要因素的领导人。

我之所以要详细引述托马斯·弗里德曼的论点，是因为他提出了过去人们不多提到的现代化问题。的确，在过去半个多世纪里，中东的冲突和战争浪潮，掩盖了中东的社会变革与经济的变化。和平、发展、现代化在中东呈现出隐隐约约的缓进状态。以色列在战争与和平交织的条件下，现代化取得了快速的发展，成为"中东的日本"。中东的阿拉伯国家，也在现代化进程中取得了不同程度的成就，但都未实现现代化而处于不发达社会。在他们的议事日程上，绝不只是解决巴勒斯坦和以色列的冲突问题。因此，对阿拉伯各国来说，实现现代化应当成为他们议事日程上的主要问题。

但是，他指责巴勒斯坦领导人没有真正给国内的年轻人选择是否走实现现代化这条道路的机会，却是不符合实际的。现代化的政治前提，是民族国家的建立。没有独立的巴勒斯坦国家，哪里能谈得上走实现现代化这条道路的机会！中东地区其他阿拉伯国家建立了独立的民族国家，而被以色列占领的地区巴勒斯坦阿拉伯人依然没有自己的独立国家。在巴勒斯坦地区，我们看到的，是同一块土地上生活着两个不同民族，经历着完全不同的历史。《耶路撒冷邮报》保守派专栏作家赫布·凯诺宁在纪念以色列独立53周年的文章中说，目前的冲突使"大部分以色列人认识到，以色列作为唯一犹太国家在中东的存在并不是理所当然的"。以色列《国土报》思想较为自由的专栏作家吉迪恩·萨梅特在纪念独立日的文章中说，只要以色列仍然占据着约旦河西岸和加沙地带，以色列就永远不可能自由地庆祝自己的独立，"为了使以色列实现真正的独立，被占领的土地的独立是不可避免的"。巴勒斯坦人的民族主义目标，正是为了建立一个独立的巴勒斯坦国，而以色列恰恰不允许巴勒斯坦有实现现代化的这一政治前提。这正是巴以冲突的症结所在。

五

巴以冲突这个当代人类文明交往难题的解决途径，唯一正确的抉择是和解,是阿拉伯和犹太两个生活在巴勒斯坦同一地区、各不相同文明民族之间的和解。

和解,是人类文明交往的必然趋势,是当前和平与发展的世界潮流,是巴勒斯坦阿拉伯人和犹太人历经苦难,用鲜血和生命作为代价换取的现实结论。

和解,不仅有利于巴以双方。巴以和解是中东全面持久和平的基石,而实现中东全面持久的和平,也有利于中东的现代化,有利于全世界的安全。

和解,首先需要和平交往方式,需要摒弃暴力交往方式,需要交往的文明化。要谴责暴力、剥夺暴力的合理性,停止一切暴力冲突。文明冲突的武装化、恐怖和复仇,没完没了的冤冤相报,只能增长绝望的社会心理。

和解,是一个文明理性化的过程,这个过程的特点,是以理解和宽容取代敌视和仇恨,用对话和合作代替对抗和排斥。阿以之间反反复复的冲突,双方或迟或早,终将领悟到人类文明交往的古训:"和为贵"、"冤家宜解不宜结"、"解铃还需系铃人",互谅互让、互唱互和的文明交往之歌,如春江之水,柔能克刚。这正如一首中国民歌所唱:

> 唱山歌哎!
> 这边唱来那边和,
> 山歌好比春江水,
> 不怕滩险湾又多!

和平需承担风险,和平需要付出代价。但是,人们不会忘记拉宾为和平事业献身前所唱的《和平之歌》,它最后的警句是:"高歌一曲和平之歌,这是我们的当务之急。"

西蒙·佩雷斯不是说过吗:"和平进程不会消亡,人们需要和平,就如同需要呼吸空气一样。"愿巴以双方常唱和平之歌,双方互唱互和!

和解,当然遵守共同的原则,需要有共同的利益基础和共同的和解精神,并且把内部和外部交往有机协调起来。联合国有关决议,以土地换和平，各国领土完整和主权独立、安全，巴勒斯坦人合法权益，特别是建立巴勒斯坦国，都是共同利益。和解，符合巴以双方的根本利益。

和解，是双方互动的交往。巴以双方在认真务实的谈判和严格履行协议的交往过程中，会逐步消除积怨，建立互信精神，转变失望和猜忌的社会心理状态。巴以的冲突，给人们一个经验，就是这里要排除急于求成，这里特别需要冷静和耐心。

和解，离不开国际调解的配合。巴以冲突早已不是巴勒斯坦地区的事件，中东国家、世界各大国、各种国际组织，都已介入多次，也已显示出其作用。要真正实现公正全面的中东持久和平，无论是以色列的实力政策，或巴勒斯坦的以惩罚促外交，还是今后主导中东和谈的国际机制，均宜改弦更张。

前边我从地缘关系，谈到了犹太人和阿拉伯人的历史联系。现代基因化验证实了《圣经》的传说：犹太人和阿拉伯人的祖先分别是亚伯拉罕的两个儿子。《古兰经》也认为，易卜拉欣（亚伯拉罕）和他的儿子易司马仪（实玛利）是北阿拉伯人（归化的阿拉伯人）的祖先。在历史上，这两大民族虽属不同文明，但曾经长期和平共处，并且联手抵抗过十字军东征。只是在西方列强的挑唆下，两个民族因利益冲突而对抗百年，形成难解的"死结"，成为当代不同文明交往中的老、大、难问题。这也是文明的悲剧。

巴勒斯坦阿拉伯人和犹太人是同处一个地区的两个不同文明的民族。21世纪开端的第一年，历史又记录下了他们血腥冲突的新的一页。2001年9月开始的冲突，在一年之后，仍看不到和解的迹象。普通的阿拉伯人和犹太人，历经磨难，心灵上都造成了难以弥合的创伤。封锁、贫困、死亡，使巴勒斯坦的阿拉伯人民苦不堪言。巴勒斯坦的犹太人民也不轻松，炸弹、枪击、恐怖，使他们经受精神和心理的煎熬。这是百年来前所未有的悲剧，是巴以和平进程的严重后退。以色列建国半个多世纪，"和平"（希伯来语 shalom）是国内常见的寒暄语，不过他们从来没有享受过和平。巴勒斯坦未能建国，面临强大的以色列，和平是那样的遥不可及。两个民族的普通人民绝不会把灭绝人类生命的流血冲突看作是"文明"，他们认为两个民族可以和平相处于巴勒斯坦地区，而目前的冲突主要是政治斗争的产物。

巴以冲突是通向和解的"血门"。冲突虽是人类文明交往中的严重病痛，但也表现出人们从困扰和损失中挣脱困境的努力。那种认为宗教冲突不能谈判、不能和解的观点，是不符合多元文明共存的文明交往规律的。世俗性的和宗教性的冲突，同和解总是伴随在一个共同交往过程之中。人类文明交往史证明，无冲突便无和解，无和解难以化解冲突。冲突之车运行有其惯性，和解刹车需要时间。勇气、智慧和理性可通向和解之桥。巴以冲突为研究者提供了一个具有广阔思考空间的不同文明交往个案，对它进行追踪研究，可以从中获取解决冲突问题的规律性的启示。

2002 年 9 月完稿于悠得斋

第七编　世界史综合编

人类文明交往是人类历史的核心问题。它在世界历史学科建设中居重要地位。文明交往是人类历史发展的动力,是人类历史变革和社会进步的标尺,是人类文明发展的中轴线。

论帝国的历史、文明和文明交往[①]

三秦出版社筹划已久的《世界帝国兴衰》丛书即将陆续面世。责任编辑陈景群同志约我为这套丛书写篇总序。我考虑到参与过筹划工作,同时对选题寄予厚望,所以乐于写一些有关帝国的历史和文明交往问题之所得,作为各卷前的叙意,进而求教于同行和读者。

一

世界帝国史是世界历史的有机组成部分。

世界性的大帝国,在世界历史上占有重要的地位。

世界帝国史是世界历史研究的专门性大课题。要深入了解世界历史,不可不了解世界帝国的兴衰荣辱史。

如果说,以史为鉴,可以知兴替,那么,首先就应当以世界帝国的兴衰史为鉴。因为每一个世界的大帝国,其历史发展具有典型性和代表性,其历史经验教训更有普遍性,所以其借鉴性也就特别强。

如果说,学史可以使人明智,那首先就应当学习极富思考空间的世界帝国史。因为每一个世界性的大帝国,都是一个时代的历史产物,它们留下

[①] 本文是为《世界帝国兴衰》丛书(三秦出版社2000年起陆续出版)所作的总序。《世界帝国兴衰》丛书包括:《波斯帝国》《亚历山大帝国》《罗马帝国》《阿拉伯帝国》《莫卧儿帝国》《奥斯曼帝国》《俄罗斯帝国》《英帝国》《拿破仑帝国》《德意志帝国》《奥匈帝国》和《日本帝国》。

了丰厚的历史遗产，都成为增长人类智慧、开掘理性启示的用之不尽的珍贵宝藏。

如果说，学史可以培养世界意识、拓宽全球视野，那首先就应当学习各个世界性大帝国的历史。因为"国情"和"世情"是相比较而存在的，悠久的中华帝国史和同时期的世界性大帝国史，同为世界历史的不同侧面。"横看成岭侧成峰，远近高低各不同"，只有在世界历史的"同""异"合流的长河中，方能找准民族性的位置，识破历史的真面目。

二

读史者对世界帝国史的第一印象，无疑是政治史。这是很自然的。因为政治史始终处于世界帝国史的中心位置。帝国的兴衰，集中表现于政治上。

帝国政治史是资治的镜子，是政治家们关注的热点。

历来的治帝国史者，大多都为此把政治借鉴放在首位。李维（Titus Livy，前50—前17）在巨著《罗马史》中，就明确指出："研究历史的特有效果就是能在历史真相的启迪下，看出各种类型例证，从中为自己、为国家选择可以效仿的榜样，以及应予避免的、始而有害、终成灾难的覆辙。"

波里比阿（Polybius，约前204—前122），这位希腊罗马史学交融的杰出代表，在其巨著《通史》中明确主张"以史为鉴"。他指出，历史就是过去的政治，历史不仅是人类业已完成的伟大成就，而且是人类行动的指南。当代人的言行，往往为适应形势需要而加以掩饰，唯有历史才能为政治家提供前车之鉴，提供批判周围环境和人的行为动机的实例，教会人们区别敌人与诤友。他把人类的改革分为两条道路：一条，是亲身经历祸乱之后而进行的改革；另一条，是以他人失误为鉴戒而进行的改革。他认为，政治家不应选择前一条道路，因为这会使改革充满困难和危险；而应当坚决选择后一条道路，因为这是不遭受损失的最佳选择方案。

毫无疑问，这些都是很有见解的观点。

从人类文明交往实践看，这种选择就是由生产力和交往力相互作用而产生的思想力。人类为了自觉地掌握自身的命运，避免社会灾难，更好地选择自己前进的道路，就需要理论思维的思想力。思想力是社会从被动向主动、从陈腐向新生转化的催化力，是走出颓废束缚的解放力，是创造未来的前导力。归根结底，是作为智慧生物的人主动选择和改造自己生活、掌握自己命运所表现出的理性能力。在每一次重大社会变革中，思想力都扮演着革命性的推动角色。没有文艺复兴所提供的思想力，很难设想有西方近代社会的变革。没有法国启蒙运动，很难设想有西方近代社会政治革命。中国改革开放的时代，不正是在"实践是检验真理的唯一标准"思想力推动下出现的吗？衡量一个时代人文社会科学研究的社会地位，也就是它为这个时代的社会进步提供了多少思想力。特别是历史科学，"以史为鉴"，可以知帝国的兴替，负有为中国社会发展提供强大精神思想力的责任。这正如自然科学技术需要提供强大的物质生产力一样重要。

然而，政治虽有其独立形态，它毕竟是奠基于社会经济根基之上。读史者从世界帝国史的政治变迁中，必然会发现政治本身不是孤立的，它不可能不受社会经济结构的制约。经济是世界帝国赖以生存的立足点，没有经济的发展繁荣，就不会有政治上的稳定昌盛。只有从世界帝国社会生活的深处，才能透彻地观察到政治与经济在一种社会形态中的结合点。

三

文明或者文化，是世界帝国史上最为辉煌灿烂的篇章。

正如人类之所以为人类，在于能够创造文明或文化一样，作为人类文明不同发展阶段产物的世界帝国，对后世带来最有长远价值的，就在于它创造了自己独特的文明。

不同世界帝国的文明，体现着不同帝国的自身特征。

只有从文明的特征上了解世界帝国，才能从根本上深刻地理解世界帝国之间的共同点和不同点。

第一个地跨亚、非、欧三大洲的世界性的大帝国——波斯帝国，就是以文明为特征而凸现于人类文明史之上的。它不仅有自身的物质文明和精神文明，而且有维系庞大帝国和管理庞大帝国的制度文明（如行省制度、赋税制度、铸币制度、驿道制度、军事制度等），因而比之埃及和亚述帝国，在文明内涵方面更成熟、更丰富、更深刻。尤其是波斯帝国包括了两河流域、埃及和印度河三大古文明中心，并且接近了第四个古文明中心——希腊的边缘。

世界帝国的兴衰，战争的征伐，一切政治上震慑人群的事功，诸多制度上的频繁更迭，其影响固然可以显赫一时；但从历史的观点看，只不过是无限时序中的一瞬。反观文明的伟大创造，则以各种方式，或传承，或演化，从而融入世界文明的整体之中，长存不衰。

追忆古罗马帝国的历史，三大文明标志便突出地显示出其创造性的位置。为西方文明作出伟大奉献的《市民法》和《万民法》，成为古罗马帝国文明的首要标志。第二个标志是卡图卢斯和维吉尔这两位世界文学史上的著名诗人，特别是维吉尔的长诗《埃涅阿斯纪》，堪称不朽杰作。但丁在其名著《神曲》中，把维吉尔作为自己从地狱和炼狱到天国门口的向导，可见其影响之深远。多才多智的西塞罗，成为第三个标志，他提出的"理性对于我们所有的人类来说，无疑是共同的"哲理，对于人类文明史有深刻的启示意义。文明成为古罗马史的基础。

世界帝国的有作为的大帝、皇帝、君王，确实有不可低估的历史作用。但是，世界文明的创造者，其影响更久长甚至是不朽的。

或者说，世界帝国的杰出统治者们之所以对后世有更大影响，不仅在于他们的武功，而更重要的在于他们的文治。

阿拉伯帝国杰出的哈里发们，在这方面表现得最为典型。他们都以不分宗教领域、不拘意识形态差异，而一律尊重知识、奖掖学术著称。特别是阿拔斯王朝的哈里发麦蒙，在首都巴格达创办了图书馆、科学院和翻译局三位一体的智慧馆，任命景教学者和翻译家侯赛因·伊本·易斯哈格为馆长。麦蒙按译稿的同等重量的黄金，重奖易斯哈格的译稿，可谓空前绝后的高翻译稿酬。实际上，不仅阿拔斯王朝的杰出的哈里发们，不仅该王朝的一些地方统治者们，而且在西班牙立国的后伍麦叶王朝的哈里发们，也都因为热心扶持帝国文明而闻名于后世。正由于他们的倡导，使巴格达、开罗和科尔瓦多成为阿拉伯-伊斯兰文明的中心，并从这三大中心向全世界放射出绚丽的文明光彩。

法国著名文学家罗曼·罗兰把那些创造世界文明的人们，誉为"以心而伟大的英雄"，并指出只有他们才是推进文明、延泽后世的伟人。

有多少人能记得徒具虚名的神圣罗马帝国？然而集20年之功而成书的《神曲》，却堪称文明时序交往的桥梁和连接近代与古代世界的传世之作。但丁的"走自己的路，让别人去说吧"的名言，启迪和鼓舞着一代又一代的智者们，去清醒地面对现实的"地狱"，勇敢地迎接"炼狱"的苦斗，从而达到理想"天国"的理性追求。

有多少人去理会英国的詹姆斯一世或伊丽莎白女王？但莎士比亚这位前所未有的伟大剧作家，却永远是英国人的骄傲。他的悲剧《李尔王》《朱利叶斯·恺撒》等作品，不但在艺术上是创造性的，而且在创作主题上表现了文艺复兴时期高尚人物性格与人类有生俱来的罪恶，及其自我毁灭的本能之间的冲突。他那强烈充满人性致使人文主义淡化在背景中的戏剧，他那艺术超越教条而反映生活真实的戏剧，将永存人间。

谁能记得魏玛大公和维也纳神圣同盟的帝王们？然而，作为诗人与哲人的歌德，不仅以追求知识和人生真谛的名著《浮士德》而流芳百世，而且由于热爱中华文明而获得"魏玛孔夫子"的雅号。文学是文明交往的纽带。各民族通过文学来接触其他民族，彼此就会有更好的了解。令人不能忘却的，是歌德已从中国和德国之间文明交往过程中，预见到人类由"民族文学"向"世界文学"发展的前景，并且进而提出了"世界文学的时代即将来临"的著名预言。

歌德所说的"文学"是广义的。它泛指"文明"或"文化"，是历史转变为"世界历史"的全球化交往时代多元化的整体精神文明。歌德的"世界文学"这一广义名词，已被马克思、恩格斯写入《共产党宣言》之中，从而成为世界文明普遍交往的新术语。

四

　　世界帝国的特性在于文明。不同的文明构成了不同世界帝国的不同风貌。

　　世界帝国文明的生命在于交往。交往使不同帝国的文明兴盛,交往也使不同帝国的文明衰亡。

　　因此,文明交往是理解世界性大帝国盛衰的一条重要理论线索。

　　实际上,每一个世界性大帝国的盛衰史,都是人类文明在交往中发生、发展的历史,世界性的大帝国是这一漫长历史过程中的产物。

　　交往活动本是人类的天性,如果与世隔绝,就不能产生才智,就不能产生文明。只有家族相聚,还不能算人类的社会交往,所以只有社会上的相互往来,人与人之间的广泛接触,才能通过地区、民族、国家而扩大文明交往。

　　约在公元前第四千纪后期,人类原始公社的各自孤立状态,首先,在西亚两河流域突破,出现了居民密集的聚落,诞生了以城市为中心的小国。稍后,具有此种文明重要标志的国家,在尼罗河流域、印度河流域、黄河流域、爱琴海等地区,都先后诞生。

　　但是,最早出现世界性的大帝国,是在公元前2000年后期形成的埃及帝国。它的版图已地跨西亚北非,它用征服的战争交往方式,创造了奴隶制帝国文明。到公元前1000年前期,在西亚形成的亚述帝国,第一次囊括了两河流域和埃及两大文明地区。再到公元前1000年中期,在西亚兴起的波斯帝国,地跨亚、非、欧三大洲,在农业文明与游牧文明的交往史上,展现出更为广阔的历史图景。从文明交往的观点看,波斯帝国既是西亚北非古代文明的终结,又开启了希腊罗马古典文明的先河。波斯帝国起了古代帝国文明交往史的承前启后的作用。

　　文明交往使古代各文明中心小国林立的状态,演变成各个统一的帝国和各个帝国彼此对峙的局面。

　　各个时期诸帝国的出现,都是人类文明交往活动范围的进一步扩大。

各个大帝国成了文明交往的更大中心。它们分地段而又互相连接地打通世界文明交往的孔道。

古代陆上和海上的丝绸之路就是中华帝国、波斯帝国、贵霜帝国、安息帝国、罗马帝国、萨珊帝国、阿拉伯帝国、印度、埃及等帝国的文明交往的大动脉。

这条文明交往大动脉,是各个帝国活动的大舞台。为了开拓疆土、迁移人口、掠夺资源、控制商路,各大帝国之间经常进行战争交往。战争的交往形式具有破坏性,也具有对闭塞状态的突破性作用。马其顿王亚历山大东侵之后,文明交往从西方的爱琴海通到东方的印度河流域,促使这个广大地区发生了深刻的变化。13世纪蒙古军队穿越亚欧大陆,建立了世界性的大帝国,东西方陆上文明交往的大道因此而大开。这种突破性作用,是和平交往方式所不能达到的。

伴随着农业文明和工业文明交往的开展,出现了另一类型的世界性大帝国——殖民帝国。海上新航路的开拓和新大陆的发现,工业革命的发展,把葡萄牙、西班牙、荷兰、法国、英国、美国、俄国、德国、奥匈帝国、日本等殖民帝国推上了世界历史舞台。

这些帝国虽各具特色,但都是以扩张性的西方文明为其共同点。东方的日本帝国,虽具本国文明传统,但所走的却是西方欧洲文明之路。众所周知,"脱亚入欧"曾经是日本帝国的重要目标。

在这些殖民帝国中,英帝国或不列颠帝国是他们中的辉煌代表。500多年来,这个被其创造者和继承人称为"永不衰落的"殖民帝国,曾经盛极一时。在身高只有1.55米的维多利亚女王统治的时代,地图上凡是涂着粉红色的地方,都是不列颠帝国的地盘。粉红色遍布各大洲,溅洒各大洋。第一次世界大战前,不列颠帝国总面积为1270万平方英里,其中联合王国占12.1万平方英里,即不到1%。第二次世界大战前,不列颠帝国的总面积和总人口,都占全世界的1/4。这种疯狂扩张的程度,真可谓达到了世界帝国文明史上的顶峰。

以不列颠帝国为代表的殖民帝国,按内容属现代工业文明。这个类型的帝国把工业文明传播到全世界。文明交往的范围扩大到全球。科学的进步，交通、通讯设备的日益发达，推动着西方文明以惊人的速度兴盛，又同样以惊人的速度衰落。

第二次世界大战以后，世界的殖民帝国土崩瓦解。它同时也埋葬了各个殖民帝国所奉行的教条：经常扩大"生存空间"和统治尽可能多的大陆领地或海外领地，以维持国家的力量和未来。

西方文明及其体现者——殖民帝国之所以如此快地衰落，其原因正如它迅速兴起一样，是文明交往所带来的全球化普遍的结果。殖民帝国把孤立的民族或国家带进了世界性的互相交往的大环境之中，使他们有了新的发展机会，使他们越来越主动地探索着改善他们的命运。新的交往手段的快速发展，先进技术、思想、组织形式迅猛传播，全球力量正在改变着文明中心和边缘地区的旧交往格局。殖民帝国无可挽救地走向衰落。

英国政治家沃尔特·白哲特说过，罗马与英国的衰落，都在于他们不理解他们所创造的制度。创造了帝国文明而不了解这种文明交往带来的后果，这正是一切帝国的历史悲剧所在。

五

文明交往对帝国的兴衰如此重要，其根源在于它经常起作用的几个重要因素。

首先，是民族因素。任何一个世界性的大帝国，都是由一个统治民族为主体的多民族帝国。帝国的兴盛似乎是对新民族的不断征服与奴役，但民族压迫已经埋藏着帝国衰亡的种子。

尤其是一些由多民族构成的帝国，由于民族压迫所造成的矛盾，导致帝国统治者的罪恶遗产遗患无穷，至今世界上还在被这些问题所困扰。那个时代的罪恶，并没有因帝国的崩溃而终止。从巴尔干到非洲，从高加索到亚洲的南端，民族战争和民族屠杀层出不穷。

哈布斯堡和奥斯曼帝国，分别统治了12个民族。沙皇俄国统治的民族达100多个。"日不落"的不列颠帝国更是一个多民族的混合体,它埋下的冲突遍及全球。巴勒斯坦就是英国托管政策的产物。它唆使犹太人和阿拉伯人互相争斗,然后便溜之大吉。印度和巴基斯坦的势不两立,也是英国在撤退时造成的。这两个国家在1998年春甚至以核武器相威胁。

当然,这里决不排除民族融合。民族冲突和民族融合,始终是帝国文明交往过程中相互交织的两个方面。

其次,是地缘因素。每一个帝国都是以自己国家为核心来展开与外界接触和交往的。在这种接触和交往中,必然会形成一个文化经济发展水平、社会形态、民族心理、社会制度等各方面比较接近的地区。正是在这个地区形成一个帝国交往的文化圈或文明区。

地缘因素和帝国的文明交往特性密切相关。它常常是一个地区内的人群的生活方式、文化传统、群体性格等种族或民族异质性的指数根源。环境和谋生手段的相异性,导致帝国主导民族的外部和内部关系的多样化交往模式。蒙古帝国因为中古时期辽阔草原适宜释放其"马背文化"能量,因而把西伯利亚到匈牙利的宽广地带变成了自己的天下。以海洋地缘因素为生存空间的西方诸帝国,则借助其特有的炮舰优势,极大地扩展了自己的海上力量,使东方屈服西方。

地缘不但与民族关系密切,而且与帝国之间的政治冲突与文明融合相伴随。各个帝国的异质文明,在相互交接或相互交叉的地区中,经常出现一种文明结合式的历史景观。在东北亚结合部的地区中,就有日、俄两帝国的1904年战争,还有20世纪30年代初日本对中国东北的侵略。中东地区从古到今的结合式的历史景观中,阿拉伯文明和西方文明时时闪烁其间。存在于波罗的海到地中海、欧洲东部到乌拉尔山脉的广大地区的诸帝国,扮演着世界上文明冲突与融合的众多主体的历史角色。

再次,是宗教因素。宗教是人类生活的基本要素,是文明的核心,也是帝国文明的基础。每一个帝国都有自己的宗教文明或近似宗教的文明。帝国的文明交往,无论是内部或外部的交往,都离不开宗教价值系统带来的强烈的政治归属性。

在古代帝国的文明交往中，宗教即在相当广泛的地区内移植、生根。起源于西亚的基督教的西传，在一个长时期内成为全欧洲社会的精神支配力量而影响各西方帝国。印度的佛教也传播到东亚和东南亚，成为中华帝国和日本帝国文明的重要组成部分。阿拉伯帝国把伊斯兰教传遍中亚、西非和北非，后来又进入南亚、东南亚和东南欧，形成了与欧洲基督教世界并立的伊斯兰世界。中国的儒家思想是一个近似宗教作用的伦理文明体系，它也传遍东亚和东南亚，在朝鲜、日本、越南等国，影响特别大。

宗教在帝国文明交往的过程中，冲突和融合始终相伴随。劝人为善、博爱、和平等种种教义，导致宽容与和睦相处。但不同宗教对世界的不同理解，特别是宗教一旦与民族、集团的利益相结合时，蕴藏的异己力量的巨大差异性就会爆发出来。从11世纪欧洲各帝国开始进行的第一次十字军东征，直到1272年英王爱德华一世开始的第八次十字军东征，这长达两个多世纪的宗教冲突，是最典型的例子。宗教之所以成为冲突的重要因子，是因为它与地缘、文化、习惯、生活方式、资源的天然联系，并以神灵形式"武装"着不同民族。科学和真理在宗教气氛浓烈的地区都无能为力。各个帝国之间的对抗，也无法摆脱宗教的影子。安瓦尔·萨达特在《阿拉伯统一的历史》中说，东西方的对抗，在很大程度上都是建立在对"神"的理解上。只要这种对"神"的理解，还没有从人的信仰、道德、美学等人文意义上进行真正的宗教启蒙，冲突和融合都将继续下去。

从交往哲学上讲，宗教冲突源于将己方奉为主体，将他方视为顺从和受支配客体的"主-客"式的交往观。殖民帝国把这种交往观奉为对外扩张和统治的信条。他们将基督教文明奉为唯一文明，把西方现代化奉为唯一的现代化模式，把西方的价值观奉为唯一的价值观。这种西方中心论式的全球交往观，盛行了几百年，至今余孽仍存。

又次，是语言因素。语言像工具制造与火的使用一样，是人类一项伟大的文明成就。语言与国家和社区一样，是确定身份的必要因素，是一个民族在世界上找到自己位置的手段。对于文明交往而言，语言能使人们交流感情，互换经验，共享知识，能使人们之间变得理解和被理解。语言是文明得以发展和代代相传的决定性因素。文字是语言的进一步发展。文明的保留和知识的传播，都有赖于文字的发明。文字在文明交往中的一个重要作用，是它把知识系统化。文字在早期的文明交往中，能够使官员和祭司以更高效率处理自己的事务。

语言文字对帝国的文明交往来说，既是内容，又是手段。它是诸帝国文明的象征和通用符号，又是帝国进行物质文明和精神文明交往的传播工具和思维手段。每一个大的帝国都有自己的主导语言文字，并通过这种语言文字把帝国的独特文明，传遍特定的文明圈内。帝国强行推广自己的文明同化政策时，语言文字成为同化的首要标志。语言文字在殖民帝国时期发挥传播西方文明的突出作用，集中表现在不列颠帝国的文明交往活动上，英语不仅在不列颠帝国范围内，而且事实上成为今日国际上的通用语言。

从哲学层面讲，文明交往的工具——语言文字，是物质在精神方面表现的震动空气层的声音和尔后形成为文字的文明符号，是一种实践的，既为别人存在，并仅仅因此也为我自己存在的，现实的传播交流和互动意识。这种口语和书面文字，是由于和他人交往的迫切需要而产生的，为物质文明和精神文明交往服务的思维手段。马克思和恩格斯在《德意志意识形态》中，把"交往"（Verkehr）看作一个总体性范畴，它是一个包括物质、精神和语言三大交往层次在内的完整系统。在全球化交往的时代里，在一个日益变得无根无基的世界里，一个民族找到归属的要素，就是听到自己的语言。

最后，是利益因素。文明交往的根源在利益关系和利害关系。各个帝国之间在文明交往中发生的所有事件，都能从利益因素中找到最终答案。

从帝国交往史中，我们发现，无论是王朝战争、宗教战争、民族战争，还是殖民战争、联盟战争，大都是围绕领土、统治权、安全、财富、荣誉或某信仰、某利益而展开。

只要我们将利益物化为经济利益、政治利益、文化利益，就立刻会察觉到文明交往过程中的冲突和融合的根源所在。

帝国之间文明交往的利益分配和利益占有的非平等化和非均势化，是导致冲突的先期因素。非均势化使势力强大的帝国谋求霸权。霸权主义的实质是对他国利益的争夺和占有。霸权是以利益的非法获取为前提的，也是以牺牲别国利益为条件的。它强迫别国服从自己的特权。

以国家利益为基础的均势，建立在以帝国之间的均势化为前提的国际秩序上。古代类型的国际关系格局和一些国家关系体系的出现，正是文明交往的结果。从未中断的中华文明，就以其"华夷一统"秩序原则，同邻国进行了悠久广泛的交往。此外，还有"阿拉伯伊斯兰"秩序、"奥斯曼伊斯兰"秩序等文明交往秩序。殖民帝国的种种国际秩序，标志着文明交往的进一步发展。

六

帝国的文明交往，也与文明交往的基本属性紧密相关。

文明交往的本质属性是它的实践性，是物质生产、精神生产和社会交往的实践活动。物质交往是物质生产的前提，是精神交往和社会交往的基础。这三者都是人类社会文明生存和发展的方式，是人类区别于动物的集中表现。像生产力是人类的实践能力一样，这三种文明交往的实践能力在各帝国内部和外部的竞争和依存中，不断打破民族和国家的壁垒，使世界逐渐联系为一个整体。各帝国的区域性统一有利于文明交往，但"主－客"模式的单一主体交往观，在实践上必然与文明交往的本性相抵牾。

同实践直接相关的属性是文明交往的开放性。任何一个人类群体，任何一种文明，任何一种生产力的存在和发展，都离不开内部和外部的开放性。正如同物理学、化学和生物学，为我们提供了关于开放系统下与外界"交换能量"，才能发挥作用的科学原理那样，人类历史的发展进程也表明，保持外部环境的开放性，扩大文明交往的范围，是发展生产力和文明成果传承的保证。如果说，"能量交换"使火山岩在高温高压环境下，产生了瑰丽的岩石和宝石，那么，各帝国在对外开放的环境下，也创造了辉煌的独特文明。

文明交往的开放性，必然导致文明交往的多样性。文明交往作为人类的实践活动，其变迁中呈现出复杂性和多变性，因而在联系形式上表现为多样性。文明交往的多样性，是世界丰富多彩的客观反映，是历史发展绚丽多姿的实在表现。各个帝国经历着不同文明交往道路，具有不同的历史发展背景、社会制度和价值观念，传承着不同的生活方式。这种文明交往的多样性，正是世界充满活力、竞赛和创新的动力和源泉。

文明交往的互动性，在帝国之间的联系上，表现得特别明显。这是因为文明交往是一个动态的体系，它是在双向的或多向的网络交汇中不息地奔流。文明交往是一个互相发现、互相沟通、互相扬弃、互相理解和互相融合的复杂历史过程；这个过程同时充满着摩擦、碰撞、矛盾和冲突，也不乏对抗、分裂、压迫、侵略和抵抗。

文明交往的迁徙性，也直接或间接地影响着帝国文明的兴衰。迁徙性是人类群体在文明交往过程中的空间位移。在公元前第二千纪中期到公元14世纪，各游牧民族先后对农业世界进行了三次历史长久的迁徙浪潮。印欧人、闪米特人、匈奴人、突厥人、鲜卑和拓跋人、阿拉伯人、蒙古人的迁徙浪潮，对亚、欧、非大陆的农业帝国进行了猛烈的冲击。在文明交往中，一方面，游牧世界不断缩小，农业世界逐渐扩大；另一方面，许多帝国走向衰落，在民族关系上出现了产生、发展、吸收、扩展、聚合、分解乃至消亡的文明演化现象。这个现象在工业文明与农业文明交往中，在殖民帝国的扩张中，更加扩大了。

总之，文明交往的实践性、开放性、多样性、互动性和迁徙性，制约着帝国的文明交往进程。

七

每一个帝国的兴衰史，都是世界文明交往的历史个案。从这些历史个案中，我们从理论上可以看到以下诸要点：

文明交往的基本内容，是人类物质文明、精神文明、制度文明和生态文明交往四大部分，它是人与人、人与自然之间的"主体–客体–主体"的多种和普遍的社会联系；人类文明经历了远古、上古、中古和近现代之后，现在正进入当代时期。与这些时期相对应的内容为：原始工具文明、奴隶制文明、封建制文明、工业文明和信息知识文明等为特征的诸多交往。

语言文字是文明的载体和形式，是文明交往的工具，是促成民族的共同地域、共同经济生活得以形成的基本手段，是民族和帝国文明的典型象征，也是帝国文明兴盛和复兴的钥匙。

各民族、各帝国之间的相互关系，取决于每一个民族、每一个帝国的生产力、分工和内部交往的发展程度。

各民族、各帝国本身的整个内部结构，也都取决于它的生产及内部和外部交往的发展程度。

文明交往既表现在民族、帝国之间，也表现在人群、集团、地区之间，它是世界走向普遍联系，是科学技术及生产力，在全世界范围内得以传播、保存和发展的基本条件。

古往今来，文明交往既有和平形式，也有战争形式，既有官方往来，又有民间往来，还有文明冲突和融合的交织。只有坚持民族本位、保持开放和进取状态的文明，才能长久不衰，才能在已经形成中的多元文明世界里确定自己国家的民族性文明的位置。

文明交往论是多极主体交往论。一国独霸或几国分霸的帝国时代已经过去。全球化发展包括"世界一体化"和"多极化"两个相反相成的双重内容，前者反映整体性趋势，后者反映主体间交往的平等性。国家无论大小贫富，都拥有独立对话和发展主权的地位。

文明交往论是互动合作论。在人类互动和多向的文明交往中，随着自然经济的农业文明交往、商品经济的工业文明交往和信息知识文明交往的递进发展，互相依赖、平等合作和共同发展，将成为多数人的共识。

文明交往是文明自觉论。文明交往在趋向上将摆脱野蛮性而日渐文明化。文明交往的特点是由自发性向自觉性演进，在规模上从封闭走向开放，在活动程度上从自在走向自为，在活动范围上由民族、国家、地区走向世界，在交往基础上从情绪化走向理性化，在人际关系、族际关系、（宗）教际和国际关系的领域中,由对立、对抗的"我"走向对话和合作的"我"。

文明交往论所追求的目标是人与人之间的和睦相处,是人和自然界的平衡和谐,是民族之间、国家之间的平等互利,是对自身文明的自尊、欣赏,和对其他文明的尊重、宽容乃至赞赏,是抱着爱其所同、敬其所异的襟怀和人类共同美好理想的人性追求。归根结底,是对自己文明和异己文明的理性探索和深刻理解。

文明交往论所研究的基本课题,是对世界文明及其交往规律性的认识。例如,文明交往中出现的不平衡性问题,其中包括在静态上表现为现实文明的差距,在动态上表现为发展速度的变动性与暂时性,在进程中表现为文明的交替超越性、先进与落后的互变性等。这些文明交往的规律性认识,有助于深化研究文明问题和文化战略问题,为建立健全国际新秩序,提供历史和理论上的参照。

研究帝国史不但要关注文明问题,而且要关注文明交往问题。研究文明交往问题,不仅要关注理论问题,而且要注重对历史个案的分析。只有以科学的精神,以丰富的历史事实为依据,对各种历史个案进行具体分析,才能客观全面地回答文明交往问题。

概括地说,文明交往就是不同文明之间的联系。研究文明交往的历史、因素、特征和规律,通过对各个帝国史中历史个案的分析,可以具体了解人类文明进程的重要方面。现在流行的"文明冲突论""历史终结论""文明融合论""文明危机论",都应当在各个具体历史个案中接受验证。

文明交往论强调文明交往的历史过程。各个文明是一个历史整体进程的产物,是受历史条件制约的。各个文明发展不是孤立的,文明冲突、文明融合,都是文明交往过程中相互联系的不同方面,不可离开联系的相互影响、相互渗透而去片面强调另一方面。文明交往过程中,充满着冲突和战争,也经历着传承和吸收,还交织着融合和综合。共处共存、共发共荣是文明交往的主流。

21世纪将是人类文明交往过程中的新阶段。帝国文明交往已成为过去。不同文明之间的交往,不但表现在文明冲突和文明融合的深化上,而且将集中在人类的生存和发展、人的价值和命运上。人们对文明交往的未来应持冷静与乐观的态度,因为它总的趋势是现实主义与理想主义的互换和提高,总的特征是多样性的统一和社会的进步。

2000 年 2 月 19 日完稿于悠得斋

在普遍交往中并存的世界文明[①]

《现代文明的历史脚步——现代化的宏观进程与典型个案剖析》一书即将出版，作者陈振昌同志要我写几句话。

陈振昌是我的硕士研究生，1988年毕业后一直从事世界近代史及现代化的教学与研究工作。这本著作就是他多次在大学高年级学生中作专题讲授的提纲，也是他结合教学进行科学研究的成果。本书的特点，在于它是一本研究现代化宏观进程与典型个案相结合、历史学与社会学研究相结合的著作，并有一定的科研积累价值。作者注意资料的收集和各种研究方法的综合，虚心求教，勤奋努力，我想，他一定能百尺竿头，更进一步，对这一课题继续作出开拓性研究。

现代化研究，之所以成为社会科学研究领域中长久不衰的大课题之一，是因为它具有现实实践和深远理论意义，它反映了和适应着第二次世界大战后人类社会巨大变革的发展趋势。现代化的历史进程，不断向人们提出新的问题，要求给予科学的回答。当前，比较突出的是现代化与民族传统的关系问题。如果不清醒地认识现代化既要以传统为依托，同时又要扬弃与超越传统，并找出在现代化进程中实现传统变迁的途径，就很难解决现代化与民族传统的矛盾。同时，西方化道路、东亚的日本和"四小龙"道路，也在实际上影响着人们的目标选择。现代化涉及社会凝聚力、动员力、控制力的社会

[①] 本文是为陈振昌《现代文明的历史脚步——现代化的宏观进程与典型个案剖析》（三秦出版社1996年版）一书所作的序。

支撑力问题，也和正确认识现代化与民族传统关系密切相关。因为过分看轻本民族，会导致简单照搬模仿外国，而民族传统的怀旧回归又会陷入罗素所说的"自我中心的困境"。两个极端都不利于社会凝聚力的加强。

现代化的研究者们，从世界性与民族性的角度来解决这些问题，为人们提供了宏观上的思路。溯源研究和比较研究，也能发现异同，从而使我们走自强不息、综合创新之路。现在研究的成果，把现代化的主要内容界定为：在现代生产力引导下，人类社会从农业世界（社会）向现代工业世界（社会）的大过渡。这个总的概括的基本内容是对的，但不完整。最主要之处是忽略了"通过世界普遍交往开放的道路"。大工业创造了交通工具、现代化市场、新的交往方式，创造了大商业化城市，消灭了以往自然形成的各民族的孤立状态，使非工业国由于世界贸易而纷纷被卷入普遍竞争。总之，大工业开创世界历史，也就是开创了全球性的历史交往。所以，交往之路是农业社会文明向工业社会文明的过渡之路，也是由工业社会文明向信息社会文明的过渡之路。

以现代化与传统关系在我国改革开放进程的表现形式看，1978年以来，中国社会可以说忽然接触到一个新奇的外部世界。许多社会成员有感于经济、科技等方面的巨大差距，不能真正把握本国与外国的具体国情而轻视自己的民族传统。为了强化民族自尊与自信心，这几年主动恢复民族传统，在这个明智之举的同时，某些盲目自大的民族中心主义重新出现。这种旧观念拒绝开放交往，甚至认为，儒学复兴是人类文明归宿，这种幻觉成分，也浮现出来。这两个极端都不利于持续发展现代新型文明。

现代化是一个综合平衡的发展进程。它包括经济、政治、文化的同步发展，也很重视人同自然、人与人和人自我发展中的身心和谐。21世纪的世界历史、世界文明发展的主流，不会是亨廷顿的"文明冲突论"，也不会是一方压倒另一方，而是东西方文明之多元与一体化在普遍交往中并存的新型文明。

1996年5月10日于悠得斋

文化学和文化交往①

面对书案上陈放的高有盈尺、誊写工整的《文化学引论》书稿，我不禁为作者李荣善的开拓勇气、严谨学风和坚韧毅力所吸引。当我了解到，这是在很艰难的条件下，作者在为大学生开设《文化学与文化史》讲座的讲稿基础上，历经六载探索、反复修改增删而成的著作，进而为他在教学结合科学研究道路上表现出的实干苦干精神所感染。李荣善早年在西北大学历史系就读，而且是未上高中即考入大学的。我当时为他们班讲授世界近现代史课程，有一段师生缘。大学读了两年，他即遭到不公正处理回湖北老家，在随州一个供销社当了25年的营业员。虽然备受坎坷，但仍锐志不减，坚持学习，后又在职业大学奋力钻研，终于取得这本40多万字的优秀成果。我在庆幸之余，自然乐意应他之邀，为《文化学引论》写一篇序，名之曰《文化学和文化交往》。

文化学是一门新兴的综合性学科。它在我国尚处于形成阶段中。20世纪80年代以来，我国先后出版过肖扬等主编的《文化学导论》、郭齐勇的《文化学概论》等几本著作，初步形成基本理论框架和体系，显示了一个良好的开端。同时，还出版了与文化学相关的著作，发表了许多专题论文。李荣善的这本著作在前人的基础上，融会贯通，努力探索，具有以下突出的特点：着重从文化史、人类学和社会学的角度，探求文化的理论体系，展现出

---

① 本文是为李荣善《文化学引论》（西北大学出版社1996年版）一书所作的序。

文化学的丰富多彩的内容；着力于文化现代化问题的阐发，给予文化学在现代化问题上以重要位置；全书从文化、文化学、文化理论、文化本质、文化结构、文化类型与模式、文化传播、文化的演变与发展和文化现代化等十个既有纵向联系，又有横向交叉的结构上着力，从而形成了新的体系。本书对中国文化与外国文化发展的同异比较、文化学研究的对象、范围及与相关学科的关系等重大学科建设问题，都提出了自己的见解。此外，作者文笔通畅而言简意赅，论述深入而浅出，引证、结论一丝不苟，以及条理清楚，都是值得称赞的。

　　特别是本书研究文化学所选择的角度，与以前同类著作多从文化哲学角度入手有所不同。本书更多地运用了文化史、人类学和社会学的视角、资料和语言，把它们纳入自己的体系之中，表现了20世纪90年代文化学研究的新进展。迄今为止，有一种说法仍然很流行，即"文化即人化"。当然，从人的角度考察文化，从人与文化的关系上考察文化，这在原则上不失为一种研究的思路。但问题在于：如果仅仅从哲学的角度而完全脱离了人与文化借以存在的社会，往往就会陷入自相矛盾之中。用人来解释文化，又用文化来解释人，这个循环的怪圈，常常使文化学研究者困惑不已。兰德曼在《哲学·人类学》一书中，企图用分清主次的办法，来走出这个怪圈。他提出，"每一个人首先为文化所塑造，只是然后，他也许成为一个文化的塑造者。"然而，他的办法并未使他摆脱人与文化怪圈的困境。因为"文化即人化"的界定，把人类所创造的一切均归之于文化，其结果导致了文化的泛化。文化似乎成了一个巨大的篮子，什么东西都可以装进去。文化自然是由人创造的，可是，人是处于一定社会形态中的人，人或直接、或间接、或自觉、或自发地受自然和社会环境制约，并适应与改造这些生存条件。文化就是人类在社会实践过程中创造的精神产物，包括知识、信仰、艺术、道德、风俗习惯等等组成的观念形态。文化学的特点一是新兴、二是综合性强，唯其如此，研究它需要有新的方法。以我之见，不能仅限于文化形态史观，还需要从社会形态史观考察它，就是说，应当在一般哲学取向的基础上，转到社会学、历史学的取向上来。

李荣善在本书中已用历史学和社会学取向的方法论来研究文化学，因而使人感受到，他的著作具有学科的新面貌和独特性。本书还探讨了文化的现代化问题，尤其是中国的传统文化和中国文化的现代化问题。这是一个具有重大理论和实践意义的课题，也是当前国际人文社会科学领域的一个前沿性课题。由于30年来，日本、亚洲"四小龙"和中国经济的高速增长，国际发展经济学和国际文化学于是乎成为谈论"东亚奇迹"的热门话题。在我国，继"经济热"之后，出现了"文化热"，并且势头不减，发展经济学、文化学和社会学成为"显学"。这种现象后面，反映了现代化进程的一个基本发展规律：现代化初期，处于民族独立国家开始建立阶段，政治因素处于优先地位；在发展经济阶段，经济和技术处于优先地位；在经济发展后的阶段，文化因素便上升到重要地位。"社会全面发展"的整体观念，便成为经济发展到一定程度的最重要的观念了。现在，在东亚复兴时期，如何对待传统文化的再评价和再创造，不但对中国，而且关乎到发展中国家在21世纪发展的前景问题。本书提出的文化现代化问题，对于我国传统文化的反思，对于优秀文化遗产与丰富文化资源的研究，尤其是对于深入探讨有中国特色的现代文化和自主型发展道路，都有着重要意义。

　　这里，再谈文化学的建设，不由得使我想起了老一辈学者顾颉刚先生的一段话："学问乃是一种永久性分工合作的共同事业，除了同时代人的同声相应之外，前辈老死，后辈还应接上。一个人的智力固然是有限的，但像接力赛一样地前进，则智力便成了无限的。"文化学是一门新的综合学问，更应如顾先生所说，是一种"永久性分工合作的共同事业"。人们常说，综合出学问，这当然并不是说排斥了分析。可以说，综合和分析相结合，并通过"永久性分工合作"之路，方能建设好文化学学科。

　　现在，我们正处在从20世纪迈向21世纪的历史转折点上。新世纪的曙光在前。我们正在经历人类文化的全面而深刻的变革。21世纪将是信息文明的新世纪。20世纪，文化正在由工业文化转向信息文化，由区域文化转向全球文化，由分析文化转向综合文化，由自信文化转向自省文化；如同世界走向多极化一样，21世纪的文化，既不是以西方文化也不是以东方文化为中心的哪个文化,而是更加色彩斑斓、形态各异的多样性并存的新世界文化。

当代世界文化的发展趋势,表现在文化层次上,也正在新的基础上,由精英文化转向大众文化。从这一点上讲,近十几年几度兴起的"文化热",并不是真正的文化热。它只是停留在少数学者当中,还没有真正走向大众。像诸多人文科学工作者埋怨本学科长期被冷落的情况一样,文化学工作者也无奈叹息自己的失落。这里面的原因很复杂,不必细说,但从主观上讲,我们是不是可以反躬自问:在社会发展面临全面性发展时刻,我们是否自觉意识到文化层次上的转变?我们在科学研究的基础上,是否考虑到献给大众所需要的、合乎大众口味的精神食粮?我们有幸于从事科学事业的专业人员,如何为人类、为社会进步而履尽职责?

作为文化学的研究者,不能仅仅把研究工作当作自己的选择,而要看成整个社会的需求。他们有责任满足社会的需求。他们也应该并且能够通过自己的创造性劳动,沟通古今中外的文化联系,立足于改革开放的现实土壤,贴近生活,求实创新,完成研究成果的价值转换,使之真正融入现实社会生活之中。前面提到,在经济学界,在中国突破"发展经济学难题"时被提起,有壮志者则翘首欲摘此课题的诺贝尔经济学奖的桂冠,从而实现该奖在中国零的突破。在文化学界,也把突破"传统文化与现代化"这个重量级难题作为世界前沿性的课题。殊不知,经济学奖本不配冠以诺贝尔之名,它始终有别于其他诺贝尔奖项。因为它是1968年为庆祝瑞典的中央银行建立三百周年而设立的。众所周知,其他五个奖项(和平奖、文学奖、物理学奖、化学奖、生理学或医学奖)首次颁发的时间是1901年。实际上,经济学奖应该更名为"瑞典银行奖",而且该银行经理也承认"经济学奖不是诺贝尔奖"。与经济学界不同之处,在于诺贝尔奖并不设文化学奖,因而肯定与该奖无缘。当然,是否以诺贝尔奖作为目标并不重要,因为作为管理目标性指数,它不是想争取就能挂出来的牌匾,倒不如实实在在在做一些理论结合实践的创造性研究更为实际。与我国经济建设高潮相伴随而来的,必将是一个文化建设的高潮。我们完全可以期望,我国的文化学研究,必将在一系列大课题研究的基础上进入成熟阶段，有中国特色的文化学体系必然会随之建立起来。

谈到建设有中国特色的文化学体系时，我考虑到有一个问题，在这里需要同作者及其他文化学者进行探讨。就是文化交往问题。人类文化本是多元的，而各民族之间的文化交往是不可避免的。交往使文化成为人类的共同精神财富。每个民族都在贡献自己的文化，也都在享受着其他民族所创造的文化。即使最杰出的民族，他们所创造的文化同他们所享用的文化，也不成比例。交往是文化的属性，文化只有在交往中才能生存和发展。把传统仅仅理解为本土的传统，是不够的，它还包括同外来文化交往中的形成和创造。传统是交往在历史中形成的各种相互作用的产物。世界各民族的发展，确实在开放和封闭程度上大有区别，但除原始状态外，各民族的文化及其传统，都是在同其他民族的相互交往中发展起来的。就是再封闭的民族，也无法完全避免同外部世界完全隔绝而长期没有任何文化交往。一个民族如果固守地域性的文化传统，不去顺应文化交往的扩展趋势，就可能变成惰性的，没有生机，进而失传，不再成其为传统。世界上许多古文化之灯骤然熄灭，同自我禁锢、中断文化交往直接相关。在世界随着工业和信息化接踵而来的时代条件下，文化交往已具有广泛性与普遍性的特征，呈现出新的多元化与开放性。当前，文化交往的总特征，在历时性（纵向）上表现为传统性与现代化变异之间的矛盾，在共时性（横向）上表现为民族性与国际化（时代性）之间的矛盾。文化交往为解决这些矛盾提供了理论依据，从而作为文化学中的一个新的理论课题，必然构成为它不可缺少的篇章之一。

过去，在文化上讲"交流"，现在文化上讲"传播"，这中间都贯通着"交往"的内容。例如，"传播"实际上就是人与人、人与群体、群体与群体之间的文化信息互动"交往"过程的一种概括。但"交流"与"传播"还不是理论上的概念表述，尤其不是范畴上的表述。哲学上从人类主体与客体的关系上讲"交往"，社会学各派从人与社会的关系上讲"交往"。法兰克福学派第二代代表人物哈贝马斯在《交往与社会进化》一书中，把交往对社会的创新作用提到首位，并试图以交往的一般理论为基础，实现对历史唯物论的重建。他认为，交往这一普遍行为，是人的微观行为与历史宏观行为进化的出发点，并把"理解"（Verstehen）作为交往的核心要素和主观特征。实际上，马克思和恩格斯在《德意志意识形态》中，多次运用了"交往"范畴，如"世界交往""个人之间的交往""普遍交往""民族内部与外部交往"和"物质交往与精神交往"，等等。他们已经用交往来说明历史变革的必然性、生产方式推动历史变革的更深层次原因，和人类在历史变革中实现自身的历史进化过程。因此，从历史学上讲，交往是人类文明历史发展过程；从史学理论而论，交往是历史哲学范畴，可以称之为"历史交往"。但从历史、文明的过程和理论而总括，实质上是人类的"文明交往"。所谓"文明交往"，是从唯物史观出发，即从现实人的实践活动这一前提出发，是对作为人们（作为历时性与共时性存在的不同实践主体）之间以变革生存环境或变革世界为目的，从而相互发现、认识、沟通、理解、制约、影响、渗透、改造等实践活动的历史哲学范畴。文明交往活动和生产实践活动一样，是人类存在和发展的基本社会活动。文明交往清楚地昭示了人的社会性，从而把人和动物区别开来。

　　文明交往是历史交往的内容之一。它是历史与逻辑二者的结合，而且是多层面与多种形式的结合。它表现了历史交往在内涵和外延上的广泛内容。马克思和恩格斯在运用交往这一范畴时，就包括了主体之间的生产关系内容以外的实践交往活动，如政治、战争、文化、宗教、民族等各种形式。1846年12月28日，马克思致安年柯夫的信中，特别强调"为了不致丧失已经取得的成果，为了不致失掉文明的果实，人们在他们的交往（Commerce）方式不再适合于既得的生产力时，就不得不改变他们继承下来的一切社会形式。——我在这里使用'Commerce'一词，是就它的最广泛的意义而言，就像在德文中使用'Verkehr'一词一样"。很显然，文明交往不仅是历史交往的一般内容，而且是它的有机的和主要的组成部分。它在历史和现实中曾经和正在起着互通有无、取长补短的作用。它在社会文化史上，出现过无数次以文明化野蛮、以华瞻饰简陋、以文化启愚昧、以开放破封闭、以进步制保守的事例。总之，人类的文明交往，是最普遍、最经常、最深层面的，也是始终伴随人类社会的历史交往活动。

人类文明交往发展到当今时代，在新的阶段上，更加突出地提出了从文明交往中自觉地认识本民族"自己"文化和其他民族"异己"文化的关系问题。1993年，塞缪尔·亨廷顿提出"文明冲突论"，把文明视为人类未来发生冲突的根本原因。他说："人类的最大分歧和冲突的主导因素将是文化方面的差异，文明的冲突将主宰着全球政治；文明之间的差异线将成为未来的战线。"针对此论，费孝通提出了"文化直觉论"，并用十六个字概括了它的内容："美己之美，美人之美，美美与共，天下大同。"这是一种尊重自己和异己文化的、兼容并蓄、和平共处的世界文化观，和亨廷顿的西方文化优越的"文明冲突论"形成鲜明对比。当然，文化自觉是一个长期过程，十六字概括也是人类的理想境界。我以为，文明冲突和融合、对立和共处、排他和共容，都是历史和现实中的矛盾统一体，它统一于人类文明交往的全过程之中。既不可用冲突主宰一切，也不能以和合代替一切。对文明交往过程需持冷静、乐观，归根到底，应持科学态度。各民族之间的文化关系取决于交往和生产力的发展程度，它表现为人类从相互交往中获得对"自己"和"异己"正确认识的自主程度。每一位清醒的研究者，都不能不以文明交往为坐标，在承认各民族文化的平等地位和在建设世界新文化中相互作用的基础上，去思考世界文化现代化道路上的一元化与多样化、普遍性与特殊性、时代特征与民族特征，和传统与现代化等诸方面的问题。人类文明交往活动愈自觉，这些问题就解决得愈圆满。但这不是说，这一切会一蹴而就。

　　文化包括文化活动的产物和创造活动的本身，文化的物质、制度、精神结构的核心，是客观的价值系统，它贯穿于广义理解的社会生活方式，即生产方式、交往方式和思维方式之中。生产方式和交往方式，决定着价值系统的性质，而价值冲突的根源是生产力和交往方式之间的矛盾。一定的生产、交往、思维方式互为媒介，相互制约，形成为一定时代的完整文明结构。不同的社会交往结构由社会形态决定，并体现文化发展的时代性结构。人类文明初期交往的特点是以人的依赖关系为基础，以自然发生的共同性为媒介，其价值系统的内容是以人本身的生产为目的。工业社会时期的人的独立性，是以物的依赖关系为基础，交换价值成为交往的媒介，由此造成了矛盾的价值关系。现在，在世界范围内，文明交往呈现出新的特点。它是在国际政治、经济、文化、科技、军事、外交等方面，全方位、多元化的基本态势下进行的。各民族、各国家、各地区之间相互吸收、融合、借鉴、影响的文明交往空前加强了。工业革命正在扫除物质世界的一切有碍于交往的障碍，信息革命进而把世界变成了联系、交往更加紧密的"地球村"。信息革命的特点是，一开始就遍及全球，从而把交往推向工业革命所无法比拟的高度。在当代，交往使一批贫穷落后的国家开启了向现代化转变的历史巨轮，也使一些国家进入了世界发达国家的行列。这样，人类的文明真正成为世界范围的普遍交往，正如历史真正全面地转变为"世界史"一样。由此可见，开展文明交往这样大课题的研究，对建设文化学是完全必要的。

现在，文明交往中，最大的文化壁垒是欧美文化中心论。欧美文化中心论，使世界上所有别的文化都变成了少数民族文化。欧美的价值判断成为第一判断，欧美的审美标准成为第一标准。前边讲过，有的大陆的经济学家眼巴巴地、可怜兮兮地盯着诺贝尔经济学奖，至于有些作家更是盼望像天上掉馅饼那样得到诺贝尔文学奖。以经济学奖而言，大多数颁给了那些反映居于支配地位的西方世界观的人士。其他奖项也反映了以欧美为中心的西方文化观。一些欧美学者也时不时居高临下地看待第三世界的文化，破坏第三世界的文化自信和自尊。好像第三世界的文化要由欧美人来决定。真正的文化首先是自主的独立的文化，交往应当是平等的互动的文化交往。文化交往中有时是很难相通的。研究者应该像勘探深层矿藏一样，细心而严肃地探索其根底，寻找文明交往的诸多途径。

按说，序就是序，不能写得太长。然而，一谈到文化学和文明交往这个话题，我便联想起近几年结合对"丝绸之路"地缘枢纽区（阿富汗、伊朗、土耳其等）文明交往的理论思考，提起笔来，思路所至，不知不觉写了这么多，是应该止笔了。仔细想起来，我总是认为，对一本科学研究的成果来说，写序不应当是应景文章，应当讲些有内容的话。所以，我不常允诺为他人作序，但一经允诺，便是认真的，或作如实的评论，或发表自己的见解，或和作者探讨问题，都是持负责态度。在中国序跋史上，梁启超为蒋百里的《欧洲文艺复兴》所作的序，恐怕是一个有代表性的典型了。蒋氏的书催化了他正在构思的课题，集中时间为之写序，抒发自己之所得，竟洋洋洒洒写了 15 万字！序的内容为中国文艺复兴，后觉得太长，作为序不合适，遂另册出版，这就是他的名著《清代学术概论》。这实在是中国序跋史上的佳话，表明了梁启超的超人之才，非我辈凡俗所能攀附。但我觉得，李荣善这本《文化学引论》耗时 6 个春秋的诞生历程，其中的艰辛使人领悟到一个脚踏实地、笔耕不辍的科学追求者的心迹。6 年，对一个人，可以是虚度光阴而一事无成；也可以是奋发有为，干好多实事。6 年，李荣善把生活都交给了这部书。写书难，出书难，他把这些难关都闯过来了。我以为，序文固然应当议论被序书的学术价值，也应当论及作书者的治学态度，发扬为科学而献身的精神。作为老师，作为同行，我理应多写几句话。因此，本序虽几经删改，四易其稿，方定为现稿，但仍显得长了些。不过，也只能如此了。

1996 年 9 月 27 日完稿于悠得斋

丝绸之路是世界性文明交往之路[①]

主席先生、女士们、先生们：

中国西北大学和奥地利萨尔茨堡大学丝绸之路国际学术讨论会今天正式开幕了。在丝绸之路的起点——古都长安，东西方学者聚会一堂，共同讨论丝绸之路的历史和现实问题，具有特殊的意义。特别是西北大学位于唐长安太平坊，离丝绸之路的商贸中心——西市，仅一坊之隔，我们在这里开会，更具有一种历史感；而隋唐佛教名刹实际寺遗址，就近在咫尺，那历史的悠久的钟声，似乎把我们带回到遥远的过去。这种得天独厚、得地独宜的环境，为我们的学术讨论会准备了浓郁的历史氛围，预示着会议的成功。

萨尔茨堡大学的学者和西北大学的学者的共同研究课题是丝绸之路，两方面又有特别的分工。双方各自从丝绸之路的东西两段，用各自的资料和观点，研究有关课题，然后进行交流与合作，这必将提高研究的学术水平。我作为西北大学中东研究所的所长，自然也有一个特殊的分工。我们的研究领域正好处于丝绸之路东段和西段的中部，因而这部分地区的丝绸之路的历史和文化，也是我们研究的对象。在 5 年前，我就中东地区东段起点的阿富汗地区，写过一篇文章，题为《阿富汗与古代东西方历史交往》。最初发表在《历史研究》上，后为《中国社会科学》英文版所转载。现将英文论文复印，发给所有与会外宾代表。既有论文，我在这里就不再重复。在这里，我只就

[①] 本文是作者 1998 年 9 月 13 日在中国西北大学和奥地利萨尔茨堡大学丝绸之路国际学术讨论会上的讲话。

丝绸之路研究中有关理论问题,简要地发表一点看法。

我认为,丝绸之路研究既需要微观研究、中观研究,也需要宏观研究。考证、资料研究的基础,是绝对需要的,但理论研究尤其重要。当然,最好采用理论结合实际史实的个案研究,避免单纯的理论研究。我在前面所提到的文章,就是通过对重大历史个案的分析,探讨一些有关理论问题。这是受了《中国科学技术史》作者李约瑟(Joseph Needham)的启发,如他对传播学理论的运用,就是这样做的。

不过,我考虑的不是传播学,而是文明交往的理论。丝绸之路是联系东西方文明的大动脉。但是,这条大动脉的动力是什么?丝绸之路的路为何而开拓?因何而盛?缘何而衰?为何而又复兴?如何估价它在世界历史上的地位和作用?我以为,这一切都需要从文明交往的角度来观察。交往,从哲学上讲,是指主体之间的关系;从社会学上讲,是指人们的社会联系;而从历史上讲,则是指在生产基础上,人们之间的交往过程及其规律性。政治交往、商贸交往、军事交往、文化交往、民族迁徙,都是人类文明交往的不同表现形态。推动丝绸之路的开拓,正是人类从事生产实践和交往实践过程中不断扩大活动范围,进而把历史由民族地区的历史变为世界历史的过程。人类由原始的、分散的、狭隘的、封闭的人群,走向发达的、整体的、开放的、全球的世界史,也是生产力发展和交往扩大的结果。从这个意义上讲,丝绸之路的开拓和后来的地理大发现,即新航路的开拓一样,都是世界性的两大文明交往之路,都是人类文明史发展的阶段性标志。

文明交往有丰富的内涵,结合丝绸之路上历史个案的分析,会总结出东西方历史上许多具体的特征和规律。在这里我不能详细展开,而且有相当多的问题,还需要继续深入研究。我只是想说明理论研究对丝绸之路问题的深入探讨,有重要意义。

这次学术讨论会不但充满了历史感,而且还充满了现实性。我们关注着重振丝绸之路的繁荣。我们处于世纪之交的临界线上,我们的学者都对社会进步、世界和平和人类文明的发展负有义务和职责。这次会议可能是本世纪末我们两校学者最后一次丝绸之路学术会议。我希望下世纪初我们再次相聚，无论是在西北大学或者是萨尔茨堡大学。

我想，这是我们的共同心愿。

谢谢大家！

序说文明交往与犹太学研究

序说，即以序为文体而加以论说。

本文是为张倩红的《犹太人·犹太精神》①一书而写的序，并且论说文明交往与犹太学研究的关系，因此名为《序说文明交往与犹太学研究》。

自从我进入中东研究领域以来，不断接触到以色列和犹太学研究的许多问题。自从我关注文明交往课题的探讨以来，也考虑过阿拉伯史和中东现代化，以及伊斯兰教的问题。然而，把文明交往和犹太学研究这二者联系在一起考虑，还是1996年张倩红来西北大学中东研究所攻读博士学位以后的事。我给博士研究生开设了一门理论课——"世界史学概论"。文明交往是这门课的基本内容。张倩红交给我的课题作业是《浅谈犹太人的文明交往》，论述了文明交往与犹太民族精神的关系。她在讨论中谈到学习文明交往的体会时说，文明交往与犹太民族精神的关系，给她许多启发，如果把文明交往引入犹太学研究，会对许多困惑不解的问题，产生新的感觉和领悟。在这篇作业中，她以犹太民族的商业特征为例，具体分析了文明交往在这种特征形成过程中的作用问题。

沿着犹太人的商业特征的话题，在序说中，首先分析一下文明交往与商业的关系。

说到犹太人是一个"商业民族"，毋宁说犹太人是一个最能体现文明交

---

① 张倩红：《犹太人·犹太精神》，中国文联出版社1999年版。

往内涵和本质特征的民族。因为商业不仅是随着分工扩大而从生产中分离出来的经济交往形态，而且就其开放的本性而论，最能反映文明交往在人类社会发展中的作用，和表达文明交往与生产力发展的关系。文明交往中的其他形式，如政治交往、社会交往、文化交往等等，经常是以商业、贸易为纽带、为先导、为主渠道而沟通东方和西方的联系的。

商贸的最突出的作用，表现在沟通古代东西方的"丝绸之路"的商道上，在这里，文明交往有赖于商业交往的维系。中世纪欧洲犹太人的商业成就，加速造就了近代欧洲犹太资产阶级的形成，其政治、社会作用是很显然的。战争是伴随着人类而来的交往形式，是政治交往以暴力流血手段的继续。但首倡此论的军事理论家卡尔·克劳塞维茨在《战争论》中，却敏锐地把战争比作"期票交易"和"贸易"，而且肯定地说："政治也可以看成是一种大规模的贸易。"这样把商贸与政治两种交往形式相提并论的类比，是意味深长的。新航路的开通和地理大发现以后，西方列强争夺殖民霸权的长期"商战"，更具有商业交往和政治交往的双重性质。众所周知，这种双重的大规模、长持续的文明交往，扩大了人类的活动范围，划分了世界历史的新时代。

联系犹太民族的商业特征，结合上述的种种例证，可以理解马克思和恩格斯在《德意志意识形态》中，用德文 Verkehr 一词来表达"交往"的缘由所在。德文 Verkehr 和英文 Commerce 意义相同，即为商业、贸易、买卖、交易等含意。但是，在英文中，马克思和恩格斯并没有用 Contact, Intercourse, Associaton, Exchange 等词表达"交往"，而用了 Commerce。关于这一点，马克思在 1846 年 12 月 28 日致巴·瓦·安年柯夫的信中，作了如下解释："我在这里使用'Commerce'一词，是就它的最广泛的意义而言，就像在德文中使用'Verkehr'一词那样。"①

这个解释清楚地表明了他没有把"交往"局限在政治、社会、文化层面上，而是从"交往"与生产实践相关的"交换"活动角度上，使用了与商

---

① 《马克思恩格斯全集》（第 27 卷），人民出版社 1972 年版，第 478 页。

业、贸易相关的 Commerce 或 Verkehr 一词来表达他的思想。这种思想和唯物史观是一致的："生产本身又是以个人交往为前提的"，"这种交往的形式又是由生产决定的"。这样，就赋予了广泛性交往概念以历史性的物质基础和辩证的动态内容，表明了人类的历史联系，从而把交往看成同生产力发展相伴随的、以买卖商品为交换手段而建立起来的社会关系。人和物的关系，人类的历史和工业、交换的关系，是《德意志意识形态》中经常联结在一起讨论的两个方面内容，商业和贸易的交换关系，也被用作交往的称谓。因此，德文的"交往形式"（Verkehrsform）、"交往方式"（Verkehrsweise）、"交往关系"（Verkehrsverhaltmise）等名词，就不断出现在这本著作之中了。

在序说了犹太人商业特征之后，有必要再进一步概说文明交往的基本内涵和本质属性的问题，供犹太学研究者参考。

文明交往，是人类根本区别于动物的社会性的集中表现，是人类存在和发展的方式，是人类主体之间的互相发现、互相沟通、互相理解、互相扬弃和互相融合的交互作用的复杂历史过程。这个过程，同时充满着摩擦、碰撞、矛盾和冲突，也不乏对抗、分裂、压迫、侵略和抵抗。人类经历了长期的各种形式和各个方面的历史交往，积累了丰富的历史经验，越来越面临着全球化和多极世界的严峻挑战。对话、合作的交往，平等互利的原则，也为人们所普遍认同。21 世纪的世界，将不再有与世隔绝的世外桃源，任何国家都不能单独地实现和平、自由、安全和富裕。全球化要求人们，比以往任何时候都要善于交往和开放，谁与世隔绝，谁就会成为全球化的失败者。犹太民族为此提供了有益的个案。

文明交往的本质属性是它的实践性，是物质生产和社会交往的实践活动。前者是以主客体为基本结构的实践；后者是以"主体间性"或"主体际性"（Intersubjectivity）为基本结构的实践。前者是后者的基础、决定因素和制约力量；后者是前者的必要前提、伴随要素和中介环节。像生产力是人的实践能力一样，交往力这种实践能力与生产力相适应，在各民族之间的竞争和依存过程中，如马克思恩格斯所言，推动着"历史"在愈来愈大的程度上成为"全世界的历史"。犹太民族和世界其他民族，都以各自具有的特点，经历了交往实践活动。

　　同实践性这个本质属性直接相关的属性，是文明交往的开放性。任何一个人类群体，任何一种文明，任何一种生产力的存在和发展，都离不开文明交往中的开放性。正如同物理学、化学和生物学，为我们提供了关于开放系统下与外界"交换能量"，才能发展的科学原理那样，人类历史的发展进程也表明，保持外部环境的开放性，扩大"文明交往"，是发展生产力和文明成果传承的保证。如果说，"能量交换"使火山岩环境或高温高压下产生了瑰丽的岩石和宝石，那么犹太文化虽历遭劫难，但在世界性开放大环境下，通过"文明交往"经千祀而仍在展现辉煌。文明交往的开放性，对人类文明的延续与发展的作用，于此可见一斑。

　　文明交往的迁徙性，是同实践性这一本质属性直接相关的另一重要属性。文明交往是一个动态的体系，它犹如包括万千条江河网络交汇而奔流不息。人类群体在这种不断变动的文明交往长河中，常常表现为空间的位移。这种位移就是时时进行的人类各群体的迁徙活动。从新旧石器时代到阶级社会的产生以后，从欧洲中世纪晚期到第二次世界大战以来，人类历史上几次大迁徙活动中，各个族群共同体之间进行着频繁的历史交往，造成了诸民族的产生、发展、吸收、扩展、聚合、分解，乃至消亡的复杂过程。在受别的民族挤压或驱赶而四处流散的民族中，当数犹太人和吉普赛人，尤其是辗转迁徙世界各地的犹太人，最为典型。研究它在文明交往中的分聚离合，对迁徙性属性的理解是很有价值的。

　　文明交往的类型性，是同实践性这一本质属性直接相关的第三个重要属性。马克思说："社会生活在本质上是实践的。"实践性在生产上，表现为物质与精神生产两大类型，在交往上随之也表现为物质与精神交往两大类型。所谓物质交往类型，就是人与人之间以生产资料、工具、产品、能力、活动等物质关系，及人自身等物质内容为中介的物质互换活动；所谓精神交往类型，就是人们精神生产活动及其能力、产品等的交流活动。文明交往的精神与物质这两大类型，还会分化出经济、政治、社会、文化等不同的小的类型，并演化成人类历史的不同发展形态和阶段。但对精神类型是不能忽视的，因为它涉及人的本质与发展，而人的本质问题是离不开社会交往的。社会交往不但是人的本质形成的前提，而且是人的个体本质形成的媒介；它既在人的发展中具有整合功能，又是人的全面化发展的条件。精神世界是丰富多彩的深层世界。从这个角度上看，研究犹太民族精神问题，确实是犹太学研究中的核心和前沿性课题之一。

文明交往的多样性，是同实践性这一本质属性直接相关的第四个重要属性。文明交往作为人类的实践活动，在其变迁中呈现复杂性和多变性，因而在联系形式上表现为多样性。以交往主体自身特征而言，有个体与群体交往之分。以交往主体地位而论，有平等与不平等交往之别。以国家和民族的时空界限看，可划分为内部与外部交往。从领域界定，则有政治、经济、文化、军事诸层面。就纵向大范围涵盖分类，还有日常与非日常交往两大模式的划分。历史交往从文明层面的潜在基础结构左右着人们的活动方式。这方面有古代文明时期的原始交往、自然经济和农业文明的传统交往、商品经济和工业文明时期的现代文明交往这三个不同的演进过程。从当代观察，历史上农业文明时期的交往，已经是落日前的最后一抹余晖，工业文明时期的交往恰似经过如日中天渐成为午后斜阳，而新的信息文明时期的交往则如朝阳初升，而快速普照于全球。今日普遍性的交往，不仅追求人际交往的优化（开放、发展、自觉、理性），而且追求人和大自然的和谐，向着全球意识下的多样性推进。

文明交往的文化性，是同实践性这一本质属性直接相关的突出属性。因此，特别值得一提。在一定程度上，可以说交往即文化过程。从20世纪前期兴起的现代化研究，已被移植于许多国家学界、政界。现在，也可以作这样理解：狭义的现代化过程即文化活动，是人的事业。人与人之间的交往，不可理解为单纯的物质活动或单纯的精神活动，而是不可截然分开的物质与精神二者合一的文化过程。传统与现代化是许多古老民族难于解决的问题，犹太人也为此常常陷于困惑之中。实际上，传统不仅是本土的，还包括同外来文化相互作用而产生的新成果。地域性、民族性文化传统，如果不能适应交往的扩展趋势，就可能因自我封闭而失传。传统除精华与糟粕之分以外，尚包含着内外结合的新成果，趋新浪潮与回归传统，是当前现实生活中出现的大量共生现象，可是，人们的焦点，却放在了现代化与传统之间的对立和斗争上而久聚不散。实际上，文明交往的文化性的一条普遍规律，是历时性和共时性的结合。历时性即文化交往的纵向进化与发展，它是指一个独立文化系统纵向的历史因素的积累与延续，其中的矛盾是传统与变异。共时性即文明交往的横向进化与发展，它是蕴藏不同文化系统的扩展与传播，其中的矛盾是民族化与国际化，或称民族性与时代性。前者是传统与现实的连续性；后者是借鉴和吸收世界文明。历时性与共时性的结合，既有利于独立文化系统的演进发展，也有利于不同文化之间的融合共存。这就是我的文明交往观。

1998年6月6日完稿于悠得斋

拿破仑军事失利、政治失策与经济政策失误的内在联系①

交往就是人类的社会联系。就一般联系形式而言，有政治交往、社会交往、经济交往和文化交往。军事交往，尤其是战争，是政治交往的另一种形式的继续。这些交往需要用历史个案分析加以具体说明。呈现在读者面前的这本关于拿破仑研究的著作，就是西南交通大学两位学者——刘军大和刘湘予在这方面研究的一部力作。

这是一部真正对拿破仑作了认真研究的著作，是一部真正进行了认真思考的学术成果。它注重历史的具体性、复杂性、多面性和变动的过程性，把交往关系置于深切的历史感之中。

一提到拿破仑，许多人自然就会想到土伦战役、两次意大利战役、奥斯特里茨战役……往往只把拿破仑看成一个史无前例的军事天才。但是，正如乔治·勒费弗尔所指出的那样，如果拿破仑"不曾把现代国家和现代社会的基本原则移植到他控制过的各国，那么他的雷霆万钧之势所进行的许多征战是不会留下任何东西的"。艾米尔·路德维希也说过："政治家才华的最高体现在于：他们影响了世人的命运。"②正是政治天才使拿破仑卓越超群。拿破仑以他辉煌的政治交往，为后世留下令人难忘的史迹。

---

① 本文是为刘军大、刘湘予《拿破仑传》（西南交通大学出版社 2001 年版）一书所作的序。
② [德] 艾米尔·路德维希：《拿破仑传》，花城出版社 1998 年版，第 1 页。

拿破仑作为18世纪末至19世纪初的政治家，肩负的历史使命是彻底战胜法国的宿敌——英国，结束几个世纪的英法之争，从而确立法国的世界霸权地位。可是，由于客观条件的限制，法国封建王朝和革命后的历届资产阶级政府留下的这一历史任务，是任何人都难以实现的。拿破仑为了完成这一任务，在法国的军事力量不能直接打击英国的情况下，最后不得不以经济斗争的形式作为打击英国的主要手段。这样，就使英法之间交往的战争形式转化为经济斗争的交往形式。拿破仑时代国际关系的历史画卷，也主要是围绕经济斗争的交往形式展现在世人的面前。

本书对西方几个主要资本主义国家和沙皇俄国的经济史进行了深入的研究，在充分占有材料的基础上，对拿破仑实行的最重要的经济政策和政治策略——大陆封锁政策作了全面的剖析。作者通过对拿破仑的大陆封锁政策的分析研究，揭示了拿破仑实行的经济政策与他的失败之间的因果关系，提炼出了自己的观点：由于实行大陆封锁政策，从根本上违背了资本主义上升时期的经济发展规律，因此，经济政策的失误，是导致拿破仑统治崩溃的根本原因。这一观点非常重要。恩格斯说："对经济状况（这是所要研究的一切过程的真正基础）中同时发生种种变化难免的忽略，必然是产生错误的根源。"[①]本书作者与以往许多研究拿破仑时代的学者着眼点不同，正是关注到经济交往是研究一切过程的真正基础。重视这个问题，不是单纯地从军事交往方面和个人政治才能方面去探讨拿破仑的失败及其帝国覆灭的原因，而是将拿破仑这个至今无与伦比的军事天才和政治领袖的军事失利和政治失策，与其最深刻的内在原因——经济政策失误紧密联系在一起。由于如实地反映了历史交往的诸多联系和变化，因此，本书作者提出的这一观点，对法国近代史的研究是一个重大进展。

如果从军事交往、政治交往和经济政策的关系看这个观点，这实质上把交往的复杂性具体化了。交往不能简单化，也不能泛化，而要具体问题具体分析。人类社会之所以向前发展，就是因为普遍性之中有特殊性，统一性

---

① 《马克思恩格斯选集》（第4卷），人民出版社1995年版，第506—507页。

之中有多样性。作为 18 至 19 世纪英法之间的政治交往关系，以战争这种特殊形式的继续，对法国而言，转变为经济斗争形式。拿破仑的失误，恰恰就在于他的大陆封锁政策上。这个时期，国际关系的复杂性就在这里。

虽然歌德曾经说过，拿破仑一生像圣约翰的启示录一样："人人都觉得其中奥妙，但究竟是怎么回事，谁也不很清楚。"但是，本书作者紧紧抓住大陆封锁政策这一主题，从交往的复杂性着眼，既从纵的方面把拿破仑时代同它之前的法国历史联系起来，又从横的方面把拿破仑统治下的法国放在世界历史的背景下，把它同欧、美各国的历史联系起来，从错综复杂的军事、政治、经济关系中，把拿破仑斑斓多彩的传奇人生较为清晰地勾画出来。"横看成岭侧成峰，远近高低各不同。不识庐山真面目，只缘身在此山中。"只有超越了简单化思维的局限，才能从高处俯视人间文明交往的全貌。作者用科学的思维和辩证综合的方法，透过现象，深入本质，为读者奉献出了一部发人深思的史学论著。

读完本书，自然会使人想起费弗尔的名言："知道的人，不是历史学家；只有寻觅的人，才是历史学家。"[1]史学研究不但要寻觅"是什么"，更应当深究"为什么"，这也是交往理论史例个案分析的研究方法。刘军大和刘湘予以其深入研究的成果，表明了多年坚韧的追求和不懈的探索精神，因而与我寻觅的文明交往论思路不谋而合。这种科学奉献精神尤其难能可贵。创新是科学精神的核心。文赖新以立，愿刘军大和刘湘予坚持弘扬科学精神，百尺竿头，更进一步！

2001 年 6 月 25 日于西北大学中东研究所

---

[1]《史学理论研究》，2001 年第 1 期，第 87 页。

从陕西走向世界史研究
——彭树智先生访谈录

张世民①：彭老师，您生在陕西泾阳，受教育于泾阳、三原、西安、北京、东北等地，由陕西走向世界史研究已有70余年。您能否谈谈自己的治学履历和学术源流？

彭树智：可以，我先谈谈这个问题。

我幼小时开始在泾阳私塾学习，塾师安谧中先生国学功底深厚，教我诵读《三字经》《百家姓》《千字文》和《论语》等书。后来又在现代小学、高小师从刘德美先生、杨蔚英先生，对国文课特别感兴趣。之后，在三原县中、仪祉农业技校师从冯一航、李一琴二先生学习《古文观止》《唐诗三百首》等书，对古典文学兴趣更浓。及至考入陕西省立三原高中学习时，国文课成为我唯一爱上的课。国文老师张警吾和潘子实二位先生的谆谆教导、耳提面命，令我至今记忆犹新。他们为我细心讲解、指导读书、批改作业，并不时在课堂上宣读我的作文，用那密密的红笔点点圈圈我的习作，使我对古今文学兴趣更浓。

记得仪祉农业技校校长、大水利专家李仪祉之妹李焘仪先生不幸罹难于车祸，学校为她举行了隆重的追悼会。张警吾先生在会上致悼词时，宣读了我用文言文写的"祭文"习作。这是一篇经过他细心修改的小文章。他以

---
①张世民，《陕西地方志》主编。

《大公报》记者如椽手笔所斧正之后，可以说有情文并茂的品味。当时与会的中央监察院院长于右任先生，会后找到了我，向张先生询问写作情况。作为一个中学生，我对这位大书法艺术家是一种仰视心态。当他知道我曾是仪祉农业技校学生时，用地道的关中话说："弟子怀念，矞仪飞翔，师生情谊，山高水长。"这位长髯过胸，身穿黑袍，脚着白布袜、灰布鞋的长者，给我留下了美好而深刻的印象。

我进入西北大学历史系完全出乎意料。我报考的志愿是中文系，却被历史系录取。潘子实老师到西北大学去劝我说，历史是"百科之基"，文史是不分家的，你入学后还可以多学点哲学，文史哲互通，学问就大了。果然，在大一时，就有王捷三先生给我们讲哲学课。他是北京大学哲学系毕业，科班出身，又做过陕西省教育厅厅长，讲起课来，居高临下，引人入胜。他学贯中西，例如讲西方以哲学为"爱智慧"之学时，就引用《书经》中，"知人则哲"和《庄子》中"知士无思虑之变则不乐"等话，用以说明中国哲人知人思变之"乐"，正与"西方的爱智慧"之"爱"，在哲学上是相契合的。他常讲，哲学为"百科之帅"，处事治学都离不开理论思维，这对我后来的治学思维、诗意治学，以至形成人类文明交往的历史观念，起到了启蒙引领的作用。

我1950年进入西北大学历史系学习以后，发现学历史专业是正确的选择。新任的校长是马克思主义史学家侯外庐先生，他经常指导历史系的中国通史课教学工作。他给我印象最深的是关于寻找科学研究生长点的治学经验。他说，大学生一入学就要寻找适合自己的科学研究生长点。现在我还能记得他用山西口音说"生长点"时，那种腔调韵味十足的声调。他并且说，这个"生长点"应该是有开拓性，有一系列课题可作，可以长期研究，要在这里生根、开花、结果。在他这个思路的引导下，我选择了世界史研究方向和印度近现代史中的民族独立运动课题，作为大学毕业论文，最后写成20万字的《印度民族解放运动史》。那是一本综合性的论文，是一次练笔之作。世界史教研室主任楼公凯教授给了90分的高分，是对我的鼓励。我正是拿着这本习作，到北京大学去见我的研究生导师周一良先生，周老师又带我去见东语系主任季羡林先生。他们共同指导我继续在这个生长点上做深入研究。

在北京大学攻读亚洲史专业研究生时，教育部为了在全国高校开设亚洲史专业基础课，聘请前苏联专家柯切托夫在东北师范大学举办了"远东及东南亚教师进修班"。周老师把我们四个亚洲史研究生送到这个班上学习，直到学完两年后回北京大学毕业。周老师给我们临行的话是：学好理论、学好专业、学好俄语。当时全国都在学习苏联，能跟苏联老师学亚洲史，是很幸运的事。柯切托夫老师是治学严谨、时间观念极强而又讲仪表的人，他说，"在这里听课的人，大部分是各高校的教师，只有四个北大研究生，我要按苏联培养研究生的办法，让你们写学位论文、进行答辩"，并且为我定下了论文题目。我的论文题目是《1857年印度大起义略论》。当时正值起义100周年，我从西北大学、北京大学、东北师范大学搜集了一些资料，柯切托夫老师又给了许多苏联资料，特别是马克思、恩格斯当时对此次起义的论述，为论文准备了较厚实基础。这次论文全文译成了俄文，以便柯切托夫老师审阅。他在答辩会上指出了论文的优缺点，并且亲切地引用俄罗斯民谚"奶酪好吃，烤一下更好吃"来鼓励我把论文修改好，争取早日发表。后来，论文经周一良、季羡林二位导师审阅后，发表在《北京大学学报》1957年第4期上。

在东北师范大学随柯切托夫老师学习期间，还有一段插曲。那是1957年5月11日下午，柯切托夫老师走进课堂，放下讲义，两手扶着课桌，抬头看着我，笑着说："彭树智同志，告诉你一个好消息，你在今天的《人民日报》上发表了《百年前印度人民起义的历史意义》的论文，可能你还没有看到。在讲课之前，我应该向你祝贺！这是你结业论文的一部分，公开发表，这是很好的社会效果。《人民日报》和苏联的《真理报》完全一样，都是共产党中央的机关报，能在这里发表文章，是一生的光荣！"虽然文章在一个月以前就寄出去了，能不能发表我心里没数，听到老师这样热情的话，有些突然，但也很高兴，一时不知说什么好，只是说："谢谢老师！这是我发表的第一篇学术论文，我永远记住老师的鼓励！"可能是这个原因，他选择了这篇论文作为全班唯一一篇公开进行答辩的结业论文。后来回到北京大学，世界史研究生班的齐文颖师姐还谈起当时发生的一件事：1957年5月11日那天，全班同学都在谈《人民日报》第二版发表我的文章和第三版发表世界史教研室主任杨人楩先生关于《历史学科不能没有世界史》的呼吁文章。她说："那一天好像过节日一样，北大19楼（研究生宿舍）成了为世界史学科喜事而庆祝的会场。"

谈起学术源流，不能不提中国社会科学院的陈翰笙老师。他在印度工作过多年，有用英文写的印度社会问题专著。20世纪80年代，他担任商务印书馆出版的"外国历史小丛书"主编，在给我的约稿信中说："小丛书虽小，意义不小，不要轻看它，读者要比你的学生多得多。你是研究印度史的，应当写《印度革命活动家提拉克》和《阿富汗三次抗英战争》这两本书。"他治学严谨，从书名、内容、文字，都细心推敲，并且根据书中问题为我开了书目，让我到北京图书馆去查阅。他最讨厌治学浮夸的学者，讽刺这些人为"墙头草""刺荆花""蛤蟆叫"。他和季羡林老师是教育部评审我提升教授的推荐人。后来他告诉我，他二人分别从世界史和印度史方面介绍我的情况。他是位有广阔胸怀而且乐于提携后学的学界长者，享年104岁。

在我的世界史治学履历中，最重要的学友当推首都师范大学资深教授齐世荣师兄。他是周一良和吴于廑先生主编的《世界史》工作资料编者。他以周先生为师，我是周先生的研究生，所以我们以师兄弟相待，并以"老齐""老彭"互称。改革开放以后，由吴于廑先生和齐世荣主编的六卷本《世界史》中，我担任了《当代卷》主编，并为《近代卷》上、下两卷、《现代卷》写了有关亚洲、非洲和拉丁美洲章节。吴先生对我说："《世界史》六卷书中，只有你一人跨越了四卷，贯通了近代、现代和当代编写工作。"后来该书改版为四卷本，我仍跨越现代与当代两卷，齐世荣师兄称：你的现代亚非拉史的类型分析为"独步之作"。回忆40年前改革开放之时，我从陕西人民出版社出版《世界历史教程》开始，到参加高等教育出版社的吴齐本《世界史》，再到齐本《世界史》，真是一段不短的、由陕西走向全国世界史学术之林的路标历程。

张世民：您一手创办西北大学中东研究所，长期致力于中东史研究，著有《中东国家通史》《中东史》等，已成为中东史研究的基础性著述。您在不同文明交往研究中有何心得？

彭树智：这个问题很有学术含量，我乐于作较详细的回答。这个问题具有思考性问题意识和自觉性历史意识。这个问题放在世界史研究之后提出，具有历史与理论发展内在连续性，特别是你把世界史研究、中东研究和人类文明交往研究这两个问题联系在一起的整体性发问，很符合我的治学演进路径与治学的逻辑思维方式。

首先，谈谈西北大学中东研究所的历史沿革。它的前身是 1964 年国家批准成立的第一批国际问题研究所之一，当时的所名叫"伊斯兰研究所"。国家为它确定的主要研究任务是苏联的中亚伊斯兰加盟共和国现状，也涉及中东地区的阿拉伯伊斯兰国家。限于当时的历史条件，特别是成立后不久的"文革"动荡年代，虽有一些外语人才，但很难谈上什么真正的研究工作。改革开放以后，伊斯兰研究所改名为"中东研究所"，但因研究方向不明、没有研究特色和有分量的成果，科研处有撤销它的打算。处长马家禄征求我的意见，我建议保留而加以改革，他就让我先兼任所长。后来我辞去文博学院院长，专任中东研究所所长，便采取了三项措施：①提出"以问题为导向，从现状出发，追溯历史源流，站在历史的基点上，审视现状，进而展望未来"的研究思路与学术理念，以解决历史与现状关系问题；②倡导"勤奋、严谨、求实、创新、协作"学风，为建立中国气派的中东学科而努力；③制定规划、确定系列的大研究项目，一步一个脚印地发挥科研群体的合力，团结一致，努力尽责、尽力、尽心地作出创新性成果。这个目标终于逐步实现了。

其次，谈谈我的中东研究与人类文明交往历史观念之间的联系。进入中东研究领域，这是我世界史研究方向中，由印度生长点的"西向"延伸，其直接缘由是 1979 年 12 月 27 日苏联军队入侵阿富汗。这次事件引起了英美学术界的强烈反应，出版了许多书籍。可是西邻隆隆炮声，在我国学术界却一片寂然，似乎"西线无战事"一样。正在我焦虑之际，在《百科知识》

杂志任编辑的梁从诫①学兄来信约稿，要我写一篇历史上阿富汗抗英战争的文章。他父亲是建筑学家梁思成、母亲是诗人林徽因。他是我在北大研究生学习时的同窗，当时在一次课堂讨论上，我引用过马克思《印度史编年稿》中关于1842年阿富汗人民抗英战争事件的论述。他想起此事而向我约稿。于是，我为该刊写了《1842年阿富汗抗英战争》一文后，又于1982年出版了《阿富汗三次抗英战争》一书。从此我由中东地区东部第一个国家阿富汗研究而逐渐进入中东地区研究领域。

中东地区是人类文明发祥地之一，世界四大古文明中，埃及和两河流域两大文明就在中东。人类早期的文明在这里生成聚散，东西方古老帝国文明在这里冲突融合。中东既闪烁着阿拉伯伊斯兰帝国和奥斯曼帝国、波斯帝国文明的光辉，也有近代以来东方和西方文明强弱变动的不平等交往；既有当代中东民族独立国家体系的形成，又有现代化和全球化潮流的涌动。这个地处一河（苏伊士运河），二洋（大西洋、印度洋），三洲（亚洲、非洲、欧洲），四峡（博斯普鲁斯海峡、达达尼尔海峡、曼德海峡、霍尔木兹海峡），五海（黑海、地中海、红海、阿拉伯海、里海）的沟通东西方纽带与十字路口，还是西方文明源头——"两希文明（希伯来文明、希腊文明）"中"希伯来文明"的产生地，也是世界三大宗教（犹太教、基督教、伊斯兰教）的发源地，还是欧洲、亚洲、非洲地缘环境交汇中心十字路口，更是当今世界矛盾集中的焦点之一。研究这个地区的历史和现状，关注它的未来走向，从大量变化不已的历史事实中，必然会抽象出理论思维的观点、观念来。我的人类文明交往历史观念的形成，正是伴随着世界史研究，特别是在中东研究生长点上成长思维所产生的思想理论成果。

我的治学理念是："置身须在高远处，精耕细作觅真知。"我的治学路径是：在史论结合、论从史出的互动研究过程中，用两种精细化思维方法探

---

①梁从诫，1928年8月4日出生于北平协和医院，因纪念宋代建筑学家李诚而"取名从诫"。

按：李诚，字明仲，郑州管城人，著有《营造法式》（34卷）。李诚死于大观四年，即公元1110年3月21日。这一天也是梁思成与林徽因1928年3月21日在中国驻加拿大总领馆举行婚礼之日。其"良辰吉日"（3月21日）就为了纪念李诚。李诚墓志铭中只留下大观四年"公之卒，二月壬申也"这一个日期。但此日期为旧历2月初3日，即公元1110年2月23日。

讨求索人类文明交往自觉问题。

第一种精细化思维方法，是用不同层面分析的"平湖式"历史贯通方法，将自己研究的心得分别融入以下11种中东"史林丛书"之中：

1.《阿富汗三次抗英战争》，商务印书馆1982年出版，民族独立战争史层面；

2.《现代民族主义运动史》，西北大学出版社1987年出版，亚非拉美现代史层面；

3.《中东国家和中东问题》，河南大学出版社1991年出版，通俗概述层面；

4.《东方民族主义思潮》，西北大学出版社1991年出版，人民出版社2013年二版，亚非政治文化思想史层面；

5.《阿拉伯国家简史》，福建人民出版社1991年出版，1999年修订二版，地区民族国家史层面；

6.《20世纪中东史》，高等教育出版社1992年出版，2001年再版，世纪断代史层面；

7.《阿富汗史》，陕西旅游出版社1993年出版，国别专史层面；

8.《伊斯兰教与中东现代化过程》，西北大学出版社1997年出版，宗教文化与时代层面；

9.《阿拉伯国家史》，高等教育出版社2002年出版，中东国家群体史再考察层面；

10.《中东国家通史》13卷，商务印书馆2000—2007年出版，18国中东通史总体层面；

11.《中东史》，人民出版社2010年出版，中东地区通史总体层面。

第二种精细化研究方法，是从不同深度考察的"掘井式"[①]理论探索，将自己的深入探索心得写成以下理论形态不同的人类文明交往研究"六部曲"：

1.《文明交往论》，陕西人民出版社2002年出版，由总论和一系列分论

[①] 本书第二编第二十题关于贾岛《戏赠友人》诗中追求瘦、硬、寒诗风的自述，即用"笔砚为辘轳、吟咏作縻绠"，使深井的"心源"活起来，与我"掘井式"研究有契合之处。

组成的合奏曲；

2.《书路鸿踪录》，三秦出版社2004年出版，雪泥鸿爪、山迎白云的真、善、美追求曲；

3.《松榆斋百记——人类文明交往散论》，西北大学出版社2005年出版，2003—2004年两年京隐散曲；

4.《两斋文明自觉论随笔》，中国社会科学出版社2012年出版，3卷本、137万字的大型联动曲；

5.《我的文明观》，西北大学出版社2013年出版，文明交往观增订升级版的合奏新曲；

6.《老学日历》，中国社会科学出版社2015年出版，以"日历式"文体记录2012年的人生哲学普及大众曲。

中东地区"史林丛书"的森林涛声，现在正在抚动着我案头修改的文明交往"诗意治学"第七部琴弦曲——《京隐述作集》。魏晋嵇康《酒会》诗中"但当体七弦，寄心在知己"的名句，也随之在我脑际耳边徘徊。唐代诗人韩偓《赠湖南李思齐处士》诗中的"七丝琴畔白髭须"，正好是我老态诗意清音的写照。回首过去我进行"平湖""掘井"式劳作而往返于西安北京两地岁月，那是一段漫长的历史思维与逻辑思维相统一的独立深思历程。我从中得出的结论是：中东问题的关键是发展人类文明交往的自觉化。中东地区各国人民都在发展中寻找适合自己国情的文明新形态，都在文明自觉过程中或快或慢地走自己的路。

我的文明交往的历史观念，渗透于上述著作中，其根本思路是从人类命运和世界历史视野，观察中东地区的发展前途。人类最需要文明，人类也离不开交往，这是人们在日常生产、生活、生存的生命活动中所屡见不鲜的最基本事实。我所研究的不是一般谈论人类文明和交往问题，而是把二者有机统一为一个完整的、在文明交往自觉历史哲学视野下的文明观。对它最简单的概括是《文明交往论》一书总论开头语所说："文明的生命在交往，交往的价值在文明。文明交往的真谛在于人类文明中所包含的人文精神本质。"如果还要补充一句，那就是："文明交往自觉，推动着人类历史的前进；人类历史是人类社会从自发走向自觉、由自在走向自为、从必然走向自由的文明交往史。"

从根本意义上讲，文明交往的自觉是历史的自觉。人类文明交往是一种人类生存、生产、生活、生命活动中所产生的历史哲学观念。对它较为系统完整的总结，是我在 2011 年《史学理论研究》第 2 期上发表的《世界历史：人类文明交往的新自觉时期》一文中所集中归纳的 9 条内容，其要点是：

①一个中轴律：人类文明交往互动辩证规律；②两类经纬线：人类文明交往的经线为相同文明单位之内的相互融合，纬线为不同文明单位之间的相互交流；③三角形主题：人类文明交往互动，围绕着人与自然、人与社会、人的自我身心这三大主题的三角形路线进行；④四边形层面：人类文明交往包括物质文明、精神文明、制度文明和生态文明这四个基本层面，而制度文明又包括政治、经济、社会、文化等领域；⑤五种社会文明交往形态：人类文明交往史的交往形态分别为：社会结构、社会制度、社会关系、社会生活和社会意识；⑥六条交往力网络：这六条人类文明交往力包括精神觉醒力、思想启蒙力、信仰穿透力、经贸沟通力、政治权制力和科技推进力；⑦七对交往概念：传承与传播、善择与择善、了解与理解、话语与对抗、冲突与和解、包容与排斥、适度与极端；⑧八项变化：人类文明交往通之于变，归之于化，成之于明，而变通要义有八：教化、涵化、内化、外化、同化、转化、异化、人化；⑨九何而问：人类文明交往的自觉化在于问题意识的引导，它围绕着人类如何避免"交而恶"，使之走向"交而通"的良性互动之间而归纳为"九何之问"：何时？何地？何人？何事？何故？何果？何类？何向？何为？

总之，文明的进步来自文明单位自身内部发展的交往成长，也来自不同文明单位之间的开放交往。任何一个文明单位如果孤立、僵化、自封，最终必然停滞、衰退、萎缩；同样，任何一个文明单位在其他文明单位的交往中，都必须依托自身的文化，实行创造性的转化，否则必然消亡或沦为附庸。正如马克思和恩格斯在《德意志意识形态》中所指出的：共产主义运动

"推翻了一切旧的生产和交往的关系的基础,并且破天荒第一次自觉地把一切自发产生的前提看作是先前世世代代的创造,消除这些前提的自发性,使它们受联合起来的个人的支配"。这个论断有助于我们对人类文明交往自觉互动辩证规律的认识。

换一个角度,从知行合一的人类实践活动来认识这个历史观念,还可以读一下我在《人民日报》2015年6月11日理论版"大家手笔"栏目上发表的《人类文明交往的历史观念》一文。在这里,我有对自然、社会、自我身心知行之间交往"三知之明"的文明交往观的概括:"知物之明,知人之明,自知之明,交往自觉,全球文明。"这篇文章之所以从马克思恩格斯在《德意志意识形态》中的科学大历史观开题,以司马迁写《史记》的天人古今立言的大历史观收尾,就是旨在说明这个"文而明之"的道理:回归历史,获得自觉。

张世民:历史上的丝绸之路,大都以长安为起点。换句话说,今日西安地区在中西丝绸之路上具有非常重要的地位,您对此作何种认识或判断?杨良瑶被认为是一位由海上到达波斯湾的外交使节,您对此有何判断?

彭树智:你的问题中,两次提到"判断"一词。这使我想起美国《时代周刊》执行编辑沃尔特·埃塞克森的《爱因斯坦:以生命为坐标体系》一书。这本书中讲,爱因斯坦晚年在回答纽约州教育部门官员关于"何为教育"和"学校应在哪些方面加强教育"问题的时候,说了下面一句话:"历史教学应广泛地探讨伟大历史人物的独立思想和杰出的判断力对人类社会发展所作出的贡献。"

作为一位自然科学家,爱因斯坦晚年对历史教学的作用如此重视,这是值得人文社会科学界深思的,尤其是他希望历史教学广泛探讨伟大历史人物的"独立思想"和"杰出的判断力"对人类社会发展所作出的贡献的话题,更值得我们重视。这是因为他思考的话题是一个教育哲学上培养创新能力的问题,也是人类文明传承、传播中培育创造能力的问题。人的判断力是独立思考所表现出的文明交往力。在我们的历史教育中,大多重视其历史功绩,而较少分析他们为人类文明交往留下的思想文化智慧。研讨今日西安地区在中西丝绸之路的地位和杨良瑶的对外交往活动的意义,判断力也应当放在人类文明交往自觉这个世界历史的大视野上去思考。

谈到丝绸之路,我想起了1998年9月由西北大学和奥地利萨尔茨堡大学合办的"国际丝绸之路学术讨论会"。我在会议的开幕词《丝绸之路是世界性文明交往之路》中,提出了以下问题:①丝绸之路的动力何在?②因何开拓?③因何而盛?④缘何而衰?⑤为何又走向复兴?人类文明史的基础是物质的生产和再生产,而生产的前提是交往。交往有政治、商贸、科技、军事、迁徙等形态。人类文明史正是人类在从事生产和交往实践中,不断扩大活动范围,由原始的、分散的、封闭的人群,走向地区的、开放的、民族的普遍交往而使历史逐步转变为世界史。正是在这个意义上,我把丝绸之路的开拓、后来的地理大发现到海路大通的新航路开拓,都视为人类文明史发展的阶段性标志和世界性两大文明交往之路。

在那次会议上,我还提出了丝绸之路的研究中,最好采用理论结合实际史实的个案进行,而且资料的发现研究,"是绝对需要的"。你主编的《杨良瑶与海上丝绸之路——〈唐故杨府君神道之碑〉解读》文集就是把微观、中观与宏观结合起来的文集。我对此发现和考察虽然知道得太晚,但读后仍然兴奋不已。如果说1998年在唐代长安太平坊故址西北大学召开的"国际丝绸之路学术讨论会"唤起我的历史感,那么,1984年,在陕西泾阳发现的《唐故杨府君神道之碑》关于杨良瑶出使阿拉伯帝国的海上之行记载,则使我有更多现实感和文明交往遐思。

我想对杨良瑶这次外交活动再说几句。在为全国研究生编写的教科书《阿拉伯国家史》中,我提出了阿拉伯—伊斯兰文明与中华文明之间各自的交往秩序体制问题。阿拉伯帝国是"穆斯林秩序",它乘伊斯兰性、阿拉伯性和世界性威力东扩中亚地区,并且从喀布尔进入南亚。它和大唐帝国的"华夷秩序"之间,充满着复杂的交往关系。公元751年(天宝十载)的怛罗斯之战,使"华夷秩序"在西部受挫,从而确立了阿拉伯人在中亚和南亚的优势,使"华夷秩序"的经营重心进一步转向海路。在诸多因素作用下,海路成为阿拉伯文明和中华文明交往的主要渠道。阿拔斯王朝奠基者曼苏尔在巴格达建都时,就说过这样的话:"这里有底格里斯河,可以使我们接触像中国那样遥远的国度,并带给我们海洋所能提供的一切。"杨良瑶经海路出使阿拔斯王朝,到达首都巴格达,正是在这个历史条件下发生的。如果《阿拉伯国家史》再版,我一定要补写上唐代杨良瑶这次"往返如期,成命不坠"的海路文明"聘大食兮声教普"这个历史性交往事件。

张世民:您毕生致力于史学研究,是否接触过中国传统的地方志著述?您认为陕西区域史或陕西地方志编纂中,是否有必要借鉴世界史的视野?我们又将怎样植入这样一种宏阔的视野?

彭树智:史、志分工不分家,二者在传承文明中相伴而行,相得益彰。中国地方志更具特色,为国际研究者所重视。20世纪80年代初,我访问美国时,华裔教授唐德刚先生就告诉我,他在哥伦比亚大学图书馆工作时,就发现那里有许多中国的地方志。他谈到其翻阅过《陕西地方志》,这给我留下了深刻的印象。后来我在主编《中东国家通史·约旦卷》时,为了回答汉代以后约旦和中国历史交往出现"空白"的问题,便从阿拉伯伊斯兰文明与中华文明和世界历史长河流向方面寻求答案。我想到了明代晚期中国知识分子与西方传教士交往后萌生的世界意识,想到了明代陕西三原人马理总纂和主笔的《陕西通志》。我在该书卷十《土地·河套西域》部分,发现了收录的《西域土地人物略》和《西域土地人物图》。这是两部对阿拉伯半岛图文互补的历史地理实录。它叙述了14个国家或城市的自然与人文地理状况,并且对半岛上的穆斯林特征作了分类:①天方国的"出家回回"与"进城礼拜回回";②哈利迷城等地的"缠头回回";③牙瞒城的"黑发回回";④阿都民城等地的一般"回回";⑤特别值得注意的还有"蓬头戴帽儿"或"剪踪披发戴帽儿"的"汉人儿回回"。这些"汉人儿回回"是以集中或分散两种形式侨居于该地区。它记录了有关城市的众多物产。还有一个名为"陕西斤城"的记录,令人兴味盎然。

《西域土地人物略》和《西域土地人物图》这两部书作者可能是明代晚期的陕西人,马理也可能是他们的合作者。《明史》称,马理是治经学的"天下名士",与高陵人吕柟"并为关中学者所宗"。从他在《陕西通志》中的许多按语，便可见他的独特见解。据有关研究者称，他在书中收集的《西域土地人物略》这一文献，比顾炎武《天下郡国利病书》收集更早，而且版本更原始，也更有研究价值。这是马理这位地方志大家的世界视野，值得借鉴。它也为《阿拉伯国家史》增色不少。后来，我把这段记载详细地记入《中东国家通史》的13篇"编后记"之中，也使这部史书具有更浓郁的中国气派。我认为，编地方志，世界史视野是不可缺位的。世界史是人类文明交往的新自觉时期，理应从人类文明交往的历史观念观察地方志工作之"所以"和"所由"。马理因为有"近者悦，远者来"的睦邻与远交的文明交往观念，才把《西域土地人物略》和《西域土地人物图》这样反映扩大世界地理范围、重视自然与人文地理的实录，列入《陕西通志》，从而功泽于世界史。这是一种与世界史过去存在和与现时存在的历史感，这种历史感的存在，使得人们在写作时不仅意识到自己的存在时代，还会把自身置于人类文明交往史的宏观视野之中。你的《杨良瑶与海上丝绸之路——〈唐故杨府君神道之碑〉解读》一书，已反映出这个思路，而且也做到了相当深度。书中提到萧婷还是奥地利萨尔茨堡大学的教授，又使我想起前面提到的西北大学和该校合办的"国际丝绸之路学术讨论会"。你和她交流本身就是一种文明交往活动。

张世民：您对陕西泾阳、三原有何记忆？这些早年经历对您学术研究有何影响？

彭树智：这个问题我前面已经谈了一些，现在就记忆中的再补充一些。关中有句民谣："天下县，泾（泾阳）三原。"还有一句口头禅："泾（泾阳）、三（三原）、高（高陵），（关中的）白菜心。"我生在泾阳三渠口乡，"三渠"即郑国渠、白渠和泾惠渠，都是用泾河之水灌溉农田的。泾河源自宁夏，经甘肃入陕西长武、彬县、淳化、礼泉、泾阳，至高陵入渭水。泾惠渠是大水利专家李仪祉先生兴修的，他的墓地就在渠首。自从渠成，盛产棉花和小麦。我家附近的杨梧村，有仪祉农业技校和杨梧村农场。农场场长是宋康祥，江苏人，他把实验成功的"泾斯棉"，首先在附近农村推广。这种新品种棉白、绒长、产量高，一亩地可产皮棉十几捆（一捆十斤），是价钱很高的经济作物，给当地农民增加了丰厚收入。农场技师加上农校教师，和农民关系也好，经常传授种植棉花、小麦、水果的技术。学校有袁芜洲和袁芳洲两兄弟，是山西人，在武功西北农学院任教，农民把他们称为"大袁"和"小袁"，是李翥仪校长请来的兼职老师。他们一边教书，一边到附近几个农村和农民一起生活生产，很受欢迎。学校的学生也多是泾惠渠灌区来的农家子弟，为陕西培养了不少农业园艺技术人才。我对二位袁先生印象很好，对宋康祥场长更为佩服。他们教我嫁接果树，为我传授治理病虫害技术，所改良的苹果个大、味美。尤其是新品种梨树所产的梨，命名为"十里香"，远近闻名。遗憾的是，我不是传业的好学生，后来考上省立三原高中，离开了那里。但这一段农学经历，开阔了我的自然科技的眼界，从实践上增加了我对大自然的热爱。"爱自然，为人类"，日后使我对自然科技和人文社科两大科学在文明交往作用方面，有了全面认识的基础。

我虽生在泾阳，但对泾阳县城记忆不多，只是随父亲去过一次县城，知道那里有一个姚家巷小学和泾干中学，见过县城东门外的"抗战烈士纪念碑"和坟墓。听说县北有"唐代郭子仪见回纥碑"，可惜未目睹此历史遗存。我只在泾阳上过一个中学（仪祉农校），而在三原上过两个中学，记忆较多。在抗日战争期间，三原县是陕西文化中心之一。有东渠岸的池阳中学、城隍庙旁的三原县中，还有西渠岸的民治中学、书院门的省立三原高中、北城的省立三原女中和三原工业职业学校。此外，三原城北郊还有振国中学，城里学生用下面的顺口溜形容这座私立学校："王子元，办振国，一个学生石二麦，不许学生背锅盔，冬夏都是一身黑。"在三原城东关还有一个从山西迁来的铭贤中学，是孔祥熙办的学校，教师和学生穿着讲究，出手大方，看起来都很富有。在抗战期间，一个县城有八所中学云集，其中有两个还是省立中学，而且三原有东西渠岸的报馆、戏院、书店，与西安学校的体育比赛、文化交流活动也不少。还有于右任书写园门的"城南公园"，也是人们经常去的文化娱乐活动场所。

"渭北春天树，江东日暮云"，这是杜甫《春日忆李白》诗中的名句。我所在的三原高中，原名"渭北中学"，后改为省立三原中学。回忆早年中学岁月，许多人和事泛浮脑际。校长王时曾先生豪放而严肃，常讲他从家乡白水到西安考学的事：那年许多同学约好一起去西安赶考，但第二天漫天大雪，其他人都望而生畏，不敢上路，只有他一人背上馍，冒风踏雪而去。他用白水土腔说："那一天，我在银（nin）一般的世界里，走了个痛快！"他不许学生留长发。开学第一天，在大操场让学生排起队，由几个理发师把所有留长头发的学生，都剪成和他一样的光头。他的专制作风令人敬畏，但他关心学生学习，却令人敬佩。他对早起在操场上读英文、古文的学生，拍肩伸指称赞表扬，令人感到心暖。回首往事，可以仿老杜诗为："泾原春天树，京华日暮云"。树已老，日已暮，"三原桥，泾阳塔，还有咸阳冢圪垯（古代帝陵）"这样的家乡民谚，不由涌上心头，这就是老年乡愁之情。

  提到咸阳，我回忆起祖母对我幼年的"诗教"往事。她是咸阳人，能用咸阳话唱出无数"口歌"。陕西关中农村过去在妇女中流行此种民谣，即顺口溜式、有声韵，可在纺线织布、做针线活时边劳作边咏唱的诗歌。祖母常用的曲调是绣荷包或郿鄠剧曲调，用这种有音乐感的"口歌"，咏唱日常社会生活。它平实动人、押韵而上口，那悠扬曲调，配上歌词，在悠扬的纺车声中，不绝如潺潺甘泉，融润入我幼小心田，使我从小受到了诗意的生活熏陶。直到现在，我还清楚记着其中六首。我把它写入《老学日历》第七编《诗意人生》中的《孔子的诗中之教》一节。这里，我只举两首：

第一首《家史之歌》：

  树有根，水有源，你的老家在河南。
  南阳府，淅川县，城西八里石家湾，石姓本是你祖源。
  淅水涨，遇荒年，逃难来到陕西咸阳原，过继姓彭人，家住渭城湾，胡家沟内把家安。
  胡家沟，又遭难，再转泾阳县，三渠口乡成家园。

  通过她这首"口歌"，我知道了我祖辈原来是有迁徙交往传统精神的河南淅川移民。我因此把"石源"作为另一名号，而今暮年，我仍饮用着由淅川南水北调引入北京的一江清水。饮水思源，用诗入史，顿思祖母"口歌"

中令人遐思的历史品味。这首"口歌"是史诗的类型。

第二首《敬惜字纸歌》：

> 字是圣人造，读写传大道。
> 敬惜再敬惜，不做败家子！

祖母识字不多，但对一切有字的纸都怀敬爱之心，不许乱扔，为此专门设有"字纸篓"。那是一个用柳条编的筐，上面贴有"敬惜字纸"四个大字，装满之后，再烧成灰埋在地里。我在主编《中东国家通史·以色列卷》时，想到犹太文明习惯中，有涂蜜于《圣经》上，让幼儿从小就尝到书的香甜滋味，用以说明犹太人爱书的文化传统。其实，在中华文明中，也有汉字创造者造字后使鬼神惊叹，而且"敬惜字纸"的尊字崇文传统早已深入民间，成为妇孺皆知的事。我常想，民间蕴藏有许多文明珍品，如玉在山，有待发掘而载入史志，如关中"口歌"这种倾诉普通人民心灵苦乐的诗歌，就是值得重视的一例。祖母那种"不为诗，无以言"的言传身教所表达的人生艺术风格，不仅激发了我对文史的兴趣，这种文化情操的陶冶，也成为我后来诗意治学旨趣的源头初始之地。

张世民：请您对陕西地方志工作谈一点意见或建议。您对办好《陕西地方志》期刊有何看法？

彭树智：陕西地方志有优秀的历史文化传统，又有创新的持续发展，前途无量，任重道远。《陕西地方志》期刊我虽然没有看过，但如同对陕西地方志工作一样，都怀着故乡情怀。作为陕西籍老学人，我暮年客居北京，成为"京隐"，常常西望长安，对故乡的一切，如唐代诗人白居易《偶作寄朗之》诗中所言："老来多健忘，惟不忘相思。"我对地方志和期刊工作，都是外行，不能妄论，只有怀着一片玉壶冰心，衷心祝愿二者并驾齐驱，稳步前行，在"为国修志，传承文明"方面，作出更富有创造性的一流新成绩。

（原载《陕西地方志》2018年第2—3期）

第八编　世界当代编

文明交往史发展到当代，成为全球性的社会文明和谐问题。不论人们之间如何矛盾冲突，人类总是要在同一个地球上生存和发展，各种不同文明之间总要接触和对话。人们越来越强烈地、自觉地通过不同文明之间的交往活动，架起彼此理解之桥。

论世界经济贸易中心的转移

——《太平洋问题之过去、现在与将来》读后

时逸之同志的《太平洋问题之过去、现在与将来》一书出版于1936年。我初读完这部距今已有半个世纪的著作，感到它至今仍未失去其历史价值。

我这样说，不仅是指它有助于国人正确理解历史发展和近百年灾难深重的旧中国。因为历史早已昭示我们，中国进入19世纪后半期，特别是20世纪以后，国家"豆割瓜分"，民族备受凌辱，外敌长驱直入。时逸之同志在面临中华民族全面抗日战争前夕，在面临人类走向第二次世界大战的时刻，又身陷囹圄，而仍奋笔写成这部历史与现实相结合的著作。这个事实本身，就说明了这位已故老战士的遗著，是一部有说服力的、生动的爱国主义教材。因此，这一点是不言而喻的。

我这样说，也不仅是指它有许多观点和研究方法，对世界现代史的教学和研究具有参考价值。这一点也是很清楚的。例如，本书从地理学的观点看历史，从自然地理、交通地理、军事地理、经济地理等方面，分析世界各国地缘因素对政治格局的作用，尤其是在地缘经济取代地缘政治而成为国际关系主导因素的条件下，就为我们研究历史与现实的实际问题，提供了一个视角。本书以交通地理中的巴拿马运河的通航为例，说明它改变了美国的地缘政治和地缘经济形势，使美国掌握了太平洋的西大门的门户枢纽，而同欧洲列强对峙。本书把15到18世纪定为地理大发现时代，并指出，与之交

又,15 至 19 世纪为海洋争霸时代;并指出,研究太平洋问题者,要特别注意 1922 年华盛顿会议为标志的列强争夺中国大陆时代。本书认为,地理大发现时代为太平洋问题的播种时代,海洋争霸时代为太平洋问题的发育时代,而大陆争霸则为太平洋问题的成长时代。所有如此等等论述,都对 15 世纪以来,尤其是对 20 世纪最初几十年的世界史教学与研究具有参考价值。

我所说的历史价值,主要是指它对我们研究当前太平洋时代与中国的关系问题,提供了一部有启示性的著作。我想在下面着重谈谈这方面的问题。

近年来,"20 世纪将是太平洋的世纪"或"太平洋的时代"的议论日趋高涨,不但国际学术界,而且国际政治界、商界都纷纷认同。历史好像又回到了时逸之同志写这部著作的 20 世纪前期那个"太平洋问题热"的年代。这当然是不同内容和不同时代的"历史重演"现象。但是,为什么"太平洋问题"在 20 世纪会有两次"热"潮呢?而且出现重演为什么都同中国密切相关呢?可以从各方面研究这些问题,而从历史上加以考察,则是不可或缺的。时逸之同志的著作,为此提供了重要参考。

太平洋时代的思想产生于 19 世纪中期。在 1852 年,美国的西华德就预言美国在大西洋利益的下降,而"太平洋,它的海岛及遥远的大陆地区将成为很久以后世界的主要舞台"。西华德后来成为美国国务卿并从沙皇俄国手中购买了阿拉斯加。20 世纪初,西奥多·罗斯福把这点讲得更明确。他说:"地中海时代随着美洲发现而结束了。大西洋时代正处于开发的顶峰,势必就要耗尽它所控制的资源。唯有太平洋时代,这个注定成为三者之中最伟大的时代,仅仅初露曙光。"这位美国总统的话,时逸之同志在序言中已经引用了。老罗斯福的话意味着"20 世纪将是太平洋的时代"。

20 世纪最初 20 多年,"太平洋问题热潮"由于第一次世界大战结束而逐渐升温。当时,出现了列强在亚洲和太平洋地区争霸的新格局,即由战前英、法、俄、德、日、美六国争夺中国,变成美、日、英争夺中国和太平洋霸权的新格局。尤其是 1922 年华盛顿会议结束后,英国势力被削弱,美国和日本地位上升,英、美、日矛盾交织在一起。世界的目光被吸引到太平洋地区,而太平洋问题和即将发生的第二次世界大战紧紧联系在一起。时逸之同志在本书提要中,生动地反映了当时的"热度"。

"现在整个的世界,虽然到处有风云,问题最丛生,但风云最紧张、问题最主要的,要算太平洋问题。而太平洋问题的内容,当首数我们中国。所以,站在我们中国人的观念上,应该研究太平洋问题。同时,太平洋的问题,不仅是单纯的 20 世纪的问题,而且是促进历史发展的因素,是解放全世界被压迫人民的锁钥。因此,我们站在社会进化的观点上,也应该研究太平洋问题。"

在序言中也说:"'二次世界大战','太平洋问题',好似天然生就的一对双生儿,一提起它,就想到它,一说到这,就想到那。"

"这不是我们的主观幻想,或无根据的臆测,因为客观的事实昭示我们:太平洋是已装好了引线的火药库,假如一有人点燃,马上就有爆发的可能!"

这是本世纪初的第一次"太平洋问题热"。当时,关于太平洋时代的构思,是源于政界、出自国际政治考虑,而且很快被德、意、日法西斯掀起的第二次世界大战浪潮所淹没了。不过,这丝毫也不能低估它的深层意义。当时,有不少书和文章中所提出的问题,也同现在第二次"太平洋问题热"有直接、间接或内在、外在的关联。时逸之同志所说的"太平洋问题不单纯是 20 世纪的问题",而且是"社会进化的问题",以及中国人"应该研究太平洋问题"等观点,现在看来,还有现实意义。

今天,世界经济发展的重点,正在逐步转向东部亚洲和太平洋地区。东亚和东南亚地区经济正群体飞跃。1994 年,东亚和太平洋地区发展中国家和地区经济平均增长率约达 7.8%,而全球增长率仅为 3.1%。这个地区的发达国家明显向本地区倾斜。环太平洋地区经济合作与交往的内聚力日益增强。总之,这个地区在经济高速发展的同时,逐步地、明显地走上了经济一体化的道路。有的研究者据此预言,21 世纪将是太平洋的世纪,尽管它是一个缓慢的、艰巨的历史过程。

同时逸之同志论述的第一次"太平洋问题热"相比,这次热潮的出现,具有既联系而又互相区别的特点。主要对手还是当年的老对手,但内容和形式改变了。随着冷战后时代的到来,随着区域性经济一体化新形式的逐步形成，划分亚太地区势力和范围的斗争，主要是美国和日本争夺经营权的斗争。这次"寰宇争说太平洋"的热潮源头来自日本：1966 年，日本的小岛清教授首先提出了"太平洋共同体"的构想。20 世纪 80 年代以来，日美经济摩擦增加，日本开始实行经贸多元化，加紧从明治维新后推行的"脱亚入欧"的传统经济战略，转而推行"脱美入亚"或"重返亚洲"的经济战略。其特点是扩张在亚洲的市场和投资，其目标是取代美国成为亚洲主要贸易伙伴，其体系是以日本为核心，以亚洲"四小龙"为骨干，以东盟为伙伴关系。美国不甘落后，约翰逊总统在 1966 年 7 月发表了《太平洋国家宣言》，强调美国在太平洋和亚洲的作用。1984 年，里根总统在访华前夕宣称："整个太平洋将是世界的未来。"1993 年 7 月，克林顿总统提出了建立"新太平洋共同体"的设想，并先后倡导召开西雅图和茂物亚太经济合作组织会议，以建立符合美国利益的亚太体系。

在美日争夺亚太主导权的同时，韩国、东盟诸国、澳大利亚和加拿大，以及几乎所有环太平洋国家，都认同太平洋时代的到来。英、法、意等欧洲国家在 1985 年也以研讨"太平洋挑战"为主题，商议对策。法国总统密特朗专门建立了太平洋研究所，这里的专家们肯定了"世界的重心正不可挽回地远离我们的海洋，太平洋将是 20 世纪的地中海"。欧洲国家把亚太地区视为巨大潜力市场和生产基地，把它在这个地区的争夺与世界其他市场的竞争更紧密地结合起来。随着大国经济利益的增加，亚太地区像半个世纪前一样，成为大国矛盾最集中的地区之一。

在历史的钟摆又一次指向环太平洋地区，太平洋时代的奔流高涨的历史大潮到来之时，时逸之同志在《太平洋问题之过去、现在与将来》中，所提出的"应该研究太平洋问题"的任务再一次凸现出来。面对冷战后世界秩序中多元与无序状态和国际性挑战，中华民族以往昔的辉煌与屈辱，必然主动汇入这一时代主流而扮演积极角色。我们为了应对冷战后大国争夺、划分势力范围的斗争，进行冷静观察，透过各种复杂的现象研究其本质，把握矛盾的变化，看清发展趋势，并及时采取正确对策，趋利避害，今天更应该研究太平洋问题。我想，这是时逸之同志这部著作的重要历史价值所在之处。

事实上，马克思和恩格斯从世界普遍交往的角度，在1850年已经注意到世界交通贸易枢纽由大西洋、地中海向太平洋地区转移的趋势。他们在《新莱茵报·政治经济评论》第二期的国际述评中，高度评价美国加利福尼亚金矿的发现，认为其意义"超过了二月革命……所带来的后果甚至将会比美洲大陆的发现所带来的要大得多"。"加利福尼亚的黄金源源流入美洲和亚洲的太平洋沿岸地区，甚至把最倔强的野蛮民族也拖进了**世界贸易——文明世界**。世界贸易第二次获得了新方向。世界贸易中心在古代是泰尔、迦太基和亚历山大，在中世纪是热那亚和威尼斯，在现代，到目前为止是伦敦和利物浦，而现在的世界贸易中心将是纽约和旧金山，尼加拉瓜的圣胡安和利奥，查理斯和巴拿马"（黑体字为引者所加）。他们的结论是："由于加利福尼亚金矿的开采和美国佬的不断努力，太平洋两岸很快就会像现在从波士顿到新奥尔良的海岸地区那样，人口密集、贸易方便、工业发达。这样，太平洋就会像大西洋在现代、地中海在古代和中世纪一样，起着伟大的世界交通航线的作用；大西洋的作用将会降低，而像地中海一样成为内海。"①

我这样详细引用马克思和恩格斯的话，是说明生产和交往在世界历史发展中的重大作用，而这一点正是本世纪两次"太平洋问题热"讨论中所缺少的思考点。这里，要特别注意马克思、恩格斯把"世界贸易"和"文明世界"相并列。这中间就有文明交往的含义。世界贸易是生产力和交往力发展的结果，而这也正是太平洋热的深厚根源。时逸之同志的书限于当时的条件不可能做到。时至今日的太平洋问题研究者，也没有注意到这一点。从地理大发现以来的"海路大通"的世界史，是生产的高度发展与交往普遍发展的历史。这两方面的结合使世界经济贸易中心发生转移。开始是16世纪以来的意大利、荷兰的工业和贸易，以后是17、18和19世纪中期的英法的欧洲工业和贸易。19世纪中期以后，美国和日本崛起，太平洋地区越来越重要。是马克思和恩格斯赋予生产力和交往的世界性，继《共产党宣言》之后，再次明确指出了这种发展趋势。他们认为，欧洲国家要改变这种局面，不致陷

---

① 《马克思恩格斯全集》（第7卷），人民出版社1959年版，第262—264页。

入意大利、西班牙和葡萄牙那样在商业上和政治上处于依附的地位，唯一的条件就是实行社会变革。"根据现代生产力所促成的生产本身需要来改变生产和交换的方式，这样就可以创造出新的生产力，保证欧洲工业的优势，从而使地理上的不利条件得以弥补。"①

　　国际政治的变化是世界经济贸易中心转移原因的一个方面，而生产力和交往的发展，则是更为深层的动因。从19世纪中期以来，虽然"太平洋问题热"为人们所谈论，但终究没有发生世界贸易中心的转移。根本原因就在于太平洋地区生产力和交往程度还不够发达。经济的核心是生产力，交往力的纽带是贸易。生产力与贸易的双翼齐飞，才会有中心的转移。近几年，人们再次看到这种趋势，并预言21世纪是"太平洋的世纪"，也正是东部亚洲和太平洋地区诸国生产力和交往力的飞速发展，使之重新由隐到显。要加速这一历史过程，其一是实现现代化改革，解放和发展生产力，其二是扩大交往力，加快对外开放，加强经济科技合作，使文明交往成为全球性的普遍交往。未来的太平洋时代，是一个生产力，特别是科技与信息高速发展，经济、文化联系十分密切，以及自觉、开放型的文明交往新时代。它与希腊、罗马古典文明的地中海时代和西欧近代资本主义文明的大西洋时代不同，将以政治、经济、文化的和平交往方式，以太平洋地区的一体化过程，使历史成为"世界历史"的发展进入新阶段。曾经在古代西太平洋（从东北亚到东南亚）汉文化圈贸易网中扮演主角的中国，理应发挥自己的作用。这就是我们今日研究太平洋问题的意义所在。

　　时逸之同志已经作古，他若有灵，在九泉之下当为现在发生的巨变而欣慰。对时逸之同志，过去我只知道他是陕西省人民政府的领导人之一，也听说他在"文化大革命"中遭到不幸。但怎么也想不到，他在20世纪30年代竟是一位国际问题的研究者。我读了他的这本自称为"监狱大学"的"毕业论文"，不由使我由衷地产生了敬慕之情。这是一部有传奇色彩，并对当前太平洋问题研究有连续性思考与启发性强的著作。有关领导同志正在筹措

---

① 《马克思恩格斯全集》（第7卷），人民出版社1959年版，第264页。

重印这本著作,以纪念时逸之同志。我完全赞同和支持这一举措,希望早日实现;同时,从专业方面作了如上评估,并就世界经济贸易中心转移问题发表了个人看法,尚祈学人不吝赐教。时为 1996 年 6 月 10 日。

参考文献

①时逸之:《太平洋问题之过去、现在和将来》,天津良友书店 1936 年版。
②李永采等:《海洋开拓争霸简史》,海洋出版社 1990 年版。

第二次世界大战与第三次技术革命

1994年，我曾在《世界史·现代编》（下册）第一章的提要中，写了下面一段话：

第二次世界大战是人类社会空前规模的文明交往，全世界80%的人口和84个国家及地区卷入了战争，世界上每个领域和角落都感受到它的影响，其中现代技术领域尤为深远①。

在这里，我意在用"文明交往"这个历史哲学概念，来表明这次大战与高科技发展的关系；同时，也是我近几年来思考生产和发展与交往联系在人类历史上作用问题的一个方面。由于在该书中不能展开论述，而在最后修改时删去。现值第二次世界大战胜利50周年，我就此问题简陈己见，也可以说是"文逢其时而发"吧。

一

第二次世界大战是20世纪历史最重要的转折点。这次世界大战直接或间接地引发了人类社会的大变化，促进了科学技术和人的智力的飞速进步。第二次世界大战最突出的意义之一在于，它促进了开始于20世纪40年代末，一直延续到本世纪下半期的，以原子能、电子、空间利用和生物技术为

---

①彭树智：《世界史·现代编》（下册，第一章），高等教育出版社1995年版。

主要内容的第三次技术革命。这个革命的发展势头不仅持续不懈,而且其速度有增无减。无疑,第二次世界大战的历史交往起着关键的作用。

马克思和恩格斯指出,在历史上,战争本身是"一种经常的交往形式"①。作为历史交往形式的战争,是伴随着人类社会而产生的暴力交往活动。世界上有史以来到底发生了多少次战争,迄今是一个难以精确统计的数字。有人统计,在人类五千年历史中,共发生大的战争1.4万多次,平均每年近3次。仅中国自古以来发生的大小战争,据说总共不下3万次②。

战争对技术的影响,也因其交往扩展程度而有所不同。当人类的交往活动还处于地区、民族的狭小范围时,某一个地方创造出来的生产力,特别是发明,往往会失传。亚历山大的征战,曾使腓尼基人的大部分发明长期失传。中世纪的玻璃绘画术的失传,也是这方面的例证。正如马克思和恩格斯所说的那样:"只有在交往具有世界性质,并以大工业为基础的时候,只有在一切民族都卷入竞争的时候,保存住已创造出来的生产力才有了保障。"③第二次世界大战,正是历史交往具有更为广泛的世界性质的时代,是一切民族都卷入了竞争的时代。世界已经形成为一个整体,并且有了远非昔日能与之相比拟的大工业基础。在这种情况下,发明因为战争的推动而辗转相传,已创造的生产力,也因为战争的推动而迅速发展。第二次世界大战,从某种意义上讲,是一种科技战争。这场战争不仅表现在战场上的科技较量,而且首先集中表现在对科技人才的激烈争夺。

争夺科技人才,在战争史上屡有发生。这是在战争交往形式下的文化交往现象。这种文化交往的作用和意义,是超越战争的,使一些发明和技术得以幸存和流传,从而成为消除民族、地域隔绝,使人类密切联系和社会发展的驱动因素。最突出的战例,要算中国唐朝同大食的怛罗斯之战。战争中唐兵败后,不少工匠被俘,使得中国的丝织、绘画、金银制作技术,特别是

---

① 《马克思恩格斯选集》(第1卷),人民出版社1972年版,第27页。
② 余同元:《影响中国历史进程的100次战争》,北京师范大学出版社1993年版;胡德坤、罗志刚:《第二次世界大战与战后世界性社会进步》,湖北人民出版社1993年版,第1页。
③ 《马克思恩格斯选集》(第1卷),人民出版社1972年版,第61页。

造纸技术由此传入西亚和欧洲,为人类社会文明进步作出了贡献。被俘的杜环回国后著《大食国经行记》,列举大食都城亚俱罗市中的"绫绢机杼、金银匠、汉匠起作画者,京兆人樊淑、刘泚;织络者,河东人乐隈、吕礼"①。此外,16世纪奥斯曼人攻占伊朗首都,将700名具有科技才华的学者、艺术家及优秀的锈器匠、青铜匠、铸铁匠、画师、草药师,如同对待"战俘一样掠回君士坦丁堡"②。在此之前,帖木儿征战各地,在掠夺科技工匠方面,实际上是奥斯曼人的先声。

但是,第二次世界大战中,美国和苏联争夺科技人才的现象,却不是历史上的大食、帖木儿和奥斯曼人行为的简单重演。最根本的区别在于,这种现象是在历史转变为世界历史,历史交往由民族、地区交往发展到世界性、普遍性交往的情况下发生的。同时,还应当考虑到,第二次世界大战是人类历史上空前规模的世界性战争,而且是科学技术经过第一次世界大战之后,以前所未有的速度发展。在这方面,美国由于它所处的世界优势,更是捷足先登。早在20世纪30年代,洛克菲勒基金会就帮助了几百名犹太科学家逃离德国,到美国去从事科学研究工作。第二次世界大战爆发后,欧洲流亡的科学家们为战争急需进行的科学研究工作,特别是核能科学研究工作,为美国的科技发展立下了汗马功劳。

由于是一场世界性的战争,争夺交战国的科技人才的一个显著特点,不是一个国家对另一个战败国,而是美国和苏联两个主要战胜国对将要失败的德国。1945年下半年,被胁迫到美国的117名德国科学家,大大地帮助了美国航天计划的发展。苏联的原子弹研究工作,也得力于德国科学家的开拓性研究,其中包括如克劳斯·福克斯这些战时在英国避难的德国人,他们自愿逃到莫斯科,随身带去了无价的核秘密。当时,搜寻和捉拿德国科学家,已经成为美苏两国各自进行的、心照不宣的活动。苏联安全特工部门捕获了曾经领导过纳粹核工程的曼弗雷德·冯·阿登纳,并把他送到苏联的铀电磁分

---

① 《通典》第一九三卷《边防典·大食》条所引;又见《全唐文》第九十五卷。
② 阿里·玛扎海里:《丝绸之路——中国波斯文化交流史》,耿昇译,中华书局1993年版,第127页。

离处工作。同时送去的还有气体扩散技术发明者古斯特夫·赫茨，物理学家汉斯·巴威赫、弗里德里希·瓦尔特、马克斯·福尔默。这件事发生在美国在新墨西哥进行核试验的前夕。

这次争夺科技人才的现象，不是一般在战争交往形式下的文化现象，而是当代的政治文化现象。美国和苏联在战争的热潮中，千方百计地寻找德国的优秀科研人才的活动，实际上是冷战的前奏曲。在西方占领区和苏联占领区，双方情报人员同样到处寻觅武器实验室和试验场，特别注意收集德国火箭和原子弹的发展情报。美国战略情报局欧洲战区负责人艾伦·杜勒斯下令，要求他的下属找到那些有关原子弹和火箭的科研设施和科学家。美国大力网罗人才，它收容了各国科学家约 20 万人，其中许多人有很高深的造诣。当然，苏联也不甘落后。大战结束后，美苏两国分别占有了德国研制 V-2 火箭的人员和设备。这里，在争夺科技人才的社会效果方面，要比过去迅速得多。以造纸术的传播为例，"8 世纪中居住萨末干（撒马尔罕）的阿拉伯人，从虏获的中国人中，得到制造纸张的秘密，到 12、13 世纪，伊斯兰教徒的摩乐人（Moors）又再传给西班牙征服者。"①造纸术的西传，费时长达 500 年之久。而在第二次世界大战中，美国、苏联争夺科技人才，传播与发展新技术，仅几年、十几年，第三次技术革命便席卷全球，引起了世界面貌和人类社会的革命性变革。其速度之快、涉及面之广、影响程度之深，充分显示了世界性交往的特点。

在历史上，战争交往形式所争夺的主要是生产资料、领土或势力范围，而不是科技人才。马克思、恩格斯说过，对野蛮的征服者民族说来，"战争本身还是一种经常的交往方式；在传统的、对该民族来说唯一可能的原始生产方式下，人口的增长需要有愈来愈多的生产资料，因而这种形式也就被愈来愈广泛地利用着。"②即使在战争中掠夺科技人才，在世界各民族没有普遍卷入竞争和大工业尚未成为经济基础的条件下，其社会效果是不明显的。第二次世界大战是在世界交往普遍发展和充分展开的条件下进行的，这种争

---

① 卡特：《中国印刷术的发明和它的西传》，朱杰勤译，商务印书馆 1957 年版，第 17 页。
② 《马克思恩格斯选集》（第 1 卷），人民出版社 1972 年版，第 58—61 页。

夺科技人才的社会后果，便同第三次技术革命紧紧地联系在一起了。美国在第二次世界大战中，利用战争的交往形式，争夺到最多的科技人才，带动本国科技人才的培养，因而受益最丰。到 1982 年，美国获得诺贝尔奖金的科学家共有 124 人，其中 116 人是第二次世界大战中成长起来的。从战争形式的历史交往的角度看，第三次技术革命发端于美国，确实不是偶然的。

二

第二次世界大战，是通向 20 世纪下半期第三次技术革命的桥梁。

第三次技术革命，是在第二次世界大战后特定的历史背景下发生的，是世界各国经济、政治、文化、军事诸因素相互作用的综合结果。这些因素主要是：社会生产的需要；科学技术自身发展的内在动力；战前科技发展的理论基础；战后的军备竞赛；国家的干预和国家垄断资本主义的发展。但是，在第二次世界大战过程中的历史交往，无疑是一个重要的历史前提，它在这些综合因素中起了催化、联系和承前启后的作用。

以电子工业为基础的电子计算机的生产和应用，是第三次技术革命的主要内容和主要标志之一。当前，电子计算机的科学技术水平、生产规模和应用程度，已成为衡量一个国家现代化水平的重要尺度。本世纪上半期，科学家对分子、原子和固体中的电子运动规律，及对不同波段的电磁辐射的特殊矛盾的研究，以及数量逻辑和电子学、机械电磁计算技术成果，都为电子计算机的制造奠定了基础。但是，推动电子计算机制成的是第二次世界大战，而且其契机是军事目的。1945 年年底，美国为军事需要研制了第一台程序"外插型"电子计算机，运算速度每秒 5000 次。它是用美国军费建造起来的。晶体管是战时研究工作的一个重要继续。电子电路块即集成电路，也是 1950 年根据军事合同设计的。全世界家喻户晓的晶体管发明者巴丁、布拉顿和肖克莱，是在战前及战时科学家工作的基础上成长起来的。美国国家科学院院长弗兰克·普雷斯认为："那个简单的发明开始了一场信息革命，计算机和电讯的加入，改变了我们的联络方式，创立了一个新工业，以及构成了电子服务系统。"①战争的交往方式，促进了电子计算机的产生，而电子计算机的产生又为人类和智能交往活动开辟了新天地。

作为一次空前规模的流血暴力交往，救死扶伤的医药发明特别迫切。第二次世界大战是一个超大型的医学实验场，战争为新医药的出现，提供了充分的发展条件。正因为如此，美国把救急药物的研制，列为研制原子弹工作之后的第二项重要任务。1943年，美国开始生产青霉素，它的发明者是英国科学家亚历山大·弗莱明、霍华德·弗洛尼和厄恩斯特·鲍里斯·钱恩。青霉素挽救了面临传染病威胁的几百万盟军的生命。新药氯喹把数万名患疟疾的美国士兵从死亡线上救了过来。恢复预防流行斑疹伤害疫苗的功能，是战争中美军未染此病的奥秘所在。陆军环境医学研究和军事精神病的研究的进展，对战后和平时期的相关学科发展也起了作用。战争也使外伤治疗有重大突破②。值得注意的是，随着战争的需要，使得抗生素和相应的微生物遗传学异军突起，从而给研究遗传物质的基础提供了动力，推动了分子生物学和生物工程技术革命。美国的科学家莱纳斯·泡令（诺贝尔奖得主）在镰刀形血球贫血症中找到一种疾病克星——血斑，作为战时细胞病理学的研究结果时，生物工程技术革命就开始了。

可以说，20世纪80年代的高技术革命，主要是在第二次世界大战中动员起来的人力和资源基础上发展起来的。战争激发起来的许多有关物理、化学、数学方面的新成就，随着战后科技人员大批和平转业而进入生物领域。物理、化学的新概念、新方法也渗入了生物学，从而使生物学发生了革命性的变化，成为本世纪人类的伟大创举③。战时塑料的研究和制作方面的突破，改变了现代社会生活的内容。第二次世界大战使塑料工业的用途进入了全新的范围，使工业界和消费者对塑料制品刮目相看。从降落伞到光学透镜、人造眼睛、丙烯酸假牙、织物服装、墙壁铺面，琳琅满目。现代塑料生产安全

---

① 塔德·舒尔茨：《昨与今》，中国军事科学院军事研究部译，东方出版社1991年版，第164页。

② 美国陆军医务部为传播各种新医疗知识，出版了1套共45卷的战时医疗史巨著，成为战时医学交往的佳话。

③ 相马和彦：《改变了20世纪的生物技术》，《世界周报》1995年第6期。

镜、电子设备、绝缘体、建筑镶板、乐器、录音机、汽车零部件,以及飞机、汽车和船只的主体部分。也有些发明,在战后几十年才被人们注意。德国战时对金属的研究,在战争结束前几个月,已经用氮合金钢装备空军。直到20世纪80年代末,英国的钢管制造商在面临涨价三倍的镍时,才注意到了德国人的战时技术记录。这可以说,是在战争交往形式下的一个有趣插曲。

在战争中,各国政府大力资助科学发展和有系统地把科学当作国家资源,从而促进了科技的发展。以美国为例,联邦政府不仅在科研经费数量方面超过了私人垄断公司,而且制订了新的科研项目,并建立了联邦的经费提供机制。1940—1941年,美国成立了国防委员会与研究发展局。当时,它的研制经费达6亿美元,其中83%由联邦政府提供[1],战后仍沿着这个方向不断增加,使科技持续发展有了保证。受雇的科学家也因此而增多,如1941年为8.7万人,而到1945年战争结束时,达到了19.9万人[2],使科研工作有了人力保证。之所以出现这种情况,是因为一些投资周期长、投资量大、预期收益又无保证的耗费资金巨大的科研项目,私人垄断公司无法承担。因此,只能由政府为了战争的需要而承担和提供资金。此端一开,便为战后技术革命的大发展,启动了闸门。

第二次世界大战,是现代科学技术发展史上的一个转折点。它使原子弹等军事科学技术得到空前发展,为战后的科技新发明提供了必要的理论基础和物质条件。原子弹、火箭、通讯等方面的科研,都是和军事直接相联系的。战争中,美英科学家开发核能和研制的雷达、药品,开通了科学技术交往的新通道。1942年12月,美国芝加哥大学建成了世界上第一个原子能反应堆。利奥·西拉德、爱德华·特勒、恩里科·费米等远离欧洲的科学家及美国的同行们,成为促进核时代到来的先驱。从原子弹的基础研究、发展到原子弹的爆炸,有力地证明了基础研究的重要性。对基础研究重要性的认识,在20世纪30年代已被许多科学家所认同。作为政府方面重视的标志,是罗斯福于1944年11月7日给科学研究发展局局长V.布什的信。信中要

---

[1] 范岱年:《美国科学技术发展历程鸟瞰》,《自然辩证法通讯》1980年第5期。
[2] 《1900年以来的美国史》(中册),中国社会科学出版社1983年版,第290页。

求布什起草美国在战后如何支持科学研究的报告。1945年7月5日，布什向杜鲁门呈交了《科学——无止境的领域》的咨询报告[①]，有力地申述了基础研究是一切科学技术的基础，它会导致新的知识的产生，会引起崭新的、以科学为基础的工业的建立，还会创造出新的就业机会。报告建议国家大力支持和扶持基础科学研究，设立国家基金会，以组织有关领导工作。

这是一个大的转变。它把20世纪30年代开始重视基础研究的趋势发展到一个新时期。由于经过第二次世界大战的世界性交往，人们逐渐认识到知识劳动的意义。其中一个最重要的启发就是：在农业文明、工业文明和现代文明三个时期中，科学、技术和生产的不同关系发生变化。在农业时期，生产促进技术，技术促进科学。在工业文明时期，生产同技术和科学互相促进。现代社会是智力文明阶段，科学研究具有头等意义，结果就出现了科学促进技术，技术促进生产的新变化。第二次世界大战是各国全力以赴的科学技术战争，人们从科学—技术—生产的发展顺序变化上，比和平时期更深刻地认识到基础研究的作用。各国都在为争取战争的主动权，而在加强科学、技术与生产的转化过程。正是在此意义上，更清楚地说明了第二次世界大战开创了技术革命的新时代。这个时代，就是战时开发成果在战后用于各产业，使现代化成为技术革命促进所有产业飞速发展的新时代，就是技术革命在能源、资源、材料、生物工程和自动控制等领域全面铺开，从而彻底改变人类社会原有面貌的新时代。

还需要指出的是，第三次技术革命与前两次技术革命，以某一种技术求进步为标志不同，它是一个技术体系。第一次技术革命，是蒸汽机，第二次技术革命是电力，而第三次是包括原子能、航天、电子计算机、生物工程、新材料等的技术群，这一特点与第二次世界大战本身需要技术的全面进步密切相关。由此可见，第二次世界大战是对人类科技力量的一次全面检验和激发，而这种科技力量是战后世界经济增长和人类社会进步的最强大和最广泛的推动力。

---

① 杰弗里·斯泰恩：《1940—1985年美国科学政策史》，1971年英文版，第254页，《自然辩证法通讯》1980年第5期。

三

马克思和恩格斯在第二次技术革命发生前后，谈到生产力和世界交往时，有两段很精辟的话：

"交往的任何扩大都会消灭地域性的共产主义。共产主义……是以生产力的普遍发展和与此有关的世界交往为前提的。"（《德意志意识形态》）

"历史中的资产阶级时期负有为新世界创造物质基础的使命：一方面，要造成以全人类互相依赖为基础的世界交往，以及进行这种交往的工具；另一方面，要发展人的生产力，把物质生产变成在科学的帮助下对自然力的统治。"①

在20世纪初，生产力和世界交往已经得到普遍发展。量子力学、相对论的创立，资本主义垄断阶段的形成，亚洲的觉醒，俄国的三次革命和第一次世界大战等五大事件，使世界形成为一个互相依赖的整体。18世纪中期和19世纪中期两次技术革命之后，到20世纪中期，又一个技术革命的周期迫近了。马克思和恩格斯所谈到的人类社会主要的发展因素（生产力和世界交往）不仅飞速发展，而且又适逢第二次世界大战这样史无前例的战争交往形式。第一次世界大战，是一次普遍的世界交往；第二次世界大战本身，是更普遍的世界交往。在这种条件下，它对第三次技术革命的作用就可想而知了。

战争，首先是军事行动，但战争的力量是由政治、经济、文化、思想等因素相互作用和综合构成的，其中科学技术力量尤其不可低估。第二次世界大战和第一次世界大战相比较，科学技术的作用特别显著。第一次世界大战导致了军事技术的巨大进步，使军事装备具有现代机械化战争的形态。在海上，德国和英国装备潜水艇。在空中，德、法、英、美都有"作战飞行器"。在地面，坦克也在欧洲战场上崭露头角。无线电设备和野战电话机的

---

① 《马克思恩格斯选集》（第2卷），人民出版社1972年版，第75页。

使用，增加了通讯的速度和灵活性。但总的说来，技术作用是有限的，作战双方还如同过去战争一样，是相互厮杀的大量人群。在西线，协约国军队实施常规地面战。在此之前，在马恩河、凡尔登、伊普雷等地大规模交战，还有三次索姆河之战和行动缓慢的堑壕战，双方军队死伤达数百万之众。而第二次世界大战则不同，科学技术的力量显而易见。根据以往战争经验构筑的大型防御工事——马其诺防线，未能防止1940年法国的惨败。尽管德国也发明了"飞弹"、合成燃料、合成橡胶及其他许多东西，但它在科学实验室和工厂企业战场上的竞争失败了。

德国法西斯力量一开始所处的优势，是军事技术的优势。它的航空工业1932年生产36架飞机，1935年上升到3183架，1939年达到8295架[①]。这比英、法、波兰三国空军力量的总和还要多。根据1935年英德海军协定，德国扩大军舰和潜水艇的生产，虽然只及英国的1/3，但英国海军分布在世界各地的13个海域，而德国则比较集中，在局部地区造成相对优势。所以战争开始后，德国的潜艇和水面袭击，使英国处于被动地位。

当德国军队大举侵犯苏联时，德国在军事技术和数量方面占有明显优势。开始突然袭击时，出动3700辆坦克、4900多架飞机及4.7万多门大炮、迫击炮和193艘潜艇。进攻莫斯科时，180万德军共拥有1700辆坦克和强击火炮，1.39万架飞机、1400多门大炮和迫击炮；而苏联则相差悬殊，125万苏军仅拥有990辆坦克、677架飞机、7600门大炮和迫击炮。苏军全线大反攻的1944年前，军事技术力量突飞猛进。同以前比较，从1939年至1941年6月22日德军进攻时为止，苏联的坦克仅增加7000多辆，大炮和迫击炮92578门，作战飞机17745架，作战舰艇600艘。而1944年一年中，苏联就生产4万多架飞机、2.9万辆坦克和强击火炮。这和工业发展，尤其是与战争有密切关系的重工业发展有关。例如，1944年生铁产量增加了31%，钢产量增加29%。工业和军事技术力量的增强，为苏联战胜德国法西斯提供了物质上的有力保证。

---

① [德] 库钦斯基：《1933—1945年德国工人状况史》（第6卷），柏林1953年版，第84页。

由于第二次世界大战是世界反法西斯战争，国际反法西斯力量的联合协作战斗精神，在军事技术合作方面也表现出新特点。这种合作是超越制度、超越意识形态的历史交往。在苏联发展军事工业方面，英美的援助是不能忽视的。据美国租借法案执行署负责人斯特丁纽斯统计，战争进行到1943年年中，虽然美国只供应了他们期望能够运送的大约3/4的物资，但对苏联的援助还是达到了惊人的程度。据统计，共有飞机4100架、卡车和吉普车13.8万辆、钢91.2万吨、食品150万吨和大量的其他战略物资。英国也陆续向苏联运送武器和原料。从1943年年中起，美英两国根据第三个议定书的计划，对苏联继续援助，而且运输速度不断加强[1]。1943年7月至1944年3月，仅从北路运去的就有坦克5000辆、飞机7000架、各种车辆7000辆，从南路运去2000台机车。据法国史学家米歇尔统计，在整个战争进程中，盟国对苏联的物资供应（几乎全是美国的）总数达到了110亿美元之多，而且都是无偿的[2]。这些援助，进一步加强了苏联抗击德国法西斯的军事实力，而且对战后的技术发展也起到了直接或间接的作用。

在世界交往普遍化条件下发生的第二次世界大战，给人类带来了科技发展与战争和平的新信息。战争中以原子武器研制成功为标志的高科技新发展，演化为战后的军备竞赛。热战变成为冷战。科技发展的不平衡，使世界范围内贫富差距日益扩大，致使战争因素增加。但科技的发展也使世界各国相互依赖增强。特别是在战争中发展起来的、杀伤性很强的核武器，产生了人类新的生存法则：你活，也要使别人活；要毁灭别人，也难免自己灭亡。战争已不再是用其他手段实现政治交往的继续，因为在一场核战争中，这种政策的决策者也将化为灰烬。因而，在战后美苏核对抗的时代，对新的世界大战的严重后果都有顾虑，任何一方都不敢轻易挑起战争，都把限度控制在战争边缘为止。战后半个世纪，虽然局部战争此伏彼起，但世界大战并未发生。科技的高度发展，使用战争手段掠夺别国资源市场、重新瓜分势力范围的旧方式已经过时，依靠科学优势、用和平的新手段获取市场、原料和高额利润已有现实的可能。科学

---

[1] 斯特丁纽斯：《租借》《胜利的武器》，纽约1944年版，第228页。
[2] 米歇尔：《第二次世界大战》，纽约1975年版，第476页。

技术所引起的这些变化，使制约战争的和平因素大为增强。特别是由此引发的人们对战争的思维方式的变化，使对抗日趋下降，对话日渐上升，世界大战发生的可能性越来越小。

在世界交往普遍化条件下发生的第二次世界大战，给人类也带来了高科技发展的远景。在大战中，特别是大战结束前，高科技的作用向各国提出了长远发展的利益问题。随着战争结束与和平时代的到来，世界历史经过了40余年的动荡，人类越来越意识到新技术革命的巨大威力。为了迎接挑战，世界上许多国家都制定了着眼于21世纪的高技术发展计划，以便在国际竞争中抢夺经济和科技的制高点。继第二次世界大战的争夺优势之后，国际竞争的重点已经转向争夺"综合国力"优势。国家与国家之间，民族与民族之间，不同社会制度之间的竞争基本形式，已由军事转向经济、技术、社会机制和智能方面。经济不发达的国家，要想不甘落后就必须发展科技。正如邓小平在《中国必须在世界高科技领域占有一席之地》的讲话中所指出的："如果60年代以来中国没有原子弹、氢弹，没有发射卫星，中国就不能叫有重要影响的大国，就没有现在这样的国际地位。这些东西反映一个民族的能力，也是一个民族、一个国家兴旺发达的标志。"[①]

在世界交往普遍化条件下发生的第二次世界大战，给世界史研究者也带来了关于经纬交织的历史发展线索的启示。美国研究中国和中亚的史学家小约瑟夫·F.弗莱彻就曾用"社会的历史连续性和地区连续性来说明整体世界史的组成"[②]。中国世界史学界也有以年代为经、以地区为纬，及以生产方式为经、以地区为纬等说法。这里讲的都是通常所说的纵向与横向发展问题。从第二次世界大战对高科技的作用中，我们看到文明交往的重要作用，从而进一步认识到：在世界史研究中，不能把生产力与生产关系的关系作为历史发展的单线结构。只有生产力和世界交往纵横联系、经纬交织和综合多线的结构，才能反映丰富多彩的整体世界史的本来面貌。回顾本节开头引用马克思和恩格斯的两段关于生产力和世界交往的论述，结合从那时以

---

① 李希光：《邓小平与中国最大的科学实验》，《现代化》1975年第1期。
② 列夫·勒土甫：《具有中国特色的世界史》，载《文化与历史》，丹麦1989年版。

来、特别是第二次世界大战前后的世界史,我们就会更加深刻地领悟这一点。

最后,还应该谈一谈科学技术这把双刃剑应由谁掌握的问题。从科学与技术的关系看,二者是互为动力的。历史上,科学发现可以开发新技术;而利用这些新技术制作的测定仪器和演算设备(如计算机等),又成为推进科学进一步发展的动力。然而,国家的强盛和经济的发展,是科学技术发展的经常性因素。18世纪蒸汽机的发明,改变了产业革命和国家的力量对比。美国在第二次世界大战中所以能在短期内研制成原子弹,是由于国力雄厚,并且是担心德国首先制成原子弹的战争需要所促成的。第二次世界大战后,美苏之间在冷战条件下的竞争,促进了宇宙空间的开发。可以说,如果没有冷战,苏联的载人宇宙飞船和美国的阿波罗登月计划就不可能那么快地实现。现在,信息和生物技术一方面不断给人们带来惊喜,同时追逐利润的金钱动力和人类越来越多的欲望,带来了能源、地球和环境、粮食、农村城市化等一系列问题。"发展的限度"这一概念,说明经济发展不会永远直线上升。持续发展谈起来容易,实现起来难。尽管科学技术每天都给人类提供新的成果,但无条件地把人类存在和发展的基础托付给科学技术,也是不明智的。目前人类同科学技术的关系,存在着正面和反面两重关系。虽然文明交往要求所有的人去掌握科学技术这把双刃剑,但这把剑的两个侧面的背离却越来越严重。严重的是,恐怕一时还难以找到解决这一问题的正确答案。因此,这是一个不确定时代的不确定的难题。也许我太悲观了。然而我相信人类交往的文明化,像光芒四射的明灯,照耀着黑暗的、荆棘丛生的、曲曲折折的漫长道路。

用文明交往论的观点叙说第三世界

一、全书导言

《第三世界的历史进程》①是把"第三世界"作为一个历史概念,放在世界近代、现代和当代的历史进程中,用文明交往的观点加以叙说的。

(一)

对于亚洲、非洲和拉丁美洲出现的民族独立国家群体,如何称谓,怎样界定,可以说见仁见智,众说纷纭。学术界、政治界从不同角度,以各种名目来称呼它。例如,"民族独立国家体系""新兴国家""不结盟国家""中间地带""发展中国家""南方国家"等等。

1952 年,法国统计学家和经济学家阿尔弗雷德·索维在他的《三个世界,一个星球》一文中,首先提出了"第三世界"的概念,得到了举世的公认。

然而,随着冷战的结束,用"第一世界""第二世界""第三世界"的"三分世界"法,已不适用。于是,对世界的解释的多样化又出现了。原来被命名为"第三世界"的解释,尤其成了问题。即使坚持用"第三世界"的学者,也不过是沿用过去的概念,或作为约定俗成的术语来使用罢了。这样,对亚洲、非洲和拉丁美洲的民族独立国家群体的解释,又一次成为难题。

---

① 《第三世界的历史进程》(中国青年出版社 1999 年版),是我以文明交往论分析第三世界的著作,三位博士生参加了写作。

（二）

"第三世界"产生于世界格局大变动之际，它是作为世界划分中的国际政治概念而出现的。这个概念在演变中，又增加了经济、文化、社会诸多因素，在地缘概念的形态之下，具有更复杂的内容。随着国际政治格局的新变动，随着"第三世界"内部的分化，对它的重新解释是必然的、正常的历史趋势。

实际上，"第三世界"一开始就是一个历史概念。人们之所以一直热烈讨论它、解释它，乃是对全世界历史发展前途的深切关注。它乍看起来，完全是国际政治和经济问题，然而，这个问题从根本上说，是应当深究的历史问题。它存在于世界近代、现代和当代的全部历史进程之中，其深远根源同遥远的古代也有着联系。离开了历史研究，无从谈"第三世界"的过去、现在和未来的全貌。我们有必要从世界历史的客观发展方面，来陈说"第三世界"的真相。

阿尔弗雷德·索维首创"第三世界"这个概念，并没有离开历史。恰恰相反，他在面对亚洲、非洲和拉丁美洲民族独立国家群体的现实政治问题方面，正是追溯到了18世纪末的法国大革命史。他把法国大革命前"第三等级"的"被忽视、被剥削和被鄙视"的处境，同"第三世界"的处境相比拟。正是这种深厚的历史感，才使得承认落后、不甘落后，并且为美好未来而奋斗的新兴民族独立国家，乐于接受"第三世界"这个概念。这样，"第三世界"和"第三等级"一样，成为世界历史上一个重要的历史概念。

从历史的观点看，第一要明白审视的，是"第三世界"的复杂性。"第三世界"是历史上形成的人口无比众多、地域十分辽阔、社会状况相当复杂，而且是各具特色的民族独立国家体系。比之于同时并存的欧美日资本主义国家体系和社会主义国家体系，"第三世界"的复杂性尤其突出。

第二要明白审视的是，"第三世界"，又是一个共同的世界性的客观实体和国家体系。在过去，它们同属殖民地、半殖民地或附属国，独立后生产力水平低下、经济落后、国力衰弱，在当代国际关系中处于不平等、不公正地位，还有摆脱贫穷和建设现代化国家的共同任务。因此，我们必须从复杂的繁多层面中，去了解它背后的整体性。

当然，对于复杂、整体的"第三世界"，从历史的观点看，第三也是最应明白审视的，是它在变化中的发展性。从发展性看，全世界的历史是一个在变动中的逐渐凝固的过程：早已凝为历史的部分、新近凝固的部分和正在凝固的部分，组成了古代、近代和现当代的世界史。"第三世界"的前史、正史和正在变化的历史，跨越了世界史的整个凝固和正在凝固的过程，充分显示出它的发展性。

（三）

"第三世界"的复杂性、整体性和发展性，贯穿于近代、现代和当代的历史进程，首先表现在它的前史的阶段性上。

1. 前史的序幕阶段。"第三世界"从历史发展上看，虽说产生于20世纪后半期，但其历史源头，却要追溯到15世纪和16世纪西班牙和葡萄牙争夺海上霸权之时，以及后来荷兰、英国和法国在全球范围的角逐。美洲的发现和西方殖民政权在这一地区的建立，美洲殖民地人民的反殖民压迫战争的胜利，出现了第一批民族独立国家。这些国家都是新兴国家，都是在西方殖民体系解体的基础上，出现的民族独立国家体系的组成部分：北美独立国家很快走上了另一条发展道路，进入了欧洲同类的资本主义国家体系。拉丁美洲在18世纪末19世纪初建立的17个民族独立国家群体，构成了民族独立国家体系，成为"第三世界"的历史源头。

2. 前史的变革阶段。变革在各大洲和国家的表现不同。拉丁美洲发生了商业革命，国家政权几经动荡之后走向巩固，但英美的竞争使得这些国家不同程度地处于依附地位。亚洲逐渐走上了历史的前列，奥斯曼帝国断断续续进行了百年改革。中国在社会大变迁之后发生了戊戌百日维新。印度沦为殖民地之后，失去了"旧世界"，从而为获得"新世界"而奋起抗争。非洲的步伐慢了一些，但这个大陆的情况比较复杂。属于奥斯曼帝国的埃及，与亚洲相呼应，发生了著名的穆罕默德·阿里改革。但从整体而言，非洲正处于殖民化和反殖民化的早期抗争阶段。这个阶段历史交往的总特点，是亚洲、非洲和拉丁美洲与西方世界之间不平等的历史交往，侵略和反侵略、压迫和反压迫、屈辱和图强，贯穿了整个19世纪。

3. 前史的革命阶段。20世纪初期亚洲、非洲和拉丁美洲历史的新开端，始于亚洲的觉醒和革命。在此之前，亚洲发生了和美洲类似的历史现象，日本和美国一样，建立民族国家之后，脱亚入欧，挤进了欧洲资本主义国家体系的行列。当时，亚洲许多国家尚处于启蒙改革的变革之中。伊朗、土耳其和中国的三大革命，印度、印度尼西亚的民族民主运动，标志着亚洲进入了革命阶段。它不但"反转来影响"欧洲，而且和1905年俄国革命一起，成为世界历史新阶段的重要历史标志。与此同时，拉丁美洲和非洲各自按着本身的内在规律发展着：前者进入了政治和经济现代化的早期阶段；后者的人民抗争，也因社会经济的不同，而采取了不同的形式。总之，发展的水平尽管不平衡，但发展速度的加快，表现了20世纪历史的特点。

4. 前史的转折阶段。两次世界大战之间是20世纪历史上特别应当注意的时期。亚洲、非洲和拉丁美洲的复杂性和整体性，在发展上表现得特别突出。在民族民主运动的领导力量上，出现了六种类型：中国无产阶级领导的新民主主义革命、土耳其民族资产阶级领导的凯末尔革命、尼加拉瓜小资产阶级桑地诺领导的抗美独立战争、青年阿富汗派的爱国封建主领导的独立战争、摩洛哥里夫部落酋长领导的独立战争和刚果西蒙·基班古领导的"黑人基督"宗教王国运动。在地域型改革运动中，出现了土耳其、阿富汗、伊朗和沙特阿拉伯的中东类型，埃及、里夫和埃塞俄比亚的北非类型，以及墨西哥、阿根廷、智利的拉丁美洲类型。在民族主义思潮方面，涌现了七种类型：孙中山的革命民主型、苏加诺的平衡综合型、甘地的宗教道德型、凯末尔的世俗改革型、胡斯里的阿拉伯民族型、杜波依斯的泛非型和拉丁美洲的大陆民族型。总之，两次世界大战之间，亚洲、非洲和拉丁美洲这些复杂性和整体性的发展，集中表现了承上启下的转折阶段的特征。

（四）

正史是前史的直接继续，其阶段性可概括为如下几点：

1. 正史的形成阶段。1945年第二次世界大战结束，把20世纪划分为前后两个不同时期，也开始了"第三世界"的正史时期。亚洲继20世纪初觉醒和革命，又经过了两次世界大战之间的持续革命风暴之后，仍然处于形成阶段的前列。从 1906 年到 1941 年，亚洲出现了 9 个民族独立国家，这还不包括尚未完全丧失独立，经过 1911 年辛亥革命后废除帝制的中国。从 1945 年到 1967 年，亚洲新独立的民族国家达到 20 个，组成了 19 世纪初期拉丁美洲民族独立国家体系之后的第二个新兴民族独立国家群体。尤其是 20 世纪 50 年代初期在印度尼西亚举行的亚非会议，以及由十项原则所体现的万隆精神，从亚洲的发祥地迅速波及世界各地。

2. 正史的发展阶段。发展阶段是沿着形成阶段的轨迹前进的。发展的主要标志分为两个方面。第一方面是民族独立国家体系的空前扩大，最突出的事件发生在非洲。1945 年以前的非洲，只有利比里亚、埃塞俄比亚和埃及 3 个独立国家。1951—1958 年只有 6 个。1960—1968 年发展阶段就有 30 个新兴国家出现，1973—1977 年有 8 个新兴国家出现。这样，非洲民族独立国家体系形成了，它和亚洲、拉丁美洲一起，共有 108 个民族国家组成了"第三世界"。第二方面是在亚非会议的基本思想和方向上，于 1961 年开始的不结盟运动和 1964 年的"七十七国集团"的诞生。前者是"第三世界"发展在政治领域的表现，后者是经济领域的表现。"第三世界"这个历史概念，除了政治地缘因素之外，在国际政治和经济关系方面，大大加强了它自己的力量。

3. 正史的分化阶段。20 世纪 80 年代，"第三世界"遭到严重挫折，随后便是多数国家经济发展速度步伐的加快，改革成为大势所趋。但是，发展不平衡导致了两极分化。以亚洲新兴国家和地区为代表的少数国家，其产业结构和现代化水平已接近发达国家；而为数众多的其他国家，经济则长期停滞，战乱不止，处于贫穷落后状态。分化首先表现在地区性组织的增多和加强，地缘关系，不但使不发达国家，而且也使发达国家之间的联系更为密切。"第三世界"的内部两极分化和经济地区化趋势的加强，使本来松散的整体性，更加趋于松散。本来复杂性强的"第三世界"，更加复杂化了。

4. 正史的转换阶段。20 世纪 90 年代是"第三世界"的"名亡"和"实变"阶段。随着冷战的结束，在两极世界中形成和发展的"第三世界"，已经融入多极化的世界大潮之中。这时不再是"三个世界，一个地球"了，而是"一个地球，多极世界"了。"第三世界"作为一个历史概念，已凝固在过去的世界历史之中，从20世纪90年代开始，已在转换它的新称谓。联合国秘书长安南在1998年5月23日说，世界上只有17个非自治的殖民地残余，在20世纪要实行世界的完全的非殖民化。转换阶段是一个过渡阶段。它既是"第三世界"作为历史概念的结束，又是在"改变世界"中寻找"解释世界"的开始。看来，这个任务有待于21世纪。

（五）

"第三世界"与文明交往的关系密切。

文明交往，是基于生产力发展的世界各民族、各国家之间的历史联系。文明交往，是以生产力发展为基础，并且作为生产实践的前提而在世界历史进程中发挥作用的。地理大发现是世界近代的一次十分重要的文明交往。这次海路大通，进一步把人们的交往活动范围扩大到了全球。从那个时候起，一个地球的空间，就逐渐划分成两个世界：资本主义国家体系和它们统治的殖民体系。这两个体系一直存在到第二次世界大战结束，才发生了根本性的变化。正是这种变化，才导致了"第三世界"的正式诞生。

战争是文明交往的重要形式。早期争夺殖民霸权的"商战"，以及征服殖民地的战争，导致了殖民体系的建立，表现了西方的优势和东方的落后。随着工业化在西方的进展，殖民体系不断扩大，并加强了19世纪亚洲、非洲和拉丁美洲与西方世界的不平等的历史交往。1914—1918年的第一次世界大战，是一次空前规模的、世界范围内的争夺殖民地的战争。它促进了世界的新的划分。

实际上，战争交往并不都对殖民主义者有利，虽然他们总希望从战争中得到利益。反侵略和争取独立的战争，曾经在19世纪初期导致了西班牙和葡萄牙殖民体系在拉丁美洲的崩溃，以及该地区民族独立国家体系的建立。第一次世界大战，不仅促进了东方民族觉醒和一些新兴独立国家的诞生，而且出现了社会主义的苏联。这种格局可以视为三个世界的雏形。

第二次世界大战，是人类历史上迄今为止的最大的战争交往。这次战争以后，随着一系列社会主义国家和为数众多的亚非民族独立国家的建立，三个世界的国际格局，成为第二次世界大战这种历史交往的直接产物。但是，必须注意到一个历史的新交往形式，这就是第二次世界大战这场"热战"刚一结束，就出现了长期的"冷战"。"第三世界"的正史，是同这种"冷战"的特殊历史交往形式，紧密地联系在一起的。可以说，"第三世界"是同"冷战"时期相伴始终的，并且决定了它与"第一世界""第二世界"之间交往的许多特点。

"第三世界"在自己的外部交往中，建立世界性交往组织，创造了世界性交往原则和方法，成为反对霸权主义、维护和平与促进发展的举足轻重的力量。第一，它坚持主权完整、平等合作，坚持和平共处五项原则和不结盟原则，参与国际事务，改变联合国面貌，反对世界强权政治，因而加速了世界民主政治的发展进程。第二，它反对以富压贫的国际经济旧秩序，在同国际垄断资本的对抗与对话中，以培育本国和区域性经济合作组织的实力，为加速公正合理的国际经济新秩序建设进程作出了贡献。第三，参与世界性交往的实践活动本身，也改变了第三世界对自身的认识和对外部世界的理解，提高了改革和开放的自觉性，把"发展"看成是第三世界最重要的关键词。

"第三世界"是世界文明交往发展的产物，它又在世界文明交往实践活动中，把自己融入世界当代史。我们随着15至20世纪"改变世界"的进程，用文明交往的观点来"解释世界"。这只是一个尝试，只是换一个角度来看世界史，只是对"第三世界"作一个历史的解释。虽然解释世界非常之难，但我还是尽力解释了"第三世界"这个难题。至于效果如何，当然需要读者的评论，尤其是需要时间来评估了。

二、章前序言

（一）第三世界的历史源头

"那是个最好的时代，也是最坏的时代。那是智慧的时代，也是愚蠢的时代。"

这是英国文学家狄更斯在《双城记》开卷第一段的名言。这句名言诉说了历史上一切巨变时代的矛盾性。巨变时代充满着真与假、善与恶、美与丑、好与坏之间的悬疑不定，呈现着旧秩序瓦解和新秩序待建过程中的混沌不清。

世界历史上的巨变时代，总是为各民族提供了严峻的挑战和难逢的机遇。

15至18世纪，可称之为"人类历史"开始向"世界历史转变"的巨变时代。生产力和交往的急剧发展与普遍扩大，把各民族卷入了世界范围的竞争潮流之中。这个潮流，浩浩荡荡，奔腾不息，呼啸前进，涛惊浪骇，波诡云谲，形成势不可当的优胜劣汰的全球大潮。

东方曾经是人类古代文明的摇篮，有许多大帝国的灿烂文明之花，在这个巨变时代的前期，仍盛开不衰，而这时的西方还处在文明的边缘。但是，随着时代的前进，东方世界在竞争大潮中，沉眠不醒，未能急起直追，与西方世界在变化性质和方向上，形成了强烈的反差。东西方的差距，就是在这些年代逐步拉开的。

东方世界在15至18世纪这个巨变时代的落后，是当今第三世界的历史根源。理解第三世界需要用文明交往的连续性之线，溯源而上，从这个时代开始，把那些表面上看起来似乎不相连缀的片段，紧密联系成一个整体的过程。

"庸史记事，良史诛意。"这同狄更斯所说的"好""坏""智""愚"的含义一样，不是道德标准，而是历史观念。第三世界的历史进程，涌动着历史的反思，闪耀着对于过去、现在和未来的启示。它向我们显现出历史之魂，闪烁着明智的千秋镜鉴，放射着美好的七彩灵辉。让我们从东方落后的痛苦之源中寻觅幸福之根吧！

（二）19世纪亚非拉与西方世界不平等的历史交往

由于西方的优势和东方的落后，从地理大发现开始的欧洲殖民势力东渐时期，历史交往就是在不平等的条件下进行的。随着东方与西方差距的拉大，东方国家变为西方列强的工业商品的销售市场和原料产地，变成了西方列强的殖民地或半殖民地。历史交往的不平等性，在西方列强和东方国家之间的关系中，更突出地表现出来。

在西方列强直接统治下的殖民地国家中，宗主国运用其政治经济权力，或把土地变为可以自由买卖的商品，或用立法手段加速公社解体过程，或造成依附殖民政权的社会支柱，进行殖民压迫和剥削。

在西方列强还不能完全征服的、形式上还保持着独立的东方国家中，殖民政策的基础仍然是粗暴的强权政治。西方列强凭借着军事优势，为了保持其特权，强迫这些东方国家签订不平等条约，侵犯主权，干涉内政，以维持不平等的交往关系。

殖民战争和经济渗透，是西方列强在非洲和拉丁美洲国家殖民化的主要方式，19世纪初对西方列强还是"一条海岸"的非洲，到了1900年已经有90.4%的土地被瓜分。19世纪上半期经济和社会无大进展的拉丁美洲，在19世纪下半期已向着现代化阶段过渡。

早期的现代化改革的序幕，也在亚非大陆相继展开。这种自强的改革运动和人民的反对殖民主义、反对封建主义运动，从上下两个层面力图改变东西方的不平等的历史交往，推动历史进一步向世界历史的转变。

（三）20世纪初期亚非拉新的历史开端

亚非拉人民在漫长的历史交往中，迈着艰难的步履，历经千般磨难与万度奋起，跨入了20世纪。

20世纪是世界历史真正成为统一体的世纪。在20世纪初期，亚非拉人民以积极主动的新姿态，用革命、改革的实践，为世界历史开辟了一个新的阶段。

亚洲的觉醒，是亚非拉，也是世界历史新阶段开端的最重要的标志之一。"落后的欧洲，先进的亚洲"，这是列宁在1913年面对亚洲数亿人民觉醒起来，为追求光明和自由的世界性运动，向技术发达、宪法完备的欧洲，揭示出来的辛辣的真理。

亚洲觉醒反映了世界被压迫民族建立独立的民族国家体系，以取代西方列强的殖民体系的历史发展趋势。这种历史趋势开始于19世纪初期的拉丁美洲，那里在独立战争之后，建立了一系列独立国家，用民族国家体系代替了西班牙和葡萄牙的殖民体系。

历史交往的不平衡性，在19世纪和20世纪之交表现得特别突出，在社会状况十分复杂的亚非拉尤其显得差异悬殊。当拉丁美洲开始现代化早期阶段之际，当亚洲以伊朗、土耳其和中国三大革命为动力，走向建立民族国家体系之际，非洲的殖民体系堤坝还有待于觉醒的人民力量给予决定性的冲击。

20世纪初期的特点，是发展速度的加快和战争与革命时代的到来。反对帝国主义的民族战争和革命，已在亚非拉地区不同程度地兴起。但是，帝国主义世界力量还占优势，虽然整个链条上有薄弱环节，被压迫民族毕竟需要积聚经验而准备长期奋斗。

我们似乎进入了唐代诗人杜荀鹤和宋代诗人杨万里的诗境，他们先后从不同的角度，为这段曲折的新历史的开端作了注脚：

"泾溪石险人竞慎，终岁不闻倾覆人；却是平流无石处，时时闻说有沉沦。"

"莫言下岭更无难，赚得行人错喜欢；正入万山圈子里，一山放出一山拦。"

（四）两次世界大战之间亚非拉的历史转折

按照文明交往的规律，转折时期大都发生在时代的交叉点上。19世纪与20世纪之交，是一个转折点。两次世界大战之间，又是一个转折点。转折时期，是承上启下、继往开来的时期。在这个大背景下，亚非拉也发生了转折。

第一次世界大战、俄国十月革命、中国新民主主义革命、土耳其凯末尔革命、印度的非暴力抵抗运动、埃及的华夫脱运动、摩洛哥里夫部落起义、埃塞俄比亚第二次抗意战争、尼加拉瓜抗美战争、墨西哥护宪运动、第二次世界大战等一系列重大事件，反映了亚非拉在这一时期的历史大转折。

亚非拉的民族民主运动的显著特点是它的持续性。在第一次世界大战和俄国十月革命之后，欧洲的无产阶级革命运动高潮在1923年就停止了，而亚非拉的民族民主运动并未中断上升线,一直发展到同第二次世界大战接轨。更为重要的特点,是领导力量、性质和民族主义思潮等方面表现的多样性。这种多样性,首先是性质上的变化,无产阶级登上政治舞台,尤其是日渐深入的中国新民主主义革命,是这方面典型的例证。民族资产阶级作为新兴的领导力量,在民族民主运动中,以各种不同的方式发挥了巨大作用。广泛的爱国阶层在反帝的旗帜下也互相联合起来。

被压迫民族运动的兴起和联合潮流,使欧美压迫民族感到恐惧。反映在思想文化领域,是一系列著作的出现:英国的格列高里的《有色人种的威胁》、斯坦列·里赛的《亚洲的挑战》和美国罗斯若朴·斯图德塔特的《有色人种的兴起》。日本的间雅晴也因亚洲的团结互助而有《西亚黎明时期》的论文,被译载于我国《东方杂志》第23卷第14号上。

特别是斯图德塔特的著作,由于坚持欧洲中心论而受到孙中山的严厉批评,指出这种以文化主人自居而压制亚洲文化之举,实属"可恶已极"。colored(有色人种)在西方使用频率的增多,预示着东西方之间的不平等历史交往正走向结束。

(五)战后初期的世界历史性变化

1945年,同盟国战胜德、日法西斯,标志着第三世界在其历史进程中的一个漫长前史的终结和另一个重要正史时期的开始。

1945年这一年,把20世纪分成了前后两个迥然不同的历史时期。这一年,是人类空前规模的交往形式——第二次世界大战的"热战"的终点,又是这场政治交往,以另一种形式继续的"冷战"的起点。这一年是联结亚非拉民族独立国家体系的纽带,又是沟通20世纪下半期亚非拉改革发展的桥梁。

把1945年称为"起始年",对于20世纪下半期的时代特点——由战争和革命转向和平与发展的过渡,也是适当的。大战结束后,一方面,战胜的大国奠定了世界和平的基础;另一方面,又在冷战中把各自的利益强加给亚非拉的民族民主运动。尽管如此,任何殖民帝国的挣扎,都没有能够挽救殖民体系堤坝的崩溃。

在本章中,我们将看到亚非拉民族民主运动的巨大浪潮,汹涌澎湃,势不可当,以摧枯拉朽之势,冲垮了殖民主义者营造了几个世纪的堤坝。亚非拉一百多个新兴国家在殖民体系的废墟上涌现出来。亚非拉人民站起来了。他们在自主自决,自己决定自己的命运。那种同西方列强几个世纪以来的被动的、不平等的不自觉的历史交往,随着亚非拉民族独立国家主导作用的增强,必将逐步成为过去;主动的、平等的和自觉的历史交往,在世界人民的共同努力下,一定会日渐变为现实。

1967年,危地马拉文学家和外交家米格尔·安赫尔·阿斯图里亚斯的小说《独裁者》获得诺贝尔文学奖。他在小说中为拉丁美洲人民争取民主、和平、自由和发展的努力,充分表现了战后初期世界性变化的主题。

(六)第三世界登上国际历史舞台

在上一章中,我们从亚非拉民族独立国家体系最终形成的侧面,概述了第三世界的国家基础。在本章中,我们再从国际历史舞台的政治格局和经济秩序的另一侧面,概述第三世界的历史地位和作用。

亚非拉国家统称为第三世界。从国家构成上看,都是发展中国家,既包括发展中的民族独立国家,也包括发展中的社会主义国家。这些国家的数目、面积和人口,大约都占世界的四分之三以上。它们是以民族民主运动的行为主体和主权国家,登上国际历史舞台的。

从本章中我们将看到,世界政治中明显出现的相互联系又相互矛盾的三个世界,以及第三世界在亚非会议、不结盟运动、联合国和其他国际政治经济组织中的主体角色。

人类文明交往活动,在更广泛和更新的层次上进行。这种实践活动的基本特征,是统一体与多样化的辩证法原则,是世界格局的多样化发展趋势。

(七)第三世界的经济变革

从本章开始,本书以专题形式,用文明交往的视角,从经济、政治、民族、宗教、国际关系等方面,来考察当代第三世界的历史进程。

发展是当代第三世界的中心任务,也是它的历史进程的根基和方向。发展是指社会在政治、经济、文化诸领域的全面进步,其中,经济增长是发展的前提条件和稳固基础。

发展的动态性和开放性，决定了它需要广泛的交往。要首先发展经济，既需要内部交往的改革动力和社会稳定条件，又需要外部交往的国际经济合作和和平的国际环境。发展是第三世界人民的社会实践活动，它是和物质生产和交往实践紧密联系在一起的社会实践活动。

从世界历史全局看第三世界的发展问题，决定一系列进程的关键，在于当代文明交往主要的表现——全球化。全球化是一个客观的历史进程，它发轫于20世纪80年代后期。东南亚国家参与较早，拉美国家继而加入，中国、印度、巴西等发展中国家的参与，东欧、俄国的介入，使之成为普遍的发展趋势。全球化，首先是世界经济交往的普遍化的产物，它是指世界各国之间在经济上越来越密切的相互依存，其核心是世界贸易、国际金融市场和技术革新。发达国家要再发展，其新市场在发展水平较低的第三世界；而第三世界要发展，也要在全球化经济中趋利避弊，把自己的改革融入世界文明交往的潮流中去。

消灭贫穷是发展要解决的主要问题，也是第三世界经济变革的根本目的。联合国秘书长安南在世界贸易组织的达沃斯会议上呼吁："全球化已经使我们产生了这样的希望：人类的智慧和进取精神，将把我们带进一个新的黄金时代"，但是"经济决策者在没有第三世界参加论坛作决定的时候，要记住第三世界的利益"。

（八）第三世界的政治演进

第三世界国家的政治演进过程，是和世界政治交往的发展过程紧密联系在一起的。长期以来的殖民地半殖民地处境，战后两极的冷战格局和冷战后多极化的国际交往，都给独立的民族国家带来深刻的影响。第三世界国家诸多的政治体制，就是外在交往和内在传统交互作用的反映。

正像发展是第三世界经济变革的核心一样，民主乃是第三世界国家政治演进的主轴。亚非拉民族独立国家体系形成的过程中，民族独立是政治的目标；这个新的国家体系形成以后，民主政治就成为发展的方向。尽管民族主义是这个国家体系政体建设和国家政策的指导思想，尽管神权政体、君主政体、军人独裁和西方式议会制多种政体并存，但历史纵向发展的现代化进程，把各国政治民主化必然推向现代社会变迁的前台。

民主政治成为亚非拉民族独立国家体系的方向，这既是发展民族经济的需要，又是民族民主运动的继续和深入。如果说，西方发达国家政治体系随着工业化和商品经济发展而经历了"专制时代""民主时代"和"福利时代"，那么，亚非拉这个现代与传统因素相互重叠的社会，向现代国家过渡，必然要经历更复杂的途径。

从20世纪70至90年代中期，这20多年的民主化运动，遍及亚非拉各国，它的深入之点在于，由反独裁进入健全民主，进而通过修宪、普选和廉政建设，为民主政治的制度化奠定基础。

随着生产力和交往力的发展，以及改革实践的探索，第三世界国家一定会逐步建立起顺应时代潮流和适合国情民意的现代民主政治制度。

（九）第三世界的民族冲突与宗教争端

民族冲突与宗教争端，是导致第三世界中许多国家和地区动荡不安的重要原因。

第三世界的各民族和各宗教之间的交往和联系，呈现出复杂而多变的多种矛盾形态。有些与不同文化背景和不同信仰的差异有关，有些却与此无关。以中东为例，便有三种类型：阿以冲突、埃及穆斯林和科普特人的争端、苏丹南北战争和塞浦路斯的土希两族之争，属不同民族和宗教信仰之争；库尔德人和土耳其、阿拉伯、阿拉伯民族之争，却属同一信仰的不同民族之间的争端；而同一信仰和同一民族间相争的类型，当推阿拉伯各国和人民之间的纷争。总之，其复杂性于此可见。

这种文明交往中的冲突与争端的缘由，也不能一概而论，而需作具体分析。冲突和争端，是民族和宗教之间的彼此交往，在一定历史阶段的表现形式之一。在世界性普遍交往时代到来之前，有些由于历史或教派原因，积怨较深而长期不和；有些虽生活在同一地域，而很少往来；有些尚能长期和睦相处。转折点在世界性普遍交往时代开始之后，特别是在18世纪到20世纪60年代，第三世界与西方列强之间的不平等交往，引发或加深了这种冲突和争端。亚非拉民族独立国家体系形成之后，一些统治集团的大民族主义和少数民族的狭隘民族主义政策,以及大国的插手,使得民族和宗教矛盾愈演愈烈,甚至发展为内战。

平等和互容,是民族和宗教交往的原则。沟通和理解,是实现这些原则之桥。化解民族冲突和宗教争端的办法在于人类的文化自觉。如费孝通所言:"各美其美,美人之美,美美与共,世界大同。"随着文化自觉在交往中的不断提高,民族和宗教的平等互容的大同理想终将实现。

(十)第三世界与国际关系

亚非拉民族独立国家体系的形成和第三世界的兴起,使殖民地时期的不平等的世界交往发生了转折性改变。但发达国家却依然以一种不平等的态度对待亚非拉国家,把亚非拉国家看成是它们的势力范围,并在国际交往中操纵和利用亚非拉国家,为它们自己的利益服务。发达国家为此在第三世界展开争夺,引起或加剧了第三世界不断的地区冲突和局部战争。

为改变这种不合理的交往,第三世界国家展开了各种斗争。石油输出国组织石油斗争的胜利,极大地鼓舞了第三世界原料和矿产出口国;20世纪70年代以来南南合作的蓬勃发展,为改变旧的国际交往形式作出了巨大贡献。第三世界的团结斗争,使发达国家日益认识到,全球经济的发展离不开第三世界。70年代以来,全球性的南北对话和会谈成为国际交往的有效形式,发达国家逐渐改善它们在第三世界的形象。欧共体已与非加太国家签订了四个《洛美协定》,美、日、欧诸国加紧发展包括第三世界在内的区域经济一体化。经过几十年的斗争,国际交往的旧体系又得到了一定程度的改善。

冷战后,第三世界的团结斗争受到了这样那样的干扰,第三世界国家的经济发展也存在着重重困难,第三世界在国际政治经济交往中依然处于不平等的境地中。但随着第三世界各国经济实力的增强,随着它们的整体合作和区域合作的不断发展,第三世界在整个世界交往中的地位和作用正在变得日益重要,不合理的国际交往形式最终会全面改观。

(十一)剧烈变动中的第三世界

"东方就是东方,西方就是西方。"这是一个世纪前,英国诗人吉卜林的著名诗句。

15至19世纪的世界变迁告诉我们：他错了。与这句缺乏深厚历史感的凝固诗句相反，东西方文明的交往融合，从15世纪以来，越来越深刻地改变着世界。

用历史的眼光审视现实，世界经过19世纪和20世纪之交的转折之后，现在正处在20世纪和21世纪之交的新的转折时期。两次世界"热战"，一次世界"冷战"，这些交往形式已经过去。多极化交往形式伴随着交通、通讯和信息交往的普遍化，伴随着经济、文化的全球化，世界正朝着崭新的国际社会前景迈进。

第三世界的发展和全球的发展息息相关，全球发展也离不开第三世界。第三世界深深地融入国际社会之中。世界是东西方的共同世界，这也许更符合当今国际社会发展的现实和趋势。

东亚经济的高速发展及其波折，难道不是全球经济交往日益密切的结果吗？东亚要摆脱危机，怎么能离开世界性交往的加强？1998年4月初的15个欧洲国家和10个亚洲国家在伦敦举行的亚欧会议，宣布携手共渡难关，建立21世纪伙伴关系，不又是一个典型事例吗？

处于剧烈变动的第三世界，必须在国际社会的交往中，永远着眼于未来，冷静地面对现实，以自主创新的精神，积极主动地迎接日新月异的"一个星球，多极发展"的大千世界。

第三世界从源头已进入20世纪之巅，并将迈进新世纪之门。过去是悠扬的钟声，现在是湍急的流水，未来是落后与先进互变和文明交替超越的待圆之梦。

让历史昭示未来。

三、结语：歌德的哲理性启示

第二届美洲国家会议是第三世界在世纪之交过渡时期出现的一个重要迹象。拉丁美洲在第三世界的历史进程中，本来就是一个有别于亚洲和非洲的地区。近5年对外贸易翻了一番多。1997年,对外贸易年增长率居世界各地区之首。拉美国家之间的贸易发展也很迅速。美国《芝加哥论坛报》1998年4月26日的文章指出,过去美国只是威胁甚至入侵这个地区,现在开始做过去没有做的事:"把南美洲、中美洲以及加勒比地区的国家,当作成熟的伙伴而与之交往。"

扬·赫伯曼在1999年1月28日德国《商报》上发表的题为《为世界和平的世界贸易》一文中,引用了歌德关于交往的名言:"理念与感情的自由交往,同工业产品和农业产品的互换一样,扩大着人类的财富和满足人们普遍的富裕需求。"赫伯曼解释说:"在这位多才多艺的先哲的不断指导下,思想和产品的交往,现在已经成为一个波及全球进程的重要因素,这一进程今天叫全球化。全球化的益处是显而易见的:国际交往与竞争降低了价格,解放了人们的创造力,扩大了供给,改善了产品的质量。"

歌德的名言和赫伯曼的解释,使人联想到人类文明交往史。作为文明载体的贸易,其最突出的作用,表现在沟通古代东西方文明的"丝绸之路"的商贸联系上。近代德国军事理论家卡尔·克劳塞维茨在其名著《战争论》中,把商贸与政治两种交往形式相类比,认为"政治也可以看成是一种大规模的贸易"。这也是总结了作为政治交往以暴力流血手段继续的战争史而得出的结论,因而被恩格斯称为独特的见解。世界近代史肇始的新航路的开通与地理大发现,西方列强争夺殖民霸权的长期的"商战",更具有商贸交往和政治交往的双重性质。正是这种双重的大规模、长时期的文明交往,扩大了人类的活动范围,划分了世界历史的新时代,成为今日全球化文明交往的序幕。

歌德的名言和赫伯曼的解释,也使人想起了现代的状况。第二次世界大战后,在确立多边贸易体系时,世界和平是主要潮流之一。如何能获得世界和平,也是同盟国领导人谈得最多的话题之一。加强国际经济联系,促进各民族之间越来越自由的商品交换和贸易往来,进而促进政治稳定和走向富裕,将最终推动世界和平。这些背景和理念,启发了一些领导者的思考。美国总统杜鲁门就是其中之一。他把"世界贸易"与"世界和平"的关系,看成"紧密相连"的关系。因为贸易能产生一种对双方都有利的关系网。今天，与它的前身关贸总协定不同的世界贸易组织，为这一交往关系网提供了实际的框架。除了单一的民族国家、经济区域和企业之外，世界贸易组织这个有代表性的国际组织，推动着全球化的经济交往过程。这个组织应当使多边贸易体系更加自由，减少歧视，为各国政府和公司企业提供信息情报，协调竞争，特别要给发展中国家带来利益。但是，发展中国家受到种种限制，乌拉圭回合谈判所达成的协议几乎不可能实现。

  歌德的名言和赫伯曼的解释，更使人想起了马克思和恩格斯在《德意志意识形态》中用德文 Verkehr 一词来表达"交往"的缘由所在。德文 Verkehr 和英文 Commerce 的意义相同，即为商业、贸易、买卖、交易等含意。但是，在英文中，他们没有用 Contact，Intercourse，Assocition 等词来表述"交往"，而用了 Commerce。关于这一点，马克思在1846年12月28日致巴·瓦·安年柯夫的信中，解释为"我在这里使用'Commerce'一词，是就它的最广泛的意义而言，就像在德文中使用'Verkehr'一词那样。"[①] 这个解释清楚地表明了他没有把"交往"局限在政治、社会、文化层面上，而是从"交往"与贸易相关的 Commerce 或 Verkehr 一词来表达他的思想。这同他的唯物史观是一致的："生产本身又是以个人交往为前提的"，"这种交往的形式又是由生产决定的。"这样，就赋予了广泛性交往概念以历史性的物质基础和辩证的动态内容，表明了人类的历史联系，从而把交往看成是同生产力发展相伴随的、以商品贸易为交换手段而建立起来的社会关系。人和物的关系，人类的历史和工业、交换的关系，是《德意志意识形态》中经常联结在一起讨论的两个方面的内容，商业和贸易的交换关系，也被用作"交往"的称谓。因此，德文的"交往形式"（Verkehrsform）、"交往方式"（Verkehrsweise）、"交往关系"（Verkehrsverhaltrnise）等名词，就屡见于这本著作之中了。

  事实说明，歌德是一位兼有人道、艺术、哲学和世界眼光的智者。他

[①]《马克思恩格斯全集》（第3卷），人民出版社1965年版，第24页。

关于理念和产品之间交往的名言，是这四种眼光交汇而构成的智者之言。在这里，他把人们乍看起来不相关的东西，用智慧联系在一起。实际上，商业和贸易，不但是伴随着分工扩大而从生产中分离出来的经济交往形态，而且就其开放本性而论，最能反映文明交往在人类社会发展中的作用和表达文明交往与生产力之间的内在关系。文明交往中的其他形式，如政治交往、社会交往、文化交往等等，经常是以商业、贸易为纽带、为先导、为主渠道而沟通东西方的联系的。世界贸易组织是把这种作用全球化，当然，也包含着两大成员国——美国和欧盟这两大经济集团之间的强权政治斗争。可是，不能忘记 134 个世贸组织的成员中，有 100 个都是发展中国家。虽然美国希望出现一个有利于自己的世界性自由化市场，但它也知道，会不断涌现相互竞争的贸易集团。目前，最大的发展中国家——中国、印度，还有阿拉伯国家，虽然还扮演着门外汉的角色，然而中国正在走向世界最大贸易国家的行列。

既然 20 世纪 30 年代的金融危机，没有长时间地阻碍美国的再崛起，当今亚洲的经济危机也不会结束太平洋时代。尽管亚洲经济的列车已挂了倒挡，巴西正在步履蹒跚，非洲被视为失落的大陆。但全球化无情地揭露了市场结构薄弱环节，诊断加上消除弊端的治疗，东南亚各国将重振雄风，拉丁美洲也会重新回到可预测的发展道路上。非洲或早或迟终将融入全球化的潮流之中。歌德关于理念与产品交往的名言，马克思和恩格斯关于历史交往的思想，历史和现实的情况，都在昭示着人们：第三世界虽然随着冷战结束而成为历史概念，但它所在的发展中的国家群体，正以千姿百态的形式和充满矛盾、挑战的内外交往，并怀着信心和希望，迈入 21 世纪的历史进程。

现代南亚两位伟人的政治交往①

展现在读者面前的这部著作，反映了一个中国青年学者研究视角中的南亚两位伟人——甘地与尼赫鲁之间密切的政治交往。

甘地和尼赫鲁都是国外学者经常提到的"奇里斯玛"型的有超凡魅力的领导人物。按照马克思·韦伯的说法，"奇里斯玛"型领导人的特点是：有真正鲜明个性的领导风格、超凡的创造力，和与其追随者心理交流的能力；能够通过一些不同寻常的宗教、历史、自然或者带有象征性的事件，对所制订的计划和进行的活动作出合理的印证；具有可以改变政治事件发展进程的潜力；能以实质性的有说服力的新制度原则，使社会焕发活力，出现新面貌，达到新水平，或者发生其他变化，使社会恢复公正状况；在有觉悟的民众想象中，"奇里斯玛"应为他们提供精神食粮，提高他们的自尊。

这五条对"奇里斯玛"型领袖的界定，无疑是符合甘地和尼赫鲁在印度、南亚以至世界范围所处的地位与产生的影响的。但是，甘地与尼赫鲁这两位"奇里斯玛"型领导人物的突出特点，在于他们作为现代南亚上下两代领导人之间的密切的友好交往，而正是这种极富有特征的政治合作关系的友好交往，保证了南亚民族民主运动的健康发展，奠定了当代印度社会的基础，从而使他们在历史上起了世界性的作用。

---

① 本文是为尚劝余博士《尼赫鲁与甘地》一书所作的序。该书正式出版时，作者更名为《尼赫鲁与甘地的历史交往》（四川人民出版社 1999 年版）。

甘地和尼赫鲁从 1919 年到 1947 年有近 30 年的历史交往。这些年代南亚社会处于由殖民地走向建立民族独立国家的大转变时期，民族民主运动的领导人也处于前后交接时期。甘地发现了尼赫鲁，尼赫鲁也在敬仰甘地的环境中成长。1919 年，苦闷不安的青年尼赫鲁对甘地的第一印象中，就孕育着以后两个人交往的矛盾特征。尼赫鲁在《印度的发现》中说："那时甘地出现了。他像一股强有力的新鲜气流，使我们振作起来，深长地松了一口气；他像一道亮光，穿透了黑暗，并拨去了我们眼睛上的翳障；他又像一阵旋风，吹翻了许多东西，最重要的是激动了人民运动思想……他所讲的很多东西，我们只接受一部分，有时竟根本没有接受。但所有这一切都是次要的。他的教义的精髓，是无畏真理和与这些相关联的行动，他总是关怀着人民大众的福利。"

本书最大的优点，在于它以甘地和尼赫鲁之间政治关系的这种矛盾性特征为主线，通过历史与逻辑相结合的分析，在系统性、客观性、全面性、明确性和揭示实质等方面，都在前人研究的基础上有所前进、有所创新。在国内，此项研究属空白点上的新作。与国外同类著作相比较，也有许多深化之处。这些深化性研究，有助于深入了解现代印度和南亚民族民主运动发展轨迹与当代印度发展的道路，从而在专门课题上深化了印度当代史的研究。

我在这里着重从历史交往的角度，谈谈研究甘地与尼赫鲁之间政治交往的意义、方法和内容。在人类历史上，确有不少伟人之间友好交往的美好友谊故事。列宁曾经举出过马克思和恩格斯之间亲密友谊的突出事例。但在伟人之间的政治交往中，我们更多地见到的，往往是由于权力因素或经济利益而出现残酷争斗和悲惨破裂的结局。尤其是我们前面提到的"奇里斯玛"型的领导人物，他们之间的政治关系因历史交往的负面作用导致分裂，这就不是一般人的交往问题，而构成为影响社会发展的重要因素了。甘地和尼赫鲁这两位伟人之间的政治关系，虽一直处于矛盾性状态，却能够在民族民主运动进程中并肩携手合作共事，直到甘地逝世，历时近 30 年之久。这种长期政治合作的友好交往，成为一个值得研究的历史现象。

本书作者对这一历史现象首先作了历史分析。他把甘地与尼赫鲁之间的政治交往的历史，划分为三个发展阶段。第一阶段是1919—1926年，包括在1919年的反罗拉特法的非暴力抵抗运动、1920—1922年第一次全印非暴力不合作运动，和1923—1926年不变派与主变派之争这些主要历史事件中，他们之间的政治交往。第二阶段是1927—1938年，包括在1927—1929年青年独立派的崛起、1930—1934年文明不服从运动，和1935—1938年国大党省自治这些主要事件中，他们之间的政治交往。第三阶段是1939—1947年，包括1939—1941年第二次世界大战爆发和国大党的分化、1942—1944年退出印度运动和1945—1947年印巴分治这些主要事件中，甘地与尼赫鲁之间的政治交往。

这种历史的、动态的分析，把两位伟人的政治交往置于国内外变化着的具体环境和发展进程之中。对于研究能影响社会进退的政治家的历史交往，是一种很合适的方法，在历史交往方面的许多问题，可以得到恰当的正确解释，并且使人容易在纷繁的变化诸矛盾复杂因素交织网中，把握住中心线索。但是，到此为止，并不能得出相应的、有历史启示性的结论。历史的分析需要有逻辑性分析的协作。因此在此基础上，作专门理论概括，对深入研究两位伟人的政治交往，是完全必要的。

实际上，作者也正是在本书终篇中，着重研讨了甘地与尼赫鲁的分歧与对话的内容、原因、实质和意义。这样，既避免了仅在几次重大历史事件上就事论事的片面性，又避免了仅从思想观点上以点代面探讨的片面性，使问题的研究更接近于全面和客观。包括伟人之间交往在内的人类文明交往的实践活动问题，是一个新的课题。研究新课题需要新的方法。这种以历史唯物主义为指导，以历史的纵向考察与理论的横向剖析相结合，以逻辑的比较与归纳相参照的综合方法，已被证明其学术理论上的实效性。

伟人之间的交往，和其他历史交往一样，是双向的、相互的。这在甘地与尼赫鲁之间的政治交往活动中清晰可见。他们之间相互的分歧不仅始终存在，而且他们之间的对话也始终存在。分歧可以说是尖锐的，而且涉及民族民主运动的目标、方法和对未来社会的设想。他们分别代表了民族民主运动中传统主义与现代主义两种不同潮流，在政治理论上看起来是不可调和的。但在政治实践上，这两种潮流的主要领导人的交往，并未演化为不相容的相互交恶，也未使交往破裂而分道扬镳。沟通分歧的主要渠道是对话。从交往的程序看，是分歧—对话—妥协—合作。对话是一个关键环节，是消除或淡化分歧、彼此让步、求同存异而走向真诚合作的主要交往步骤和渠道。对话的形式有：直接对话（交谈、争辩、讨论）、互相通信（解释各自观点）、在报纸上开诚布公地讨论分歧。甘地和尼赫鲁之间的政治交往中，不但分歧与对话始终交织，而且总是不隐瞒各自的观点和对对方行动上的不满，并能以真诚的对话面对分歧，经过对话相互妥协，达到真诚的合作。

具体地说，他们都以民族独立事业的政治大局为重，在实际行动上互相克制和让步，维护国大党统一，在思想理论上是彼此修正和主动靠近，以求步伐一致。互相理解和互相信任，是真诚对话的必要前提。例如，关于非暴力主义问题，甘地和尼赫鲁经过多次对话，发生了很多变化。当1922年曹里曹拉事件后，甘地突然终止非暴力不合作运动时，尼赫鲁表示极大不满。甘地给尼赫鲁写了一封长信，承认这个决定在政治上是不合理、不明智的，而在宗教上却是正确的。尼赫鲁对这个解释表示理解，并为甘地的决定找了许多客观理由。双方通过对话沟通了。1942年关于是否用非暴力方式保卫印度问题，甘地和尼赫鲁进行了多次激烈争论，甘地改变了观点，不反对武装保卫和抵抗法西斯，而且以后多次声明，支持尼赫鲁用武力保卫民族利益的立场，尼赫鲁则敬佩甘地在非暴力原则与印度自由二者的选择中的"现实政治家"战胜"不妥协先知者"的"惊人转变"。双方对话渠道再次沟通，同多异少，达到了真诚的合作。

甘地和尼赫鲁虽一为传统主义，一为现代主义，但他们在思想上都有对人的关注的底蕴，而人在甘地思想中尤其是精髓所在。从他们之间长期真诚的合作历程中，我们感受到从交往的视角观照人的本质的必要性。他们之间的互相理解、互相信任，是在长期合作共事中产生的深厚感情。这种感情便成为他们真诚开展对话，从而解决或淡化分歧和使对话成为有效交往的渠道。从他们运用对话方式进行合作的经验中，揭示了社会交往所凝聚和沉淀的人的本质的丰富内涵。人们的交往,一方面,是作为个人之间的交往,另一方面又是作为一定社会身份和角色的交往,这种两重性决定了人的本质是人的个性和社会特性的统一。甘地和尼赫鲁在政治家的人际交往中,把传统性与现代性既作为各自的个性,又在各自的社会性中汇流和交织,并形成合力,在印度社会进步和发展中发挥作用。我们从他们两位伟人的长期历史交往中,看到了传统与现代结合的缩影——一个印度现代化进程中解决这一对矛盾的缩影。

尼赫鲁和甘地之间的政治交往,之所以是文明式的交往,还有一个印度文明传统力量在起作用。他们虽在政治主张上有分歧,但在心灵深处都蕴藏有印度文明的文化基因。这使我想起了印度学者和诗人泰戈尔在《没有墙的文明》中写过的这样一段寓意深刻的话:"印度人……把世界和人一起包括在一个伟大的真理里。印度人强调在人和宇宙之间和谐,他们认为,如果宇宙对我们来说是绝对无关的东西,那么我们将不能与周围环境有任何交往……这就是为什么《奥义书》将获得人生目的的人们描写成'宁静的人''与神合一的人'的根本原因。"交往所追求的是人的全面发展,因为这是世界新文明的中心。交往也追求人与人之间和人与大自然之间的和谐,尤其关注工业化、科技与人文因素的结合。交往的这些追求,和21世纪人类对和平与发展的共同追求,是完全一致的。进一步研究人类的历史交往遗产,包括甘地和尼赫鲁之间交往的遗产,对于在各国现代化建设中加强交往活动的途径、方法和措施,对于培养人们的交往意识和交往能力,使人的本质更富于操作性和素质性,是大有益处的。

现在,有一个中国青年学者把甘地和尼赫鲁的合作史诗写成书出版了。他就是尚劝余博士。这本书虽然是在他的博士学位论文的基础上修改而成,但写这本书的科研积累却有6年以上的时间。他的硕士学位论文就是《尼赫鲁其人及其思想》。他围绕着这个课题写过系列论文,仅在攻读博士学位期间,发表有关甘地和尼赫鲁的学术论文就达9篇之多。我作为他的导师,在他的博士学位论文答辩会上,曾建议加以修改后早日出版。在本书出版之际,劝余嘱我为之作序,我欣然应允了。师生情谊是人类最美好的感情之一。我为我的学生每一成果发表的高兴心情,实不亚于自己成果的发表。欣喜之余,我在序中把我近几年关于"历史交往"问题的思考也写进去了。因为我感到甘地与尼赫鲁的关系,是一个围绕民族复兴对话的历史交往的典型史例,所以,把序言写得长了一些,目的在于进一步加深研究。

1996 年 11 月 25 日完稿于悠得斋

日本在中东的"文化外交"①

李凡博士的著作《战后日本对中东政策研究》即将由天津人民出版社出版,他希望我写一篇序言。

这个提议使我回忆起他在西北大学中东研究所攻读博士学位的岁月。他原本研究日本史,早有科研积累,但尚未涉猎中东研究领域。记得入学之初,如何同中东研究接轨,成为他面临的首要问题。

在科学研究上转移方向,如同人类迁徙一样,是经常发生的事。但科学研究上的位移,必须考虑到原来的生长点与转向之间的连续性。尤其是博士研究生,只用两年多时间,要出前沿性的创新成果,不仅要考虑到科研的连续性,还要在新方向上寻找薄弱点,方能有所突破。

符合以上两方面要求的,正好是日本中东关系史,其重点课题应用是第二次世界大战后日本对中东政策的演变。中东由于它的古老文明,特别是重要的战略地位、丰富的石油资源,以及民族、宗教冲突,历来同外部世界有着密切的交往关系。在当代国际关系中,中东始终成为热点地区。在我国,研究多关注中东与欧美大国的关系,在苏联中东关系史、美国中东关系史、欧洲中东关系史等方面都有专著问世,唯独日本中东关系史相对薄弱。为此,经过反复权衡,我终于确定了"战后日本对中东政策研究"这个课题,作为李凡的博士学位论文题目。

---

①本文是为李凡博士《战后日本对中东政策研究》(天津人民出版社 2000 年版)一书所作的序。

现在看来，确定这个大课题是符合学科特点和李凡个人的实际情况的。新的选题成了他新的科学研究生长点。在这个具有开拓性的课题的研究上，他先后发表了一系列有关的文章，在此基础上，经过综合、拓展，完成了系统性的博士学位论文。到南开大学工作以后，他又继续收集资料，思考日本对中东政策演变的关键问题，进一步深化这一课题的研究，提高了学术水平，取得了现在的可喜成果。

《战后日本对中东政策研究》比起博士论文有了很大的进展。综其要者，有以下诸点：

第一，根据第一次石油危机时期日本对中东政策变化的资料，他认为，日本的"中立"政策，实质上是"坐视强者欺压弱者"，而阿拉伯诸国也对此有所认识，从而把石油武器对准日本。美国对此无能为力，为维护以石油为基础的经济正常运转，日本只好改变政策。

第二，根据石油危机对日本国内经济影响的资料，他进一步分析内政与外交之间的辩证关系。石油危机使日本经济从高速增长转变为中速增长，也使日本放弃了自20世纪50年代中期实施以重化学工业为龙头、带动整个经济腾飞的战略。日本被迫采取了调整国内主要产业结构，调整原材料型产业，发展装配加工型产业，走低消耗、高效益、高科技的经济发展之路。产业调整的核心是减少对石油的依赖程度。同时，日本对石油依赖的减少，也为其加大对中东的"参与"创造了条件。

第三，对博士论文最大的增补，是对1991年马德里和会，以及以后日本对中东政策的论述。这是日本全面参与中东和平进程的新阶段。引人注目的是下列事实：日本是多边国际谈判环境委员会主席国，是经济开发、水资源、难民事务委员会副主席国，是运营委员会成员国。

第四，本书中提出了日本的"亲阿拉伯"政策的概念，用以表述石油危机后，日本改变了的中东政策。日文书中常见"亲阿拉伯"字样，有很大的伸缩性和不确定性，"亲"到什么程度，有解释余地。本书在国内首次提出这一概念，并赋予它以确定的含义，是合乎历史实际的。

第五，对博士论文中的许多论点都加深了论述，关于中东是日本"政治大国"战略的突破口就是一例。日本确实重视东南亚，但是历史上的侵略占领，东南亚对此不会忘却，日本对此也持谨慎政策，不敢贸然行事。中东则不存在这个问题，特别是作为经济、技术大国的日本，容易放手在中东地区进行大胆尝试。

总之，在日本中东关系史研究中，本书是第一部系统专题研究的专著，为进一步全面研究中东国际关系史奠定了新的基础。从成果类型而言，这部著作属中东国际关系史方面填补空白性的成果，是继苏联中东关系史、美国中东关系史等书之后，又一部创新性著作。

当然，我认为，本书是李凡博士研究日本中东关系史这个大课题的开始阶段性成果，是有关对中东政策演化的大专题之一。虽然有了较大的进展，但毕竟仅仅是第一步。日本中东关系史是一个大课题，很有开拓性。随着时间的延伸，必定有新的资料补充于本专题的内容；同时，还有一系列有关专题需要继续研究。只有专题性研究成果的长期积累，方能有高水平、综合性的日本中东关系史专著的出现。

在这里，我想举一个例子。这就是日本文化外交和中东的关系。战后初期，在美国占领期间，在日本外交毫无选择的条件下，日本政府及国民基于对战争的反思，提出了重新塑造日本形象的"文化外交"的设想。在日本社会中，"文化日本、经济日本、和平日本"的思潮方面，"文化"居于首位。1957年，日本外务省第一号蓝皮书中，文化外交已见端倪："国家间文化交流的重要性近年来逐渐被认识，各国每年都在加强这一活动。因为以文化作媒介，可以加深国民间的相互了解，扩大交往，还可以增进国家间友好亲善关系，甚至于对维护世界和平，也可以作出巨大贡献。之所以强调推进文化外交，就是要发挥文化所拥有的重要的超国家式的作用。"

这种"文化外交"口号的提出，与当时美苏对峙的冷战局面直接相关。日本是美国的远东冷战体制的一部分，但从本国利益出发，又必须保持与其他国家接触。因此，"文化交流"和"贸易通商"便成了日本与其他国家交往的首要形式。当时的文化合作计划大纲中，规定每年邀请许多国家与地区的约130名留学生赴日本留学，其中就包括伊朗、埃及等中东国家在内。

不过，战后日本文化外交战略正式产生于20世纪70年代，大力推行于80至90年代。因为70年代是日本经济进入稳定增长时期，由于石油危机之后的外交战略调整，1972年直属日本外务省的特殊财团法人——国际交流基金会成立。这是日本政府把文化外交提上日程的标志。1974年日本外务省蓝皮书中，确定了文化外交的基本目标是，"我们必须对各国及其国民有一个明确认识，而且使各国了解我国的文化、历史、传统及国民性，加深相互间的理解"。日本文化外交战略分别体现在以后年代首相、外相的演说及外交蓝皮书中，其潜在目标是把文化外交作为日本综合安全保障的一环，以期实现更长远的政治目标。

值得一提的是，中东已成为日本文化外交的重点之一。1976年1月，日本派遣石川忠雄教授、牟田口义郎论说委员及外务省、文部省、国际交流基金会的有关人员共6人组成的文化交流调查团，用3周时间，访问了伊朗、伊拉克、叙利亚、埃及、阿尔及利亚。调查团为了探讨同中东各国进行文化交流的形式和可行的有效途径，同各访问国的政府官员、文化人、教育工作者交换了意见，考察了各种文化、教育设施，提出了日本同中东各国进行文化交流的意见。

这次调查的结果是《与中东对话——关于文化交流》一书的出版。该书集中反映了日本与中东文化交流的各种情况，加深了对文化外交的认识。文化外交被看成同经济外交同时起飞的双翼，它们不仅可以促进本身目标的实现，还有利于政治目标的达成。文化外交和文化交流也被区分开来。牟田口义郎在书中就指出："文化交流是指有一种事实存在，如派教授、召集人员或者派遣运动员、开办柔道课堂等等。但是，文化外交却与它不在一个水平，它比文化交流更高一个阶段。也就是说，文化外交属于政治范畴，是政府首脑的重大决断……重要的是应该考虑二者的紧密结合，例如，文化交流中产生的问题用政治来解决，这就是文化交流的一例。"

因此，1976年的日本国际交流基金会中东文化交流调查团的中东之行，是日本外交战略在中东的体现，是日本在东南亚、南美等发展中国家外交活动的一部分。正是在这一时期，许多日本考古专家也到了中东。我曾经同日本考古学者樋口隆康交谈过，他曾去阿富汗北部同法国考古学者一起从事挖掘工作，保护了文化遗产。我由此想到，如果在政治、经济、外交研究的同时，对日本的中东文化交流政策做进一步研究，必然会丰富战后日本对中东政策的内容。当然，这只是一例而已，诸如此类的课题还有许多。我希望李凡博士勤奋、严谨、求实、创新，百尺竿头，更进一步，继续取得更多更有学术水平的成果。

　　总之，一个民族的本质特征和灵魂，是有特色的民族文化。民族文化是一个民族赖以生存和发展的条件，是世界文化延续的基础。从文明交往论看，各国文化的长期共存、相互借鉴、相互影响、相互交流，是顺乎潮流、合乎民心、适应规律的不可阻挡的趋势。可以肯定的历史事实是：人类沟通的最好方式，莫过于文化交流。

冷战是政治交往以独特形式的继续①

我很赞赏顾炎武的话:"人之患在好为人序。"因此,我从不愿意麻烦别人为自己的书作序,以免令人作难;我也不轻易为他人的书写序,以免令自己作难。

不过,有时却之不得,也偶尔为之,那多半是由于怀师、扶友,而对于青年的有新意之作,也乐于应邀而写几句话,表示提掖鼓励。

确实,写序是一件苦事、难事,写好并不容易。但出于上述后一种原因,我还是爽快地允诺,为白建才同志主编的《美苏冷战史》写一个短序。

这本书的 7 位作者,大都是我熟悉的青年人。他们受业于刘念先、郑庆云和杨存堂诸先生,其中白建才同志专攻苏联史,又在美国深造,研究美苏关系史。其他同志也从事世界近现代史、国际关系史、美国史和苏联史的教学科研工作,因而是一个较好的合作群体。他们研究的问题是世界现代史中的一个重要课题,但又是薄弱的课题。我在主编《世界史·现代卷》下册,即当代卷时,已经感到这是需要深入研究的课题之一。现在看到他们以近 30 万字的篇幅,集中而系统地阐述美苏冷战的全过程,而且不乏新材料、新见解,觉得难能可贵。

在考虑世界现代史学科建设问题时,我认为,进行大课题的研究,属于最基本的建设。在一个时期,相对地集中一些力量进行协作攻关,出成

---

① 本文是为白建才主编《美苏冷战史》(陕西师范大学出版社 1996 年版)一书所作的序。

果、出人才，可一举两得。这种工作，在高校，最好的途径是走科研与教学相结合之路。我国高校中，集中了相当数量的世界现代史教师队伍，如果把大课题同他们教学中的难点、重点和空白点问题结合起来，积之以年月，作有计划研究，其成果将是很可观的。这方面的例子很多，《美苏冷战史》是这方面的又一例证。

  本书对冷战的起源问题、分期问题、终点问题，以及后果与教训问题，提出了自己的看法。对苏联在第二次世界大战末期和战后初期的扩张行为毫不讳言，给予实事求是地、客观地阐述，体现了尊重历史的精神。在吸取国内外研究新成果方面，表现也较为突出。在书中引用了不少鲜为人知的新材料。总之，这是一部专门阐述美苏冷战史的著作，比较集中、系统，有约30万字的巨大篇幅，且能力求分析，并多有新见解，为进一步开拓这一课题的广度和深度打下了基础。

  第二次世界大战以后，世界和平和经济发展是压倒一切的问题。尽管范围广泛的东西方冷战支配了战后40多年，但世界和平还是维持了下来。20世纪前45年，发生了两次世界大战，其间只有21年的世界和平。二战以后，尽管有40多年的冷战，尽管局部战争和地区冲突连绵不绝，但毕竟没有发生世界大战。与此同时，却带来了20世纪难以置信的科学进步，以及由此产生的新的高科技革命；而且现代化进程也不可逆转，出现了令人惊叹的亚洲许多国家和地区经济发展的群体起飞和东方的复兴。

  历史给我们的教训是，世界上制约平衡的文明交往链条和环节都是脆弱的。尽管大家都希望看到稳定的局面，但20世纪的历史所昭示我们的，稳定只是人类社会蓬勃变化中的一些间歇而已。技术革命的新发现，常常会打破战略游戏的规则。

  第二次世界大战后，世界是在核威慑的规则制约下度过的。这就是被称为冷战的"第三次世界大战"。这是一次世界规模的对抗性冷战，它未经战斗就结束了。这中间虽没有导致大量人员伤亡的战斗，但混乱和影响却是深远的，如果在国家间没有善于共处的交往准则，21世纪将是一个由冷战后果带来的爆炸的世纪。天下虽安，忘战必危。冷战之后的"冷和平"局面，是在没有消灭战争根源的基础上发生的，它隐藏着世界性的冲突、危机和战争，因而更加使世人居安而思危。如果有这样的思想准备，一旦突发性事件来临，将不会感到是晴天霹雳，从而冷静应对。

用"冷战"代替政治危机，虽然流行至今，但其实质是"东西方冲突"。从文明交往角度来看，冷战是一次全球性的冲突。它首先表现在政治和意识形态方面，其次是从地缘政治视角而言的。由于它与政治和人性有关，其中也包括很大的文化成分。东西方的冲突是美国"自由"的民主和苏联"社会主义"民主概念的对抗。冷战之所以没有变为热战，研究者说得最多的是核平衡的制约关系，但对意识形态的作用估计不够。其实，冷战之所以受到相对的限制，是因为冷战实际上是一场意识形态的战争。战争的目的不是消灭对手或者攻占领土，而是促使对方从内部发生演变。苏美双方都注重用宣传和思想渗透来瓦解对方。冷战结束后，亨廷顿用宗教和文明冲突论预言意识形态战争将继续。福山寄希望于用自由和民主来结束冲突。也有人惊呼欧洲和美国之间价值观念的分歧，总有一天要危及美国自诩的全球领导者地位。

冷战后日益高涨的经济全球化潮流，各国都不能回避或抗拒，它已远远超出了经济领域，而跨入了政治、道德、文化等领域。经济全球化对发展中国家的关系，不仅是经济利益和经济关系，而且涉及更为复杂的政治制度、意识形态和文化观念等领域的冲突。经济全球化决不意味着"全球非意识形态化"。一个独立国家的价值，不仅在于经济方面，而且包括文化、思想、主权等诸多方面。任何独立国家都不能在全球化大潮中失去自己。新的国际交往必须努力建立公平合理的国际政治经济秩序。

我在《世界帝国兴衰丛书》总序中说过，历史上的大帝国，都以霸权扩张而衰亡。当代帝国——美国以世界警察自居，苏联解体后，成为唯一的超级帝国。它的政治、经济、军事和文化霸权主义，在以后的国际交往中，必然会遇到越来越严峻的挑战。在冷战后的"冷和平"冰层之下，冲击出的反抗热流，必将冲击着、融化着这个冰层，动摇着美利坚帝国大厦的根基。这是冷战后美国文明真正危机的开始。

美国的太阳并不明亮，世界的前景也不容乐观。作为一个历史学家，理应对人类前途提出理智的思考，对陶醉于"冷和平"和技术进步，而实质上处于精神危机的状态，理应长鸣历史的警钟。

看来，无论是冷战和热战、内战和外战，都是从属于政治，都是政治交往以不同手段和形式的继续。第二次世界大战是人类历史上空前规模的、以暴力和流血形式出现的政治交往，是一战后国际政治交往的继续。二战后长期存在的美苏冷战，则是战争后期政治交往以更独特的手段和形式的继续。冷战同样受政治交往路线的制约，并以它为整个过程来勾画自己的轮廓。冷战和热战一样，都好似一把多刃剑，其实质比现象上出现的智力游戏更复杂，需要作冷静的科学分析，才能深刻认识和理解。愿本书作者们以此为起点，继续取得好成果。

1996 年 5 月 7 日完稿于悠得斋

研究现状应当有历史观点
——置身需向高远处，回首细微觅真知[①]

蒋真博士所著的《后霍梅尼时代的伊朗政治发展研究》一书，是她承担的国家社会科学基金西部项目的最终成果。综观全书，它对伊朗这个政治和宗教高度合一性国家发展进程的系统分析，特别是对它固有矛盾、潜在危机和新出现的诸多因素的跟踪研究，不仅是对中东特色政治模式的较为深入的理论探讨，而且也是对中东，特别是对伊朗局势提供了一个整体思路。本书的显著特征是学术性与应用性兼容，具有理论与实践双重价值。它对维护我国在伊朗的利益，对我国自身处理国内的伊斯兰问题和边疆问题，也有一定的参考价值。

对当代伊朗政治发展研究，如同对世界和中东的现实研究一样，首先要把问题放在一定的历史时代范围之内。如果是研究一个国家政治的发展，就要对研究对象的历史发展阶段和特点进行细致、深入的分析，在贯通其变化线索之中，找出基本的内外联系，找出发展的走向，从而得出可靠的新结论。这种研究成果，既可保证学术质量，又可从根本上保证决策工作的科学性和前瞻性。《后霍梅尼时代的伊朗政治发展研究》一书的基本框架分为三层结构：第一层为霍梅尼时期；第二层为哈梅内伊时期；第三层为重大的政治问题。第二、第三层结构是研究的重点。后霍梅尼时代至今的政治发展，

[①] 本文是为蒋真博士《后霍梅尼时代的伊朗政治发展研究》（人民出版社 2014 年版）一书所作的序。

作者又分为三个时期：哈梅内依与拉夫桑贾尼、哈塔米、内贾德时期。重大政治问题归纳为五方面：法基赫体制与合法性危机、派系斗争、利益集团、知识分子与学生运动和美伊关系。这种框架和结构表现了清晰的历史思路，体现了西北大学中东研究所的学术风格：从现实问题出发，追溯历史根源流向，从反思历史的高度和深度，审视现实问题，进而关注与展望未来。

　　研究中东政治问题，需要把自己的研究视角放在历史观点的高度和深度上，结合历史来思考现实问题的整体发展。现状研究当然重点要放在现实问题上，这是出发点和落脚点。但是，就现状谈论现状，如果缺乏历史发展观点，就容易出现静止和孤立的局限性，导致研究的成果缺乏相对的稳定性而经不起历史的考验，从而减弱了它的应用价值。我常跟研究国际政治问题的朋友开玩笑说，你们是打前哨战的尖兵，紧跟现实问题，快事快办，快出成果，发表了就是胜利；我的研究比较从容，是接续你们的工作，是打阵地战，是从稍高一点的历史观点上，把现实和历史相结合，去"通古今之变"①。我们中东研究所的研究生，在老师的指导下，都朝着上述学术风格方向努力。蒋真博士在这部研究成果中，把前哨战和阵地战结合起来，在培养和体现这种学术风格方面，迈出了较为扎实的步伐。

　　谈到当代伊朗的政治发展，结合西北大学中东研究所的学术风格，我在这里谈谈对马克思的《路易·波拿巴的雾月十八日》的一点学习心得。这本书是马克思对当时法国政治事件直接观感而写的现状性研究成果。就是这部研究当时路易·波拿巴政变的论著，在它初版问世33年之后，仍然没有失去自己的学术科学价值。恩格斯在第三版序言中回忆了当时的具体情况：

　　"这个事变像晴天霹雳一样震惊了整个政治界，有的人出于道义的愤怒大声诅咒它，有的人把它看作是从革命中解救出来的办法和对于革命误入迷途的惩罚，但是所有的人对它都只是感到惊异，而没有一个人理解它，——紧接着这样一个事变之后，马克思发表一篇简练的讽刺作品，叙述了二月事

---

①这是史圣司马迁的话。全句是"究天人之际，通古今之变，成一家之言。"司马迁的历史观点是"究""通""变"三点。他研究人与自然关系，贯通历史和现状的变化，创造自己的理论。《史记》是一部由古及今的通史，是站在历史观点的高深度之上的传世史学经典。

变以来法国历史的全部进程的内在联系，揭示了12月2日的奇迹就是这种联系的自然和必然的结果，……这部图画描绘得如此精妙，以致后来每一次新的揭露，都只是提供出新的证据，证明这幅图画是多么忠实地反映了现实。他对当前的活的历史的这种卓越的理解，他在事变刚刚发生时就对事变有这种透彻的洞察力，的确是无与伦比。"①

为何马克思这部政治著作经受了长时段的历史检验？为何在分析活的历史中表现了如此卓越的历史理解力和历史洞察力？恩格斯用了下面两句话加以说明："深知法国历史"②；"发现了伟大的历史规律"③，即发现了唯物史观，这是理解法兰西第二共和国历史的钥匙。正是这把历史钥匙，打开了路易·波拿巴政变之谜的封锁历史大门。同时，他用这段历史事实，也检验了历史规律，进而取得了历史与现实相结合的辉煌成果。

恩格斯在这里用了马克思"特别偏好"法国过去历史，"考察"法国当前历史的"一切细节"，以及搜集材料以备将来使用的这三点提法，不仅从方法论上强调了关注历史细节和收集史实材料的重要意义，而且强调了学者对所从事专业情有独钟的爱好情怀。我以欣慰之情喜看蒋真同志，以及许多中青年学者对从事研究对象的专心致志精神，也衷心希望这些同志以勤奋、严谨、求实、创新、协作的学风，创造新的业绩。在这里，我重复一下1996年10月关于中东研究的一点感悟，愿与同行们共勉：

"中东地区研究者不管自己好恶如何，都应该对研究对象抱有热爱之情，否则，即使可以'分析'，但不可能'理解'，而理解是科学上不可缺少的。中东地区的社会变革，正以自身的独特的形态在生活深处涌动，它貌似今日后现代社会的某些变动，然而它绝不是西化，而是实实在在的中东历史长河中人们生存和发展方式的大变革。在这个变革中，人们自然要经受各种心理冲突和价值转换，社会也会因为内外诸多因素而出现动荡不安。正像历史上对变革的新理解会带来对世界的新理解一样，中东地区研究者只有从科学角度深刻理解中东社会各种人群存在发展的方式、他们的物质精神世界和他们彼此之

---

①②③《马克思恩格斯选集》（第1卷），人民出版社1972年版，第601页，第601页，第602页。

间,以及同世界的交往关系,才能为新时代的中东研究奠定更坚实的基础。科学研究者所追求的是理解。中东研究者将通过科学分析,进一步加深对研究对象的理解。"①

谈到伊朗,我觉得它在中东地区具有极其独特的地位。中东阿拉伯国家之外,它在土耳其、以色列、塞浦路斯、阿富汗这五个非阿拉伯国家中是大国,其主导民族波斯人口仅仅次于土耳其人。它是古文明国家,长期为君主专制国家,它同多种民族和国家交往,经过伊朗伊斯兰化和伊斯兰伊朗化,又经历过西化和世俗化,也有民族主义和现代化的历程。现在是政教合一的什叶派国家,正处在伊斯兰性与现代性,对内的平衡妥协交往与对外的强硬周旋交往的政治状态中运行。立足于伊斯兰文明、研究过西方政治史和倡导文明间对话的前总统哈塔米有一个观点:"政治产生于文明","批评政治就是批评文明"②。他对政治的界定是:政治的对象是人,是政体现象,是文明化现象,是自然界和人类社会现象之间的关系,是多元现象,是随着时间变化而变化的。他是从人类文明的兴衰荣辱交往的历史过程,来思考伊朗的政治发展问题。他站在更高历史观点上观察政治,也可以说,是一种人类的文明交往的自觉。他在伊朗执政时期的种种改革努力,也是复兴伊朗伊斯兰文明的政治实践。

伊朗是第一次世界大战后作为第一批民族独立国家而出现在世界和中东舞台上的。当时,土耳其、伊朗和中国的革命是1905—1911年亚洲觉醒的标志性政治大事。第二次世界大战后,随着世界殖民体系的崩溃,在这废墟上建立了亚非民族独立国家体系。这个体系是脆弱、庞杂、多变的体系,伊朗是其中变化最大的民族独立国家之一。它在1979年霍梅尼革命之后,是对抗以美国为主导的西方民族国家体系的独行者。面对着以美国为主导的西方民族国家体系和以逊尼派为主导的伊斯兰国家体系,改变自己的国际政治处境,是伊朗伊斯兰共和国面临的严峻任务。它的一个矛盾焦点是应对西

---

① 《当代中东地区性研究的几个问题》,《西亚非洲》1997年第4期。
② 穆罕默德·哈塔米:《从城邦世界到政治城市》,中国文联出版社2002年版,第166页。

方国家强大的扩张体系的警惕性,以核力量来抗拒外来势力改变政权性质的入侵。的确,伊朗伊斯兰文明正走在一个艰难的十字路口上。转折是从思考问题开始的。哈塔米曾经问道:"如果穆斯林今天所面临的情况,在很大程度上是历史之必然,那么,难道他们也无法掌握自己未来的命运吗?"①也正如他所说:"提出一个尖锐问题难道不是反思的开始吗?"②伊朗正在反思中行动。

最后,我用2001年《伊朗——两个体系的矛盾者》一文的结语,以结束本序:"文明在伊朗是最复杂、最矛盾的角色。古代、近代且不必说,现代曾被人承认'西化'不久,又获得了与这种性质相反的'伊斯兰性'。文明在这里有其固有的能动性、运动性、可变性,但其底层如沙丘,牢牢地固定在土地的深处的断层上。任沙粒被大风扬起,飘忽不定而吹成沙堆,底层仍然巍然屹立于原处。文明的真谛和生命是在变化着、运动着的,它是在结构、机遇和形势之间,在瞬时段、中时段和长时段,甚至在很长时段之间的对话。对话就是文明之间力量强弱互动的交往。文明交往的互动规律,总是在发展变化和静与动两者之间互相伴随、互相补充、互为因果。对伊朗文明和中东其他文明的研究,最有效的途径是从细微处、偶然处、貌似荒诞不经处或乍看毫无意义处着手。探微知著,从偶然入必然,从怪异处研究合理合情事。这是研究者的要义所在。"③

---

①②穆罕默德·哈塔米:《从城邦世界到政治城市》,中国文联出版社2002年版,第2页。
③《松榆斋百记——人类文明交往散论》,西北大学出版社2005年版,第189—191页。此种要义可用诗的语言表达,它就是:置身需向高远处,回首细微觅真知。诗意治学,情理如此。

文明交往铸造城市风貌①

车效梅教授研究中东城市问题，有一系列研究成果，在这一研究领域中成绩斐然。最近，我读了她的《中东城市化解读》②一文，又读了她的《全球化与中东城市发展研究》书稿，深为她专心致志和勤奋、严谨、求实、创新的治学精神所感动。在这部书稿即将出版之际，她要我写一篇序言，我也乐于写一些自己的读后感言，以抒发人的学习、学问、学思。

《全球化与中东城市发展研究》是车效梅教授承担的 2007 年国家社会科学基金项目，现在完稿的同名专著是该项目的最终成果。这是一部全面系统研究中东城市发展的学术著作。它在时间上从远古中东城市诞生起，直到 21 世纪初，空间范围涵盖了中东地区 18 个国家的主要城市。它采取了历史与现状相结合、历史与逻辑相统一的研究思路，和以历史发展为脉络的比较类型分析方法，研究中东城市过去、现在和未来的重点问题。它在结构上，从中东城市在全球视野中不同时期的地位作用，全球化给中东城市发展带来的机遇与挑战这两个总的方面，把中东城市问题作为一个整体形态，进行多角度、多学科的考察。所有上述各种研究特征及其成果，都说明本书拓宽了中东史的研究领域，在中国中东城市研究的学术史上，具有填补空白和继往开来的意义。

---

① 本文是为车效梅《全球化与中东城市发展研究》（人民出版社 2013 年版）一书所作的序。
② 黄民兴、王铁铮：《树人启智——彭树智先生八十华诞纪念文集》，中国社会科学出版社 2011 年版，第 317—332 页。

《全球化与中东城市发展研究》一书，提出了用马克思主义唯物史观为指导思想，来研究中东城市问题，这是很正确的。我想就此问题，谈谈感想与体会。

全球化是研究中东城市问题的广阔时代背景，发展始终是中东城市研究的主题。全球化与中东城市发展研究所要解决的，是人类在生产和交往实践中自身的文明化问题。唯物史观的关键概念是生产和交往，而这两个概念又与人类史息息相关。本书作者已经关注到这个问题，在第一章第一节开端，就引用了马克思和恩格斯在《德意志意识形态》中的论述：

"物质劳动和精神劳动的最大的一次分工，就是城市和乡村的分离。城乡之间的对立是随着野蛮向文明的过渡、部落制度向国家的过渡、地方局限性向民族的过渡而开始的，它贯穿着全部文明的历史并一直延续到现在。"①

这是有关城市问题的唯物史观的一个经典性表述。细心的读者一定会注意到，马克思和恩格斯这段语，是在"交往与生产力"这个标题下的首段表述。它是把交往放在生产力之前的。他们认为生产是基础，而生产发展的前提是交往。"只有在交往具有世界性质，并以大工业为基础的时候，只有在一切民族都卷入竞争的时候，保存住已创造出来的生产力才有了保障。"②我们还会注意到，这一部分提到大工业生产在首次开创了世界历史的论述中，特别提到了大工业生产"建立了现代化大工业城市（它们像闪电般迅速地成长起来）来代替从前自然成长起来的城市。"③实际上，马克思和恩格斯在这段有关城市问题的唯物史观的经典表述中，已经从总体上谈到了物质劳动、精神劳动大分工的城市与乡村的分离，其实质是关于物质交往、精神交往、制度交往等人类文明交往表现的诸多方面的概括。

---

①《马克思恩格斯选集》（第1卷），人民出版社1972年版，第56页。城乡关系一直是城市研究中的重大课题。法国学者孟德拉斯在《农民的终结》一书中，就分析了城乡交往在法国的表现，见社科文献出版社，李培林译，2010年版。此外，同一出版社同年还出版了美国学者理查德·瑞吉斯特著，王如松、于占杰译的《生态城市：重建与自然平衡的城市》。中东城市与乡村关系是一个现实问题，城市发展不能脱离乡村，城乡是一个统一体。如何对待这个统一体？这是中东城市发展内部交往的关键。

②③《马克思恩格斯选集》（第1卷），人民出版社1972年版，第61页，第67页。

城市是人类文明交往的结晶，是工业化、农业化这些现代化行程中的伴随者。当代中东的城市化建设面临着许多问题，如全球化、信息化、全球资源短缺和环境负荷等许多挑战。但是，我认为今日中东城市化的第一问题，仍然是马克思和恩格斯所说的城乡分工后带来的差别难题。在城市化过程中，乡村的牺牲与破碎化倾向，不仅是社会的、经济的、文化的、环境的，而且是人们心态上、情感上的荒芜。城乡如何共进同富，是经济、政治上飞速发展的大问题。这是中东文明的内外交往研究的重点课题。

交往这个概念，在《德意志意识形态》一书中，有几十处直接或间接提到，其含义范围相当广泛。它是把交往的概念作为一种人与自然、人与人、人的自我身心的社会关系或联系来看待的。交往包括了个人、社会团体、国家之间，包括政治、商贸、战争、有限的和普遍联系的世界市场，也包括经济、制度交换，以及时代和性质不同的分工。马克思在1846年12月28日给俄国学者巴·瓦·安年柯夫的信中，就指出："蒲鲁东先生竟然如此不懂得分工问题，甚至没有提到例如在德国于9到12世纪发生的城市和乡村的分离。"他把城市和乡村的分离看作社会交往的、有来源的、有发展的历史运动，而发展是世代文明更替的历史规律。在同一封信中，马克思还指出了两点：第一，"人们的生产力，以及人们的社会关系的愈益发展而愈益成为人类的历史"；第二，"为了不致丧失已取得的成果，为了不致失掉文明的成果，人们在他们的交往（Commerce）方式不再适合于既得的生产力时，就不得不改变他的继承下来的一切社会形式。我在这里使用'Commerce'一词，是就它的最广泛的意义而言，就像在德文中使用'Verkehr'一词那样。"[1]这两点既说明生产和交往的历史作用，又说明交往对人类文明成果的重大作用。

交往虽然是一个广泛的概念，各种交往关系之间虽然是互动的、变化的，但唯物史观强调物质交往关系是一切交往关系的基础。唯物史观重视历史中的经济、社会交往因素。《德意志意识形态》中，把"交往形式""交往方法""交往关系"等提法，都列入了生产关系的经济社会概念之中。马克

---

[1]《马克思恩格斯全集》（第27卷），人民出版社1972年版，第478—480页。

思后来在《政治经济学批判》导言中,把生产关系从广义的交往关系中特别突出地提出来,强调生产关系是决定其他一切关系的基本关系,并且对唯物史观作了全面的经典表述。当然,这并不是说可以忽视其他交往关系。正是在《德意志意识形态》中,马克思恩格斯在"共产主义——交往形式本身的生产"的标题下,写道:"共产主义和过去所有的运动不同的地方在于:它推翻了一切旧的生产关系和交往关系的基础,并且破天荒第一次自觉地把一切自发产生的前提看作是先前世世代代的创造,消除这些前提的自发性,使它们受联合起来的个人的支配。"[1]在这里,"生产关系"与"交往关系"是并提的,强调"生产关系"但并未轻视其他"交往关系",尤其是对"交往"这个生产的前提的继承性的确认,进而提出了消灭交往的自发性,使之变为自觉性,并受到联合起来的个人支配。这种对交往和生产自觉的人,在真实的集体的条件下,可以在自主的联合活动中获得自由而全面的发展。这就启发我们,从理论上对于人类文明交往互动规律的认识自觉。

《全球化与中东城市发展研究》是从文明交往的视野来探求中东城市的发展轨迹,它对中东与其他文明之间和中东地区之内的文明交往,作了深入的论述。这种把城市发展与文明交往相统一的思路,体现了《全球化与中东城市发展研究》的学术个性化风格。记得车效梅教授在西北大学攻读博士学位时,在听我讲授的《文明交往论》专题课时,曾写了一篇短文,发表在《西北大学学报》上。其中就谈到文明的生命在交往,交往的价值在文明,文明的真谛在于文明所包括的人文精神本质问题。在《全球化与中东城市发展研究》一书中,她从始至终,把城市和人类文明交往,特别是与中东城市文明发展紧密地联系在一起:中东城市文明与希腊、罗马古城市文明,中东城市文明与西方工业城市文明,以及全球化时代的现代城市文明之间的交往互动,都在《全球化与中东城市发展研究》一书中具体化了。这是一次学术上的成功尝试。

马克思主义唯物史观的活的灵魂,在于具体问题具体分析,在于吸收消

---

[1]《马克思恩格斯选集》(第1卷),人民出版社1972年版,第77页。

化人类文明中创造的一切优秀成果和与时俱进的广深开放视野。全球化是以人类生产力的普遍发展和与此有关的世界交往的普遍发展为前提的。这两个发展是当今世界历史性的存在，城市的发展也在这存在之中。我们现在是站在这种世界性存在的新起点上，是人类在以往生产实践能力（生产力）和交往能力（交往力）的基础上，不断从自发走向自觉[①]。在全球化时代，人类文明交往的方向是多向互动的自觉化。中东城市的发展，是随着这个自觉化过程而变化的。所谓城市化，就是人类在生产和交往活动中，把生产力和交往力在城乡分工中日趋化为合理有序的过程。它的根源在市场经济，特别是在世界市场经济。经济全球化即由此而产生、而发展，从而制约着城市的发展。

　　谈到全球化，自然要问：化是什么？化即变化、转变、改易。从文明交往的角度方面看，化是从交往互动规律上去认识城市发展变化的脉络。我在思考这个规律时，由人类的历史交往、文明交往，深入到人类文明交往的自觉。我把这种文明交往的自觉观初步概括为九个要点，其中第八点是"八项变化"，可供研究全球化、现代化、城市化问题的思考。这"八项变化"是：教化、涵化、内化、外化、同化、转化、异化、人化。教化具有中华文明政教风化、教育感化的潜移默化的人文特色，是"教化之本，在乎足衣食"（杜佑《通典》自序）的人本民生本质。涵化是西方文明中的 Acculturation 的开放、包容的涵摄形态，是把"消极模仿"和"积极融合"两个过程，贯穿于涵化的基础之上。人化虽列于八化之末尾，但至关重要。法国学者德日进（De Chardin）在《人的现象》（李弘祺译，北京新星出版社，2000）中说："全宇宙要向人类趋敛，达到人化。""人就不是世界上静止的中心"，而是"一根轴，是演化之矢"[②]。美好的城市，靠人的文明交往自觉的支撑，在全球化

[①] 关于交往问题，参看韩志斌：《文明交往与巴林伊斯兰社会变迁》，前引《树人启智——彭树智先生八十华诞纪念文集》，中国社会科学出版社2011年版，第294—298页。

[②] 人化是针对物化的拜物异化而言，这种物化不仅是人的物质商品化，也包括人的动物化。马克思恩格斯在《德意志意识形态》中把集中于城市的政治和工商交往，导致的一部分人为"受局限的城市动物"，而乡村的孤立分散又把另一部分人变为"受局限的乡村动物"，就是指人的异化而言。生产与交往把人和动物区别开来，但文明交往的自发性又使人发生变形。人化就是人的文明化、人文化。见《中东史的书前书后》，《西北大学学报》2009年第4期。

时代，尤其如此。我有 20 字文明交往自觉词："知物之明，知人之明，自知之明，交往自觉，全球文明。"我认为，这是人类文明发展的方向。

《全球化与中东城市发展研究》一书中谈到，柴德尔把城市的起源和发展的社会进化过程称为"城市革命"。这使我想起 20 世纪 70 年代末，在研究阿富汗史的一段往事。那时，我在读柴德尔的《远古文化史》，中译者为周世楷，是 1972 年人民出版社的文本。柴德尔是 1946—1956 年英国伦敦大学考古学院院长、教授。他在《欧洲文明的曙光》一书中，已经论述了都市与文明的关系。他对中东的古文明研究也有贡献。他把城市出现，称为"城市革命"，进而提出"城市文明"，城市与文明成为他关注的课题。"城市文明"也被王国维界定为中国的殷周之际变革时期的标志，其原因正如侯外庐所说，那是中国国家起源，以及奴隶制社会的文明时期转折特征所致。

事实上，研究城市问题离不开人类文明，恩格斯在《家庭、私有制和国家的起源》的"野蛮时代和文明时代"一章中，对城市的意义的经典式界定是："在新的设防城市的周围屹立着高峻的墙壁并非无故：它们的壕沟深陷为氏族制度的墓穴，而它们的城楼已经耸入文明时代了。"①这一界定有两层含义：第一，文明是在埋葬氏族制度的基础上形成的，而城市是文明起源和形成的要素、必要条件和主要标志之一；第二，它肯定了城市的社会进步意义，城市在人类野蛮时代、高级阶段时，破坏了氏族社会组织，又完全消灭了氏族制度的一般经济条件，从而开始了人类文明交往的新时代。城市不但有防御的深沟与高峻城楼，而且具有文化和商市。

当时，我写了《阿富汗的古代城市文明》一文，结合对恩格斯上述论述的体会，认为城市形成后，史前的村落生产和生活方式已转变为新的生产和生活方式，"古文化—古城市—古国家，它们以递进方式，宣告了文明时代的不同阶段。"②我也对阿富汗这个文明交往十分独特的枢纽地区中的"千城之国"的大夏王国、贵霜时期的城市状况作了探讨。在文章结尾，我把城市始终作为世界史转变行程中的大转变标志性事件来思考。文章提到"21

---

① 《马克思恩格斯选集》（第 4 卷），人民出版社 1972 年版，第 160 页。
② 此文收入《文明交往论》一书，见陕西人民出版社 2002 年版，第 184—198 页。

世纪进入以信息技术为主导的信息时代,信息不仅是新的生产力,而且是新兴的交往方式。"①我注意到《全球化与中东城市发展研究》一书中有信息化方面的专题,这是很重要的。在以计算机和网络通讯技术为代表的现代信息技术加速内外文明交往进程的情况下,互联网已成为中东"城市偏好"。信息资源将促进中东经济发展。有趣的是,英国社交网站 Badoo.com 对全球 180 个国家和地区 1.22 亿人上网聊天数据的统计显示,中东的开罗和贝鲁特占第一和第三位。第二是乌拉圭的蒙得维利亚。第四至第九被西班牙 6 个城市包揽。伦敦为十七位,巴黎为十八位,纽约排三十二位。据统计,开罗网友在半夜 12 点 45 分,聊天依然很活跃。这一时间,比伦敦晚 75 分钟,比纽约晚整 3 个小时。这个现象值得注意。

　　城市是什么?是高楼、地铁、街道、商店、酒吧、博物馆、图书馆、剧院、电影院、餐饮、教堂、寺庙等等凝固而呆板的文化意义吗?网络把这些淡化了。有线电视网络和互联网络的结合与拓宽,延伸着城市的空间功能。城市中出现了网络社区:网上购物、网上信息发布平台。这里产生的新的思考是:信息的自由与开放,甚至信息的自律,将城市推向一个虚拟空间。网络文化正在改变城市交往的社会特征。接踵而来的道德、伦理、信仰、法律、人权等等文明自觉的新问题,提上了日程。

　　在城市发展中,人类文明交往过程的自发性,常常会引发各种本来可以避免发生的社会问题,也会引起人们各种城市恐惧病。美国人文地理学家段义孚在其《无边的恐惧》②一书中,对这些问题,从人与自然、人与人、人的自我身心描述等方面进行了研究。城市为了追求文明交往中的物理完美与和谐秩序,往往使市民处于不稳定不安全的环境。段义孚为我们描述了欧洲中世纪城市的恐惧景观。当时,最大的恐惧是末日审判,还有瘟疫、火灾、楼房倒塌、交通事故、暴力犯罪,特别是城市噪声。一般人认为,噪声是现代城市病,但中世纪欧洲那响彻终日的教堂钟声,熙熙攘攘的叫喊声,以及车水马龙的嘈杂声,都使人烦躁不安。罗马诗人朱文纳尔在《讽刺诗》

---

　　①此文收入《文明交往论》一书,见陕西人民出版社 2002 年版,第 184—198 页。
　　②段义孚:《无边的恐惧》,徐文宁译,北京大学出版社 2011 年版。

中，就描述了罗马城夜间使人们彻底不眠的车马声。科学家艾迪生在1711年也恐惧伦敦的"牛奶常用高八度音叫卖，声音尖锐得常常令人牙齿打战"。不过，比之当今城市的各种汽车的鸣叫声、尾气、污染、车祸、建筑工地机器的轰鸣声，以及没完没了的房屋装修声，古代城市的噪声已不算什么。

段义孚认为，城市恐惧症是混乱的，自然的和人为力量近乎无限的展示；人是安全感最大来源，也是恐惧感的最大来源。他不相信世界末日，但却发现一些人依然相信未来的末日审判的预言，因而仍生活在恐惧之中。段义孚的书，使我对历史上的城市恐惧病有了更多思考。我认为，这是一个关乎人们对文明交往规律，由自发到自觉的认识和实践的过程。有了这种自觉，才会有自主活动，才会有自由。唯物史观所说的，自由人的联合体和人的自由全面发展，就是认识必然规律而后达到的自由行动。人的这种自主活动，既与生产力和交往力相伴随，也同"一切自发性的消除相适应"，又"同过去的被迫交往转化为所有个人作为真正个人参加的交往"[①]相适应。城市发展中出现的种种弊端，都要在人的自觉、自主、自由提升过程中逐步克服。我相信，恐惧总是与希望相伴随，人类在文明交往实践中定能医治好恐惧顽症。人的自觉、自主、自由作为一个理想目标和现实文明创造，可能永远不能完满实现，但总在不断靠近，正因为如此，才可以常葆其追求的独特的实践魅力。这就是唯物史观的追求理想目标与现实的积极创造的辩证统一。还要提到的是，我在《中东国家通史·约旦卷》后记中，收录了明代马理所总纂和主笔的《陕西通志》卷十的《西域土地人物略》和《西域土地人物图》这两件互有联系的历史文献。这是明嘉靖二十一年（1542）编修，是比顾炎武《天下郡国利病书》中收集更早、更原始的版本。它记录了中东地区由天方国到鲁迷城的14座城市。特别是《西域土地人物图》绘出了城市的图形，如天方国没有双重城墙，而菲即城、撒黑四塞、鲁迷城墙的双重城墙，也被绘成椭圆形、半圆形、长方形少一角，或大城连小城，甚至南北两端城墙，还加绘半圆形瓮城。在文谷城的地图上，绘有一座高塔。这是两件

[①]《马克思恩格斯选集》（第1卷），人民出版社1972年版，第75页。

有许多不解之谜的历史资料。如 14 座城市只有天方国可证为麦加,最后一个鲁迷城,有人认为是土耳其的科西尼亚,也有人认为是伊斯坦布尔,其他城市都未能确认。尤其是撰述各城市位置尚解释不清,由麦加西行不远就是红海,就应向西北行,但记述仍为西行。总之,这是一份有待结合其他资料进行考证的历史资料,值得重视和研究。

城市史研究包括历史学、社会学、人口学、经济学、地理学、统计学等综合学科的研究,在汇入历史学时,又有文化、建筑、环境、交通史的交叉。因此相当复杂多元。在中东,政治对城市化的作用、经济的影响和文化的变动,以及自然环境的制约,都彼此互动。

关于文明交往与城市的关系,我在编写世界史、中东史过程中,一直在思考,在探索着,也一直在编史之外,写一些学术随笔。其中有一篇写于 2004 年,名为《交往铸造城市》,收入《松榆斋百记——人类文明交往散论》一书之中。由于它同本序开头提到唯物史观经典表述有关联,又同全球化背景下中东城市发展研究有内在联系,现在我把它作为本序的结尾,供研究者参考:

  城市是文明交往更具体、更微观、更生动的个案分析的比较研究单位。

  民族的主体性固然重要,但民族不是历史的唯一主体。现代民族国家也不是唯一分析文明交往的基本单位。

  现代化、全球化这样宏观的问题,需要有更多样、更细致的具体微观研究方法进行研究,作为深化的基础。城市无疑为现代化、全球化研究提供了一类核心单位。它不仅仅对当代史,而且对远古文明、中古文明和近代文明,城市研究都是不可或缺的核心单位。只不过是城市化浪潮迅猛推进,在当代令研究者强烈地感到城市问题更迫切罢了。

  城市是文明的标志之一。城市的中心是文化,而文化是围绕在人与城市这个文明交往链上运行的。文化,即人文化于物,人文化于事，人和物交往的中轴化于时间和空间之内。各种不同的文化，城市与乡村、宗教之间、内外之间、现代与传统之间，在城市中形成了持续的冲突，也不乏合作与融合。这一切，都共存于一个共同的交往过程中。

在这个过程中，城市文明与文化类型的表现状况是怎样的呢？人类学家雷德菲尔德（Robert Redfield）1956年出版的《农民社会与文化》中，已经提出了以城市为中心的上层"大传统"与散居于城市之外的乡间的"小传统"的理论。"大传统"为"高文化""学者文化"，"小传统"为"低文化""通俗文化"。他在分析城市文化类型时，没有把城市与农村分裂开来，而视为文明交往中的统一体，这是他的高明之处。后来，欧洲一些学者把这两个传统的理论，修正为"精英文化"与"大众文化"，并提出"小传统"在交往过程中，总是处于被动地位。实际上，传统不是随意作为客观对象而任意处置的东西，传统无处不在，是城市文明之根。

实际情形也是如此，城市和农村内部也有若干不同文化类型，各类城市和农村之间的关系，也各不相同。从文明交往角度看，文化传统尚有更大、更普遍的"物质文化"与"精神文化"层面。表面上，城市是一个由地理环境、社会结构、交通安排、民居分布、社区构成等形成的物质构造空间。这个复杂的空间始终贯穿着人的活动。《空间的生产》的作者列斐伏尔（Henri Lefebvre）提出了"空间实践"（Spatial Practice）概念，道出了"城市与人"关系的关键之处。仔细观察城市的历史与现状、内部与外部，其中存在的各类人群、各类价值取向、各种生存方式，都无不镶嵌在一定的空间之中。"社会空间"，是"城市与人"关系的具体化。城市，特别是一些有代表性的城市的活跃的互动交往关系，往往从一个独特的也是不为人们注意的视角与方式，具体地反映了一个国家寻找现代化独立道路的轨迹。也许还反映了一个国家在全球化大环境下寻求自己位置的智力积累。现代化、全球化伴随着城市化，城市化又丰富着现代化、全球化。研究者从城市化进程中，也可以发现文明交往的新思想和新生活的新资源。二十一世纪的现代化和全球交往文明化，在推动着新型城市的成长，从城市成长中，人类文明交往的曙光将日益显露出来，而且总会在文明自觉中克服城市化存在的各种问题，消除丑陋，剔除弊端，创造美好景观[①]。

2011年8月15日至9月7日写于西安悠得斋

2011年9月12日再改

[①] 这是该书《跋：文明交往论补记》第三部分，见西北大学出版社2005年版，第335—336页。

第九编　文明交往问题随笔（二十四则）

　　文明的进步既来自于文明单位自身的成长，也来自于不同文明单位的对话和交往。

　　任何一个文明单位如果孤立封闭，最终必然停滞萎缩。同样，任何一个文明单位在与其他文明单位的交往中，都必须依托自身的文化，实现创造性的转化。

伊朗与阿拉伯国家之间的交往

美国《外交政策》杂志网站2010年12月1日发表题为《为何阿拉伯人和伊朗人不能友好相处？》一文，其中写道："阿拉伯国家与伊朗的关系是复杂的。不论它们处于什么关系，这两个民族之间的交往始终不断。"这是一种文明交往。

国家、民族是文明的载体，文明的外部交往是通过这些载体实现的。作为阿拉伯和伊朗两个文明之间的对外交往，具体看，伊朗与叙利亚关系良好，卡塔尔和阿曼与伊朗虽非良好，但关系正常；伊朗与沙特阿拉伯和巴林极其冷淡，与阿联酋和科威特，处于不好不坏的中间状态。在两个民族交界的波斯湾与伊拉克，彼此通婚、移民、商贸往来频繁，也不乏操两种语言的人，但因宗教派别观念相异，彼此不信任。在阿拉伯世界，执政的逊尼派（如巴林）对什叶派居民视若异教徒。民族沙文主义使各自瞧不起对方，相互贬低对方文明。阿拉伯人认为，伊朗在前伊斯兰时期是一群傲慢、荒淫无度的拜火信徒；而许多伊朗人认为，阿拉伯人是破坏伊朗文明的、没有教养的贝都因游牧民族，而伊朗人以自己的帝国史，以两千五百年以来历经入侵和失败但仍保持波斯文明特性而自豪。

民族、宗教分歧的面纱后面是赤裸裸的政治现实。海湾地区的阿拉伯国家历来都是家族王朝政治，而伊朗是推翻巴列维国王之后建立的以神权为基础（什叶派）的伊斯兰共和国。

伊朗的伊斯兰共和国不太擅长外交，在对外交往中的无能，助长了阿拉伯邻国的猜疑。僵硬的对外交往力，导致伊朗共和国远近树敌，刚性多于柔性，其攻势有时候变为威胁和再提领土要求。文明交往会增长外交自觉，伊朗的外交最近也大有改观。

伊朗伊斯兰共和国和伊斯兰文明因素，也表现为支持巴勒斯坦的阿拉伯人。外国媒体有时评论其气度"比阿拉伯人还阿拉伯人"。自然，这有时是为了分散国人对政府在经济和政治领域的显而易见失效的注意力，也许还有提高在中东的影响力的因素。伊朗的伊斯兰文明也因此在阿拉伯世界扩大了自己的地位，但却使与以色列合作的阿拉伯国家感到难堪。

最近，维基揭秘网泄露的材料说明，一些阿拉伯国家的领导人称伊朗政府是"骗子""阴险的人"，还希望美国让这个麻烦的邻国以某种方式从地球上消失。利雅得和其他阿拉伯邻国的统治者都希望美国"采取什么行动"，表露了他们对伊朗的新仇旧恨。

中东文明交往确实是复杂的。阿拉伯伊斯兰文明与伊朗伊斯兰文明之间的交往，反映了中东人需要文明自觉。中东问题的焦点是巴勒斯坦的阿拉伯人与以色列人的冲突。巴以谈判17年来，已经提出了各种可能的解决方案。现在的问题不在于创新，而在于协调各方立场和吸收伊朗、真主党和哈马斯参加。美国、欧盟、俄罗斯和联合国国际调停四方之外，也需要中国和印度参加，尤其是中东的土耳其、叙利亚、埃及，自然在多边调停力量之中。伊朗作为一边，其作用将会在长时段中显露出来。

联合国文明联盟高级代表桑帕约特别提出了一个建议：在中东和平进程中需要发展"人的因素"：这就是在调解中，人民之间的和平交往要和政治家与外交家之间的交往同时进行。他指出，这种人民之间的交往潜力巨大，存在"自下而上"的相关倡议。这也是一种文明交往的自觉。

在伊斯兰文明圈中，阿拉伯-伊斯兰文明影响巨大，而巴勒斯坦问题正是阿拉伯文明的交往焦点。伊朗-伊斯兰文明和土耳其-伊斯兰文明，也是中东文明交往中的重要力量。土耳其和伊朗，这两个非阿拉伯国家，一西一东在制约着巴勒斯坦与以色列的关系。21世纪中东调解权的主导方是美国，美国历届政府在巴以谈判中都以失败告终，而这个人类文明交往中的"死结"，总被留到了后任总统而被无限推迟。美国为什么不去想伊朗、土耳其的作用呢？在整个中东，特别是叙利亚这样的伊朗的阿拉伯盟友的问题，其解决过程中，是少不了伊朗出面的，土耳其的参与也将有助于问题的解决。

2010年12月3日于北京松榆斋

土耳其的文明交往

土耳其，现代的伊斯兰国家，95%的人口为穆斯林，是土耳其-伊斯兰文明系统国家。它的地缘独特，处于欧亚两大洲之间，生活方式接近欧洲。历史遗存中，欧亚建筑俱存。语言中，土耳其语夹杂着阿拉伯语、波斯语、法语、英语语汇。土耳其国家是不同文明在一个民族国家框架内可以共处的例证。土耳其还是世界十大旅游国家之一。

处于欧洲边缘的土耳其人，由于历史、文化、宗教，以及地缘政治的诸多因素，致使身份认同情结纠缠着他们。土耳其作家奥尔罕·帕慕克在《别样的色彩》（上海人民出版社 2011 年版）中，充分反映了这一特点。此外，他在《欧洲在哪里？》一文中说："欧洲总是象征着梦想，一种对将来的想象，它是一个幽灵，有时让人渴望，有时令人望而生畏。"对他来说，欧洲是近在咫尺而又不易融入。土耳其-伊斯兰文明交往，在此呈现出复杂的状况。

土耳其模式：西方民主政治与权利的价值观，与伊斯兰文化属性身份认同相结合，世俗与宗教平衡发展。国家政治、法律、教育世俗化，宗教意识和文化生活伊斯兰化。联合国人权与发展报告指出："几乎所有的阿拉伯国家在经历合法性和政府治理的危机，而在这其中，土耳其无疑给以榜样的作用。"[①] 2011 年 1 月突尼斯的动荡之风，震荡阿拉伯世界，而土耳其却安稳如故，就是最新的例证。

[①] 土耳其不是阿拉伯国家，是中东的以土耳其民族为主体的穆斯林国家。

对外交往是东西方的温和调和者：2002年2月，土耳其邀请伊斯兰组织成员国与欧盟国家及官员出席会议，缓和东西方敌对态度。与中亚六个突厥语系国（哈、土、阿、吉、乌、塔）发展关系。土耳其在美国支持下，与以色列交往；与埃及、约旦、海湾国家、伊朗平衡关系。外交斡旋，使奥巴马政府把土耳其看作中东地区的潜在合作伙伴，而土耳其捍卫伊斯兰价值观的形象，也颇得中东民心。

成为地区大国的因素：软实力（奥尔汗·帕慕克获诺奖）；政治稳定、社会持续发展；文明交往的内外作用。

总之，土耳其共和国的模式，从凯末尔建国开始到现在的发展过程，对于研究中东民族国家体系的特征和规律性问题，对于研究人类文明交往自觉问题，有深远的理论意义。

2011年2月1日于北京松榆斋

土耳其：山和水、东方和西方

土耳其作家李凡纳利的小说《伊斯坦布尔的幸福》，向人民展示了土耳其古老文明的思维方式和生活方式，也表现了传统与现代文明交往所带来的精神特征。引人兴趣的是《中华读书报》记者刘霄对他的专访：《李凡纳利：应该把自己文化紧紧抓住》，其中下列诸点，颇值得思考：

1. 土耳其的基本认同形态："土耳其人是谁？"①亚洲的突厥族人，从亚洲中部迁移至西部，语言属阿尔泰语系；②有一千多年穆斯林身份；③既与西欧交往，地中海与之相连，又通过黑海与俄罗斯为邻。作家的身份认同观，我们就是上述一切的"我们"，而非"穆斯林或其他什么"。

2. 土耳其社会可分为东方和西方两部分。东部，文化、思想、生活习惯传统性浓；西部，尤其海边，文化、思想、生活习惯更开放更现代。

3. 土耳其人生活在山与水（海）之间：《伊斯坦布尔的幸福》从陆地开始，以大海结束；从没有希望的生活开始，到有希望的生活结束；从更加传统、更加封建的思想开始，到一个更加开放、更加现代的思想结束；从男主人公——伊凡先生主控的社会阶层开始，到女主人公玛利的地位更加上升结束。山对土耳其人的意义很大。哲学家对山的感觉——山一边和土地相连，一边和死亡相接。受爱琴海影响的土耳其人，有更宽广、亲切、平和的感觉，而山给土耳其人以坚强感。

4. 作家还区别政治家与艺术家的不同：政治家会把所有的东西都藏在心里，而艺术家会把内心很深的感觉拿出来，给别人看。不过，作家李凡纳利最终的看法是：政坛上也需要艺术家。然而，政治家始终是以政治为重，蒋介石在 1927 年 9 月 16 日的日记中，记下了他第一次下野后，计划出洋考察一年，其中就有去土耳其"学革命"。1938 年 1 月 16 日的日记中，有以下记录："看《土耳其革命史》，自觉智能学识之欠缺，忍耐心之不足，所以遭以困厄也。"凯末尔革命和改革，引起蒋介石的关注，政治使然。结论：

第一，沟通城市和人之间的关系是文学。文学能让来自不同地方的人，拥有不同文化的人，都把自己的文化紧紧抓住。他说：他记得中国有一句话说得很好，这就是"百花齐放"。李凡纳利的话使我想到，山与水、东方和西方的关系，是自然界与人的外铄与内渗的内外互动交往关系。山水乃人类的精神家园。中华文明中的"仁者乐山，智者乐水"这句话颇有普世价值。

第二，山水的地域环境独立化与人的自觉，这之间的密切关系是文明交往的主客观关系。里尔克在 1902 年写的《论山水》一文只有三千字，却被冯至认为是"抵得住一部艺术专著"。文中论述了自然与人的认识发展的内在统一进程。他把山水之美比作艺术之美，"有如一物置于万物之中，无限地单独，一切物与人的结合都是退至共同的深处，那里浸润着一切生长的根。"土耳其有句民谚说："山不转水转"，也反映了"世界中山水化"的人与自然的互动交往。

第三，土耳其作为地缘上与西欧交界处，它必须与中东、中亚和巴尔干国家交往，与欧盟的交往自然也很重要。可注意的是，它与伊朗之间的交往，2011 年 2 月 13 日，时隔 9 年后，土耳其总统阿卜杜拉·居尔应伊朗邀请，访问伊朗时，表示要清除有碍两国之间关系的"一切障碍"。这是作为世界第十六大经济体的土耳其切入伊朗核问题的再次表现。

刘霄的采访文章见《中华读书报》2010 年 11 月 3 日，题目强调民族性：《李凡纳利：应该把自己文化紧紧抓住》。这真是：一方山水养一方人，文化就在山水之间。历史无非是人类在文明交往中，处于山水之间的世代更替。

2010 年 11 月 5 日于北京松榆斋

杜威在1919—1921年来中国的交往互动

美国实用主义哲学家、教育家约翰·杜威（1859—1952）在1919—1921年应江苏省教育会、北京大学等五学术团体之邀，在中国讲学。这是一次有影响的文明交往，其特点是东西方学术思想的互动，可录者如下：

1. 与孙中山的知行观交往。5月12日在上海开始讲学时，与孙中山会晤，讨论知行关系。孙中山主张"凡知皆难，凡行皆易"，一反中国传统中"知易行难"的崇尚空谈、知而不行风气。杜威认为，行为经验是根本，认知为行为工具，因而支持孙中山的"知难行易"。孙中山后来在《孙文学说》中说："当此书第一版付梓之夕，适杜威博士至沪，予特以此质证之。博士曰：'吾欧美之人，只知知之为难耳，未闻行之为难也。'"杜威次日给女儿信中说："昨晚我与前总统孙逸仙共进晚餐，席间我发现，他是个哲学家。他新近有本著作即将出版。他认为，中国的弱点在于人们长久以来受制于古训'知易行难'。他们从来不愿采取行动……所以孙先生希望通过他的书，引导中国人形成'知难行易'的观点。"此种交往，可以看出双方都互相欣慰，有共同兴趣。一步行动，赛过一打纲领。实践出真知，实践是检验真理的唯一标准，人在实践中创造，便成为真理主人。"知物之明，知人之明，自知之明"，"知"之难在"明"，"知"之用在"行"，知与行是互动统一体。我的"三知之明"即文明化于理论结合于实际行为之中，此为文明自觉的真谛。

2. 对中国国情的认识。杜威在上海、北京、奉天、直隶、山西、山东、江苏、浙江、江西、福建、广东、湖北、湖南等13省市访问，任北京大学教授一年。讲演涉及政治哲学16次、教育哲学16次、伦理学15次、思维类型8次、现代三大哲学家（詹姆士、柏格森、罗素）3次。其中可注意的是教育学讲演，如：①坚定信心发展教育；②学习外国经验兼依据国情；③发扬学生爱国主义精神；④教育学生需做到情知并用的互用；⑤做出自己创造，贡献世界文明。这种交往教育对于世界文明，可谓交往互动的大视野的自觉。

3. 中国对杜威的影响。杜威影响了中国，胡适说："自从中国与西洋文化接触以来，没有一个外国学者在中国思想界的影响有杜威先生这样大的。"他对恩师的估计有道理。杜威当时在华讲演中的《社会哲学与政治哲学》《教育哲学》《思想之派别》《现代的三哲学家》和《伦理讲演纪略》等五大系列讲演汇集为单行本。1920年8月，由北京晨报社出版，在杜威离华之前印行10次，每次1万册，于此可见其影响决非一般。同时，中国对他的影响也有以下诸点：①1919年的五四运动，使他对中国有了新认识。他从中认识中国"是一个奇怪国家。……在某些方面说来，比我们有更多的民主。……当舆论像这样真正表达出来时，它都有显著影响。"与杜威同来中国的女儿在1920年《杜威夫妇书信集》中说："为争取统一、独立和民主而发出的热烈奋斗，迷住了他们，使他们改变了计划。"这就是他一再同哥伦比亚大学交涉续假，在中国待了两年零两个月的缘由。②改变了对中国的看法。杜威和许多西方人一样，先前多次认为中国积重难返，但五四运动期间，人民的爱国精神感动了他。1919年12月，他在《亚洲》杂志上发表了《中国人的国家情感》一文，对西方人说，五四运动是"中国国家感情存在与力量的突出证明，如果还有什么地方的人对中国人爱国主义的力量和普及程度抱怀疑态度，那么这种证明就是深切而令人信服的教训"。认为后来的新文化运动"为中国未来的希望打下了基础"。③点出了中西文化交往互动的必然性和重要性。1921年6月30日，杜威在为他一家人举行的饯行会上说："这两年，是我生活中最有兴味的时期，学习的也比什么时候都多……我向来主张东西方文化的汇合，中国就是东西方文化的交点。"据统计，杜威前后共讲200多场，这句话可说是他中国之行收获的画龙点睛的动人话语。

2011年3月5日于北京松榆斋

90年前罗素的中西文明交往观

古时有一个"疑人偷斧"的故事。说的是从前有人丢了一把斧头，怀疑为邻人所偷。他对邻人的一举一动，都看作是一个窃贼。后来找到了斧头，再看这位邻居，无论如何，他都不像小偷。此故事推广到文明之间交往，就要在不同世界观、价值观的人的交流中，让对方了解事实真相，使之克服因思维方式不同而形成的成见或偏见。真相增加理解，而理解是信任之基，哲学则是交往之魂。

伯特兰·罗素（Bertrand Russel，1872—1970），这位英国哲学家在20世纪初，即1920年10月12日至1921年7月11日在中国讲学之后，1922年出版了东西方文明交往之书——《中国问题》[①]。这本90年前的论著，至今读起来仍然发人深思。徐志摩在当时的书评中，就深刻地指出："罗素这本书，在中西文化交融的过程中，确实地新立了一块界石。"他特别指出，此书表现了罗素"的确是由理智和趋势的情感，交互而产生的一种纯真的信仰，对于各种文明文化背后的生命自身更有真确的觉悟。"徐志摩已经敏锐地察觉到人类文明交互规律对罗素的影响而产生的文明自觉，因而认为这是一种"同情化的正确见解"[②]。事实正是这样，在《中国问题》的问题意识思考中，字里行间彰显着罗素哲人的世界广阔胸怀和熟虑远见的人类文明交往的自觉。

---

① 罗素：《中国问题》，秦悦译，学林出版社1996年版。
② 徐志摩：《罗素与中国——读罗素著〈中国问题〉》，《晨报》副刊1922年12月3日。

在罗素的友好笔下，中华文明的乐趣无处不在。他没有地域偏见，认为"重视智慧或者美、或者重视人生快乐的人，肯定会认为在这些方面，中国人比喧嚣的西方更富有，并视之为乐土。"他感觉到"中国人最显著的特点之一是和蔼可亲"。他透过当时中国的贫困、疾病、社会混乱、政治腐败等弊端之外，看到了中国人"充分享受有文明而欢乐的生活"，如闲聊取笑、沐浴阳光、谈天说地、其乐融融，"而这些，工业化国家都没有"。他从文明交往的视觉，看到了"中国人，包括各阶层的人，比我所了解的任何其他民族都更喜欢说笑，他们从每一件事情中寻找乐趣，而争论也常常以笑话缓和。"这也印证了我的一个看法：中华文明中蕴涵着乐观情趣。罗素把这种乐趣与"人生之光"的条件归纳为四：生命的乐趣；友谊的情感；爱美与欣赏艺术的能力；爱纯粹的学问与知识。这种对中国传统文化的概括，在罗素看来，是摆脱工业文明的人生理想状态①。

在罗素的平等笔下，勾画出了中国人"沉着而冷静的尊严"品格，如不够自大、不屑于自夸，而这一切都在于"内心深处有无比的优越感"：国家伟大、文明优越。比之西方文明中用奋斗改变环境的奋斗目标，中国人"则希望享受生活，尽可能生活得逍遥一些"。他对道家崇尚自然的"生而不有，为而不恃，长而不宰"很欣赏，并把这三者同西方文明中的"占有""自恃"与"支配"相对比。他也看到有些野心勃勃的中国人，偏爱权力，即使追求金钱，也以金钱作为取得权力的手段。

在罗素深刻的笔下，中国人"要面子"被放在"社会生活环境下对个人尊严的维护位置之上"。人活一张脸，树活一张皮。没有脸，那还成其为人吗？罗素说得对："每一个人都有'面子'，即使社会地位最低下的乞丐也是如此"。如果有人不要"面子"，那就是周立波在《笑侃大上海》最后那个段子中所讲的："资本的原始积累都是不要面孔的……，不缺德那能赚这么多钞票。"他还写到了中国人的客套、折中、妥协、忍耐，也谈到了贪婪、怯懦、冷漠，而又不缺少勇气、聪明而多疑。他笔下有一点写出了人们多有

---

① 罗素：《余暇与机械主义》，《日暮》第 1 期，1923 年 8 月。

忽视之处："容易狂热"，特别是"那种集体性的狂热"。他列举了影响欧洲人的义和团运动，并说"中国历史上充满了与此相类似的动乱"。这使人想起 1958 的"大跃进"和后来的"文化大革命"，那是一个全民族都在发高烧、升虚火的年代，是一个折腾得使后代人不可相信、不可想象的年代。罗素的笔并未停止到一般感想阶段，而是从中西方文明交往过程中看待中国的未来，尤其是中华文明的存亡和这些疯狂性格成为"世界上最轻率的赌徒，尽管他们平时一贯谨小慎微"。他已经写到了中国人中一部分人"会变成狂热的布尔什维克主义者、抗日爱国者或者基督教徒，或效忠于某个最终称帝的领袖"。他还谈到"家族意识会削弱中国人的公共精神，赋予长者过多的权力，会导致旧势力的暴虐"。他从文明交往互动的关系中，感到在中国人的道德品质中的变化，是"寻求公正面而不是以武力来解决争端"的"和平精神"，但是否在"被迫出于自卫而推行疯狂的军国主义，就像日本现在的情况那样，这就要看西方的行动了"。

在罗素的智慧笔下，提到了许多人类文明交往互动的具体的规律性问题，可列举的有：①落后的文明征服者被先进的文明被征服者所同化："他们以前曾经被征服过，首先是鞑靼人，其次是满洲人，但这些征服者都被被征服者所同化了。中国文明未加改变地持续生存下来；几代人之后，侵入者反比其臣民更为中国化了。"②中华文明的民族凝聚力："中国的力量来自四万万中国人！坚强不屈的民族精神、坚忍不拔的反抗斗争，及无与伦比的民族凝聚力。中国人蔑视外国的军事手段，因为他们有时间，他们可以等待，直到那些压迫者的强大力量在自相残杀中消耗殆尽。"③中华文明"通过进化"而绵亘不绝："中国的统一性不在于政治而在于文明。中国文明是古代唯一幸存至今的文明。自从孔子时代以来，埃及、巴比伦、波斯、马其顿和罗马帝国都消亡了；但中国文明绵亘不绝，生存至今。"④中华文明有浓厚的自主性和广博的吸收性："中国也曾受外来文化的影响，首先是佛教，现在是西方科学。但是佛教并没有把中国人变成印度人，西方科学也不会将中国人变成欧洲人。我接触过一些中国学者，他们对西方学术的了解丝毫不亚于我们中的任何一位教授；然而，他们并没有因此而自暴自弃，也没有脱离自己的人民。西方不好的东西,如野蛮残暴、贪得无厌、欺压弱小、物欲横流,他们认识到这是西方文明中的糟粕,不可吸取。他们希望吸取西方文化中的好的东西。"⑤在文明交往中创造中华新文明:"受过欧美教育的中国人认识到,振兴中国传统文化需要一种新的因素,因而他们转向西方文明中来寻求这种因素。但是,他们并不希望创建一种同西方文明一样的文明;他们这样做是最理想的。倘若他们可以创造出一种真正的新文明,它比西方所能制造的任何一种文明都要好。"他特别告诫中国知识分子"学习西方人的知识而不要染上西方人的机械人生观"。⑥他提出西方文明要借鉴东方智慧,把西方的科学方法和中国的人生理解结合起来,西方文明才有指望。

罗素是20世纪有最深影响的思想家,他漫长的一生,撰写了堪称经典的传世之作,他也致力于人类文明和世界和平事业。罗素在《中国人的性格》这篇文章中,强调说:"我只要求读者记住,总的说来,我认为中华民族是我遇见的最优秀的民族之一,我准备起草一份严正的起诉书,控告每一个压迫中国的列强。"这是一位没有偏见、主持正义和对中国人友好的学者的呼声,百年之后仍有强大的震撼力。它也为中西方文明交往自觉增添了经得起历史考验的辉煌篇章。罗素说过,他赞成不计成败利钝、一往直前地去追求客观真理。这是一位思想家的求真的科学精神,也是他的文明观。他从交往,特别是从交往中动态地去看待文明,而且能对互动双方持客观的态度去看人类文明,这的确是一个追求客观真理的学人的科学精神。他在中国时间不长,观察受到限制,但见解能有如此之广深,实属少见。孙中山在1924年写的《民族主义》中,道出了其中的原因:"外国人对于中国的印象,除非在中国住了二三十年的外国人,或者像极大的哲学家,像罗素那样的人,有很好的眼光,一到中国便可以看出中国文化超过欧美,才赞美中国。"正因为罗素是没有西方偏见的西方哲学家,是有眼光的思想家。

2011年3月11日于北京松榆斋

尼赫鲁的中印两国文明交往观

尼赫鲁在《印度的发现》中，不但发现了印度，也发现了印度和中华文明之间的种种交往历史，表明了他的文明交往观。

《印度的发现》一书，早在20世纪50年代就是我案上必备之书。今日翻阅，在文明交往问题上，我又感新意盎然。此书可圈可点者，至少有以下诸点：

1. 中印文明交往互动历史悠久。5世纪前后（中国南北朝），中印双方香客拜佛传经交往的盛行。中国的法显、宗云、玄奘、义净等"舍身求法者"，都有传奇性的文化之旅。印度的僧人早在汉朝已到中国。6世纪前后，仅洛阳一地就有3000多名，同时还有1万户印度家庭。这些文明使者带梵文经典并译成汉文，有的还用汉文写作。据说，死于旅途中的双方香客死亡率达90%，但传播依旧。

2. 对人文精神（文明交往中的主体性）的赞美。尼赫鲁用很多篇幅赞美玄奘，而谈义净称梵文在中国也应当"受人敬重"。尼赫鲁又写道："虽然义净对于印度可能赞扬万分，但他明白表示他的家乡——中国——应当居第一位；印度也许是'圣方'，而中国则是'神州'。"

3. 中印互学的表现："在千年以上的中印两国的交往中，彼此相互学习了不少知识，这不仅在思想上和哲学上，并且在艺术上和实用科学上。"

4. 交往中"中国受到印度的影响，也许比印度受到中国的影响为多。这是很惋惜的事，因为印度若是获得了中国人的健全知识，用之来制止自己过分的幻想，是对自己有益的。"尼赫鲁这样看交往互动作用，这是多么清醒的文明交往自觉啊！

5. 对中国善于在交往中学习创造的评述：

学用结合："中国曾向印度学了许多东西，可是由于中国人经常有充分的坚强性格和自信心，欲以自己的方式吸取所学，并把它运用到自己生活体系中去。"

印中相融："甚至佛教和佛教的高深哲学，在中国也染有孔子和老子的色彩。"

学有自觉："佛教哲学的消极看法未能改变或是抑制中国人对于人生的爱好和愉快情怀。"

6. 文明衰落的原因："一种文明的衰朽，其原因在于内部的衰败者特多，而外来的侵害都较少。一种文明的衰落，可能是因为在某一种意义上，它已经陷于枯竭，不能在变动的世界上作更多的贡献，或者社会文化性质如此，使它超过了某一点前就成为进步的障碍。只有那些障碍排除之后，或者是那种文化已传入了某种主要性质上变动之后，进一步发展才有可能。"

读《印度的发现》，想尼赫鲁的文明交往观，其自觉性跃然纸上，历久弥新。他此时的笔法表达了知人、知己文明的文明交往自觉。此种宽广胸怀、清晰思路、美人之美、美己之美的自觉性，固然有自己的文化涵养，也不乏玄奘、义净精神，及中国文明对他的影响。一代大政治家、外交家，显露出其交往文明化风采！可惜权力往往使人失去理智，利益常常令人智昏。中印双方和平共处五项原则的文明交往结晶，被他个人贪婪的强国梦的权利欲望之狂风吹得所剩无几。

2011 年 4 月 22 日于西安悠得斋

西方和东方五位哲人的沉思

沉思是一种深层的交往力，它始于专注力和反省力，集中于连缀碎片化信息的思维能力，是大脑思维能力的深化。人类文明交往的自觉，离不开沉思。沉思就是使大脑自由地向纵深处活动。沉思是尝试的启蒙活动，勇敢地、深刻地发挥大脑的特点，让时间、空间在人间自由地流转、互动，这也是人类文明交往的自觉行动。沉思有时成为宗教之思。与漫长的世俗生活相比，沉思是短暂的，然而却是超脱人间的，沉思的语言也是深刻的语言。下述西方和东方五位哲人的沉思告诉人们：人类原本是多么需要爱在生活中流淌，从而升华为乐啊！

古罗马皇帝中唯一一位哲学家马可·奥勒留著有《沉思录》。他大约去世于公元180年，相当于东汉最黑暗的灵帝末年。此书大部分写于鞍马劳顿之中，把沉思融于自己同自己对话的形式之中。人同自我身心的交往，是人类交往文明化的自知之明的关键方面。《沉思录》中有两点值得注意：

第一，马可·奥勒留对自己羁绊于宫廷之中生活的反思和处于乱世的自我感受。在这种沉思中，他追求一种摆脱了激情和欲望之后的冷静而达观的生存态度。

第二，特别是他在沉思中，领悟到了灵魂与死亡之间的关系，触及人类自我身心的深处。他沉思到的重大问题，如个人的德行、个人的解脱，以及个人对社会的责任，其中要求自省以达到内心的平静与摈弃一切无用的琐屑的思想，尤其耐人寻味。

一位古代身居高位的西方统治者，在政治、军事交往中，能沉思于个人身心特别是灵魂深处的诸多问题，是难能可贵的。沉湎于政治、军事中的统治者，很少沉思自身，总是在居高临下算计别人而不触及自己的灵魂，这是很可悲的。马可·奥勒留的《沉思录》的价值在于，他超越了一般统治者的政治眼界，而进入了认识自我身心的境界。

　　读书至此，我想起了第二位哲人——印度的拉宾德拉纳特·泰戈尔（1861—1941）。他是诗人、作家、社会活动家。最重要的，他是一位思想家、一位哲人。他在《论沉思》一文中，深刻地论述了沉思的意义、作用和价值。特别是论述了顿悟在人生文明自觉化的地位。在此文中，他引用了印度两句流传颇广的话：

　　1."我沉思宇宙创造者那值得敬慕的力量"——这是他融汇西方思想于印度的"梵我一体"的思想表达。这种被沉思的"宇宙创造者"所"值得敬慕的力量"体现在哪里呢？他认为："一方面，它是大地、天空、星河；另一方面，是我们的意识。""沉思意味着我们的意识和外部广漠世界的合一。"这种天人合一的统一力量就"在发射出自我意识和外部世界意识"的"弃绝自我，使我与一切创造物融为一体"。泰戈尔特别强调"沉思并非我占有了物"，而是"我沉思宇宙创造者那值得敬慕的力量"，并指出，这是要牢记的"沉思的精义"。

　　2."给我们意识，让我们在其中顿悟——你是我们的父亲。"这是印度学生常用的祈祷词。他引用这种"物我合一"的沉思，是为了解决人与人之间的交往关系，以便把这种交往"变得单纯、自然"，而且变成"自由"的"何向"（我的文明自觉"九问"之一）问题。泰戈尔回答得很简明："沉思——就是去领导真理，去生活，去活动，并在沉思中获得我们的存在。"学生们在念这句祈祷词的时候，只知机械地念出它的发音，而没有意识、并在生活中加以实现，因而造成不完美、受苦和犯罪。泰戈尔是从人与自然的和谐交往关系之中寻求人类的自由的，因而他在沉思中要求理解"意识"，理解大自然是人类之父的意义，"以使人们心灵处于真正的和谐之中"。

　　以上两点概括地说，就是集中论述了沉思的作用，以及沉思、顿悟在人类文明交往史上的价值。沉思，只有通过沉思，"才能认识最深的真理，当我们的意识完全沉浸于沉思之中的时候，我们就会明白，那不仅是一种获得，而且是我们与它合而为一。"另一方面，"只有通过沉思，让我们的灵魂与思想的最高联系在一起时，我们所有的活动、言辞、行为才能变得真实。"这就是"沉思"意识。

第三位哲人是英国作家乔纳森·斯威夫特（1667—1745）。他在《扫把上的沉思》一文中，把人生各个阶段与扫把从树木的盛枝挺立到沦为引火烧柴的盛衰过程联系在一起。他认为，人如果酗酒贪色，就会像一把斧子砍去他的青枝绿叶，留下枯枝，却以人工假发为荣。由此，他问道："人又是什么？不也是一个颠倒的动物，他的兽性老骑在理性的背上，他的头去到了该放他的脚的地方，老是在土里趴着。可是，尽管有这么多毛病，还自命为天下的改革家、除弊者、申冤者"，像扫帚一样，伸向污秽角落，最后被抛弃。尤其是人的"兽性老骑在理性的背上"的"颠倒的动物"而不自觉，此种无"自知之明"的状况，岂不应该猛省！我以前读过他的《格列佛游记》，现读此随笔，由沉思体悟到人类文明交往和文明自觉的艰难与漫长历程。

第四位哲人是中国作家茅盾（1896—1981）。他是一位有哲学思想的文学家。他有一篇《读独立思考》的随笔，主要是谈沉思后的思考、思索。他的论点是："如果广博的知识是孕育独立思考的基础，那么哺育独立思考的便是民主精神。"他明确指出："教条主义是独立思考的敌人，它的另一个敌人便是个人崇拜。"经过了中国那个特殊年代的学人，这种思考是很难得的。学术上的独立思考和自由精神，历来是治学之宝，而经历那个头脑要长在别人肩上的时代，更是弥足珍贵。教条主义、个人崇拜这两个独立思考的敌人，总结得准确，显示了茅公的文明自觉。他的独到之处，也正在于他站在了人类文明这个制高点上。他写道："人的头脑，本来是有独立思考能力。如果没有，人类就不能从'蠢如鹿豕'进化到文明。"此外，他还谈到读书要读"反面"，处事要看下边的人，不要眼睛老瞅着上级，也不要被前人牵着走，使前人成为"窒息独立思考的偶像"。所有这些，都是哲人沉思留下的文明自觉的思想成果。

第五位哲人为德国的尼采（1844—1900）。他的沉思来源于他悲惨的身世。他5岁失去父亲和弟弟，这使他很早就思考人生的意义。他从小孤独，在学校不合群，长大后也不善交往，书是他的交往世界。尤其是叔本华的《作为意志和表象的世界》，其中揭示的悲剧引发了他的沉思，从而认为，哲学家关注的只是人生的意义，而不是人们的称赞。他与叔本华的悲观主义不同，在他看来，人生厄运不幸是幸福之源。他为城市中忙忙碌碌的、行色匆匆的、毫无个性生活的人群叹息。自认为哲学家的命运就是孤独。真正的哲学状态是古希腊人的酒神和日神精神，这才是升华了人生的审美意义。尼采借古代东方波斯哲人查拉图斯特拉的口吻，写了自认为是世上高绝深奥的《查拉图斯特拉如是说》，以表达西方人的观点。在此书前三部只销售了百余册之后，第四部自费只印了40册。他愤世嫉俗地说，他的书只献给最少数人，也许这些人还没有出生。又说，世人对我视而不见，这只说明了自己使命的伟大和同时代人的渺小。他的深思是很深沉的，所思考的是人之为人的问题。他的沉思成果，成为人类文明交往中的智慧之书。这是一个真正意义上的哲学家的沉思，《查拉图斯特拉如是说》与本文开始述说的《沉思录》首尾呼应。

　　沉思、顿悟，不是单纯的苦思冥想，而是人把自己的意识完全浸入思维深处的自觉境界。人们通过沉思的文明交往自觉，逐步达到物我一体、天人合一，把心灵、灵魂与思想的最高峰联结在一起，方可自由达到认识真理。这是一个漫长的过程，又是经过一个阶段和又一个阶段的渐进提升过程。马可·奥勒留、拉宾德拉纳特·泰戈尔、乔纳森·斯威夫特、茅盾、尼采，这些东西方哲人的沉思，分别从不同角度和层面，为我们走向文明自觉提供了门径，值得我们反复体味而继续前行。

2011年5月1日于西安悠得斋

阿拉伯知识分子的忧虑

摩洛哥学者阿布杜·拉饶伊在《阿拉伯知识分子的危机》一书中，形象地写道，很多阿拉伯人被困在一座思想监狱里：一边是过去的阿拉伯文化，一边是西方文化；选择后者是现代人，选择前者就是阿拉伯人了。

这种忧虑在阿希杜·达伊姆的《阿拉伯文化的未来面临的挑战》中说得更具体：①阿拉伯-伊斯兰文化之所以没有成功的现代化，重要原因之一在于，不清楚现代化与西方文化的区别；②阿拉伯文化古老而有力，但恰成为现代化进程的障碍；③阿拉伯文化创造的尊古传统使革新难以实现；④大众参与建设现代阿拉伯能力有限；⑤阿拉伯的现代化尝试通常不是内部完成，而是西方文化强迫或时而模仿时而抛弃西方文化；⑥很多阿拉伯知识分子在设计阿拉伯文化复兴时，没有考虑到后继者的工作。

穆罕默德·阿节杜·艾勒扎比利在《看法：重建当代阿拉伯思想事业》中，对此种忧虑则作了下面回答："处理传统与现代化的方法应该是明确的：我们不应该屈服于任何一方，而是对二者均持批判态度，即必须在重建文化的基础上与传统联系，而不是让它们主宰我们。"

阿多尼斯为阿拉伯文明的发展忧虑。他质问："看不清自我的人如何看清他者？既看不清自我，也看不清他者的人如何在世界上占有一席之地，在建设世界过程中发挥作用？"这是要求阿拉伯人要有"自知之明"和"知人之明"。可贵的是，他提出确立新的阿拉伯价值观，做自由、独立、富有创造新精神的阿拉伯新人。他对阿拉伯国家的专制统治持严厉的批判态度。他在《"东方"的概念终结了吗?》中写道:"面对犹太复国主义的蚕食,帝国主义的凌辱与奴役,面对外来的野蛮,那些不断侵犯国民权利、实行紧急状态、建立特别法庭、肆意拘捕无辜、剥夺公民言论自由的"野蛮政府,那些拜倒在西方技术成就脚下,而将自己的人民淹没在腐败、失业、文盲、饥饿、污染、沙漠化、水荒困境之中的"罪恶政府",如何能够实现进步?那些奴役人民的政府,如何摆脱来自外部的奴役?那些不停止摧毁自己人民力量源泉的政府,凭什么力量和外敌斗争?他在《罪行·影响·正义》一书中说:知识精英应该启迪民智,不应被政权所收买而追随昏聩愚昧的"领袖"。阿拉伯民族,特别是游牧的阿拉伯人,长期生活在大漠晴空的灿烂阳光和清新空气的自然环境中。他们头脑清醒,喜爱在浩瀚空间吟诗唱歌,有"诗歌民族"的美称。以诗肇始,并以诗表示勇敢,颂扬战功来抒发感情的。我在《阿拉伯国家史》中专门对阿拉伯民族这种文化基因,从文学艺术角度进行了解释。写此随笔时,我在读马克思全集时发现,马克思也早注意到这一点,马克思在谈出版自由问题时,从弗·吕凯特的《赛路支人阿卜宰德的变化》或《哈利利诗篇》(斯图加特1826年版)中,引用了中世纪阿拉伯诗人哈利利的下述诗句:"谁有舌头不言语,谁有利剑不劈刺,谁就白活了一世。"这句诗歌表现了阿拉伯人的豪放的民族性。

现在,面对阿拉伯世界的内忧外患,局势动荡多变,许多人大惑不解。其实,在近代时期以来,在强势文化的扩张、冲击下,陷于困惑的不仅是阿拉伯知识分子,也不仅仅是阿拉伯其他阶层的人,就是阿拉伯世界之外的人们,也对阿拉伯民族理解得极其有限,因而陷入困惑之中。这是有历史根源的。人们寻求现实的答案,从历史结合思考中,有必要研究一下阿拉伯的民族性。在这方面,我们从马克思晚年给他女儿劳拉的一封信中,讲解阿拉伯人的"明哲小寓言",并从中得到启发。

面对劳拉不理解阿拉伯民族的困惑,马克思讲了一个阿拉伯的哲学小寓言故事:

> 有一个船夫准备好在激流的河水中驾驶小船,上面坐着一个想

渡到对岸去的哲学家。于是发生了下面的对话：

哲学家："船夫，你懂历史吗？"

船夫："不懂！"

哲学家："那你就失去了一半的生命！"

哲学家又问："你研究过数学吗？"

船夫："没有！"

哲学家："那你就失去了一半以上的生命！"

哲学家刚刚说完这句话，风就把小船吹翻了，哲学家和船夫都落入水中，于是船夫喊道："你会游泳吗？"

哲学家："不会！"

船夫："那你就失去了你的全部生命！"①

这个寓言，有两个问题值得注意：

第一，马克思讲的这个哲学寓言中，蕴藏着一个深刻的哲学命题。哲学是抽象和逻辑概念的学问，这是哲学家的工作和思维方式。船夫是驾船的世俗日常工作，游泳自然是理在其中的生活技艺。因此，哲学家的话题是历史和数学。尤其是数学，9世纪阿拉伯哲学家肯迪就有"不通晓数学就不能成为哲学家"的名言，因而哲学家很关注数学。但在激流的河中生存，只有会游泳，才能保住生命，因此落入水中最需要游泳这一技之长。哲学家此时才体悟到生活、生存、生命的重要。但并不是说，船夫不需要哲学、历史和数学。如果船夫有这方面的知识，那不是可以更好的生活、生存吗？这个寓言和西方最早的专职哲学家泰勒斯掉进井里的故事相同，泰勒斯被他的使女嘲笑，想知道天上有什么，却不知道脚底下有什么一样，提出了一个严肃的课题。由此可见，阿拉伯人的哲学智慧与希腊哲学思想有相通之处。不同的是，一个是掉进井里，一个是落入河水之中，而分别是使女和船夫的提醒。

第二，此则寓言提到船夫、乘船者与使女、行路者之间的关系，一在

---

① 《马克思恩格斯全集》（第35卷），人民出版社1971年版，第303—304页。

水上，一在陆地，两者之间的对话，一是生命，一是智慧，而船则有同舟共济的寓意。哲学家在船翻落水之后，哲学知识无用而济于事的只有游泳技艺。关注生命、生存、生活是现实的，关注天上的知识是抽象的。哲学关注的问题是如何让抽象的知识在世俗世界里获得认可,这才是这个哲学小寓言的寓意所在。马克思鉴于自己女儿劳拉不了解阿拉伯人，因此讲了这个他可能在阿尔及尔图书馆中读到的关于阿拉伯人状况的书籍，从中选出的哲学寓言。他讲此寓言时，前边还有一段话，强调从"稍微更高一点的历史观点"去看阿拉伯人。他相信，劳拉一定会从中得到启发，"对阿拉伯人产生某些好感"。因为阿拉伯-伊斯兰文明是一个悠久的文明，阿拉伯民族的历史上产生过灿若群星的学者和政治家、思想家。正如马克思所说的，阿拉伯人虽然在许多方面都衰落了，"但是他们为生存而进行的斗争，使他们也保留下来许多优良的品质。"阿拉伯民族是有智慧、有力量的，将会在交往自觉过程中复兴自己伟大的文明。

其实，类似此种寓言各民族都有。中国也有不少此类寓言。如有一个寓言说的是有一个秀才过沟，捧着书本找不到答案，"如何过沟？"成了他的难题。一个农夫告诉他："过沟吗？跳一下就过去了！"秀才听了，便两脚离地，往前蹦，因为沟太宽，于是掉到沟里去了。农夫等他爬上来以后，给他做了个示范动作。秀才看了以后，埋怨地说："单脚起步为跃，双脚起步为跳，你早该说跃，不该说跳。"

在汉语中，跳和跃两个字在广义上是一个意思。跳、跃，甚至蹦，都有两脚离地全身向前或向上的意思。不过"跃"是快速向前，即跃进姿势，跳着向前疾跑，所谓大跃进即指这种态势。刘向的《说苑》中提到：齐国有"飞鸟一足，来下止于殿前，舒翅而跳，"这是讲"一足"而跳，而不是"双脚"才是"跳"吗？再说，《诗经·大雅》中，也有"鱼跃于渊"，鱼无足不是也可以跳跃吗？所以，就不必像秀才那样在字面上较劲，而应注重于实际情况了。在日常生活领域中，精英人物和大众人物较劲，在学理上，不是说一点价值没有，可是在世俗寓言故事中，精英往往都败于草根，精英往往收获的只是教训或笑柄。二者在价值认知上，寓言故事留给人们的经验是，在交往中的互动的换位思考。李瑞环有句哲学话语："要得公道，打个颠倒。"哲学家与船夫、秀才与农夫，各有其长，各有其短，不必从这二则寓言中彼此嘲笑，倒是应该冷静地思考，相互学习，取长补短。人类各大文明之间的交往，也可以由此见彼，由小见大，良性交往，这才是自觉所在。马克思对女儿讲这个阿拉伯哲学的小寓言，正是告诉她一个大道理：不要看不起阿拉伯人，说他们落后，而应当从历史的高度，来看他们在人类文明中的地位，应该从不同文明交往的高度，来自觉地认识人类的未来。

2011 年 5 月 5 日于西安悠得斋

理解和反思的人类文明史

理解和反思是历史学的最重要的概念,也是文明史观中交往的自觉性概念。

理解,主要是理解人类文明的历史演变过程。反思,主要是反思人类文明的历史经验和教训。历史长时段和深层次问题是要根本理解和反思的地方。

理解和反思,不仅要关注人类文明的结果,而且要深究结果的根源,分析历史的基本联系,即生产和交往的内外互动关系。

英国哲学家约翰·洛克在《人类理解论》(关文运译,商务印书馆1997年版)中写道:"我们如果不运用自己的思想,就好像用别人的眼睛来看,用别人的理解来了解世界。""喜怒或不快,几乎同一切感受观念和反省观念是分不开的。"可见,理解和思想、感觉和反思是彼此依存、密切相关的。

对人类文明的历史缺乏理解和反思,就无法真正发现和解决其自身和世界面临的问题。反过来说,只有加深对历史的理解和思考,才能知其然而又知其所以然,从而找出解决人类文明交往存在的问题,及其解决的途径和方法。总之,历史自觉是文明的根本自觉。理解和反思是历史本质所要求的自觉性概念。理解和反思历史,才能深知历史并上升为规律性认识。

研究历史的科学称之为历史学,或简称史学。众所周知,历史学首先是宏观的,综合的性质。历史科学包括自然史和人类史,人类史包括文明前史和文明史,文明史开始于地区、国别史,后来又演变为全球史,确切地说，可称为世界史。由自然史—人类史—文明前史—文明史，文明史又由地区、国别而转变为世界史，这是历史发展的过程。

人类历史是完整的历史过程，文明自觉表现于文明史的阶段性。人类从来是不完美的，正因为如此，才需要在历史进程中逐步提高文明交往中的自觉，在理论上和实践上去认识这个历史进程的长期性、复杂性、曲折性，而这一切就需要历史的理解和反思。

历史学其次是实证的、具体的科学。历史学有三个要素：史实、史论和史趣。如实记录、叙述的写实方式是完全必要的，考证、订正工作是不可缺少的。这是史学之基本，是史学求真、致真之本。然而，史学的记述并不是无目的、无意义的记述，史学也并不停留在实证考订的研究阶段。人们之所以记述历史，其主旨是自觉地理解和反思自身的文明和文明之间的交往活动，及其文明创造成因。通过记述历史，理解和反思各种文明在经济、政治、社会、科技、思维模式、价值体系等各方面的历史演变脉络。这就需要史论。如果说，史实是史学之基，那么，史论则是史学之魂，是贯穿史实的内在之线，是究天人之际、通古今之变的规律。历史的重点在过去，但其出发点和落脚点却在现在和未来。我在探研文明史、世界史和中东史的过程中，有这样的体会：历史研究和现实研究不可分割，只是重点领域不同，在思路上有一条共同轨迹，即从现实出发，追溯历史，再从历史意识的高度，审视现实和展望未来。至于史趣这一要素，在这里不多说了，只是表明一点：史趣是史学之形，而这个形的生动性，不仅仅指表述方式，还指和史实、史论一起组成的有机统一整体形态，是你中有我，我中有你的关系。

史学是对过去知识的理解和反思，只有自觉地理解和反思，才能继承人类社会过去的物质、精神、制度和生态文明的精华。史学研究的对象，是事物发展的历程，是矛盾互动的转化过程。这涉及这样一个问题：人类历史上世代积累的知识，如何转化为创造新文明的力量。知识本身并不能成为力量，必须经过人的自觉思考和行动，才能有真正的创造性自得而后转化为力量。这个转化的"化"，是由人类的创造来运转的。因此，"转化"，即人文的力量。"化"即人化，人的自觉的主观能动性见之于客观事物的创造，才能化为力量。人而化之为文化，人化而后之明为文明。人文化、文明化，也就是人类在内外交往活动中的创造力。人类把世代积累的知识，通过继承、创造，化为智能、化为智慧之后，才会有创造新知识、新文明的力量。人类的创造离不开继承，但又不限于继承，而是在继承的基础上，进入人文化、文明化的升华，从而进入创造文明成果的新境界。

人类历史从根本上说，是文明交往的历史。东西方文明在交往过程中是互动的。西方一些学者制造的"东西方二元对立"的逻辑，其致命缺陷在于，把这种不同文明之间的交往看成是孤立的历史地缘过程。一旦进入交往史，其逻辑片面性就显露出来了。

人类历史关注的是历史进程中的重要时期、重大事件和代表人物与思想，还有实践活动[①]。人类历史特别关注的是创造历史的活动，但人类创造历史更要关注历史条件。这是因为人类只能在直接碰到的、既定的，从过去继承的条件下创造，其中历史传统力量是巨大的。传统是死去的先辈们创造的东西，它有力地活在后代人的心中，顽强地支配着后代人的思想与行动。承认传统，尊重传统，又要理解传统需要更新。这就是历史的理解和反思力量。

理解与反思，无论对于过去、现在和将来都是重要的。这一对概念不是感性的，也不能停留在知性层面上，而是要从历史的全部进程的内外联系上，揭示历史事件的因果规律。一切过去的历史，都必须从当前的联系中才能得到深刻的理解；同样，一切当前的事物，都只有联系过去，才可以加深理解。反思是对理解的深化，是互动过程。理解与反思要以问题意识为导向，深究历史中的"九何"而求真。"九何"是：何时？何地？何人？何事？何故？何果？何类？何向？何为？要在问疑不止过程中进行理解和反思。

2011 年 5 月 13 日于西安悠得斋

[①] 历史作为科学，其含义是广泛的。恩格斯讲，"凡不是自然科学的科学都是历史科学"。见《马克思恩格斯选集》(第 2 卷)，人民出版社 1972 年版，第 117 页。

"东方"概念的历史演变和民族意义

——《东方民族主义思潮》书前补言

《东方民族主义思潮》(西北大学出版社 1992 年版)使用的"东方民族主义"概念,曾引起国内外一些学者的注意和质疑。例如,挪威学者 Leif Littrup 就曾对我说,"东方"是何概念,尤其是"民族主义"不宜从正面研究其意义。不过,他是从西方学者的角度看问题的。

首先,他要求详细说明"东方"的概念内涵。我当时向他说明,这是一个政治地理概念。"东方"从广义上说,包括远东、东南亚、南亚、中东、阿拉伯东方、阿拉伯西方,也就是亚洲和北非的广大地区。后三个地区又称为阿拉伯世界。实质上,"东方"本是西方人看东方的方位空间的一般称谓,近代以来已成为一个约定俗成的通用称谓。不仅西方人,就是东方人也沿用此称谓。其实东方和西方是相对的。从文明交往的意义上说,东方是"欧洲中心论"的产物。

在中国人的世界意识中,长期以来是以中国为中心,在西边的地区称为"西方",在东边的地区称为"东方"。在中国人的视野中,印度虽在西南方位,却属于"西方"。中国的佛教徒把印度看成西方的极乐世界,《西游记》以小说形式表明这一方位。随着文明交往的扩大、交通地理知识的增加,东南亚、南亚称为"南洋""西洋",郑和下西洋包括了东南亚、南亚、阿拉伯和东非洲。明代万历年间的张燮有《东西洋考》一书,以文莱为界。

"东方"概念的根本变化,对中国人来说,是在1840年鸦片战争以后。西方资本主义以殖民主义形式,用扩张侵略的手段改变了"东方"的含义。列宁和孙中山都用"东方"表示受压迫,不独立,没有平等权利的亚非国家。

我的《东方民族主义思潮》所述"民族主义思潮"的时代范围,正是在西方资本主义势力东扩之后的"东方"。Leif Littrup之所以对书名不解,有知识范围问题,也有误解成分。他把东方和西方的民族主义、国家意义弄混了。有些西方学者,甚至把东方的民族主义又同德国纳粹的法西斯主义混为一谈了[①]。西方民族主义正如泰戈尔这位东方诗哲所言,"冲突与征服是西方民族主义的根源,扎根于它的中心。它的基础不是社会合作。它发展出逞强的完整机构,但没有精神理想。它像一群必须要有受害者的捕食禽兽。"东方民族主义是以反对西方资本主义殖民主义侵略、建立民族独立国家为目的的政治思潮。这是符合时代潮流的进步思潮。20世纪以来,特别是从第二次世界大战以后,在西方殖民主义体系的废墟上建立了东方民族独立国家体系,成为世界新兴力量的源泉。这就是我研究的初衷。我真想将此书再修改出版,不过,要待以时日。

1994年6月2日完成
2011年5月18日改写于西安悠得斋

---

① [德] 阿利:《希特勒的民族帝国》,刘青文译,译林出版社2011年版。

为什么是中东史?

本题目是由美国学者本杰明·史华慈(1916年12月21日—1999年11月14日)在《古代中国的思想世界》(1985)中开卷提出的"为什么是思想史"而改写成的问题,旨在理清中东史的思路。

本杰明·史华慈研究中国思想史的兴趣,是受了"世界历史尺度的"思考类型的激励,也就是受了卡尔·雅斯贝尔斯"轴心时代"见解的影响。他认为"轴心时代"出现的中东、希腊、印度和中国的古文明,都将直接或间接塑造这些文化随后的全部历史。他所说明的是中国文化的内部多样性和张力,进而分析中国古代思想与当代跨学科问题的关系。他给人们的启示之点,在于他把中国问题研究拓展至人类文明研究,并以比较方法探讨"轴心文化"和人类文明的共同点,批判"西方中心论",思考当代人类文明发展中的困境和解脱的道路。

从"世界历史尺度"看各种文明,从各种文明交往看人类文明的历史和走向,也是我"文明交往论"的思路。我认为,文明交往在当今世界的焦点之一在中东,在中东地区日益激化的美国同伊斯兰世界的对抗。2006年夏,黎巴嫩与以色列发生了对双方都造成损害的战争,但停火后,双方都不言苦难只宣告自己的胜利。黎以之间的战争从本质上讲,是美国和伊斯兰世界对抗加剧的表现。巴以冲突、伊拉克和伊朗及中东其他冲突,都可作如是观。这种冲突给人类带来无穷苦难,是文明交往中的"交而恶"的表现。"文明冲突论"即由此而来。但历史终将证明:仇必和而解,事因交而通,文有知而明。

中东地区古代的文明，两河流域、尼罗河流域的古文明，一个又一个中断了。中断的原因各种各样，而结果都是一样的可怕。中断了之后的古文明就很难复兴，很难传承。中华文明是人类古老文明中唯一没有中断的文明，因为它有从古到今一以贯之的、可以长期不因王朝更迭而延续的及善于坚持传统、又吸收外来先进因素的主流文明。很难复兴但并不是不能复兴，西方文明中有文艺复兴，复兴了希腊罗马文明的精华。犹太的希伯来文明，也在以色列得到了复兴。中华文明从五四到"文革"结束的57年，也在中断的过程中，"文革"达到了危险的边沿。改革开放使中国人看到世界文明进步成果，但"文革"彻底否定中华文明之后，崇拜外国文化、贬低自己文化而产生了"三好""三不好"观念：外国好，中国不好；现代好，古代不好；新的好，旧的不好。主流文化缺乏，造成了中国社会各种弊端和怪现象。现在中华民族的复兴，正是中华文明的复兴。复兴不是复古，而是对文明精华的传承，从孔夫子到孙中山的中华文明的工作，是上一代人讲，要由这一代人做。符合中国实际的创新中国化的东西，都是文明自觉的表现。

中东也面临文明复兴的形势。阿拉伯-伊斯兰文明、奥斯曼-伊斯兰文明、波斯-伊斯兰文明、阿富汗-伊斯兰文明、犹太-希伯来文明等等中东文明，从近代以来就同东西方文明在复杂、曲折的交往中复兴。有些复兴似乎是重复着过去复兴的周期律，在旧的经济基础不变的条件下只能循环。然而，宗教、民族、现代化这三个关键因素决定着新的进程。其趋势是：①由文化问题提升到文明问题；②制度文明（政教合一的政治文明）、法律伦理准则和穆斯林团结意识正在深刻变化；③伊斯兰文明解释的多元化；④研究者要全面、历史、辩证地面对具体时空下形成的传统，这是确定伊斯兰文明复兴走向的重要理论原则。

为什么是中东史？因为是文明交往自觉的中东史！

2008年1月10日于北京松榆斋

走向学科、学术自觉的《中东史》编写工作手记

为编写《中东史》，2008年1月20至25日，在北京松榆斋思考之后，写下下述手记，以记不忘，以表心态：

1. 挑战和超越：中东研究所有《20世纪中东史》，有《阿拉伯国家史》，有13卷《中东国家通史》这几部大的集体著作之后，然后再写人民出版社的《中东史》，面临的挑战可谓巨大，我们如何超越自己？

2. 动力与阻力：《中东史》是一本地区简史，仅40余万字，最多为50万字，简而明难，浓缩、突出重点难，消化、选择重大问题也难。插图又是一项新工作，图文并茂，选择与正文相配合、形象而深化、双向统一更难。有了前三项大型中东史书，既是优势，是动力，但也可能成为阻力，可能使我裹足不前，既吸收不好，又无法超越。真正的学术"里程碑"，有可能不是成就，而是遗憾！对此要头脑清醒，回归史学本体，关注学术自觉。

3. 思考与问题：前三套书中，①在中东领域中，我们完成了什么工作？②什么问题有待深入与扩展？③如何从整体上把握中东史？④文明交往论的基本思想，如何同中东史重大问题相结合？

4. 起点和基础：研究扩展较易，深入研究较难，基本概念、史料分析取舍和写作模式三者的研究，要针对历史学的本质属性。掌握典型材料，史实永远是起点与基础，在写作中要关注这方面的"清理"。

5. 整体框架与"问题域":从重大专题研究中确定"问题域"。没有史料、史实不行,仅有此还不够。必须有问题,问题是研究的先导,无问题就陷入史料与史实之中而细碎化、片断化。我们要从丰富史料研究中提炼文明交往进程中的实质与规律性问题。

6. 接受与影响:文明交往论是"影响研究"。以中东史而论,可突出阿拉伯-伊斯兰文明、以色列-犹太文明、基督教文明、波斯文明、奥斯曼文明等等文明之间的接受—冲击—影响—整合—创造。此五环节中,影响为中间转折环节,至为关键,可以这样说,"接受""冲击"为开端,"整合""创造力"作用于结果,"影响"则扣其他两端。在考察中要坚持交往互动规律,进行双向和多向审视,结合各历史阶段特点,就相关时代命题,进行同步思考和不同观照,从中进行文明之间互识、互证、互补的考析工作。

7. "之间"和"之内":文明交往的"思想结构",从中东史范畴讲,要有一种时间向度的研究观念。这种观念是一种"尺度",由此确定基本问题、某些规律性问题的方向,如文明交往的世界性、本土性和现代性等。"思想结构"和"思想立场"相关,但要注意历史进程的完整性。我觉得,应从文明交往的三个进程分析其轨迹:①分析中东不同文明"之间"的交往关系。②分析同一文明"之内"的交往关系。只有这两方面的结合,才是全面的中东史。③物质、精神、制度、生态四大文明交往要全面反映。交往是全面的,各方面之间是交往互动的。

8. 模式与意义:研究模式解决:①研究什么?②如何研究?③为何研究?学术创新四途径:①新史料;②新观念;③新方法;④新研究模式。中东文明交往史有两层次:①中东与不同国家、地区的文明交往过程;②中东与其他文明相互影响、相互创造的双向过程。模式上表现为影响问题的,一种是肯定的积极意义的研究类型,另一种是否定的负面的"霸权"影响。两者的意义不同,意义表明了"影响"的两重性。

9. 自觉与反写(Write Back):新理解与发掘为一类,新阐释角度又可重构而引发新的开掘为一类。此二类应兼顾。"平等对话"是一种道德化的学术理想,不能因此掩盖历史与现实问题。必须分析中东史上文明交往中霸权与压制、他者化与自我他者化、自觉与"反写"的潜在结构。所谓"反写",主要是指近代以来阿拉伯文化与西方文化的关系。不是说,此时阿拉伯文化对西方没有影响,只是说西方文化成了强势文化,有"覆盖性"。在这种情况下,强调阿拉伯文化的影响,本身就是一种"反写"。

10. 国别与世界:事实上,历史上不存在一个超越国别民族性史学的"普世立场"。启蒙神话中的"世界文学",当今的"全球史学",以及"整体史学",其中都包含着西方中心主义的霸权思想。"交往""联系""关系"之所以重要,就是因为它们从"跨文化""跨文明"的"公共空间"来研究文明问题。历史是多样的,文明是多元的,相互作用、交互作用是一个系统进程,这个进程形成了"跨文化""跨文明"的"公共领域"或"公共空间"。尽管弱势文明国家势单力薄,但也在某种程度上参与创造世界文明;尽管不同国家地区文明交往存在"不平等"的现实,但都以自身独特的立场参与世界文明。世界文明不可能完全是任何一个民族、国家扩张的结果。

结论——文明交往与比较:从文明交往研究人类历史的优点:①具有真正现代的学术视野;②从文明交往研究切入世界历史和现状研究,可以创造中国化的世界史与历史研究的学术个性。对现有成果进行品味、咀嚼与消化,对已有研究模式、方法、理论和已有探索、尝试进行重估和反思,进行过滤、选择、去伪存真,从而进入深层、全方位而创新。比较是一个重要方法,"世界性"因素,可以激活文明精魂。中东学科的理论体系与学术框架在于文明的交往与文明的比较。交往之中有文明新发展。比较之中有新的结构。中东学科建设离不开学科自觉。

结论:删繁就简三秋树,文明交往要突出。整体轮廓有新意,超越前人在自知。

总结论:中东学科的自觉贵在学术创新。可分述如下:

1. 学者可贵的学术品格是"自得",是自己独立思考而后的吸收、综合和创新。这是学者的自觉见之于学术个性化的主体性表现。学科是学者从事的学术领域,有了学术的个性自觉,还应有更广阔的学科自觉,即对所从事的学术大领域有一个整体的理性认识和求知致真的高境界追求。

2. 中东学科建设最需要的是学科自觉意识。我涉足中东学科领域说早也早，始于1958年伊拉克革命时期。但那只是昙花一现，被后来的政治风暴所吹掉。真正再进入时间要晚得多，可以从1979年苏军侵入阿富汗时开始算起。后来在1985年以后才正式确立定位。从那时起到现在，长时间的印象是，中东学科最缺乏的是学科基本建设，而基本建设中最缺乏的是中东学科独立的理论和方法。经过反复思考，独立的理论和方法缺失，根源在学科意识不强，在学派自觉性不强，在原创性成果缺失，在研究队伍不大，特别是这支队伍中学术自觉性不强。不过，1991年以来，这种自觉性逐渐加强，成果和队伍也逐渐壮大，所缺乏的是原创性独立理论和学派意识。任务：推进学科体系、学术理论、科研方法的创新。

3. 理论肇端于思想。学科要发展，思想要先行，这是源。学科要发展，系列性成果要出现，学术范式要形成，这是尾，是结果。不能只见尾，不见头，不能只见后果，不见思想。理论之源是创造力，是想象力，是假说，是思维方式，是方法，是后来者跟着传承的起点。这就是思想，是理论。真希望每一章都有新思想，文明交往思想。

4. 学科自觉的理论始于并基于问题。问题是什么？是时代的要求，现实的需要，学术发展的活力。学问，学问，岂能没有问题。屈原在两千多年前的《天问》中，就向自然世界提出了十二个问题。中国当前面临许多国际问题，包括中东问题。美国在国际关系体系中占主导地位，该国有"霸权稳定论""权力过渡论""长周期论""国际机制论""新自由主义制度论"等等，都有中东在内的问题。中国有一个如何面对国际社会和中东社会的问题。我们也从中找问题，真问题和自己的问题，从中具体问题具体分析，在解决问题的过程中，逐步形成自己独立的理论。我以为，现在可以做的，是把文明交往理论具体化，与中东问题结合的具体化，而不是跟着外国人跑，顺着接着别人讲。

5. 学者与思想家的区别。我常想，熟悉一门学科而有成就者，可称之为学者，大成就者，可称之为大学者。但唯有那些兼有学问而又有胆、有识的新思想开拓者，方可称为思想家。学者是文化财富的持有者和传播者，思想家不但是文化财富的继承者，而且是文化财富的创造者、学术的发展者。人的智慧贵在创造，文化创造崇高而久远，需要赤诚、实干、肃敬、心平、气静。用"学"统领"术"谓之"学术"，追求一时轰动效应，就源于无心于"学"，而专注于"术"，成为泡沫而浮泛破裂。这也是《中东史》写作的学术自觉和清醒观念。

6. 中东学科的自觉，是思想上的自觉，时代的自觉，主体性的自觉。学科自觉贵在创新，而创新的关键在坚持主体意识，即原始创新、集成创新和引进消化吸收后的再创新。要站在时代高度，瞄准学科前沿发展，着力解决制约学科发展的理论问题。当然，这不是几本书能解决的，但一定心中有底，手中的笔才有所体现，才能用作品讲出有份量的话语。

7. 《中东史》的编写，应当提高到中东学科建设的高度去认识，提高这方面的自觉性。由此出发，既要继承、传承，也需要创新、开拓。不忘记我们中东研究所已有的一切成就、成果；另一方面，也要大力吸收消化国内外一切优秀成果，使之化为己有。《中东史》要有学术品位、史学本体，也要有思想境界，特别不可以没有"自得之见"。走自己的路，写自己的书，培养自己的人，建立自己的学派。这对中东研究所是任重而道远，几代人才能完成。

但，路虽远，不走不至；事再难，不办不成。已成的13卷末卷作者名为"钟志成"，是协力而同心的众志成城之意。众志成城，众志成书，老、中、青三代作者，定能胜此大任。努力吧！我坚信一定能成功。

2008年1月20—25日于北京松榆斋

由托尼·朱特的国家观和历史观所想起的

以色列是第二次世界大战后建立起来的新兴民族国家。亲历这个中东民族国家许多历史事件的托尼·朱特（Tory Judt），为英国史学家，他著有《战后：1945年以来的欧洲史》（林骧华译，新星出版社2010年版，约90万字），其中可注意的是他的国家观和历史观。

托尼·朱特（1948—2010），青年时代为左翼犹太复国主义者。1967年第三次中东战争期间及战后，自愿为以色列国防军当翻译、做司机。但不久后，他即反对以色列。1983年，他称以色列为"好战而不宽容，为信仰所驱动的民族国家"。他主张，巴勒斯坦与以色列应共存于一个单一政府的统治之下。他的国家观，是面临着信息时代的文明转型时期，也是处于亚非民族国家建构、国际秩序变动和全球化等历史与现实种种巨变的新时代背景之下，因而值得注意。

他的国家观和历史观是联系在一起的，其理论概括见《战后：1945年以来的欧洲史》的后记。他感慨地写道："记忆本身是靠自己来论证和强化的，与之不同，历史让这个世界多了一份清醒。在大多数情况下，它带给我们的是不安，甚至混乱。因此挥着历史这个道德大棒，来攻击斥责一个曾经犯下罪行的民族，并非总是谨慎的政治手段。然而，历史又的确需要人们去认识，而且每一段时间都需要重新认识。"他正是用这种历史观来看待以色列民族国家的。历史观可以给人们以长时段、大范围、宽背景的视角，启发文明交往的自觉，从而逐步由认识上的必然走向自由。

摩西走出埃及返回故里，但犹太人是否想起救起摩西，并为他起名"摩西"的埃及法老女儿的恩德呢？民族性之中理应包括人类性、世界性和人性中的良知、善性。

由托尼·朱特的国家观和历史观，我想起了英国作家伊恩·麦克尤恩。他是2011年耶路撒冷书展奖得主。在2011年2月20日耶路撒冷国际会议中心的答谢讲演中，他批评了巴勒斯坦和以色列双方的"虚无主义"：哈马斯的"炸弹客和大箭弹"的虚无主义；以色列剥夺巴勒斯坦人返回家园的权利，和将加沙地带变成监狱，以及在被占领土地上掀起"混凝土海啸"的虚无主义。

和托尼·朱特一样，在以色列民族国家的前途问题上，伊恩·麦克尤恩关注以色列与巴勒斯坦的交往。他赞扬以色列作家阿摩司·奥兹、AB.耶、舒亚和大卫·格罗斯曼三人都"热爱自己的国家，为国家做出了牺牲，也一直对国家前进的方向难以释怀"。他说，这三位以色列作家都反对建立定居点，也因此成为"国家的良心和记忆，尤其是希望"。这里，他和托尼·朱特一样，回到了记忆和历史观。但是，他悲叹道，近些年来，"时代正在背叛他们的希望"。

提起文学家，使人想起伊朗的贾拉尔·阿里·艾哈迈德。他1962年游历欧洲，受到海德格尔关于批判科技负面作用的影响。他也批判西方科技文明，曾提出伊朗地毯业的衰落，是西方经济的胜利，是西方对东方的胜利的论点。霍梅尼曾多次引用这个论点。后来，他游览以色列，对基布兹的印象极佳。他认为："作为一个东方国家，以色列是一个典范，它比别的国家都知道如何对付西方，如何利用大众的精神力量来推动工业发展，知道如何利用精神力量推动国家进步。"他涉及以色列民族国家的经济发展问题。

民族国家的建构，包括它自身的生存、安全、主权，和国与国之间的平等互利关系，即文明的内部与外部交往中，如何处理利益诸因素之间的良性互动。这是民族国家面临的主要问题，麦克尤恩想起了列宁当年的问题："怎么办？"他提出了用"创造力"来克服"虚无主义"的办法。他认为，首先要发挥以色列作家、艺术家、科学家们的创造力，而不能回到严防死守的"碉堡心态"。用创造力对抗虚无主义,"变革的气氛,对个人自由的渴望……是一个机遇,而不是威胁"。

他在约两百人的答谢会上明确地说:"耶路撒冷空气中悬浮着一种巨大而明显的不公不义。"这些话引起了与会的一部分人的不满,有人中途离会,只有政治家如西蒙·佩雷斯,及以色列文化部长保持沉默。颁奖的耶路撒冷市长尼尔·巴卡特是支持该城阿拉伯人建立犹太人定居点的人。他说,耶路撒冷"欢迎所有人的自由表达,正如麦克尤恩的作品中倡导的宽容一样"。托尼·朱特把一万美元奖金捐给巴以两国前官兵组织的慈善机构"和平战士",鼓励双方在交往中以非暴力和平方式解决冲突。

以色列国家越来越面对问题丛生的局面。法国《快报》2011年1月的封面文章标题就是《以色列:面临觉醒的阿拉伯》。其要点有:①阿拉伯的这个春天让美国和欧洲担心伊斯兰运动的崛起,让石油进口国害怕动乱会蔓延到海湾,导致石油价格攀升,让其他阿拉伯国家遭到多米诺骨牌效应的侵害;②以色列更像处在噩梦的前夜,如果埃及向伊朗靠拢,以色列在中东将遭到孤立;③最近调查显示,半数的以色列人不愿与阿拉伯人为邻,尽管他有五分之一的阿拉伯人口;④法国等许多国家不接受以色列的和谈政策。

2009年6月,萨科齐在与以色列总理内塔尼亚胡会谈中说:"你认为你有时间,但情况远非如此;你说你有后备方案,但实际上你没有;你认为你比巴勒斯坦强大,但其中有很多问题。"读此文,我感到中东似乎又回到了20世纪初期的亚洲觉醒时期,在某种程度上重演着列宁所说的"东方"反转过来影响"西方"的历史。西方国家似乎都在不同方面感到来自阿拉伯世界的压力。当然,历史不会完全重演。这次的变动,很可能是以阿拉伯文明新的复兴面貌出现于世界。中东地区在21世纪的巨变中,肯定会实现新的深刻的社会变革。

中东地区的民族国家体系在剧烈变动中。阿拉伯、伊斯兰,以及外部的西方国家的因素、民族和宗教,以及各文明之间的互动,也有新的特点。民族国家居于变动的中心,国家利益制约着变动的方向。我步入中东研究领域之后,始终着力考察民族国家问题最为关键处,今后仍需追踪这个文明实体的变化,以观察其变革所向。

2011 年 2 月 25 日于北京松榆斋

"互文性"隐喻交往互动律

《互文性研究》为蒂费纳·萨莫瓦约著,邵炜译,天津人民出版社2003年出版,其中对文学文本之间的关系研究,发现了交往互动规律的某些特征。他称此种联系为"互文性"(Intertualité),即英文中的 Intertuality,就是最突出的一个特点。

这位法国学者认为,"互文性"是指任何一个单独的文学文本,都不是自给自居的封闭状态,都有"互文性"存在。"互文性"的意义在于:任何一个文学文本都在与其他文本交互参照,并且是在交互指涉的过程中产生的。于此可见,任何文学文本都是一种互文,都面对其他文本的吸收与转化,而这种被吸收和转化的文本,则被称为"底文"(Soustexte),即"文中之文"。

这种关于文学文本的"互文性"理论,颇合人类文明交往互动规律,对研究文明之间的交往有启示意义。任何一种文明都不会是孤立的,都有其内在传统和外来激励的互动联系。文学中皆有原型人物,现实中又有故事,研究者要深入到时代背景、作者所处生活中寻找其主人公的"内化"与"外化"的艺术痕迹。艺术真实与历史真实不能混淆,修史中不能因"史趣"而违背"史实"。

2011年6月3日于西安悠得斋

交往的多元文化与文化间性研究

在人类文明交往中，最早是因发明文字而脱离了史前文化阶段，进入文明阶段。此后文化并未消失，相反，文化始终是文明的核心价值观、意识形态，并且始终表现为民族特性。文化不仅与文明并行，而且二者常常互用。

多元文化是文明交往过程中存在的普遍现象，在历史上常常与政治文化相联系，并表现为政治策略。在20世纪80年代，加拿大和澳大利亚为了解决英法等国移民与当地人之间的矛盾冲突，最先提出了多元文化的政治策略。美国在消除种族差别政策失败后，也采取了多元文化的政治策略。多元文化是对少数文化社会地位的认可，因而成为这些国家文化生活的重要内容。

作为文学研究中的多元文化概念，在亚非民族国家体系形成后，在殖民体系崩溃后的时代中，后殖民写作以此为写作的途径。它的特征有两种：第一，在相对统一的社会政治环境下，不但主张不同的文化群体得以共存，而且主张将少数文化、边缘文化合法化，而且要上升为主导地位；第二，否定任何形式的正统文化，多用法律和道德范畴的概念进行文学研究。

与多元文化研究途径不同的是"文化间性"研究。法国比较文学研究学者达尼埃尔·亨利·巴柔在解释"文化间性"的问题时，指出它是以文化间性的开放为前提的。他认为，文化间性研究有三个思考层面：第一，各种文化和文学间的接触、交流和相遇关系的动作方式；第二，对其中关系研究的主要对象是中介文学；第三，对文学中某些社会现象提供的表达语言的思考，尤其是对文学异国文化适应现象的研究层面思考。

达尼埃尔·亨利·巴柔还接触到了文明交往的对话主题。他说，文化间对话并不表示对话是平等的，文化的对话必然是一种力量的关系，在对话的互动过程中，总会存在力量强弱的对比。所以，在各种文化对话基础上的差异，是无法脱离等级、距离、熟悉程度和异国强弱的这些概念的。他又说："文化越界"这个概念，使"文化间性"研究处于对话和动态的状态中。从此出发，研究者发现对异国文化的适应，从来都是复杂的转换机制，而非单向的。

这两点说明文明交往互动规律中，多元化不是并列杂糅，不是没有差异。尤其互动中的力量强弱，多元与一元、个人身份与他者、民族国家与世界全球是在差异的前提下互变的。这种结果是辩证的互动关系。

2011 年 6 月 21 日于西安悠得斋

民族主义和民族性

我在为韩志斌同志的《伊拉克复兴党民族主义理论与实践》一书写的序言中，曾经谈到挪威学者列夫·利托对东方民族主义思潮的不理解情况。近读英国学者戴维·米勒的《论民族性》（刘曙辉译，译林出版社2010年版），果然又一次看到类似情况。西方一些学者笼统地把"民族主义"作为一个带有负面意义的词语，使得戴维·米勒写本书的时候，为了避嫌，转而用"民族性"作为书名。

米勒用"民族性"代替"民族主义"，表明了他既不笼统捍卫民族主义，也不完全抛弃民族主义的立场。他提出了"区分可辩护版本的民族性（中译本第41页）。其中值得注意的是，他对可辩护民族性原则的三方面论证：第一，主张民族认同是个人认同的合法性源泉；第二，承认同胞之间的特殊义务是正当的；第三，民族在政治上的自决有充分的自由。"

可以看出，米勒的具体分析给自己留下了足够的宽容空间。他认为，承认民族性的主张并不压制个人认同的其他源泉。他以温和的同情态度对待民族性诉求。对民族主义应当持历史的和有区别原则的态度，来具体问题具体分析。且不说，压迫民族和被压迫民族之间这一大的区分，就是今日的全球化时代，世界各国哪一个不把国家主权和独立看作国际政治交往的利益底线呢？

2011年5月，美国前国务卿亨利·基辛格出版了《论中国》一书。牛津大学政治学教授拉纳·米特，在5月15日的英国《观察家》报评论了基辛格的实用主义政治观。他特别注意此书最后部分所谈的忧虑：中国兴起的民族主义，以及美国针对所谓"黄祸"的民粹主义宣传。他认为，这种明显的哀伤和担心会将他 1971 年密访中国以来的成果化为乌有。的确，基辛格是一位重视历史的外交家，他在中国漫长历史发展中理解中美关系，并且也从美国传教士的优越论和中国文化优越论角度，对中美关系与世界未来作了现实的思考。基辛格所说的"传教士"优越论，是把美国的价值观传带到世界的"天然使命感"，而中国是把其他所有国家，按照他们去中国文化形式与政治形式的相似度，分成不同层次的"属图"。不过，他对中国历史还不深知，孙中山早有"王道"与"霸道"文化之分。"不称霸"的思想是中华文明的优秀部分。清醒的哲学家会看到民族主义与种族主义的区分，而不会把爱国的民族主义与纳粹，甚至于与美国宣传的"民粹主义"混为一谈的。民族性和价值观同为政治文化的要素。因此，英国学者戴维·米勒所谈的"民族性"，就是我在《东方民族主义思潮》中所说的政治文化，是从文化角度谈民族主义的。

作为一个学者，其民族主义情绪肯定会影响其学术研究的科学性；其研究成果，也会因此而减弱其客观性和广泛性。我认为，既要同情理解亚非民族主义的历史和现状，也要超越民族主义，而用人类文明交往和全球眼光来研究民族主义和民族国家问题，从而增强学术研究的自觉性。民族是人类历史上形成的，它具有血统上的种族性，又具有政治上和文化上的历史性和传统性。按照 A. F. 波拉德的观点，世界古代史从根本上说是"城邦"或城市国家（City-state）的历史，中世纪是"普世世界国家"（Universal World-state）的历史，而世界近代史则是"民族国家"（National-state）的历史。其主要特征是"民族性"（见 Fostors in Modern History，伦敦 1967 年版，第 3 页）。谈到中世纪欧洲，他又说到这种"普世世界国家"时，他认为这是当时主导的国家观念的普世主义思想，是人民或人民中的人们首先认识自己是基督教徒，其次才是地方主义观念，即某一地区的属性；勃艮第或其他地区的居民，只是在最后——如果实在要说的话——才是法兰西人或意大利人。这种"普世世界"是中世纪欧洲的特征，是宗教的政治文化。

实际上，西欧民族国家在建立之前，还有一个"王朝国家"（Dynasty-state）的形式和文艺复兴的前民族性发展的重要阶段。"王朝国家"的中央集权的王权，在西欧近代初期是一种进步力量，使民族的统一成为可能，有些史学家把它称为"欧洲史的更新（Renewal）年代"（1470—1600），而欧洲的"民族主义"年代为1818—1890年，"变化年代"为1890—1945年。对这个分期当然会有不同的看法，但对西欧而言，它的近代史无疑是摧毁"普世世界国家"，尤其是推翻王朝国家，从而建立民族国家的历史。以宗教为统治国家的正当性、以王权为专制的封建王朝国家权力的合法性，让位于民族国家的共同体。西欧的英国、法国，而后是德国到意大利，都以不同的政治文化的民族性特点，经历了两个发展阶段：民族国家的建构和扩张，而进入1914—1917年的第一次世界大战。

这里，我想重复一下我20年前在《东方民族主义思潮》中的观点：世界近代史是资本主义战胜封建主义的时代，是和建立满足近代资本主义的民族运动、民族主义和民族国家的社会发展需要联系在一起的。我当时引用了列宁在《论民族自决权》中的观点："在西欧大陆上，资产阶级民主革命的时代包括的是一段相当确定的时期，大约从1789年起，到1871年止。这个时期恰恰是民族运动和民族国家建立的时代。这个时代结束后，西欧便形成了资产阶级的国家体系。"（《列宁选集》第2卷，人民出版社1972年版，第517页）实际上，不仅整个欧洲，包括美国、加拿大、日本、澳大利亚、新西兰等国家，都经历了这个时期而成为资产阶级民族国家体系的成员。

同时，我也想重复一下《东方民族主义思潮》一书中的另一个观点。东方的亚非国家的民族民主运动经历了和西欧同与不同的历史阶段。民族国家在东方也是造成最充分的商品生产，造成能够实现民主、自由和发展资本主义的条件。资本主义的扩张促进了东方的民族觉醒，使东方民族主义运动和思潮发展起来。从1905年以后，亚洲的伊朗、土耳其、中国、印度等国家，到处发生民族运动的世界历史意义，正在于它表现了建立民族国家的历史趋势。经过了两次世界大战，到20世纪60年代，基本上建立了民族独立国家体系。我认为，东方民族主义是一个多类型的复数概念，是一种多元的民族民主政治信仰与民族宗教情感价值观的政治文化思潮。在主导的进步性之外,还有进步与落后、民主与独裁、自由与集权、现实与空想、前进与倒退等复杂现象的交织。我是从民族主义的政治特点和文化特征相结合的观点,即从政治文化来观察东西方民族主义的。

2011 年 6 月 25 日于西安悠得斋

时间、空间和人间的间际交往

爱因斯坦在谈论时间、空间和人间的间际交往时，说过下面一段话："有时候我问自己，为何碰巧是我发现了相对论？我想，是因为正常的成年人大多不会停下来想空间和时间问题。无论他们如何思考这些东西，他们只会重复孩提时代的想法。而我呢，智力发展迟缓，长大以后不思考这个问题。自然，我比普通的小孩子更深入思考这个问题。"爱因斯坦有童心童趣地思考时间、空间问题，又有成人持续自觉地思考时间、空间问题。在他那里，把时间、空间和人间之间的思考，与儿童的好奇心和成人的兴趣感的双重人间智慧结合起来。这就是人类文明交往的自觉。

现在，哲学家谈论时间、空间和人间这"三个"的间际交往时，往往只谈时空观，而忽略了这"三间"的统一与互动。文明交往自觉的"九何而问"中，前三问"何时、何地、何人"中所问的"三何"即上面说的"三间"。"三间"是"九何而问的纲，以下各问，均由此演化而来"。

人类文明交往活动，可以概括为时间、空间和人间的"三间"的间际交往。各种不同文明之间、之际的交往，以及同一文明之内的交往，都离不开时、空、人三者之间的内外联系与交互作用。历史是人类穿越时间、空间而表现出的真、善、美、假、恶、丑、爱恨情仇、权欲横流，以及人文温情、和谐和睦这些文明与野蛮交织的纷繁世界。

时间与空间是运动着的物质世界存在的基本方式。人间是人与自然、人与人和人的自我身心之间交往感受认知的基本互变状态。这两种运动的基本方式和交往互变的基本状态的结合,组成了时间、空间、人间互动交织的物质和精神世界。亚里士多德在他的《物理学》一书中说:"如果不了解运动,也就无法了解自然。"然而,"如果没有空间、虚空和时间,运动也不能存在。"他谈的是运动着的时空统一观,是时间上的物质自身状态的"交替系列"和空间上的物质自身形态的"并列系列"互动的宇宙万物秩序的动因。孔子比他讲得更形象、更生动具体:"子在川上曰:'逝者如斯夫,不舍昼夜!'"(《论语·子罕》)作为"人间"的人的孔子,面对川流不息、不可逆止的河流,穿越时间、空间而滔滔逝去的伤叹,影响了一代又一代中国人的思维方式。唐代诗人如温庭筠《苏武庙》中,就有"空向秋波哭逝川"之句;李白《把酒问月》诗中,也咏叹"古人今人若流水,共看明月皆如此"。毛泽东则有"别梦依稀咒逝川"的感慨。诗意表达时、空、人"三间"统一观的当数陈子昂,他在《登幽州台歌》中咏道:"前不见古人,后不见来者,念天地之悠悠,独怆然而涕下。"这种"三间"交融互动的感人"洪钟巨响",正如明代黄周星言:"胸中自有万古,眼底更无一人,古今诗人多矣,从未道及此者。此二十二字,真可泣鬼神。"

时、空、人这三间之中,时间居首,是地球自转和绕太阳公转引起的自然变化而带给人们的日、月、年,以及时、分、秒的严密的计时系统。时间无形、无声、无色、无味,又具有不间断性、瞬逝性、不可逆转性和穿透性。瑞典学者奥维·奥夫格伦和乔纳森·弗雷克曼在《美好生活》中说:"在所有的文化中,时间在社会组织里都扮演着核心角色,它标志文化边界与文化变动、个体和集体的生命与节奏;它创造稳定与结构。"(中译本,北京大学出版社2011年版,第11页)的确,时间贯穿着江山、人事,如唐代诗人孟浩然登上岘山时所云:"人事有代谢,往来成古今。江山留胜迹,我辈复登临。"也如宋代诗人苏轼在《前赤壁赋》中对个人在大自然中短暂渺小的感悟:"寄蜉蝣于天地,渺沧海之一粟,哀吾生之须臾,羡长江之无穷。"此类诗和西方现代哲学家海德格尔的《形而上学》中,关于人类是无限太空地球小沙粒的"一群爬行者"的名言一样,与"三间"含义有相通之处。

回忆我幼小读《千字文》,开篇就是"天地玄黄,宇宙洪荒"的时空概念。后来在初中写英文，遇到 World 和 Universe，知道这两个英文单词与宇宙的字义相同。《庄子·庚桑楚》对"宇宙"二字的解释是："有实而无乎处者，宇也；有长而无本剽（通"标"）者，宙也。"在《庄子·让王》中，还有"余立于宇宙之中……日出而作，日入而息，逍遥于天地之间"。对宇宙这个中国汉字的解释，还可以在《淮南子·齐俗》中看到："往古来今谓之宙，四方上下谓之宇。"总之，"宇"是空间（Space），即东西南北；而"宙"是时间，即古今旦夕的时间（Time）：合起来是时间和空间。这二者的特点，在人类文明交往中不断伴随着科学发展而扩大，其本质是：空间无穷大，时间无限长。这是"人间"的观察结论。

至于"世界"，本为佛家语。"世"指时间，"界"指空间。《楞严经》中说："何名为众生世界？世为迁流，界为方位。汝今当知，东、西、南、北、东南、西南、东北、西北、上、下为界；过去、未来、现在为世。"很明显，与"宇宙"相同，也是时间、空间的名词、概念。英文的 World 和 Universe 均有"人类"的含义，这中间实际也和《庄子》的人立于宇宙之中，逍遥于天地之间一样，都包括时间、空间和人间间际的间际交往联系在内。此外，World 还有"地球"的含义。西方学者鉴于全球化的迅猛发展，把世界史称之为"全球史"，其实质，也是从另一个角度，对人类文明交往在"三间"的间际交往的一种表述。

马克思批评蒲鲁东的历史观时说："他的历史是在想象的云雾中发生并高高超越于时间和空间的。"蒲鲁东的历史观是脱离时间与空间的空想史观。人间、时间、空间这"三间"之学，是人类文明交往的核心历史观念，是史学家最应关注的观念。所谓"学问得间"，就是从这三种间际之间探索人类文明交往的互动规律性问题。这样，人与时间、空间的历史交往联系，就文明发展成为人类社会历史的主题。

2011 年 6 月 27—30 日于西安悠得斋

生产和交往的互动作用

生产和交往是人类历史的基本概念，也是人类文明产生的物质基础和社会根源。人类是在生产和交往活动中，在文明自觉基础上创造的新的文明。这是唯物史观，也是人类文明史观的基本内涵。

人类文明发源于东方（美索不达米亚、埃及、印度、中国）。生产和交往产生了城市，也就开始了人类文明从东方升起的曙光。城市比较新石器时代的农村而言，其文明特征是：规模大、人口多、政治、经济及社会结构复杂。但城市生活依赖农村居民供应粮食，而粮食生产必须依赖农业技术生产力的提高。不仅粮食生产，还有蔬菜及其他食品的供应，才能使城市不从事农耕的居民（商人、工匠、官员、祭司）生存下来。

人类文明与史前文化区别的标志是：①城市；②专业劳动生产分工；③文字（保留、传承、传播文明）；④国家政府组织；⑤纪念性建筑；⑥复杂的宗教结构。国家为最重要标志。

人类早期文明的中心力量是宗教。宗教在当时生产和交往的水平条件下，反映了人同自然、人与人和人类自身的关系，说明自然力的作用。宗教特别表明了神的戒律、法律、道德准则。宗教不仅解决了人类对死亡的恐惧，而且促使人类合作应对物质和精神的生存问题。除了死亡恐惧的减轻，神圣的法律之外，宗教还有以下作用：①团结起来应对生存的共同事业（如建设与维修水利灌溉事业、食物的贮存）；②促进文学、艺术及科学的创造；③赋予统治者以神的代理人的权威。

这里有一个史学家长期争议的问题：苏美尔人和埃及人这些最早文明的创造者，究竟如何突破蒙昧而进入文明？也就是为何许多村社都学会了农耕，发展到文明的门槛前，而却只有少数村社跨进文明社会？多数史学家强调文明与河谷地区的关系，认为河水把沃土冲积到附近的田野，给农作物供给水和肥料，同时，河谷地带又易成为贸易交通大道。这里从生产条件和交往条件而言，有一定的道理。

文明的出现，是农业社会发展的必然结果。不过从根本上说，人类伟大的创造才是根本的。生产和交往环境条件本身并不能产生文明。人的生产力和交往力与这些条件相结合，才能创造文明。美索不达米亚平原的幼发拉底河、底格里斯河，以及埃及的尼罗河，之所以对农作物有使用价值，必须有人的思考能力和协作精神。这就是要排除沼泽积水、清理丛林、修长堤坝及水库水渠等等工作，才能利用河水及肥沃的冲积土层。数量众多的人类合作，是文明的必备条件。人而文之的文化（共同的管理、工程技术、数学运算、文字创造等），人类应对自然并把生产和交往产生的创造性化为文明自觉行动，这才是两河流域和埃及文明的真正起源。

战争历来是文明交往的伴随物。生产和交往的互动过程中，也会伴随着战争。文明交往给人们带来利益，也使人们组织起来实行破坏性的行动。人们在生产和交往中产生的技术威力，领袖掌握的权力，经过训练的人们的纪律和服从，等等，既可以有利于水利及其他大规模工程，也会把人们引向战争。

这使我们想起了文明史学家路易斯·芒福的名言：

"战争不仅是更为常见的原始侵略方式的遗留物……在它的一切典型方面：纪律、训练、指挥编制（数量庞大的队伍分为单位）、集中力量作毁灭性的攻击、英勇牺牲的精神、歼灭战、占领、奴役等等，战争毋宁说是文明的特殊创造，是文明的最终戏剧。"

富裕、民主、和谐乃人类文明的理想，和平、发展、合作为人类文明的追求，自由、平等、博爱是人类文明的体现，可是生产和交往的进程中，总不是在理想中进行的。现实生产和交往中，也常常表现了人性的正面和负面、曲线和迂回、前进和倒退、进步与反动、创造性和破坏性这种相互伴随的现象，总是兼而有之地出现在文明演进过程之中。这里，最宝贵的东西是人类从实践过程中获得的文明自觉。

2011年7月2—3日于西安悠得斋

"化"说城市未来

现在，该轮到用"化"来观察城市变迁问题了。

"化"，是事物的变迁程序，是文化这个文明核心的变化过程。事物之"化"即是转变，即是改动。从性质之化、形态之化来观察城市之转变、之改动、之变化，离不开过程思考和源流思考。城市的某些性质或状态、形态的变化，又进一步使人思考人类文明自觉理论九个要点之中的第八点，即"八项变化"。八项归一，即"委化"（顺应自然变化），《魏书·阳尼传》的《演赜赋》有"即听天而委化兮，无形志之两疲"；宋代陈长方《唯室集》中也有王正自挽诗云："栖迟俄委化，惋惊首重骚"之句；唐代王绩的《石竹咏》讲得最明白："弃置勿重陈，委化何足惊。"委化，就是顺应自然和社会发展规律的变化，这是变中之常，是人们认识规律，践行规律，按规律办事。

城市世界是人类文明交往世界的一部分，而人类文明交往的世界是变化着的世界。人类文明交往是变动着的实践活动，它通之于变，成之于明，归之于化。变化、变通的要旨在化。化是天地万物生息的规律。文而化之为文化，文而明之为文明，只有化才能明，才能在文明交往互动过程中走向深化和自觉。变化是改易的泛称。我把这种变化具体化为八项要义。

（一）教化。城市中物质文明与精神文明同等重要，其中的教化，尤其对提高文明程度有重要意义。教化是复杂的育人问题，这是中华文明的转移人心风俗的潜移默化的人文特色。这集中表现为政教风化、教育感化的文明交往互动思想。《说文》中的《化教行也》，《增韵》中的"凡以道诲人谓之教;躬行于上、风动于下谓之化",《道德经》中的"我无为而民自化",《礼乐记》中的"化民成俗",都说明了教化的意义。中华民族有重视教化的传统,《诗·周南·关雎序》即有"美教化,移风俗"之说。《史记·三王世家》也有"蓬生麻中,不扶自直;白沙在涅,与之皆黑"的话,用以比喻"土地教化使之然"的道理。教化的基础在经济,杜佑在《通典》的自序中说了管仲早已昭示的"仓廪实而后知礼义"的人本民生的唯物论观点。城市是政教风化集中地区,教化是传承文明之路。教化标志着城市化中文明交往的自觉化程度。

（二）涵化。涵化（Acculturation）是由两位美国学者提出的。第一位是人类学家 M. T. Herskovi,他在 1948 年出版的《人及其工作》一书中,从人类个体适应其文化并学会完成适合其身份与行动过程的意义上,使用"涵化"概念的。另一位是传播学者 George Gerbner,他也是在 20 世纪 40 年代研究文化指标时,提出一种大众传播宏观效果的"涵化"作用。台湾学者殷海光在《中国文化的展望》（中国和平出版社 1988 年版）中,把"涵化"译为"濡化",并对此作了解释。我在 1990 年写《东方民族主义思潮》时,用"涵化"的概念,是在说明不同文明之间的交往,是彼此双向相互吸取,彼此适应,互为变化的开放、包容、整合自己的过程。造成涵化的原因是：差异程度、接触环境、力量强弱、接触媒介、变化走向。涵化的结果是：冲突、适应、融合、互化、更新。涵化的种类有：抗拒、附加、混合、代换、创新,涵化是内部的创造和外部的激活互动的表现形态。涵化的自觉程度取决于文明交往的底线和承受度。这种对外来文明激化的线和度的动因、形态、趋势,以及对经济、教育、现实政治的影响,都反映在内外要素的契合点上。两种以上文明的接触互动过程,是内部诸因素和外部诸因素之间的一个复杂的、多向的涵化互动过程。城市文明交往,是涵化最集中的地区,越是大城市,其涵化特征越是多样。从涵化角度看城市文明的交往,会出现一个崭新的视角,打开一扇新窗口,发现一条新路径。

（三）内化。内化与外化,是人类文明交往过程中互动的一对范畴。我在《文明交往论》一书中,是把二者放在一起论述的。在这里,我把内化加以单独叙说。法国社会学学者迪尔克姆提出"内化"概念。他是指社会既有的规范体系，它超越个人意识而独立存在。它透过内心的过程，植根于个人意识之中。汉语的"内化"是人的内在消化吸收创造力。英语的 Internalization，是人对外部事物通过认知转化为内部思维过程的内化现象。这些社会学、人文学的内化在人类文明交往中，表现为内部传承和外部吸收的结合。内化表现为一个文明的消化融合力，是一种文明进化生命力之所在。在相同文明之内，尤其在一个民族、地区、国家之内，其交往活动呈现出大同小异的同异多样性形态，显示出既具共相又具特殊性的文明风貌。城市文明风貌常常是这种风貌的集中体现者。内化是城市化的灵魂。生产力和交往力在内化过程中的结合，形成了城市生命和风貌的真正动力。

（四）**外化**。外化主要指不同文明之间的交往变化传播过程。商贸、战争、迁徙、文化传播等，都是交往之间的不同形式。外化是双刃剑，既可激活一个文明的创新活力，使之吸收别的文明的营养，使自己革故鼎新、吐故纳新；也可能被外化而失去本文明的民族性而被同化。这里的关键是，人们在文明交往过程中交往能力的自觉。我在《文明交往论》中说："外化与内化确实是文明交往的关键环节，它与时俱进，如果处理得当和运筹得法，完全可以使'内圣'化出一个新'外王'来。这种交往力只有在文明自觉中才能发挥创造力。"[①]（第39页）城市化也有类似的问题。它的内部铸造与外部塑造，都寓于文明交往自觉化之中。文明差异性并非必然导致冲突，同一性也并非必然导致融合。冲突与整合，有一个变化发展的交往互动过程。大冲突，又有更大交融的求同存异、共存共进，使人类文明更加生机盎然，丰富多彩。城市文明是这幅绚丽全球历史长卷中的精彩部分，并在人类文明交往文明化中发挥其独特作用。外力入侵与内部变化相互作用。强势文化总是企图用自己的面貌来改造世界。

[①] 这种自觉是交往力的自觉。我在《阿拉伯国家史》结论中说过："一种文明有没有生命力，最根本的关键在于有没有适应新生存环境变化的交往力。这种交往力是一种内在的生长能力的外化，它表现在对自己文明的自尊、自信，对异己文明的宽容、理解，也表现在对异己文明的吸取和对自己文明的创新。"

（五）**同化**。不同文明之间的交往过程中，有一种被另一种化而同之的现象。交往使之相近或相同。一个落后文明用武力征服了另一种文明，但由于其中有内在的社会结构和文化的落后性，在历史上常出现了交往互动变化：征服者被后者所同化。游牧文明征服了农业文明，统治以后，学习农业文明，甚至制度、文字都改变了，征服者被征服。这是完全被同化或基本上被同化的情况。更多的情况下，是相互融化，相近相通，各保核心特色价值观，相互共进共存。胡化与化胡，佛化与化佛，西化与化西，苏化与化苏，变欧风美雨以滋育自己，是中华文明长期持续发展的同化史例。一些古老大城市也有如此变化特征。中华文明中的长安、洛阳、南京、北京，中东文明中的开罗、大马士革、巴格达、德里兰、坎大哈，西方文明中的罗马、雅典、巴黎、伦敦、柏林、维也纳、莫斯科，群星灿烂的城市都是这样。当然，也有新兴者和消失者。这都是"化"之曲折发展使然，其中变迁的文化基因不可被遗忘。

（六）**转化**。文明交往互动规律表现之一是交往双方的互变，即转化。交往力促使文明之间的相互转化，相互影响，彼此渗透，彼此吸收，在转化中产生新质。转化有渐变与突变、量变与质变的发展变化过程。转化一般在文明之间交往过程中，呈现前进趋向，但不排除暂时停滞甚至倒退现象。文明的弱强转化和落后向先进转化，是互变的规律性表现。《淮南子·原道训》说："行柔而刚，用弱而强，转化推移，得一之道，而以少正多。"这在一定程度上反映了其中转化辩证过程。转化有被动与主动之分，马克思说的"野蛮人能被使用于一切，还是文明人自动从事一切，是大有区别的。"（《马克思恩格斯全集》中文版第46卷上，人民出版社1956年版，第42页）也是强调这个不同。转化还有正面转化和反向转化之分，列宁在关于亚洲觉醒论述中讲，20世纪初亚洲反转过来影响欧洲，正是指此而言。城市的转化，同样是受文明交互作用规律的制约。城市研究者自应从转化中探讨其发展特征与规律。

（七）**异化**。这是德国古典哲学的概念，这里加以借用，用于人类文明交往的自觉认识之中。异化，德文为 Entfemdung，指主体在一定的文明的发展阶段分裂为本身的对立面，变为外化的异己力量。黑格尔、费尔巴哈都有自己对异化的表述。马克思所用的"异化劳动"是从唯物史观出发,指财富、财富的占有,以致劳动本身都异化为工人阶级的异己力量。从人类文明交往过程观察,异化是指不同文明之间和相同文明之内的交往变异过程中,出现的走向反面的现象。文明本来由野蛮演进而来,但历史有时也发生倒退,如一西方学者也叹息,第一次世界大战和德国纳粹法西斯的反人类战争。此种文明异化在城市史上也有表现,如恐怖活动之于纽约"9·11事件",走向人类文明的反面。其他如网络弊端成为城市病而化为文明的异己力量,等等。问题是:对异化要有文明化的自觉性认识。

(八)人化。《尚书·泰誓》中有"唯天地万物父母,唯人万物之灵"的话,这道出了人在自然界中生物发展阶段的上层最高位置。人类的特点是:①具有完全站起来行走的姿态;②双手完全解放出来从事独立劳动的创造能力;③具有发达的头脑和高度思维能力;④具有复杂且有多种表达意愿的语言;⑤能够创造图像、符号深化交往和传承的文字;⑥具有制造工具进行生产和能动改造自然的交往能力。人是社会性劳动的产物。人化是人类在生产和交往互动关系中自身的文明自觉过程。中国古代哲学家老子看到了这一点,他提出人类"自化"的观点:"道长无为而无不为,侯王若能守之,万物将自化"(《老子·三十七章》)。"自化"实质上是人类在与万物交往中自身的文明自觉。人类文明交往一开始就有共性,又同"兽性""神性"相交织,而且与"非人性""反人性"相异。人化说到底,就是人类不断摆脱自身精神枷锁、逐步解放思想而认识客观规律,从而使自身走向一个又一个交往文明化和自觉化的过程。用人化的观点,观察城市化,方能抓住城市文明的根本。"八化"之中,人化虽列到最后,实际上它是最重要的。

用"八化"来谈现代化、全球化,这就是把现代化、全球化具体化为人类文明交往自觉问题了。"八化"与城市文明的关系是更具体的问题,也是值得深化到城镇化层次中去的。城市文明化是美好城市的核心,它是与城乡关系紧密联系在一起的。"化"说城市的美好未来,是一个常谈常新的话题。

2011年7月10—12日于西安悠得斋

实用主义"分三向一"的交往观

实用主义是重视交往观的。它的三位代表人物从不同的研究方向朝着一个共同关注的交往观主题，探讨共同的问题。

皮尔斯（Challes Sandes Peirce，1839—1914），实用主义创始人，他提出普通符号学，用符号模式及其符号理想化的方式，解释了交往实践的丰富而精微的方法和共同基础。这位"皮尔斯原则"（固执方法、权威方法、科学方法、先天方法）的坚实而系统的符号学者，之所以将符号学中人类对语言的使用与自我主体性概念相联系，其理论目的就是阐明交往实践的生成与演进的各种语境。他关于交往过程的解释，与反思现象学紧密相关，特别是反思人类心灵如何以普遍方式突破主体直接性界限问题。他和柏拉图一样，认为"思想总是表现为对话"。在这里，把对话这种语言交往上升为思想，从而提出了符号学的"第一性"（直接性）、第二性（对立性）、第三性（中介性）的自我与他者之间交往过程的交往实践方式。符号既是思维的理性控制，又可以定义为"交往的中介"。他的交往观的特点是：①交往是最初从无意识参与符号行为的自我到"不断深入自我意识、自我批判与自我控制"的过程；②我与他者多样视角的相互包容过程。其实，皮尔斯的符号学把交往实践视为不同个人展示自身行为的舞台，其实质是，同时认识到，人类理智的有限性和超越实践限度的能力。在这里，他把理论视为与实践共生同长，与交往互相依存。

詹姆斯（William James，1842—1910），他把皮尔斯的思想系统化，自称为"彻底的经验论"。他与皮尔斯的不同之处,是把符号现象学研究的重点放在符号与符号行为过程中的"经验",其目的是避免规范性研究中经验与交往、认知与行为割裂的二元论。由此,他提出了人、符号、世界的三位一体交往论。在《实用主义是什么》一书中,他用经济学语言的"现金价值"来形容交往的作用:一方面,交往使人类活动的多样性整合成为可能;另一方面,交往也是实现人类目标的最佳方法。交往的主体行为是社会理解和社会意识的问题,是言谈背景(经验意识)与表达方法(语用学)融合为一的过程。何谓经验意识?①感知与表达,人与世界的双向关系;②社会关系和语言关系纠结在一起的网络。总之,经验意识本身就是一个交往事业,是交往的多元性、复杂性、不确定性、歧义性、模棱性之根。交往社会性和个人性的参与实践,包括了互相妥协、互相包容。已达成共识,也包括了个人行为目标和社会建构的双重综合统一。这种交往观,是关于经验意识和主体参与的行动哲学。它立足于交往的现金价值,所期待的是交往行为的后果和源头;它表明了实用主义对于语言学和现象学的复兴。

杜威(John Dewey,1859—1952)他关注语言的交流,即交往主义的民主模式的交往观。杜威批判了笛卡尔、洛克、休谟、康德的启蒙主义的民主模式,认为这种以理性自律的错误在于,不是以"自明性"原则为基础,而是有先天的、非历史性的、非普通性的,不为人类学探索的支持。他认为,交往的民主模式,是以社会理智为基础,不是以理性自律为基础。他提出从"理智重建"的动态的、多元的、语言交流过程中形成的内在话语"推－拉"的平面"神奇"交往中获得独立的自我。交往过程是活动与反省、行动与制造的"艺术"创造自己的经验。对话不是交往的目标,而是在互相关爱、相互支持的多元民主生活的多元民主语境中,孕育并生成民主生活。语言交往是维系共同体民主生活的基础。通过语言交流,传达信息、协作行动、共享经验、融入文化、接受那些维护人类生存的价值观,培养一种具有审美力量的集体思想。这里赋予语言以诗意的审美功能,并把它融入语言改造社会功能,语言交流生成心灵,又孕育为社会共同体的民主交往。

三人的交往观虽"分三"而实则"向一",其共同旨趣是交往本性和能力。皮尔斯的符号学理论是对较晚理论的抽象与概括，阐明交往实践发生与演进的各种语境。詹姆斯和杜威的交往观更注重人类心理、意识、经验、社会、教育、民主等现实和具体问题。他们认为现实世界的"病症"（问题、错误、失效）之源头是人们之间的互相疏离、对立和冲突，而认为交往（对话、沟通，以多元视角协调）是实现共同目标的最佳途径。一句话，人分为三而共同走向实用主义。

实用主义以实践构建对话交流，有其积极性一面，但需用人类文明交往自觉来改造。这种自觉就是人类文明交往的互动规律。否则，"文明冲突论"会东山再起。

2011年8月1日于西安悠得斋

王国维的能动与受动的互动交往观

王国维是对于中国学术文化由古典形态向现代形态转换作出了杰出历史贡献的学者。他对西方哲学家苏格拉底、柏拉图、亚里士多德、培根、洛克、霍布斯、斯宾塞、斯宾诺莎、卢梭，特别是康德、叔本华、尼采介绍传播最多。根据他的独立自由治学理念，介绍的目的在于促进这个转换，形成中国自己的学术文化。这是他与西方思想交往的主旨。

这种交往的第一个表现，是他关于中国文化的能动与受动观。他认为，"中国思想之能动时代"是先秦至西汉，当时"诸子九流各创其说，于道德、政治、文学上，灿然放万丈之光焰"。中国思想的"受动时期"在东汉年间，至隋唐，直至两宋时期，佛教传入中国正值停滞的儒学独尊之时，佛教传入使"学者见之，如饥者之得食，渴者之得饮，担囊访道者，接武于葱岭之道；翻经译论者，云集于南北之都"。这是儒、道、佛文化经交往而融通为一的"受动"结果。宋末至清末，又回到两汉时期的"停滞"状态，而"西学东渐"的近代中国，便由"受动"进入"能动"时代。

这种交往的第二个表现，是在新的"能动"时代，应有吸纳、独立发达的学术观。这里包括两个方面：学术不分国家、地域，应传介与吸纳外来文化；同时，又要排除国家、人种、宗教的偏见。他认为，人有几"同"：人人都有"知力"，人人同此宇宙，同此人生，同对宇宙人生问题不得解。人也有不同：一部分人能解释人生宇宙问题，对此种与一般人不同的人，无论是中国、外国，均可慰我痛苦；他们观察宇宙人生问题，各不相同，遂生不同之见，但学术之争，只是"是非真伪之制；还有国家、人种、宗教之见杂之"不同，这是把学术视为手段而非目的的结果。他的交往"能动"观，要在这种"同"与"不同"关系中，解决以学术为目的，而不是以学术为手段，从而促进学术发展的问题："未有不视学术为一目的而能发达者，学术之发达，存于其独立而已。然则吾国之学术界，一面当破中外之见，而一面毋以为政论之手段，则庶有发达之日欤！"（《王国维论学集》，傅杰编校，中国社会科学出版社 1997 年版，第 215 页）

这种交往的第三个表现，是根据自己理解的西方哲学基本概念，能动而具体研究了孔子、子思、孟子、荀子、老子、列子、墨子、名家，以及宋、清时代哲学。他用现代哲学观念，特别是伦理学观念，把先秦学术分为南老北孔两派。他指出老子"离现实而论自然大道"，特点长于思辨，中国哲学中，从理论上解释"宇宙之根本为何物者，始于老子"（《王国维集》第一册，周锡山编校，中国社会科学出版社 2008 年版，第 355 页）；而孔子重"天人合一"的人间行为规矩，是"贵实践躬行"的道德哲学家。谈宋、清哲学则用黑格尔、哈特曼相比较，并用康德思想研究人性美与人性恶。

此三种表现是他能动与受动观的具体运用。他的能动、受动、学术无须分中西、学术独立自由是其中文明交往自觉的反映，对互动律有参考价值。

2011 年 8 月 9 日于西安悠得斋

巴赫金交往理论的再思考

联系概念是交往的本质内涵。巴赫金的行为哲学中"存在即事件"这一核心概念，其主旨也在于解决有联系的"负责任的行为世界"问题。他认为："这个存在即事件，诚如负责任的行为所了解的，并不是行为创造出来的世界，而是行为在其中以负责精神理解自己，实现自身的那个世界。"（巴赫金：《论行为哲学》，载《巴赫金全集·哲学美学》，河北教育出版社1998年版，第33页）"存在即事件"，而"行为"则是事件的参与，人们通过责任与文化和生活世界建立联系。

联系概念的中心是人的交往关系，即"我与他人"的社会关系。巴赫金把这种关系分为："我眼中之我""我眼中之他人"和"他人眼中之我"。"我"是一切价值能动性的发源中心，但并不是自我中心，而我始终处于与他人的关系之中。我与他人是一种建立在对我的位置与他人关系的确立之基础之上，但他人与我的关系永远不是被动的，而是主动、积极参与到与我认识关系之中的。这种互动关系是巴赫金行为哲学的精彩之处，其中不乏辩证成分。这与我的知人之明与自知之明有些相通之处，但他未谈知物之明。巴赫金的审美交往，就是建筑在这种行为关系之上，并基于此种"我与他人"的审美关系，即人与人之间的关系，通向了马克思的交往论。

社会关系是人类生活的基本关系（联系）。人生活在社会关系之中，艺术"审美的领域，如同法律的认识的领域，只是社会的一个变体。艺术理论，很自然，只能是艺术社会学"（巴赫金：《生活话语与艺术话语——论社会学诗学问题》，载《巴赫金全集·周边集》，河北教育出版社 1998 年版，第 82 页）。从人的社会关系切入审美交往，他建立了马克思主义社会诗学，从而把艺术看成社会性的，并且用"间接的内在回声"命题，把社会性与艺术联系起来。这个"间接的内在回声"，深刻而形象地表现了他的审美交往原则。

这种交往原则有三个特征：①互动性："艺术是创作者和观赏者相互关系固定在作品中的一种特殊形式。"（同上，第 82 页）它既不是单纯从艺术作品内部（俄国形式主义），或仅从艺术作品外部（俄国庸俗社会学）寻找作品的整体性，而是在艺术作品、创作者、观赏者之间的互动交往行为中，研究艺术的整体性。②特殊性：艺术交往是建立在社会交往基础上的专门形式，即："与其他社会形式在相关的共同经济基础上生长，但是像其他形式一样保持着自己的特殊性：这是一种独特的交往类型。"（同上，第 82 页）这里特别提到"经济基础"，这正是马克思把物质交往、生产关系作为交往基础的唯物史观原则。另一方面，讲特殊类型，也体现了精神交往反作用于物质交往的马克思主义物质与意识关系的辩证原则。③话语性：这是艺术品、创作者、观赏者在相互作用的"存在事件"相互交往中的本质因素。只有艺术性的话语，才能联系断裂的艺术世界和生活世界，"艺术话语"与"生活话语"在话语层面上，才有通约性和统一性。同时，要从语言学层面深入到非语言层面，深究其潜在内涵。

由话语到对话主义，巴赫金把话语作为一个独特的意识形态的符号来看待，表明他对严格依照语言学解释语言学的超越。这种意识形态的符号，是任何物体都可以接受的形象，哪里有符号，哪里就有意识形态。这种话语作为意识形态的符号，其特点有：①社会的多重音性；②因话语立体的重音不同而产生意识形态的论争与分歧；③"多声部性"，这是他在《陀思妥耶夫斯基诗学问题》中的理论表述语。这三个特点决定了对话是永无休止的。这种超语言学解决了对话主义的媒介属性。但它不限于语言学，甚至不限于哲学、文学、历史学，而且表现于地理学。须知陀思妥耶夫斯基在彼得堡被囚 8 个月，他的三分之二的小说，是以彼得堡为背景的。

值得注意的是，巴赫金晚年从人文科学方法论把对话上升为"普遍交往""世界交往",从文化间交往接近文明间交往论。他在《答〈新世界〉编辑部问》中,提出了平等对话中的双方彼此自主、互不融合的"外位性"立场。他认为,在文化主体间交往中,"外位性是理解的最强大的推动力","即使两种文化出现了这种对话交锋,它们也不是相互整合,不会彼此混淆;每一种文化仍然保持自己的统一性和开放的完整性。然而它们都相互得到了丰富和充实。"(《巴赫金全集·文本对话与人文》,河北教育出版社1985年版,第370—371页)他在《在长远时间里》一文中,提出了"长远时间"这一审美主体性的间性思想。其中有下述一段精彩语句:

"我在自己的著作里,引进了长远时间这个概念。在长远时间里,平等地存在着荷马与埃斯库罗斯,索福克勒斯与苏格拉底。其中也生活着陀思妥耶夫。因为在长远时间里,任何东西都不会失去其踪迹,一切面向新生活而复苏。在新时代来临的时候,过去发生的一切,人类所感受过的一切,会进行总结,并以新的含义进行充实。"(《巴赫金全集·文本对话与人文》)

"长远时间"这是一个大时段的历史概念。它包括对过去的继承,对现在的重视和对未来的向往这三个时间段的"无穷无尽的和不会完成的对话"(同上,第390页)。在"长远时间"这个概念中,他提出文化"复活"的话题:"不存在任何绝对死去的东西;每一含义都有自己的复活的节日。"他认为:"从对话语境来说,既没有第一句话,也没有最后一句话,而且也没有边界(语境绵延到无限的过去与未来)。"(同上,第392页)这里表现了他对文化交往过程中所显示的包容性和穿透力的认识。由此,我想起了人类古文明的复兴问题。有些古文明并未真正消失,随着长时段对话的发展,会重新被人忆起,从更新的面貌中获得新生。

时空观在巴赫金的目光中是统一的。巴赫金特别关注心理空间。这是巴赫金的"时空体",所涉及的是时、空与人的自我身心的交往。他曾被批判、流放、遗忘,深受欺凌屈辱,他生活颠沛流离,但始终在身心双重苦难中巍然挺立。他珍视身体,珍爱心灵。从深处说,他赋予了文明交往的自觉内涵。

我接触巴赫金著作,是在上世纪末。我在《悠得斋笔记》选录中,有

《巴赫金的"大众哲学"》一篇笔记，现附于此随笔后，作为结语：

"20世纪20至70年代，前苏联思想家巴赫金的'对话主义'，对不同文明之间或相同文明之内的交往，有良性互动作用。这种堪称'大众哲学'的特点是：①反对独裁的教条主义；②反对放弃价值判断的相对主义；③主张文艺学、语言学、美学等领域的多种声音并存共生的'复调性'格局对话。这种'大对话'哲学，道出了文明交往中'互动''互补'的双向和多向的'和而不同'金律。"

"文明的对话要求参与者进入'对立共存'状态，这样，不同思想之间的交流，方可有巴赫金所说的'复调音乐中各声之间的共育格局。''复调音乐'必须具备'复调意识'，即：①确认视角与思想的'多声部性'存在的合理性与必要性；②确认各种声音或观点既不相融合也不可侵害，各自独立又彼此相关，在互补运动中的并存性、共生性，其特征有三：主张主体之间的相互尊重，真正将他人看成与自己完全平行；'自我'与'他者'互相依存；放弃对话霸权和唯我独尊。"[1]

2011年8月23日于西安悠得斋

---

[1] 彭树智：《松榆斋百记·人类文明交往散论》，西北大学出版社2005年版，第288页。"复调"这里没多谈，它与"对话"一起，只有放在审美交往中才能得到恰当的"和谐"理解。审美交往与一般的文明交往有联系的普遍性，但也有"二般"的特殊性。

法农的《黑皮肤，白面具》

非洲革命理论家弗朗兹·法农的《黑皮肤，白面具》（万冰译，译林出版社2005年版）一书中，从"身份政治"这个独特视角，来看待20世纪非洲反殖民主义革命的原因和意义。此书出版于1952年，其主要论点从人类文明交往的角度看，有以下几处可进一步思考今日伊斯兰与西方交往的问题：

1. 法国殖民者统治非洲黑人的手段：塑造黑人的自卑感，使其厌恶和痛恨自己的身份，进而屈服于白人。具体方法是：①用语言划分摧毁黑人对自己文化的自信：殖民地语言中最下等为殖民地的地方土语，中等为混法语与方言为一的"克里奥尔语"，最上等为纯正法语。②与之相适应，又有一套殖民主义人类学：黑人最低贱、混血人居中间和白人最高贵。法农认为，精巧而卑劣手段还有，必须向儿童（黑人）灌输黑人邪恶思想：在儿童读物（书籍、漫画、电影等）中，黑人的角色就是凶恶、野蛮、不道德，给孩子灌输永远无法摆脱的罪恶低贱身份意识。

2. 以上交往手段的中心是"文化暴力"原则，其交往过程的本质内容是：在人与人之间制造黑人独立身份自我"承认的可能"。白人殖民者不承认黑人的主体独立性，而"文化暴力"又切断了黑人自我承认的可能。于是，如法农所说，白人、混血人、黑人，理所当然地顺次躺在生物从野蛮向文明进化的链条上。

3. 黑人获得更高身份认同的道路只有"变白"，但这是不可能完成的任务。法农认为，要解开法国殖民者给黑人的精神世界打上的不平等身份"死结"，成为文化上独立的人，只有革命暴力。反抗的革命暴力好处多多：①黑人重立自信，认识自身力量与价值；②让白人认识黑人的力量，不再把黑人当动物看待；③在黑人与白人之间建立承认关系；④既解放黑人也解放白人。总之，长期的殖民地医学实践，使法农相信：精神疗法无效，解开黑人的精神死结，必须诉诸直接的暴力革命！

4. 由法农的书，我想起文明交往中，伊斯兰与西方世界之间身份政治文化问题。法农谈法国殖民者在非洲通过身份政治文化暴力来制造敌意和屈服，在当前国际政治交往中，依然被西方所如法炮制。萨义德在《报道伊斯兰》（阎纪宇译，上海译文出版社2009年版）中，曾经谈到现代西方对付伊斯兰的"极端化的思维模式"。这就是：伊斯兰世界是邪恶象征，是对文明基督教世界的永恒威胁。西方官方媒体的"文化轰炸"中，似乎穆斯林都成了携带人体炸弹的恐怖分子。这种用"文化暴力"所塑造的身份，对塑造者和被塑造者都会构成伤害，其破坏文明交往的作用不可低估。

5. 身份问题是亚非民族国家中文明交往中常常遇到的问题。人民的身份归属感，存在于许多受西方教育的穆斯林知识分子当中，尤其是敏感的移民作家之中。印度裔的诺贝尔文学奖得主奈保尔即是其中一例。还有一位印度学者，诺贝尔奖得主，经济学家阿马蒂亚森在《身份与暴力》（李凤华等译，中国人民大学出版社2009年版）中，一开头就指出：身份的双刃剑性质，它既可以"给人骄傲和欢愉，……是力量和信心源泉"，"也可以杀人——甚至肆无忌惮地杀人"。这当是指那种人为制造的单一的、不变的"刻板身份"。因此，他的看法是：人（个体的、或群体的），其文化身份是复杂的、流动的、不断变化的、多样的。文化身份固定、单一，就会人为地制造敌意与误解，如亨廷顿把复杂的世界分成九个文明圈，并断定未来的国际冲突为文明之间的冲突那样，因之被阿马蒂亚森视为"貌似深刻的单一视野"。

6. 同质化是文化简单化的表现。文明交往是搭起人与人沟通的桥梁，而不是制造人为的隔阂。革命暴力是不适用于今日和平与发展的时代的。从交往互动规律视之，应当把文化的本土性、民族性和全球性结合起来，寻求人的个体、群体身份变化、转化的走向。

2011年8月31日于西安悠得斋

加里·斯奈德与生态文明交往的自觉

我在《文明交往史例：美国曾鸣寒山钟》(载《书路鸿踪录》，三秦出版社 2004 年版，第 48—58 页) 中，较详细地论述了凯鲁亚克和斯奈德在中美两国文明交往中的互动关系。这里，我着重论述一下斯奈德的生态文明自觉。

的确，斯奈德的作品中，不但体现了跨越东西方文明的障碍，而且富有特征意义的是：第一，在文明交往的人与自然关系的主题上，沟通了时空；第二，把个人栖息的一方水土与整个世界联系起来。他的主旨是以诗歌、散文的艺术形式，扩展了自然文学中对"荒野"价值的知行，反映了人类保护生态文明的交往自觉。

一、斯奈德的自然情结

斯奈德，1930 年（比我年长一岁）生于美国旧金山。一年多以后，举家迁往西雅图北部的湖城，从小生活在他父亲经营的一个小的制奶酪农场。此地树林环绕，可以远眺周围皑皑白雪覆盖的群山。在《加里·斯奈德读本》(The Gary Snyaer Reader: Prose, Poetry and Translations, Washington, D. C; Counter Point, 1999) 中，我们可以读到自然环境对他非同一般的影响性的回忆："童年的风景，是随着双脚的移动而领略的。"他的童年时代，正是这样一步一步地经过"树林胜于家"①的漫步而走向"自然文学之山"的。小时候在树林牧场散步，10岁左右就在树林中一个人过夜。群山的强大吸引力加快了他的交往步伐。15岁时，他就登上了海拔9000英尺的圣海伦斯山。在山顶上，他心醉神迷，他狂喜惊叹："晨曦沐浴着群山，云雾缭绕。脚下的人类世界还在灰蒙蒙的晨雾中沉睡。这是通向奥尔多·利奥波德的'像山一样思考'之路迈出的小小的第一步。"

  山，其实是斯奈德对大自然观察的焦点。在人与自然之间的交往中，他的山野经历和体验，实在是他的生态文明自觉之根。他指出："当我幼年时，就对自然界有一种与生俱有的、亲密而深切的感情，这是不能学来的。从某种意义上而言，自然是我的'宗师'，生活是我的成就法。"

  斯奈德的自然情结曲径通幽地进入人类学和文学领域。1947年，他在俄勒冈上了里德学院，获得人类学与文学的双学士学位，同时对印第安文化发生兴趣。毕业后，又进入印第安纳大学，读语言学及人类学专业研究生。他的功课优异，教授还给他提供了助教工作岗位。

  但是，在大学的人类学和语言学之路上，又一次因大自然之山发生了人生的转折。1952年秋，斯奈德在内华达肖尼山间，因为等车而消磨时间，偶尔拿出一位日本禅师的书读了起来。在这高山的路边，在九月晴朗的天气中，他从书与山的交往体验中"顿悟"了。他自行结束了印第安纳大学未完成的学业，与山结缘，当了美国西海岸山峰的夏季森林防火员，冬季到加州伯克利分校学中文，准备从古老的东方文明中获得精神寄托。

二、斯奈德的中国情结

  虽说斯奈德的中国情绪早在"顿悟"中国禅学之时已经开始，虽说他

---

①树和山，始终是斯奈德在大自然中交往的标志性象征。他写道："一天，我偶然留意到峡谷中一棵枯皱扭曲的橡树。20多年来，在去草场干活的路上，我天天都从它的身边经过。或许，是它乐意向我披露心迹。我感到它那久经风霜的年轮，它的心灵深处，它橡树的本质，如我本人，如此这般的亲密感使你能够全然地与生活及自我和睦相处。"

对寒山早有景仰之情，但在"冷战"时期，中美关系乍冷还寒，他不能来中国，只能在日本修行、学禅和写作。从 1956—1969 年，他在从事诗和散文写作时，把他本人的山野经历和寒山的中国禅学山魂相结合，翻译了寒山的 24 首诗，收入了他的诗集《砌石与寒山诗译》(Riprap and Cold Mountain, 1969)。

实践上，在 1969 年，斯奈德还有散文集《大地家庭》(Earth House-Hold)。此书中的《瞭望台日记》以日记的形式，再现了他 1952—1953 年在喀斯喀特山中的火山口及拓荒者山瞭望台从事森林防护员工作的经历。在日记中，他用中国汉语拼音来拼火山口的"山"字(Crater Shan)，而不是英语的"Crater Mountain"。斯奈德在火山口小路的照片上，写上这样的文字："我问搬运工：'这条小路通向哪里？'他说：'从这里开始，就再也没有路了，在山岩上有一些油漆的标语，告诉你向上爬的路。'"这段话和他译寒山时的心境和语言相照应，于是"人间寒山路，寒山路不通"的译文便挥笔而出了。

1969 年，他同日本的妻子回美国，在加利福尼亚北部的山区过着自然简朴的生活。他与"山"之缘的巧遇，在 1977 年一次访谈中，说出与寒山的"神交"。他对采访者说，自己在 11 岁左右，参观西雅图艺术博物馆时，在中国展馆中看到了中国古代的山水画，竟和喀斯喀特山如此相似。他惊叹说："那些瀑布、松树、云朵、雾霭，与美国西北部风景有许多相似之处。依我看，中国人对山水很有眼光，把握了其真实面貌。隔壁是欧美风景画展厅，那些展品毫无意义。"这对他日后翻译寒山的诗作，体味其中的意境，以及日后追随寒山的生活体验，无疑产生了重大的作用。正如美国作家休特(Johm Suiter) 在《Poets on the Peaks》中所说，斯奈德在中国的山水画中，看到了寒山这位与山水同在的"中国隐士"，而也如我在《美国曾鸣寒山钟》一文中讲过的，凯鲁亚克的小说《达摩流浪者》把斯奈德作为"美国的寒山"式的主人公来加以描绘。

寒山在中国唐代诗人中并不十分知名，却与美国的斯奈德、凯鲁亚克等作家结下了跨越大洋、跨越一千多年的时空的文明交往人文情结。斯奈德对寒山的诗，对寒山的生活方式如此欣赏，使人联想到，他已经听到了寒山寺的钟声，想到了唐代另一位诗人张继的《枫桥夜泊》："月落乌啼霜满天，江枫渔火对愁眠。姑苏城外寒山寺,夜半钟声到客船。"我们知道,苏州的寒山寺是因寒山这位诗僧曾住在此寺而得寺名,那里并没有叫寒山的山脉。正因为如此,斯奈德这位"美国的寒山",在 1984 年来中国访问时,满怀深情地前往苏州寒山寺,把自己的寒山诗英译本赠送给寒山寺,还当场赋写了《枫桥边》的诗篇。

斯奈德的中国情结不限于寒山,也不限于中国的山水画。他对中国文化的欣赏,才是最根本的方面。1999 年出版的《加里·斯奈德读本》这一部集作者的散文、诗歌及翻译于一体的文集的扉页上,引用孔子《论语》上的开篇名言:"学而时习之,不亦说乎?有朋自远方来,不亦乐乎?"这里引用于扉页的名言,谈到学习,谈到了交往,都是人类文明交往自觉的关键之处。

三、斯奈德的生态文明情结

美国学者汤姆·林奇(Tom Lynch)在《沙漠情结》一书中说:"生态地域文学,通过讲述地域的故事,激发对地域的想象,促使人们对地域风景的领悟,产生对地域的自豪,……有助于我们培养一种生态地域的想象,使我们明智地、充满幻想地、富有道义地生活于我们的生态区,从而对我们所生活的地域问心无愧。"(Tom Lynch, Xerophilia: Ecoritical Explorations in Southwestern Literature, Lubbock, TX: Texas Tech University, 2008, p. 19,22)斯奈德的自然情结,实际上就是这种生态文明的情结,他与中国古代诗人寒山的"神交"之结,也是志在山水之间的生态文明情结。

寒山有"野情便山水,本志慕道伦"的诗句,项楚在《寒山诗注》中,认为,"野情便山水"中的"便"字,意思是"适宜、喜爱"。这种精神追求和生活方式,是把人与自然融为一体,以山野为乐趣的人本源于生之本性所致。一千多年前,东方文明的唐代诗僧寒山的"野情"概念,化为 20 世纪 90 年代的"荒野"(Wilderness)、"野性"(Wildness)、"狂野"(Wild)等自然生态文明概念。1990 年,他的《野性的实践》散文集和 1995 年的《天地一隅》，都是从自然文学的角度唤起人们对生态文明的关注。正是从寒山的诗中，他找到了自己追求的价值观："我们需要一种能够完全并且创造性地与荒野共存的文明。"他的生态文明思想，也源自美国自然文学先驱之一的梭罗："给我一种任何文明都无法容忍的野性。"梭罗认为"野性"产生的根基是大自然中的"荒野"，他在《散步》中就指出："只有在荒野中才能保住这个世界。"在梭罗看来，"野性"不仅对人类自我身心有重要意义，而且是人类文明的根基："我走进湿地，就如同走进圣地。那里有大自然的精华和力量。"但是，斯奈德比梭罗进了一步，他对现代"过度的文明"进行了批判，认为"野性"是人类与非人类的生物共享的一种特性，而西方文明正好把"外界的荒野"与"内在的荒野"隔绝。他尖锐地指出，这种文化是引起环境危机的根源，这是一种自我毁灭的文化。

斯奈德的生态文明观集中在"山"之中。山与人的关系，和山与文化的关系，是斯奈德思想的基本主线。寒山也成为"山"的象征。在自然界中，"山"是繁闹城市的实在的对比物。他遵循奥尔多·利奥波德关于"像山一样思考"的理念，看出了山的静止和变动的状态①。正如他在《瞭望台日记》中所说："别做登山者，做一座山吧。"群山给了他的宇宙感，他烹雪煮茶，学禅打坐，读寒山之诗，习中国书法，在创作的诗篇中也流露出中国古代山水画中的"墨有五色"和寒山风格。他诗集名也有《山水无尽头》（1996）、《山巅之危》（2005），以及与此有关的《大地家庭》（1969）、《天地一隅》（1995）等自然生态之作。语云：山光水色自古寒。"山水知己"这个美学命题在他的作品中出神入化。他真是一位跨越时空、关注人与自然、关注生态文明自觉的诗哲。

让我们欣赏这位诗哲的自然生态的"野性"之诗意吧：

---

① "观山，就如用自己像山一样静止不动。你如何观山？除了山上的光会变化之外，任何你所期望的有形变化不会发生。那是我观山的体验。山上不断变化着光，如同我瞬息变化的思绪，就是那闪烁不定的影子。那就是我观山的感受。"这是斯奈德对山的有形与无形、山和光、思考和山的变化的体会。这里，他把文明交往中的变化概念具体化了。这使人想起格雷戈里·柯尔索，他一心想过中国诗人李白的流浪生活。诗人李白也对山情有独钟，他不是有"众鸟高飞尽，孤云独去闲。相看两不厌，唯有敬亭山"的观山名诗吗？

在《瞭望台日记》中，他写道：拓荒者山瞭望台，海拔：5977 英尺，1953 年 7 月 17 日：

  这是一处观云飘舞，观雪融化的地方。……因为山野没有日历。只有变化莫测的光和云，那是混沌中的完美，交错中的辉煌。
  俯瞰斯卡吉特山——粉红色的云团——那种淡淡的、温和的粉色，带着几许轻柔的灰紫色和点滴的红蓝色，漂浮于金字塔山头。
  冬天这里的风景：风驱赶着雪；云和风，还有山，周而复始。这就是这里的风景。
  在一丛冰冷的山花中，飞舞着两只蝴蝶。……我倚着门吹着口哨，一只花栗鼠探头在听。

这是一种诗意的生动活泼美，是一种自然造化简洁美，是一种随意、自由而独特的白描风格美。在这里，我们似乎在聆听一位扎根在自己生活地域，以广阔的生态视野在行吟的诗人的心声。正如斯奈德所言："我们要寻求广义上世界多元化及深层地域感之间的平衡。"

最近，我看到龙中译本《垮掉》，作者比尔·摩根被称为"当今世界最了解垮掉一代作家的研究人员"。"垮掉一代"的作家群中，有杰克·凯鲁亚克、金斯伯格、威廉博罗斯、格雷戈里·科尔索、尼尔·卡萨迪、劳伦斯·费尔林西根、迈克·麦克鲁尔、彼得·奥尔洛夫斯基、菲利普·慧伦、黛安妮·普瑞玛等人。他们和加里·斯奈德一样，逍遥不羁、丑闻迭出，其人生并不值得敬仰，但他们留下来的文字，却是反对"军事——工业文明"的记录。在精神空虚的时代，经济、政治动荡时代里，他们并不是独行者。西方同时期有英国的"愤怒青年"、西德有"重返家园一代"、法国也有狂热群，而日本也有"太阳族"。"垮掉一代"代表人物对自己一派的评价是："没有人知道我们究竟是催化剂，还是发明物，抑或只是实验中产生的没用的泡沫。我想，我们三者都是。"

2011 年 11 月 2 日于北京松榆斋

附录一

主编《中东史》时给作者们的信件

关于撰写《中东史》的意见(一)

铁铮、民兴、丽英、志斌诸同志①:

《中东史》的写作已分工一段时间了,我们之间也交换了一些意见。现就自己的想法,通报如下:

1. 这是应人民出版社之约而编写的一套地区史丛书之一,我体会主要是体现地区史的综合性特征,只有40万字,简要而明晰,概括而有典型,具有历史性。请仔细阅读该社要求,免走弯路,因为最后要他们认可才行。我们应当充分抓住这个机遇。

2. 充分吸取我所近些年来的大成果,特别是大部头的13卷《中东国家通史》和《阿拉伯国家史》《20世纪中东史》,以及我的《文明交往论》,这是我们自己辛苦所得的东西,是具有自己特色的基础性东西。同时,也要更多吸收国内外有价值的新成果,保持本书的前沿性。特色性的著作,只有在前沿性背景之下,方能显现其地位。

3. 我设想我们的《中东史》是"世界历史性"的中东史和"历史的人类"结构相统一的中东史,其中有一以贯之的主心骨架——人类不同文明之间和相同文明之内的交往历史逻辑。这个逻辑表现在表面的是清晰可见的政治、经济、社会和精神生活等外在的形式层面,而我们要着力开掘的是,人类文明交往长期积累的历史深层结构层面。这里最需要的是:世界全球意

---

① 王铁铮、黄民兴、邵丽英、韩志斌均是西北大学中东研究所学者。

识、全人类意识和时代意识。

4. 我还考虑到，我们的《中东史》的聚焦点在中东的地区特点，其范围就是我们中东研究所的"中东十八国说"，但也不能与"大中东"诸说完全脱节，要从交往的需要上，表现它们之间的内在联系。这里，不是以国家为单位，而是以中东整体文明发展而界定取舍：纵为古今；横为物质、精神、制度、生态四大块相互区别又相互联系的方面。

5. 具体注意之点为：关注时间顺序，重视事实、活述人物、深思各文明交往发展阶段的联系，举要治繁，"弭绝群言"（刘勰《文心雕龙》以《序志》篇开始，以"赞"结束全书，对治文史有启迪意义），使读者从中体味到历史的透视感和文明交往的穿透力，从而引导他们发现历史时代的方向、连续更替、真实性和意义。这里最重要的是，理出中东历史的发展脉络和具体线索，献给读者的是一本用文明交往史观贯穿其中的立足现实、追溯历史、审视现在和未来的《中东史》；是"一本万殊，会众合一"（黄宗羲语）的有西北大学中东研究所学派意识的中东史。

6. 直接要求各位作者的是：

（1）在12月份（最好是20日，不迟于25日）寄给我一份各自分工部分的写作大纲，包括：章、节的题目，及准备重点解决的问题；

（2）在看参考书时，准备好图片、照片，以便将来汇总，寄出版社；

（3）收集资料时，随时注意引用出处，以免出误；

（4）若方便与可能，提出对全书的总体设想。

7. 总之，我觉得我们应努力表现出《中东史》的严谨、新颖和独特的品格，把中东研究的最新成果贡献给学界和青年。我强调文明对历史的重要性，进而突出交往对文明演进的至关重要性。实际上，没有一种文明可以离开交往活动而存续下来。所有的文明，都是通过内部的和外部的交往激励作用而具有活力的。在中东这样一个传统悠久、文明汇聚和极富交往特色的地区，尤其在现当代成为：①世界一些主要民族、宗教、领土矛盾热点策源地；②伊斯兰世界中心；③世界石油、天然气储量丰富地带；④各种文明交融冲突地带；⑤各区域和全球各大国利益交织点；⑥美国推行"大中东"计划核心地带；等等，更为世人所关注。我愈是思索中东文明交往问题，愈是感到深入研究历史的重要性。我越来越相信，唯有沿着文明交往的人类历史轨迹，独立而冷静地思考，才能面对汹涌而来的各种思潮和爆炸性的知识信息，做出自己主体性的判断，从而在更长时段的时间和更广阔的空间范围中，深刻认识和全面理解人的本性，以及其对富裕、民主、和平和文明生活的追求。

请诸同志安排好时间，抓紧准备，并以下述铭言共勉：

静心读书，潜心治学，提高中东学科的自觉性，写出中东史文明交往的"活态"（见梁启超：《中国历史研究法》。"活态"是一种社会状态，对《中东史》写作有益）来！

彭树智
2005 年 10 月 6 日于北京

关于撰写《中东史》的意见（二）

铁铮、民兴、丽英、志斌诸同志：

上次"意见"中，我的最后一句话是："写出中东史文明交往的'活态'来！""活态"是借用梁启超的话。"活态"即"动态"，即把历史写"活"，从静中见"动"，写出它本来面目的生动状态。20世纪的许多史学大家，都注意到以文明为单位而撰述历史，或以文明的理论来立史论，却都忽视了文明之间的交往和各文明之内的交往，因而缺乏"活态"和"动态"。

我在《中东国家通史》叙利亚和黎巴嫩卷的编后记中说："'文明交往'对于研究历史和现实问题的意义，在于它重视人类各个文明之间的相互联系和影响，在于关注这种相互联系和影响，在不同时代、不同地区和不同国家中所达到的程度与发挥的作用。"在这篇后记中，我总结了七条心得、阿富汗和叙利亚这两个古代"文明十字路口"的交往联系之后，谈到"整体史观"时，提到德国史学家弗里德里希·迈克尔的《世界主义与民族国家》中关于"只有经由当今之门，才能进入往昔之地"的历史理解性参与意识。我在后记中，对他的话，从文明交往论观点作了三点发挥，其中第一点就是："任何以蛀书虫心态习惯埋头于历史资料的人，无法同已逝年代里活生生的力量建立真正的联系，无法把握古往今来极为本质的东西。"这里就是说，"活态""动态"来源于"交往"。我在编《中东国家通史》时，一直在一个国家、一群国家中观察思考文明交往史观的应用范围和发现其中的联系，希望这次在《中东史》写作中，同大家一起，再从通史的角度，把它通过通识、综合、比较之后，在结构上再有所提高。希望我们在写作中，特别消化一下现有13卷本《中东国家通史》中的集体智慧成果，当然，也包括我的"卷首叙意"和13篇后记，并把其本质之点，融入《中东史》之中。

  我之所以这样说，是因为这种消化工作才刚刚开始，可能同志们都已经意识到了，但还不能深入其内，需要仔细研读体会。我之所以强调这点，是因为目前像我们这样，把中东十八国一个国家或几个国家历史进行具体研究，并写出成果，还是首创。我们对自己的努力探索的成果，应当特别珍惜。这不是因为别的理由，而是因为这是我们撰写《中东史》的新基础。只有在此基础上，才能吸收好别人的成果，才是"自得"的、有学术个性之作。俗话中有"狗熊掰棒子"之喻，说的是狗熊进入玉米地，掰一个玉米棒子，扔一个玉米棒子，不知为己所用的行为。治学何尝不是以此为大忌！当然，对于我们中东研究所的《阿拉伯国家史》和《20世纪中东史》也要仔细研读，理由同上。对于国内外一切新成果，自当重视，这是理中之义，不过不能跟着走、顺着讲，而是为我所用。总之，在人类文明交往史的长河中，通观中东的历史进程，确定其地位和作用，是我们的主旨所在。我们好像蜜蜂采百花之精华，酿造自己之甜蜜。在观察任何一个重大事件时，都要从人类文明交往的视角，探究其中的内在联系，只要认真仔细思考，一定会有新的发现，这是我审读13卷本《中东国家通史》时的切身体会，其中主要的都写入13篇后记之中。商务印书馆的一些同志，说我的后记"自成文体"，"每篇都是后记式的学术论文"，其实其主题都是人类文明交往论在中东国家的具体化。希望在此次撰写《中东史》过程中，大家都从自己章、节、目结构的思考中，有所发现和创造。

  下面我就一些具体问题作若干说明：

  1. 全书结构：用"章"—"节"—"目"（可细些，细化全章内容）结构。有些像教科书，不过是有学术品位的、深入浅出的教科书，使人易读而有启发。

  2. 字数：古代、近代、现代、当代，各10万字，不要超过。

  3. 在出版社约稿期内一定完成定稿。各位作者在此前一月交稿给我。

我们一定要信守承诺，保质、保量、按时完成。

4. 注意在写作过程中搜集代表性的照片、图片、地图，以应出版社要求。

5. "注"写在页下，按出版社规格，不宜太多，但有引号的文句必定注明出处。

6. 引用别人成果，一定要注明，杜绝无意抄袭现象，恪守学术规范。

7. 尽量发挥作者主体作用和潜力，"学贵自得"，要力求有新视角、新见解、新材料，有叙有论，至少要写出综合力，从整体上把握各代本质性动态史，以保证本部分质量。年代、人名、制度等，不能出常识性错误。

8. 主编负责全书统稿，有权增删，但需同作者讨论而后决定。

9. 多阅读"约稿合同"。出版社的一切要求，都要落实到各部分之中。

最后，要说明的是：

1. 各位作者的大纲都下了很大工夫，写得都有思想，大的轮廓已经清晰，指导思想也明确，可以制订写作细纲，动手写作了。

2. 我把各位的大纲，按我的思路统一成为《中东史》写作大纲。注明是"初稿"，意思是要由作者再考虑，或改动，或在写作中变动，都有很大余地。不是"定稿"，定稿是全书最后定稿之时，望多出主意，尽量在"章""节"目录上体现文明交往脉络，"目"题上反映小脉络。

3. "目"有的作者写了，我不作要求，写了也可看出作者思路，对我统一大纲有用。"目"是"节"的具体化，"纲举目张"。请作者把"目"考虑周到些、醒目些，多斟酌、多推敲，力求醒目，体现文明交往的联系性。

4. 各部分连接处再明确一下：

（1）古代与近代的分界处——古代结束于突厥塞尔柱人和帖木儿帝国，近代开始于奥斯曼-伊斯兰文明，即奥斯曼帝国文明，与阿拉伯-伊斯兰文明相呼应、相互衔接。撰写此开端章，要思考两个伊斯兰文明的联系和区别、相同和相异，写得好了，写出特征，是中东近代史一个创新点。

（2）近代和现代的分界处——1905—1911年中东觉醒，把土耳其和伊朗两次立宪革命由近代划出，作为现代中东史的开端。近代只写到19世纪末，个别问题可延伸至20世纪初，但到19世纪末基本上可以止笔。关于中东觉醒，列宁有很多论述，可看《列宁选集》。我从文明交往角度，加了"现代中东文明交往的曙光"，标志中东现代史由此肇始。"曙光"借用恩格斯的"亚洲曙光"与文明交往之光相连用；比"觉醒"更贴切恰当。"立宪"是民族民主的自觉之光，照耀现代中东社会的新时期。写好此点，也有新意。

（3）现代与当代的分界处：1945年结束的反法西斯第二次世界大战。这一点有确定说法。第二次世界大战在中东的问题，我改的提纲是从国际交往角度改动，从反法西斯战争全局看中东。原来《20世纪中东史》写得较细，我未见有关此问题有超过者。但缺点是未从交往看中东，第二次世界大战是反法西斯性质的正义之战，是文明同野蛮之战，是以战争形式出现的空前文明交往形式。这一章写好了，也是一个新角度。

（4）当代史从"当代中东民族独立国家体系的形成"开始，其同一进程是"西方殖民体系在中东的瓦解"。这是中东当代开端的头等大事，它决定了以后中东文明史的发展方向，成为现代化改革的政治前提和日后政治民主化的基础。它又与现代民族国家与现代化改革相呼应，成为东西方文明交往的中心线索。写好了，也有新意。国家是人类文明的标志，现代民族国家是现代文明的标志，有其交往的阶段性。

（5）本书用"中东十八国说"，不包括马格里布国家。只是在必要处，方可一提。

（6）本书以"冷战后全球化交往与中东的回应"为结束（以经济全球化、现代化、美国全球战略和中东和平进程结束），对展望仅有几段文字即可。

走笔至此，我用过去在《伊斯兰教与中东现代化进程》说的一句话："困而后知，勉而行之"，作为共勉。这句话来自《后汉书·桓谭列传》，原话是："虽有怯懦，犹勉而行之。"科学研究上最忌怯懦犹豫，最需自信自觉。"困而后知，勉而行之"，是一种自强不息的科研知行观，是一个科研工作者必备的勤奋实干精神，让我们在写作中升华它！

彭树智

2006年2月15日于北京松榆斋

关于撰写《中东史》的意见（三）

铁铮、民兴、丽英、志斌诸同志：

听到铁铮来电中关于你们对《中东史》的撰写要做的讨论情况，我完全同意你们的意见，可按决定动手写作，给我的交稿时间定在2007年2月底，不要变动。出版社的交稿时间是2007年6月。因为是约稿，质量要保证，得给我足够的修改时间。

从上次发出信后，我又有几点思考，供大家在准备中参考：

1. 写作指导思想上，注重"通"，反复"究"，着力于"自得之言"。司马迁曾经为治史者提供了一个宏大博通的学术眼界："究天人之际，通古今之变，成一家之言。"究、通、成三字中，通为核心，通史强调对古今中外的历史要贯通、融通、互通、精通，发现变化、变迁、变动的畅通脉络。通古今之变，是指从历史的长时段看文明的演变，所以每位同志在分工段中，要注意"精通"本部分；同时，又要在整个中东史中找到自己分工段中的位置，写出既有共性又有个性的历史。文明交往对古代部分作者，写源思其流向，对近代部分作者上溯源头、下思流向，对现当代作者都有溯源思流的"上下通变"的任务。中东史从根本和整体上讲，注重"通"，就是从文明的错纵汇流、大浪淘沙和川流不息的交往长河的变化中，去贯通其发展脉络。"究"是研究、追问、追究、深究，司马迁的"究天人之际"，"之际"即之间的联系，也即交往，是解决不同文明之间和相同文明之内的交往关系在人与自然方面的体现。从文明交往看人与自然环境的关系，这是一个新角度。

司马迁在《史记》中有"天文""地理""气候""资源"等等方面与人的交往关系，但受时代限制，没有展开深究。康德的哲学坐标中，"有两件东西"，即"头上的星空和内心的道德法则"使他经常、持久思索，这也是究"天人之际"。除了物质文明、精神文明、制度文明之外，生态文明也应在我们文明交往中加以关注。最后是"自得之言"。我没有用"成一家之言"，那是大家气概，我们取其中，要在书中体现"学贵自得"的主体性品位，一要新颖，二要独创。用文明交往之学术眼光，从常见的史实中也能看出新东西，从不相关的材料中，也能得到豁然贯通的观点。材料无新旧巨细，眼光有高下宽窄，着力于文明交往之际，常思"通变""究理"和"得言"，以求未知，必能树立新义。

2. 写作方法上，用叙述性的笔法、采综合性的选择、定研究性的思路。法国年鉴派史学家费尔南·布罗代尔，把历史学界定为"人文科学中要求最严格、最新颖、最独特的科学"。他有一个最值得注意的观点：历史学的首要任务是，把新的研究成果传播给青年，而他的《文明史纲》就是一本很有学术个性的世界史教材。我注意到，他强调通过实际史例研究文明之间交往的至关重要性的论述。他说："没有一种文明可以毫不流动地存续下来；所有文明都通过贸易和外来者的激励作用而得到了丰富。"（《文明史纲》，广西大学出版社2003年版，第30页）我从自己编写教材的体会中，觉得《中东史》要面向广大的青年群，用叙述性笔法，深入浅出，引导青年的历史感，从时间、空间、事实、人物发展阶段的联系中，使青年发现时代的真实性、方向性和连续更替及其意义。在选择史实上，综合性是核心方法，其要点是：①用粗线条勾勒概貌；②对重大问题、重要事件和人物，要浓笔重抹；③介绍与考察问题时，要多侧面、多角度、多方面进行；④时空上要容量大；⑤写作思路上，要定位于研究性上，要有理论深度，有简明的分析。中东地区从古以来就是一个人类文明交往的典型地区。写中东史，综合性方法尤其重要，它可以帮助作者更好地处理点、线、面的关系。因此，叙述性、综合性和研究性三者的有机结合，特别有利于提高中东史的质量。

翦伯赞先生说过，教材的撰著者犹如古代传说中的饕餮，对知识特别贪馋善食，消化力极强，一本专著的成果，在教材中只浓缩为一段话，甚至是一句话。其实，我倒觉得我们写《中东史》这样面向广大青年读者的著作，每位作者更像蜜蜂，采百家花，酿自家蜜，在书山文海中，沿着文明交往的独立冷静思路，作出自己的主体性取舍与判断。历史对当前问题提不出什么现成答案，但历史可以使我们对当前问题有系统而深刻的理解；这种理解存在于人类文明长时段的交往的智慧积累过程之中。宁静治学，可以久远，愿共勉。

彭树智

2006年3月10日于北京松榆斋

关于撰写《中东史》的意见（四）
——《中东史》初审意见（第五章至第七章）

1. 先从第五章第一节第一目"奥斯曼-伊斯兰文明的崛起与伸张"说起。开头有关奥斯曼的民族起源一段，可改写如下：

奥斯曼民族的起源探究 奥斯曼民族起源，对于理解土耳其现代民族意识，是一个具有现实意义的历史概念和命题。

土耳其，西突厥后裔。突厥为古民族，6世纪游牧于金山（今阿尔泰山）一带。因金山形似兜鍪（古代战盔），俗称之为"突厥"，因以此为部落名。突厥广义包括铁勒、柔然，国力最强大时，东至辽海、西达里海、南至阿姆河、北到贝加尔湖。有文字、官制、刑法、税法等语言文字和制度文明。中国北朝的统治者曾与之通婚，人民之间往来和经济文化交往频繁。隋开皇二年（582），分裂为东突厥和西突厥。

西突厥为唐朝所灭之后，其中一部，即塞尔柱朝的乌古思人，在8至11世纪中，迁徙至小亚细亚，同当地的突厥化的希腊人、波斯人、亚美尼亚人长期融合，形成土耳其人。12、13世纪，塞尔柱朝罗姆素丹国家与周边民族和国家的交往中，逐渐形成了奥斯曼-伊斯兰文明。古阿拉伯人称突厥人的领土为 Turkiya。穆斯林一直将奥斯曼人称"罗姆人"（Roman）。《明史》中称"鲁迷"。

欧洲人仿古阿拉伯人的 Turkiya 音义，用"土耳其"称居住在小亚细亚半岛一带的奥斯曼突厥人的国家。奥斯曼（Osman I，1282—1326年在位）时，国力强大，王朝及其后的帝国，遂以奥斯曼命名。19世纪后期，"土耳其"被奥斯曼党人引入本民族语言之中。1923年，在凯末尔革命以后，在推翻奥斯曼帝国之后，正式采用"土耳其"为国名。汉语习惯将土耳其的主体民族的自称"突厥"，一并改译为"土耳其"，以示与古代突厥人相区别。

伊斯兰教作为奥斯曼帝国的宗教诉求，在某种程度上掩盖了土耳其的民族历史。突厥语是阿尔泰语系之一，具有黏着语特点，有元音、辅音的和谐音，更有许多来自古汉语、梵语、古波斯语的借词。随着伊斯兰教的传入，阿拉伯语的借词趋多。这充分表明文明交往，特别是伊斯兰文明在交往中的作用。

2. 由此，我想起在结构上要更完整、更醒目一些。这就应仿照《中东国家通史》的结构，在每章之下，有"节"名，"节"下有大"目"；在大"目"之下，还有小"目"。以第五章为例，可作如下完善：

> 第五章　中东伊斯兰文明内外交往的历史转折
> 第一节　奥斯曼-伊斯兰文明的社会特征
> 奥斯曼-伊斯兰文明的崛起与扩张
> 奥斯曼民族的起源——奥斯曼-伊斯兰文明的崛起……

3. 此小"目"应具体化，不妨多几个小"目"。其效果是：纲举而目更张，使读者从目录结构上，更清晰地看到作者的学术理念和发展脉络，因而便于理解全局和整体的知识体系。

4. 本部分优点、新意颇多，对文明交往论多有发挥和具体展开，致使论述不同于旧的模式。根据具体的历史实际，从人类文明交往的内外两个方面和物质、精神、制度、生态四个领域，作出具体分析，尤为必要。本部分有些地方相当有创造性，如奥斯曼帝国的制度文明，就给人耳目一新的感觉。制度文明是一个文明兴衰成败的关键所在，是文明交往的时代结晶。它不但包括政治制度文明，而且包括经济、社会、文化诸多领域，法律、宗教政策也在其中。这一部分还需加强，使之更系统化。

5. 由此，我也想起人类文明交往中的"金律"——文明交往互动规律。历史在交往互动中发展，交往互动无时、无事不在。不是良性互动，就是恶性互动，当然，还有中性互动。互动作用总是双向的，或多向的。物质、精神、制度、生态之间也有互动在起作用。因此，细心的作者会发现，这个"金律"是历史变化发展的终极动因。希望大家多关注它的作用。

6. 本部分还有一个长处，即吸取了我们中东研究所的许多成果，尤其是任德胜的中东自然灾害的研究成果，对本书是一个新亮点，包括许多博士论文的成果。这一点，使我感到特别高兴，它向学术界展示了我所的集体智慧。多吸收我们中东研究所有关学术进展，是本书一大特色。望各作者在吸收国内外成果时，千万不要忘记"自我"。

7. 页下注等规范要按人民出版社的规定，以求一律，请各作者一并注意。

8. 希望大家抓紧时间，写好、改好书稿。我在等待大家的佳音。

共颂著祺！

彭树智
2008 年 6 月 4 日早

关于撰写《中东史》的意见（五）

铁铮、民兴、丽英、志斌诸同志：

《中东史》已进入修改和定稿阶段，有几件事请考虑：

1. 图文并茂是本书特点之一。在收集图时，注意多样性，如图片之外的地图、照片、图画（甚至好的漫画、美术作品）、表（图表、统计）；也注意收集历史上的战役、典籍原件照片、社会生活、会议、科技创造，等等。关键之处是图与文的水乳交融、配合密切，或为文字的形象直观反映，或为文字的补充、引申。最为理想的图文并茂，应该是：文要清楚、简明、干净，图要朴实、美雅而有灵气。图要有中东地区特有的历史、文化神韵，给读者以时间感、空间感和人间感，以体现其物质、精神、制度、生态的地区生活境界。选用时注意版权（见"写作要求"），并加以精选。

2. 仔细编好各部分年表，把"区之大事"编入，力求反映概貌。

3. 参考书目按《中东国家通史》中英文规格处理。

4. 译名对照也列主要的人、地、专有名词，目的是供阅读时查阅。

5. 索引只提主题词，由出版社责编处理。作者只按中、外文格式排列即可。

6. 近读志斌写的几章，深感细节重要。因此，我建议我写的这份校对后的意见书第 3 页复印 3 份，供其他部分的写作者传阅。我感到在出书之前，要关注"细节决定成败"这一理念，在细微之处再下一番工夫。

请铁铮将我给志斌的信转给他，同时把 3 份复印件及本信（也复印 3

份）转给民兴、丽英、志斌，原稿由铁铮存用。

  假期，还要烦劳各位做以上工作，谨表谢意。顺祝各位同志春节好，并且感谢各位同志家人的支持，祝贺春节。我在北京时刻惦念着你们。让我们共同完成《中东史》，用它来迎接春节和 2009 年的努力耕耘而不言辛苦的"牛年"。

彭树智

2009 年 1 月 1 日于北京松榆斋

附录二

书影　序　跋

(陕西人民出版社 2002 年 8 月版)

《文明交往论》自序：文明交往是关于全球文明和谐问题的科学课题

　　本书是一本专题性的论文集。收入本论文集的各篇论文，是我从 1986 年以来一个连续性研究课题——人类文明交往论——的部分成果。

　　我在把交往和生产都作为人类相互联系的基本实践活动的思考过程中，由哲学上的交往问题，逐步进入到历史学的交往问题，以后又从历史学的交往问题进入到文明交往问题。近 15 年中，我为此多次探索寻觅，或给研究生讲课、或分析史例个案、或撰述著作、或编纂教材、或为序评、或笔记摘评，都未离开交往这个主题。直到 2001 年，我在《史学理论研究》第一期发表《论人类的文明交往》一文，才算初步理出一些理论脉络。因此，本书把它列为总论而置于卷首。分论的其他论文则从各方面加以论说。附录中选入了对克劳塞维茨《战争论》一书的摘评，表示了我对交往问题思考的一个开端，也是对马克思、恩格斯《德意志意识形态》中关于交往问题思考的继续。

　　人类文明问题是人类历史的核心问题。它在世界历史学科建设中居重要地位。英国历史学家汤因比在其《历史研究》中，就是以文明作为分析历史的单位，列出世界历史上 20 多种文明的发生、成长、兴衰过程。他的可贵之处，在于摒弃了西方欧洲中心论的古老传统，用比较研究方法肯定了各种文明的各自价值，并对人类古今社会生活作了自我体系的分析。他不断探求的精神,表现在去世前仍重新改写《历史研究》这部卷帙浩繁的著作,为方便读者将其压缩成一卷。他用文明形态的史学体系取代了旧体系,但尚未深入探索各文明之间的互动交往关系。

继汤因比之后,美国历史学家斯塔夫里阿诺斯在其《全球通史》中,以文明为中心,研究了人类的历史。他可贵之处,在于用世界整体发展史观,来探讨全球统一体内不同文明之间的相互交往运动。他筑构的史学体系中,注意到地理环境对文明交往的作用,关心科学技术对人类社会的负面作用,并在古典文明之前,用综合比较而得出了文明早期的发展的共同模式。总之,这是一本破除西方欧洲中心论史学模式的尝试。然而,读他的著作,处处给人的印象,是他有意无意忽略了文明产生和发展的本土因素,有泛交往论的倾向,把复杂的交往活动简单化了,而且西方中心论的痕迹依稀可见。

此外,20世纪初德国斯宾格勒的《西方的没落》和20世纪下半期美国麦尼尔的《西方的兴起》,分别以"文化形态论"和"欧亚大陆生存圈论"分析了文明的规律,但也都是从各自国家的文化环境来看文明问题,对文明交往存在着自身难以超越的局限性。总之,正如法国史学家费尔南·布罗代尔在《论历史》一书中所说:"关注文明问题的历史学家,在文明的实际意义上给我们留下的是极大的疑问。"

我认为,文明的生命在交往,交往的价值在文明,文明与交往的互依互存是由一系列不确定的因素组成的复杂过程。文明脱离了交往,便会衰亡,交往离开了文明,便会走向野蛮,只有文明交往才是人类历史、现实和未来的关键问题。文明交往是人类社会发展的动力。我几乎不能设想,如果没有文明交往,人类社会将成为什么样子。

我的文明交往论的基础是世界文明交往史,而不是单纯的历史哲学。纯粹的历史哲学家往往是走极端的,否则就很难独成一派。实际上有建树的历史哲学家如汤因比等人,都是以历史个案为立足的根本。历史哲学必须和历史学相结合,并以历史个案史例研究为基础,充分注意具体问题具体分析这一思维方式,把宏观研究与中观、微观研究有机地统一起来。这部论文集反映了我思考这个问题的历程:从一个抽象的终结——"交往"这个哲学范畴开始；后来演变成对许多具体史例个案的分析；再从具体史例个案中综合归纳的"文明交往"之后，又成为研究探索文明问题的新开端。

文明问题成为20世纪末和21世纪初国人最为关注的一大课题。1993年亨廷顿《文明冲突》在美国《外交季刊》夏季号发表后，曾引起热烈讨论。1996年，他又出版了《文明冲突与世界秩序的重建》一书，使文明冲突论更加从政治上迎合了西方世界全球战略的需要，把多极世界简单化为西方和非西方的二元对立。他把"文化认同"转换为"政治认同"，用"同一性"来维护文化和政治霸权。但是，不管其观点如何，都说明文明问题的重要性。这从下列出版物可窥见端倪：

1998年，青海人民出版社出版了美国维尔·杜伦著的《东方的文明》上、下册；

1998年至1999年，商务印书馆出版了美国菲利普·李·拉尔夫人等著的《世界文明史》；

1999年，中华书局出版了法国雷奈·格鲁塞著的《东方的文明》上、下册；

1999年，四川人民出版社出版了潘显一、冉昌光主编的《宗教与文明》；

1999年，东方出版社出版了美国威尔·杜兰著的11卷《世界文明史》；

1999年，中国社会科学出版社出版了我国学者集体撰著的11卷《世界文明大系》；

2000年，上海人民出版社出版了汤因比的《历史研究》修订插图本；

2000年至2003年，商务印书馆将陆续出版彭树智主编的、以文明交往论为理论线索的13卷《中东国家通史》（包括中东18个国家）。

此外，张芝联主编的《世界文明史》和马克垚主编的《世界文明史》，也将分别由中国社会科学出版社和北京大学出版社组织人员集体编写。

如果环顾"文化研究"（cultural studies）在欧洲和北美人文知识界的热潮和在我国出版界的关于这一潮流的译书热潮，更加说明了文明问题的重要性。

和这两股潮流相融会的，是我国各地的区域性文化研究（如齐鲁文化、楚文化、巴蜀文化、秦文化等）和各种专门性的文化学科的兴起。许多人都意识到，中华民族正在处于一个伟大的文明复兴时期。民族的复兴，归根结底是文明的复兴。在这个文明复兴的时期中，国人对文明的研究，随着20世纪80年代文化研究高潮之后，在90年代和21世纪初，已经进入了一个深入的、具体的和扎实的研究阶段。

文明问题之所以成为当代社会生活中最引人瞩目的问题，还与20世纪是人类文明交往最频繁、最普遍、最多彩和变动最迅速的世纪特征的历史联系密切相关。20世纪有五大历史性事变改变了世界面貌：第一，两次世界大热战和历经半个世纪的世界大冷战；第二，世界殖民帝国体系的解体和亚非民族独立国家体系的形成；第三，社会主义的发展、曲折和变革；第四，世界现代化的历史新进程；第五，全球化、信息化、现代科技和知识经济的流变。这五大历史性事变的深远影响，正在延续到21世纪。从根本上说，这五大历史性事变都是人类历史上空前的、规模宏大的文明交往，在所有这些文明交往的大变迁中，我国都处在焦点的位置上。在这种情况下，我国理应、也必定会在21世纪产生出深刻的文明交往理论思想来。

文明学的研究和发展是以一定的社会条件为前提的。作为一种以人文精神为内涵的行为科学课题，文明学也许正像人们对心理学的命运所说的那样：它对于不发达社会是一种没有必要的"奢侈品"；对于经济中等程度的社会，是一种"装饰品"；对于发达的富裕社会，才能成为大有用处的"必需品"。当然，这也是在相对意义上讲的。其实，任何民族、任何国家、任何社会都在经济发展所达到的程度上，开始其社会、精神和心理需求的。同样，文明的真谛——人文精神也就在对这些需求的满足中被熏陶造就出来。文明的人文精神价值就在于造福人类。试想：谁不需要文明？谁又没有交往？个人、团体、民族、国家都同文明交往有着密切的关系。尤其是正在进行现代化建设的国家，现代化意味着文明化。全人类都面临着人与人、人与自然之间的文明化交往问题。因此，交往的文明化既是人类对现实创造的积极肯定，又是人类追求的理想目标。

研究人类的历史和现实问题，不可不研究文明问题；研究文明问题，不可不研究文明交往问题。文明交往是一条向前流淌的历史长河，它在面向 21 世纪的今天，正在成为一个新的学术领域。不论人们之间如何矛盾冲突，人类总是要在同一地球上生存发展，各种不同文明总要接触对话。人们越来越强烈地期望着通过不同文明之间的交往，架起彼此理解之桥。文明交往论正是推动不同文明之间交往相互关系的研究，成为有助于解决全球社会文明和谐问题的科学课题。我这本《文明交往论》谨作为抛砖引玉之作，以七十老翁的一得之见，奉献给读者。

彭树智

2001 年 3 月 31 日于悠得斋

11 月 20 日再次修改于中东研究所

《文明交往论》后记：忙悠交集人生路

历经 15 年的书路生涯，我这部《文明交往论》终于在陕西人民出版社出版了。

此时此刻，在西北大学科研楼我的办公室写这篇后记时，初冬清晨暖和的阳光，静静照射在书桌上。面对着修改得连自己也不大能认清的存稿，煎熬的心情如释重负，而另外一种感触又油然而生。

回首那缈如云烟的苦乐往事，我真羡慕古人"意得则舒怀以命笔，理伏则投笔以卷怀"（《文心雕龙》）的放达境界。但我却遗憾地做不到。我在 60 岁以后，曾把自己的书室命名为"悠得斋"，旨在"学问宜悠而得之，以适应老龄的现实"。我忖度自己忙了大半生，治学均在忙碌中度过。那时，我想，如今 60 岁了，自以为应当、也可以缓缓来、悠着干了。因而想在"悠得斋"悠得悠得。人生贵悠然，治学贵自得，悠然可以超凡脱俗，自得可以人云我不云。

谁知自命名"悠得斋"10 年以来，行与愿违，现已年逾古稀，从未超凡脱俗而悠然闲适过。办事不如 60 岁之前的效率，而许多事却比以前来得更急。仅以今年下半年为例，手头就有商务印书馆的《中东国家通史》巴勒斯坦卷、土耳其卷、叙利亚和黎巴嫩卷、伊拉克卷、也门卷 5 本书稿要统稿。尤其是《世界史》当代卷、《阿拉伯国家史》都是国家本科生和研究生教学用书，必须赶年底交高等教育出版社。60—70 岁这 10 年间，我在"忙乱、乱忙"的周期循环生活圈中超负荷运行。悠得之愿难遂，"悠得斋"变成"忙得斋"了。

这部《文明交往论》是一部马拉松式的、长达15年的持续忙碌之作。它是我60岁之前5年和60岁之后10年书路人生的长跑记录。为了它，我不得不在忙中偷闲，在点滴积累中亦步亦趋，增删修改，屡易其稿。每逢疑难之处，则念念不能忘，往往呆不他顾，寝食不安。以至于亲人和友人多有劝言：为了一本书，折腾那么多时间，何不另换一种轻松活法？我无言以对，苦笑而已。我想，矢志向学已成为历久弥坚、老而益深的旨趣，已适合我的性情，是滋润我心田的生活方式。一日不思则似有所失，一日不写则坐立不宁。纸上烟云，生命留踪。忙中有悠，忙中有乐。我相信，与历史会晤，同文明对话，对交往思考，有助于更好地改善人类的生活，但它不是为了任何抽象的人群，而应是以所有活生生的人群为目的。这种生活不仅深化着我对历史的反思、对现实的理解，也深化着对自我的认识。

这使我想起了歌德。歌德是西方文学对我滋润与滋养的第一人。少年时读他的《少年维特之烦恼》，那种震撼力与吸引力，至今记忆犹新。歌德留给我最深的记忆，是他狂飙性格中的勤奋与执着。他在《塔索》中唱出人生的无奈："我徒劳地去抑制这种冲动，它在胸中日日夜夜激荡不停，如果我不思考和写作，那么，生活对我说来不再是生活。"他在《不倦的爱》中，吟出了人生的追求："不顾朔风凛冽/穿过峡谷里蒸腾的雾气/向前走，向前走！永无止休！"

这还使我想起了梁漱溟。他一生90余岁，不断思考着两大问题，一是中国，一是人生。他反复思考，人的苦乐不在外界，而在自身，其根源是永远不能满足的愿望。他观察20世纪初的中国，有人坐轿，有人步行。坐轿者称得上荣华富贵，但不一定快乐，也许正在为某难题发愁；步行者未见得苦恼，而是悠然自得，并未感到苦。他的结论是：人的情志系于自身，心系于内，便乐于自得。"自得的乐，是绝对的乐。"

这两位哲人对我还有新的影响。首先是歌德的"世界文学"的概念。这是歌德思想中的精华之一。他之所以珍视这个概念，其目的在于鼓励人们相互了解、相互尊重，以促进文明的发展。文明交往的全球化，肇端于文化的交往，而歌德在文化交往方面的这一创造，实在是功不可没。马克思和恩格斯之所以把"世界文学"这一概念吸收到《共产党宣言》之中，绝非偶然。梁漱溟强调的"心系于内，便乐于自得""自得的乐，是绝对的乐"，乃是治学经验之谈。宋代词人张孝祥（1132—1169年）词风豪放，充满爱国激情，他的《念奴娇·洞庭青草》中，即有"悠然心会，妙处难与君说"之句。那种乘小舟，"素月分辉，银河共影，表里澄澈"的审美意境，用之于治学，把"心会"情趣，"自得之乐"写活了！"悠悠远山暮，独向白云归"，王维的《归辋川作》的名句和梁漱溟的"自得的乐，是绝对的乐"，在境界上是相通的。

　　弘一法师李叔同（1880—1942年）的《送别》词句哀婉动人："长亭外，古道边，芳草碧连天。晚风拂柳笛声残，夕阳山外山。"这首诗似有晚年绝笔的"悲欣交集"之苗由。他的美如秋叶的"悲欣交集"的人生之旅，统一了物质（衣食）、精神（学术）、灵魂（宗教）三个世界，反映了人类文明交往的互动规律的复杂性。苦和乐，悲与喜，悠和忙，其实都是生活中难分难舍的伴随者。我也是经历着时忙时悠之路。忙多也罢，悠少也罢，对我说来都是思考和写作的外在表现，都是自得心会的自然流露。李叔同的"悲欣交集"的人生总结，对我说来就是"忙悠交集"吧！

　　话题又回到本文的开头，本书由陕西人民出版社出版，对我说来也是一件幸事。我虽祖籍河南淅川，但是，我从未去过淅川，而是生于、长于陕西泾阳。淅川长流，泾水泱泱，两河相比，我是地道的陕西人。今年是陕西人民出版社建社的五十华诞，我为此写了《书路崎径觅机缘》一文作为贺礼。我同陕西人民出版社的情谊是乡土之情，这部《文明交往论》的成书，是这种情谊的继续。副总编辑吴秉辉编审、责任编辑董玉英女士在百忙中拨冗鼎助，仔细看稿、改稿、定稿，使我十分感激，在此谨致诚挚谢意。

　　明年是西北大学的百年校庆。作为在西大学习和工作了多半个世纪的老学人，我对孙勇校长把《文明交往论》列入"211工程"资助项目，并作为校庆献礼项目，表示深深的感谢和敬意！对朱恪孝副校长和"211办公室"的热情支持，衷心感激！我还要对所有支持过本书的同志们和同学们一并致谢！一书之成，端赖众力，谢谢大家！

彭树智
2001 年 11 月 20 日

（西北大学出版社 2013 年 8 月版）

《崇文丛书》编委会

主　　任：张祖培
副 主 任：秦向东　徐　晔　高松岩　王景安
委　　员：（以姓氏笔画为序）

　　　　　牛致功　毛　锜　石兴邦　江文湛　刘文西
　　　　　刘善继　任学启　李　杰　杨建辉　杨晓蔚
　　　　　陈　青　陈全方　陈忠实　陈景富　张建文
　　　　　张俊卿　何炼成　武复兴　苗重安　茹　桂
　　　　　钟明善　郭全忠　梁亚莉　阎景翰　萧　焕
　　　　　彭树智　路毓贤　蔡　恒　霍松林　戴希斌

主　　编：徐　晔
本卷执行主编：彭　卫　杨振红

《我的文明观》代序
世界历史：人类文明交往的新自觉时期①

人类文明交往的根本性自觉是历史的自觉。这种自觉在人类历史发展总轨迹线上，所呈现的是逐步摆脱旧的精神枷锁和思想桎梏，不断摆脱野蛮性而日渐文明化的过程。人类文明交往发展的历史特点，是由情绪化走向理智化，是由自在走向自为，是由必然走向自由，是由对立、对抗、战争走向对话、合作、和平。总之，是由自发性走向自觉性的演进过程。

我在《史学理论研究》2001年第4期上，发表了《论人类文明交往》一文，其中谈到这个历史进程："文明交往的意义，不但表现于交往的内容和形式在新陈代谢中由低级向高级演进、由野蛮状态向文明化上升；而且也使历史交往由地域的、民族的交往，走向世界性的普遍交往，使历史逐步转变为全世界的历史。"

历史转变为世界历史，这是人类文明史的一个划时代转折。人类历史从此进入一个全世界性的、紧密联系的、文明交往的新的自觉时期。在上述文章中，我也谈到世界历史是全球化的文明交往时期："所谓'世界历史'

---

① 本文发表于《史学理论研究》2011年第2期的"世界历史上的文明交往"专栏。编者在前言中指出："文明是研究世界历史的重要单位。特别是当今经济全球化时代，各文明的多层次交往频繁，既有对话合作，也有差异分歧。由此角度，世界历史的进程就是文明交往的进程。"同时，编者也指出，有关文明交往的探讨，不仅有利于深化对文明本身及文明交往的认识，也有助于促进对世界史编纂理论与方法的了解。此次发表时，作了修改。

是指人类在交往中不断跨越时空的自然障碍和政治制度、文化传统等方面的社会障碍，在全球范围内逐渐实现充分沟通和达到共知、达成共识的结果。文明交往的每一进展，都包含着全球性发展趋势。这种趋势在16世纪加快了步伐，逐渐成为当今的全球化交往。"

人类文明交往的自觉来源于历史科学，而历史科学是关于自然和人类交往进程的宏观科学。马克思和恩格斯在《德意志意识形态》中指出："我们仅仅知道一门唯一的科学，即历史科学。历史可以从两方面来考察，可以把它划分为自然史和人类史。但这两方面是不可分割的，只要有人存在，自然史和人类史就彼此相互制约。"[①]从自然界和人类社会交往互动的规律审视历史，就可以发现：历史是人类在文明交往中长期积累而形成的深厚的自然－社会结构，它早在人类出现之前就有漫长发展的自然史。人类出现之后，也有文明的前史和文明史。在人类历史的发展过程中，它的自然性和社会性始终按着既有密切联系又有差异区别的逻辑，或直接或间接，或明显或暗隐，或线型或面型地交织在一起。循此思路，人类的历史可以分为以下三个发展时期：

第一，人类的自然历史时期，或称人类文明前史。人类同自然（其他物种、自然环境、地球）相生相伴，如影随形，须臾不可分离。人类源于自然生物界中的动物界，后又从动物界分离出来——人猿揖别，实现了人与自然交往的一大转变。人类意识到自身的主体地位，是从赋予自然物质以人文因素开始的，表现了早期朦胧的交往自觉意识。第一件人工石器诞生之前，世界完全处于自然状态；第一件人工石器诞生之后，表明人类已开始以自己劳动之手、思维之脑创造石器工具，从而逐渐步入文明状态。真正进入文明时期，还必须在生产和精神劳动的漫长过程中，在自然和人的双重交往过程中完成人类社会与自然界的本质统一。人类的原始社会是渔猎经济，其交往为原始的血缘交往，它把文明交往的许多基因，如血缘、家庭、家族、部落、种族以及兽性，遗传给以后的时期。恩格斯在《反杜林论》中说过："人

[①]《马克思恩格斯选集》（第1卷），人民出版社1995年版，第66页。

来源于动物界这一事实已经决定人永远不能完全摆脱兽性,所以问题永远只能在于摆脱得多些或少些,在于兽性或人性的程度上的差异。"①这种兽性与人性之间的差异,表明了野蛮与文明的分野,也说明了人类摆脱兽性欲望始终是文明自觉的不可忘记的目标。

第二,人类的文明历史时期,或称人类的文明交往的自觉时期。人类摆脱蒙昧和野蛮的状态以后,便逐渐发展到具有经济、政治、社会制度和文化传承的文明开化形态。随着文字的广泛使用、城市的出现、国家和法律秩序的建立、经贸交往及市场的扩大、活动范围的扩展,人类的文明自觉随着历史自觉的提高而走向深化。在畜牧农耕的自然经济时期,交往的地缘关系上升为主导地位,地域空间的交往范围愈来愈扩大。游牧世界和农耕世界之间的各种形式的交往特别频繁。交往主体随着地缘的扩展而表现为种族、民族,乃至社会、宗教共同体,而等级制、宗法制、伦理道德体系成为文明交往的社会、政治和精神中枢。国家中央集权强化,帝国霸权力量日增,自我中心主义膨胀。亚述君主自称"王中之王""宇宙之王",自居天下之中的"中华帝国"强调"华夷之分",波斯君主自称"世界之王",而希腊、罗马帝国也视游牧世界为"野族世界"。此种霸权主义的遗留也传至以后的资本主义全球支配时代。

第三,人类的世界历史时期,或称人类文明交往的新的自觉时期。人类文明交往史转折于西欧的农本向工商业发展基础上实现的、以大机器工业为特征的工业革命,和以全世界为市场的外向型商品经济。资本追求利益的最大化决定了它向世界范围扩张,资本主义本身就是一种跨国家、跨地区的生产方式和文明交往方式。由此,开始了马克思和恩格斯在《德意志意识形态》中所说的"历史向世界历史转变"。这就是由地缘的国家性交往发展为全球化交往和完整意义上的世界史。文明交往的互动规律使"各个相互影响的活动范围在这个发展进程中越是扩大,各民族的原始封闭状态由于日益完善的生产方式、交往以及因交往而自然形成的不同民族之间的分工消灭得越是

---

① 《马克思恩格斯选集》(第3卷),人民出版社2012年版,第478页。

彻底，历史也就越是成为世界历史。"①全球化是一本打开了人类本质力量的书，其中蕴藏着人与自然、人与社会和人与自我身心的文明交往，特别是包含着国家主权、民族独立的坚持和社会生产力的提高与社会的全面进步。各种文明类型的国家，都面对着全球化的人类交往的新时期。18、19世纪建立起来的欧美日本民族国家体系和20世纪建立起来的亚非拉美民族国家体系，都在国家主权、安全、发展利益与和平、对话、合作问题上，考验自身文明的自觉。

世界历史学科体系的建设，不仅是分期分段的体系问题，也是用学科理论来贯通历史与现状的关系问题。历史学科理论，即"史学之魂"。理论的滞后，从深层制约着史学的发展和对史学本体的认识。西方学者用政治学、社会学、经济学等专门学科的研究理论与方法，对世界史作跨学科分析，这无疑有助于开阔思路和推动学科体系创新。然而，现存的专门学科理论基本上是根据欧美各国的发展经验构筑起来的，因此不可能完全适用于非欧美社会，何况跨学科只是从综合研究着眼而容易离开史学本体。史学需要有本学科的理论。世界史学科更需要自身的具体理论，这是任何总体概论所不能代替的。20世纪中，有斯宾格勒、汤因比、亨廷顿的文明理论。但历史学家对之持有疑义，是有道理的。研究者总不能总是翱翔于宏观的"高明之见"的天空上"悬而不下"，也不能总沉湎于微观的"考索之功"的底层而"不思上升"，更不能宥于政治偏见、陷于思维的片面性而"不能自拔"。我认为，历史上一切变动，无论是政治、民族、宗教，无论是经济、生产、社会、文化，都是人类文明交往的明显或不明显表现。反映历史本体的文明交往理论，必须建立在众多典型历史个案的总体思考和对现状的全面理解与客观检验的厚实基础之上，才能得到逐步丰富和完善。

和一般文明理论不同，我在世界史，特别是中东史领域的探索中，把"文明"和"交往"有机地联系为一个整体概念——"文明交往"；同时，又用"生命""价值"和"动力"三要素表述文明交往的内在联系：文明的生命在交往，交往的价值在文明，文明交往是人类社会发展的动力。研究人类

---

① 《马克思恩格斯选集》（第1卷），人民出版社2012年版，第168页。

历史、现状和未来，不可不研究文化问题，而文化研究则必须上升到文明层次，用唯物史观把文化和文明统一起来，成为整体。另一方面，研究文明问题必须深入到文明交往问题。全人类都面临着人与自然、人与社会和人与自身之间的交往文明化问题，因为它既是人类对现实创造的积极肯定，又是人类追求的理想目标。我曾经提出："不论人们之间如何矛盾冲突，人类总是要在同一地球上生存发展，各种不同文明总要接触对话。人们越来越强烈地期望着通过不同文明之间的交往，架起彼此理解之桥。文明交往论正是推动不同文明之间交往相互关系的研究，成为有助于解决全球社会文明和谐问题的科学课题。"[①]这是我在2001年《文明交往论》出版前言的结语。

《文明交往论》一书从以下方面表述理论要点：人类文明交往的基础是生产实践活动，而生产实践活动的前提是人类的社会交往，这种人同自然的双重交往关系，是建立人类文明社会的根本；人类文明交往由低级向高级演进，由野蛮状态向文明化上升，使人类历史由地域的、民族的、国家的交往，走向世界性的普遍交往，使历史从分散逐步转变为整体的世界历史或全球历史；人类文明交往的基本内容是物质文明、精神文明、制度文明和生态文明，贯穿于四大文明交往的过程是人与人、人与自然之间的主体—客体—主体多向联系的本质统一；人类文明交往因社会历史状况错综复杂而表现为多种多样，大致而言，和平与暴力是两种基本的交往形式；人类文明交往的重要因素是主体和客观、交通和科技、民族和国家、利益和正义；人类文明交往的基本属性是实践性、互动性、开放性、多样性、迁徙性；人类文明交往的链条为七对环节，分别为挑战与应战、冲突与整合、有序与无序、外化与内化、现代与传统、全球与本土、人类与自然；人类文明交往发展的总特点是由自发走向自觉，由自在走向自为，由情绪化走向理智化，由必然走向自由，由对立、对抗走向对话、合作；人类文明追求的目标是人与人、人与自然、国家与国家之间和睦、和谐、平等、互利，是对自己文明的自尊、欣赏和对异己文明的互尊、宽容乃至欣赏，是抱着爱其所同、敬其所异的广阔

[①] 彭树智：《文明交往论》，陕西人民出版社2002年版，第6页。

胸怀和对人类共同美好理想的追求。

我把文明交往作为一个整体概念，来观察人类社会历史发展，是在编写世界史教材过程中，结合学习哲学、社会学、文化学等理论时逐步形成的。马克思和恩格斯的《德意志意识形态》给我很大启迪。他们在这本著作中，从"一切冲突，都根源于生产力和交往形式之间的矛盾"出发，从历史转变为世界历史的高度，阐明了唯物史观。

我正是由此出发，对世界历史、中东历史中的文明交往规律性问题进行思考和探索。在高等教育出版社的《阿拉伯国家史》的修订过程中，我探讨了 20 世纪阿拉伯世界与外部文明的交往方面涌现的人文社会科学清新潮流。对文明交往的新现象有如下思考：这是一股和阿拉伯世界内部相辉映的、有深厚文史哲根基，并吸取西方文明的侨民文化；它的代表人物是美籍巴勒斯坦裔文化学者爱德华·萨义德，他在《东方学》著作中澄清了欧美式的"东方主义"迷雾，以远见和客观视野评价了阿拉伯、伊斯兰和中东问题[①]；它的另外两位代表人物，是美籍黎巴嫩裔历史学家菲力普·K. 希提和美籍黎巴嫩裔文学家纪伯伦。前者的名著《阿拉伯通史》和《叙利亚通史》反映了不同文明交往的深度，把史学的通识和通变建立在丰富资料的基础之上，堪称"侨民史学"的代表作；后者融东西方文学思想，并用阿拉伯语与英语写作诗文的"纪伯伦风格"而开创一代新风，其代表作《先知》被冰心赞誉为"满含东方气息的超妙哲理和流丽文词"，可与印度文学家泰戈尔的名作相媲美。萨义德关心伊斯兰文明的发展，然而他和印度诺贝尔文学奖得主奈保尔一样，对自己本民族文明的前途不持乐观态度。伊斯兰文明的复兴力量，从根本上说，是源于民族内部的经济发展程度，自然这后面还有深远的历史道理和外部文明交往的因素。可以肯定地说，文明交往的自觉性，是任何一种古老文明复兴的最关键的精神力量。中国功夫（武术）中，

[①] 在研究中东与外部交往问题中，萨义德的《东方学》启发了许多中国学者。如青年学者田瑾的新作《18 至 19 世纪奥斯曼帝国与欧洲文化交往》（中国社会科学出版社 2013 年版）就是一个突出的例证。她在书中，也用了《文明交往论》的视角，观察西方文化和奥斯曼帝国文化之间的互动交往活动。

有守望门派的"定力"之说。这是一个立足于本派内在特色的力量，以此为"定力"，吸收别派之长，进行综合创新。文明复兴的生命力，最根本关键在于内在生长的交往"定力"，和适应新生存环境变化而复兴与创造新文化的交往"定力"。总之，《阿拉伯国家史》的修订使我从文明交往的思考进入了文明交往自觉的思索；这种思考也与高教版的《20世纪中东史》《世界史》和商务版的《中东国家通史》等书的编写过程结合在一起，这种历史和逻辑思维的发展，使我从中东历史和世界历史的变动中深深感到，文明交往的真谛在于人类人文精神和人文理性的自觉。这使我由文明交往论进入了文化自觉论的思考，在《中东国家通史·卷首叙意》[①]中，我提出了"文明交往论是文明自觉论"的命题。这个命题经过中国社会科学出版社的《两斋文明自觉论随笔》和人民版的《中东史》而进入一个新的思考阶段。

我深深感到：人类文明的自觉，不仅在文明交往过程中提升，而且文明自觉实质上就是文明交往的自觉，是人类交往的文明化。这种自觉，是人类用自身的精神觉醒观察世界历史，是人类用自身的文明开启蒙昧和野蛮，是追寻人类文明交往中的盛衰与复兴，是人类在文明交往中不断摆脱新的枷锁而获得思想解放，是人类在实践中提高社会进步和文明程度的升华。文明自觉，是以文化思想自觉为核心、以文明交往自觉活动为主线的人类创造历史的理论和实践活动。文明自觉论可称之为文明交往自觉论，其要点可简略概括如下相互区别、相互联系又递进演进的九个方面：

一个中轴律：人类文明交往互动辩证规律。人类文明交往互动作用是人类社会变动的终极原因，是世界历史发展的普遍联系的辩证法则。交往互动本身就是一个矛盾对立与统一的多向的、一与多、同与异、常与变、主动与被动、作用与反作用的互变的辩证形态，交往互动规律本身也就是一个矛盾的辩证运动过程。因此，每个文明同其他文明的交往互动，也必然包含着对抗性与非对抗性矛盾，由此便引起对抗、冲突和共处、同进。文明对抗、冲突和文明共处、同进，是文明交往互动中两种对立的思维方式的统一。那

[①] 彭树智：《中东国家通史·阿富汗卷》，商务印书馆2000年版，第7—8页。

种把对立面的斗争理解为绝对的、完全把对立的两面分离开来的二元对立的思维，是片面的、孤立的和僵化的思维。相对中的绝对，有限中的无限，暂时中的长久，这是事物的常态。只有在整体系统思维中，观察各种要素和环节的相互联系、相互制约的动态多样性，才能察觉到综合、集合的互动交往力；互动是对立面的相互渗透、彼此转化；斗争是手段，和谐是目的。认识和把握交往互动律的自觉性表现为：在深刻的矛盾对立中，把握文明交往互动，把对抗、冲突和共处、同进统一于历史选择的相融点上，使之在这个平衡状态的中轴律上自觉良性运转。正如英国哲学家罗素1922年访问中国时所讲："不同文明之间的交流，已经多次证明是人类文明发展的里程碑。希腊学习埃及，罗马借鉴希腊，阿拉伯参照罗马帝国，中世纪的欧洲又模仿阿拉伯，而文艺复兴时期的欧洲，则仿效拜占庭帝国。"中华文明的内外交往[1]，也是如此。中华文明之所以有持续的生命力，也正在于内在传承力和外在开放力的内外交往文明化的相互密切联系上。

两类经纬线：人类文明交往互动的经线为相同文明之内的相互融合；纬线为不同文明之间的相互交流。罗素所讲的不同文明之间的相互交流，是很重要的纬线，是文明交往史上人们用力最多的研究领域。然而，在人类文明交往过程中，不可忽视相同文明之内的相互融合的经线走向，这是一个文明形成、发展、盛衰与复兴的内在力量所在。实际上，不同文明之间的交往互动，首先取决于每个文明内部的交往互动发展程度；同时，每个文明的整个内部结构，也都取决于它的生产，以及内部和外部文明交往发展的程度。交往的开放性是内部的相融性和外部的开放性。人类文明交往互动的内外关系，犹如众多的经纬线交织在一起，通过复杂多变的交往实践活动，织成了人类文明绚丽多姿的文明史画卷，反映着人类生产、生活、生存、发展的不同方式。它促使研究者在普遍联系中确立用以把握世界历史的理论体系，回答全球文明化的整体性、联系性、依存性与制约性问题，从而获得文明交往的自觉。

---

[1] 史例之一，是穆斯林学者马明良较早的著作《伊斯兰文明与中华文明交往的历程和前景》。他在这一著作中，对这两大文明之间的交往互动进行了详细系统考察，见中国社会科学出版社2006年版。

三角形主题：人类文明交往互动，围绕着人与自然、人与社会和人与自我身心这三大主题的三角形活动路线进行。三角形的底线为人与自然之间的交往互动，三角形的两边分别为人与社会和人与自我身心之间的交往互动。三者的交往互动，在不同时间、不同空间和不同人间的"三间"联系中，以不同内容和形式相互作用、相互影响。人类立足于自然整体存在的底线之上，实行人化自然和自然化人的社会化和理性化的实践活动。文明交往的命题是：对自然认知上有"知物之明"，对社会认知上有"知人之明"，对自我身心上有"自知之明"，对三角形交往实践上有互动的"交往自觉"。全球文明就是在这个交往互动、共处同进中逐渐实现。知而后明，明而后行，人类的文明交往自觉是在实践中求知，又以知导行。如《老子》所言："知人者智，自知者明"；也如《易·系辞》中所说："自知者，既能返复求身，则自知得失也。""知物之明、知人之明、自知之明"这"三知"是良性交往的知性和理性所在：对自然不掠夺，因而有长续的资源；对别的文明不霸道，因而有和谐的共进；对自己不苟且，因而有独立的品位。果如此交往自觉，则文明之光可逐步普照于全球。

四边形层面：人类文明交往包括物质文明、精神文明、制度文明和生态文明这四个主要层面，其中制度文明又包括政治、经济、社会、文化诸领域的根本层面——制度层面。制度文明交往的重要性是不言而喻的，生态文明也在文明交往中日益彰显其重要地位。物质文明归根到底决定着历史进程，不过它不是唯一的，甚至往往不是直接的决定性因素。精神文明、制度文明和生态文明的各种因素，与物质文明的基层性因素一起，互为前提和条件，在交往互动作用中，形成了历史的总的合力。这种文明交往互动的历史行程，正如恩格斯在《致约·布洛赫》关于唯物史观的信件中所强调的："这样就有无数互相交错的力量，有无数个力的平行四边形，由此就产生出一个合力，即历史结果，而这个结果又可以看做一个作为整体的、不自觉地和不自主地起着作用的力量的产物。"①这里所说的"无数个力"，我理解就是人

---

① 《马克思恩格斯选集》（第4卷），人民出版社2012年版，第605页。

类文明的综合交往力。文明交往的重要之点，就是把这种"不自觉"的力量，化为自觉的力量。这种复杂多元的力，是彼此制约的，各人的意志虽不能尽遂人愿，但总是以融合的总平均数出现。人类历史虽然像自然一样运行，其实质都服从交往互动规律，只不过是人类有自觉的意识在起作用。人类不仅是适应，而且是认识、发现和掌握这种规律，并使之由历史哲学观念见诸实践活动。运用文明交往互动规律，创造新的文明成果，这正是文明自觉最关键之处。

五种社会文明交往形态：人类文明交往史上有五种社会交往形态，分别为社会结构、社会制度、社会关系、社会意识和社会生活。社会结构是文明社会内部和外部主体与客体的基本构成，它包括人口、婚姻、家庭、宗族、民族、阶级、阶层等社会群体的交往。社会制度是文明的本质所在，它构成各种社会的内在体制形态。社会关系是人类的本质属性之间的联系。社会意识属精神领域的思想意识形态。社会生活是文明的基本交往前提和首要历史活动。从根本上说，文明既是人文性的，也是社会性的，它是由人类生产和交往实践所决定的社会历史形态。马克思在《马志尼和拿破仑》中曾以社会生活形态为例，提醒历史学家说："现代历史著述方面的一切真正进步，都是当历史学家从政治形式的外表深入到社会生活的深处时才取得的。"①社会生活表示着人类生存状态与命运走向，该领域从日常生活中的"劳动""工作""需要"这些人类根本活动中，反映着人与自然环境、人与社会、人与自我身心交往。对人文性、社会性考察越细致入微，也就可以从中全面认识文明交往的具体特征，从而取得史学本体的进步和获得学术的自觉。

六条交往力网络：人类文明交往的驱动力是与生产力相互伴随的交往力，二者又是历史传统的积累和现实生活的创造力。生产力是人与自然交往而见之于物质的能力及其成果，因而也可以说是一种交往力，是广义上的交往力。为了突出物质的基础地位，说明生产和再生产在唯物史观的重要地位，把生产力从交往力提出来是十分必要的。这正如马克思在《政治经济学

---

① 《马克思恩格斯全集》（第12卷），人民出版社1962年版，第450页。

批判》序言中把生产关系从一切社会关系中分离出来，指出生产关系决定其他一切关系一样。生产力是基本的交往力，它是决定社会交往力的基本力量。交往力是广泛的，交往力既见之于物质，也体现于精神；既见之于经济，也见之于政治、社会、思想和科技。这六条交往力是：精神觉醒力、思想启蒙力、信仰穿透力、经贸沟通力、政治权制力、科技推进力。这是六种人类特有的交往力。这六种交往力从物质、精神、制度和生态文明中产生，从不同角度、不同领域的交往互动作用过程中，形成了思想解放、文明自觉的文明开放多点、多线相互联结的信息网络。这六种交往力所互动的合力，比机械网络更复杂、更多变、更生动和更强、更有创造力，因此，形成了人类文明交往自觉的壮丽风采和恢宏气象。

七对交往概念：一切社会的变革和进步，都必然伴随着深刻的哲学思考。人类文明交往活动是矛盾的、对立的，又是统一的、相互转化的。文明交往是一种历史哲学概念，按德勒兹在《什么是哲学？》中把哲学不同于科学和艺术之处在于"创造概念"的说法，文明交往因理性自觉而形成的基本概念有七对：传承与传播、善择与择善、了解与理解、对话与对抗、冲突与和解、包容与排斥、适度与极端。其中传承为文明内部发展之脉，而传播是文明外部交往之路，两者都是文明交往的生命活力所在；而善择与择善也属于哲学范围，但对文明交往（无论是内部与外部）都有个抉择问题，不是直觉的抉择，就是洞察的和品味的抉择；了解与理解属不同的递进阶段，而尊重对方是其中的关键；对话与对抗、冲突与和解、包容与排斥之间，都有对立与转化联系；适度是文明交往自觉性的尺度，而极端为文明交往所应预防的危险倾向。

八项变化：人类文明交往是变动化的实践活动，是"穷则变、变则通、通则久"和文而化、化而明的螺旋式上升的实践活动。人类是离不开交往的，人类又是需要文明的。试问：谁不需要把文化上升为文明，谁不需要交往文明化？这是自觉的程度问题。文明交往不仅需要哲学思考，更需要的是实践的哲学。《易·系辞》除了讲"穷""变""通"之外，也讲"穷神知化"，还讲"上古结绳而治，后世圣人易之以书契"。后面讲，把结绳改变为书契，更和文字出现的文明标志联系在一起。人类文明交往通之于变、归之于化、成之于明。文而化之为文化，文而明之为文明。文明交往正是这种"变""化""明"的实践中的哲学。正如恩格斯所言："我只崇拜世界是变化的。"人在变动的事物中察明其"化"的走向，这就是"人文"的能动力量。只有"化"才能"明"；只有明，才能使文明交往自觉深化，其中"化"因时、地、人而异。变化、变通关键也在于"化"，而化之要义有八：教化、涵化、内化、外化、同化、转化、异化、人化。教化是中华文明对人类交往的贡献，而"涵化"（也译为"濡化""受化"，即 Acculturation）则是对外来的文化思想接受、消化和吸收程序。我把此种西方理论改造为一种文化对外来文化刺激所作的反应，并在自己"涵化"基线上决定选择的类型①。这种变化有各种发展形态和模式，是综合、融合的，认识升华，表明了事物普遍联系的复杂性和多样性。所有这八项变化的进程，都因文明自觉的程度而决定其深化程度和路线走向。

九何而问：人类文明交往的自觉在于问题意识的引导，它引导我们自觉地发现、提出、分析、解决人类文明的冲突、和谐、对抗、对话的主题。这些主题的追问，都是围绕着人类文明如何走向良性互动之问，它们可归纳为"九问"：何时？何地？何人？何事？何故？何果？何类？何向？何为？"九何而问"之中，"何故"是最关键一问，旨在解决"因为……所以"，即因果关系的"缘何如此"的问题。缘何如此？为何这样？把理论与实践结合，并提高到理论高度来解其"缘故"问题。"九何"之中，前四何是时间、空间、人间、事件；后四何是结果、分类、方向、行为，总之是围绕"何故"而展开的问答过程。"九何"的"九"，意指数之极，言问题之多而求索

---

① 彭树智：《东方民族主义思潮》，西北大学出版社 1992 年版，第 11—13 页；人民出版社 2013 年再版，第 9—10 页。"Acculturation"与"Enculturation"是文化人类学历史学派用来描述人类心理形成的一对理论性极强的名词。这与民风民俗、教育养成等文化、教育有联系，也与文明之间的交往（跨文化接触与传播）有更密切关联。它与源自西方文化的"洗礼"大致意思相近，但"洗礼"带有较强烈的宗教感。因此，结构主义学派的人类学者用下面的代数公式来阐释人类的心理结构：自然社会=非人（植物与神）/人。我着重从文明交往的互动律特别是从变化的链条上，来运用"涵化"一词表达文明之间的消化吸收作用。

不止,并非限于九而止步。回归史学本体,获得学术自觉,其途径是从问题始,以问题终,问疑不息,由一个思维周期,上升到更新周期。如明代学者陈献章所说:"疑者,觉悟之机也。"由疑、悟而自觉,由自觉到环绕问题意识、批判意识而发展,并重视问题的时代、历史、现实内容。"九何"旨在自觉认识自己理解和实践上的局限性,也意在把问题具体化、实在化,避免空洞抽象,而强调理论与实际的密切结合。

  总之,全球化时代的文明交往和文明自觉,具有十分丰富的内容和宽广的研究空间,有待我们进一步探讨。面对这个新课题,引发我们思考全球交往文明化的新表象、全球化趋势与民族文化建构和交往文明化语境下的历史观等人类文明自觉论问题①。问题意识是学术研究的自觉意识,是开放的学术思维方式。由人类的历史交往、文明交往到文明自觉,仅仅是从理论层面讨论的开始。我希望学界同行的更多参与,以提高学术的自觉性。

彭树智

2013年8月于西安悠得斋

---

① 张倩红:《全球化时代的文明交往——读〈松榆斋百记:人类文明交往散论〉》,《史学理论研究》2007年第3期;彭树智:《全球化与文明交往》,载《书路鸿踪录》,三秦出版社2004年版,第791—792页。

《我的文明观》编后记

（一）本书的主题是人类文明交往的历史观念。作者长期致力于这一问题的思考和研究，出版的这方面著作有四部：《文明交往论》《书路鸿踪录》《松榆斋百记》和《两斋文明自觉论随笔》，此外还有未出版的《烛照文明集》。考虑到《文明交往论》和《烛照文明集》包含着作者关于文明交往的历史哲学命题和文明交往的自觉问题的基本思路，本书以这两部著作为基础，遴选出具有代表性的论文，比较完整地呈现出作者的文明观以及支撑这一宏观理论框架的具体个案研究。

（二）在国家教育部组织编写的《中国高校哲学社会科学发展报告（1978—2008）》(李学勤、王斯德主编，广西师范大学出版社 2008 年版)的历史学部分中，文明交往史观与整体史观、现代化史观被称为中国世界史研究理论体系的三大史观，认为这是"中国世界史学界 20 多年来的进步和成熟的标志"(第272页)。考虑到该报告只论述到 2008 年，因此我们增加了作者在 2008 年以后撰写的关于文明交往的随笔。这些随笔与作者以前的主张既有联系，也有所发展。

（三）中东史是作者着力较多的领域，作者主编的 13 卷本《中东国家通史》和《中东史》是国内这方面的代表性著作，因此我们选编了作者在 2005—2009 年期间主编《中东史》时致参与编写工作同人的一组信件，作为本书的附录。这些信件保留了作者对中东史编写中有关文明交往理论和历史问题的思考。

（四）本书是陕西省人民政府参事室（陕西省文史研究馆）2013 年度重

点文化项目,被列为《崇文丛书》第一卷编辑出版。张祖培主任及室(馆)领导对本书的编纂工作高度重视,并给予大力支持;主编徐晔副主任自始至终关心、指导本书的编纂、审定和出版工作;执行编委梁亚莉、杨建辉为本书结集出版做了很多具体工作,在此谨致衷心感谢。由于本书作者年事已高,不能亲予编纂事项,书中如有疏漏和不妥之处,均由我们负责。

彭卫 杨振红
2013 年 8 月

图书在版编目(CIP)数据

人类文明交往的历史观念 / 彭树智著. —西安：西北大学出版社,2022.9
ISBN 978-7-5604-4991-3

Ⅰ.①人… Ⅱ.①彭… Ⅲ.①文化史—世界—文集 Ⅳ.①K103-53

中国版本图书馆 CIP 数据核字(2022)第 158864 号

RENLEI WENMING JIAOWANG DE LISHI GUANNIAN
人类文明交往的历史观念
彭树智　著

出版发行	西北大学出版社
地　　址	西安市太白北路 229 号
网　　址	http://nwupress.nwu.edu.cn
E - mail	xdpress@nwu.edu.cn
邮　　编	710069
电　　话	029-88302590　88303593
经　　销	全国新华书店
印　　装	陕西博文印务有限责任公司
开　　本	787 毫米×1092 毫米　1/16
印　　张	43
字　　数	635 千字
版　　次	2022 年 9 月第 1 版　2022 年 9 月第 1 次印刷
书　　号	ISBN 978-7-5604-4991-3
定　　价	270.00 元

本版图书如有印装质量问题，请拨打电话 029-88302966 予以调换。